오리엔탈리즘

ORIENTALISM
Copyright © Edward W. Said, 1978, 1995, 2003
All rights reserved.

Korean translation rights arranged with
The Wylie Agency(UK), Ltd.

이 책의 한국어판 저작권은
The Wylie Agency사와의 독점 계약으로
한국어 판권을 '교보문고'가 소유합니다.
저작권법에 의하여 한국 내에서 보호를 받는 저작물이므로
무단전재와 무단복제를 금합니다.

오리엔탈리즘

Edward W. Said 지음 | 박홍규 옮김

감사의 글

지난 몇 해 나는 오리엔탈리즘을 연구하여 왔다. 그러나 이 책의 대부분은 1975년에서 1976년 사이, 캘리포니아 주 스탠퍼드 대학교의 행동과학고등연구소 특별연구원으로 있으면서 썼다. 독특하고 관대한 분위기의 이 연구소에서 나는 운 좋게도 여러 동료들의 호의적인 대우를 받았다. 뿐만 아니라 조안 웜브룬, 크리스 호스, 제인 킬스마이어, 프레스턴 커틀러 그리고 연구소 소장인 가드너 린지의 많은 도움을 받았다. 이 책 원고의 전부나 일부를 읽거나 들어 준 친구들, 동료들 그리고 학생들의 명단은 당혹스러울 정도로 길다. 마침내 이렇게 책으로 출판되어 이제 그들도 당혹해할지 모른다. 하지만 언제나 유용한 격려를 보내 준 재닛 아브-루고드와 이브라힘 아브-루고드, 노엄 촘스키 그리고 로저 오언에게 감사한 마음을 전한다. 그들은 이 작업을 처음부터 끝까지 돌보아 주었다. 또한 이 책에 대해 여러 곳에서 유익하고 비판적인 관심을 보여 준 여러 동료들, 친구들, 학생들에게도 진심으로 감사한다. 그들의 질문과 토론이 이 책을 더욱 정확하게 만들어 주었다. 판테온 출판사의 앙드레 시프린과 잔 모턴은 각각 이상적인 출판인이자 편집자로서, (적어도 저자인 나에게는) 원고 작성이라는 시련을 유익하고도 참으로 지적인 작업으로 만들어 주었다. 메리엄 사이드는, 근대 초기의 오리엔탈리즘 제도사에 관한 연구로 나를 크게 도와주었다. 그러나 그녀의 사랑은 그 이상으로 이 책의 작업을 진실로 가능하게 지원했으며, 즐겁게 만들어 주었다.

뉴욕
1977년 9~10월
E. W. S.

재닛과 이브라힘에게

차례

감사의 글 5
서설 13

제1부
오리엔탈리즘의 범위

제1장
동양인에 대한 인식 65

제2장
상상의 지리와 그 표상 : 동양을 동양화하는 것 97

제3장
사업 138

제4장
위기 171

제2부
오리엔탈리즘의 구성과 재구성

제1장
재설정된 경계선, 재정의된 문제, 세속화된 종교 205

제2장
실베스트르 드 사시와 에르네스트·르낭
: 합리주의적 인류학과 문헌학적 실험실 223

제3장
동양 체류와 동양에 관한 학문
: 어휘서술과 상상력이 필요로 하는 것 264

제4장
순례자와 순례, 영국인과 프랑스인 293

제3부
오늘의 오리엔탈리즘

제1장
잠재적인 오리엔탈리즘과 명백한 오리엔탈리즘 349

제2장
스타일, 전문지식, 비전 : 오리엔탈리즘의 세속성 389

제3장
현대 영국·프랑스의 오리엔탈리즘, 그 극성기 438

제4장
최근의 전개 488

1995년 후기 564
2003년 후기 604
옮기면서 622
원주 692
찾아보기 725

그들은 스스로 자신을 대변할 수 없고,
다른 누군가에 의해 대변되어야 한다.

칼 마르크스[1] 《루이 보나파르트의 브뤼메르 18일》

동양이라고 하는 것은 평생을 바쳐야 하는 사업이다.

벤저민 디즈레일리[2] 《탕크레드》

1) 마르크스의 동양관이 당대의 오리엔탈리즘에 근거한, 지극히 보수적인 것이었음은 이미 널리 알려진 사실이다. 그리고 그것을 신주처럼 모시는 러시아(구소련)·중국·북한의 학문은 말할 것도 없고 자본주의권의 사회주의자들도 마찬가지의 가설에 입각하고 있다. 예컨대 북한의 학문이란 전통사회를 철저히 매도하는 것이며, 그것을 추종하는 남한의 진보파도 그와 동일하다. 마르크스의 이론이 서양우월주의-동양열등주의에 근거한 것이라면, 사회주의가 그러한 뿌리에서 나온 것이라면, 적어도 그것이 중국과 북한에서 그리고 기타 동양권에서 어떤 의미가 있는 것인지 재검토되어야 마땅하다. 적어도 그것이 경제물신주의에 젖은 것이고 자본주의와 마찬가지로 경제성장주의에 광분하는 것인 한 근대 서구가 낳은 것임은 분명한 사실이다. 마르크스란 기본적으로 서구의 산물임을 비판적으로 검토할 필요가 있다. 그것이 오리엔탈리즘의 해명을 통하여 동양에 관한 서구의 인식과 지배를 극복하고자 하는 이 책의 기본 취지에 부합하는 것이라고 할 수 있으나, 마르크스주의의 서구중심사상은 그것대로 우리 시대에서 해결해야 할 하나의 근본적인 문제임에 틀림이 없다. 그의 반동양주의에 대한 비판은 본문에서 다시 언급된다.

2) 마르크스가 이론가였다면 디즈레일리는 소위 대영제국의 수상으로서 동양의 식민화에 대한 포부를 밝히고 있다. 저자는 마르크스로 대표되는 학문과 디즈레일리로 대표되는 정치를 통하여 지식과 권력, 앎과 힘의 관련을 보여 준다. 이 두 가지의 인용이 이 책에서 비판되는 오리엔탈리즘의 두 가지 속성, 즉 인식과 실천을 대변한다.

서설

1

1975년에서 1976년까지 격렬한 내전을 겪던 베이루트[1]를 방문한 어느 프랑스 언론인은 파괴된 도심지를 보고 개탄하며 이렇게 썼다. "한때는 이곳도 샤토브리앙[2]과 네르발[3]이 묘사한 동양에 속한 것처럼 보였는데……."*1 특히 유럽인의 입장에서 보는 한, 그곳에 대한 그의 말은 물론 옳았다. 동양이란 사실 유럽인이 조작한 것으로[4] 고대부터 로맨스,

---

1) 베이루트는 레바논 공화국의 수도로서 이스라엘과 팔레스타인의 전쟁 속에 황폐화되었다. 그런데 그것이 유럽인에게는 추억의 파괴로만 묘사되고 있다는 것이 저자의 지적이다. 서구문화의 그러한 측면은 곳곳에서 볼 수 있다. 예컨대 알베르 카뮈Albert Camus(1913~1960)의 《이방인 L' Étranger》은 식민지 알제리가 배경이지만, 그 식민지 현실과는 아무 상관이 없는 것으로 오늘의 알제리에서는 전혀 읽히지 않는 것이 되었다.
2) François-Auguste-René, vicomte de Chateaubriand(1768~1848)은 프랑스의 작가이자 외교가로서 프랑스의 낭만주의를 대표하는 사람이었다. 1806년에 동양을 여행하고 여행기를 남겼다.
3) Gérard de Nerval(1808~1855)은 프랑스의 시인으로서 상징주의와 초현실주의를 대표하는 사람이었다. 그는 1842년에 레반트를 여행하고서 그의 최대 걸작인 《동양여행 Voyage on Orient》(1843~1851)을 남겼다.

색다른 존재, 잊을 수 없는 기억과 풍경, 특별한 체험담의 장소가 되어 왔다. 그런데 지금 그것이 그 언론인 앞에서 사라지고 있는 것이었다. 어떤 의미에서 동양이란 한때 생겨났다가 이젠 그 시대가 끝나고 있는 것이었다. 그 과정에서 동양인 스스로 목숨을 걸고 싸웠다는 점도, 심지어 샤토브리앙이나 네르발의 시대에도 동양에 동양인들이 살았다는 점도, 나아가 그곳에서 지금 고통받고 있는 사람들이 바로 동양인이란 점도 서양인에게는 무관하게 보였으리라. 베이루트를 방문한 유럽인 방문객의 최대 관심은 동양에 관한 유럽인의 표현과 그 현대적 운명이었다. 그것이야말로 그 언론인과 프랑스 독자들이 특권으로 공유할 수 있는 의미를 갖는 것이었다.

미국인이라면 동양에 대해 유럽인과 같이 느끼지는 않으리라. 그들은 지극히 다른 발상으로 극동(주로 중국과 일본)을 연상할 것이다.[5] 미국인과 달리 프랑스인과 영국인은—미국인, 프랑스인, 영국인 정도는 아니라고 해도 독일인, 러시아인, 스페인, 포르투갈인, 이탈리아인, 스위스인도—내가 이 책에서 **오리엔탈리즘**[6]이라고 부르는 것에 대해

---

4) 동양East은 유럽을 중심으로 세계의 동쪽을 일컫는다. 처음부터 서양인의 흥미주의 내지 상업주의 및 침략주의의 차원에서만 인식되었다. 곧 진귀한 물건을 사고 파는 무역과 착취 및 지배의 대상으로서 인식되었다.
5) 역자는 중국과 일본, 심지어 동남아시아와 비교해서 한국이 과소평가되고 있는 점에 놀란 적이 한두 번이 아니다. 뉴욕, 워싱턴, 보스턴, 런던 등의 박물관이나 미술관에서는 거대한 중국관과 일본관에 비해 한국관은 아예 없거나 너무나도 빈약했다. 대부분의 도서관에도 몇 권의 한국 관련서는 방대한 중국부, 일본부의 구석에서나 겨우 찾을 수 있고 1백 개 이상의 외국어사전 중에서도 한국어사전은 거의 찾기가 어려웠다. 이러한 현상은 유럽에서도 마찬가지다. 그러나 최근 한국의 중요성은 범세계적으로 더욱 커지고 있다.
6) 오리엔탈리즘이라는 말을 동양관, 동양주의, 동양학 또는 동양연구나 동양지역연구 등으로 번역할 수도 있으나, 어느 것이나 적합하지 않다는 이유에서 원어 그대로 사용하기로 한다. 이에 대해서는 역자의 '옮기면서'에서 다시 설명하지만, 여기서는 오리엔탈리즘이 동양을 숭상하거나 예찬하는 동양중심주의가 아니라, 서양이 동양을 침략하면

오랜 전통을 형성했다. 오리엔탈리즘이란 서양이 동양에 관계하는 방식으로서, 유럽 서양인의 경험 속에 동양이 차지하는 특별한 지위에 근거하는 것이다. 동양은 유럽에 단지 인접되어 있다는 점만이 아니라, 유럽의 식민지 중에서도 가장 광대하고 풍요하며 오래된 식민지였던 토지였고, 유럽의 문명과 언어의 원천이었으며, 유럽문화의 호적수였고, 또 유럽인의 마음속 가장 깊은 곳에서 반복되어 나타난 **타자** 이미지이기도 했다. 나아가 동양은 유럽(또는 서양)이 스스로를 동양과 대조되는 이미지, 관념, 성격, 경험을 갖는 것으로 정의하는 데에도 도움이 되었다. 그러나 이러한 동양이란 그 어느 것도 단순히 상상에 그친 것은 아니었다. 그 동양은 유럽의 **실질적인** 문명과 문화의 필수적 구성 부분이었다. 오리엔탈리즘은 그 필수적 구성 부분을 문화적으로, 심지어 이데올로기적으로도 하나의 담론 형태로 표현하고 대변한다. 그러한 담론은 제도, 어휘, 학문, 이미지, 주의주장 심지어 식민지 관료제도와 식민지적 스타일로 구성된다. 이와 대조적으로 미국의 동양 이해란 유럽의 그것보다는 훨씬 단순하게 보일 수 있다. 비록 일본이나 한반도, 인도차이나[7]에서 미국인들이 감행한 최근의 모험으로 인하여, 어느 정도는 냉정하고 현실적인 '동양' 인식이 생겼다고 할 수 있어도 말이다. 나아가 근동(중동)[8]에서 미국의 정치적·경제적 역할이 엄청나게 확대된 결과, 미국인들 사이에 동양을 더욱 잘 이해해야 한다는 주장이 높아지고 있다.

서 조작한 동양에 관한 모든 편견, 관념, 담론, 가치, 이미지 등을 말한다는 점을 주의해야 한다.
7) *Indochina*는 오늘의 베트남, 라오스, 캄보디아 등의 지역을 말한다.
8) 근동·중동이란 것도 유럽에서 보아 가까운 동양이라는 뜻으로 유럽중심주의에서 나온 것이다. 세계지도 자체가 영국을 중심으로 위도·경도가 제정되어 있음도 마찬가지다.

내가 오리엔탈리즘이라고 하는 말에 여러 가지 의미를 부여하고, 그 모두가 서로 의존관계에 있다고 생각한다는 점이 앞으로 독자들에게 분명하게 인식될 것이다(이 책을 읽어 나감에 따라 점점 더 명확하게 인식되리라). 오리엔탈리즘의 여러 가지 의미 가운데 가장 널리 일반적으로 인정되고 있는 것은 학문과 관련된 분야이다. 사실 오리엔탈리즘이라고 하는 말은 아직도 많은 연구기관에서 통용되고 있다. 동양의 특수한 측면, 또는 일반적인 측면에 대해 가르치거나 집필하거나 연구하는 사람들은—그가 인류학자, 사회학자, 역사학자, 문헌학자 중 어느 것이든 간에—오리엔탈리스트[9]이다. 그리고 오리엔탈리스트가 행하는 것이 바로 오리엔탈리즘이다. 오늘날의 전문가들은 **오리엔탈리즘**이란 말보다도 **동양연구**나 **동양지역연구**라는 말을 더 많이 사용하는 것이 사실이다. 왜냐하면 오리엔탈리즘이라는 말이 너무나도 애매하고 일반적이기 때문이며, 또한 19세기부터 20세기 초엽까지의 유럽 식민지주의의 난폭한 통치 태도를 암시하기 때문이다. 그럼에도 오리엔탈리스트들은 '동양'에 중심 초점을 맞추어 책을 쓰며 학회를 개최하여 왔다. 그 경우 그들은 낡은 오리엔탈리즘이든 새로운 오리엔탈리즘이든 간에 그 외양을 권위의 근거로 삼아 왔다. 요컨대 오리엔탈리즘은 과거의 것이 그대로 존속되고 있다고까지는 말할 수 없어도, 동양과 동양인에 관한 학설과 명제를 통해 여전히 학문으로 살아 있다.

이러한 학문적 전통—그것의 축적, 이식, 전문화 그리고 전달이 이 책 주제의 일부를 형성한다—과 관련되어 오리엔탈리즘에는 더욱 넓은 의미가 있다. 곧 오리엔탈리즘은 '동양'과 (대체로) '서양'이라고 하는 것 사이에서 만들어지는 존재론적이자 인식론적인 구별에 근거한

---

[9] 이는 동양학자로 번역될 수도 있으나 오리엔탈리즘과 함께 이해할 수 있도록 오리엔탈리스트로 부르기로 한다.

하나의 사고방식이다. 따라서 시인, 소설가, 철학자, 정치학자, 경제학자, 식민지 제국의 관료를 포함한 수많은 저술가들이 동양과 그 주민, 풍습, '정신', 운명 등등에 관한 정교한 이론, 서사시, 소설, 사회적 설명, 정치적 기사를 쓰는 경우 그 출발점으로 동양과 서양을 나누는 기본적인 구분을 수용하여 왔다. 그리고 '이러한' 종류의 오리엔탈리즘을, 예컨대 아이스킬로스[10]를 비롯하여 빅토르 위고[11], 단테[12], 칼 마르크스[13]까지도 그대로 받아들였다. 이 정도로 넓은 의미를 갖는 '범위' 속에서 우리가 만나게 되는 방법론상의 여러 가지 문제에 대해서는, 이 서설의 뒷부분에서 논의하고자 한다.

오리엔탈리즘의 학문적 의미와, 그것이 갖는 다소간의 상상적 의미 사이에는 계속적인 교류가 있었다. 18세기 말 이후 이 두 가지 사이에는 상당한 양의, 엄격히 규율된—심지어 통제된—교류가 있었다. 여기서 나는 오리엔탈리즘이 갖는 제3의 의미에 도달하게 된다. 이는 앞에서 본 두 가지보다도, 역사적·실질적으로 더욱 명확하게 한정되는 것이다. 오리엔탈리즘을 논의하고 분석할 때 대충 그 출발점을 18세기 말로 잡는다면, 오리엔탈리즘은 동양을 다루기 위한—동양에 관하여 서술하거

---

10) Aeschylos(B.C. 525~456)는 그리스의 비극 시인이자 극작가로 그의 대표적인 작품이 다른 그리스 극과 함께 우리말로 소개되어 있다. 뒤에서 논의되는 《페르시아인 Persai》은 그가 직접 참전한 페르시아와의 전쟁 경험을 바탕으로 쓴 것이다.
11) Victor(-Marie) Hugo(1802~1885)는 프랑스의 낭만파 시인, 소설가, 극작가로서 《레미제라블 Les Miserable》(1862)과 《노트르담의 꼽추 Notre Dame de Paris》(1831) 등이 우리말로 소개되어 있다.
12) Alighieri Dante(1265~1321)는 이탈리아의 시인으로서 《신곡 The Divine Comedy》 등의 작품이 우리말로 소개되어 있다.
13) Karl Marx(1818~1883)는 독일의 경제학자·철학자로서 과학적 사회주의를 창시했다. 중요 저서인 《자본론 Das Kapital》(1867)과 《공산당선언 Communist Manifesto》(1848) 등은 오랫동안 우리나라에서는 금서였으나 최근에 와서 소개되고 있다. 마르크스의 서양중심주의는 19세기 오리엔탈리즘의 한계를 갖는 것으로 재검토되어야 한다.

나, 동양에 관한 견해에 권위를 부여하거나, 동양을 묘사하거나, 가르치거나 또는 그곳에 식민지를 세우거나 통치하기 위한—동업조합적인 제도로 볼 수 있다. 요컨대 오리엔탈리즘이란, 동양을 지배하고 재구성하며 억압하기 위한 서양의 방식이다. 여기서 나는 미셸 푸코[14]가 《지식의 고고학》과 《감시와 처벌》에서 설명한 담론[15]이라는 개념을 원용하는 것이 오리엔탈리즘의 본질을 밝히는 데에 유용하다고 생각한다. 곧 오리엔탈리즘을 하나의 담론으로 검토하지 않는 한, 계몽주의 시대 이후의 유럽문화가 동양을 정치적·사회적·군사적·이데올로기적·과학적·상상적으로 관리하거나 심지어 동양을 생산하기도 한 거대한 조직적 규율이라는 점을 이해할 수 없다고 나는 주장한다. 나아가 오리엔탈리즘이 그 정도로까지 권위 있는 지위를 확보한 결과, 동양에 관하여 쓰거나 생각하거나 행동하는 경우, 오리엔탈리즘에 의해 사고와 행동에 가해진 제한을 받지 않을 수 없었다고 나는 믿는다. 요컨대 오리엔탈리즘 때문에 동양은 자유로운 사고와 행동의 대상이 아니게 되었고, 지금도 여전히 아니다. 그렇다고 하여 오리엔탈리즘이 동양에 대해 이야기할 수 있는 것을 일방적으로 결정했다고 말하려는 것은 아니다. 도리어 오리엔탈리즘이란, '동양'이라고 하는 독특한 존재가 문제되는 경우, 언제나

---

14) Michel Foucault(1926~1984)는 현대 프랑스의 대표적인 사상가로서 이 책의 발상에 절대적인 영향을 끼쳤다. 그는 서구 근대의 사상, 학문, 의학, 감옥, 성을 연구했다. 그의 저서 가운데 《말과 사물 Les mots et les Choses》(Gallimard, 1966)은 이광래에 의해(민음사, 1987), 《감시와 처벌 Surveiller et Punir》(Gallimard, 1975)은 박홍규에 의해(강원대출판부, 1989) 그리고 《성의 역사 Historie de la Sexualite》(1~3권, Gallimard, 1976~1983)은 이규현 등에 의해(나남, 1990) 번역되었다.

15) 담론 discours이란 푸코의 사상에서 가장 중요한 개념 중 하나로, 글 또는 언어로서 연대에 의해 정리된 내용을 갖는 언어표현이라고 이해할 수 있다. 그 언어적인 기원은 그리스어의 로고스 logos에 있다고 하며, 직접적이고 직관적인 표현이 아니라 개념 작용과 논리적 판단을 거친 질서 있는 표현이라는 뉘앙스, 곧 논리적이고 관념적인 이야기라는 점에 주의할 필요가 있다.

불가피하게 거기에 조준이 맞추어진—따라서 언제나 그것에 포함되는—관심의 총체망이다. 그것이 어떻게 하여 생겼는가를 이 책에서 분명히 밝히고자 한다. 또한 이 책은, 유럽문화가 일종의 대리물이자 은폐된 자신이기도 한 동양으로부터 스스로를 소외시킴으로써 자신의 힘과 정체성을 얻었다는 점도 분명히 밝히고자 노력한다.

동양에 대한 프랑스와 영국의—제2차 세계대전 후 미국이 우세하게 된 시대 이전의—역사적이고도 문화적인 관여 방식과, 기타 유럽 및 대서양 연안 여러 나라의 관여 방식 사이에는, 질적·양적으로 엄청난 차이가 있다. 따라서 오리엔탈리즘에 관하여 말한다는 것은, 유일하다고는 말할 수 없어도, 주로 영국과 프랑스의 문화 사업에 관하여 말하는 것이 된다. 그 사업은 완전히 이질적인 여러 영역을 포함하는 여러 차원으로 구성되었다. 여기서 이질적인 영역이란 상상 그 자체, 인도와 레반트[16]의 총체, 《성서》의 텍스트와 《성서》에 나타나는 여러 지역, 향신료 무역, 식민지의 군대, 식민지 행정관료의 오랜 전통, 방대한 분량의 학술자료, 다수의 동양관계 '전문가'와 '기술자', 동양에 관한 교수직, 복잡하게 배치된 '동양적인' 관념의 복합체(동양적 전제·동양적 화려함·동양적 잔인함·동양적 관능성), 유럽인이 사용할 수 있도록 순화된 동양의 다양한 종파나 철학·지혜[17] 등 그 목록은 거의 무한대에 이를 정도로 방대하다. 요컨대 오리엔탈리즘은, 영국과 프랑스 그리고 19세기 초까지는 실제로 오직 인도와 《성서》 관련국만을 의미한 동양 사이에서 경험된 특수한 근접관계에서 비롯되었다. 19세기 초엽부터 제2차 세

---

16) 동부 지중해 연안의 여러 나라들, 특히 시리아, 레바논, 이스라엘 등을 말한다.
17) 저자는 서양화된 동양사상, 동양종교, 동양철학 등을 오리엔탈리즘의 일부로 간주한다. 오늘의 한국에서 논의되는 각종 동양학도 서양의 눈으로 보는 것이라면 사이드가 말하는 오리엔탈리즘을 면할 수 없으리라.

계대전까지는 프랑스와 영국이 동양과 '오리엔탈리즘을 지배했다. 제2차 세계대전 이후에는 미국이 동양을 지배하게 되었고 과거의 프랑스, 영국과 마찬가지 방식으로 동양에 접근하였다. 이러한 근접관계의 힘은, 심지어 그것이 항상 서양(영국·프랑스·미국)의 동양에 대한 상대적 우월성을 시위하여 왔다고 해도 너무나도 생산적이었다. 이러한 근접관계의 내부로부터 내가 오리엔탈리스트[18]라고 부르는 사람들의 방대한 분량의 텍스트[19]가 나타났다.

여기서 나는 내가 검토한 저술과 저자들이 엄청난 수에 이르고 있음에도 불구하고, 상당히 많은 수를 그냥 제외시켜야 했다는 점을 밝히지 않을 수 없다. 그러나 나의 논의는 동양을 취급한 문헌을 망라한 목록에 의존하지 않고, 또 오리엔탈리즘의 규범을 함께 정한 텍스트들, 저자들, 관념들을 명확하게 한정한 세트에 의존하지도 않는다. 그 대신 나는 또 다른 별도의 방법론적 대안—그 근간은 어떤 의미에서 내가 이 서설에서 지금까지 서술해 온 일련의 역사적 일반화이다—에 의존한다. 아래에서 이러한 역사적 일반화에 대해 더욱 상세히 분석해 보자.

2

나는 동양이, 활동성 없는 자연현상이 아니라는 가정에서 출발했다. 동양은 단순히 '그곳'이라는 식으로 표시될 수 있는 장소가 아니다. 이는 바로 서양이 '그곳'이라고만 표시될 수 있는 장소가 아닌 것과 같다. 여

---

18) 원서에는 *Orientalist*라고 하나, '오리엔탈리즘적인 것'이라고도 할 수 있다.
19) 텍스트란 문헌, 작품, 원전, 원본 등으로 번역될 수 있으나 저자는 그것을 모두 포괄하는 뜻으로 사용하고 있다.

기서 우리는 비코[20]가, 인간은 자신의 역사를 만든다고 말하고, 인간이 인식할 수 있는 것은 스스로 만든 것뿐이라고 말한 놀라운 관찰을 진지하게 받아들여 그것을 지리에까지 확장시켜 볼 필요가 있다. 역사적 실체는 말할 필요도 없고, 지리적 실체이자 문화적 실체이기도 한 '동양'·'서양'이라고 하는 장소, 지역적·지리적 구분은 모두 인간이 만든 것이다. 따라서 서양 그 자체가 그러한 것과 마찬가지로 동양도 사상, 이미지, 어휘의 역사와 전통을 갖춘 하나의 관념이었다. 동양이 서양에 내재하는 것으로, 또 서양을 대신하는 것으로 실현되고 존재할 수 있게 된 것도 이러한 역사와 전통에 의한 것이었다. 그리하여 이러한 두 가지 지리적 실체는 서로 의존하며 어느 정도는 서로를 반영하고 있다.

앞에서 설명한 점에 대하여 나는 다음 몇 가지 합리적인 한정조건을 덧붙여야 한다고 생각한다. 첫째, 동양이 **본질적으로** 현실과 부합되지 않는 관념이나 날조였다고 단정해서는 안 된다. 디즈레일리[21]는 그의 소설 《탕크레드》[22]에서 "동양이라고 하는 것은 평생을 바쳐야 하는 사업이다"라고 했다. 그가 말하고자 한 것은, 동양에 대하여 관심을 갖는

---

20) Giambattista Vico(1668~1744)는 이탈리아의 문화사 및 법에 관한 철학자로서 최근 그에 관한 재발견이 논의되고 있다. 곧 문화인류학 및 민족학의 시조로서 저자에게도 깊은 영향을 미쳐서, 이 책에서도 그의 주요 저서인 《새로운 학문Scienza Nuova》(1725)이 자주 언급된다. 비코는 특히 마르크스에게 지대한 영향을 미쳤다. 마르크스 경제이론의 기본은 비코에서 비롯된 것이라고 보는 견해도 있다(《대영백과사전Encyclopaedia Britanica》, Vol. 12, 347쪽). 그의 저서 가운데 《새로운 학문》과 《이탈리아인 태고의 지혜》가 번역되었다. 박홍규, 《처음으로 돌아가라—비코의 생애와 사상》(필맥, 2005) 참조.
21) Benjamin Disraeli(1804~1881)는 영국의 정치가이며 수상(1868, 1874~1880)이자 소설가로서 대영제국을 수립한 빅토리아 여왕 시대의 지배계급을 대변하는 인물이었다.
22) 《탕크레드 또는 새로운 십자군Tancred, or, The New Crusade》(1847)의 줄거리는 다음과 같다. 19세기 영국의 젊은 귀족이었던 탕크레드는, 아시아의 신비를 분명히 밝히고 신과 직접 교류하기 위하여 성지인 예루살렘을 방문하고자 한다. 양친을 비롯한 주위 사람들의 반대에 부딪혔으나 그는 반대를 무릅쓰고 동양을 찾아 자신의 목적을 달성한다. 그 사이에 몇몇 파벌의 음모에 휘말려 여러 가지 모험을 거친 뒤에 아름다운 유대인 여

다는 것이, 서양의 똑똑한 청년들이 평생을 바칠 수 있는 정열적인 과제라는 것이었다. 이를 디즈레일리가 동양이 서양인에게 **유일한** 하나의 사업이라고 말한 것으로 해석해서는 안 된다. 옛날이나 지금이나 동양에는 그 나름의 문화와 민족이 존재했으며 그들의 생활, 역사, 관습은 서양에서 그것들에 관하여 거론한 것보다 분명히 더욱 위대한 살아 있는 현실이었다. 이러한 사실에 관하여 나의 오리엔탈리즘 연구는 기여하는 바가 거의 없다. 나는 오직 묵시적으로 그 사실을 인정할 뿐이다. 그러나 내가 이 책에서 연구 대상으로 삼은 오리엔탈리즘이라는 현상에 주로 관련되는 것은, 오리엔탈리즘과 동양의 부합에 관한 것이 아니다. 도리어 나의 관심은 오리엔탈리즘과 '실제의' 동양이 어느 정도로는 일치함에도 불구하고, 또는 전혀 일치하지 않음에도 불구하고, "오리엔탈리즘이란 것이 그 자체의 구조에서 하나의 일관성을 갖는가"라는 점에 있다. 요컨대 디즈레일리가 동양에 관하여 서술한 것은, 서양인이 조작한 일관성, 곧 동양에 관한 관념들의 탁월하고도 규칙적인 배열에 대하여 언급한 것이었지, 월레스 스티븐스[23]이 그의 시구에서 읊은 것과 같이 있는 그대로의 존재에 대해 언급한 것이 아니었다.

둘째의 한정조건은 관념, 문화, 역사를 진지하게 이해하거나 연구하기 위해서는 반드시 그 강제력, 더 정확하게 말하자면 권력의 편성형태를

성 에바와 결혼한다. "동양이라고 하는 것은 평생을 바쳐야 하는 사업이다"라는 본문 속의 인용구는, 그 소설의 제2부 제11장에서, 탕크레드의 친구인 유대인 은행가 시드니어가 개최한 만찬의 석상에서 초대된 손님들이 탕크레드의 동양행에 대하여 얘기하는 가운데 나오는 대화의 일부이다. 그리고 탕크레드라는 이름은 제1차 십자군을 지휘한 노르망디의 장군 이름이기도 했다. 십자군은 서양인에 의한 세계사에서 알렉산더대왕의 동양 정복에 이어 두 번째로 등장하는 동양 정복 군대이다. 동양의 신비와 후진성 그리고 미모의 여성 확보는 오늘의 〈007〉 영화에까지 이르는 서구 대중문학의 전통이다.
23) Wallace Stevens(1879~1955)는 미국의 시인으로서, 〈있는 그대로의 존재에 관하여 *Of Mere Being*〉는 그의 《유고집 *Opus Posthumous*》(1957)에 수록되어 있다.

함께 연구하여야 한다는 점이다. 동양이란 날조된—또는 나는 그것을 '동양화된' 것이라고 부른다—것이라고 생각하고, 그것을 단순히 상상력의 필요에 의해 생긴 것이라고 생각함은 잘못이다. 서양과 동양의 관계는 권력관계, 지배관계, 복합 헤게모니의 여러 가지 정도에 관련된 것이다. 이러한 관계는 K.M. 페니커[24]가 그의 고전적인 저서인 《아시아 그리고 서양의 지배》라는 책 이름을 통하여 참으로 정확하게 보여 준 적이 있다.[2] 동양이 동양화되었다는 것은, 19세기의 평균적인 유럽인들에 의해서, 동양이 모든 상식에 비추어 '동양적'이라고 인지되었기 때문만이 아니라, 동양이 동양적인 것으로 **날조될 수 있었기** 때문이기도 하다. 거기에는 합의라고 하는 것이 거의 발견되지 않는다. 예컨대 플로베르[25]는 이집트인 창녀와 실제로 만났기 때문에, 광범위하게 영향을 미친 동양여성의 모델을 창조할 수 있었다. 그 창녀는 결코 자신에 대해 말하지 않았고, 그녀 자신의 감정, 존재, 이력을 설명하지도 않았다. 바로 **플로베르** 자신이 그녀 대신 말했고, 그가 그녀를 표현했다. 플로베르는 외국인이고 비교적 부유했으며 남자였다. 그리고 이러한 조건들은 바로 지배라고 하는 역사적 사실을 뜻했다. 그 사실들로 인하여 플로베르는 쿠추크 하넴[26]의 육체를 소유했을 뿐만 아니라, 그녀를 대신하여 말하고 그녀가 얼마나 '전형적인 동양인'이었는가를 독자들에게 이야기할 수 있었다. 여기서 내가 논의하고자 하는 것은, 플로베르가 쿠추크 하넴에 대하여 우월한 지위에 있었던 상황이 결코 예외적인 것이 아니었다는 점이다. 플로베르의 그러한 우월 상황은 동양과 서양 사이의 상대적인 힘의 관계

---

24) K.M.Panikar(1894~1963)는 인도의 외교관이자 사상가였다.
25) Gustave Flaubert(1821~1880)은 프랑스의 소설가로서 그의 대표작인 《보바리부인 Madame Bovary》(1857) 등은 우리말로 번역되어 있다.
26) Kuchuk Hanem은 플로베르가 이집트 여행 중에 만난 이집트 창녀이다.

라고 하는 패턴 그리고 그러한 상황으로 인하여 성립된 동양에 관한 담론을 명백하게 상징한다.

위의 언급은 우리로 하여금 셋째의 한정조건으로 나아가게 한다. 곧 오리엔탈리즘 구조는 허위와 신화로 이루어진 구조에 불과하다거나, 만일 그 진실이 밝혀진다면 허위와 신화는 일거에 없어질 것이라고 생각해서는 안 된다는 점이다.[27] 나는 오리엔탈리즘이 갖는 독특한 가치가, 동양에 관하여 진실을 말한다고 하는 담론(학문의 형태를 취한 오리엔탈리즘은 스스로를 그러한 것으로 주장한다)의 측면보다도 동양을 지배하는 유럽적, 또는 대서양적인 권력의 표지라는 측면에서 더욱 분명하게 나타난다고 믿는다. 그럼에도 우리는 오리엔탈리스트의 담론을 긴밀하게 엮어 놓은 힘, 그리고 그것과 강력한 사회적·경제적·정치적인 여러 제도와의 지극히 밀접한 연결, 나아가 그 엄청난 지속력을 가볍게 취급해서는 안 되고 그것을 이해하려고 노력해야 한다. 결국 1840년대 후반 에르네스트 르낭[28]의 시대로부터 오늘의 미국에 이르기까지(학술원 및 연구소, 저술, 회의, 대학, 외교연수원 등에서), 어떤 관념체계도 변함없이 가르칠 수 있는 지식으로 살아남을 수 있었던 것만큼, 그것은 단순한 거짓말 모음 이상으로 강력한 어떤 것이라고 보지 않을 수 없다. 따라서 오리엔탈리즘이란 동양을 소재로 하는 유럽의 공상만화가 아니라, 하나의

---

27) 예컨대 진실규명 따위의 폭로주의나 극단적인 한탕주의가 진실의 토착화에 중요한 계기가 될 수는 있으나 그 자체가 진실인 것은 아니다. 부정정신은 부정을 위한 필요조건이나 긍정을 위한 충분조건은 아니다.
28) Ernest Renan(1823~1892)은 프랑스의 철학자, 역사가, 종교학자, 언어학자, 비평가로서 박사논문으로 이슬람 철학을 연구한(1852) 이래 1860년부터 시리아에서 기독교의 기원을 찾기 위한 학술 탐험을 하여 《기독교 기원사 Histoire de l'origine du Christianisme》(1863~1883) 7권을 완성했다. 특히 제1권인 《예수의 일생 Vie de Jésus》(1869) 등을 통하여 주로 기독교의 동양 전파에 관심을 가지고 오리엔탈리즘을 연구했다. 그의 종교학은 선교사의 지침으로서 가장 성공적인 기독교 전파국인 우리나라에도 당연히 소개되어 있다. 그는 철저한 서양우월·동양차별주의자였다.

이론 및 실천체계로 창조된 것이라고 할 수 있다. 그 창조를 위하여 수 세대 동안 엄청난 물질적 투자가 이루어졌다. 이러한 계속된 투자에 의해, 동양에 관한 지식체계로서의 오리엔탈리즘은 서양인의 의식 속에 동양을 여과하여 주입하기 위한 필터로 만들어졌다. 그리고 그와 동시에 이루어진 그만큼의 투자는 오리엔탈리즘으로부터 비롯되어 문화 전반을 향하여 증식되어 가는 서술들을 양적으로 더욱 증대시켰다. 그것은 참으로 생산성이 높은 것이었다.

그람시[29]는 시민사회와 정치사회 사이에 유효한 분석적 구분을 설정한 바 있다. 그에 의하면 시민사회는 학교, 가족, 노동조합과 같이 자유의지에 의한(또는 적어도 이성적이고 비강제적인) 조직관계로 구성되며, 정치사회는 직접적인 지배를 정치적인 역할로 삼는 국가제도(군대, 경찰, 중앙관료제)로 구성된다. 물론 문화의 기능을 인정할 수 있는 것은 시민사회에서이다. 시민사회에서 사상이나 제도, 타인의 영향력은 지배를 통해서가 아니라 그람시가 말한 합의를 통하여 작용한다. 따라서 전체주의적이지 않은 사회에서는, 어떤 사상이 다른 사상보다도 커다란 영향력을 갖는 것과 마찬가지로 어떤 문화형태가 다른 문화형태에 비하여 단연코 우월하다. 이러한 문화적 주도권의 형태는 그람시에 의해, 공업화된 서양사회의 문화생활을 이해하는 데에 필수적인 개념인 **헤게모니**로 인정되었다. 오리엔탈리즘에 대하여 지금까지 설명해 온 지속성과 힘을 준 것이 바로 헤게모니이다. 더욱 정확하게 말하자면 그것은 문화

---

[29] Antonio Gramsci(1891~1937)는 이탈리아의 마르크스주의 사상가로서 이탈리아 공산당 창립자 가운데 한 사람이다. 그는 토리노 대학 재학 시부터 마르크스 사상을 연구했고, 〈새로운 질서 L'Ordine nuovo〉라는 신문을 창간하고 파업에 참여했다. 구소련 방문 이후 당수가 되었으나 파시스트에게 체포, 투옥되었다(1926). 건강을 이유로 11년 뒤에 석방되었으나 곧 사망했다. 《옥중 서간 Lettere dal carcere》(1947) 등이 우리말로 번역되었다.

적 헤게모니가 작용한 결과이다. 오리엔탈리즘은 데니스 헤이[30]가 유럽의 관념*3이라고 부른 집단적 관념과 크게 다르지 않다. 이러한 집단적 관념은 '우리' 유럽인을 '그들' 비유럽인 모두에 대치되는 것으로 인식시키는 것이라고 할 수 있다. 사실 유럽문화의 중요한 구성요소야말로 바로 유럽문화를 유럽 안팎에서 헤게모니적인 것으로 만들고 있다고 말할 수 있다. 곧 유럽이 아닌 모든 민족과 문화를 능가하는 것으로서 스스로를 인식하는 유럽인의 유럽관이 바로 그것이다. 나아가 유럽인의 동양관이 갖는 헤게모니라는 것이 있다. 그것은 동양인의 후진성에 대한 유럽인의 우월성을 계속 주장하는 것이다. 그리하여 모든 현상을 더욱 자율적으로, 더욱 회의적으로 생각하고자 하는 인물이 상이한 견해를 취할 수 있는 가능성을 없애 버리는 것이 보통이다.

  오리엔탈리즘이 언제나 지속적으로 의거한 전략은, 이러한 융통성 있는 우월한 **위치**를 차지하는 것이었다. 따라서 서양인은 동양과 맺은 모든 관계에서 언제나 상대에 대한 우위를 유지할 수 있었다. 특히 후기 르네상스로부터 지금까지 유럽이 압도적인 우세를 차지하고 있는 시대에 그 이상의 상황이 있을 수 있었겠는가? 과학자, 학자, 선교사, 무역상, 군인들이 동양에 살았고 동양에 관하여 생각했다. 왜냐하면 그들은 동양인들로부터 거의 아무런 저항을 받지 않고 그곳에 **살 수 있었으며**, 동양에 관하여 생각할 수 있었기 때문이었다. 동양에 관한 지식의 개괄적인 서설을 근거로 하여, 또 18세기 말 이래 동양을 압도한 서양의 헤게모니 우산 아래에서 대학의 연구, 박물관의 전시, 식민지 관료기구의 편성, 인류와 우주에 관한 인류학적·생물학적·언어학적·인종적·역

---

30) Denys Hay(1915~)는 영국의 중세사회학자로서 《유럽 : 사상의 형성 *Europe, The Emergence of an Idea*》(Edinburgh:Edinburgh University Press, 1968)이라는 책을 썼고, '유럽의 관념'이라는 말을 사용했다.

사적 명제의 이론적 해설, 개발·혁명·문화적 성격·민족적 또는 종교적 특질에 관한 경제학적·사회학적 이론의 실례 등, 어느 것에도 적합한 하나의 복합체로서 동양이 출현했다. 나아가 상상력으로 동양적 사물을 음미하는 경우, 통치자인 서양의 절대성으로부터 나오는 상당히 배타적인 의식을 기본으로 삼았고, 그 서양의 도전할 수 없는 중심성으로부터 하나의 동양적 세계가 나왔다. 그 경우 먼저 동양적인 인간이나 사물에 관한 개괄적인 관찰이 이루어졌고, 이어서 경험적 현실만이 아니라 일련의 욕망, 억압, 성격부여, 감정투입 등이 지배하는 세밀한 논리가 그것을 이끌었다. 실베스트르 드 사시[31]가 쓴 《아랍 명문집》이나 에드워드 윌리엄 레인[32]이 쓴 《현대 이집트인의 풍속과 습관》과 같이, 오리엔탈리즘의 위대한 달성인 순수한 학문적인 저술에 관해서도 우리는 마찬가지로 지적할 수 있다. 또한 우리는 르낭이나 고비노[33]의 인종차별 사상이, 빅토리아 왕조기의 엄청나게 많은 포르노 소설[*4](《음탕한 터키인》에 관한 스티븐 마커스[34]의 분석을 참조하라)과 동일한 동기의 소산이라고 하는 점에 주목할 필요가 있다.

그럼에도 우리는 반복하여 다음 사실을 되묻지 않을 수 없다. 오리엔탈리즘에 관련된 것들은, 구체적인 사물을 압도하는 일반적 관념의 총체―그것들이 유럽최고주의나 여러 가지의 인종차별주의 또는 제국주의 등 일종의 불변적인 관념적 추상으로서 '동양적인 것'에 관한 교조적인 견해 같은 것으로 나타나는 것을 부정할 수 있는 사람은 없다―로 문

---

31) Silvestre de Sacy(1758~1838)는 프랑스의 동양학자로서 뒤에서 상세히 논의된다.
32) Edward William Lane(1801~1870)은 영국의 아라비아어 학자로서 뒤에서 상세히 언급된다.
33) Joseph-Arthur, comte de Gobinau(1816~1882)는 프랑스의 사상가이자 소설가로서 그의 인종차별주의는 서구에 깊은 영향을 끼쳤다.
34) Steven Marcus(1928~)는 미국의 영문학자.

제 삼아야 하는 것인가? 아니면 동양에 관한 소재를 취급하는 저자의 개별적인 보기로서 우리가 열거할 수 있는 무수한 저술가들의 다양한 작품들을 문제로 삼아야 하는가? 하나는 일반적이고 다른 하나는 특수적이라고 할 수 있는 그 두 가지는, 어떤 의미에서 같은 하나의 소재를 바라보는 두 가지 관점이다. 왜냐하면 그 어느 것을 선택하여도 네르발이나 플로베르와 같은 위대한 예술가와 함께 윌리엄 존스[35]와 같은 이 분야의 선구자를 다루어야 하기 때문이다. 그러므로 두 가지 관점을 함께 사용하거나, 하나씩 사용하는 것이 불가능할 리가 없지 않겠는가? 가령 하나의 서술이 과도하게 일반적인 수준 또는 특수한 수준의 어느 한쪽에 편중된 형태로 체계적으로 유지된다면, 사실이 왜곡—학문적인 오리엔탈리즘이 언제나 빠졌던 종류의 왜곡과 정확하게 일치하는—될 우려가 있음은 분명하지 않은가?

나는 왜곡과 부정확함이라는 두 가지를 모두 우려한다. 더 정확하게 말하자면 그 부정확함이란 너무나도 교조적인 일반성과 너무나 실증주의적으로 편중된 개별적 초점으로부터 생기는 부정확함이다. 이러한 문제를 다루면서 나는 스스로 직면했던 세 가지의 중요한 측면을 다루고자 노력해 왔다. 그것이 내가 논의해 온 방법론 및 견해에 부수된 장애를 제거하는 방법이라고 생각했다. 그러한 걸림돌로 인하여 어쩌면 전혀 문제 삼을 가치가 없을 정도로 과도하게 일반화된 서술의 차원을 둘러싼 조잡한 논쟁에 휘말리게 될지도 모른다. 나아가 이러한 오리엔탈리즘의 분야를 특징 짓는 영역에 고유한 논리를 부여하는 총체적 윤곽을 잊어버릴 정도로 지나치게 상세하거나 미시적인 분석에 빠질지도 모른다. 그렇다면 어떻게 하여야 개별성을 인식함과 동시에 그 개별성을

---

[35] William Jones(1746~1794)는 영국의 동양학자로서 주로 인도를 연구했다.

결코 수동적이지도 않고 독재적이지도 않으며, 일반적이고 헤게모니적인 내용과 정교하게 양립시킬 수 있겠는가?

3

지금까지 내가 직면한 현실적 문제의 세 가지 측면에 대하여 언급했다. 이제 그 세 가지 측면에 대하여 좀 더 설명하고 검토해 보고자 한다. 이것은 내가 연구와 저술에서 왜 이러한 독특한 방침에 따르게 되었는지 이해하는 밑바탕이 될 것이다.

1. 순수한 지식과 정치적인 지식의 차이

셰익스피어[36]나 워즈워스[37]에 관한 지식은 정치적인 것이 아니지만, 현대의 중국이나 구 소련에 관한 지식은 정치적인 것이라고 주장하기란 참으로 쉬운 일이다. 나 자신의 공식적인 직업적 호칭은 '인문학자'[38]이다. 그 호칭은 나의 전문 분야가 인문학이고, 따라서 이 분야에서 내가 하는 연구가 정치적일 수 있는 가능성은 전혀 없다는 점을 나타낸다. 물론 이러한 꼬리표나 용어는 그것들을 내가 여기서 사용하는 경우에 모

---

36) William Shakespeare(1554~1616)는 영국의 극작가이자 시인으로서 그의 작품은 모두 우리말로 여러 번 번역되었다.
37) William Wordsworth(1770~1850)는 영국의 시인으로서 낭만주의를 대표하는 계관시인이었다. 그의 시도 우리말로 상당수 번역되었다.
38) *humanist*란 *humanism*과 함께, 인간주의자라는 뜻으로 휴머니스트 그대로 불리는 경향이 있다. 그러나 여기서는 인간에 관한 연구자로서 사회과학자 내지 자연과학자와 구분된다. 서구의 경우 이는 르네상스기의 고전문학연구가에서 비롯되었다.

두 그 뉘앙스가 완전히 달라지게 된다. 그러나 내가 지적하는 것이 일반적으로 말하여 진실이라는 점은 널리 인정되고 있다고 생각한다. 가령 워즈워스에 관한 책을 쓰는 인문학자 또는 키츠[39]를 전공하는 편집인은 정치에 휘말릴 가능성이 없다고 말하는 이유 중 하나는, 그들의 연구가 일상적인 의미의 현실에 대하여 직접 정치적인 영향을 미치지 않는 것으로 보이기 때문이다. 반면 경제를 전공하는 학자의 연구는, 정부의 중요 이익과 관련된 막중한 책임 영역에서 행해지는 것이므로 그가 연구나 제안 형태로 만들어 내는 것은 정책 입안자, 관료, 체제 옹호적인 경제학자, 정보기관 등에 의해 채택될 가능성이 높다. '인문학자'와 정책·정치에 관여하는 학자 사이의 차이는 다음과 같이 말하면 더욱 명확해진다. 인문학자의 이데올로기적 색깔은 정치에서 중요성을 갖지 못함에 비하여(그 인문학자가 지지하는 스탈린주의나 파시즘 또는 너무나도 안이한 자유주의에 반대할 수 있는 같은 분야의 동료들에게는 그것이 중요한 문제일지도 모르지만), 정책학자의 이데올로기는 그것이 그의 연구 소재에 직접 포함되기 때문에(사실 현대 학문인 경제학, 정치학, 사회학은 이데올로기적인 학문이다)[40] 당연히 '정치적인' 것으로 보이게 된다.

그럼에도 현대 서양(여기서 나는 주로 미국의 경우를 말한다)에서 만들어지는 지식의 대부분을 결정적으로 침식하고 있는 것은, 지식이란 비정치적이어야 한다는 것, 곧 지식은 학문적·순이론적·중립적인 것으로서 당파적이거나 편협한 교조주의적 신념을 초월해야 한다는 것이다. 이론상의 이러한 지향에 이의를 제기할 수는 없겠으나, 실제의 현실은

---

39) John Keats(1795~1821)는 영국의 시인.
40) 정치학, 경제학, 사회학만이 아니라 모든 사회과학, 나아가 응용사회과학으로서 법학이나 행정학은 더욱더 이데올로기적인, 아니 아예 하나의 권력부종적·권력아부적인 기술에 불과하다고 할 수 있을 것이다.

훨씬 더 많은 문제를 포함하고 있다. 학자를 그의 생활조건으로부터, 계급·신념체계·사회적 지위와 (의식적·무의식적으로) 관련되는 사실로부터, 또는 사회의 일원으로서 행하는 단순한 활동으로부터 완전히 분리할 수 있는 방법이란 없다. 그것들은 학자의 직업적 활동에 계속 영향을 미치고 있다. 두말할 필요도 없이 설령 그의 연구 활동과 그 성과가, 삶의 일상적 현실에서 나오는 억제나 구속으로부터 상대적으로 자유로운 단계에 도달하는 것을 목표로 삼고 있다 해도 그렇다. 왜냐하면 참으로 지식 그 자체는 지식을 생산하는 개인(그가 자신의 마음을 어지럽히는 여러 생활조건에 매여 있다고 해도)보다도 다소 당파성이 약하다고 말할 수 있기 때문이다. 그러나 이 지식이 자동적으로 비정치적인 것이라고 말할 수는 없다.

문학이나 고전문헌학에 관한 논의가 정치적인 의의를 갖고 있는가, 또는 아무런 관련이 없는 것인가 하는 것은 매우 거창한 문제이다. 이 점에 관하여 나는 다른 곳에서 상세히 논한 적이 있다.[5] '참된' 지식이 기본적으로 비정치적이라고 하는—거꾸로 말하자면 정치적인 지식은 '참된' 지식이 아니라고 하는—일반적인 자유주의적 다수의견이라는 것이, 지식이 생산되는 시점에서 확보되는 정치적인 환경, 곧 비록 눈에는 보이지 않아도 고도로 조직화된 정치적인 여러 조건을 어떻게 은폐시켰는가를 분명히 밝히는 점에 나는 흥미를 갖고 있다. 하지만 '정치적'이라는 형용사가 자칭 초정치적 객관성이라는 협정을 침해하고자 하는, 저술의 신용을 떨어뜨리기 위한 꼬리표로 사용되고 있는 오늘날의 현실을 이해했다고 한다면 스스로를 의지하는 수밖에 없다. 무엇보다도 먼저 우리는, 시민사회에서는 지식의 여러 분야에서 그 정치적 중요성에 차이가 있음이 승인되고 있다고 말할 수 있다. 학문 분야에 부여되는 정치적 중요성은 어느 정도까지는 그것이 경제적인 용어로 직접 바뀔 수 있는가에 관련되어 있다. 그러나 그것 이상으로, 그 분야가 정치사회에서 확인할 수 있는 권력의 근원에 어느 정도 가까이 갈 수 있는가에 따라 정치적 중요성이 결정된다고 할 수 있다. 그러므로 예컨대 구소련에서 에너지 잠재력에 관한 장기동태와 그것이 군사력에 미치는 효과에 대해 경제학적인 연구를 한다면 그것은 국방부의 위탁연구로 채택될 가능성이 높다. 또한 어떤 재단으로부터 연구 자금의 일부를 원조 받을 뿐인 톨스토이[41]의 초기 소설에 관한 연구의 경우에는 전혀 얻을 수 없는, 일종의 정치적 지위를 확보하는 사태도 충분히 있을 수 있다. 그러나 그 두 가지 연구 모두 러시아 연구라는, 시민사회가 동일하게 인정하는 분야에 속해 있다. 설령 하나는 지극히 보수적인 경제학자에 의해 연구되고, 다른 하나는 급진적인 문학사가에 의해 연구된다고 하여도 마찬가지이다. 요컨대 '러시아'라는 일반적인 연구 주제는 '경제학'이나 '문학사'라는 더욱 훌륭한 구분보다도 정치적인 우선순위를 차지하고 있다. 왜냐하면 그람시가 말한 대로 정치사회는, 연구기관과 같은 시민사회의 영역에도 영향을 미칠 뿐만 아니라 정치사회가 직접 관심을 갖는 문제를 시민사회의 영역에 침투시키기 때문이다.

나는 일반적인 이론의 기초 위에서 더 이상 논의를 진행시킬 생각이 없다. 나의 연구가 갖는 가치와 신뢰성은 더욱 특수한 것에 의해 증명될 수 있다고 생각하기 때문이다. 예컨대 국가를 후원자로 삼은 군사연구를 은폐하기 위하여 객관적 학문이라는 개념을 사용하는 것과 베트남 전쟁 사이의 기능적인 결합을 연구한 노엄 촘스키[42]의 경우가 그렇다.[*6]

---

41) Lev Nikolaerich Tolstoi(1828~1910)는 러시아의 소설가로서 그의 작품은 대부분 우리말로 번역되었다.
42) Noam Chomsky(1928~)는 미국의 언어학자로서 그의 혁명적인 언어이론은 한국의 전문가들에게도 절대적인 영향을 미치고 있으나, 진보주의자로서 그의 사상은 많이 소개되지 못했다. 미국의 베트남 참전 이후 세계의 인권문제에 이르기까지 광범하게 관여하

영국, 프랑스, 최근의 미국은 여전히 제국주의적 강국이기 때문에, 이들 나라가 해외에서 제국주의적인 이해관계를 맺을 경우 언제라도 정치사회는 소위 직접 정치적인 주입물로서의 위기감을 시민사회에 강요하게 된다. 예컨대 19세기 말 인도나 이집트에 살았던 영국인들이 그 나라에 대해 관심을 보인 경우, 그들의 마음속은 영국 식민지로서의 지위와 결부되어 있다고 해도 이의를 제기할 사람이 없으리라 생각한다. 이렇게 말하는 것과, 인도나 이집트에 관한 모든 학문적인 지식은 모두 정치적 사실에 의해 어떤 색깔이 부여되고 인상 지워지며 침해되고 있다고 말하는 것은 완전히 다르게 보일지도 모른다. 그러나 그렇지 않다는 주장이 바로 이 책에서 오리엔탈리즘에 관하여 **내가 말하고자 하는 것이다**. 왜냐하면 인문학의 어떤 지식 생산이든지 간에, 그 저자가 인간적 주체로 주위의 환경에 지배되는 것을 무시하거나 부정할 수 없다는 것이 사실이라고 한다면, 동양을 연구하는 유럽인·미국인이 자기 현실의 중요한 환경조건을 부정할 수 없다는 점 또한 사실임에 틀림없을 것이기 때문이다. 곧 유럽인이나 미국인은 먼저 유럽인·미국인으로서 동양과 직면하며, 그 뒤에 하나의 개인으로서 동양과 만나게 된다. 그리고 이러한 상황에서 유럽인·미국인이라고 하는 것은, 결코 활동성이 없는 실체가 아니다. 과거부터 지금까지 변함없이 그 사실이 의미해 온 것은, 그것이 설령 막연하다고 하여도 자신이 동양에 대하여 명확한 이해관계를 갖는 강대국의 국민이라는 자각이고, 더욱 중요한 것은, 자신이 거의 호메로스[43]시대 이래 동양의 역사에 대해 명확히 관여해 온 지역에 속한 인간

는 그의 진보적 견해는 반드시 한국에 소개될 필요가 있다. 그는 사이드의 유력한 동료로서 미국의 참된 진보적 지식인 중 한 사람이라고 할 수 있다.
43) Homeros는 기원전 10세기경 고대 그리스의 시인으로서 그의 작품인 《일리아스》와 《오디세이아》는 우리말로 소개되어 있다.

이라는 자각이다.

이렇게 설명하면, 그러한 정치적 현실이 여전히 애매하고 너무나 일반적이어서 참으로 흥미 깊은 것이라고 말할 수 없다. 정치적 현실이라는 존재에 관해서는 누구도 이의를 제기하지 않는다고 하여도, 그 정치적 현실이 예컨대 《살랑보》의 저자인 플로베르나 《이슬람의 근대적 조류》의 저자인 H.A.R. 기브[44]와 중대한 관계가 있다고 하는 점에 대해서는 대부분의 독자가 동의하지 않을지도 모른다. 여기서 장애가 되는 것은, 지금까지 설명해 온 거대한 지배는 사실과, 일상생활의 구석구석을 이루는 사실―그것은 소설이든 학술서이든 간에 그것들이 쓰여진 때의 내부적인 규율의 세부를 지배하고 있다―과의 차이가 너무나도 크다는 점이다. 그러나 만일 우리가 제국의 지배와 같은 '거대한' 사실이, 문화나 사상과 같은 복잡한 문제에도 기계적·결정적으로 적용 가능하다고 생각하는 것을 출발점에서부터 제외시킨다면, 비로소 우리는 흥미 깊다고 말할 수 있는 종류의 연구에 접근하게 되리라. 나는 유럽인, 이어 미국인이 동양에 관하여 가져 온 관심은, 앞에서 설명한 바와 같이 약간의, 그러나 명백한 역사적 평가에 의해 바라보는 한 정치적인 것이라고 생각한다. 하지만 그러한 관심을 창조한 것은 문화였고, 또한 정치적·경제적·군사적 원리가 노골적으로 관철되는 동양을, 내가 오리엔탈리즘이라고 부른 분야에 명백하게 존재하는 것과 같은 다양하고도 복잡한 장소로 날조하기 위해 역동적으로 작용하게 한 것도 문화였다.

따라서 오리엔탈리즘이란 문화, 학문, 제도에 의해 피동적으로 반영되는 단순한 정치적 연구 주제나 연구 분야가 아니다. 또 동양에 관한

---

44) H.A.R. Gibb(1895~1971)는 영국의 이슬람학자. 그의 약력과 사상은 이 책의 뒷부분에서 상세히 언급된다.

방대하고도 산만한 텍스트들의 집합도 아니다. 나아가 '동양적' 세계를 억압하고자 하는 극악무도한 '서양적' 제국주의의 음모를 대변하거나 표현하는 것도 아니다. 도리어 오리엔탈리즘이란 지정학적인 지식을 미학적, 학문적, 경제적, 사회학적, 역사적, 문헌학적인 텍스트로 **분배하는 것**이다. 또한 오리엔탈리즘이란 (세계를 동양과 서양이라는 불균등한 두 가지로 구성하는) 지리적인 기본 구분일 뿐만이 아니라, 일련의 '관심', 곧 학문적 발견, 문헌학적 재구성, 심리학적 분석, 풍경, 사회학적 서술과 같은 매개에 의해 만들어지고 유지되는 '관심'을 **주도면밀한 것으로 만드는 것**이기도 하다. 나아가 오리엔탈리즘이란, 우리의 세계와 명백하게 다른 (또는 우리의 세계와 대체될 수 있을 정도로 새로운) 세계를 이해하고, 경우에 따라서는 지배하고 조종하며, 심지어 통합하고자 하는 일정한 **의지나 목적의식**―그것을 표현하는 것이라기보다도 도리어―그 **자체**이다. 무엇보다도 오리엔탈리즘이란 하나의 담론, 곧 살아 있는 정치권력과 직접적인 대응관계에 있는 것이 아니라, 도리어 다양한 권력과의 불균형적인 교환과정 속에서 생산되고, 또한 그 과정 속에 존재한다. 그것은 (식민지 제도나 제국 제도에 나타나는) 정치권력과의, (비교언어학, 비교해부학 또는 현대의 여러 가지 정책과학과 같은 유행 학문에 나타나는) 지적 권력과의, (취미와 텍스트 그리고 가치에 관한 정통성 및 규범에 수반되는) 문화적 권력과의, ('우리의' 행동에 관한 관념 및 '그들은' '우리와' 같이 행동하거나 이해할 수 없다고 하는 관념에 나타나는) 도덕적 권력과의 교환에 의해 상당한 정도로 형성된 것이다. 사실 참으로 내가 말하고자 하는 것은, 오리엔탈리즘이 현대의 정치적·지적 문화의 중요한 차원 가운데 하나를 단순히 대변하는 것일 뿐만이 아니라, 바로 그 차원 자체로서, 동양이 아니라 도리어 '우리의' 세계와 더욱 깊은 관계를 갖는다는 점이다.

오리엔탈리즘은 하나의 문화적·정치적 사실이므로, 고문서 저장고의 빈 공간 속에 존재하는 것이 아니다. 오히려 그와 완전히 반대라고 할 수 있다. 나는, 동양에 대한 사고와 발언, 심지어 행동까지도, 명석하고 지적인 이해가 가능한 일정한 궤도를 (필경 그 궤도의 안쪽을) 따르고 있음을 보여 줄 수 있다고 생각한다. 그리고 텍스트에 의존하는 여러 사실의 뉘앙스와 정교함을 부여하는 작업이 광범한 상부구조의 압박과 세밀한 텍스트 구성 사이에서 상당한 정도까지 작용하고 있다고 생각한다. 텍스트는 그것이 만들어진 상황context[45] 속에 있다는 것, 상호 텍스트 의존성intertextuality이라고도 할 수 있는 것이 존재한다는 것, 과거에 발터 벤야민[46]이 "'창조성'의 원리라는 이름의 …… 생산적인 인격의 교만"이라고 부른 것 (그 기능에 의해 작가가 자신의 정신에 근거하여, 자신의 순수한 정신으로부터 작품을 만들어 낸다고 믿고 있는 것),*7 습관과 선례 그리고 수사양식의 압박에 의해 사고방식이 제한되는 것을 대부분의 인문학자들이 인정하고 있다고 생각한다. 그럼에도 인문학자들은 정치적·제도적·이데올로기적인 강제가 동일한 방식으로 개별 저술가들 위에 작용하고 있음을 인정하려고 하지 않는다. 인문학자라면 가령 발자크[47]의 《인간희극》이 조프루아 생-틸레르[48]와 큐비어[49] 사이의 논쟁에서 영향을 받았다는 점에 관하여, 그것이 모든 발자크 연구가의 흥미를 불러

---

45) 컨텍스트 context는 맥락이라고도 번역된다.
46) Walter Benjamin(1892~1940)은 독일의 문학비평가로서 마르크스주의와 유대신학의 영향 하에서, 기술이 예술을 창조할 수 있으나 다시 파괴할 수 있다고 경고했다. 위 문장은 〈보드렐에서 제2제정기 파리〉라는 그의 논문에 나오는 것으로서 '교만'의 영역은 *overtaxing*이나 독일어 원서에는 *Überforderung*이다.
47) Honoré de Balzac(1799~1850)는 프랑스의 소설가로서 《인간희극 La Comédie Humaine》이란 제목 아래 많은 작품을 발표했다. 그중 몇 가지는 우리말로 소개되었다.
48) Geoffroy Saint-Hilarie(1772~1844)는 프랑스의 박물학자.
49) George Baron Cuvier(1769~1832)는 프랑스의 박물학자이자 행정가로서 비교동물학 및 고대생물학의 창시자이다.

일으키는 사실이라고 확신하리라. 그러나 지극히 반동적인 군주제가 발자크에게 끼친 동일한 영향에 대해서는, 그것이 발자크의 문학적 '천재성'을 손상시키는 것이라는 이유에서 많은 인문학자들이 중요하게 연구할 만한 가치가 없다는 상당히 애매한 태도를 취한다. 마찬가지로 헤리 브라켄[50]이 철저히 보여 주었듯이, 로크[51]나 흄[52] 또는 경험주의를 논의하는 경우에[53], 그러한 고전철학자들의 '철학적인' 학설과 인종이론, 노예제 옹호론, 식민지 착취 찬성론과의 사이에 명백한 연결이 있다는 점을 철학자들은 전혀 생각하려 하지 않는다.[78] 이러한 것들은 현대의 학문이 스스로를 순수하게 보존하기 위하여 사용하는 상투 수단이다.

문화의 코끝을 더러운 정치에 처박고자 한 대부분의 시도는 노골적인 우상파괴 행위에 불과했던 것이 사실이리라. 또한 나의 전공 분야인 문학의 사회적 해석은, 상세한 텍스트 분석기술의 엄청난 발전과 같이 진보되지 못했을 뿐인지도 모른다. 그러나 일반적인 문학 연구, 특히 미국의 마르크스주의 이론가들이 텍스트 분석과 역사적 분석에서, 상부구조 차원과 하부구조 차원 사이의 간격을 메우기 위한 진지한 노력을 회피해 온 것은 분명하다. 다른 책에서 나는, 문학적 · 문화적 권력이 전체적으로 제국주의와 문화에 대한 진지한 연구의 시작을 금지했다고까지 말

---

50) Harry Bracken(1926~)은 미국의 철학자.
51) John Locke(1632~1704)는 영국의 철학자로서 그의 《정부이론 *Two Treaties on Government*》 등은 우리말로 소개되어 있다. 그는 민주주의이론의 선구자로 소개되었으나 그것은 노예 · 식민지를 인정한 것이었음을 주의해야 한다.
52) David Hume(1711~1776)은 영국의 철학자이자 역사가로서 소위 영국 경험철학을 대표한다고 하나 로크와 마찬가지로 그는 당대의 지배적인 자산계급 중심의 민주주의를 옹호했고 노예제와 식민지 정복을 당연시했다.
53) 영국경험론이 대륙합리론의 절대주의적 · 전제주의적 성격에 비하여 민주주의적이라는 속설은 완전한 오류이다. 경험론은 상대주의인 점에서 현실과 타협하기 쉽고, 실제로도 당대 영국 지배계급의 이념에 봉사했다. 이는 영미법이나 대륙법의 경우에도 동일하게 나타나는 현상이다.

한 적이 있다.⁹⁾ 왜냐하면 오리엔탈리즘은 우리를 바로 그러한 문제에 직면시키기 때문이고—곧 우리는 정치적 제국주의가 연구, 상상력, 학문, 제도의 모든 영역을 지배하고 있다는 점을 인식하지 않을 수 없다—, 그 결과 그 문제를 회피한다는 것은 지적으로도, 역사적으로도 불가능하기 때문이다. 그럼에도 언제나 모든 경우에 사용할 수 있는 영구적인 탈출구가 남아 있다. 예컨대 문학연구가와 철학자는 각각 문학과 철학의 교육을 받는 것이지, 정치나 이데올로기 분석의 교육을 받는 것은 아니라고 주장하는 것이다. 달리 말하자면 이러한 전문가론은 지극히 효과적으로 작용하여 더욱 폭넓은 관점—나의 의견으로는 더욱 지적으로 진지한 관점—을 가로막는다.

여기서 나는 적어도 제국주의와 문화(또는 오리엔탈리즘)의 연구에 관한 한, 두 가지로 구성되는 단순한 회답을 제시할 수 있다고 생각한다. 첫째, 19세기 대부분의 작가들이 (그보다 앞선 시대의 작가들도 마찬가지였다는 점은 사실이다) 제국의 현실에 관하여 특별히 잘 알고 있었다는 점이다. 이것은 충분히 연구된 주제가 아니지만, 존 스튜어트 밀[54], 아널드[55], 칼라일[56], 뉴먼[57], 매콜리[58], 러스킨[59], 조지 엘리엇[60] 심지어

---

54) John Stuart Mill(1803~1873)은 영국의 철학자, 경제학자, 행정가로서 《자유론 *On Liberty*》(1859) 등을 남겼으나, 본문에서도 언급되듯이 그것은 영국에 적용된다는 것이었고 그가 오랫동안 근무한 인도청 *India House*은 식민지 통치의 첨단 기관이었다. 《자유론》은 우리말로 소개되어 있다.
55) Matthew Arnold(1822~1888)는 영국의 시인이자 평론가.
56) Thomas Carlyle(1795~1881)은 영국의 평론가이자 역사가로서 그의 《영웅숭배론 *On Heroes, Hero-Worship and the Heroic in History*》(1841), 《과거와 현재 *Past and Present*》(1843) 등이 우리말로 소개되었다.
57) John Henry Newman(1801~1890)은 영국의 가톨릭 신학자.
58) Thomas Babington Macaulay(1800~1859)는 영국의 역사가이자 정치가.
59) John Ruskin(1819~1900)은 영국의 비평가로서 그의 《개와 백합 *Sesame and Lilies*》(1865) 등은 우리말로 소개되어 있다.

디킨스[61]와 같은 자유주의문화의 영웅들이 인종과 제국주의에 관하여 확고한 의견을 갖고 있었다는 점을, 빅토리아 시대를 전공하는 현대의 전문가들이 인정하는 데에는 긴 시간이 필요하지 않았다.[62] 그것은 그들이 쓴 저술 속에서 너무나도 쉽게 발견되기 때문이다. 마찬가지로 어떤 전문가라고 할지라도, 예컨대 밀이 《자유론》과 《대의 정치론》에서 인도인을 인종적으로 열등하다고는 말할 수 없어도 문명의 차원에서는 열등하기 때문에 자기의 의견이 인도에는 적용될 수 없다고 주장한 사실도 지식으로서 취급하여야 한다(결국 밀은 일생의 상당 부분을 인도청의 공무원으로 보냈다). 마찬가지의 패러독스는 내가 이 책에서 밝히고자 하는 바와 같이 마르크스의 경우에도 발견된다.

둘째, 제국주의적 형태의 정치가 문학, 학문, 사회이론, 역사서술의 저술에 영향을 미친다고 생각하는 것과, 그러므로 문화란 품위가 없거나 더럽혀진 것이라고 말하는 것은 결코 동일한 것이 아니라는 점이다. 아니, 완전히 그 반대이다. 요컨대 문화와 같이 침투성 있는 헤게모니적 시스템의 내구력과 지속성을 더욱 잘 이해하기 위해서는, 이러한 시스템 내부의 통제력이 단지 억제적일 뿐만이 아니라 **생산적이기도 하다**는 것을 인식하여야 한다. 그리고 이러한 생각이야말로 바로 그람시, 푸코, 레이먼드 윌리엄스[63]가 각자 상이한 방법으로 설명하고자 노력해 온 것

---

60) George Eliot(1819~1980)은 영국의 여류 소설가.
61) Chales Dickens(1812~1870)는 영국의 소설가로서 그의 소설은 상당수가 우리말로 번역되었다. 예컨대 자서전적인 소설인 《데이비드 코퍼필드 David Copperfield》(1849~1950), 《크리스마스 캐럴 A Christmas Carol》(1843), 《두 도시의 이야기 A Tale of Two Cities》(1859) 등이다.
62) 곧 대부분 인종차별 및 대영제국주의를 열렬히 지지했다.
63) Raymond Williams(1921~1988)는 영국의 마르크스주의 문학비평가이다. 그는 웨일스의 노동자 계급 출신으로서 케임브리지에서 공부하고 1974년부터 1983년까지 그곳의 연극론 교수로 근무했다. 영국의 중요한 뉴레프트 이론가로서 많은 평론을 발표했고,

이다. 심지어 우리는 윌리엄스가 《기나긴 혁명》 속에서 '대영제국의 사용법'에 관하여 서술한 한두 쪽만 읽어 보아도 19세기의 문화적 풍요에 관한 수만 권의 연금술적인 텍스트 분석을 읽는 것보다도 많은 것을 알 수 있다."[10]

따라서 나는 각 저술가들과 영국, 프랑스, 미국이라고 하는 3대 제국에 의해 형성된 대규모의 정치적 관심 사이의 다이내믹한 교환으로서 오리엔탈리즘을 연구한다. 그 저술들은 그러한 3대 제국의 지성과 상상력의 영역 속에서 생산되었기 때문이다. 학자로서 나는 조잡한 정치적 진리 따위가 아니라, 세부적인 묘사에 가장 큰 홍미를 갖는다. 실제로 우리가 레인, 플로베르, 르낭이라는 인물들에게 홍미를 갖는 점은, 바로 서양인이 동양인보다 우수하다는 (그들에게는) 자명한 진리 따위가 아니라, 그 진리에 의해 공개된 지극히 광대한 공간의 내부에서 그들이 상세한 작업을 하면서 철저하게 추고와 조정을 했다고 하는 증거에 관한 것이다. 나의 이야기를 이해하는 데에는, 레인의 《현대 이집트인의 풍속과 습관》과 같은 책을 역사학 및 인류학적 관점에서 하나의 고전이라고 하는 것이 인종적인 우월감에 관한 단순한 고찰 때문이 아니라 그 문체와 거대한 정보력을 갖는 생생한 세부묘사 때문이라고 하는 사실을 상기하는 것만으로도 충분하다.

다음으로 오리엔탈리즘에 의해 생겨난 정치적 의문점을 들어 보면 다음과 같다. 곧 어떤 다른 종류의 지적 · 미적 · 학문적 · 문화적 에너지가

사회활동가로서 실천에도 종사했다. 저서로는 《문화와 사회 Culture and Society, 1780~1950》(1958), 《기나긴 혁명 The Long Revolution》(1961), 《키워드 Keyword》(1976), 《시골과 도시 The Country and City》(1973), 《마르크스주의와 문학 Marxism and Literature》(1977), 《문화 Culture》(1981) 등이 있다. 그는 현대 영국의 진보적 지식인으로서 E.P. 톰슨 Thompson과 함께 쌍벽을 이루며, 서독의 위르겐 하버마스 Jürgen Habermas, 프랑스의 피에르 부르디외 Pierre Bourdieu 등과 함께 대표적인 서구 지식인이라고 할 수 있다.

오리엔탈리즘 전통에서와 같은 제국주의적 전통의 형성에 관여하여 왔는가? 어떻게 문헌학, 사서학(司書學 lexicography), 역사학, 생물학, 정치 및 경제이론, 소설, 서정시가 오리엔탈리즘의 노골적인 제국주의적 세계관의 형성에 기여해 왔는가? 오리엔탈리즘의 내부에서 어떤 변화, 조정, 순화, 심지어 변혁이 생겨났는가? 이러한 상황에서 독창성, 계속성, 개성이란 무엇을 의미하는가? 어떻게 오리엔탈리즘은 한 시대로부터 다른 시대로 스스로를 전승하거나 재생산할 수 있는가? 마지막으로 어떻게 하면 오리엔탈리즘이라고 하는 문화적·역사적 현상을, 그 역사적인 복잡성, 세부묘사, 가치 전부 속에서─단순히 무한정한 추론에 의해서가 아니라─**인간의 의지에 의해 만들어진** 것으로 취급하면서, 동시에 문화적 작품, 정치적 경향, 국가 그리고 지배의 특수한 현실 사이의 관련성을 고찰할 수가 있는가? 이러한 문제를 진지하게 고려함으로써 비로소 인문학적 연구는 정치**와** 문화의 관계라고 하는 과제를 책임 있게 다룰 수 있게 된다. 그러나 그렇다고 하여 이러한 연구를 하면 바로 지식과 정치의 관련성에 대한 엄격하고 신속한 규칙을 확립할 수 있다고 말할 수는 없다. 요컨대 인문학의 연구는 각각의 연구, 그 주제, 그 역사적 상황이 형성하는 독특한 맥락 속에서 지식과 정치의 관련성이 갖는 성질을 정식화하여야 한다는 것이다.

2. 방법론상의 문제

나는 이 책보다 먼저 쓴 책에서, 인문학의 연구에서는 방법론상 첫걸음이자 출발점, 곧 그 시작이 되는 원리를 발견하고 공식화하는 것이 결정적으로 중요하다는 점을 고찰하고 분석하는 데 많이 집중했다.[11] 내가 알게 되어 소개하고자 한 교훈의 요점은, 단순하게 주어지는 출발점,

곧 간단하게 알 수 있는 출발점이란 존재하지 않는다는 점이다. 곧 시작은 시작에 이어지는 것을 **가능하게 만드는** 방식으로, 연구 계획의 하나하나에 대해 만들어야 한다는 것이다. 나는 지금까지 이 책의 오리엔탈리즘 연구만큼 그 교훈의 어려움을 자각적으로 체험한 적이 없다(단 이 책이 어느 정도까지 성공했는가, 또는 실패했는가에 대해서 나로서는 정말 말할 수 없다). 시작이라는 관념, 실제로 시작한다는 행위는 한계를 설정하는 행위를 필연적으로 포함한다. 그 한계 행위에 의해 소재의 원료덩이로부터 일부가 절단되고 분리된다. 그 부분은 출발점, 곧 시작 자체임과 동시에 시작을 표상하는 것이기도 하다. 텍스트 연구자가 갖는 이러한 도입에 관한 한정이라는 관념 중의 하나가 루이 알튀세[64]가 말하는 **문제설정**이다. 그것은 분석에 의해 생겨나는 것으로서, 단일의 텍스트나 복수의 텍스트에 대해 특정적으로 범위가 한정된 통일을 부여하는 것이다.[*12] 단 오리엔탈리즘의 경우에는 (마르크스의 텍스트를 연구한 알튀세의 경우와 달리) 출발점, 곧 문제설정을 발견하는 과제만이 아니라, 연구에 가장 적합한 텍스트와 저자 그리고 시대를 선택하고 확정하는 문제도 해결하여야 한다.

나는 오리엔탈리즘의 역사를 백과사전식 이야기체로 서술하는 것은 바보 같은 짓이라고 생각한다. 무엇보다도 먼저, 내 연구의 지침원리가 '유럽인의 동양관'인 이상, 다루어야 할 문헌은 실제로 무한정 존재하기 때문이다. 둘째, 이야기체 모델 자체가 나의 서술적이고 정치적인 관심에 적합하지 않기 때문이다. 셋째, 레이몽 슈와브[65]의《동양 르네상스》,

---

64) Louis Althusser(1918~)는 프랑스의 마르크스주의 철학자로서《마르크스를 위하여 Pour Marx》등을 썼다. 본문에서 말하는 마르크스의 텍스트를 연구한 책이란 바로 이 책이다.

65) Raymond Schwab(1884~1956)는 프랑스의 학자.

요한 퓌크[66]의 《20세기 초엽까지 유럽의 아랍연구》 그리고 최근작인 도로시 메틀리츠키[67]의 《중세 영국의 아라비아 문제》와 같은 책들 속에서 *13 유럽인과 동양인의 교섭에 관한 몇몇 측면이 백과사전식으로 이미 연구된 적이 있기 때문이다. 또한 이러한 연구로 인하여 내가 지금까지 간단히 설명해 온 바와 같이 일반적인 정치적 및 지적인 맥락에서 비평가의 업무는 전혀 다른 것이 되기 때문이다.

여전히 남아 있는 과제는, 과도하게 방대한 문서보관소의 문헌량을 취급하기 쉬운 정도의 분량으로까지 축소시켜야 하는 것이고, 또 연대기식 순서에 지각 없이 따르지 않고 여러 텍스트의 내부에 있는 지적인 질서의 성격에 윤곽을 부여해야 한다는 것이다. 이것은 매우 중요한 일이다. 그러므로 나는 먼저 동양을 둘러싼 프랑스인, 영국인, 미국인의 경험을 하나의 단위로 보고, 역사적·지적 배경에 의해 매개된 이러한 경험이 어떻게 성립되었는가, 또는 이러한 경험의 질과 성격은 어떤 것이었는가 하는 점에서부터 출발하고자 했다. 나아가 뒤에서 논의하는 몇 가지 이유에 의해, 이미 한정된―그래도 아직 과도하게 광범한―여러 문제의 세트를 영국, 프랑스, 미국의 아랍 및 이슬람을 둘러싼 경험에 다시금 한정했다. 왜냐하면 아랍과 이슬람이야말로 거의 1천 년에 걸쳐 동양을 대표해 왔기 때문이다. 이와 같은 한정은, 단적으로 말하면 동양의 광대한 부분을 차지하는 인도, 일본, 중국과 극동의 다른 지역들을 제외하는 것이다. 그러나 그것은 우리가 이러한 여러 지역의 중요성을 인정하지 않기 때문이 아니라(그곳들은 분명히 중요했다), 근동이나 이슬람에 관한 유럽의 경험을 서로 분리하여 논의할 수 있기 때문이다. 그러나 유럽이 동양에 대하여 품어 온 관심을 역사적으로 살펴보면서, 이

---

66) Johann Fück는 독일의 동양학자.
67) Dorothee Metlitzki는 미국의 영문학자.

집트, 시리아, 아라비아와 같은 동양의 특별한 부분을 논의하기 위해서는 그곳보다 더욱 먼 지역, 특히 중요한 페르시아와 인도에 유럽이 관여한 것에 대해서도 연구해야 했던 시기가 몇 번이나 있었다. 그 전형적인 보기가 18~19세기에 영국이 관여한 이집트와 인도 사이의 관계이다. 마찬가지로 젠드-아베스타[68]의 독해에 관한 프랑스인의 역할, 19세기 최초의 10년 사이 산스크리트 연구의 중심이 된 파리가 두각을 나타낸 점, 나폴레옹이 동양에 대하여 관심을 품게 된 것 등은 인도에 대한 영국의 역할에 신경을 썼기 때문이라는 사실 역시 그러한 보기에 해당한다. 이처럼 프랑스의 근동, 이슬람, 아랍에 대한 관심은 나아가 이러한 극동에 대한 관심의 영향을 직접 받았다.

영국과 프랑스는 17세기 말엽부터 지중해 동쪽 해안을 지배했다. 그러나 이러한 지배와 조직적 관심에 관한 나의 논의에서는 (a) 독일, 이탈리아, 러시아, 스페인, 포르투갈의 오리엔탈리즘에 관한 중요한 기여 (b) 18세기에 동양학을 발전시킨 로스 주교[69], 아이히혼[70], 헤르더[71], 미켈리스[72]와 같은 수많은 흥미로운 선구자들에 의해 고무된 성서학상의 혁명을 정당하게 평가할 수 없었다. 나는 먼저 영국과 프랑스의 문헌, 이어서 미국의 문헌에 엄격하게 초점을 맞추어야 했다. 왜냐하면 첫째, 영국과 프랑스가 동양·동양연구에 관하여 선구적 역할을 수행했을 뿐만 아니라, 선구자로서의 양국의 지위가 20세기 이전의 양대 식민지망에 의해 유지되었다는 것이 엄연한 사실로 생각되기 때문이다. 제2차 세계대전 이후 미국이 동양에서 차지하게 된 지위는, 앞선 유럽의 양대

---

68) 조로아스터교의 경전.
69) Bishop Lowth(1710~1787)는 런던의 주교이자 신학자.
70) Johann Gottfried Eichhorn(1752~1827)은 독일의 프로테스탄트 신학자.
71) Johann Gottfried von Herder(1744~1803)는 독일의 사상가이자 문학자.
72) Johann David Michaelis(1717~1791)는 독일의 프로테스탄트 신학자.

세력에 의해 발굴된 장소와 완전히 일치한다(나는 이것이 지극히 의도적인 것이라고 생각한다). 나아가 독일, 이탈리아, 러시아 등에서도 의문의 여지 없이 결정적으로 중요한 의미를 갖는 연구가 없지는 않았으나, 동양에 대한 영국인, 프랑스인, 미국인의 저술에 나타나는 그 질, 일관성, 양은 독일, 프랑스, 러시아 경우를 당연히 능가한다. 그러나 나는 동양 연구의 중요한 진보가 영국과 프랑스에서 시작되었고, 이어서 독일인에 의해 정교하게 다듬어진 것도 사실이라고 생각한다. 예컨대 유럽 최초의 근대적이고도 조직적인 오리엔탈리스트였다고 할 수 있는 실베스트르 드 사시는 이슬람, 아라비아 문학, 드루즈파[73] 종교, 사산 왕조 페르시아 등에 관하여 연구했을 뿐만 아니라, 샹폴리옹[74]과 독일 비교언어학의 시조인 프란츠 보프[75]의 스승이기도 했다. 선구자와 뛰어난 후계자라는 관계는 윌리엄 존스와 에드워드 윌리엄 레인의 경우에도 마찬가지로 해당된다.

문헌을 한정한 두 번째 이유는—그것에 의해 나의 오리엔탈리즘에 관한 연구의 약점이 충분히 보완되는 것이나—, 내가 근대 오리엔탈리즘이라고 부른 것의 융성을 배후에서 뒷받침한 성서학에 관하여 최근 상당히 중요한 연구가 행해졌다는 점에 있다. 그 가장 계몽적인 보기는, E.S. 셰퍼[76]가 쓴 인상적인 《'쿠빌라이 칸'[77]과 예루살렘의 함락》*14이다. 이는 낭만주의의 기원과 콜리지[78], 브라우닝[79], 조지 엘리엇의 작품

---

73) Druzes는 시리아의 레바논 산중에서 믿는, 회교와 기독교의 복합 종교.
74) Jean-François Champollion(1790~1831)은 프랑스의 이집트학자.
75) Franz Bope(1791~1867)는 독일의 언어학자.
76) E.S. Shaffer는 문학평론가.
77) 몽고의 쿠빌라인 칸과 그 궁전을 소재로 쓴 콜리지의 유명한 미완의 시(1816).
78) Samuel Taylor Coleridge(1772~1834)는 영국의 시인이자 비평가.
79) Robert Browning(1812~1889)은 영국의 시인.

을 통해 계속 이어져 온 낭만주의를 뒷받침한 지성의 움직임에 관하여 불가결한 연구이다. 셰퍼는 독일 성서학자들의 저술에서 발견되는 관계 자료를 정리하면서, 그 자료를 사용하여 지적이면서도 언제나 매력적인 방식으로 최고급 영국 작가들인 세 사람의 작품을 읽음으로써, 이미 슈와브가 그 저술 속에서 제시한 윤곽을 상당한 정도로 세련되게 풀어 냈다. 그럼에도 위 저술에는, 내가 주로 관심을 갖고 있는 영국·프랑스의 작가들이 동양을 취급한 문헌에 나타나는 이데올로기적이고 정치적인 경계를 파악하는 감각이 결여되어 있다. 나아가 셰퍼와 달리 나는, 문학적인 오리엔탈리즘만이 아니라, 학문적 오리엔탈리즘의 그 후 발전도 분명히 밝히고자 한다. 그러한 발전은, 한편으로는 영국의 오리엔탈리즘과 프랑스의 오리엔탈리즘의 관계, 다른 한편으로는 식민지를 소유하려는 야심을 드러낸 제국주의의 발생과 관련된다. 또한 나는 이러한 초기의 여러 문제가 어떻게 제2차 세계대전 이후의 미국 오리엔탈리즘 속에서 상당한 정도로 재생되었는가를 밝히고 싶다.

그럼에도 나의 연구에는 아마도 잘못된 측면이 있을 수 있으리라. 나는 사시가 지배한 초창기 이후의 독일 오리엔탈리즘의 발전에 관해서는 다른 기회에 가끔 언급한 적은 있어도 여기서는 철저히 논의하고자 하지 않는다. 학문적인 오리엔탈리즘의 이해를 염두에 두면서 극히 제한된 몇 사람만을 들어 보아도, 슈타인탈[80], 뮐러[81], 베커[82], 골트치허[83], 브로켈만[84], 뇔데케[85]와 같은 학자들에 대하여 거의 주목하지 않은 연

---

80) Heymann Steinthal(1823~1899)은 독일의 언어학자.
81) Max Müller(1823~1900)는 독일 출신의 영국 동양학자로서 한국에서는 《독일인의 사랑》이라는 연애소설의 작가로 소개되어 있다.
82) Carl Heinrich Becker(1876~1933)는 독일의 이슬람학자.
83) Ignaz Goldziher(1850~1921)는 헝가리의 유대계 이슬람학자.
84) Carl Brockelmann(1868~1956)은 독일의 동양학자이자 언어문헌학자.

구는 비난받는 것이 당연하다. 그 점에 대하여 나의 연구가 부족한 점을 솔직히 인정한다. 내가 특히 유감으로 생각하는 것은, 19세기 중엽까지 독일의 학문 세계에서 생겨난 위대한 학문적 권위에 대해 충분히 배려하지 못한 점이다. 그것이야말로 조지 엘리엇이 영국인 학자의 섬나라 근성으로 비난한 태도와 같다. 내가 염두에 두고 있는 것은 바로 엘리엇이 《미들마치》[86]에서 묘사한 잊을 수 없는 인물인 카소본이다. 그의 어린 사촌인 윌 레디슬로에 의하면, 카소본이 그의 저서 《세계신화의 핵심》을 완성하지 못한 이유 중 하나는 그가 독일 학문에 정통하지 못했기 때문이었다. 카소본은 주제를 선택할 때 그것은 "화학처럼 변화하는 것이다. 새로운 발견은 새로운 관점을 계속 만든다"라고 했을 뿐만 아니라 "알다시피 그는 오리엔탈리스트가 아니기"[*15] 때문에 그는 파라셀수스[87]를 논박하는 것과 유사한 작업을 시도한다.

엘리엇이 《미들마치》의 배경이 되는 1830년경까지 독일의 학문이 유럽 학문의 정점에 이르렀다는 것을 암시한 점은 사실 그대로였다. 그러나 독일의 학문은 19세기의 3분의 2에 이르는 동안, 동양에 대한 끊임없는 지속적인 **국민적** 관심과 오리엔탈리스트 사이의 긴밀한 유대관계를 발전시키지 못했다. 영국과 프랑스가 인도, 레반트, 북아프리카를 지배한 것과 같은 일이 독일에서는 전혀 없었다. 나아가 독일인에게 동양이란 오직 학문적인 동양이거나, 적어도 고전적인 동양이었다. 그것은 서정시나 공상 이야기나 소설의 소재이기는 했으나, 이집트와 시리아에

---

85) Theodor Nöldeke(1836~1930)는 독일의 동양학자.
86) 《미들마치 Middlemarch : A Study of Provincial Life》는 조지 엘리엇의 소설로서 1871~1872년에 출간되었다. 미들마치라는 마을에서 일어나는 여러 가지 사건을 다룬 것으로서 등장인물인 카소본 Casaubon은 탁상공론가인 현학자이다. 그가 쓰려는 책이 《세계신화의 핵심 Key to All Mythologies》이다.
87) Philippus Aureolus Paracelsus(1493~1541)는 프랑스 태생의 의사이자 연금술사.

대해 샤토브리앙, 레인, 라마르틴[88], 버튼[89], 디즈레일리, 네르발이 느낀 바와 같은 현실성을 갖는 것이 결코 아니었다. 동양에 관한 가장 유명한 독일의 두 작품인 괴테[90]의 《서동시집》과 프리드리히 슐레겔[91]의 《인도인의 언어와 지혜에 관하여》의 경우, 전자는 라인 지방의 여행 끝에 쓰였고, 후자는 파리의 도서관에서 쓰였다는 사실은 상당한 의미를 갖는 것이다. 독일 동양학의 공적이란 대영제국과 프랑스제국이 동양에서 실제로 수집한 텍스트, 신화, 사상, 언어에 적용되어야 할 연구방법을 정밀하게 다듬은 것이었다.

그러나 독일의 오리엔탈리즘이 영국·프랑스의 그것, 나아가 그 뒤의 미국 오리엔탈리즘과 공유한 점은, 서양문화 내부의 동양에 대한 일종의 지적인 **권위**였다. 오리엔탈리즘에 관하여 논의하는 이상 이러한 권위를 주제로 삼아야 한다. 이 책에서도 바로 그렇다. 심지어 **오리엔탈리즘**이라고 하는 이름 그 자체는 엄숙, 장중하다고도 말할 수 있는 전문가 스타일을 연상시킨다. 내가 현대 미국의 사회과학자들에게까지 오리엔탈리스트라는 호칭을 적용하는 것은(그들 자신은 오리엔탈리스트라고 자칭하지 않으므로 내가 이 호칭을 사용하는 것은 변칙적인 것이긴 하지만) 중동 전문가들에게 여전히 19세기 유럽 오리엔탈리즘의 지적인 자세의 흔적이 보인다고 하는 사실에 관심을 두고 싶기 때문이다.

권위에는 신비적·자연적인 요소가 전혀 없다. 그것은 인간이 형태를 부여하고 개발하며 확산시킨 것이다. 권위는 수단적이고 설득적이다.

---

88) Alphose Marie Louis de Lamartine(1790~1869)은 프랑스의 시인.
89) Richard Burton(1821~1890)은 영국의 탐험가이자 동양학자.
90) Johann Wolfgang von Goethe(1749~1832)는 독일의 시인, 소설가, 극작가로서 《젊은 베르테르의 슬픔 Die Leiden des Jungen Werthers》(1774)이나 《파우스트 Faust》(1831), 《빌헬름 마이스터의 수업시대 Wihelm Meisters Lehrjahre》(1795~1796), 《빌헬름 마이스터의 편력시대 Wilhelm Meisters Wanderjahre》(1829) 등이 우리말로 번역되어 널리 알려졌다.
91) Friedrich Schlegel(1772~1829)은 독일의 문예이론가.

권위는 지위를 가지며, 취미와 가치의 기준을 확립한다. 권위는 그것이 진리라는 위신을 부여한 사상으로부터, 또 권위가 만들어 전달하고 재생산하는 전통, 지각, 판단으로부터 실질적으로 구별하기 힘들다. 무엇보다도 권위는 분석할 수 있고, 아니 도리어 반드시 분석되어야 하는 것이다. 권위가 갖는 이러한 모든 속성은 오리엔탈리즘에도 해당된다. 이 책에서 내가 연구하는 내용의 대부분은, 오리엔탈리즘의 역사적인 권위와 개개인에 의해 체현된 오리엔탈리즘의 권위 양자에 관한 서술이다.

이 책에서 권위를 연구하면서 내가 사용한 방법론상의 중요한 개념장치는, **전략적 위치설정**과 **전략적 편성**이라고도 부를 수 있는 것이다. **전략적 위치설정**이란, 저술가가 주제로 취급한 동양적인 소재에 관한 텍스트 속에서 차지하는 위치를 서술하는 방법이다. 그리고 **전략적 편성**이란 텍스트들의 그룹, 텍스트들의 유형, 심지어 텍스트의 장르가 처음에는 텍스트들 자체 속에서, 그 뒤에는 문화 전체 속에서, 수량과 밀도 및 참조 능력을 확보하는 과정과 텍스트들의 관계를 분석하는 방법이다. 나는 전략이라는 개념을, 동양을 취급하는 모든 저술가가 직면하는 문제, 곧 "어떻게 동양을 파악하여야 하는가, 동양에 어떻게 접근하여야 하는가, 어떻게 하면 그 장엄함, 그 시야, 그 엄청난 차원에 패배하지 않거나 압도당하지 않을 수 있는가"라는 문제를 확인하기 위해서만 사용한다. 동양에 관하여 무엇인가를 쓰는 모든 사람들은 동양과 대치되는 곳에 자신의 위치를 설정하여야 한다. 그리고 텍스트로 전환된 이러한 위치설정에는, 저자가 채택하는 설명어의 종류, 저자가 구축하는 권위의 유형, 텍스트 속에서 반복하여 나타나는 이미지, 테마, 모티프의 종류가 포함되어 있다. 그리고 이 모든 것이 합체됨으로써 독자에게 말하고, 동양을 밀봉하며, 마침내 동양을 표상하는, 곧 동양을 대신하여 말하는 교묘한 방법이 된다. 그러나 이것은 결코 추상적으로 생겨나는 것은 아니다. 동양을 다루는 어떤 저술가도(호메로스까지 해당된다) 동양에 관한 어떤 선례, 예비지식의 존재를 상정하며, 그것을 참조하고 그것에 의거한다. 나아가 동양을 제재로 삼는 작품의 각각은 다른 작품, 독자 그리고 제도 및 동양 그 자체에 **관련된다**. 따라서 작품·독자·동양의 특정 측면이라는 3면 관계의 조합은, 하나의 분석 가능한 편성—예컨대 문헌학적 연구로 구성되는 편성, 동양문학의 선집으로 구성되는 편성, 여행기로 구성되는 편성, 동양풍의 공상 이야기로 구성되는 편성—을 구성한다. 그리고 이 편성은 적절한 시기에 담론과 제도(학교, 도서관, 외교기관 등) 속에 나타남으로써 힘과 권위를 확보한다.

권위를 취급하면서 내가 오리엔탈리스트의 텍스트에 숨어 있는 것의 분석이 아니라, 도리어 텍스트의 표피, 텍스트의 서술에 부수된 외면성을 분석하고자 한 점은 분명한 사실이다. 이 점은 아무리 강조하여도 지나치지 않다고 생각한다. 시인이든 학자든 간에 오리엔탈리스트란 동양에 대하여 말하고, 동양에 관하여 서술하며, 동양의 신비스러운 점을 서양을 위하여 파헤치는 인간이라는 사실, 곧 그러한 외면성이야말로 오리엔탈리즘의 전제조건이다. 오리엔탈리스트는 그가 말하는 것의 제1차적 요인으로서만 동양에 관심을 갖는다. 오리엔탈리스트가 말하고 쓰는 내용은, 그가 실제생활과 정신생활의 양면에서 사실상 동양의 밖에 있는 것을 말과 글로써 나타내는 것이다. 두말할 필요도 없이 이러한 외면성의 중요한 산물이 바로 표상이다. 동양은 이미 아이스킬로스의 희곡 《페르시아인》에서, 매우 멀고 위협적이기도 한 타자로부터 비교적 친숙한 인물—아이스킬로스의 경우에는 슬퍼하는 아시아 여성들—로 변신되었다. 《페르시아인》에 나타나는 표상이 갖는 연극적 직접성에 의해, 관객이 보고 있는 것이 실제로는 한 사람의 비동양인 손에 의해 전체 동양의 상징을 조작했다고 하는, 지극히 기교적인 상연이라는 사실이 은

폐된다. 따라서 나는 오리엔탈리즘의 텍스트를 분석하면서, 동양에 대해 '있는 그대로의' 묘사로서의 표상이 아니라, **조작**representation으로서의 표상이라는 결코 눈에 보이지 않는 흔적에 역점을 두었다.[92] 이러한 흔적은 분명히 예술적인 (틀림없이 상상력이 낳은) 텍스트의 경우와 마찬가지로 소위 진리를 말하는 텍스트(역사서술, 문헌학적 분석, 정치적 논문)의 경우에도 현저히 나타난다. 주목하여야 할 사실은 문체, 수사적 표현법, 배경설정, 설명의 기교, 역사적 및 사회적 여러 조건이지, 표상의 정확함이나 어떤 위대한 원전에 대한 충실함이 아니다. 표상의 외면성을 언제나 지배하고 있는 것은 진부한 상투문자다. 만일 동양이 스스로를 표상할 수 있다면 실제로 그렇게 하겠지만, 동양의 경우 그것이 불가능하기 때문에 서양을 위하여, 또한 슬픈 동양을 위하여 **어쩔 수 없이** 표상이 행해지는 것이라고 하는 상투문자로의 언어전환이다. 《루이 보나파르트의 브뤼메르 18일》에서 마르크스가 "그들은 스스로 자신을 대변할 수 없고 다른 누군가에 의해 대변되어야 한다"[93]라고 말했듯이 말이다.

내가 외면성을 강조하는 또 하나의 이유는, 문화적 담론 및 문화적 교환과 관련하여 그것들이 문화의 내부에 유통되고 있는 것은 대부분의 경우 '진실'이 아니라 표상이라는 사실이 명백히 밝혀져야 한다고 생각하기 때문이다. 새삼스럽게 설명할 필요도 없이 언어는 그 자체가 고도

---

92) *representation*(프랑스어로는 *représentation*)은 푸코의 《말과 사물》에서 사용된 개념이다. 푸코의 경우 본래 '상상하는 행위'와 그 결과로서 의식 내용 그리고 '이해하게 되는 것'이라는 두 가지 계통의 상이한 의미를 갖는 이 말이, 하나의 말로서 통일성을 갖는 말로 사용되고 있다. 따라서 이 책에서는 그것을 주로 표상으로 번역하되, 경우에 따라서는 문맥상 대변, 대체, 대표, 재현 또는 조작 등으로 번역하기도 한다.
93) 이것은 마르크스가 동양인에 관하여 말한 것이 아니라 프랑스의 분할지 농민의 경우에 대해 서술한 것을 사이드가 동양의 경우로 인용한 것이다. 그렇지만 실제로 마르크스는 동양에 대해서 그러한 사고방식을 가지고 있었다.

로 조직화되고 기호화된 시스템으로서 표현하는 것, 지시하는 것, 메시지나 정보를 교환하는 것, 표상하는 것 등등을 위한 많은 장치를 갖고 있다. 적어도 문자로 쓰인 언어의 경우 결코 해방된 존재라는 것은 있지도 않으며 있는 것은 **재-존재**re-presence, 곧 표상이다. 동양에 관하여 쓰인 진술의 가치, 유효성, 강력함, 명백한 진실성이 동양 그 자체에 의존하는 경우는 거의 없고, 그것을 수단으로 삼아 이용할 수도 없다. 반대로, 쓰인 진술은 '동양'으로서 **실재하는 사물**과 같은 것을 배제하고 구축하며 불필요한 것으로 만듦으로써 독자에 대하여 하나의 존재가 되는 것이다. 따라서 오리엔탈리즘은 총체적으로 동양으로부터 멀리 떨어진 곳에 위치한다. 오리엔탈리즘이 여하튼 간에 의미를 갖게 된 것은, 동양 때문이 아니라 도리어 서양 때문이다. 그리고 그 의미는 동양에 관한 담론 속에서 동양을 가시적이고 분명한 '그곳'이라는 존재로 변화시키는 서양의 다양한 표상기술에 직접 의존하여 성립된다. 그리고 이러한 표상은 제도, 전통, 관습, 표현효과를 이해하기 위한 합의에 근거한 암호에 의거하는 것이지, 결코 멀리 떨어져 있고 모호하기 짝이 없는 동양에 의거한 것은 아니다.

동양을 둘러싼 여러 가지의 표상은 18세기의 1760~1770년대를 경계로 하여 변화했다. 그 후(내가 근대 오리엔탈리즘이라고 부르는 시기) 표상의 범위가 현저히 확대되었다. 사실 윌리엄 존스, 앙크틸-뒤페롱[94] 이후, 특히 나폴레옹의 이집트 원정 이후에 들어서면서 유럽은 훨씬 과학적으로 동양을 인식하게 된다. 또 과거에는 볼 수 없었던 권위와 규율을 가지고 동양에 거주하였다. 그러나 더욱 큰 의미가 있는 것은 유럽에서 동양을 수용하기 위한 연구 기술의 시야가 확대되고 더욱 세련되었다는

---

94) Abraham-Hyacinthe Anquetil-Duperron(1731~1805)은 프랑스의 동양학자.

점이다. 18세기 말엽, 여러 동양 언어의 연대年代가 확정되었고, 그 결과 히브리어의 신성기원설이 과거의 유물이 되었다. 그것을 발견했고 그것을 다른 학자들에게 전했으며 새로운 인도-유럽 언어학 속에 그 발견을 보존한 것은, 하나의 유럽인 그룹이었다. 그때 언어학적 관점에서 동양을 연구하는 강력한 학문이 생겨났고, 그것과 동시에 푸코가 《말과 사물》에서 분명히 밝히고 있는, 관련된 학문적 관심들의 전체 구조가 생겨났다. 마찬가지로 윌리엄 벡퍼드[95], 바이런[96], 괴테, 위고가 각각 자신의 기법을 사용하여 동양을 재구성하고, 각각의 이미지, 리듬, 모티프를 통하여 동양의 색채와 빛, 인간에 대한 시각을 가시적인 것으로 만들어 내었다. 여기서 '현실의' 동양은 겨우 작가의 비전을 촉발시켰을 뿐이고, 그 지침이 되는 경우는 거의 없었다.

오리엔탈리즘은, 마찬가지로 서양의 산물인 그 추정상의 대상에 대해서보다도, 도리어 스스로를 산출한 문화 그 자체의 쪽에 더욱 민감하게 반응했다. 그리하여 오리엔탈리즘의 역사는, 내부적인 논리정합성과 함께 그 주변의 지배적 문화에 대한 고도로 명백한 여러 관계도 유지하여 왔다. 따라서 나의 분석이 분명히 밝히고자 하는 점은, 이 분야의 형상과 내부조직, 이 분야의 선구자, 가부장제적 권위, 규범적 텍스트, 찬양적인 여러 관념, 전형적인 인물상, 그 추종자, 연마자, 새로운 권위이다. 나는 또한 오리엔탈리즘이 어떻게 문화를 지배하는 '강력한' 사상, 학설, 조류를 차용했으며, 나아가 어떻게 자주 그것들에 자극을 받아 왔는가를 분명히 밝히고자 한다. 언어학적인 동양, 프로이트[97] 학파의 동양,

---

95) William Beckford(1760~1844)는 영국의 작가.
96) George Godon Byron(1788~1824)은 영국의 시인.
97) Sigmund Freud(1856~1939)는 오스트리아의 정신분석학자로서 마르크스, 아인슈타인과 함께 3대 천재의 하나로 일컬어진다. 그의 주요 저서인 《꿈의 분석 Die Traumdeutung》

슈펭글러[98] 학파의 동양, 다윈[99] 학파의 동양, 인종주의자의 동양 등 다양한 시각이 오늘에 이르기까지 존재한다. 그러나 아직까지 아무런 조건이 붙지 않은 순수한 동양이 존재한 적은 없다. 마찬가지로 오리엔탈리즘의 추상적인 형태는 있을 수도 없었고, 더욱이 동양이라고 하는 '관념'이 유해하지 않은 어떤 것으로 존재하지도 않았다. 이러한 확신에 기초하고 그것에 수반된 방법론적 귀결로 인해, 나는 사상사를 연구하는 학자들과는 다른 입장을 취한다. 왜냐하면 오리엔탈리스트 담론에 의해 형성된 서술의 강조점과 이행형태, 무엇보다도 특히 그 물질적 효력은, 모든 밀실적인 사상사에 의해서는 완전히 무시되는 경향의 방면에만 존재할 수 있기 때문이다. 이러한 강조점과 물질적 효력이 없다면, 오리엔탈리즘은 허다한 선례 가운데 또 하나의 관념에 지나지 않는 것이 되리라. 그런데 오리엔탈리즘은 과거에도 현재에도 단순한 관념에 그치는 것이 아니었다. 그러므로 나는 학술적 업적만이 아니라 문학작품, 정치선전물, 신문·잡지의 기사, 여행기, 종교학 및 문헌학의 연구논문도 고찰 대상에 포함시켰다. 달리 말하자면 나는 모든 텍스트가 (당연히) 장르에 의한, 또 시대에 따른 다양성을 갖추고 있다는 점에서 세속이며 상황적이라고 생각하므로, 나의 혼성적인 관점은 광범하게 역사적임과 동시에 '인류학적인' 것이다.

그러나 내가 그의 저술에 엄청나게 빚지고 있는 미셸 푸코와 달리 나는, 오리엔탈리즘과 같이 담론적 편성을 구성하는, 저자 이름이 없었던 텍스트의 집합체에도 개별 저술가를 특징 짓는 흔적이 분명히 있다고

(1899) 등은 우리말로도 번역되어 있다.
98) Oswald Spengler(1880~1936)는 독일의 철학자이자 문명비평가로서 주요 저서인 《서양의 몰락 Der Untergang des Abendlandes》(1918~1922)으로 유명하다.
99) Charles Darwin(1809~1882)은 영국의 박물학자로서 주요 저서인 《종의 기원 On the Origin of Species by Means of Natural Selection》(1859)을 통하여 진화론을 전개했다.

믿고 있다. 내가 분석하는 거대한 텍스트 총체의 통일성은, 텍스트 상호 간에 자주 참조되고 있다는 사실에 부분적으로 기인한다. 오리엔탈리즘은 결국, 저술과 저자를 인용하는 시스템이다. 가령 에드워드 윌리엄 레인의 《현대 이집트인의 풍속과 습관》은 네르발, 플로베르, 리처드 버튼과 같은 수많은 저술가에게 읽히고 인용되었다. 따라서 레인은 하나의 권위였다. 곧 이집트에 관한 것만이 아니라, 동양에 관하여 쓰거나 생각하는 사람이라면 누구나 반드시 레인을 인용하여야 했다. 심지어 네르발은 이집트가 아니라 시리아의 전원 풍경을 묘사하면서 《현대 이집트인의 풍속과 습관》이라는 레인의 책에서 여러 문장을 낱말 하나하나씩 인용하여 레인의 권위를 이용했다. 이처럼 레인에게 권위가 부여되어, 무차별적으로나 차별적으로 그 이름이 자주 인용된 것은, 오리엔탈리즘에 의해 그의 텍스트에 부여된 배분적 유통성이라는 것을 레인이 확보했기 때문이었다. 그러나 레인이 이와 같이 널리 이용되어 온 이유를 이해하기 위해서는, 그의 텍스트가 갖는 특수한 성격도 함께 이해하여야 한다. 이는 르낭, 사시, 라마르틴, 슐레겔 그리고 상당한 영향력을 가졌던 다른 작가들의 경우에도 마찬가지로 사실이다. 푸코는 일반적으로 개별 텍스트나 작가 개인에게는 중요성이 없다고 본다. 그러나 나는 지금까지의 경험을 통해 오리엔탈리즘의 경우에는 (필경 이 경우에 한하여) 그렇지 않다고 생각한다. 따라서 나는 텍스트를 면밀히 분석하는 방법을 사용하여, 개별 텍스트나 저자와 그 저술이 속하는 복합적이며 집합적인 편성 사이의 변증법적 관계를 분명히 밝히고자 한다.

내가 분석하고자 하는 작가들의 수는 확실히 상당히 많지만, 이 책은 오리엔탈리즘의 완전한 역사나 일반적인 설명과는 전혀 무관하다. 이 약점을 나는 충분히 알고 있다. 마치 두꺼운 직물과 같은 오리엔탈리즘이라는 담론이 지금까지 서양사회 속에서 기능하여 온 것은 그 내용이 방대하고 풍부하기 때문이다. 나는 몇 가지의 시점을 선택하여 그 각 직물의 부분에 관하여 서술했다. 그리고 그것을 통해 매력적인 인물 묘사나 문헌 및 사건들을 아로새긴 섬세하고 흥미로운 전체상만을 제시했다. 나는 이 책이 여러 권으로 구성될 수 있는 책들 중 한 권이라는 점에서 스스로 위안하고 있다. 나는 다른 책을 쓰고자 하는 학자와 비평가가 나타나기를 기대한다. 제국주의와 문화에 관한 개론서도 쓰여질 필요가 있다. 이러한 연구는 오리엔탈리즘과 교육의 관계, 이탈리아·네덜란드·독일·스위스의 각 오리엔탈리즘, 학술서와 문학 작품 사이의 역학적 관계, 또 통치사상과 지적 규율 사이의 관계 등을 철저히 논의하게 될 것이다. 아마도 그중에서도 가장 중요한 일은, "오늘날 오리엔탈리즘에 대체될 수 있는 것이 무엇일까" 하는 연구일 것이다. 즉 그 연구는 어떻게 하면 타인을 억압하고 조작하는 것이 아닌 절대적 자유와 자치 libertarian의 입장에 서서 상이한 문화와 상이한 민족을 연구할 수 있겠는가[100]를 묻는 것이리라. 그러나 그것을 위해서는 지식과 권력이라는 복잡한 문제를 전면적으로 재검토할 필요가 있다. 유감스럽게도 이 모든 것들은 이 책에서 충분히 논의되지 못했다.

 마지막으로 방법론에 관한 논의의 매듭으로서, 조금은 자기만족적인 소리가 될지도 모르겠으나, 여러 종류의 독자를 염두에 두고 이 책을 썼다는 사실을 밝히고 싶다. 먼저 문학가와 비평가에 대해서는, 오리엔탈리즘이 사회·역사·텍스트 의존성이라는 세 가지의 상호관계에 관한 놀라운 보기를 제공할 것이다. 나아가 동양이 서양에 끼친 문화적 역할

---

[100] 이러한 외국 문화연구의 본질론이야말로 이 책에서 가장 중요한 점인데, 사이드가 말하는 libertarian에 대한 정확한 이해가 필요하다. 이를 단순히 자유의지론이라고 번역할 수는 없고, 자유와 자치를 존중하는 반(反)권위의 아나키즘으로 이해할 필요가 있다. 이 점에서 그는 촘스키와 같다.

은, 문학계의 관심사항인 이데올로기와 정치 및 권력의 논리와 결부된다는 것을 이야기했다. 또 대학교수로부터 정책 입안자에 이르는 현대의 동양연구자에 대해서는 다음 두 가지 목표를 염두에 두고서 이 책을 집필했다. 첫째는 지금까지 유례가 없었던 방식으로 그들의 지적 계보를 보여 준다는 목적이다. 둘째는 그들 연구의 대부분이 의존해 온, 종종 아무런 의문도 없었던 여러 가지 가설을(논의를 불러일으킬 것을 희망하면서) 비판한다는 목적이다. 나아가 일반 독자에 대해서는, 서양인의 타자 개념과 타자를 취급하는 방법에 관한 문제만이 아니라, 비코가 여러 국민의 세계라고 부른 것 가운데 서양문화가 수행해 온 중요한 역할과 관련된 모든 문제에 관심을 갖게 하는 것들을 다루었다. 그리고 마지막으로 소위 제3세계의 독자들에 대해서는, 서양의 정치와 그 정치 속에서 비서양 세계의 지위를 이해하기 위한 방법으로서가 아니라, 도리어 서양의 문화적 담론의 힘, 곧 단순히 장식적인 강대함이나 '상부구조'의 **강대함**이라고 자주 오해되고 있는 담론의 힘을 이해하기 위한 방책을 제공하고자 했다. 나의 희망은, 문화적 지배의 가공할 만한 구조를 분명히 밝히고, 나아가 특히 식민지를 경험한 사람들에 대해서는, 자신이나 타자에게 그 구조를 적용하는 것의 위험성과 유혹에 대해 분명히 인식시키고자 하는 것이다.

  이 책은 가능한 한 주제의 전개를 순조롭게 하기 위하여 전체를 3부 12장으로 나누었다. 제1부인 '오리엔탈리즘의 범위'에서는 역사와 경험이라는 관점, 그리고 철학적 주제와 정치적 주제라고 하는 관점 쌍방으로부터 문제의 모든 차원을 둘러싼 범위를 확정한다. 제2부인 '오리엔탈리즘의 구성과 재구성'에서는 광범하게 연대순으로 근대 오리엔탈리즘의 발전을 검토하고, 나아가 중요한 시인, 예술가, 학자에 공통적으로 나타나는 일련의 수사적 기교를 분명히 밝히고자 한다. 제3부인 '오늘의 오리엔탈리즘'은 초기의 오리엔탈리즘이 막을 내린 1870년경부터 시작된다. 이는 동양에서 식민지 확장의 시대에 해당되고, 제2차 세계대전으로 그 정점에 이른다. 제3부의 마지막 장에서는 영국과 프랑스로부터 미국으로 주도권이 이행된 특징을 분명히 밝힌다. 마지막으로 미국 오리엔탈리즘의 지적 및 사회적 현실을 요약한다.

3. 개인적 차원

그람시는 그의 《옥중노트》에서 "비판적인 작업의 출발점은, '인간이 현실에서 무엇인가'라는 것에 관한 의식, 곧 기록으로 정리되지도 않고 무한대의 흔적을 각자에게 남기고 지금까지 전개되어 온 역사적 과정의 소산으로서 '자신을 안다'라는 것"이라고 말했다. 이용할 수 있는 유일한 영역본은 이 부분에 관한 그람시 자신의 해설을 번역하지 않았다. 반면 그람시의 이탈리아어판 텍스트에는, "따라서 처음에 반드시 행해야 하는 것은 이러한 기록을 만드는 것이다"[16]라는 결론이 부가되어 있다.

내가 이 연구를 시작하게 된 개인적인 동기는, 두 곳의 영국 식민지에서 소년 시절을 보낸 인간으로서 가졌던 나의 '동양인' 의식에서 비롯되었다. 그 두 식민지(팔레스타인과 이집트)와 미국에서 내가 받은 교육은 모두 서양의 것이었다. 그럼에도 나는 어린 시절의 나날을 기억해 왔다. 많은 점에서 나의 오리엔탈리즘 연구는, 동양인의 생활을 지극히 강력하게 규율해 온 문화가, 동양의 피지배자 중의 한 사람인 저자 위에 새긴 흔적을 기록하는 시도였다. 내가 특히 이슬람 동양에 주목한 것은 바로 그러한 이유에서였다. 내가 만든 기록이 그람시가 말한 기록과 같은 것인가 아닌가는 내가 판단할 수 있는 것이 아니다. 그렇지만 나는 기록을 만들고자 노력하는 자각이 중요하다고 생각해 왔다. 이 방침에 따라

나는 가능한 한 엄격하게, 또 합리적으로 비판정신을 유지하도록 노력해 왔다. 그리고 내가 받은 교육을 통해 운 좋게도 역사적·인문학적·문화적인 연구방법을 이용할 수 있었다. 그러나 그 교육과정 중에서도 '동양인'이라고 하는 문화적 현실과 함께 '동양인'으로서 역사적 구조화에 스스로 속박되어 있음을 한번도 잊은 적이 없다.

 이러한 연구를 가능하게 한 역사적 조건은 참으로 복잡하다. 따라서 여기서는 그것을 개괄적으로 열거할 수밖에 없다. 1950년 이래 서양, 특히 미국에 살았던 사람들은 누구나, 동양과 서양의 관계가 유달리 시끄러웠다는 것을 기억할 것이다.[101] 당시 '동양'이란 러시아뿐만 아니라 전통적인 의미의 동양까지 포함하여 항상 위험하고 위협적인 것을 상징하였다는 점은 누구의 눈에도 분명하게 보였다. 대학에서는 지역연구에 관한 교과과정이나 연구소의 개설이 이어졌고, 학문적인 차원의 동양연구는 국가정책의 일부가 되었다. 또 동양에 대한 인습적인 이국 취미만이 아니라, 동양의 전략적·경제적 중요성에 기인하는 동양에 대한 건전한 관심이 미국의 공적 관심사 속에도 나타나게 되었다. 전자시대를 사는 서양의 시민들은 즉각적으로 세계에 접근할 수 있었고, 동양도 당연히 그 시민들에게 가까워졌다. 그리고 동양은 이제 하나의 신화라고 하기보다도 서양의, 특히 미국의 이해관계가 교차하는 지역이 되어 왔다.

 이러한 포스트모던의 전자시대 세계에 나타나는 하나의 측면은, 동양에 대한 여러 가지 고정관념이 현저히 강화되어 왔다는 점이다. 텔레비전이나 영화, 기타 모든 매스 미디어에 의해 정보는 더욱더 획일적인 내용으로 변했다. 동양에 관한 한, 획일화와 문화적 고정관념화는 '신비로운 동양'이라고 하는 19세기의 학문적이고 상상적인 악마론의 위력을

---

101) 소위 냉전시대 이후, 그것은 한국전쟁에 의해 극단화된다.

더욱 강화시켰다. 이는 중동을 인식하는 방법에서 더욱 분명하게 나타났다. 세 가지 사정으로 인하여 아랍과 이스라엘에 관한 인식은 가장 단순한 것조차 고도로 정치화되어 거의 혐오스러운 문제로 변했다. 첫째, 서양의 대중적인 반反아랍적·반이슬람적 편견의 역사가 오리엔탈리즘의 역사에 그대로 반영되고 있다는 점이다. 둘째, 아랍과 이스라엘 시오니즘 사이의 투쟁으로서, 그 투쟁이 미국의 자유주의적인 문화와 대중 쌍방에게 그리고 동시에 미국의 유대인들에게 영향을 끼쳐 왔다는 점이다. 셋째, 아랍이나 이슬람과 연대하거나 그것에 관하여 냉정한 입장에서 논의하는 것을 가능하게 하는 문화적 상황이 거의 완전히 결여되었다는 점이다. 나아가 두말할 필요도 없이, 오늘의 중동은 강대국의 정책, 석유경제 그리고 자유를 존중한다는 소위 민주주의 이스라엘과, 이에 대해 사악한 전체주의자이자 테러리스트라는 아랍을 대치시키는 단세포식 사고의 이분법이 세 가지 요소와 완전히 동일시되고 있다. 따라서 중동이 화제가 되는 경우 그 화제에 대해서만 분명히 얘기하는 논의가 성립될 여지가 거의 없다.

  이러한 상황을 스스로 경험한 것이 이 책을 쓰게 한 동기의 일부를 형성했다. 서양, 특히 미국에서 생활하는 아랍 팔레스타인 사람들은 처참한 상황에 빠져 있다. 미국에서 그들은 정치적으로 존재하지 않는다고 하는 것이 거의 완전히 일치된 여론이다. 아랍 팔레스타인인의 존재가 허용된다고 해도 그것은 문제아인 동양인으로서이다. 아랍 내지 이슬람교도를 억누르는 인종차별주의, 문화적 고정관념, 정치적 제국주의, 반인간적인 이데올로기의 그물망은 참으로 강력하다. 이러한 그물망이야말로 모든 팔레스타인인에게 특별히 가혹한 운명을 느끼게 하는 것이다. 미국에는 문화적·정치적으로 완전히 아랍에 공감한 중동학자, 곧 오리엔탈리스트가 없다는 점을 지적하면 그 팔레스타인에게는 사태를 더욱 악화시키는 것이리라. 확실히 몇 가지 차원에서는 공감이 존재한다. 그러나 그것도 자유주의적인 미국인이 시오니즘에 대하여 보여 주는 공감과 같은 '만족스러운' 형태를 띠는 것은 결코 아니다. 게다가 유감스럽게도 그 공감조차 의혹과 불신을 품고 있는 정치적·경제적인 이해관계(예컨대 석유회사나 국무부의 아라비아어 전문가), 아니면 종교와 결부되어 근본적으로 문제점을 갖는 것이다.

따라서 '동양인'이라는 것을 날조하고, 어떤 의미에서는 인간으로서 그를 말살시키는 지식과 권력의 결부를, 나는 단순히 학문상의 문제로만 생각할 수 없다. 그럼에도 그 결부는 지극히 명백한 중요성을 갖는 **지적인** 문제이다. 나는 나 자신의 인문학적·정치적인 관심을 활용함으로써 오리엔탈리즘의 발생, 전개, 강화라고 하는 매우 현실적인 문제를 분석하고 서술할 수 있었다. 문학과 문화는 정치에 대해서 또 역사에 대해서 책임이 없다는 주장을 너무나도 자주 본다. 그러나 그것을 옳다고 생각한 적은 한 번도 없다. 그리고 나는 오리엔탈리즘을 연구한 결과, 사회와 문자문화는 동시에 다루지 않으면 이해할 수도, 연구할 수도 없다는 점을 강력하게 확신하게 되었다(나는 이를 문학을 연구하는 동료들에게도 확신시키고자 희망한다). 나아가 나는, 서양의 반反셈주의(반유대주의)를 지지하는 기묘한 비밀의 공유자[102]에 대한 역사를 쓰게 되었다. 그것은 논리적 필연과도 같은 것이었다. 반유대주의와, 내가 지금까지 논의해 온 이슬람을 대상으로 하는 오리엔탈리즘이 서로 지극히 닮아 있다는 점은 역사적·문화적·정치적인 사실이다. 그리고 이 사실이 갖는 아이러니는 팔레스타인 출신의 아랍인이라면 설명할 필요 없이 완벽하게 이해할 수 있는 것이다. 그러나 나는 도리어 문화적 지배가 작용하

---

102) 《비밀의 공유자 Secret Sharer》는 영국의 소설가인 조셉 콘래드 Joseph Conrad(1857~1924)가 쓴 단편소설의 제목으로 1908년에 쓰였다.

여 온 과정에 관한 지식의 심화에 기여하고 싶다. 만일 이 지식이 동양에 대한 새로운 자세의 확립에 하나의 도움이 된다면, 참으로 '동양'과 '서양'이라는 관념을 같이 소멸시키는 것이 된다면, 그때 우리는 레이먼드 윌리엄스가 '고유한 지배양식'을 '버리는 것'이라고 부른 과정으로 조금 더 진전하게 될 것이다."[17]

제 1 부

오리엔탈리즘의 범위

제1장 동양인에 대한 인식
제2장 상상의 지리와 그 표상 : 동양을 동양화하는 것
제3장 사업
제4장 위기

유럽인이 추구하는 것이란 먼저, 야심에 불타는 천성이며
······자신의 권력이라고 하는 새로운 도구를 사용하는 것이다.

장-밥티스트-요셉 푸리에《역사적 서술》(1809)
《이집트지》

제1장

동양인에 대한 인식

1910년 6월 13일, 아서 제임스 밸푸어는[1] 영국 하원에서 '이집트에서 처리하여야 할 여러 문제'에 대해 연설했다. 거기서 그는 이집트 문제가 "와이트 섬이나 요크셔 서부행정구[2]에 영향을 미치는 여러 문제와는 전혀 다른 범주에 속하는 것"이라고 말했다. 그의 말은 권위 있는 것이었다. 그는 영국의회에서 오랫동안 활동한 의원으로서, 솔즈베리경[3]의 개인 비서, 아일랜드 담당 장관, 스코틀랜드 담당 장관, 수상을 역임했으며, 다수의 국제적 위기를 극복하여 공훈을 세우고 개혁한 베테랑이었기 때문이었다. 대영제국의 국정에 종사하면서 밸푸어는 1876년에 인도 여왕임을 선포한 군주, 빅토리아 여왕을 위해 봉사했다. 밸푸어는 아프가

---

1) Arthur James Balfour(1848~1930)는 영국의 정치가로서 1917년 외상으로서 밸푸어 선언을 발표하여 팔레스타인에 유대인 국가를 수립하는 기초를 제공했다.
2) 와이트 섬Isle of Wight이나 요크셔Yorkshire는 영국 내의 지명.
3) Lord Salisbury(1830~1903)는 영국의 정치가.

니스탄 전쟁과 줄루⁴⁾ 전쟁, 1882년 영국의 이집트 점령, 수단에서 맞은 고든 장군의 죽음, 파쇼더 사건, 옴더먼 전투, 보어 전쟁⁵⁾, 러일전쟁과 같은 사건에 보기 드문 영향력을 행사한 권세의 자리를 차지해 왔다. 나아가 뛰어난 명문 출신에 학식과 기지의 광범함(그는 베르그송⁶⁾, 헨델⁷⁾, 유신론, 골프 등 다양한 주제에 관하여 서술할 수 있었다), 이튼 학교와 케임브리지 대학교의 트리니티 대학에서 받은 교육, 제국 국정에 대한 확고한 통솔력 등으로 인해 1910년 6월 하원에서 한 그의 연설에는 엄청난 권위가 주어졌다. 그러나 밸푸어의 연설에는 실제로 그 이상의 권위가 주어졌다. 또는 적어도 그것은 연설이 교훈적·도덕적으로 보여야 했던 사정에 의한 것이었다. 몇 명의 의원이 '이집트에 영국'이 있어야 할 필요성에 대해 질문했다. 그것은 1892년에 출판된 알프레드 밀너⁸⁾의 열정적인 책의 주제였다. 그리고 이집트인들의 민족주의가 나타나 영국이 이집트에 계속 주둔하는 입장을 변호하는 것이 더 이상 쉽지 않게 된 이상, 한때 영국에 이익을 초래한 점령도 이제는 말썽의 씨앗이 되어 버렸다고 하는 전말을 가리키는 말이 되었다. 그러한 상황을 밸푸어가 보고하고 설명했던 것이다.

타인 강변⁹⁾ 지역구 출신인 로버트슨¹⁰⁾의 질문에 대한 답변으로 밸푸어는, 로버트슨의 질문인 "어떠한 권리로 당신은 당신이 동양인으로 부

---

4) 아프리카 동남부의 종족.
5) 남아프리카 트랜스발 *Transvaal* 등지의 네덜란드계 백인인 보어 사람들과 영국의 전쟁.
6) Henri Bergson(1859~1941)은 소위 생의 철학으로 알려진 프랑스의 철학자.
7) George Frederick Handel(1685~1759)은 독일에서 태어나 영국에 귀화한 작곡가로서 바흐와 함께 서구 근대 고전음악의 쌍벽이다. 〈수상음악〉 등을 남겼다.
8) Alfred Milner(1854~1925)는 영국의 정치가.
9) 타인 *Tyne*은 잉글랜드 동부의 강으로서 노섬빌랜드 *Northumberland*를 지나 북해로 흘러든다.
10) J.M. Robertson(1856~1933)은 영국의 정치가이자 문학가.

르고자 선택한 사람들에 대하여 그처럼 우월한 태도를 취할 수 있습니까?"라는 말을 스스로 반복했다. 여기서 '동양인'이라고 하는 말을 선택한 것은 이미 정해진 규범이었다. 그 말은 이미 초서[11], 맨더빌[12], 셰익스피어, 드라이든[13], 포프[14], 바이런과 같은 사람들에 의해 사용되었다. 그것은 지리적·윤리적·문화적으로 아시아, 곧 동양을 가리키는 말이었다. 유럽에서는 동양적 성격, 동양적 분위기, 동양적 이야기, 동양적 전제주의, 동양적 생산양식이라고 하면 그 의미가 충분히 통했다.[15] 마르크스도 이 동양이란 말을 사용했고 이제 밸푸어가 그것을 사용한 것이었다. 밸푸어의 언어 선택은 누구에게도 이해될 수 있는 것이었고, 그것에 관한 어떤 해설도 필요 없었다.

나는 조금도 우월한 태도를 취한 적이 없습니다. 그러나 나는 로버트슨 의원 등에게 묻겠습니다. …… 피상적인 지식이라도 무방하므로 조금이라도 역사를 알고 있는 사람들에게 묻고 싶습니다. 영국의 정치가가 이집트 등 동양 여러 나라의 주민과 같이 위대한 여러 종족에 대하여 주권을 행사해야 할 입장에 놓여 있을 때 그 정치가가 당장 대처해야 하는 사실 그 자체를 당신들은 제대로 본 적이 있습니까? 우리는 다른 어느 나라의 문명보다도 이집

---

11) Geoffrey Chaucer(1340(?)~1400)는 영국의 시인으로서 《캔터베리 이야기*Canterbury Tales*》를 남겼다. 우리말 번역이 있다.
12) Sir John Mandeville은 1357~1371년경에 출판된, 프랑스어로 쓰인 《동방여행기 *Travels*》의 저자.
13) John Dryden(1631~1700)은 영국의 시인, 극작가, 비평가.
14) Alexander Pope(1688~1744)는 영국의 시인.
15) 동양적 성격, 동양적 분위기란 정체되고 신비로운 이국적 분위기(서양의 입장에서) 등을 뜻하고 동양적 이야기도 그러한 내용(예컨대 《아라비안 나이트》)일 것이다. 그리고 동양적 전제주의란 야만적인 국왕의 철저한 독재를 가리키는 것으로 서구의 계몽군주에 대립되어 선전되었고, 동양적 생산양식도 정체된 고대 농업생산의 답보상태를 가리키는 것으로 서구의 자본주의에 대립되어 선전되었다.

트 문명에 대하여 잘 알고 있습니다. 이집트 문명에 대해서는 아주 오래전의 과거에 대해서도 알며, 더욱 많이, 자세하게 알고 있습니다. 이집트 문명은 우리의 보잘것없는 역사에 비하면 훨씬 더 과거에 그 기원을 가지며, 우리의 역사가 아직 그 모습을 갖지도 못한 선사시대에 벌써 그 정점을 이루었습니다. 동양의 여러 나라를 바라보십시오. 우월감이니 열등감이니 하는 것 따위는 아예 얘기하지도 마십시오.

위와 같은 밸푸어의 발언과 그것에 이어지는 발언을 지배하는 것은, 베이컨[16]류의 지식과 힘이라는 두 개의 주제이다. 밸푸어가 이집트 점령의 필요성을 정당화했을 때에 스스로 염두에 둔 주권이라는 개념은 이집트에 관한 '우리의' 지식과 연결되었지, 군사력·경제력과 결부된 것이 아니었다. 밸푸어에게 지식이란, 문명을 그 기원으로부터 전성기, 쇠퇴기에 이르기까지 개관하는 것을 의미했고, 나아가 당연히 **개관할 수 있다**는 것도 의미했다. 지식이란 직접성을 넘어서, 자아를 넘어서 이질적인 것과 멀리 떨어져 있는 것에까지 상승하는 것을 의미했다. 이러한 지식에 의해 대상화되는 것은 본래 점검하기 힘든 것이었다. 여기서 대상이란 여러 문명의 변천사에서 볼 수 있는 바와 같이 그 자체가 발전, 변화, 변형을 거치기는 하나, 그럼에도 기본적으로, 그리고 존재론적으로 불변의 안정된 '사실' 그 자체였다. 그러한 것에 관하여 그러한 지식을 갖는다는 것은 그것을 지배한다는 것, 곧 그것에 대하여 권위를 행사하고자 하는 것이었다. 여기서 말하는 권위란 '우리'가 '그 나라'—동양의 여러 나라—의 자주성을 부인하는 것을 뜻했다. 왜냐하면 우리는 그것을 알고 있고, 또 어떤 의미에서는 그것이 우리가 알고 있는 것

---

[16] Francis Bacon(1561~1626)은 영국 경험주의 철학자이자 수필가로서 그 대표적인 여러 작품이 우리말로 소개되었다.

처럼 존재하고 있기 때문이었다. 밸푸어에게는 이집트에 관한 영국인의 지식**이야말로** 이집트 그 자체였다. 지식이 과중하여 그 무게가 열등감이나 우월감이라는 문제를 보잘것없는 것으로 만들어 버렸다. 밸푸어는 어떤 경우에도 영국인의 우월성과 이집트인의 열등성을 부정한 적이 없었다. 지식으로부터 이끌어 낸 귀결에 관하여 서술할 때, 그는 그것을 지극히 당연한 것이라고 생각했다.

무엇보다도 먼저 이 문제에 관한 사실을 살펴보십시오. 서양의 여러 국민은 역사에 그 모습을 나타내자마자 곧 자치의 능력이 있음을 보여 주었습니다. …… 그리고 그것으로 스스로의 진가를 발휘했습니다. …… 소위 동양인, 광범하게 말하면 동양의 역사 전체를 관찰해 볼 수 있을 것입니다. 거기서는 자치가 존재한 흔적을 전혀 볼 수 없습니다. 그들의 위대한 여러 세기는 참으로 위대한 것이었으나 전제주의, 곧 절대정부 하에서 보낸 것이었습니다. 문명에 대한 그들의 위대한 공헌은, 오늘날까지도 위대한 것임에 틀림없으나, 그러한 정부 형태 아래에서 만들어졌습니다. 정복자는 정복에 성공했으며, 지배 집단은 교체되었습니다. 그러나 어떤 운명의 변화에도 우리가 서양적 관점에서 자치라고 부를 수 있는 것을 스스로의 노력으로 확립할 수 있었던 동양 민족은, 단 하나라도 찾아볼 수 없습니다. 그것이 사실입니다. 그것은 우월감, 열등감의 문제가 아닙니다. 나는 동양의 현명한 사람이라면 다음과 같이 말하리라고 믿습니다. 이집트 등에서 지금 서양의 우리가 우리의 책임으로 인수한 통치 업무는 철학자에게는 적합한 것이 아니라고. 곧 그것은 필요한 만큼의 노동을 수행하기 위한 더러운 작업, 열등한 작업이라고.

이러한 사실이 사실이라는 이유에서 밸푸어는 당연히 다음과 같이 이어 갔다.

이러한 위대한 여러 민족에게는—나는 그 위대함을 충분히 인정합니다만—그 절대적인 정부가 서양에 있는 우리의 손에 의해 운용되어야 한다는 것이 바람직하다고 할 수 있지 않겠습니까? 나는 그것이 훌륭한 일이라고 생각합니다. 그들이 우리의 통치 하에서 아직까지 그 유례를 볼 수 없었던 우수한 정부를 갖게 되었다는 것은, 이미 경험에 비추어 보아 분명하다고 믿습니다. 그것은 그들에게 이익이었을 뿐만이 아니라, 서양의 여러 문명국 전체에 대해서도 이익이라고 하는 점에는 의문이 없습니다. …… 우리는 이집트인을 위하여 이집트에 있는 것이지만, 오로지 이집트인을 위해서만 이집트에 있는 것은 아닙니다. 동시에 우리는 유럽 전체를 위해서도 그곳에 있는 것입니다.

밸푸어는 이집트인들과 '우리가 다루고 있는 여러 종족'이 식민지 점령에 의해 초래된 복지에 감사하거나 심지어 이해한다는 것에 관하여 아무런 증거도 제시하지 않았다. 그러나 밸푸어에게는 이집트인이 스스로 이러한 사실을 말한다는 것은 생각조차 할 수가 없었다. 왜냐하면 말할 수 있는 이집트인이란, 외국 점령으로 인한 '곤란'을 간과하는 선량한 원주민이 아니라, '곤란을 야기하고자 하는 선동자'일 가능성이 크기 때문이었다. 그런 식으로 밸푸어는 윤리적 문제를 해결하고서 결국 실제적인 문제로 눈을 돌렸다. "감사를 받거나 받지 않거나 간에, 또 우리가 주민들을 구제해 주고 입은 손실(밸푸어는 이 손실 속에, 이집트인의 독립 상실, 적어도 독립의 무기 연기라는 것은 포함시키지 않는다)을 그들이 있는 그대로 옳게 기억하고 있는가 없는가에 관계없이, 나아가 설령 우리가 부여한 여러 가지 이익을 그들이 생생하게 마음에 그리는 것이 불가능하더라도, 통치야말로 우리의 업무라고 한다면, 곧 그것이 우리의 의무라고 한다면, 도대체 우리는 어떻게 그 의무를 수행하여야 합니까?"

벨푸어는 영국은 "우리의 최고의 것을 이러한 나라들에게" 수출했고, 공평무사한 관리들은 "상이한 신조, 상이한 종족, 상이한 규율, 상이한 생활조건을 갖는 수많은 사람들 속에서" 자신의 직무를 수행했으며, 그들이 이러한 통치 업무를 수행할 수 있는 것은, 그들의 행위를 시인하는 본국 정부의 지지가 있다고 느끼기 때문이었다고 했다.

원주민들은 그들이 만나게 되는 식민지 파견의 영국 관리들이 본국의 힘, 권위, 공감, 최대한의 적극적 지지라는 배경을 갖지 않는다고 본능적으로 느끼면, 원주민 자신의 문명을 뒷받침하고 있는 질서 감각도 상실합니다. 그것은 마치 우리의 관리들이 원주민의 이익증진을 위하여 모든 활동의 기초 그 자체인 스스로의 권력과 권위의 감각을 완전히 상실하는 경우와 같습니다.

여기서 볼 수 있는 밸푸어의 논리는, 특히 그것이 연설 전체의 전제와 완전히 일치한다는 점에서 흥미롭다. 그 전제란 영국이 이집트를 알고 있다는 것이었다. 곧 이집트란 영국이 알고 있는 이집트를 말한다. 영국은 이집트가 자치할 수 없음을 알고 있다. 영국은 이집트를 점령함으로써 이를 확신한다. 이집트인에게 이집트란 영국이 점령하고 통치하고 있는 이집트 바로 그것이다. 따라서 외국 군대의 점령이 현대 이집트 문명의 '기초 그 자체'가 된다. 이집트는 영국의 점령을 필요로 하며 나아가 그것을 요구한다. 그러나 만일 이집트에서 통치자와 피통치자 사이의 특별하게 친밀한 관계가 본국 의회 측의 불신으로 인하여 방해받게 된다면, 이미 그때에는 벨푸어의 말처럼 권위가 무너질 것이다. "지배적 인종이라는 것의 권위가 붕괴될 것입니다. 나의 견해로는 앞으로도 지배적 인종 그대로여야 한다고 봅니다." 곧 영국의 위신이 피해를 입어서는 안 된다. 따라서 벨푸어는 이렇게 말한다. "소수의 영국 관리, 그들이 아무리 여러분이 희망하는 자질을 갖추고 있으며, 가능한 모든 덕성과 재능을 겸비하고 있다고 하여도, 그들에게 이집트에서 우리만이 아니라 총체로서 문명세계가 그들에게 담당시킨 거대한 사업을 수행하는 것은 무위가 되고 불가능하게 됩니다."[1]

    수사법의 관점에서 보면, 밸푸어의 연설은 다양한 배역을 나누어 연기하는 기법이자 다양한 인격을 표상하는 기법인 점에서 의미 깊다. 물론 그 속에는, '영국인'이라고 하는 배역도 있다. 그것을 나타내는 것으로서는 '우리'라는 대명사가 사용된다. 거기에는 자국 역사의 가장 좋은 것을 스스로 대변한다고 자부하는, 힘에 넘친 뛰어난 남자의 무게가 담겨 있다. 밸푸어는 또한 서양이라는 문명세계를 위하여 말할 수 있고, 나아가 이집트에서 근무하고 있는 비교적 작은 식민지 관리 집단을 위해서도 말할 수 있다. 그가 동양인을 위하여 직접 얘기하지 않는다면, 그것은 결국 동양인이 전혀 다른 언어를 사용하는 사람들이기 때문이다. 그러나 밸푸어는 동양인이 그것을 느끼는 방법을 알고 있다. 왜냐하면 그는 그들의 역사를 알며, 동양인이 밸푸어와 같은 인간에게 바치는 신뢰와 기대를 알고 있기 때문이다. 또 어떤 의미에서 밸푸어는 동양인을 위해서 말하기도 한다. 곧 동양인에게 질문하고 그들이 회답을 준비한 경우 그 답이란 이미 자명한 사실—곧 동양인이란 종속된 인종이므로 그들을 알고 그들의 행복이 무엇인가를 필경 그들 이상으로 잘 알고 있기 마련인 인종에 의해 지배되고 있다고 하는 사실—을 어떤 의미에서는 불필요하게 확인할 뿐인 것이기 때문이다. 동양인이 위대했던 시기는 과거였다. 동양인이 현대세계에 어떤 도움이 된다고 한다면, 그것은 시대를 앞장서 나아가는 몇 개의 강력한 제국이 동양인을 그 쇠퇴의 비참함으로부터 구출하고, 그들을 생산적인 식민지의 주민으로 만들기 위하여 기능회복 훈련을 실시함으로써 비로소 가능한 얘기라는 것이다.

특히 이집트는 그 가장 좋은 보기였다. 밸푸어는 영국의회의 의원으로서 영국, 서양, 서양문명의 이름으로 당대의 이집트에 관하여 말할 수 있는 권리가 있음을 완벽하게 알고 있었다. 왜냐하면 이집트는 단순히 또 하나의 식민지가 아니라, 서양제국주의의 성공을 입증하는 소재였기 때문이다. 이집트는 영국에 의해 병합되기까지 동양의 후진성을 말하는, 소위 학문적 사례로만 이야기되는 존재였다. 그러므로 이집트에 대해 영국의 지식과 힘이 승리한 것이었다. 영국이 이집트를 점령하고, 아라비 대령의 민족주의적 반란을 평정한 1882년부터 1907년에 이르기까지 이집트에서 영국 대표, 곧 이집트의 주인은 이브린 베어링(별명은 '거만한 사람Over-baring'), 크로머 경이었다. 이미 1907년 7월 30일, 밸푸어는 영국 하원에서 이집트에서 이룬 공적을 찬양하고 크로머에게 5만 파운드의 퇴직 포상금을 수여하는 안건에 찬성했다. 이집트를 '창조한' 사람은 크로머라고 밸푸어는 말했다.

> 크로머 경이 손댄 것은 모두 성공했습니다.……과거 4반세기에 걸친 크로머 경의 업무는 사회적·경제적 정체의 밑바닥에 위치했던 이집트를 여러 동양 민족 가운데서도 단연 유일하게, 재정적으로도 도덕적으로도 번영을 구가하는 현재 상태에까지 발전시켰다고 확신합니다.[2]

이집트의 도덕적 번영을 어떻게 측정했는가에 관하여 밸푸어는 한마디도 말하고자 하지 않았다. 이집트에 대한 영국의 수출량은 아프리카 대륙 전체에 대한 수출량에 필적하는 것으로서 이는 확실히 이집트와 영국 모두에게 (상당히 불평등한 것이었으나) 어떤 종류의 재정적 번영을 가리키는 것이었다. 그러나 현실적으로 가장 중요한 점은 무엇보다도 동양의 나라에 대하여 서양이 계통적이고도 포괄적인 후견 역할을 담당했다는 점이다. 이는 점령을 준비하고 실행한 학자, 선교사, 상인, 군인, 교사를 비롯하여, 이집트로 하여금 동양적 태만에서 벗어나 유독 탁월하게 된 현재로 상승시킨 사업의 기여자, 지도자 그리고 때로는 강제자로서 자부심을 갖는 크로머나 밸푸어와 같은 고관에 이르는 전통이었다.

  만일 밸푸어가 말한 바와 같이, 이집트에서 영국이 성공한 것이 예외적인 것이었다고 하여도 그것은 결코 설명 불가능한 성공도, 불합리한 성공도 아니었다. 이집트 문제는 실로 동양문명에 관한 밸푸어의 사고방식과, 이집트에서 크로머의 일상적 실무 처리방식에 의해 표현된 하나의 일반이론에 근거하여 관리되었다. 20세기 초엽의 10년간 이 이론에서 가장 중요했던 것은 그것이 훌륭하게 작용한다는 것, 그것도 놀랄 만하게 제대로 작용한다는 점이었다. 그 논의는 다음과 같이 가장 단순한 형태로 환원되었을 때에 명쾌하고도 정확하며 파악하기 쉬웠다. 곧 한편에 서양인, 다른 한편에 동양인이 존재한다. 서양인은 지배하고 동양인은 지배당해야 한다. 지배당한다는 것은 보통 자기 나라가 점령당하는 것, 내정을 엄격히 관리 받는 것, 그들의 생명과 재산을 서양 열강 여러 나라의 처분에 맡긴다는 것이다. 아래에서 보는 바와 같이 밸푸어와 크로머가 인간성의 껍데기를 벗기고 그야말로 비정한 문화적·인종적 본질을 노출시켜 보일 수 있었다고 하여, 그것이 그들의 특별한 악덕을 가리키는 것은 결코 아니었다. 도리어 두 사람이 그 일반이론을 적용한 시대에는 이미 그 일반이론이 얼마나 간단하고 효율적인 것이 되었는지가 여기에 나타나 있다.

  밸푸어는 동양인에 관한 자신의 여러 명제가 너무나도 객관적인 보편성을 갖는다고 주장했다. 그러나 크로머는 그와 달리 먼저 인도에서, 이어서 25년간 대영제국의 최고 권력을 행사한 총영사를 지낸 이집트에서 지배했거나 취급해야 했던 특수한 대상으로 동양인에 대해 말했다. 밸푸어의 '동양인'에 상응한 것이 크로머의 '종속 종족'이었다. 크로머는 그것을 주제로 삼아 1908년 1월에 《에든버러 리뷰》지에 긴 논설을 발표했다. 여기서도 다시 종속 종족, 곧 동양인에 관한 지식은 그들의 관리를 쉽게 하고 그것을 실로 유익하게 하는 것이라고 주장되었다. 지식은 권력을 낳고 권력의 증대는 지식의 증대를 요구한다는 것에 의해, 소위 정보와 지배가 서로를 점점 더 강화하는 변증법이 작용한다. 크로머는 본국의 군국주의와 상업적 이기심, ('기독교 윤리의 규범에 따라' 영국정부의 방식에 반대하는 형태로 주장된) 식민지의 '자유주의제도'가 억제되는 한, 대영제국은 해체되지는 않는다고 생각했다. 왜냐하면, 크로머에 의하면, 논리라는 것은 '동양인이 철저히 무시하는 것'이므로, 지배의 적절한 방법이란 동양인에게 극도로 과학적인 기준을 강요하거나, 논리를 송두리째 받아들이도록 강제할 수 없기 때문이다. 도리어 지배의 적절한 방법이란 동양인의 그러한 한계를 이해하고, "종속 종족을 만족시키면서 지배자와 피지배자 사이에 더욱 가치 있고 바람직한, 더욱 견고한 결합의 고리를 발견할 수 있도록 노력하는 것"이다. 종속 종족을 순종하게 만들려면 제국의 힘이 필요한데, 그 힘은 군인이나 잔인한 세무관리나 무제한의 무력 행사에 의해서보다도, 세련된 지식과 권력 행사의 자제에 의해 더욱 큰 효과를 올린다. 요컨대 제국은 현명하여야 한다. 제국은 탐욕을 조절하고 공평무사해야 하며, 성급함을 유연한 규율로 통제해야 한다.

더욱더 분명하게 말하면, 상업적 정신을 어느 정도 통제해야 한다는 발언의 진의는 이런 것이다. 바로 인도인, 이집트인, 실루크족, 줄루족을 상대하는 경우 그들이 민족적으로 다소의 차이는 있어도 모두 **유아상태**에 있는 사람들이므로, 최초의 문제는 그들 자신이 스스로의 관심 속에서 무엇을 최선으로 보고 있는가를 고려해야 한다는 점이다. 이는 분명히 진지하게 고려될 만한 문제이다. 그러나 개개의 특수한 안건을 처리할 때는, 서양의 지식과 경험을 기준으로 하여 그 지역에 적합하도록 생각하면서 무엇이 종속 종족에게 최선인지는 우리의 양심적 판단을 주로 고려하여야 한다. 이것이야말로 중요하다. 그 경우 하나의 민족국가인 영국에 초래될 실제의, 또는 가정상의 이익을 고려해서는 안 되고, 나아가―이것이야말로 종종 나타나는 것인데―영국인 가운데 특정인이나 유력한 계급이 대변하는 특수한 이해관계를 고려해서도 안 된다. 만약 영국 국민 전체가 이 원칙을 계속 염두에 두고 그것을 엄격하게 적용한다면, 우리는 인종관계나 언어의 공통성에 입각한 애국심과 같은 종류의 것을 창출할 수는 없어도, 우수한 재능과 비이기적인 행위에 대하여 언제나 바쳐지는 존경심, 그리고 호의가 낳는 감사를 기초로 하는 일종의 세계 시민적인 충성심을 기를 수는 있으리라. 그렇게 된다면 어쨌든 이집트인이 제2의 아라비에게 운명을 맡기지 않을 것이라고 어느 정도 기대할 수 있으리라. 심지어 중앙아프리카의 야만인들도 결국, 술을 금지하고 정의를 부여하는 영국인 관리로 대표되는 정의의 여신을 찬양하는 찬송가를 부르게 되리라. 그리고 상업은 그 이상의 이익을 얻게 되리라……[3]

지배자가 종속 종족의 요구를 어느 정도까지 '진지하게 고려'해야 하는가에 대한 답은, 이집트 민족주의를 전면적으로 적대시한 크로머의 태도에 나타나 있다. 자유로운 고유제도, 외국에 의한 점령의 종결, 자주 독립의 민족주권 확립과 같은 당연한 요구를 크로머는 시종일관 거부했다. 크로머는 "이집트의 참된 장래는…… 토착 이집트인만 수용하는 편협한 민족주의가 아니라…… 광범한 세계시민주의라는 쪽에 있다"[4]라고 명확하게 말했다. 그에 의하면 종속 종족에게는 자신에게 무엇이 선인가를 알 힘이 없다. 그들 대부분은 동양인으로서 크로머는 이미 인도와 이집트에서 동양인을 다룬 경험이 있었기 때문에 동양인의 특성에 관해서는 정통했다. 크로머에게 편리했던 점의 하나는 지역에 따라 조금씩 조건은 달랐어도 동양인에 관한 취급방식이 대체로 동일했다는 점이었다. 그것은 두말할 필요도 없이 동양인은 어디에서도 같았기 때문이었다.⁴⁵

이제 마지막으로 우리는 본질적인 지식 핵심의 오랜 발전의 궤적에 접근한다. 그 지식이란 크로머나 밸푸어가 1세기에 걸친 근대서양의 오리엔탈리즘으로부터 계승한 학문적이고 실천적인 지식이었다. 곧 동양인의 인종, 성격, 문화, 역사, 전통, 사회, 장래성에 관한 지식이었다. 이러한 지식은 실제로 유용했다. 곧 크로머는 그것이 이집트 통치에 도움이 될 수 있었다고 확신했다. 나아가 그 지식은 시험된 불변의 지식이기도 했다. 왜냐하면 '동양인'은 어떤 실용적인 목적을 위해서든 간에 모든 오리엔탈리스트—또는 동양인을 통치하는 인물—가 검토하고, 이해하며, 제시할 수 있는 하나의 플라톤적인 본질이었기 때문이다. 그리하여 크로머는 자기의 경험과 업적을 위엄 있게 기록한 두 권의 책 《현대 이집트》[17]의 제34장에서 오리엔탈리즘 예지에서 도출한 일종의 개인적 준칙을 다음과 같이 기록했다.

알프레드 라이얼 경은 내게 다음과 같이 말한 적이 있다. "동양적 심성은 정확함을 기피한다. 이는 인도에 사는 영국인이 언제나 기억해야 할 격언이다." 사람을 허위로 타락시키는 정확함의 결여야말로 동양인 심성의 중요한 특색이다.

---

17) 역자 해설에서 밝혔듯이 이 책은 1911년에 일본어로 번역되어 한국 침략을 위한 일본의 참고문헌으로 이용되었다.

반면 유럽인은 주도면밀한 논리를 좋아한다. 사실을 말하는 그 서술에는 한 치의 애매함도 없다. 비록 논리학을 공부하지 않아도 유럽인은 타고난 논리학자이다. 유럽인은 타고난 회의론자이고, 어떠한 가정도 증명을 거치지 않고서는 진리라고 인정하지 않는다. 그의 훈련된 지성은 기계의 부품과 같이 작동한다. 반면 동양인의 정신은 동양의 기이한 길거리와 마찬가지로 균형이 현저히 결여되어 있다. 동양인의 추론은 매우 감상적인 것이다. 고대 아랍인은 약간 높은 논증술을 습득했으나, 그 후손들은 논리적 능력이 극심하게 결여되어 있다. 그들은 그들이 인정할 수 있는 진리의 단순한 전제로부터 가장 분명한 결론을 이끌어 낼 수도 없다. 어떤 평범한 이집트인으로부터 사실에 관한 단순한 진술을 얻고자 노력해 보라. 그의 설명은 일반적으로 너무 길고 명료하지 못할 것이다. 아마도 얘기가 끝나기까지 몇 번이나 자기모순에 빠지고, 가장 쉬운 반대 심문에도 정신을 못 차릴 게 뻔하다.

그에 의하면 이와 같이 동양인이나 아랍인은 우둔하고, '활력과 자발성이 없으며', '정도에 지나친 아부'와 음모, 교활, 동물학대를 일삼는다. 동양인들은 도로도, 포장도로도 제대로 찾아 걸을 수 없다(현명한 유럽인이라면 도로나 포장도로가 보행을 위한 것임을 바로 알지만 동양인의 무질서한 머리로는 그것조차 이해할 수 없다). 동양인은 상습적으로 거짓말을 하고 '둔감하고 의심이 많으며', 모든 점에서 앵글로색슨 인종의 명석함, 솔직함, 고상함과 대조적이다.[18)6]

크로머는 동양인이란 영국 식민지에서 그가 스스로 통치한 인적 자원

---

18) 이러한 비교논법은 일본인이 조선인에 대하여 멋대로 과장하여 기록한 것과 극히 흡사하다. 일본의 경우 일제 강점기에는 물론이고 전후에도 그러한 기록을 교과서에까지 남기고 있으며, 일제가 강요한 그런 조선인 민족성론은 춘원 이광수를 거쳐 오늘의 안병욱이나 홍사중에 이르기까지 내려온다.

일 뿐이라고 항상 생각했음을 숨기고자 하지 않는다. "나는 오로지 외교관이고 행정관에 불과하므로, 그러한 사람에게 적합한 연구란 역시 인간을 대상으로 하는 것이되[19] 그것은 '인간을 어떻게 통치할 것인가'라는 견지에서 하는 연구이다. …… 나는 동양인의 일반적인 행동방식이나 대화방식, 사고방식이 어떻든 유럽인의 그것과는 정반대라는 사실에 주목하여 스스로 만족하고 있다."[7] 크로머의 서술에는 확실히 스스로의 관찰에 근거한 부분도 있다. 그러나 그는 자신의 견해를 뒷받침하기 위하여 여기저기에서 정통 오리엔탈리즘의 권위자들(특히 에르네스트 르낭과 콘스탄틴 드 볼네)[20]을 인용했다. 동양인이 이렇다 저렇다 하고 이유를 설명하면서 그는 이러한 권위에 완전히 복종했다. 크로머는 동양인에 관한 **어떤** 지식도 그의 견해를 보증해 준다고 확실히 믿었다. 반대 심문에 따른 이집트인에 관한 묘사로부터 판단하면, 그의 견해는 동양인은 무조건 유죄라고 보는 것이었다. 동양인이 동양인이라고 하는 점이야말로 바로 범죄였다. 그러한 동어반복이 유럽인의 윤리나 정신의 균형에도 의지하지 않고 쓰일 수 있었다고 하는 것은, 그러한 동어반복이 얼마나 일반적으로 받아들여졌는가를 명확하게 보여 준다. 그리하여 동양적 행동의 규범으로 인정되는 것으로부터 벗어나는 것은 모두 부자연스러운 것으로 믿어졌다. 결국 크로머는 이집트에서 제출한 최후의 연차 보고서에서 이집트 민족주의란 '완전히 신기한 관념'이며, '재래종이라기보다도 도리어 외래종 식물'이라고 단언했다.[8]

크로머나 밸푸어가 그 저술에서나 정책 표명 때마다 참조한 공인된 지식의 저장고, 곧 정통 오리엔탈리즘의 코드를 경시함은 잘못이라고

---

19) 원문인 *Whose proper study is also man*이란 영국의 시인 포프의 《인간론*An Essay on Man*》(1733~1734) 속에 있는 "*The proper study of mankind is man*"에서 나온 것이다.
20) Constantin de Volney(1757~1820)는 프랑스의 사상가로 이집트와 시리아를 여행했다.

나는 생각한다. 오리엔탈리즘을 단순히 식민지 지배를 합리화하는 수단이라고 단정해 버리면, 오리엔탈리즘이 식민지 지배라는 사실을 추인하는 것이 아니라, 도리어 그에 앞서서 식민지 지배를 정당화한 것이라는 차원을 간과하게 된다.[21] 인간은 언제나 세계를 실재 또는 상상 속의 특질에 의해 서로 구별되는 몇 가지의 지역으로 분할하여 왔다. 밸푸어나 크로머가 그 정도의 자기만족으로 받아들인 경계선, 곧 동양과 서양을 나누는 절대적인 경계선은 수년, 아니 몇 세기에 걸친 오랜 세월을 통하여 형성되어 왔다. 물론 발견을 위한 항해가 수없이 시도되었다. 전쟁과 무역을 통한 접촉도 있었다. 그중 가장 중요한 것은, 18세기 중엽 이후 동양과 서양의 관계를 규제하는 두 가지의 중요한 계기가 생겨났다는 것이다. 첫째는 유럽에서 동양에 관한 체계적인 지식이 증대한 점이다. 이 지식은 식민지 침략에 의해, 또 이질성이나 비정상에 대한 인간의 흥미가 확대됨에 따라 강화됨과 동시에 민족학, 비교해부학, 문헌학, 역사학과 같은 학문의 발전에 의해 이용되었다. 나아가 이러한 체계적인 지식에는 소설가, 시인, 번역가, 재능 있는 여행가들이 낳은 방대한 양의 문헌이 부가되었다. 동양과 유럽의 관계에 나타난 둘째의 양상은, 유럽이 지배자의 지위에 있었다고는 말할 수 없어도 언제나 강자의 위치를 차지했다고 하는 점이다. 이를 완곡하게 표현할 방법은 없다. 사실 밸푸어가 동양 여러 문명의 '위대함'을 인정하듯이, 강자가 약자에 대하여

---

21) 지식이 권력을 추후에 합리화하는 것이 아니라 지식이 권력을 사전에 정당화한다는 사이드의 논의는 한국 지성사의 굴절에 중요한 시사점을 던져 준다. 예컨대 법학의 경우 그것은 권력에 대한 아부나 사후 추인으로 인정되어 왔으나 실제로는 사전 계획의 기본이 되어 왔음을 주목할 필요가 있다. 곧 법학은 음모의 기술로써 악용되어 왔다. 특히 육사와 서울법대라고 하는 지식기관의 야합이 한국의 독재권력을 창출해 내었다는 점은 그러한 음모의 본질을 말해 주는 것이다. 그리고 서울대와 연·고대 등의 일류대학 출신들이 지난 반세기의 한국 지배계급을 형성했다. 그것은 야당이나 운동권까지 포함하는 넓은 지배계급을 뜻한다.

갖는 관계를 위장하거나 완화할 수는 있으리라. 그러나 정치적, 문화적 심지어 종교적 차원의 본질적 관계는—여기서 문제가 되는 서양 측에서는—어디까지나 대립되는 강자와 약자의 관계로 관찰되었다.

이러한 관계는 여러 가지 용어로 표현되었다. 밸푸어와 크로머는 그 몇 가지를 전형적으로 사용했다. 예컨대 동양인은 비합리적이고 열등하며(타락하고) 유치하고 '비정상이다'. 따라서 유럽인은 합리적이고 도덕적이며 성숙되고 '정상이다'. 그러나 이러한 관계는 다음 사실을 시종일관 강조해 생명을 지닐 수 있었다. 곧 동양인은 이질적이긴 하나 명확하게 조직된 그 자신의 세계에 살고 있으며, 그 세계는 독자적인 민족적·문화적·인식론적인 경계를 가지고, 또 내재적인 논리정합성의 여러 원리를 갖추었다는 사실이다.[22] 그런데 동양인이 갖는 세계의 인지가능성과 자기확인은 동양인 자신의 노력에 의한 결과가 아니라, 도리어 서양이 동양이라는 것을 동일시하는 데에 따른 인지작업의 기술적 조작을 위하여 택한 복합적 절차의 총체에 의한 결과이다. 그리하여 내가 논의해 온 문화적 관계의 두 가지 양상이 여기서 하나로 결합된다. 곧 동양에 관한 지식은 힘을 배경으로 하여 발생한 것이기 때문에, 어떤 의미에서 동양·동양인·동양세계를 **날조한다**는 것이다. 크로머와 밸푸어의 언어에서, 동양인은 마치 (법정에서처럼) 재판을 받는 존재로, (교육과정에서처럼) 학습되고 묘사되는 존재로, (학교나 감옥에서처럼) 훈련받고 규

---

[22] 소위 특수성 강조론이 갖는 위험성을 여기서 볼 수 있다. 동양은 서양과 구별되는 독자성 내지 특수성을 갖는다는 논의야말로 오리엔탈리즘의 출발 그 자체이다. 그 발상의 전제는 문화독창론, 문화개성론, 문화제국론, 특수문화론, 국가문화론, 민족문화론 따위의 특수성 강조에 있다. 한국의 사회과학이 그러한 상대적 특수성론에 사로잡혀 있음을 크게 우려하지 않을 수 없다. 특히 일본이나 미국에 대한 특수성의 강조가 그러하다고 볼 수 있다. 정치적·경제적·사회적 특수성은 당연히 존재하나 그것은 어디까지나 가변적일 것이고, 또한 부분적인 것이므로 그 특수성의 범위나 한계를 명확하게 인식할 필요가 있다.

율되는 존재로, 또 (동물도감에서처럼) 도해되는 존재로 묘사되었다. 요컨대 동양인은 어떤 경우에도 지배의 틀 속에 **포함되며 그 틀에 따라 표상되는** 존재이다. 그렇다면 이러한 것은 어디에서 왔는가?

문화의 힘에 관하여 논의하기란 쉬운 일이 아니다. 그리고 이 책의 목적 중 하나는, 오리엔탈리즘을 문화적인 힘을 행사하는 하나의 형태로 설명하고 분석하며 고찰하고자 하는 점에 있다. 달리 말하자면 나는 문화적인 힘이라고 하는 매우 애매하고 중요한 개념에 대해서, 상당량의 자료를 분석하기 전에 일반적인 결론을 빨리 끌어내는 위험을 회피하고 싶다. 그러나 19세기와 20세기에 관한 한, 동양과 동양에 속하는 모든 것이 비록 서양에 열등하다고는 할 수 없어도, 서양의 연구에 의해 교정을 받아야 하는 존재로 가정되었다는 것만큼은 인정할 수 있다. 따라서 동양은 마치 교실, 형사법원, 감옥, 도감과 같은 틀에 의해 규정된 존재로 비쳐졌다. 곧 오리엔탈리즘은 동양적인 사물을 조사, 연구, 판결, 훈련과 규율, 통제의 대상으로 삼아 교실, 법정, 감옥, 도감 속에 배치하는 동양에 관한 지식이었다.

20세기 초엽에 밸푸어와 크로머 같은 사람들이 그러한 것을 그러한 형태로 말할 수 있었던 것은, 19세기보다 더욱 거슬러 올라가는 초기 오리엔탈리즘의 전통이 이미 그들을 위하여 어휘, 이미지, 수사법, 형상을 준비했기 때문이다. 그러나 오리엔탈리즘은 유럽, 곧 서양이 지구 위의 지극히 광대한 부분을 문자 그대로 지배하게 되었다는 사실에 대한 일정한 인식에 의해 강화되었고, 동시에 그 인식을 강화하도록 작용했다. 오리엔탈리즘이 제도의 면에서도, 내용의 면에서도 급속하게 진전된 시대는 유럽의 엄청난 팽창의 시대와 완전히 일치한다. 곧 1815년부터 1914년까지 유럽이 직접 지배한 식민지 영토는 지구 표면의 거의 35퍼센트에서 85퍼센트까지 확대되었다.[9] 모든 대륙이 영향을 받았으나, 특히 그 영향이 현저했던 곳은 아프리카와 아시아였다. 영국과 프랑스는 양대 제국으로서 한편으로는 동맹국으로서 동반자였으나, 다른 한편으로는 적대적인 경쟁 상대였다. 지중해 동쪽 해안으로부터 인도차이나, 말레이반도에 이르는 동양의 여러 지역에서 영국과 프랑스 양 제국의 식민지 영토 및 제국세력 범위는 서로 인접하고 종종 중복되며 자주 충돌하였다. 그러나 영국인과 프랑스인이 서로 마주했을 뿐만 아니라, 문제의 '동양'과 함께 맞부딪쳐 최대의 긴장감, 친근감, 혐오감을 갖게 된 곳은 중동, 즉 이슬람이 문화적·인종적 특징의 규정요인이라고 단정된 아랍 중동 지역이었다. 솔즈베리 경이 1818년에 얘기했듯이, 19세기의 대부분을 통하여 영국·프랑스 양국인에게 공통된 동양관은 복잡한 문제투성이었다. 곧 "여러분이 심각한 이해관계를 갖는 어떤 나라에 대해, 신뢰하는 동맹국이 간섭하는 경우, 가능한 대응방책은 다음 세 가지입니다. 그 나라를 포기하든가, 독점하든가 또는 분할하는 것입니다. 포기한다면 인도로 가는 영국의 길을 프랑스가 차단할 것입니다. 독점한다면 전쟁이 발발할 가능성이 커집니다. 그래서 우리는 분할하기로 결정했습니다."[10]

실제로 그들은 나누어 먹었다. 바로 아래에서 검토하는 방식으로 말이다. 그러나 영국과 프랑스가 나누어 먹은 것은 토지, 이윤, 지배만이 아니었다. 내가 오리엔탈리즘이라고 부르는 일종의 지적 권력도 나누어 먹었다. 어떤 의미에서 오리엔탈리즘은 공유하는 정보의 도서관이나 문서고였다. 그리고 그것은 합의에 의해 보관되는 곳이기도 했다. 이 문서고를 하나로 통합시킨 것은 하나의 관념체계였고,[11] 그것은 여러 가지 방법으로 유효성이 증명된 하나의 가치체계였다. 이러한 관념체계는 동양인의 행동을 설명하는 것으로서, 동양인에게 하나의 심리적 경향, 하나의 계보, 하나의 분위기를 공급했다. 특히 중요한 것은 이러한 관념체계로 인하여 유럽인은 동양인을 규칙적인 특징을 갖는 하나의 현상으로 취급하고 간주하게 되었다는 점이다. 그러나 지속성을 갖는 관념체계의 단위와 같이, 오리엔탈리즘의 여러 관념은 소위 서양인Occidental, 유럽인, 서구인Western만이 아니라 동양인이라고 불리는 사람들에게도 영향을 미쳤다. 요컨대 오리엔탈리즘을 이해하기 위해서는 그것을 단순히 실증적인 주의주장으로 보기보다는 사고에 대한 강제와 제한의 집합으로 보는 쪽이 옳다. 만약 오리엔탈리즘의 본질이 우월한 서양과 열등한 동양 사이에 뿌리 깊은 구별을 설정하는 것이라고 한다면, 우리는 오리엔탈리즘이 그 발전기와 그 후를 통하여 이러한 구별을 더욱더 심화시켰고, 심지어 경직시킨 상황 그 자체에 착안해야 한다. 19세기 영국에서는 인도 등의 영국인 행정관이 55세가 되면 정년 퇴직하여 직장을 떠난다는 관행이 널리 행해졌는데, 이것이 오리엔탈리즘을 더욱 세련되게 만들었다. 곧 동양인에게는, 늙어 쇠약한 서양인을 보는 것이 결코 허용되지 않았다. 그것은 동양인이라는 종속 종족의 눈에 비친 서양인 자신은, 건강하고 이성적이며 민첩함을 잃지 않는 젊은 라즈Raj(왕후 귀족)인 것으로 충분한 것이지, 그 밖의 모습을 보일 필요가 전혀 없었던 것과 마찬가지였다.°12

19세기와 20세기에는 오리엔탈리즘의 여러 관념이 다양한 형태로 나타났다. 무엇보다도 먼저 유럽에는 과거의 유럽인으로부터 물려받은 방대한 동양관계의 문헌이 존재했다. 이 책에서는 근대 오리엔탈리즘의 시작을 18세기 말부터 19세기 초에 걸친 시기에서 잡고자 한다. 이 시기에 특기할 일은 에드거 퀴네[23]가 명명한, 소위 동양 르네상스가 생겨났다는 점이다.°13 갑자기 여러 사상가, 정치가, 예술가들에게 중국으로부터 지중해까지 확대된 동양에 대한 새로운 인식이 생긴 것같이 생각되었다. 이러한 인식은 부분적으로 산스크리트어[24], 젠드어[25], 아라비아어와 같은 언어로 쓰인 동양의 문헌이 새로이 발견되고 번역된 결과이며, 동시에 동양과 서양의 관계가 새롭게 감지된 결과이기도 했다. 이 책의 목적에서 말하면, 이러한 관계의 기조가 중동과 유럽 사이에 설정된 것은 1798년 나폴레옹이 이집트를 침략한 것에 의한 것이었다. 그 침략은 많은 점에서 어떤 문화가 그것보다도 분명히 강력한 별도의 문화에 의해 참으로 과학적으로 탈취된 전형적인 사례였다. 나폴레옹의 이집트 점령과 함께, 오늘날 우리의 문화적·정치적인 관점을 지금까지도 여전히 강력하게 규정하고 있는 동서양 관계의 과정이 급격하게 시작되었다. 나폴레옹의 그 원정은 나아가 박학의 위대한 기념비적 집성이라고도 말할 수 있는 《이집트지誌》에 의해 오리엔탈리즘에 하나의 무대를 제공했다. 이집트를 선두로 하여 뒤이어 다른 이슬람 나라들이, 동양에 관한 서양 지식의 유효성이 시험되는 생생한 영토, 실험실, 극장으로 간주되었다. 나폴레옹의 군사적 모험에 관해서는 이 책의 뒷부분에서 다시 언급하도록 한다.

나폴레옹의 동양 경험을 비롯한 여러 가지 경험을 매개로 하여 동양은 서양에서 지식의 조직체로 근대화되었다. 그리고 이것이야말로 19세기와 20세기 오리엔탈리즘의 제2의 존재형식이다. 근대 오리엔탈리즘의 개시기에 관해서는 뒤에서 다시금 검토할 것이나, 그 시기 이래 오리엔탈리스트 사이에서는 자신들의 발견, 체험, 고찰을 적절한 근대적 용어로 공식화하고, 동양에 관한 여러 관념을 근대의 현실과 충분히 연결되는 것으로 재조직하고자 하는 야심이 흘러 넘치게 되었다. 예컨대

---

23) Edgar Quinet(1803~1875)는 프랑스의 역사가이자 문인으로 서양 과학문명의 정복에 의한 인류의 진보를 주장했다.
24) 고대 인도어(梵語).
25) 고대 페르시아어로 조로아스터교의 경전인 《젠드-아베스타 Zend-Avesta》의 번역 및 주석.

1848년 르낭의 셈어에 대한 언어학적 연구는 당시의 비교문법, 비교해부학, 인종이론의 권위에 대부분 의거한 문체로 쓰였다. 르낭의 오리엔탈리즘은 이러한 학문으로부터 권위를 확보할 수 있었으나, 반면에 그 후의 오리엔탈리즘은 서양에서 강력한 영향력을 행사하며 유행된 사상 조류에 끊임없이 흔들리는 허약한 체질을 갖게 되었고, 오리엔탈리즘의 이러한 허약성은 오늘날까지 유지되어 왔다. 오리엔탈리즘은 지금까지 제국주의, 실증주의, 유토피아주의, 역사주의, 다윈주의, 인종주의, 프로이트주의, 마르크스주의, 슈펭글러주의의 지배를 받아왔다. 그러나 오리엔탈리즘에도 여러 자연과학·사회과학과 마찬가지로, 연구의 '패러다임', 독자적인 학회, 독자적인 권력조직이 갖추어졌다. 19세기에 이 분야는 비약적으로 위신이 증대되었고, 프랑스 아시아협회, 영국 왕립 아시아협회, 독일 동양학협회, 미국 동양학협회와 같은 조직의 명성과 영향력도 증대되었다. 이러한 학회의 발전에 따라 유럽 전역에서 동양학 교수직 수도 증가되었고, 그 결과 오리엔탈리즘의 보급을 촉진시키는 수단도 눈부시게 발달했다. 《동양의 보물창고》(1809)로 시작된 오리엔탈리즘에 관한 정기간행물은 지식의 양을 격증시켰고 동시에 전문적인 세분화도 현저히 촉진시켰다.

그러나 자유로운 형태로 존재하고 번영할 수 있었던 지적 활동과 학회는 거의 없었다. 왜냐하면 제3의 존재형식으로 오리엔탈리즘이 동양에 관한 사고에 제한을 부가했기 때문이다. 심지어 한 시대의 작가들 가운데 가장 풍부한 상상력을 지녔던 플로베르, 네르발, 스콧[26] 같은 사람들도 동양을 경험하고 동양에 관하여 말하는 경우 자유로울 수가 없었다. 왜냐하면 오리엔탈리즘이란 결국 현실에 관한 정치적 비전이며, 친

---

26) Walter Scott(1771~1832)은 영국의 대중적인 역사 소설가로서 우리에게도 소개된 《아이반호 Ivanhoe》(1819) 등의 역사소설을 남겼다.

숙한 것(유럽·서양·'우리')과 낯선 것(동양·동방·'그들') 사이의 차이를 확장하는 구조를 갖는 것이었기 때문이었다. 이러한 비전은 위와 같은 이분법에 의해 대치되는 두 가지 세계를 창조하고 이어 그것에 봉사했다. 말하자면 동양인은 그들의 세계에서 살았고 '우리는'(서양인은) 우리의 세계에서 살았다. 비전과 구체적 현실은 서로 뒷받침하는 끊임없는 운동이었다. 만일 어느 정도라도 교류의 자유라는 것을 문제삼을 수 있다면, 그것을 일방적으로 장악한 것은 언제나 서양인이었다. 그것은 서양인의 문화가 더욱 강력했기 때문이고, 그 때문에 서양인은 과거에 디즈레일리가 이름 붙인 소위 아시아의 위대한 신비를 간파하고, 그것과 격투하며, 그것에 형상과 의미를 부여할 수 있었기 때문이었다. 그럼에도 도리어 이러한 특권에 수반된 어휘의 수축과, 이러한 비전이 초래한 제약의 확대야말로 종래에 간과되어 왔다고 나는 생각한다. 요컨대 오리엔탈리즘의 현실이란 반인간적인 것임과 동시에 지속적인 것이라는 점을 나는 말하고 싶다. 오리엔탈리즘의 범위는, 그 여러 제도 및 광범한 영향력과 마찬가지로 오늘에까지 존속하고 있다.

그러나 예전이나 지금 오리엔탈리즘은 어떻게 작용하는 것일까? 어떻게 하면 역사 현상이고 사고 양식이며, 현대적 문제이고 또 구체적 현실이기도 한 오리엔탈리즘의 모든 것을 함께 묘사할 수 있을까? 여기서 다시금 노련한 식민지 경영의 기술자이자 오리엔탈리즘의 수익자이기도 했던 크로머를 생각해 보자. 그는 우리에게 위의 의문에 대한 해답의 실마리를 제공할 수 있다. 크로머는 〈종속 종족의 통치〉라는 논문에서, 개개인으로 구성되는 국가인 영국이 광대한 영토의 제국을 중앙에서 내리는 원칙에 따라 어떻게 통치할 수 있는지의 문제를 해결하기 위하여 고심했다. 그는 원주민에 관한 전문지식과 앵글로-색슨적인 개성을 함께 갖춘 '식민지 관료'를 런던에 있는 식민국의 중앙권력과 대비한다.

그리고 식민지 관료가 "제국의 이익을 손상하거나, 나아가 위태롭게 만들 우려가 있는 수법으로 지방적 이해에 관한 문제를 처리"할 수 있음에 대하여, "중앙권력은 그러한 집착에서 생기는 어떤 위험도 미리 방지할 수 있는 입장에 있다"고 말한다. 왜냐하면 중앙권력은 "기계의 각종 부품의 조화로운 작용을 보증"할 수 있으며, "가능한 한 종속국 통치의 부대 상황을 실현하도록 노력하여야 하기 때문"이라고*14 한다. 그 설명은 애매하고 매력적이지 못하나, 말하고자 하는 바는 어렵지 않게 파악할 수 있다. 크로머가 생각하고 있는 것은 서양에 위치하는 하나의 권력 중추이다. 그곳으로부터 동양을 향한 거대한 기계가 팔을 뻗치고, 그 기계는 중앙권력에 에너지를 보냄과 동시에 중앙권력에 의해 통제되고 있다. 인적인 소재, 물질적인 부, 지식 기타 등등 기계의 팔이 동양으로부터 중앙권력에 피드백 하는 것은, 기계의 공정에 관계되어 더욱 큰 동력으로 전환된다. 이와 같이 전문가의 손을 통하여 동양의 단순한 사물이 즉시 유용한 실체로 전환된다. 예컨대 동양인은 종속 종족 또는 '동양적' 심성의 한 가지 사례가 되며, 오로지 식민국의 '권위' 강화에 공헌한다. '지방적 이해관계'는 오리엔탈리즘의 특수한 관심이고, '중앙권력'은 제국 사회 전체에 대한 일반적인 이해 관심이 된다. 크로머는 사회에 의한 지식의 관리에 관하여, 아무리 특수한 것이라도 지식은 먼저 전문가의 특수한 관심에 의해, 뒤이어 권력의 사회 시스템의 일반적인 관심에 의해 통제된다는 점을 지극히 명확하게 보고 있다. 지방적 이해관계와 중앙의 이해관계 사이의 상호작용은 복잡한 것이나 결코 식별될 수 없는 것은 아니다.

  제국의 행정관료로서 크로머의 경우, "자신에게 적합한 연구는 동시에 인간을 대상으로 하는 것"이라고 말했다. 포프가 인류에게 **적합한** 연구 대상은 인간이라고 선언했을 때의 인간이란, '가난한 인도인'을 포함한 모든 인간을 뜻했다. 그런데 크로머가 사용한 '동시에'란 낱말로부터 생각할 수 있는 것은, 동양인이라는 특수한 사람들이 적합한 연구대상으로 선택되어야 한다는 점이다. 이러한 의미에서 동양인에 관한 적합한 연구야말로 오리엔탈리즘이다. 그것은 다른 지식 형태로부터 바로 그것에 적합하게 구분되어 있다. 그러나 언제나 모든 지식을 포함하고, 지식을 뒷받침하며, 지식을 이용하는 물질적·사회적 현실에 (참으로 한정되어 있으므로) 그것은 궁극적으로 유용한 벗이다. 권력의 서열은 동양에서 서양으로 계층적으로 누적된다. 과거에 키플링[27)]이 가장 알기 쉬운 형태로 표현한 허위의 생물연쇄가 그것이다.

> 노새, 말, 코끼리, 황소는 그것을 부리는 운전병에게 복종한다. 그리고 운전병은 상사에게, 상사는 중위에게, 중위는 대위에게, 대위는 소령에게, 소령은 대령에게, 대령은 3개 연대를 지휘하는 여단장에게, 여단장은 장군에게, 장군은 총독에게, 총독은 여왕에게 복종한다.*15

이러한 괴물적인 지휘계통의 연쇄와 비슷하게 근본적으로 변조되고, 크로머가 말한 '조화로운 작용'처럼 강력하게 관리된 오리엔탈리즘은, 또한 서양의 강력함과 동양의 허약함—서양에서 본 시각이기는 하지만—을 표현할 수 있다. 이러한 강력함과 허약함의 조합을 전제로 삼는 것이 바로 오리엔탈리즘의 고유한 입장이다. 그것은 세계를 각각 균등한 집합인 몇 가지의 대지역으로, 달리 말하자면 근본적인 의식의 차이

---

27) Rudyard Kipling(1865~1936)은 영국의 시인이자 소설가로《정글북*JungleBook*》(1894),《킴*Kim*》(1901) 등을 남겼으나 오늘날 대영제국의 정치이념에 종속된 제국주의 작가로서 평가되고 있다. 한국에도 그는 노벨상을 탄 대작가로 소개되어 있으나 그의 제국주의적 요소는 비판적으로 검토되어야 한다.

가 만들어 내는 긴장의 상태에서 공존하는 복잡한 실체로 구분하고자 하는 일반적인 견해에 따른 것이다.

이러한 점은 오리엔탈리즘이 제기하는 중요한 지적 쟁점이다. 인간의 현실이 순수하게 분할될 수 있는 것처럼 보이는 것은 사실이다. 그러나 인간의 현실을 몇 가지의 문화, 역사, 전통, 사회 또는 인종으로 분명하게 분할하고, 나아가 그 분할의 결과에 관계없이 인간답게 산다는 것이 과연 가능할까? 그 결과에 관계없이 인간답게 살 수 있다고 한다면 인간을 소위 '우리'(서양인)와 '그들'(동양인)로 분할하는 것에 나타나는 적대성을 회피할 수 있는 길이 있을까? 개괄에 불과한 이러한 구분을 역사나 현실에 적용하는 경우, 사람들 사이를 구분하는 것이 강조될 뿐이고, 좋은 결론에 이르지 못하는 것이 보통이다. 동양인과 서양인이라는 범주를 분석이나 연구, 또는 국가정책의 전제나 목표로 이용한다면(밸푸어와 크로머가 그러한 범주를 사용한 경우와 같이), 보통 그것으로부터 비롯되는 결과는 동양인은 더욱 동양적으로, 서양인은 더욱 서양적으로 되면서 구별을 극단적으로 양극화하여 상이한 문화, 전통, 사회에 속하는 인간들의 만남을 제약한다. 요컨대 이국적인 것을 취급하는 사고양식으로서의 오리엔탈리즘은 그 근대적인 전개의 시초로부터 오늘에 이르기까지, '동양'과 '서양'이라는 엄격한 구분 위에 근거한 지식 특유의 지극히 개탄할 만한 경향을 전형적으로 보여 주었다. 그것은 사고를 서양이냐 동양이냐 하는 구분 속에 집어넣는 것이다. 이러한 경향이 서양 오리엔탈리즘의 이론, 실천, 가치관의 핵심을 이루고 있는 이상, 동양을 위압하는 서양의 권력이라는 사고방식은 너무나도 당연하게 과학적 진리의 위치를 차지하고 있다.

현대의 사례를 한두 가지 들어 보면 이 말이 완전히 이해될 것이다. 권력자가 자신이 지배해야 할 세계를 때때로 관찰하는 것은 지극히 당연한 일이다. 밸푸어는 자주 그렇게 했다. 우리와 같은 시대를 사는 헨리 키신저[28] 또한 그러하다. 그의 방식은 〈국내 구조와 대외정책〉이라는 그의 논문 속에, 달리 볼 수 없을 정도로 솔직하게 나타나 있다. 그가 묘사한 드라마는 현실의 사건으로 거기에서 그는, 여러 국내 세력의 압력과 외국의 현실이 초래하는 압력 아래 미국은 스스로를 위한 국제적 행동을 유지해야 한다고 주장하였다. 키신저의 담론은 단지 그 이유 하나만으로 한쪽의 미국과 다른 쪽의 세계 사이의 양극성을 확립한다. 나아가 키신저는 두말할 필요도 없이 서양 중요 강대국의 권위 있는 대변자라는 자의식을 가지고 말하고 있으나, 그 대국의 최근 역사와 현상을 보면 세계는 그 권력과 지배를 쉽게 받아들이려고 하지 않는다는 것을 알 수 있다. 키신저는, 미국이 개발도상국 세계를 상대하는 것보다는 공업화되고 발전된 서양을 상대하는 것이 문제가 적다는 것을 느끼고 있다. 또한 미국과 소위 제3세계(그것은 중국, 인도차이나, 중동, 아프리카, 라틴 아메리카를 포함한다) 사이의 현실관계가 분명히 많은 문제를 가지고 있으며, 키신저도 그것을 숨길 수 없는 것이다.

키신저가 위 논문에서 사용한 방법은 언어학자가 이항대립二項對立이라고 부르는 것에 근거한다. 곧 그는 외교정책에는 두 가지 양식(예언자적인 것과 정치적인 것), 두 가지의 기술형태, 두 가지의 시대 등이 있음을 보여 준다. 그리고 그의 논의가 역사적 부분의 끝에 이르러 현대세계를

---

28) Henry Kissinger(1923~)는 미국의 정치가이자 정치학자로서 하버드 대학교에서 박사학위를 받고 교수로 재직 중 닉슨 대통령 시절에 국무부장관 등을 지냈다. 그는 미국의 보수주의를 대변하는 유대인으로서 한국에도 강력한 영향력을 끼쳤다. 그러나 우리는 그가 기본적으로 제국주의자로서 언제나 서구, 특히 미국의 우월성과 지도성을 주장하고 무력에 의한 세계 제패를 꿈꾸는 미국(그 대표가 레이건이었다)을 대변하는 이론가였음을 주의하여야 한다. 그에게 주어진 노벨평화상이란 현실의 왜곡이 얼마나 극단적인가를 여실히 보여 준다고 할 수 있다.

취급하게 되면, 그는 이항대립의 원리에 따라 세계를 선진국과 개발도상국으로 나눈다. 그리고 선진국, 곧 서양은 "현실세계란 관찰자에게는 어디까지나 외재적인 것이고, 지식이란 자료의 기록과 분류(그것들은 정확하면 정확할수록 좋다)로 성립되어 있다는 사고방식에 분명히 의거하고 있다"고 한다. 이 점에 관하여 키신저가 제시하는 증거는 뉴턴[29]의 학설에 의한 사고혁명으로서, 그것이 개발도상국 세계에서는 지금까지 생기지 않았다고 주장한다. "일찍이 뉴턴 학설의 세례를 받지 못한 문화는, 현실세계가 거의 완전하게 관찰자 **주관의 내부**에 있다고 하는, 본질적으로는 뉴턴 학설 이전의 세계관을 오늘에 이르기까지도 계속 지니고 있다"는 것이다. 결론으로 그는 다음과 같이 말한다. "신생국 대부분의 경험적 현실이란, 서양의 그것으로부터 현저히 분리된 의미를 갖고 있다. 왜냐하면 신생국은 어떤 의미에서 그러한 현실을 발견하는 과정을 완전히 통과하지 않았기 때문이다."[16]

크로머의 경우와 달리 키신저는, 동양인에게 정확성이 결여되어 있음을 증명하기 위하여 알프레드 라이얼 경을 인용할 필요가 없었다. 키신저의 주장 자체가 논의의 여지가 없는 것이었으므로 특별한 논거를 제시할 필요가 없었기 때문이었다. 서양인에게는 뉴턴 혁명이 있었으나 그들에게는 그것이 없었으며, 따라서 사고하는 인간으로서 서양인은 동양인보다도 훨씬 뛰어나다는 것이었다. 그렇다. 과거에 밸푸어와 크로머가 그어 온 것과 결국 거의 같은 경계선이 그어진 것이다. 그러나 키신저와 영국의 제국주의자들 사이에 60여 년이란 세월이 놓여 있다. 그 사이의 수많은 전쟁과 혁명이, 뉴턴 학설 이전의 예언자적인 양식이라고 해도 전혀 성공하지 않은 것이 아님을 결정적으로 증명한다. 키신저

---

29) Isaac Newton(1642~1727)은 영국의 수학자이자 과학자로서 만유인력의 법칙을 발견했다.

는 뉴턴 학설 이전의 예언자적인 양식을 '정확성을 결여한' 개발도상국만이 아니라, 빈회의[30] 이전의 유럽과도 결부시키고 있다. 그리하여 키신저는 밸푸어와 크로머와는 달리 이러한 뉴턴 학설 이전의 관점을 존중하지 않을 수 없다고 느낀다. 왜냐하면 "그것은 현대의 혁명적 소동에 관하여 엄청난 유연성을 가져다 주기" 때문이다. 따라서 뉴턴 학설 이후의 (현실)세계에 살고 있는 인간이 수행해야 할 의무는 "위기가 회피할 수 없는 사실이 되기 **이전에** 하나의 국제적 질서를 구축하는 것"이다. 달리 말하자면 아직도 **우리는** 개발도상국 세계를 포함시킬 수 있는 방법을 찾아야 한다는 것이다. 이것은 개발도상국에 대립하되 궁극적으로는 중앙정부를 이롭게 하도록 설계된, 조화롭게 움직이는 기계장치에 관한 크로머의 비전과 유사한 것이 아닌가?

키신저는 뉴턴 학설 이전의 현실인식과 뉴턴 학설 이후의 현실인식으로 세계를 분단시켰을 때 자신이 끌어 온 지식의 계보를 몰랐을지도 모른다. 그러나 그의 구별은 동양인과 서양인을 분리하는 오리엔탈리스트의 정통적인 구별과 같다. 또 키신저의 구별은 오리엔탈리즘의 경우와 마찬가지로 표면적인 중립성을 가장함에도 불구하고 가치판단을 배제한 것이 아니다. 그의 설명에는 여러 곳에 '예언자적', '정확성', '내부적', '경험적 현실', '질서'와 같은 말이 등장한다. 그것들은 매력적이고 친숙하며 바람직한 가치, 또는 협박적이고 기묘하며 무질서한 결함 가운데 어느 것을 특징짓는다. 뒤에서 보게 되는 전통적인 오리엔탈리즘과 이러한 키신저를 비교하여 보면, 둘 다 문화상호 간의 차이라고 하는 것을, 첫째 문화와 문화를 분리시키는 전선을 창출하는 것으로서, 둘째 (우월한 지식과 융통성 있는 힘을 통한) '타자'의 통제나 봉쇄, 아니면 통치

---

[30] 1814~1815년에 빈에서 열린 회의.

로 서양을 권유하는 것으로 파악하고 있다. 어느 정도의 효력을 가지고, 또 어느 정도의 희생을 지불하여 이와 같이 투쟁적인 구분이 유지되어 왔는가에 관해서는 우리가 여기서 다시 생각할 필요도 없으리라.

키신저의 분석과 완벽하게—지나칠 정도로 완벽하게—들어맞는 또 하나의 사례가 있다. 《미국 정신의학잡지》1972년 2월호에 실린 미국 국무부의 정보조사국 직원이었다가 퇴직한 헤럴드 W. 글리던[31]의 논문이다. '아랍세계'라는 제목, 그 논조, 내용이 모두 오리엔탈리즘의 특유한 심리적 경향을 뚜렷이 보여 준다. 4쪽의 2단 칼럼 속에 1,300년 동안 1억 명이 넘는 인간들의 심리학적 초상화를 그리면서 그 재료로 글리던이 인용한 것은, 트리폴리[32]에 대해 쓴 최근의 책 한 권, 이집트 신문인 《아흐람》지의 기사 하나, 잡지 《현대동양》 그리고 유명한 오리엔탈리스트인 마지드 하두리[33]의 저술이라는 네 가지뿐이었다. 글리던 논문의 목적은, **우리의** 관점에서 보면 '비정상적'이지만, 아랍에게는 참으로 '정상적인' "아랍 행동의 내면적 작용"을 밝힌다는 것이었다. 이러한 멋진 출발에 이어 우리가 듣게 되는 것은 아랍이 일치를 강조한다는 점이다. 곧 아랍은 수치의 문화에 안주하고 있으며, '위신의 체계'는 추종자와 복종자들을 끌어당기는 것을 포함한다("아랍사회는 언제나 보호자·피보호자의 관계 위에 성립되어 있다"라는 이야기가 부가된다). 그에 의하면 아랍은 오로지 분쟁 상황에서만 기능할 수 있다. 위신은 오로지 타인을 지배하는 능력 위에서만 성립한다. 수치의 문화는—따라서 이슬람 그 자체는—복수를 미덕으로 삼는다(여기서 글리던은 1970년 6월 29일자 《아흐람》지의 기사를 당당하게 인용한다. 그것은 이집트에서 1969년에 일어난, 범

---

31) Harold W. Glidden(1910~)은 근동사학자.
32) *Tripoli*는 리비아의 수도.
33) Majid Khadduri(1919~)는 이라크의 학자이자 작가.

인이 체포된 살인사건 1,070건의 동기 가운데 "수치를 씻기 위한 것"이 20퍼센트, "부당함에 대한 또는 상상 속의 부당함에 대한" 것이 30퍼센트, "피에 대한 피의 복수"가 31퍼센트를 차지했다는 것이다). 그리고 서양인의 견해로는 "아랍인이 해야 할 유일한 이성적인 행위란 평화임에도…… 아랍 상황은 이러한 논리에 의해 지배되지 않는다. 왜냐하면 아랍의 가치체계 속에는 객관성이 포함되어 있지 않기 때문이다"라고 말한다.

글리던은 더욱 열광적으로 다음과 같이 이어 간다. "아랍의 가치체계는 집단 내부의 절대적 결속을 요구하는 한편, 동시에 그 결속 자체를 파괴하는 일종의 대항의식을 집단구성원 간에 조장함이 주목해야 할 사실이다", 아랍사회에서는 단지 "성공에 가치를 두고, 목적이 수단을 정당화하며", 아랍이 "당연한 것"으로 여기며 살아온 세계는 "적대심이라는 멋대로 움직이는 일반화된 의심과 불신 속에서 표현된 불안을 특징으로 하고", "구실을 붙이는 기술은 이슬람 자체와 마찬가지로 아랍 생활 속에서도 고도로 발달했으며" 그리고 아랍에서는 복수가 모든 것에 앞선다. 그렇지 않으면 아랍은 자기파괴적인 수치심을 느낀다. 따라서 "서양인이 평화를 가치관의 척도의 차이에 두고" "우리가 시간의 가치에 대해 충분히 알고 있는" 것은 아랍과는 무관한 것이다. 그리고 "실제로"라고 하면서 글리던은 다음과 같이 이어 간다. "(아랍적 가치의 원천인) 아랍 부족사회에서는 평화가 아닌 전쟁이야말로 정상적인 상태였다. 왜냐하면 경제를 뒷받침하는 두 가지의 중요한 요소 가운데 하나가 약탈이었기 때문이다." 이러한 학술적 논의의 목적은 서양과 동양이 갖는 각각의 가치를 저울질할 때, 얼마나 "양자의 상대적인 가치기준이 상이한지"를 분명히 밝히려는 것일 뿐이다. 이상의 설명으로 모든 증명이 끝난다."[17]

이는 오리엔탈리스트가 갖는 자신감의 극단을 보여 준다. 단지 일반론으로서 주장하는 것인데도, 그것은 진리로서의 위엄을 거부당하지 않는다. 또 동양적 속성을 열거하는 공리 공담이라고 하여도 현실세계에 살고 있는 동양인의 행동을 설명할 때 적용되지 않는 것이 아니다. 한쪽에 서양인이 있고, 다른 한쪽에 아랍인·동양인이 있다. 서양인은(특별한 순서가 있는 것은 아니지만) 합리적·평화적·자유주의적·논리적이고, 참된 가치를 발견하는 능력을 가지며, 본능적인 시기심을 갖지 않음에 비하여, 동양인에게는 그러한 것들이 전적으로 결여되어 있다. 이러한 주장들의 근본에 있는 집합적이고 아직도 특별한 동양관이란 무엇인가? 크로머, 밸푸어 그리고 현대 정치가들의 동양에 관한 서술할 때 일관되게 나타나는 유사성을 초래한 전문적인 기술이란, 상상력이 부가하는 압력이란, 제도와 전통이란, 문화의 힘이란 과연 무엇인가?

제2장
상상의 지리와 그 표상 : 동양을 동양화하는 것

엄밀히 말하면 오리엔탈리즘은 학문의 한 분야이다. 오리엔탈리즘은 1312년, 빈 교회회의[1]에서 "파리, 옥스퍼드, 볼로냐, 아비뇽, 살라망카[2]의 각 대학교에 아라비아어, 그리스어, 히브리어, 시리아어에 관한 일련의 강좌를 개설"하도록 결정되면서 서양의 기독교세계 속에서 공식적으로 존재하기 시작한 것으로 생각되고 있다.*18 그러나 오리엔탈리즘을 설명할 때, 전문적인 오리엔탈리스트와 그 업적만이 아니라, 동양이라고 불리는 지리적·문화적·언어적·민족적 단위에 기초한 하나의 연구 분야라는 개념 그 자체에 관해서도 검토할 필요가 있다. 분야란 물론 만들어지는 것이다. 학자는 연구 주제라고 광범위하게 동의한 것으로 보이는 주제를 향하여 여러 가지 방법으로 노력하기 때문에, 연구 분야라는 것도 그 과정에서 일관성과 일체성을 확보하게 된다. 그러나 두말할 필요

---

1) 1312년의 빈 교회회의와 1814년 빈회의는 다른 것이다.
2) 볼로냐, 아비뇽, 살라망카는 각각 이탈리아, 프랑스, 스페인의 중세 대학도시.

도 없이 하나의 연구 분야란 그것에 가장 깊이 관련된 당사자들—보통은 학자, 교수, 전문가 등—이 주장하는 정도로 간단히 정의되는 것이 아니다. 그밖에 문헌학, 역사학, 신학과 같이 가장 전통적인 학문에서도 그 분야란 완전히 변할 수 있어서, 연구 대상을 규정하는 만능의 완벽한 정의를 내리기란 거의 불가능하다고도 할 수 있다. 이것은 오리엔탈리즘의 경우 확실히 진실이다. 여기에는 몇 가지의 흥미 깊은 이유가 있다.

　누구도 오리엔탈리즘에 대응하는 영역으로 옥시덴탈리즘이라는 분야를 상상할 수는 없기 때문에 오리엔탈리즘의 경우에만 지리상의 한 '분야'가 학문적인 전문 분야가 되었다는 것은 상당히 뜻깊은 사실이다. 여기에 오리엔탈리즘에 특수한, 심지어 이상하다고도 말할 수 있는 태도가 이미 분명하게 나타나 있다. 왜냐하면 수많은 학문 분야가 예컨대 어떤 **인간적 소재**에 대하여 하나의 지위를 갖는다는 것은 당연한 것이나(역사가라면 인류의 과거를 현재라는 특별히 유리한 관점에서 연구한다), 지극히 다양한 사회적·언어적·정치적·역사적 현실에 대하여 오리엔탈리즘만큼 고정적이고 다분히 개괄적인 지리적 위치를 차지하는 분야는 달리 전혀 찾아볼 수 없기 때문이다. 고전학자라든가 로망스어[3] 전문가는 물론이고, 미국연구자도 세계 속의 비교적 좁은 지역에 자기 연구의 초점을 맞추는 것이므로 그 연구 대상은 세계의 반에도 미치지 않는다. 그러나 오리엔탈리즘이라고 하는 분야는 매우 큰 지리적 야망을 갖는 분야이다. 그리고 오리엔탈리스트들은 전통적으로 무엇이든지 간에 동양적인 사물이면 모두 연구 대상으로 삼아 온 사람들이므로(이슬람법 전문가도, 중국어 사투리나 인도종교 전문가도, 오리엔탈리스트라고 자인하는 사람들의 입장에서 보면 마찬가지로 동료 오리엔탈리스트들이다), 우리는 그

---

[3] Romance어에는 프랑스어, 스페인어, 이탈리아어 등 라틴 계통의 여러 말이 포함된다.

대상의 잡다하고 엄청나게 거대하며 동시에 거의 무한대인 분화 가능성을 오리엔탈리즘의 중요한 특징으로서 인정하여야 한다. 그것은 오리엔탈리즘이 갖는 제국적 애매함과 상세한 세부라고 하는 기묘한 결합 속에 분명히 나타나는 특징이다.

이상은 모두 학문 분야로서 오리엔탈리즘에 관한 서술이다. 오리엔탈리즘은 그 속에 포함된 '이즘ism'이란 말로 인하여 스스로를 다른 모든 학문 분야로부터 구별한다. 하나의 학문 분야로서 오리엔탈리즘이 갖는 역사적 발전의 법칙은, 선택성의 증대가 아니라 영역의 확대에 있다. 에르페니우스[4]와 기욤 포스텔[5]과 같은 르네상스기의 오리엔탈리스트들은 본래 《성서》에 나타나는 여러 지방의 다양한 언어를 연구하는 전문가들이었다. 비록 포스텔은 어떤 통역의 도움도 받지 않고 아시아를 횡단하여 중국까지 스스로 갈 수 있었다고 자랑스럽게 얘기했지만 말이다. 개괄적으로 말하면, 18세기 중엽까지의 오리엔탈리스트들은 성서학자, 셈어 연구자, 이슬람 전문가이거나, 예수회가 이미 중국연구라는 새로운 분야를 개척했기 때문에 중국학자였다. 아시아의 중앙부에 펼쳐진 광대한 영역이 처음으로 오리엔탈리즘을 위해 학문적으로 정복된 것은, 18세기 말 앙크틸-뒤페롱과 윌리엄 존스 경이 아베스타어와 산스크리트의 방대한 보물창고를 명백하게 공개할 수 있게 된 때부터였다. 19세기 중엽까지 오리엔탈리즘은 상상을 넘어선 최대의 학문적 보물창고가 되었다. 이와 같이 새로이 생겨난 의기양양한 포괄적인 학문 분야의 생태를 멋지게 보여 주는 두 가지의 지표가 있다. 그 하나는 레이몽 슈와브가 《동양 르네상스》에서 시도한, 1765년부터 1850년 사이의 오리엔탈리즘에 관한 백과사전식의 개괄적 서술이다.[19] 이 시기 유럽에서 학식

---

4) Thomas Erpenius(1584~1624)는 네덜란드의 동양학자.
5) Gillaume Postel(1510~1581)은 프랑스의 동양학자.

이 풍부한 전문가들이 동양의 사물에 관한 여러 가지 학문적인 발견을 이룩한 것과 별도로, 실제로 동양 유행병이라고도 할 수 있는 것이 당시의 저명한 시인, 수필가, 철학자들에게 영향을 미쳤다. 슈와브의 생각에 의하면 '동양'이란 말은 아마추어와 전문가를 가리지 않고 모든 아시아적인 것에 대한 열광을 뜻했고, 그 아시아적인 것이란 이국성, 신비성, 근본성, 생식성과 놀랍게 부합되었다. 이는 유럽 과거의 르네상스 최전성기에 나타난 고대 그리스와 로마에 대한 정열이 그대로 동양으로 바뀐 것이었다. 1829년에 빅토르 위고는 이러한 방향전환을 가리켜, "루이 14세 시대에는 사람들이 모두 그리스 애호가였으나, 이제는 모두 오리엔탈리스트이다"[*20]라고 했다. 따라서 19세기 오리엔탈리스트는 학자(중국학자, 이슬람학자, 인도-유럽어학자)이거나 천부적인 재능을 타고난 정열가(《동양시집》을 쓴 위고, 《서동시집》을 쓴 괴테와 같이) 또는 그 둘을 겸비한 사람들(리처드 버튼, 에드워드 레인, 프리드리히 슐레겔)이었다.

빈 교회회의 이후, 오리엔탈리즘이 얼마나 포괄적인 것이 되었는가를 보여 주는 제2의 지표는, 이 분야에 관한 19세기의 연대기 그 자체 속에서 찾을 수 있다. 이러한 종류의 연대기 가운데 가장 상세한 것은 줄 몰[6)]이 쓴 《동양연구 27년》이다. 이 책은 1840년부터 1867년까지 오리엔탈리즘에 관한 중요한 사건들을 모두 기록한 2권의 연대기였다.[*21] 몰은 파리에 있는 아시아협회의 이사였다. 파리는 19세기 후반이 지나기까지 오리엔탈리즘 세계의—그리고 발터 벤야민[7)]의 말에 의하면 19세기의—수도였다. 따라서 협회 내에서 몰의 지위만큼 오리엔탈리즘의 중추에 가까운 위치는 없었다. 그 27년 사이 유럽학자들의 아시아 관계 작업 가운데 몰이 '동양연구' 속에 포함시키지 않은 것은 거의 없었다. 그가 기록

· 6) Jules Mohl(1800~1876)는 독일 출신의 프랑스 동양학자.
  7) Walter Benjamin은 《파리-19세기의 수도》라는 책을 1935년에 집필했다.

한 것은 물론 출판물뿐이었으나, 동양학자의 관심 대상이 된 간행 자료의 범위는 놀라울 정도로 다양했다. 아라비아어, 무수한 인도방언, 히브리어, 펠레비어, 아시리아어, 바빌론어, 몽고어, 중국어, 버마어, 메소포타미아어, 자바어와 같이 오리엔탈리즘의 영역에 속한다고 생각되는 언어학적인 저술은 헤아릴 수 없을 정도로 많았다. 나아가 오리엔탈리즘의 연구 영역은 텍스트의 편찬과 번역을 비롯하여 아시아와 북아프리카의 역사상 모든 문명에 관한 화폐학, 인류학, 고고학, 사회학, 경제학, 역사학, 문학, 문화연구를 명백하게 포함하고 있다. 구스타브 뒤가[8]의 《12세기부터 19세기까지의 유럽의 동양학자들》(1868~1870)[*22]은 중요한 인물만을 선택하여 쓴 연대기이나, 그 속에서 다루어진 영역은 몰의 책에 못지않게 지극히 광대한 것이었다.

  그럼에도 이러한 포괄성에는 맹점이 있었다. 학문적인 오리엔탈리스트들의 대부분은 자신이 연구하는 언어나 사회의 고전기에 흥미를 느꼈다. 나폴레옹이 세운 이집트연구소[9]를 유일한 예외로 한다면, 19세기가 거의 끝날 때까지, 현대의, 곧 현실의 동양에 관한 학문적 연구에는 관심이 거의 주어지지 않았다. 나아가 연구 대상이 된 동양은 거의가 텍스트에 의존한 세계였다. 곧 동양의 충격은 책이나 사본을 통하여 전달된 것으로서, 과거 그리스가 조각이나 도자기와 같은 조형적인 공예품을 통하여 르네상스에 그 흔적을 남긴 것과는 사정이 달랐다. 오리엔탈리스트와 동양의 관계도 텍스트 의존적인 것이었다. 그래서 19세기 초엽의 독일 동양학자 중에는 팔이 여덟 개 달린 인도의 조각을 단 한 번 보고서 자신의 동양 취미를 완전히 극복했다고 하는 얘기가 있을 정도였

---

8) Gustave Dugat(1824~1894)는 프랑스의 동양학자.
9) 이집트협회는 나폴레옹이 이집트 원정 중인 1798년에 카이로에 세운, 이집트에 관한 종합적인 연구를 목적으로 한 학술연구기관이었다.

다.²³ 학식 있는 오리엔탈리스트가 자신이 전공하는 지역을 여행할 때에는, 자신이 연구하는 '문명'에 관한 확고하면서도 추상적인 격언집을 휴대하는 것이 보통이었다. 곧 오리엔탈리스트의 관심사는 거의 언제나 이러한 진부한 여러 가지 '진리'를, 이해력이 늦고 타락한 원주민에게 적용하여 그 유효성을 증명하여 보이는 것이었다. 물론 그것은 그다지 성공하지 못했다. 그리고 최후에 오리엔탈리즘이 갖는 힘과 영역 그 자체로 인하여 동양에 관한 정확하고 실증적인 지식이 상당히 많이 생산되었을 뿐만이 아니라, 소위 이류의 지식―'동양풍' 이야기, 신비한 동양의 신화, 아시아적인 불가지성의 관념 속에 몸을 숨긴 지식―이 생산되었다. 그 결과 V.G. 카이어난이 적절히 칭한 "동양에 관한 유럽의 집단적인 백일몽"²⁴이라고 부른 것에 길들여졌다. 그 행복한 결과의 하나로 19세기의 중요한 작가 가운데 상당수가 동양 열병에 걸렸다. 그에 따라 위고, 괴테, 네르발, 플로베르, 피츠제럴드[10]와 같은 작가들의 작품이 오리엔탈리즘 저술의 한 장르를 전형적으로 나타내고 있다는 것 자체는 분명 정확하다고 생각된다. 그러나 이러한 작품에는 동양에 관한 일종의 자의적인 신화가 피할 수 없이 따르는 것도 불가피한 사실이다. 곧 그 작품에는 동시대인의 자세나 일반적인 선입견만이 아니라, 비코가 민족과 학자의 자만심이라고 부른 것에도[11] 유래하는 하나의 동양상이 얽혀 있다. 그러한 소재가 20세기에 와서 어떻게 정치적으로 이용되

---

10) Edward Fitzerald(1809~1883)는 영국의 시인.
11) Giambattista Vico는 《새로운 학문 *Principi di Scienza Nuova*》 속에서 민족의 자만심과 학자의 자만심이라는 '두 가지의 자만심'에 관하여 가끔 언급했다(장절 소구분번호 53. 59 124-127, 239, 779 등). "인간은 멀고 미지의 것이기 때문에 어떤 관념도 가질 수 없는 사물에 관해서는, 눈앞에 있는 이미 알고 있는 것으로부터 판단을 내리게 된다. 이것은 인간정신이 갖는 하나의 특질이다"(122절)라고 하는 공리로부터 비코는 '두 가지의 자만심'을 도출한다. 곧 민족과 학자는 자신들이 갖고 있는 지식이야말로 세계에서 가장 오래되고 최고 최선의 것이라고 생각한다는 것이다.

었는가에 관해서 나는 앞장에서 언급했다.

제2차 세계대전 이전과는 달리 오늘의 오리엔탈리스트는 자신을 오리엔탈리스트라고 부르고 싶어 하지 않는다. 그러나 이 호칭은, 예컨대 대학이 여러 동양언어나 동양문명에 관한 교육과정이나 학부를 유지하는 데는 여전히 유효하다. 옥스퍼드 대학교에는 동양'학부'가 있으며, 프린스턴 대학교에는 동양연구과가 있다. 최근 1959년에 영국 정부는 위원회를 조직하여 "동양, 슬라브, 동유럽 및 아프리카 연구의 여러 분야에 관하여 각 대학의 연구 상황을 총괄하고…… 장래의 발전을 위하여 필요한 제안을 연구하며 권고할 것"[25]을 위탁했다. 1961년에 발표된 소위 헤이터 보고서는, **동양**이라는 말이 갖는 광범한 의미를 그다지 심각하게 고려하지는 않았다. 그 말은 미국의 여러 대학에서도 똑같이 실용적으로 채택되고 있다. 현대 영·미에서 이슬람연구의 최고봉이라고 할 수 있는 H.A.R. 기브도 자신을 아라비아학자Arabist라고 부르기보다는 오리엔탈리스트로 부르는 것을 좋아했다. 기브는 고전파학자였으나, 오리엔탈리즘 대신에 '지역연구'라는 흉한 신조어를 스스로 사용했다. 이로써 그는 지역연구와 오리엔탈리즘이 결국 서로 치환될 수 있는 지리학적 호칭에 불과하다는 것을 보여 주었다.[26] 그러나 나는 이것이 지식과 지리 사이에 놓여 있는 더욱 흥미 깊은 관계를 순진하게 은폐하는 것이라고 생각한다. 여기서 그 관계에 관하여 간단히 고찰하고자 한다.

인간의 정신이라고 하는 것은, 헤아릴 수 없이 많은 애매한 희망, 충동, 이미지 등에 의해 혼돈되어 있음에도 불구하고, 클로드 레비-스트로스[12]가 구체성의 과학이라고 부른 것을 집요하게 형성하는 것으로 생각한다.[27] 예컨대 어떤 미개 종족은 자기 주위의 잎이 많은 모든 식물체

---

12) Claude Lévi-Strauss(1908~)는 프랑스의 인류학자로서 《슬픈 열대》 등의 저서가 우리말로 소개되어 있다.

에 각각 특정한 위치와 기능 및 의미를 부여한다. 그러한 풀과 꽃의 상당수는 어떤 실제적인 효용을 갖고 있는 것은 아니다. 그러나 레비 스트로스가 말하는 것은, 인간의 정신은 질서를 필요로 하며, 질서란 모든 것을 판별, 관찰하고 모든 물체를 의식적으로 다시 발견할 수 있는 안전한 장소에 두어, 환경을 형성하는 대상과 주체로 구성되는 기구 속에서 사물의 각각에게 그것이 수행해야 할 역할을 부여함으로써 처음으로 수립된다는 것이다. 이러한 종류의 초보적 분류에도 그 나름의 논리가 있다. 그러나 녹색의 양치fern가 어떤 사회에서는 은혜의 상징이 되며, 다른 사회에서는 재앙을 초래하는 것이라고 생각되는 것에서 알 수 있듯이, 이러한 논리를 지배하는 법칙은 예측 가능한 합리성을 갖는 것도 아니고 보편적이라고 할 수 있는 것도 아니다. 사물이 구별되는 방식에는 언제나 어느 정도의 순수한 자의성이 작용한다. 게다가 이 구별에 수반되어 가치가 생기는 것이지만, 만일 그 가치의 역사적 변천을 완전히 밟아 볼 수가 있다면, 그곳에는 반드시 같은 정도의 자의성이 작용한다는 것도 분명하게 알 수 있다. 이는 패션의 경우를 생각해 보면 명백하다. 왜 가발, 레이스, 버클을 단 구두가 수십 년간 나타났다가 사라지는가? 물론 유용성 때문이라든가 그 패션에 고유한 아름다움 때문이라든가 하는 것도 그 답이 될 수 있다. 그러나 역사 그 자체가 그러하듯이 역사 속의 사물도 모두 인간에 의해 만들어지는 것임을 인정한다면, 많은 사물이나 장소 또는 시간이 최초로 역할과 일정한 의미를 부여받으며, **그 뒤에야** 비로소 그러한 역할과 의미가 객관적인 유효성을 확보한다는 점도 납득하게 되리라. 이는 비교적 공통성이 없는 사물, 예컨대 외국인, 돌연변이, '비정상적인' 행위에 관하여 특히 진실이라고 할 수 있다.

사물 가운데는 정신에 의해 만들어지는 어떤 명백한 대상이 있고, 그 대상은 객관적으로 존재하는 듯이 보이면서도 사실은 허구적인 실재밖에 갖지 못하는 경우가 있다고 주장하는 것은 충분히 가능한 일이다. 몇 에이커의 토지에 사는 어떤 사람들은 자기의 토지 및 그 주위와 상대방의 영역 사이에 경계선을 긋고 상대방의 토지를 '야만인의 땅'이라고 부른다. 달리 말하자면 친숙한 '우리의' 공간과, 그 공간 건너편에 있는 친숙하지 못한 '그들의' 공간을 마음속에서 구별하는 이 보편적인 습관은, 실제로 지리적 구분을 하는 하나의 방식으로서, 그것은 완전히 자의적인 것일 수 있다. 내가 여기서 '자의적'이라는 말을 사용하는 이유는, '우리의 토지', '야만인의 토지'라는 식의 상상의 지리에서 야만인 측은 이 구별을 인정할 필요가 전혀 없기 때문이다. '우리'는 자신의 마음속에서 이러한 경계선을 긋는 것으로 충분하고, 그 결과 '그들'은 자동적으로 '그들'이 되고, 그들의 영역과 그들의 심리는 '우리'의 그것과는 다른 것이 된다. 근대사회도 원시사회도 어느 정도까지는 이처럼 소극적인 방식으로 자신들의 정체성 감각을 끌어내는 것으로 보인다. 예컨대 5세기경의 아테네 사람들이라면 자신을 적극적으로 아테네인이라고 느끼는 것과 같은 정도로, 자신은 결코 야만인이 아니라는 느낌을 가졌으리라. 지리적 경계선이 사회적·민족적·문화적 경계선에 수반되어 그어진다는 것은 예상되는 그대로이다. 그러나 자신이 외부인이 아니라고 느끼는 감각은 종종, 자신의 영역을 넘은 '상대방'의 토지에 대해 전혀 엄격하지 않은 관념에 근거한다. 사람은 자신이 속하는 공간 밖에 있는 친숙하지 못한 공간을, 있을 수 있는 모든 종류의 공상이나 연상 또는 꾸며낸 이야기로 가득 채우게 된다.

프랑스 철학자 가스통 바슐라르[13]는 스스로 공간의 시학이라고 부른 것을 분석한 적이 있다.[*28] 그에 의하면, 집 내부란 현실 내지 상상력의

---

13) Gaston Bachelard(1884~1962)는 프랑스의 철학자로서 물질적 상상력의 연구로 유명하다. 그의 책 가운데 《촛불의 시학》 등 몇 권은 우리말로 소개되었다.

영역에서 친밀함이나 비밀성 또는 안정성의 감각을 확보하는 것이고, 그것은 그러한 감각이 정확하다고 생각되기에 이르는 여러 가지 경험 때문이다. 집―집 내부의 모서리, 복도, 지하실, 방 등―이라는 객관적 공간은, 거기에 시적으로 부여되는 성질에 비한다면 그렇게 중요한 것이 아니다. 거기에 시적으로 부여되는 성질이란, 보통 우리가 이름 붙이고 느낄 수 있는 상상적 가치 또는 비유적 가치를 갖는 성질을 말한다. 따라서 집이 매혹적이라든가, 가정적이라든가, 감옥과 같다든가, 마법에 걸린 것처럼 보일 수 있게 된다. 이처럼 공간은 일종의 시적인 과정에 의해 정서적인 의미와 합리적인 의미를 갖게 되며 그 결과, 공허하거나 익명적인 간격의 범위가 우리에게 의미 있는 것으로 변하게 된다. 이와 동일한 과정은 우리가 시간을 다루는 경우에도 생겨난다. '오래전'이라든가 '시초'라든가 '종말'과 같은 시기에 대해 우리가 연상하게 되거나 그것에 관하여 갖게 되는 지식도 그 대부분은 시적인 것, 곧 만들어진 것이다. 이집트 왕국의 중간시대를 연구하는 역사가에게 '오래전'이란 매우 명확한 의미를 갖는 것이리라. 그러나 그와는 매우 상이하고 격리된 자신이 속하는 시간 속에, 마치 숨어 있는 것처럼 느껴지는 상상력에 의해 생겨난 반≠허구적인 특질을 완전히 없애 버릴 수는 없다. 왜냐하면 상상의 지리와 상상의 역사에 의해, 정신은 자기에게 가까이 있는 것과 멀리 떨어져 있는 것 사이의 거리와 차이를 연극화하게 되고, 그 결과 자기인식은 확실히 더욱 견고한 것이 되기 때문이다. 지금이 만약 16세기였다면, 또는 여기가 타히티였다면 스스로에게 더욱 '편했을' 것이라는 식으로 느끼는 경우가 가끔 있는데 이런 감각에 대해서도 마찬가지이다.

    그러나 시간과 공간 또는 역사와 지리에 관하여 우리가 갖는 모든 지식이 상상적인 것 이상이라고 해서 의미가 있는 것은 아니다. 실증적인 역사학과 실증적인 지리학이라는 것이 있고, 그것은 유럽이나 미국에서 주목할 만한 성과를 거두어 왔다. 확실히 현대의 학자들은 이 세계에 관하여, 또 그 과거와 현재에 관하여, 예컨대 기번[14] 시대의 학자들보다도 더 많은 것을 알고 있다. 그러나 이는 그들이 알아야 할 것을 모두 알고 있다는 의미가 아니다. 무엇보다 중요한 것은, 지금까지 내가 고찰하여 온 상상의 지리나 상상의 역사에 관한 지식이 그들의 지식으로 인하여 실제로 무의미한 것이 되는 것은 아니라는 점이다. 우리는 여기서 상상력의 작용에 의해 생겨나는 이러한 종류의 지식이, 지리학이나 역사학에 완벽하게 침투하고 있는지 아닌지, 또는 압도하고 있는지 아닌지에 관한 분명한 결론을 내릴 필요는 없다. 여기서 우리는 오로지 단순한 실증적 지식이라고 볼 수 있는 것 **이상의** 무엇인가가 존재한다는 것만을 말해 두기로 하자.

유럽에게 동양은 거의 그 최초의 시기로부터 경험적으로 알려진 것 이상의 무엇이었다. 서던[15]이 우아하게 보여 주었듯이, 동양문화의 일종으로서 이슬람문화에 대한 유럽 측의 이해는 적어도 18세기 초엽까지, 무지에 근거하면서도 복잡한 것이었다.[29] 그들은 동양에 대하여 완전히 무지하지도, 완전히 정통하지도 않았기 때문에 동양이라는 관념의 주위에는 언제나 어떤 종류의 연상이 결부되었다. 먼저 동양과 서양 사이에 그어진 경계선에 관하여 생각해 보자. 그것은 이미 《일리아스》 시대부터 분명히 나타난 것으로 보인다. 동양과 결부된 여러 가지 특징 가운데에서도 가장 뿌리 깊은 영향력을 가진 두 가지 특징은 현존하는 최고最古의 아테네 연극인 아이스킬로스의 《페르시아인》과, 현존하는 최후의 아테네 연극인 유리피데스의 《바커스의 여인들》 사이에 나타난다.

---

14) Edward Gibbon(1737~1794)은 영국의 역사가.
15) R.W. Southern(1912~)은 영국의 역사가.

아이스킬로스가 그리고 있는 것은, 크셀크세스 왕이 이끄는 페르시아 군대가 그리스군에게 참패당했음을 알았을 때 페르시아인들을 압도한 불행에 대한 감각이다.[16] 합창단은 다음과 같이 노래한다.

> 이제 아시아의 모든 땅은
> 공허 속에서 울부짖는다.
> 크셀크세스가 초래했다 오오!
> 크셀크세스가 파괴했다 우우!
> 크셀크세스의 계획은 모두
> 바다 속의 배에서 잘못되었다.
> 그러면 왜 다리우스는
> 시민들에게 아무런 해도 끼치지 않았는가?
> 그가 그들을 전쟁에 끌고 갔을 때
> 수사에서 온 그를 사람들은 너무나 사랑하지 않았는가?[*30]

여기서 중요한 것은, 아시아가 유럽의 상상력을 매개로 하여 그 힘을 빌려 말한다는 점이다. 그리고 그 유럽은 바다 건너편에 있는, 적대적인 '다른' 세계인 아시아에 대해 승리한 것으로 묘사되어 있다. 아시아에는 공허감, 상실감, 불행의 감각이 주어졌다. 이는 그 뒤에도 동양이 서양에 도전했을 때 그 보상으로 동양에 주어진 것들이었다. 또한 영광스러

---

16) 아이스킬로스의 그리스 비극인 《페르시아인 Persai》(기원전 5세기 상연)은, 신화나 전설 속에서 소재를 취한 작품이 많은 그리스 비극 중에서 당시에 벌어진 역사적 사건(살라미스 해전)을 다룬 특이한 작품이다. 페르시아의 수도인 수사를 무대로 하여, 선왕 다리우스의 뒤를 따른 페르시아 왕 크셀크세스가 너무나도 자만심이 강하여 신들의 분노를 사는 바람에 그리스를 공격했으나 참패당한 사건을 그리면서 그를 둘러싼 페르시아인들의 불안을 묘사하고 있다.

웠던 과거에는 아시아가 더욱 번성하기도 했고 아시아가 유럽에 승리한 적도 있었음에도 불구하고 이렇듯 잘못되었다고 하는 비탄도 동시에 아시아에 주어졌다.

모든 그리스 연극 중에서 가장 아시아적인 것이 《바커스의 여인들》[17] 일 것이다. 그 속에서 디오니소스는 그 기원을 이루는 아시아의 신들과, 그리고 동양적인 신비 속에 담긴 이상한 광폭성이 분명히 결부되어 있다. 테베의 왕인 펜테우스는, 그 어머니인 아가우에와 그 동료 여인들에 의해 살해되었다. 그는 디오니소스의 힘과 신성함을 인정하지 않고 모독했기 때문에 그런 엄청난 벌을 받았다. 그리고 연극은 이 별난 신이 갖는 가공할 만한 권력을 모두가 인지하는 것으로 막을 내린다. 《바커스의 여인들》에 관한 현대 주석가들은 이구동성으로 이 연극이 갖는 이상한 지적·미적 효과의 범위를 지적하여 왔다. 그러나 그것과 동시에 그들은 다음과 같은 역사적 세부 묘사도 부가하지 않을 수 없었다. 예컨대 유리피데스는 "디오니소스 신앙의 새로운 측면에 감화를 받았음에 틀림없다. 좌절감이 퍼져 있고, 비이성적인 경향이 강했던 펠레폰네소스 전쟁의 시기에는, 소아시아나 레반트로부터 벤디스, 큐베레, 사바지우스, 아도니스, 이시스 같은 외래의 열광적 종교가 도입되어[18] 파이레이우스

---

17) 바커스라고도 불린 디오니소스는 본래 아시아의 농업신이었으나 트라키어를 거쳐 그리스에 전해져서 술의 신이 되었다. 종교적 광란을 수반한 의식을 갖는 신으로서, 그 신에 의해 무아지경에 들어간 여자들은 어지럽게 춤을 추면서 산과 들을 방황하고, 짐승을 죽여서 날고기를 먹었다. 이 광란의 여자들을 버케(복수는 버카이)라고 불렀다.
유리피테스가 지은 그리스 비극 《바커스의 여인들Bacchae》(기원전 5세기 상연)은 그리스에 전개된 이러한 디오니소스 숭배를 소재로 삼은 것이다. 디오니소스가 동양을 편력한 후 테베에 왔을 때, 테베의 왕인 펜테우스는 예언자인 티레시아스와 어머니 쪽의 조부인 카드모스의 충고를 무시하고 이 신의 숭배에 반대하여 광란의 자식을 찾아 산 속에 들어갔는데, 버케가 된 어머니인 아가우에를 비롯한 여자들에게 발견되어 팔다리가 여덟 조각으로 찢겼다고 한다.
18) 벤디스는 트라키어의 달의 여신, 큐베레는 프리기어phrygia를 중심으로 한 소아시아 전

와 아테네를 석권했으며, 그 결과 디오니소스 신앙도 새로운 측면을 획득하기에 이르렀다"라고 묘사했다."³¹

이 두 희곡에서 동양을 서양으로부터 나누는 두 개의 측면은, 그 후 유럽이 가진 상상의 지리의 본질적인 모티프로 계속 이어졌다. 첫째, 두 대륙 사이에는 하나의 경계선이 그어졌다. 곧 유럽은 강력하고 명석하나, 아시아는 그렇지 못한 채 패배했으며 멀리 있다. 아이스킬로스는 아시아를 **표상하면서** 크셀르크세스의 어머니인 늙은 페르시아 왕비의 입을 통해 아시아를 말한다. 동양에 소리를 부여하는 것은 유럽이다. 이처럼 소리를 부여하는 것은 어떤 조작사의 특권이 아니라 도리어 순수한 창조자의 특권으로서 그의 생명부여 능력에 의해, 친숙한 영역 너머에 있는 위험한 침묵의 공간이 비로소 표상되고 활성화되며 구성된다. 아이스킬로스가 아시아적 세계라고 생각한 것을 포함시킨 그 합창단의 무대 공간과 오리엔탈리즘의 학문적 외피 사이에는 유사성이 존재한다. 왜냐하면 오리엔탈리즘 학문도 막연하게 비정형적인 아시아의 넓이를 포함시켜서 이것을 때로는 공감적인, 그러나 언제나 고압적인 조사의 대상으로 삼고자 하기 때문이다. 둘째, 동양을 예감된 위험물로 보는 동기가 존재하게 되었다. 합리성은 동양적 광폭성에 의해 손상된다. 그리고 정상적으로 보이는 가치는 신비적이고 매혹적인 대항물에 의해 파괴된다. 동양을 서양으로부터 분리시키는 차이는, 흥분한 바커스 여인들을 펜테우스가 최초로 준엄하게 거절하는 모습에 상징되어 있다. 그

체에 걸쳐 숭배된 대지의 여신이다. 사바지우스는 프리기어·트라키어계의 신으로서 종교적 광란을 수반한 숭배형식을 갖고, 가끔 디오니소스와 동일시된다. 아도니스는 그리스신화 속의 아프로디테의 사랑을 받은 미청년으로 유명하나 그 이름은 셈계의 아돈(주인)이라는 말에서 나온 것으로서, 키프러스와 시리아에서 주로 숭배되었다. 본래는 농업신으로서 겨울에 죽었다가 봄에 소생하는 식물의 정령을 상징했다. 이시스는 이집트의 천국의 신 오시리스와 남매이자 그 아내였다.

뒤에 펜테우스는 바커스 여인들에 의해 살해되지만, 이는 그가 디오니소스에게 굴복했기 때문이 아니라, 무엇보다도 디오니소스의 위협을 정확하게 평가할 수 없었기 때문이었다. 유리피데스가 의도한 교훈은, 연극 속에서 카드모스와 티레시어스라는 두 사람의 지혜로운 노인의 역할에 의해 극화되었다. 그들은 '힘'만이 인간을 지배하는 것이 아님을 잘 알고 있었다.`32 그들은 분별도 필요함을 알았고, 그것은 외래의 힘을 정확하게 측정하고 그것과 기술적으로 타협하는 것을 말했다. 그 후로 동양의 신비가 진지하게 받아들여지게 된 것도, 그것이 서양의 합리적 정신에 작용하여 그 뿌리 깊은 야망과 힘을 새로이 행사하도록 도발시켰기 때문이다.

그러나 동양 대 서양이라고 하는 커다란 구분은 더욱더 세밀한 구분을 낳는다. 문명이 갖는 정상적인 패기에 촉발되어 여행이나 정복이나 새로운 경험이라는 외향적 활동이 행해질 때에 특히 그것은 현저해진다. 고대 그리스와 로마에서 지리학자, 역사가, 카이사르와 같은 공공인물, 웅변가, 시인이 여러 가지의 인종, 지방, 민족, 정신을 서로 나누기 위한 분류학적인 지식의 축적에 공헌했다. 그 대부분은 자기중심적인 것이었고, 로마인과 그리스인이 다른 모든 종족보다 우월하다는 것을 증명하기 위하여 존재했다. 그러나 동양에 대한 관심에는 독자적인 분류와 계층화의 전통이 있었다. 역사가이자 여행가이며 지칠 줄 모르는 호기심을 지녔던 연대기 작가 헤로도토스[19]와, 용감한 왕이자 과학적 정복자였던 알렉산더[20]가 과거에 동양을 다녀왔다는 것은, 적어도 기원전 2세기 이후 어떤 여행가나, 동양에 대한 야망으로 가득한 서양의 어떤 군주도 결코 잊을 수 없는 사실이었다. 그리하여 동양은 헤로도토스

---

19) Herodotos(B.C. 484?~425)는 그리스의 역사가.
20) Alexander(B.C. 356~323)는 마케도니아의 왕(재위 B.C. 336~323)

와 알렉산더가 이미 알았고 방문했으며 정복했던 지역과, 아직 알지 못하고 방문하지도 않았으며 정복되지도 않은 지역으로 다시 구분되었다. 이어 기독교가 동양의 중심 내부 영역에 대한 분류를 완성했다. 근동(중동)과 극동, 곧 르네 그루세[21]가 '레반트 제국'이라고 부른*33 '친숙한 동양'과 '새로운 동양'이라는 분류가 그것이다. 그리하여 동양은 상상의 지리 속에서, 에덴동산이나 천국으로 돌아가는 것과 같이 낡은 것 대신에 새롭게 세워야 할 구세계와, 콜럼버스가 아메리카를 발견한 것과 같은 완전히 새로운 신세계로 구분되었다(그러나 아이로니컬하게도, 콜럼버스 자신은 구세계의 새로운 부분을 발견했다고 생각했다). 물론 이러한 동양은 순수하게 이것 또는 저것으로 분류될 수 있는 것이 아니었다. 도리어 흥미로운 점은, 양자 사이의 동요와 그 도발적인 암시성 그리고 정신을 즐겁게 하면서도 혼란시키는 잠재능력이었다.

　동양, 특히 중동이 고대 이래, 서양에서 거대한 보완적 대항물로 알려지게 된 경위를 살펴보자. 먼저 《성서》와 기독교의 발흥이 있었다. 마르코 폴로[22]와 같은 여행가가 나타나 무역로를 확정하고, 규칙적인 상업교환 체제를 만들었다. 로도비코 디 바르테마[23]와 피에트로 델라 발레[24]가 그를 이었고, 맨더빌 같은 위장 여행작가도 출현했다. 또한 동방 측의 가공할 만한 정복 운동도 나타났는데 그 중심은 물론 이슬람이었다. 나아가 십자군을 중심으로 한 무장 순례도 있었다. 이러한 경험에 관한 문헌이 일체가 되어 내부적인 구조를 갖춘 문서관이 세워졌다. 이 문서관으로부터 여행, 역사, 우화, 상투문자, 논쟁과 같은 한정된 수의 전형적 항

---

21) René Grousser(1885~1952)는 프랑스의 동양학자.
22) Marco Polo(1254?~1324?)는 베니스의 여행가로서 우리말로도 번역된 《동방견문록》을 남겼다.
23) Lodorico di Varthema(14~15세기)는 이탈리아의 여행가.
24) Pietro della Valle(1586~1652)는 이탈리아의 여행가.

목이 포장되어 이용되었다. 그것들이 동양을 체험하는 경우 렌즈가 되었고, 그것들에 의해 동양과 서양의 만남을 위한 언어, 감각, 형식이 만들어졌다. 그러나 방대한 수의 만남에 대해 어떤 통일성을 부여하고 있는 것이야말로, 내가 앞에서 설명한 그 동요이다. 분명히 이질적이고 멀리 떨어져 있는 것이, 한두 가지 이유로 인해 도리어 더욱 친숙한 지위를 확보했다. 사물을 완전히 신기한 것과 이미 완전히 알고 있는 것이라는 두 종류로 나누는 경우, 우리는 판단을 정지하는 경향이 있다. 곧 새로운 중간적 범주가 부상하게 되면, 그 때문에 우리가 처음으로 보는 새로운 사물을, 이미 완전히 알고 있는 사물의 변형에 불과하다고 생각하는 경향이 있다. 이러한 범주는 본질적으로 새로운 정보를 수용하는 수단이라기보다는, 도리어 사물을 보는 이미 확립된 시각에 의해 위협적으로 보이는 것을 통제하는 수단이다. 갑자기 근본적으로 새로운 생활형태라고 생각되는 것을 만났을 때 정신이 대처해야 하는 경우─마치 중세 초기에 유럽의 눈앞에 이슬람이 나타났던 경우와 같이─그 반응은 모두 보수적이며 방어적인 것이 된다. 그래서 이슬람은 과거에 수용된 어떤 경험(이 경우는 기독교)의 사기성 짙은 새로운 형태에 불과한 것으로 판단된다. 그리고 위협이 완화되고 친숙한 가치가 전면에 나타나고, 결국에는 정신이 사물을 '원형'이나 '복사' 가운데 어느 하나로 나누어 스스로에게 적응시킴으로써 그 중압을 경감시킨다. 그 후 이슬람은 '조종'되고, 그 신기함과 암시력은 관리되며, 그 결과 비교적 뉘앙스가 풍부한 차별이 생겨난다. 이러한 차별은 이슬람의 생생한 신기함을 원형 그대로 방치했다면 존재할 수 없는 것이다. 그리하여 동양은 전체적으로, 친숙한 것에 대한 서양의 경멸과, 신기한 것에 대한 서양의 환희─또는 공포─의 전율 사이를 동요시키게 된다.

그러나 유럽은 이슬람에 관한 한 존경심을 가진 것이 아니라 도리어 공포심을 가졌다 해도 무리가 아니었다. 632년 마호메트[25]가 죽은 뒤에 이슬람이 지닌 군사적 헤게모니와 그 후의 문화적·종교적 헤게모니는 엄청나게 성장했다. 먼저 페르시아, 시리아, 이집트가, 이어서 터키 그리고 북아프리카가 이슬람 군대에 의해 장악되었다. 8세기부터 9세기에 걸쳐 스페인, 시칠리아, 프랑스의 일부가 정복되었다. 13세기부터 14세기까지 이슬람은 인도, 인도네시아, 중국에까지 그 지배력을 미쳤다. 이 엄청난 공격에 대해 유럽은 오로지 공포감과 외경심을 가지고 반응할 수 있을 뿐이었다. 그 때문에 이슬람의 정복 운동을 지켜본 기독교 저술가들은, 기번이 말한 "유럽 역사에서 가장 어두운 시대이자 가장 게으른 시기와 같은 시대"를 산 이슬람교도의 학술, 고도의 문화, 수많은 웅대한 문명에 거의 흥미조차 가질 수 없었다(그러나 기번은 그의 말에 이어서, "학술의 태양이 서양에 솟아 오른 이래, 동양의 학술은 침체하고 쇠퇴했다고 보아야 한다"고 상당히 만족스럽게 첨언했다).[34] 동양의 군사적 세력에 대한 기독교도의 전형적인 느낌은 "꿀벌 떼와 같이 나타나서, 그러나 무서운 손으로…… 그들은 모든 것을 파괴했다"는 것이었다. 이는 11세기에 몬테 카시노에 살았던 성직자 에르켄벨토우스가 남긴 말이었다.[35]

이슬람이 공포와 황폐, 악마적인 것, 가증스러운 야만인의 무리를 상징하게 된 것도 결코 이유가 없는 것은 아니었다. 유럽에게 이슬람은 치료될 수 없는 정신적 외상이었다. 17세기 말까지 '오토만제국의 위협'이 유럽의 주위를 둘러싸서 모든 기독교문명에 대한 끝없는 위험을 표상했

---

25) Mahomet(570?~632)는 이슬람교의 시조로서 이슬람교도들은 그를 예언자로 부른다. 한국에서는 이 종교가 호전적이고 호색적인 것으로 알려져 있으나 그것은 오해이다. 어떤 경우 일부다처가 인정되기도 하나, 그것은 교리와 무관하며 도리어 어떤 종교보다도 금욕적이다. 또한 교리는 평화와 화해, 평등과 동정을 기본으로 한다는 점에서 모든 종교와 공통된다. 우리는 기독교 이상으로 거대한(세계 최대) 이 종교에 대해 알아야 한다.

다. 그리고 유럽문명은 당시 그러한 위협, 전설, 역사적 대사건, 인물, 미덕, 악덕도 모두 합쳐서 자기 삶의 옷감 속에 짜 넣어 흡수했다. 사무엘 추[26]가 그의 고전적인 연구인 《초승달과 장미》에서 서술하듯이, 르네상스기의 영국만을 예로 들어 보아도 '평균적인 교양과 지성의 소유자'는, 오토만제국 이슬람과 그것이 기독교 유럽세계에 침입한 역사에 관하여 상당히 많은 사실을 상세히 알고 있었고, 그것들이 런던의 극장에서 상연되는 것을 볼 수도 있었다.'[36] 요컨대 이슬람에 관한 지속적인 통념이란, 유럽에 대하여 이슬람이 상징한 엄청나게 위험한 힘을 필연적으로 왜소화시키는 것이었다. 월터 스콧이 묘사한 사라센인[27]과 마찬가지로, 유럽인이 마음속에 그린 이슬람교도, 오토만제국, 아랍의 표상은 언제나, 가공스러운 동양을 제어하기 위한 하나의 수단이었다. 그리고 마찬가지 사실로 현대의 학식 있는 오리엔탈리스트가 취하는 방법 역시 어느 정도까지는 그와 같다고 할 수 있다. 그들이 대상으로 삼은 것은 동양 그 자체가 아니라 서양의 독자 대중에게 미리 알려졌고 따라서 보다 두렵지 않은 동양이기 때문이다.

이러한 외래 문물의 순화 자체는 특별히 문제삼거나 비난해야 할 것이 아니다. 그것은 사실 모든 문화 사이에서 일어나고, 모든 인간 사이에서 생겨나는 일이다. 그러나 내가 여기서 강조하고 싶은 점은, 동양에 관하여 생각하고 동양을 체험한 서양의 유럽인 가운데서도 오리엔탈리스트의 문제를 극복할 만큼 정신작용을 수행한 사람은 없다는 사실이다. 그러나 더욱 중요한 것은, 그 결과로 한정된 수의 어휘와 이미지가 강요되었다는 점이다. 서양에서 이슬람의 수용은 바로 그것에 꼭 들어맞는 사례로서, 이에 관해서는 노먼 다니엘[28]이 깊이 있게 연구했다. 이

---

26) Samuel Chew(1888~1960)는 미국의 문학자.
27) 십자군 시대의 아라비아인 회교도.

슬람을 이해하고자 노력한 기독교 사상가들에게 하나의 속박 행동이 된 것은 유추작용이었다. 곧 그리스도는 기독교 신앙의 근본이었기 때문에, 이슬람교의 마호메트도 기독교의 그리스도와 같은 지위에 있으리라고(완전히 오류이다) 상정되었다. 그리하여 '모하메더니즘', 곧 마호메트교라는 문제 많은 이름이 이슬람에 주어졌고, 마호메트에 대해서는 자동적으로 '남의 이름을 사칭한 사기꾼'이라는 수식어가 부여되었다.[37] 이와 유사한 수많은 오해 가운데 하나로 다니엘이 말한 이런 이야기가 있다. "상상력의 외면화에 의해서는 결코 파괴되지 않는 하나의 사회가 형성되었다. …… 기독교도의 이슬람관은 그 자체로 완결적이고 자기충족적이었다."[38] 그 결과 이슬람은 하나의 이미지가 되었다(내게는 다니엘의 이 말이 오리엔탈리즘 전체의 성격을 놀라울 정도로 훌륭하게 암시하는 것으로 생각된다). 그 이미지의 기능은 이슬람 그 자체를 표상하는 것이 아니라, 중세의 기독교도를 위하여 그것을 표상하는 것이었다.

기독교도는 《코란》의 의미, 이슬람교도가 생각하는 《코란》의 의미, 모든 상황 하에서 이슬람교도의 사고나 행동을 언제나 무시하는 경향이 있다. 이는 《코란》 등 이슬람의 주의주장이 기독교도도 납득할 수 있는 형식으로 제시되었다는 것을 뜻했다. 그리고 저술가와 대중이 이슬람의 경계선으로부터 멀어지면 멀어질수록 더욱더 엉터리 같은 설명이 받아들여질 가능성도 커졌다. 이슬람교도 자신이 이슬람교 신앙이란 이러한 것이라고 말하는 것을 그대로 그들의 믿음으로 받아들이는 것은, 기독교도에게는 전혀 마음 내키지 않는 것이었다. 기독교도가 묘사한 이슬람 그림에서는(설령 사실의 무게가 부가된 경우라고 해도) 세부를 수정하는 것은 최대한 회피되었고, 전체의 윤

---

28) Norman Daniel(1919~)는 영국의 중세역사가.

곽은 결코 변하지 않았다. 미묘한 뉘앙스의 차이가 있어도 전체의 틀은 언제나 동일했다. 정확성을 높이기 위하여 부가된 수정은 모두 새로이 인식된 약점을 보완하기 위한 것에 불과했고, 건물의 약한 부분에 지주를 받치기 위한 것이었다. 설령 재건을 위한 경우라도 결코 파괴될 수 없는 건조물이었다. 그것이 기독교도의 견해였다."[39]

기독교도가 묘사한, 이처럼 편협한 이슬람상은 여러 가지 방법으로 강화되었다. 중세와 초기 르네상스 시대에 만들어진 방대한 양의 시, 학술 논쟁, 민중 속에 퍼진 미신 등도 그 보기였다.[40] 그 무렵까지 중동은 라틴 기독교세계에 공통된 세계상 속에 거의 완전히 병합되었다. 《롤랑의 노래》에서, 사라센 사람은 마호메트와 **함께** 아폴론도 숭배하는 것으로 묘사되고 있을 정도이다. 서던이 분명하게 묘사했듯이, 15세기 중엽까지 유럽의 진지한 사상가들은 "이슬람에 대하여 무엇인가를 해야 한다"고 명백하게 인식하게 되었다. 이슬람이 군사적으로 동유럽에 진출함으로써 상황에 변화가 생겼기 때문이었다. 서던은 1450년부터 1460년까지 10년에 걸쳐 세고비아의 호안[29], 니콜라우스 쿠사누스[30], 장 젤망[31], 아에네아스 실비우스(피우스 2세)[32]라는 네 명의 학자가 콘트라페렌티아 contraferentia 곧 '토론회 conference'를 통하여 이슬람에 대처하고자 한 극적인 에피소드를 전했다. 이는 세고비아의 호안이 제안한 것으로서, 이슬람과의 토론회를 조직하여 그 자리에서 기독교 측이 이슬람교도의 대규모 개종을 도모한다는 것이었다. 서던은 당시

---

29) John of Segovia(1400경~1458)는 스페인의 신학자.
30) Nicholaus Cusanus(1441~1464)는 독일의 신학자.
31) Jean Germain(1400경~1461)은 프랑스의 신학자.
32) Aeneas Silvius(Pius Ⅱ)(1405~1464)는 로마의 교황.

의 상황을 이렇게 묘사했다. "그는 그 토론회를 하나의 엄격한 종교적 기능만이 아니라 정치적 기능을 갖는 수단으로 보았다. 그리고 우리 근대인의 심금을 울리는 말을 통하여, 그는 설령 그 토론회가 10년이나 이어진다고 해도 전쟁보다도 값싸고 손실이 적은 것이라고 선언했다." 네 사람 사이에 의견의 일치를 보지는 못했으나, 이 에피소드는 매우 중요하다. 왜냐하면 유럽의 면전에 동양을 앉히고서 동양과 유럽을 어떤 일관된 방식으로 공통의 무대 위에 함께 올린다고 하는 것은 비드[33]로부터 루터[34]에 이르는 일반적인 유럽의 시도 중에서도 가장 세련된 것이었기 때문이다. 기독교도는 이를 통해 이슬람이 기독교의 잘못된 변형에 불과하다는 것을 이슬람교도에게 알려줄 작정이었다. 서던은 다음과 같이 결론을 내렸다.

우리가 특히 명심해야 할 것은, [유럽 기독교의] 어떤 사상체계라도, 대상이 된 [이슬람이라는] 현상을 완전히 설명할 수는 없다는 점이다. 여전히 실제의 사건 추이 그 자체를 결정적으로 변화시키는 것은 있을 수 없었다. 실제의 차원에서도 대부분의 지식인이 예측했듯이, 사태는 그리 좋게도 나쁘게도 되지 않았다. 최악의 사태가 분명히 예언되었을 때 현실의 사태는 그것보다 나쁘게 되지 않았다. 또한 최고의 예언자가 자신을 가지고 해피 엔딩을 예측했을 때 현실이 그것보다 좋아지지도 않았음을 주목할 필요가 있다. [이슬람에 대한 기독교도의 지식에] 어떤 진보가 있었다고 할 수 있을까? 나는 진보가 있었음을 확신을 가지고 말할 수밖에 없다. 설령 이 문제에 대한 해결이 시야로부터는 완강하게 은폐되어 있다고 해도, 이 문제가 제기하는 방식은 경험과 더욱 깊이 관련되고 더욱 복잡하고 더욱 합리적으로 되어 갔다.

---

33) Bede(673~735)는 영국의 신학자.
34) Martin Luther(1483~1546)는 독일의 종교개혁가.

…… 중세에는 학자들이 이슬람 문제로 고심했으나, 결국 그들이 탐색하고 희망한 해결책을 발견할 수는 없었다. 그러나 그것으로 인하여 사고의 패턴은 만들어졌으며 이해력도 향상되었다. 다만 타인에 의해 그것들이 다른 분야에 적용되었다면, 그때는 성공이 약속되었을지도 모른다."41

서양의 이슬람관 역사를 간결하게 정리한 서던의 책 가운데, 그 분석이 가장 뛰어난 몇 부분에서 그가 입증하고 있는 사실은, 결국 서양의 무지가 더욱더 세련되고 복잡하게 된 것이지, 그 양과 정확함이 증대된 서양의 실질적 지식의 어떤 부분인 것은 결코 아니었다는 점이다. 왜냐하면 허구라고 하는 것도 그 나름의 논리와 나름의 성장과 쇠퇴의 변증법을 갖기 때문이다. 중세에는 마호메트라는 인격 위에 수많은 속성이 산더미처럼 누적되었다. 그것들은 "[12세기] 유럽에 실제로 나타나, 자신의 신조가 옳다고 주장하고 많은 신자를 얻은 '자유심령파'"35) 예언자들의 성격과 부합되었다. 마찬가지로 마호메트는 잘못된 계시를 전파하는 자로 간주되었기 때문에 호색, 방탕, 남색 등 있을 수 있는 모든 비도덕적인 행위를 한 몸에 체현한 자가 되었다. 그러한 악덕 전부가 그의 신조상의 사기행위로부터 '논리적으로' 나왔다."42 그리하여 동양은 소위 대변자와 대변을 확보했다. 그것들은 갱신될 때마다 더욱더 구체적이 되었고, 더욱더 서양의 긴급성과 내부적으로 조화된 것이 되었다. 동양이야말로 무한한 것을 유한한 형태로 구체화시키기에 적합한 장소라고 일단 정해진 이상, 유럽은 더 이상 그 작업을 중지할 수 없게 되었다. 아랍, 이슬람교도, 인도인, 중국인, 기타 무엇이든지 간에 동양과 동양인은 어떤 위대한 원형(기독교 · 유럽 · 서양)을 반복하여 모방하는 모조

---

35) 12~13세기에 유럽에 광범위하게 퍼진 이단 종교.

품이 되었고, 동양인은 그 원형을 다시금 모방하여 온 것으로 가정되었다. 이처럼 상당히 자기도취적인 서양의 동양관은, 세월에 따라 변하기는 했어도 그 성격은 결코 변하지 않았다. 그래서 사람들은 12~13세기 아라비아는 "기독교세계의 외연에 위치하는 무뢰한 이단자들의 자연 은신처"[43]였고, 마호메트는 교활한 배교자라고 일반적으로 믿어 왔다. 그리고 20세기에 와서는 학식이 풍부한 전문 오리엔탈리스트에 의해, 이슬람은 사실 이류의 아리우스파적인 이단에 불과한 것이라고 지적되었다.[44]

우리는 오리엔탈리즘을 하나의 학문 분야로 서술하는 것으로부터 출발했으나, 이제 이 서술은 구체성을 갖게 되었다. 하나의 분야란 대체로 폐쇄된 공간이다. 표상이라는 관념은 연극적인 것이다. 곧 동양이란 그것에 모든 동양의 나라들이 포함되는 무대이다. 이 무대 위에 등장인물이 나타나 자신이 영향을 주는, 더욱 큰 전체를 표상한다는 역할을 연기한다. 여기서 동양은 그들에게 친숙한 유럽세계를 넘어 무제한으로 확대된 넓은 공간이 아니라 하나의 폐쇄된 영역, 곧 유럽에 부속된 하나의 연극무대로 보이게 된다. 오리엔탈리스트는 지식에 관한 전문가에 불과하고, 그 지식에 대해 책임을 지는 것은 유럽 전체이다. 그것은 마치 극작가에 의해 기교적으로 조립된 연극에 대하여, 관객 전체가 역사적·문화적으로 책임을 지는(그리고 그것에 반응하는) 것과 같다. 동양이라는 무대의 나락 저변에는 거대한 문화적인 레퍼토리가 저장되어 있고, 그 제목 하나하나가 믿기 어려울 정도의 풍요한 세계를 나타낸다. 예컨대 스핑크스, 클레오파트라, 에덴, 트로이, 소돔과 고모라, 아스타르테[36], 이시스와 오시리스, 시바, 바빌론, 게니[37], 마기[38],

---

36) *Astarte*는 페니키아 신화에 나오는 풍요다산의 여신. 아프로디테와 때때로 동일시된다.
37) *Genii*는 정령, 악귀로서 아랍의 세속신으로서 옛날부터 믿어 왔으나, 이슬람기 이후에는

니네베, 프레스트 존[39], 마호메트 등등이 그렇다. 그리고 때로는 이름만으로 존재했고, 반은 상상 속의, 반은 지식의 산물이었던 장치들, 곧 괴물, 악마, 영웅, 공포, 환희, 욕망이었다. 유럽의 상상력은 이러한 레퍼토리에 의해 엄청난 자양분을 부여받았다. 중세로부터 18세기에 걸쳐 아리오스토[40], 밀턴, 말로[41], 타소[42], 셰익스피어, 세르반테스[43]와 같은 대작가들 그리고 《롤랑의 노래》나 《엘 시드의 노래》[44]의 작가들이 동양의 보물창고를 이용하여 작품을 썼고, 거기에 주입된 이미지, 관념, 인물의 윤곽을 더욱 분명하게 만들었다. 나아가 지식이 분명히 진보되었다고 보이는 시대에도, 유럽에서 오리엔탈리즘의 학문적 전통이라고 생각된 엄청나게 많은 것들은 이데올로기로 가득한 신화를 일

천사와 사탄의 해석과 결부되어 차차 풍부한 내용을 갖게 되었다.
38) *Magi*는 본래 메디아 왕국의 사제계급을 가리키는 이름이었으나, 그 뒤에는 조로아스터교의 사제계급을 뜻하는 말이 되었다. 크리스트 탄생 시에는 동방에서 온 세 박사도 마기라고 불렸다.
39) Prester John은 12세기경, 서유럽에 유포된 전설적인 인물로서 아시아 또는 아프리카에서 기독교도 위에 군림한 경건한 기독교왕이었다.
40) Lodovico Ariosto(1474~1533)는 이탈리아의 시인.
41) Khristopher Marlowe(1564~1593)는 영국의 시인이자 극작가.
42) Torquato Tasso(1544~1595)는 이탈리아의 시인.
43) Miguel de Cervantes(1547~1616)는 스페인의 소설가로서 그의 대표작인 《돈키호테 *Don Quixote*》는 우리말로 소개되어 있다.
44) 《엘시드의 노래 *Poema del Cid*》의 주인공 엘시드 El Cid(1043~1099)는 스페인의 이슬람교도에 대한 재정복 운동 시에 활약한 영웅으로 찰턴 헤스턴과 소피아 로렌이 주연한 영화로 우리에게도 널리 알려졌다. 시드는 영주를 뜻하는 아라비아어 Sayid에서 유래한다. 사후 그의 생애와 무공이 음유시인에 의해 전래되었고, 12세기에는 현존하는 최고(最古)의 스페인 문학작품인 《우리 시드의 노래 *Cantar de mio Cid*》가 성립했다. 그것은 17세기에 프랑스 코르네유의 시극 《르 시드 *Le cid*》에서도 반복되었다. 그것이 다시 70mm의 대형 영화로 미국에서 제작되어 전 세계를 석권했던 것은 오리엔탈리즘의 극치를 보여 준 사건이었다고 보아도 좋다. 이슬람이 아닌 세계에서는(이슬람을 잘 모르는 동아시아 역시 이슬람은 영화에서 그려진 대로 야만인으로 여겨졌다) 그것을 보고 박수를 쳤다. 아프리카의 타잔과 아메리카의 보안관, 그것에 대응되는 흑인과 인디언, 그리고 엘 시드의 이슬람이 도리어 침략을 당한 피해자였음에도 우리는 언제나 침략자와 살인자를 예찬했다.

반적으로 보급하기에 급급했다.

오리엔탈리즘의 극장에서 연극적 형태와 학술적 이미지가 어떻게 일체가 되어 나타나고 있는가를 보여 주는 유명한 보기가 발데레미 데르브로[45]의《동양전서》이다. 이 책은 저자의 사후, 1697년에 앙투안 갈랑[46]이 서문을 붙여 출판했다. 최근에 출판된 케임브리지 대학판《이슬람의 역사》서장에 의하면,《동양전서》는 조지 세일[47]에 의한《코란》번역(1734년)의 서론, 사이먼 옥클리[48]의《사라센의 역사》(1708, 1718)와 함께 "이슬람에 대한 새로운 이해를 넓혀 주었고", 이것은 "그다지 아카데믹하지 않은 독자층"에 전달하는 데에 "매우 중요한 역할을 수행했다".[45] 그러나 그것만으로는 데르브로의 저술에 관한 설명으로는 불충분하다. 왜냐하면 그의 저술은 세일이나 옥클리의 저술과는 달리 그 대상을 이슬람에만 한정한 것이 아니었기 때문이다. 1651년에 출간된 요한 H. 호팅거[49]의《동양사》를 유일한 예외로 한다면,《동양전서》는 19세기 초엽에 이르기까지 유럽에서 표준적인 참고문헌이었다. 그것이 다루는 영역의 광범함은 참으로 획기적이었다.《아라비안나이트》를 최초로 유럽어로 번역한 저명한 아라비아학자였던 갈랑은, 데르브로의 업적을 그 전의 학자들의 업적과 일일이 비교하여, 그 의도의 장대함에 대하여 주의를 환기시킨 바 있다. 갈랑에 의하면 데르브로는 아라비아어, 페르시아어, 터키어의 방대한 문헌을 독파하고, 그 결과 종래 유럽인에게 공개되지 않았던 다수의 사실을 발견할 수 있었다.[46] 그 세 가지 종류의 동양어 사전을 편찬한 뒤, 데르브로는 동양의 역사, 종교, 지리, 과학, 예술

---

45) Barthélemy d'Herbelot(1625~1695)는 프랑스의 동양학자.
46) Antoine Galland(1646~1715)은 프랑스의 동양학자.
47) George Sale(1697~1736)은 영국의 동양학자.
48) Simon Ockley(1678~1720)는 영국의 동양학자.
49) Johann H. Hottinger(1783~1860)는 스위스의 언어학자, 역사가, 신학자.

을 공상적인 영역과 사실에 근거한 영역으로 나누어 연구했다. 그 후 알파벳순으로 배열된 사전 형식의 《동양전서》(이는 '도서관'이라고 했다), 《사화집》 간행을 시도했으나 완성시킨 것은 전자뿐이었다.[50]

《동양전서》에 관한 갈랑의 설명에 의하면, '동양'이라는 말은 주로 레반트를 가리키는 것으로 계획되었으나, 그 책에서 다루어진 시기는 — 갈랑이 찬탄하며 말하듯이 — 단지 아담의 창조로부터 비롯되어 '우리 시대'로 끝난 것이 아니었다. 데르브로는 더욱 거슬러 올라가서 전설적인 역사 속에서 '멀고 먼 옛날'이라고 서술된 시대, 곧 아담 이전의 솔리만들에 의한 장기간의 치세[51]도 그 대상에 포함시켰다. 갈랑의 설명을 계속 읽게 되면 우리는 《동양전서》가 '다른' 세계사와 큰 차이가 없다는 것을 알게 된다. 왜냐하면 그것은 천지창조, 대홍수, 바벨탑의 붕괴 등의 사항에 관하여 확보할 수 있는 모든 지식을 완벽하게 요약하는 것을 목표로 삼았기 때문이다. 다른 점은 데르브로가 취급한 자료가 동양의 문헌이었다는 점뿐이다. 그는 역사를 두 가지 형태, 곧 성스러운 것과 세속적인 것으로 구분하였고(유대교도와 기독교도는 전자, 이슬람교도는 후자에 포함되었다), 그것을 다시 두 개의 시기, 곧 대홍수 이전과 이후로 나누었다. 그리하여 데르브로는 몽고, 타타르, 터키, 슬라브와 같이 널리 퍼져 있는 민족의 역사를 같이 논의할 수가 있었다. 그는 또한 극동으로부터 헤라클레스의 기둥에 이르기까지 이슬람제국의 모든 영역을 서술의 대상으로 삼았고 풍속, 의식, 전통, 기록문서, 왕조, 궁정, 하천,

---

50) 여기서 설명되는 《동양전서》는 어디까지나 중동에 관한 책이지 중국, 한국, 일본을 일컫는 극동은 물론 동남아시아나 남아시아도 포함하는 것이 아니다. 따라서 실제로 그 책의 내용에서 보면 《중동전서》라고 하는 것이 옳을 것이다.
51) 아담 이전의 솔리만들에 의한 장기간의 치세는 《동양전서》에 이슬람교도의 전설상의 시대로 기록되어 있다. 이슬람교도들은 아담이 창조되기 이전 수세기에 걸쳐 솔리만이라는 칭호를 갖는 수십 명의 왕들이 세상을 다스렸다고 믿는다고 데르브로는 설명했다.

식물에 관하여 기록했다. 그 책은 "기독교에 그처럼 큰 손해를 끼친 마호메트의 사악한 가르침"에 대해 약간의 주의를 기울였으나, 그 이전의 저술에 비하면 더욱 광범한 것이었다. 갈랑은 그의 '서론'을 끝내면서, 데르브로의 《동양전서》가 달리 유례를 볼 수 없을 정도로 '유익하고 훌륭한' 것임을 상세히 논의하여 독자들에게 확신시켰다. 그에 비해 포스텔, 스칼리게르[52], 골리우스[53], 포코크[54], 에르페니우스와 같은 다른 오리엔탈리스트들의 오리엔탈리즘 연구는 문법, 사전 편찬, 지리 등의 방면에 너무나 좁게 한정되었다는 것이다. 갈랑은 오직 데르브로의 저술만이, 동양문화에 관한 연구가 단지 보람 없고 결과 없는 것이 아니라 그 이상의 것임을 유럽의 독자들에게 납득시킬 수 있었다고 했다. 동양을 알고 연구한다는 것이 뜻하는 바에 대해 충분히 넓은 관념을 독자의 마음에 심어 주고, 그 마음을 충족시키면서 독자가 미리 가졌던 커다란 기대감을 만족시켜 준 것은 오직 데르브로뿐이었다고 갈랑은 말했다.[47]

데르브로의 업적을 본 유럽 사람들은 자신들에게 동양을 아우르고 동양을 동양화시킬 수 있는 능력이 있음을 발견했다. 데르브로가 사용한 **동양적 소재**에 대해 갈랑이 말했던 것에는 여기저기 일종의 우월감이 나타났다. 라파엘 듀 만을 비롯한 17세기 지리학자들의 저술에서 보듯이, 동양은 서양의 과학에 추월당하고 시대에 뒤떨어져 있었다.[48] 그러나 여기서 분명하게 된 것은, 단지 서양의 우월적인 견해만이 동양의 무한한 풍요로움을 서양이 소유하고, 그것을 서양 일반인도 납득하도록 체계적으로, 심지어 알파벳순으로 나열했다는 기술의 승리에 대한 자부심도 분명히 나타났다. 데르브로가 독자의 기대를 만족시켜 주었다고

---

52) Joseph Justus Scaliger(1540~1609)는 이탈리아의 고전학자.
53) Jacobus Golius(1596~1667)는 네덜란드의 동양학자.
54) Edward Pockoke(1604~1691)는 영국의 동양학자.

갈랑이 말했을 때, 그의 진의는 《동양전서》가 동양에 관한 일반 통념을 수정하고자 시도한 것이 아니었음을 뜻했다고 생각된다. 왜냐하면 오리엔탈리스트들의 일이란 독자의 눈앞에서 동양을 **확인**시켜 주는 것이기 때문이다. 곧 그들은 이미 견고하게 되어 있는 사람들의 확신을 동요시키지도 않았고, 동요시키고자 하지도 않았기 때문이다. 《동양전서》가 한 일은 더욱 완전하게, 그리고 더욱 명료하게 동양을 표상한다는 것이었다. 레반트의 역사, 성서 이미지, 이슬람문화, 여러 가지 지명 등과 막연하게 관계되는 여러 사실은 아무렇게나 확보되어 산만하게 모아질 우려가 있었으나, 그것이 그 책에서는 A부터 Z에 이르는 항목순으로 전개된 합리적인 동양의 파노라마로 변모했다. 마호메트에 관한 항목에서 데르브로는 먼저 이 예언자에게 부여된 모든 호칭을 열거하고, 이어 마호메트의 이데올로기상·교의상의 가치를 다음과 같이 확인했다.

이는 유명한 사기꾼인 마호메트로서 종교의 이름을 사칭한 이단이자 소위 마호메트교의 시조이자 창립자이다. **이슬람** 항을 참조하라.
코란의 해석자와 이슬람교도, 마호메트교 법학자들은 아리우스파, 파울로파 등 여러 가지 이단파가 예수 그리스도에 바친 존칭의 전부를 이 거짓 예언자에게 부여하여 왔으나, 그 신격성은 부정되고 있다.……[49]

'마호메트교'라고 하는 것은, 너무나도 유럽적인(그리고 모욕적인) 호칭이다. 그리고 이슬람교도가 사용하는 정확한 호칭과 일치하는 '이슬람'이란 말이 가끔 다른 항목으로 옮겨져 있다. '이단이자 소위 마호메트교'란 참된 종교를 모방한 이단 기독교의 모방이라고 '간주'된다. 이어 마호메트의 생애에 관한 긴 역사적 설명을 하면서 데르브로는 다소 솔직한 어투로 바뀌게 된다. 그러나 《동양전서》에서 가장 중요한 것은 마호메트를 **위치시키는** 것이다. 무궤도의 이단 종교는 알파벳순의 한 항목을 차지하기 때문에 이데올로기적으로 명확한 소재로 변형되어 그 위험성이 제거된다. 마호메트는 더 이상 위험하거나 비도덕적인 방탕자로서 동양세계를 방황하지도 않으며, 오리엔탈리즘의 무대 위에서 자신에게 부여된(명백히 중요한) 장소에 조용히 앉아 있을 뿐이다.[*50] 그는 계보나 설명, 심지어 발전성까지 부여받아서, 그 모든 것을 포함하는 간결한 문장에 의해 그 외측에서 방황하지 않도록 억제된다.

이러한 동양의 '이미지'가 이미지인 이유는, 서양인이 본래 이해할 수 없을 정도로 산만한, 하나의 거대한 실체를 표상하거나 대변함으로써 이 실체를 파악할 수 있는 가시적인 것으로 만든다는 점에 있다. 그러한 이미지는 동시에 **성격**이기도 하며, 테오프라스테스[55]나 라 브뤼에르[56] 또는 셀던[57]이 창조한 허풍선이, 수전노, 대식가라는 유형과도 관련된다. 이를 **허풍선이 군인**[58]이나, 사기꾼 마호메트라는 식으로 성격이 눈에 **보일** 정도라고 얘기하면, 그것은 반드시 정확한 것이 아니다. 왜냐하면 성격을 논리적으로 정의한다는 것은, 대체로 우리가 어떤 총체적인 유형을 곤란함이나 애매함 없이 파악할 수 있다는 정도에 불과하기 때문이다. 그러나 데르브로가 묘사한 마호메트의 성격은 하나의 **이미지**이다. 왜냐하면 그 거짓 예언자는 《동양전서》속에 포함된 **동양**이라고 불

---

55) Theophrastes(기원전 371경~287경)는 《여러 인간들 Characters》로 유명한 그리스의 철학자. 소위 성격학의 시조로서 17세기의 영국과 프랑스 문학자들에게 큰 영향을 끼쳤다.
56) Jean de La Bruyère(1645~1696)는 프랑스의 사상가이며 모럴리스트로서 《여러 인간들 Les Caractère》을 저술했다.
57) John Selden(1584~1654)은 영국의 법률가.
58) 허풍선이 군인은 고대 로마의 희극작가인 프라우토스(기원전 254~184)가 쓴 《허풍선이 군인》의 주인공이다. 허풍이 세고 호색한에 겁장이인 직업 군인 퓨르코포리네케스를 원형으로 한 성격 유형으로 이 성격은 코메디어 델라르테의 《카피치노》, 셰익스피어의 《헨리4세》 등에 등장하는 폴스타프로 전승되었다.

린 일반적인 연극적 표상의 일부이기 때문이다.

오리엔탈리즘의 표상이 갖는 교훈적 성격도 또한 연극의 다른 부분으로부터 분리될 수 없다. 체계적인 연구와 조사의 성과인《동양전서》와 같은 학술적인 저술의 경우, 저자는 자신이 모은 소재 위에 규율적인 질서를 부과한다. 나아가 독자에 대해서는 인쇄된 각 쪽이, 소재에 대해 질서 있고 규율에 근거한 판단이라는 점을 분명히 인식하도록 희망한다. 그리하여《동양전서》는 오리엔탈리즘이 갖는 힘과 효과를 전달하고, 그것에 의해 독자는 그 후에 동양에 도달하기 위하여 오리엔탈리스트들이 준비한 학술적인 망과 번호를 통하여 통과하여야 한다고 생각하게 된다. 동양은 서양 기독교의 윤리적 요청에 적응될 뿐만 아니라, 또한 일련의 태도와 판단에 의해 제한된다. 그리고 서양인은 그것들을 수정하거나 검증하기 위하여 동양의 원천을 참고하기 이전에 도리어 다른 오리엔탈리스트들의 저술을 찾게 된다. 내가 지금까지 오리엔탈리즘의 무대라고 한 것은, 윤리적·인식론적 엄격성을 갖춘 하나의 시스템으로 변한다. 그리하여 오리엔탈리즘은 동양에 관하여 서양의 제도화된 지식을 표상하는 하나의 규율로, 동양·오리엔탈리스트·서양의 오리엔탈리즘 소비자라는 세 가지 방향에 대해 힘을 발휘하게 된다. 이와 같이 확립된 3자 사이의 관련성이 갖는 힘의 강대함을 과소 평가한다면 잘못이리라. 왜냐하면 동양—동쪽에 있는 '상대방'의 세계—은 유럽사회라는 '우리' 세계의 경계선 밖에 놓여져 있으므로 교정되고 처벌되어야 하기 때문이다. 그리하여 동양은 **동양화된다**. 이러한 과정을 통하여 동양은 오리엔탈리즘의 영역으로 표시될 뿐만 아니라, 서양 독자들은 (데르브로의 알파벳순으로 된《동양전서》와 같이) 번호화된 오리엔탈리즘의 표준서를 **진실한** 동양으로서 받아들이도록 강요된다. 요컨대 진리는 소재 그 자체와 무관한 학문적 판단의 한 기능이 된다. 곧 소재 그 자체가 오리엔탈리스트로 인하여 존재하는 것처럼 보이게 된다.

　이러한 교훈적 과정 전체는 이해되기 어려운 것도 아니고 설명하기 어려운 것도 아니다. 여기서 우리는, 모든 문화란 살아 있는 현실에 교정을 가하고, 그것을 자유롭게 유동하는 대상으로부터 일정한 지식으로 변화시킨다는 점을 다시 기억해야 한다. 문제는 이러한 변환이 생기는 것 자체가 아니다. 지금까지 다룬 적이 없는 미지의 물체로부터 공격을 받았을 때 인간의 정신이 그것에 저항하는 것은 지극히 당연한 일이다. 그러므로 문화는 언제나 상이한 문화에 대하여 완전한 변형을 강요하는 경향이 있으며, 그것을 있는 그대로의 모습으로서가 아니라 받아들이는 측에서 보아 반드시 그러해야 한다는 모습으로 전환시켜 받아들이게 된다. 그러나 서양인의 경우, 동양이란 언제나 서양의 어떤 측면과 **유사한** 것이었다. 가령 독일 낭만주의자들에게 인도의 종교란 본질적으로 게르만 기독교적인 범신론의 인도판으로 이해되었다. 그러나 오리엔탈리스트는 동양을 있는 그대로부터 다른 어떤 것으로 변환시키는 것을 언제나 그의 일거리로 삼는 사람이다. 곧 그들은 그 일을 자신을 위하여, 자신이 속하는 문화를 위하여, 그리고 때로는 동양인을 위하여 한다고 믿는다. 이러한 변환의 과정은 하나의 규율이다. 곧 그것은 가르쳐지는 것이고, 독자적인 학회, 정기간행물, 전통, 어휘, 수사법을 갖는 것으로서, 그러한 모든 것이 근저에서 서양을 지배하는 문화적·정치적 규범과 결부되어 그것으로부터 자양분을 부여받는 것이다. 이 과정은 앞으로 내가 입증하듯이 전체성을 지향하는 경향을 가지며, 그 결과 19~20세기의 오리엔탈리즘을 개관하면, 오리엔탈리즘이 동양 전체에 대하여 감행하고 있는 무감각할 정도의 도식화가 압도적인 인상으로 눈에 들어오게 된다.

　이러한 도식화가 어느 정도 일찍부터 시작되었는가는, 앞에서 든 고대 그리스의 서양에 의한 동양 표상의 보기로부터 분명히 밝혀졌다. 이러한 초기의 여러 표상 위에 구축된 후세의 여러 표상이 어느 정도로 명확한 형태를 취하게 되었는가, 그 도식화에 어느 정도로 세심한 주의가 기울여졌는가, 서양에 의한 상상의 지리 속에서 그 위치 설정이 어느 정도로 강한 극적 효과를 부여받았는가 하는 것들은 단테의《신곡》〈지옥편〉을 살펴보면 알 수 있다. 단테가《신곡》에서 수립한 공적은, 세속계의 현실에 대한 사실적인 묘사와, 보편적이고 영구적인 기독교 가치체계를 혼연일체로 결합시킨 점에 있었다. 순례자 단테가 지옥, 연옥, 천국을 순례하면서 본 것은, 유례 없는 심판의 광경이었다. 가령 파올로와 프란체스카[59]는 그들이 범한 죄로 인하여 지옥에 영원히 갇혔으나, 자신들을 그곳에 영구히 잡아 두는 원인이 된 그 성격과 행위를 그곳에서도 그대로 행하고 실제로 살아간다. 그리하여 단테의 비전 속에서는 등장인물 각자가 자신을 표상할 뿐만 아니라 그의 성격과 할당된 운명까지도 전형적으로 표상하고 있다.

단테가 말하는 '마오메토 Maometto', 곧 마호메트는 〈지옥편〉 제28곡 曲 canto에 등장한다. 그가 있는 곳은 지옥의 아홉 골짜기 가운데 여덟 번째, 사탄이 있는 지옥의 본거지를 둘러싼 음울한 개천인, 열 개의 악의 참호 가운데 아홉 번째이다. 그러므로 단테는 마호메트에 이르기 전에, 죄가 더욱 가벼운 사람들이 갇혀 있는 여러 골짜기를 통과한다. 곧 육욕의 죄를 범한 자, 돈을 탐낸 자, 먹기에 미친 자, 세례를 받지 않은 자, 분노하는 자, 자살한 자, 신을 모독한 자들이 있는 골짜기들이다. 마호

---

[59] 프란체스카 리미니와 파올로 말라테스타를 말한다. 1285년경 라벤나의 성주 딸인 프란체스카는 이웃 나라 성주인 말라테스타에게 시집을 갔으나, 그의 의형제인 파올로와 사랑하게 되어 남편에게 살해당했다. 단테의《신곡》속에서 이 얘기는 〈지옥편〉 제5곡 속에 들어 있다. 단테,《신곡》최민순 역주(을유문화사, 1974), 51~52쪽.

메트 뒤에는 사탄 자신이 있는 지옥의 본거지에 이르기까지 오직 거짓말한 자와 배신자(유다, 브루투스, 카시우스가 포함된다)가 있을 뿐이다. 그리하여 마호메트는 단테가 **중상모략을 일삼아 분열시키는 화근의 씨앗을 뿌렸던** 사람으로 부른 범주 속에 포함되어 철저한 악덕의 계층에 속해졌다. 마호메트가 영원한 운명으로 받게 된 형벌은 특히나 혐오스러운 것이었다. 단테의 표현에 의하면, 마호메트는 구멍이 찢어진 통처럼 뺨에서 항문까지 두 쪽으로 완전히 찢어진 꼴이다. 여기서 단테의 펜은, 그렇게 생생한 형벌에 수반된 종말론적인 상세한 서술을 독자에게 완벽하게 전달한다. 바로 마호메트의 내장이나 배설물 등을 치밀하게 묘사하는 것이다. 마호메트는 자기가 받고 있는 형벌을 단테에게 설명하고, 악마의 수행원이 두 조각으로 찢고 있는 죄인들의 행렬 가운데 자신보다 앞서 있는 알리를 가리킨다. 또한 그는 단테에게 프라 돌치노라는 인물을 기다리고 있는 운명이 어떤 것인지를 경고하도록 간청한다. 프라 돌치노는 여자와 재산을 공유하자고 주장한 무리를 이끈 이단의 승려로 애인을 가졌다는 이유로 고발되었다. 단테는 돌치노와 마호메트가 흉측한 육욕을 공유한다고 보았고, 또 그 두 사람이 자신들의 신학적 탁월성을 가장한 것도 공유했다고 보았다. 독자들은 싫어도 그것을 인정하지 않을 수 없으리라.

그러나 이슬람에 관한 단테의 언급은 이상에 그치는 것만이 아니다. 〈지옥편〉의 첫 부문에는 몇 명의 이슬람교도가 등장한다. 아비켄너, 아베로에스, 살라딘 등은 헥토르, 아에네아스, 아브라함, 소크라테스, 플라톤, 아리스토텔레스와 함께 고결한 이교도로서 지옥의 첫 번째 골짜기에 갇혀, 기독교 계시의 은혜를 입지 않았음에 대한 최소한의 (명예롭기도 한) 형벌을 받는다. 물론 단테는 그들의 위대한 도덕성과 업적을 존경하고 있으나, 그들이 기독교도가 아니므로 비록 가벼운 정도이지만 그들을 지옥에 떨어뜨려야 했다. 영원성이라는 것이 시대의 차이를 균등하게 만든다고 하여도, 단테는 기독교 이전의 선각자들을 기독교 이후의 이슬람교도들과 같은 '이교도'라는 범죄의 동일 범주에 집어넣는, 엄청난 시행착오와 변칙을 태연히 범하고 있다. 심지어《코란》은 예언자로서 예수의 이름을 들고 있는데도, 단테는 결코 위대한 이슬람교도의 철학자나 군주들이 기독교를 근본적으로 알지 못했다고 주장하고 있다. 그들을 고전시대의 영웅 현인들과 같은 특별한 장소에 위치시킨다고 하는 발상은, 아카데미의 마루 위에서 아베로에스가 소크라테스, 플라톤과 어깨를 나란히 하고 친교를 맺는다고 하는, 라파엘로가 그린 프레스코화인 〈아테네의 학교〉[60]와도 통하는 비역사적인 발상이다(또한 소크라테스와 공자가 토론을 벌인다는, 페느롱[61]이 쓴《죽은 이들의 대화》(1700~1718)와도 공통된다).[62]

이슬람과 그 특정한 여러 표상이 서양의 지리적·역사적 이해, 특히 윤리적 이해의 산물이라는 것은 불가피한 사실이며, 단테가 이슬람을 시적으로 파악했을 때 대상을 구별하고 표현을 세련시킨 점도 이러한 도식적이고 거의 우주론적이라고도 할 수 있는 견해의 보기인 것이다. 동양이나 그 어떤 부분에 관한 경험적인 자료는 그 경우 거의 중요하지 않다. 중요하고 결정적인 것은 내가 지금까지 오리엔탈리즘의 비전이라고 불러 온 것이다. 이 비전은 결코 어떤 전문학자에게만 한정된 것이 아니라, 도리어 서양에서 동양을 사고의 대상으로 삼아 온 사람들 모두

---

60) 〈아테네의 학교〉는 라파엘로가 교황 율리우스 2세를 위하여 로마에 있는 바티칸 궁전의 교황서명실 *Stanza della Segnatura*의 벽에 그린 작품(1509~1517년경).
61) François de Salignac de la Mothe Fénelon(1651~1715)은 프랑스의 사상가이자 문학가이다.
62) 이러한 발상의 가공적인 대화는 묘하게도 이름깨나 있는 지식인들에 의해 한국식의 지적 오락으로 꽤나 지성적인 겉모양을 지니면서 나타나기도 한다.

가 갖는 공유재산이다. 시인으로서 단테의 역량에 의해 동양에 대한 이러한 견해는 강화된다. 곧 그 표상성은 강화되기는 해도 결코 약화되지는 않는다. 마호메트, 살라딘, 아베로에스, 아비켄나는 비전에 가득 찬 우주론 속에 고정된다. 곧 고정되고, 배치되며, 통에 밀어 넣어지고, 감금되어 그들이 등장인물로 무대 위에서 연기하는 '기능'과 패턴 이외에는 거의 모든 것이 무시되어 버린다. 아이자이어 벌린[63]은 이러한 태도가 미치는 영향에 대하여 다음과 같이 말했다.

〔이러한〕 우주론에서 인간의 세계(그리고 어떤 경우에는 우주 전체)는 모든 것을 포함하는 단일한 위계조직이다. 따라서 그 속의 하나하나가 지금 실재하는 것과 마찬가지로 존재하는 이유가 무엇이고, 지금 실재하는 장소가 어디이며, 지금 실재하는 시간이 언제인지, 그리고 지금 하고 있는 것을 하는 것은 무엇 때문인지 등을 설명하는 것은 **당연히**, 그 목표가 무엇이고, 어떤 정도까지 그 목표의 달성에 성공하고 있으며, 그것들이 모여서 형성하는 조화로운 피라미드 속에서 여러 가지의 목표를 추구하는 존재자의, 여러 목표 사이의 대등하고 종속적인 여러 관계는 어떤 것인가를 말하는 것이다. 만일 이것이 실재의 참된 모습이라고 한다면, 모든 다른 설명과 마찬가지로 역사적 설명은 특히 개인, 집단, 국민, 인류를 우주적 패턴 속의 각각의 장소에 귀속시키는 것이어야 한다. 어떤 사물이나 인간의 '우주적인' 위치를 안다는 것은, 그것이 어떤 것이고 그것이 무엇을 하는가를 말하는 것이며, 동시에 왜 그것이 존재하고 지금 기능하고 있는지, 왜 반드시 존재해야 하는 것이고

---

63) Isaiah Berlin(1909년)은 영국의 정치철학자로서 자유주의와 도덕적 다원주의에 대한 그의 변호를 통하여 정치철학자로 알려져 있다(예컨대 《자유에 관한 네 개의 에세이 *Four Essays on Liberty*》(1969)). 그는 특히 비코와 헤르더의 정치사상의 역사적 차원의 인식을 탐구했다(《비코와 헤르더 *Vico and Herder*》(1976)). 그가 쓴 《마르크스 평전》은 한국에서 정부허가에 의해 간행된 최초의 마르크스 관련서로 소개되었다.

기능하여야 하는지를 말하는 것이기도 하다. 그러므로 존재하는 것과 가치를 갖는다는 것, 존재하는 것과 역할을 갖는다는 것(그리고 다소 훌륭하게 그 역할을 수행한다는 것)은 하나이고 동일한 것이다. 그 패턴, 이것만이 그곳에 있는 모든 것에 목적을, 곧 가치와 의미를 만들어 내며, 상실시키며, 부여하는 것이다. 이해한다는 것은 패턴을 갖는다는 것이다. …… 어떤 사건, 행동, 성격이 불가피한 것으로서 나타나면 나타날수록 그만큼 충분히 이해할 수 있게 되고, 그만큼 연구자의 통찰은 깊은 것이 되며, 그만큼 우리는 하나의 궁극적 진리에 가까워진 것이 된다.

이러한 태도는 지극히 반反경험적인 태도이다.[51]

사실 오리엔탈리즘의 태도 일반도 참으로 반경험적인 것이다. 그것은 마술이나 신화처럼 폐쇄된 시스템이 갖는 자기충족적이고 자기강화적인 성격을 공유하고 있다. 그리고 이 시스템의 내부에 사물이 지금 있는 것과 같이 존재하는 것은, 어떠한 경험적 자료에 의해서도 제거되거나 변경되지 않는 존재론적인 이유에 의해 사물이 일단 지금 있는 형태로 되어 버린다면 영구히 그대로 계속 있기 **때문이다**. 유럽이 동양, 특히 이슬람과 만나게 된 결과, 이러한 동양의 표상 시스템은 강화되었고, 앙리 피렌[64]이 시사했듯이 이슬람은 국외자outsider의 전형이 되었다. 중세 이래 모든 유럽 문명은 동양에 대항하는 형태로 구축되었다. 피렌에 의하면, 야만족이 침입한 결과 생겨난 로마제국의 멸망은, 역설적으로 야만족의 풍습을 로마니아, 곧 로마 및 지중해문화 속에 포섭시키는 효과를 초래했다. 한편 7세기에 비롯된 이슬람의 침입 결과, 유럽문화의 중심은 당시 아랍 영역이었던 지중해로부터 북방으로 이동되었다. 피렌은 이렇게

---

64) Henri Pirenne(1862~1935)는 벨기에의 역사가.

말한다. "게르만주의가 역사의 무대에서 그 역할을 수행하기 시작했다. 이때까지 로마의 전통은 중단되지 않았다. 이제 독자의 성격을 지닌 로마식·게르만풍의 문명이 막 발전하기 시작했다." 유럽은 자기의 껍데기 속에 갇혀 버렸다. 곧 동양은 단순한 무역 장소인 경우를 제외하면 문화적·지적·정신적으로 유럽과 유럽문명에 대해 **국외자**의 지위에 놓여졌다. 한편 피렌의 말을 빌리면 유럽에서는 "**교회**가 퍼지고 있는 범위와 완전히 겹친 광대한 기독교 공동체가 성립되었다. …… 서방세계는 이제 자기 고유의 생활을 시작했다."[52] 단테의 시, 성자 피터[65]를 비롯한 크류뉴 수도원 오리엔탈리스트들의 저술, 노장의 기베르[66]와 비드 및 로저 베이컨, 트리폴리의 윌리엄[67], 시온 산의 부르크하르트[68], 루터에 이르는 일련의 기독교도가 지은 반反이슬람적인 저술들, 《엘 시드의 노래》, 《롤랑의 노래》, 셰익스피어의 《오셀로》(저 "세상을 속이는 놈")[69] 가운데 동양과 이슬람은 언제나 국외자로서 표상되었고, 유럽의 **내부에서는** 특별한 역할만을 수행했다.

〈지옥편〉의 박진감 넘치는 묘사로부터 《동양전서》의 산문적인 항목 분류에 이르기까지 이슬람과 동양이 논의되고 이해되는 경우, 거기에 나타나는 특유한 어휘, 곧 특유의 표상적인 담론의 영역은 상상의 지리에 의해 정당화되었다. 이 담론에 의해 사실로 인정된 사항—예컨대 마호메트가 사기꾼이라고 하는 것—은 담론의 구성요소이며, 마호메트의 이름이 나타나는 때에는 언제나 담론의 기능에 의해 사람들을 반복시키

---

65) Peter the Venerable(1094~1156)은 크류뉴 수도원의 원장.
66) Guibert of Nogent(1053~1124)는 프랑스의 성직자.
67) William of Tripoli(1220경~1273 이후)은 도미니크회 수도원의 수도사.
68) Burchard of Mount Syon는 12세기 도미니크회 수도원의 수도사.
69) 《오셀로》제2막 제1장에서 자신의 딸인 데스데모나를 오델로가 유괴했다고 생각한 아버지 브라반쇼가 오셀로를 욕한 말.

게 한 하나의 서술이다. 오리엔탈리즘의 담론 속의 여러 가지 구성요소—곧 동양을 말하거나 쓰는 경우에 언제나 사용되는 어휘—의 밑바닥에는, 표상적인 비유표현의 집합이 숨어 있다. 이러한 비유표현과 현실의 동양(내지는 여기서 주된 관심 대상인 이슬람) 사이의 관계는, 연극에서 양식화된 의상과 등장 인물 사이의 관계와 흡사하다. 그것은 예컨대 에브리맨[70]이 나르는 십자가, 또는 코메디어 델라르테[71] 속의 광대 역인 아르레키노가 몸에 걸친 잡색의 의상과도 같았다. 달리 말하자면, 우리는 동양을 묘사하는 경우에 사용되는 언어와, 동양 그 자체 사이에 있는 대응관계를 탐구할 필요가 없다. 그것은 그 언어가 부정확하기 때문이 아니라 정확하게 하려고 노력한 적이 없기 때문이다. 단테가 〈지옥편〉에서 표현하고자 노력했듯이 그 언어가 목표를 삼는 것은, 동양을 이질적인 것으로서 성격 짓는 것임과 동시에, 그것을 도식적으로 연극무대 위에 포함시키는 것이었다. 그 연극무대에서는 관객도, 감독도, 배우도 유럽을 **위하여**, 단지 유럽을 위해서만 존재한다. 그리하여 친숙한 것과 이질적인 것 사이에 동요가 생기게 된다. 곧 마호메트는 언제나 사기꾼(그는 우리가 알고 있는 예수를 닮은 체하기 때문에 친숙하다)이며, 동시에 언제나 동양인(그는 어떤 점에서는 예수와 '유사해도' 결국은 같은 것이 아니므로 이질적이다)인 것이다.

동양, 그 이질성·상이성·이국적 관능성 등과 결부된 비유적 표현을 하나하나 열거할 필요도 없이, 우리는 르네상스를 통하여 전달되어 온 그러한 표현의 특징을 일반화시킬 수 있다. 그것들은 모두 단정적이고

---

70) Everyman은 중세 영국에서 성행한 우화 《에브리맨 Everyman》의 주인공. 그에게 죽음이 찾아왔을 때, 함께 죽는 것은 선행밖에 없었다는 우화가 묘사되어 있다. 선행 이외에 지식, 미, 우정 등이 의인화되어 등장한다.
71) commedia dell'arte는 16세기 이탈리아에서 생겨난 즉흥 희극으로, 성격과 심리구조에서부터 복장과 가면에 이르기까지 완전히 유형화된 등장인물에 의해 공연된다.

자명한 것들이다. 사용되는 시제는 시간을 초월한 영원이다. 또 그것들은 반복과 강제를 인상짓는다. 나아가 그것들은 언제나 유럽에서 특정하거나 불특정한 대응물과 대칭 관계에 있으나, 동시에 그것보다는 열등하다. 이러한 기능 전부를 발휘시키기 위해서는, 대부분의 경우, **이다** is라는 간단한 연결동사를 사용하면 충분하다. 그리하여 마호메트는 사기꾼**이다**라는 말 자체가 데르브로의 《동양전서》 속에서 규범화되었고 단테에 의해 소위 극화된 것이었다. 여기에는 어떤 배경도 필요하지 않다. **이다**라는 것 속에는 마호메트를 단죄하기에 필요한 증거가 포함되어 있다. 이러한 말은 한정 조건을 지우는 것도 아니고, 마호메트는 사기꾼**이었다**고 말할 필요가 있다고도 생각되지 않는다. 또 그러한 말을 반복할 필요가 없을지도 모른다고 말할 필요도 없다. 그것은 사실 반복되고 **있고**, 그는 사실 사기꾼**이다**. 그리고 사람들이 그렇게 말할 때에 마호메트는 점점 사기꾼같이 되어 가며, 그 말을 만든 장본인은 그것에 의해 조금씩 권위를 증대시켜 간다. 험프리 프리도[72]가 17세기에 쓴 유명한 마호메트 전기에 '**사기꾼의 본질**'이라는 부제가 붙어 있는 것은 바로 그 때문이다. 물론 사기꾼(또는 이 경우에는 동양인)의 범주는 최종적으로 어떤 대립물을 상정하고, 그것을 불가결한 것으로 요구한다. 그것은 사기에 의해 타인으로 변하거나 끝없는 자기 확인을 필요로 하는 것이 아니다. 그 대항물이 '서양인'이고 마호메트의 경우에는 예수이다.

따라서 철학적으로 보면, 내가 지금까지 매우 넓은 뜻으로 오리엔탈리즘이라고 불러 온 언어·사고·비전의 종류는, 근본적인 실재론의 한 형태라고 할 수 있다. 오리엔탈리즘이란 동양적인 것이라고 여겨지는 문제·대상·특질·지역을 다루는 경우의 습관으로서, 그것을 행하는

---

72) Humphrey Prideaux(1646~1724)는 영국의 동양학자.

사람이 스스로 말하고 생각하는 대상을 어떤 하나의 단어나 문장으로 지시하고 명명하며 고정시키는 것이다. 이어 다음에는 그 단어와 문장이 현실성을 확보하고, 또는 더욱 단순하게 그것이 현실 그 자체라고 인정하게 된다. 한편 수사학적으로 보면, 오리엔탈리즘이란 완전히 해부학적이고 열거적인 것이다. 곧 오리엔탈리즘의 어휘를 사용한다는 것은 동양적인 사물을 개별화하고, 다루기 쉬운 작은 부분으로 분할하는 것이다. 심리학적으로 보면, 오리엔탈리즘이란 편집광의 한 형태로서, 예컨대 일반적인 역사적 지식과는 다른 별종의 지식이다. 이것들은 상상의 지리와 그것이 묘사한 극적 경계선에 의해 생겨난 결과의 일부라고 생각된다. 그러나 이러한 동양화된 결과에는 특별하게 근대적인 변형도 존재하므로, 다음에 그것들에 대하여 이야기하도록 하겠다.

제3장
사업[1]

미슐레[2]가 "동양은 그 꿈의 매혹에 의해, 또 그 **명암화법**chiaroscuro의 마술에 의해 광명의 신들에게 죽음을 초래했고 누구도 저항할 수 없는 것이 되어 전진한다"[53]라고 말했을 때 표현한 장중하고도 위협적인 관념이, 실제로 어느 정도 정확하게 틀렸는가(또 어느 정도로 진실에 반대되는 것인가)를 판정하기 위한 것일 뿐이라고 하여도, 오리엔탈리즘이 거둔 전략상의 더욱 화려한 성공의 보기를 검토할 필요가 있다. 유럽과 동양 사이의 문화적·물질적·지적 관계는 지금까지 무수한 국면을 거쳐 왔다. 동양과 서양 사이의 경계선이 유럽 측에 언제나 무엇인가를 인상 지운 것이었다고 해도 말이다. 그러나 전진한 것은 언제나 서양이 동양

---

1) 원어는 *project*이다. 프로젝트란 한국에서도 이미 외래어가 된 느낌이 들 정도로 널리 쓰인다. 그러나 여기서는 사업이라고 옮기기로 한다. 오리엔탈리즘이란 곧 사업이다. 그러나 문맥에 따라 프로젝트라고 옮기기도 한다.
2) Jules Michlet(1798~1874)는 프랑스의 역사가. 그의 작품 《민중》은 우리말로 소개되어 있다.

을 향해서였지 그 반대가 아니었다. 나는 지금까지 **오리엔탈리즘**이라는 말을 동양에 대한 서양의 접근을 서술하기 위한 총칭적 용어로 사용하여 왔다. 곧 오리엔탈리즘이란 규율로서, 그것에 의해 학문, 발견, 실천의 대상인 동양에 대한 체계적인 접근이 행해져 온 것이다(그것은 지금도 마찬가지이다).[3] 그러나 이에 더하여 나는, 그 경계선의 동쪽에 놓여져 있는 것에 대해 말하고자 하는 사람이 사용하는 꿈, 이미지, 어휘의 집합을 가리키기 위해서도 이 말을 사용하여 왔다.[4] 오리엔탈리즘이 갖는 이러한 두 가지 측면은 서로 모순되는 것이 아니다. 왜냐하면 유럽은 그 두 가지를 같이 사용함으로써 비로소 안전하게, 그리고 단순한 비유적 의미를 넘어 동양 위에 전진할 수 있었기 때문이다.

이슬람을 예외로 한다면, 유럽에서 동양이란 19세기에 이르기까지 역사적으로 일관하여 그 어떤 도전도 받지 않고 서양이 지배한 영역이었다. 영국의 인도 경험, 포르투갈의 동인도제도와 중국 및 일본에서의 경험, 프랑스와 이탈리아의 동양 여러 지역에서의 경험이 명백히 해당된다. 물론 1638~1639년에 일본 기독교도의 일파가 포르투갈인을 국외로 추방한 경우와 같이[5] 현지의 비타협성 때문에 이러한 목가적 정경이 어지러워지는 경우도 있었다. 그러나 대체로 말하면 아랍과 이슬람의 동양만이 정치적 · 지적 차원에서, 또 어떤 시기에는 경제적인 차원에서

---

3) 주로 제1부 제1장 참조.
4) 주로 제1부 제2장 참조.
5) 기독교의 전파는 한국보다 일본이 훨씬 빨랐으나 오늘날 일본의 기독교는 한국의 그것에 비교할 수도 없을 정도로 미약하다는 점은 흥미 있는 사실이다. 여하튼 일본의 17세기 초는 우리보다 2세기 앞서서 기독교로 인하여 쇄국정책이 강화된 시점이었다. 곧 기독교에 대한 경계를 강화하고 외국인을 엄격히 규제했다. 특히 기독교와 관계 깊은 포르투갈인과 그 혼혈아들을 마카오로 추방했고, 포르투갈 배의 도항금지령을 내려 포르투갈인의 출입을 완전히 금지했다. 그런데 그 배경에는 일본에 늦게 진출한 신교국인 네덜란드와 영국이 이미 일본 시장을 점령한 구교국인 포르투갈과 스페인을 구축하기 위하여 그 포교 활동을 막후에 중상모략했다는 제국주의적 각축이 있었다.

도 유럽에 대하여 확고하게 도전을 계속했다. 그러므로 오리엔탈리즘은 그 역사의 대부분을 통하여, 이슬람에 대해서는 문제점이 많은 유럽적 태도의 낙인을 찍어 왔던 것이다. 그리고 오리엔탈리즘이 갖는 이 예리한 감각적 측면이야말로 내가 이 연구에서 집중하고자 하는 부분이다.

분명히 이슬람은 많은 점에서 참으로 도발적인 존재였다. 그것은 지리적 · 문화적으로 불안하게 만들 정도로 기독교세계와 가까웠다. 유대교적 · 헬레니즘적 전통을 유발한 것도, 기독교로부터 독창적인 방식으로 차용한 것도, 군사적 · 정치적으로 타의 추종을 불허하는 성공을 과시할 수 있었던 것도 모두 이슬람이었다. 그뿐만이 아니다. 이슬람 나라들은 성지 부근, 아니 성지의 정점(예루살렘)에도 존재했다. 나아가 이슬람 영역의 중심은 언제나 유럽의 가장 가까이에 위치하여 근동이라고 불리는 지역이었다. 아라비아어와 히브리어는 모두 셈계의 언어이고, 모두 기독교의 가장 중요한 자료를 얼마든지 마음대로 다룰 수 있었다. 7세기 말 이래 1571년의 레반트해전[6]에 이르기까지, 이슬람은 그 아랍적 · 오토만적 · 북아프리카적 · 스페인적 형태를 취하면서 유럽의 기독교세계를 지배하거나 유럽에 대해 엄청난 위협이 되어 왔다. 이슬람이 로마제국을 능가하고 로마제국보다 우수했다는 사실은, 과거와 현재의 어떤 유럽인의 마음에도 잊혀질 수 없었다. 기번조차 예외가 아니었음은 《로마제국흥망사》에 나오는 다음 문장에서 분명히 알 수 있다.

로마공화국이 연전연승할 시대에는, 정책과 군사력을 하나의 단일 전쟁에 집중하고, 하나의 적을 완전히 압도하지 않으면 제2의 적에 대해서는 전쟁을 도발하지 않는다는 것이 원로원의 방침이었다. 아라비아의 칼리프들이

---

6) 레반트해전에서 오토만제국의 함대는 로마교황청, 스페인, 베네치아, 제노바 등의 기독교국 연합함대에 패배했다. 그것에 의해 불패의 오토만군이라 불리던 명성이 끝났다.

갖는 호방함과 종교적 정열은 그러한 소심한 정책을 혐오했다. 그들은 아우구스투스의 후계자와 알타크세레크세즈의 후계자를 침략했을 때도 동일한 민활함으로 성공했다. 그리고 이와 같은 상극의 2대 강국은 지금까지 오랫동안 서로 경멸하도록 길들여진 적국에게 동시에 먹이가 되어 왔다. 오마르가 통치한 10년간, 사라센족은 3만 6,000개의 도시와 성곽을 함락했고, 이교도의 교회와 사찰 4,000개를 파괴했으며, 마호메트를 신봉하게 하기 위하여 1,400개의 모스크를 건립했다. 마호메트의 메카 탈출 이후 100년 동안, 그 후계자들의 군대와 통치권은 인도에서 대서양까지 미쳤고, 그 다양하고도 방대한 판도 위에 펼쳐졌다.*54

동양이라는 말이 단순히 아시아 동양 전체의 동의어가 아니고, 멀리 떨어져 있는 것이나 이국적인 것을 막연히 지시하는 것도 아닌 경우, 그것은 이슬람 동양을 가리키는 것으로서 지극히 엄격하게 이해되었다. 이러한 '전투적인' 동양은, 앙리 보데가 '아시아의 거센 파도'*55라고 부른 것을 상징하게 되었다. 18세기 중엽이 되면, 분명히 '동양에 관한' 지식의 보물창고가 데르브로의 《동양전서》와 같이 동양이라는 말을 통하여 오직 이슬람, 아랍, 오토만제국 사람들만을 의미하지는 않게 되었지만, 당시까지는 그것이 유럽의 실정이었다. 또 그 무렵까지는 콘스탄티노플의 함락, 십자군, 시칠리아와 스페인의 정복과 같이 비교적 멀리 떨어진 사건의 인식에 대해 문화적 기억의 중요성이 부여되었다. 그러나 이러한 사건이 위협적인 동양을 뜻한 것이었다고 하여도, 그것으로 인하여 아시아의 남은 부분이 완전히 무시되지는 않았다.

왜냐하면 언제나 인도가 있었기 때문이었다. 16세기 초엽에 포르투갈이 유럽에 의한 인도 진출의 첫 발판을 구축하고부터 유럽, 주로 영국이 그 지역에서 오랜 기간 동안(1600년부터 1758년까지) 본질적으로는 상업적 활동을 전개했고,[7] 그 후 점령세력으로서 정치적으로 지배했다. 그러나 인도 그 자체가 유럽에 대하여 토착세력으로 위협한 적은 전혀 없었다. 도리어 인도의 전통 권력은 붕괴되었고, 국토는 유럽 강대국의 대항 경기장으로 변하여 마침내 유럽의 완전한 정치지배에 맡겨지게 되었다. 그 때문에 유럽인은 인도라는 동양을 마치 영주와 같은 거만함을 가지고 다룰 수 있게 되었다. 그들은 이슬람에 대하여 품어 온 것과 같은 위험한 느낌은 전혀 갖지 않았다.[56] 그럼에도 그 거만함과 정확한 실증적 지식 사이에는 엄청난 거리가 있었다. 데르브로는 《동양전서》에서 인도와 페르시아가 관계된 사항을 모두 이슬람의 자료에 근거해 기록했으며, 또한 19세기 초엽까지 '동양어'를 '셈어'와 동의어로 생각한 것도 사실이다. 퀴네가 말한 동양 르네상스[8]에 의해 종래의 상당히 좁았던 제한이 확대되기까지, 이슬람은 동양적인 것을 모두 주워 담는 잡동사니 주머니였다.[57] 산스크리트, 인도 종교, 인도 역사는 18세기 말의 윌리엄 존스 경의 노력에 의해 처음으로 과학적 지식으로서 지위를 확보했다고 하나, 그 존스 경도 인도에 흥미를 갖게 된 것은 이슬람에 관한 관심과 지식을 거친 뒤였다.

따라서 데르브로의 《동양전서》 이후 동양에 관한 학문의 최초의 위대한 업적이, 1708년에 제1권이 간행된 사이먼 옥클리의 《사라센의 역사》라고 하여도 놀라운 일은 아니다. 최근의 어느 오리엔탈리즘 역사가에 의하면, 옥크리의 이슬람교도에 대한 태도—유럽 기독교도가 철학 지식의 단서를 그들로부터 얻어 왔다고 하는 견해—는 유럽 독자들에게 '엄

---

7) 1600년은 영국이 동인도회사를 설립한 해이다. 1757년에는 프랏시의 전쟁이 터졌고, 그 결과 동인도회사는 정치권력으로 변화하여 인도 식민지화의 바탕이 되었다. 동인도회사는 일제가 설립한 동양척식주식회사의 모델이었다.
8) 동양에 대한 관심이 유럽에서 꽃핀 것을 강조한 말.

청난 충격'을 던졌다. 왜냐하면 옥클리는 그 저서에서 이러한 이슬람의 선진적인 탁월성을 분명히 밝혔을 뿐만 아니라, "비잔틴과 페르시아와의 전쟁에 관한 아랍 측의 관점에 대해 확실하고도 실질적인 평가를 처음으로 유럽에 제공했기"[58] 때문이다. 그러나 옥클리는 이슬람이 갖는 전염병과 같은 영향력에 대해서는 주의 깊게 거리를 두었고, 동료인 윌리엄 휘스턴[9] (케임브리지 대학교의 뉴턴 후계자)의 경우와는 달리 이슬람이 악독한 이단이라는 견해를 분명하게 드러냈다. 한편 휘스턴은 이슬람에 열중한 나머지 1709년 케임브리지 대학교에서 추방되었다.

인도(동양)의 부富에 접근하기 위해서는 먼저 반드시 이슬람의 여러 지역을 통과하고 이어 사이비 아리우스파적인 신앙체계로 이슬람이 갖는 위험한 영향력에 대항해야 했다. 영국과 프랑스는 적어도 18세기의 대부분을 통하여 그것에 성공했다. 오토만제국은 이미 그전부터 (유럽에게는) 상당히 만족스러운 쇠퇴기에 들어갔고, 19세기에는 '동양 문제'로 낙인찍히는 운명에 놓여졌다. 인도에서는 영국과 프랑스가 1744년부터 1748년까지 전쟁을 했고, 또 1756년부터 1763년까지 다시 싸운 결과, 마침내 1769년에 와서 영국이 인도대륙을 경제적 및 정치적으로 사실상 지배하게 되었다.[10] 나폴레옹은 영국의 동양제국을 괴롭히기 위하여 먼저 그 이슬람세계의 직통도로를 이집트에서 분단시키는 전술을 취한 것은 실로 불가피한 것이었다.

1798년의 나폴레옹에 의한 이집트 침입과 시리아 침략은,[11] 이미 거

---

9) William Whiston(1667~1756)은 영국의 신학자, 수학자.
10) 1744년부터 1748년까지의 전쟁은 제1차 카나티크 전쟁이라고 한다. 1756년부터 1763년까지 유럽에서는 7년전쟁이 일어났고, 그 사이에 인도에서도 프랏시의 싸움, 제2·3차 카나티크 전쟁 등이 발생했다. 1769년에는 영국 동인도회사의 적이었던 프랑스의 동인도회사가 그 기능을 정지했다.
11) 나폴레옹의 이집트 원정군은 1798년 7월, 알렉산드리아에 상륙하여 순식간에 카이로를

의 그 직전에 오리엔탈리즘의 적어도 두 가지의 중요한 사업이 행해졌음에도 불구하고, 오리엔탈리즘의 근대 역사에 훨씬 더 중대한 결과를 초래했다. 나폴레옹 이전 단 두 번의—모두 학자들에 의한—동양 침입 시도는, 동양의 베일을 벗기고 비교적 안전한 장소였던 성서 속의 동양에까지 진출하고자 하여 달성되었다. 그 최초의 시도는 아브라함-이야센트 앙크틸-뒤페롱(1731~1805)에 의한 것이었다. 그는 괴짜 평등주의 논객으로서, 머릿속에서 얀센파 Jansenism를 정통 가톨릭교 및 브라만교와 융합시키고자 했고, 또《성서》의 선민選民과《성서》에 기록된 계보가 성서시대 그대로 현존하고 있음을 입증하고자 아시아를 여행했다. 그러나 그는 그 목적을 달성하기 이전에 최초의 목적지를 통과하여 더욱 먼 동양인 수라트를 방문했고, 그곳에서《아베스타》문헌의 저장고를 발견하여《아베스타》의 번역을 완성했다. 앙크틸을 여행하게 만든 신비한《아베스타》단장斷章에 대해 레이몽 슈와브는 다음과 같이 말했다. "학자들은 옥스퍼드 대학의 유명한 단장을 보고 각자의 서재로 돌아갔다. 그러나 앙크틸은 그것을 본 뒤에 인도로 향했다." 슈와브는 또한 앙크틸과 볼테르가 기질적으로나 사상적으로 서로 절망적일 정도로 정반대였음에도 불구하고, 동양과 성서에 대해서는 같은 관심을 기울였다는 점을 지적했다. "한쪽은 성서를 더욱 의문의 여지가 없도록 만들기 위하여, 다른 한쪽은《성서》를 더욱 믿을 수 없도록 만들기 위해서"였다. 아이로니컬하

점령했다. 그러나 같은 해 8월에는 아브킬만에 결집한 프랑스 함대가 영국 함대에 의해 격멸되었고, 프랑스군의 보급로가 차단되었다. 또 이집트 본토에서도 마무루크(당시의 이집트 지배자)들의 반격과 카이로의 민중봉기에 직면하여 정세는 프랑스군에 불리했다. 특히 영국 및 러시아와 동맹을 맺은 오토만제국의 참전에 의해 정세는 위기에 이르렀다. 이 난국을 타개하기 위하여 1799년 봄에 나폴레옹은 군대의 주력을 이끌고 시리아로 향했고 메카를 공격했다. 그러나 그 공격은 실패로 끝났고(1799년 5월) 그는 이집트에서 철수하여야 했다. 그 몇 달 뒤에 나폴레옹은 군대의 지휘를 부하에게 맡기고 귀국했다.

게도 앙크틸이 번역한 《아베스타》는 볼테르의 목적에도 기여했다. 왜냐하면 앙크틸의 발견 결과, "지금까지 신의 계시에 의한 성전으로 인정된 《성서》의 텍스트 그 자체가 비판받게 되었기" 때문이었다. 앙크틸 원정의 최종적인 성과를 슈와브는 다음과 같이 명확하게 설명했다.

　　1759년, 앙크틸은 수라트에서 《아베스타》의 번역을 마쳤다. 그리고 1786년에는 파리에서 《우파니샤드》의 번역을 완성했다. 곧 그는 위대한 인간정신을 낳은 지구의 동서 두 반구 사이에 통로를 파고, 지중해 부근의 전통적인 휴머니즘을 수정하고 확장했다. 그의 동포가 '페르시아 사람이란 어떤 종족인가' 라는 물음을 던지고 50년도 안 된 사이에[12] 그는 페르시아인의 유적을 그리스인의 유적과 대비시키는 기술을 가르쳤다. 앙크틸 이전에는, 이 지구라고 하는 천체의 먼 과거에 관하여 알고 싶으면 오직 라틴, 그리스, 유대, 아랍의 위대한 작가들의 저서를 읽어야 했다. 《성서》는 하늘에서 날아온 운석과 같이 고립된 바위로 간주되었다. 저술의 세계는 참으로 유용하나, 아직 알려지지 않은 땅이 얼마나 넓은 것인가를 생각한 사람은 거의 없었다. 바벨탑 이후 늘어난 여러 가지의 언어에 대한 인식은 그의 《아베스타》 번역과 함께 시작되었고, 중앙아시아 탐험에 의해 놀라울 정도의 높은 경지에 이르렀다. 그때까지 우리의 여러 학문은 르네상스가 초래한 그리스-라틴의 좁은 유산(그 대부분은 이슬람을 거쳐서 유럽에 전해졌다)만을 고집해 왔다. 그러나 앙크틸은 먼 과거로부터 무수한 문명이 흥망했고, 문학은 무한히 존재하여 왔다고 하는 비전을 거기에 도입했다. 그 후 더 이상 유럽의 여러 지역만

---

12) 몽테스키외가 쓴 《페르시아인에게 보내는 편지》는 1721년에 간행되었다. 그 제30번의 편지 속에서 "사람은 어떻게 하여 페르시아인일 수 있는가 *Commentpeut-on être Persan'?*" 라고 묻고 있고, 슈와브의 원문장도 그것에 입각하고 있으나, 저자인 사이드의 영어 번역은 반드시 그 프랑스어 원문에 충실한 것이 아니다.

이 역사에 이름을 남기는 유일한 장소가 아니게 되었다."59

이때 처음으로 동양은 텍스트, 언어, 문명이라는 실체성을 띠고서 유럽에 그 모습을 나타냈다. 또 아시아가 엄밀한 지적·역사적 차원을 확보하고 그것에 의해 아시아의 지리적인 거리와 광대함의 신화가 보강된 것도 이때가 처음이었다. 급격한 문화적 확장 뒤에 반드시 생기는 수축적인 보상작용에 의해, 앙크틸의 동양에 관한 작업은 윌리엄 존스에게 이어졌다. 이 존스의 작업이야말로 내가 앞에서 말한 나폴레옹 이전 사업의 두 번째에 해당한다. 앙크틸이 광대한 전망을 열었다고 한다면, 존스는 그것을 번호화·도표화하고 비교하면서 그 전망을 닫았다. 존스는 1783년, 영국을 떠나 인도로 출발하기 전에 이미 아라비아어, 히브리어, 페르시아어를 습득했다. 그러나 이는 그가 달성한 최소의 업적에 불과했다. 그는 또한 시인, 법률가, 백과전서가, 고전학자이고 결코 지치지 않는 연구자였다. 그는 그의 재능으로 인하여 벤저민 프랭클린[13], 에드먼드 버크[14], 윌리엄 피트[15], 사무엘 존슨[16]과 같은 사람들의 사랑을 받았다. 그리하여 그는 '인도 방면의 명예로운 고급의 지위'에 임명되어 인도에 도착하자마자 동인도회사의 간부로 취임하여 즉시 일련의 개인적인 연구를 시작했다. 그것은 동양을 수집하고, 올가미로 둘러치고 길들여서 유럽 학문의 한 영역으로 전환시킨 것이었다. 그가 《아시아 체류 중의 나의 연구 대상》이라고 이름 붙인 사적인 저술 속에서 열거한 연구주제는 "힌두법과 이슬람법, 힌두스탄의 현대정치 및 지리, 벵골 통치의

---

13) Benjamin Franklin(1706~1790)은 미국의 정치가로서 그의 자서전이 우리말로 소개되어 있다.
14) Edmund Burke(1729~1797)는 영국의 정치가이자 저술가.
15) William Pitt(1708~1778)는 영국의 정치가.
16) Samuel Johnson(1709~1784)은 영국의 문학자.

최고 형태, 아시아인의 산술·기하 및 혼합과학, 인도인의 의학·화학·외과학·해부학, 인도의 천연자원, 아시아의 시·수사학·윤리학, 여러 동양 민족의 음악, 인도의 무역·수공업·상업·농업" 등이었다. 1787년 8월 17일, 그는 올도프 경[17]에게 다음과 같이 겸손한 편지를 썼다. "나의 야망은 지금까지 어떤 유럽인보다도 인도에 대해 더욱 잘 알자는 것입니다." 실제로 1910년에 와서 밸푸어가 자신은 영국인으로서 다른 누구보다도 더 많이, 다른 누구보다도 더 잘 동양을 알 권리가 있다고 주장했을 때, 그 주장의 최초 선구를 발견하게 된 것은 바로 이 편지에서였다.

존스의 공식 업무는 법을 다루는 것이었고, 그것은 오리엔탈리즘의 역사에서 상징적인 의의를 갖는 직업이었다. 존스가 인도에 도착하기 7년 전, 워런 헤이스팅스[18]는 인도인들은 인도인 고유의 법에 근거하여 통치되어야 한다는 결정을 내렸는데, 이는 단순하게 느껴지는 것 이상으로 대담한 사업이었다. 왜냐하면 당시에 적용된 산스크리트어 법전이란 페르시아어 번역밖에 존재하지 않았고, 그것을 당시의 법전으로 사용할 수 있을 정도로 산스크리트어에 능통한 영국인은 한 사람도 없었기 때문이었다. 찰스 윌킨스[19]라는 동인도회사의 사원이 먼저 산스크리트어를 습득하고, 이어 《마누법전》을 번역하기 시작했다. 이 작업을 하면서 그는 곧 존스의 도움을 받게 되었다(월킨스는 또 《바가바드-기타》를 최초로 번역했다). 1784년 1월, 존스는 벵골아시아협회 창립총회를 열었다. 그것은 영국에서 영국왕립협회가 했던 역할을 인도에서 수행한 것이었다. 존스는 이 협회의 초대회장으로서, 또 판사로서, 동양과 동양인

---

17) Lord Althorp(1782~1845)는 영국의 정치가.
18) Warren Hastings(1732~1818)는 영국의 초대 벵골 총독.
19) Charles Wilkins(1749~1836)는 영국의 동양학자.

에 관한 실제 지식을 익혔고, 그것에 의해 그 뒤 (A.J. 아베리[20])가 말했듯이) 명백한 오리엔탈리즘 창시자가 되었다. 지배와 연구 그리고 동서양의 비교가 존스의 목표였다. 동양의 무한한 다양성을 언제나 법칙, 숫자, 습관, 작품의 '완벽한 요약'으로 압축하고 번호화하고자 하는, 억제하기 어려운 충동에 의해 그는 마침내 이 목표를 달성했다고 믿어졌다. 근대 오리엔탈리즘은 실로 그것의 문헌학적인[21] 시작에서도 이미 하나의 비교연구였고, 멀리 떨어져 있고 아무런 해가 없는 동양 자료 속에서 여러 유럽 언어의 기초를 발견한다고 하는 기본적인 목적을 갖는 것이었다. 이는 다음과 같은 그의 유명한 연설 속에 분명히 나타나 있다.

> 산스크리트어는 그것이 아무리 오래된 것이라고 해도 놀라운 구조를 갖고 있습니다. 그것은 그리스어보다도 완벽하며, 라틴어보다도 풍부하고, 그 어느 것보다도 정교하게 다듬어져 있습니다. 그 세 가지 언어는 동사 어근과 문법 형식에서, 우연히 만들어졌다고는 생각할 수 없을 정도로 깊은 유사성을 갖습니다. 그것이 너무나도 뚜렷하기 때문에 어떤 언어학자라도 이 세 가지 언어를 조사한다면, 어떤 공통의 기원으로부터 발생한 것이라고 믿지 않을 수 없을 것입니다.[60]

인도에 체류한 초기의 영국인 오리엔탈리스트들 대부분은 존스와 같이 법학자이거나, 매우 흥미롭게도 강력한 선교사로서 지식을 가진 의사였다. 우리가 아는 한 그들 대부분은 "식민지의 개량을 촉진함과 동시에 자국의 지식을 높이고 예술을 향상시키는 것을 희망하여 아시아의

---

20) A.J. Arberry(1905~1970)는 영국의 동양학자.
21) 원어는 *philosophical*이나 그 아래 인용문을 볼 때 *philological*의 오식으로 판단되어 '철학적'이 아니라 '문헌학적'으로 번역했다.

학문과 예술을"*61 연구한다는 두 가지 목적을 동시에 가졌다. 이는 헨리 토머스 콜브루크[22]가 1823년에 창립한 왕립아시아협회의 〈100주년 기념호〉에서 오리엔탈리즘의 공통된 목표로 서술한 것이다. 존스와 같은 초기의 직업적 오리엔탈리스트가 근대의 동양인을 다루면서 그들이 이루어야 할 역할은 두 가지밖에 없었다. 그러나 오늘의 우리는, 동양에서 그들의 존재가 공적으로 **서양적인** 성격을 갖고 있어서 그 인간성에 어떤 종류의 구속이 부과되었다고 하여도 그것을 비난할 수는 없다. 그들은 판사이거나 의사였다. 심지어 에드거 퀴네도, 사실적이라고 하기보다도 형이상학적으로 쓴 그의 저서에서 이러한 치료적 관계를 잘 알지 못했다. 그는 《여러 종교의 정수》에서 "아시아는 예언자를 가지며, 유럽은 의사를 갖는다"고 말했다.*62 동양을 바르게 이해하기 위해서는, 먼저 고전문헌을 철저히 연구하고, 그 뒤에야 비로소 이 문헌을 근대 동양에 적용시킨다는 방식이 행해졌다. 근대의 동양인이 눈에 보일 정도로 노쇠하고 정치적으로 무능하다는 사실에 직면한 유럽의 오리엔탈리스트는, 현대 동양의 '개량을 촉진하기' 위하여, 상실된 과거의 고전적 동양의 위대함을 일부분이나마 회복시키는 것이야말로 자신의 의무라고 생각했다. 유럽인이 고전적 동양이라고 하는 과거로부터 이끌어 낸 것은, 자기를 위해서만 유리하게 작용시킬 수 있는 비전(및 수천 개의 사실과 인공물)이었다. 한편 근대의 동양인이 그들에게서 받은 것은, 편리함과 개량 그리고 근대 동양에 무엇이 가장 좋은 것인가에 관하여 유럽인이 내려 준 판단이라는 은혜였다.

나폴레옹 이전의 오리엔탈리즘 사업 전부에 공통으로 나타나는 특징은, 그 사업에 성공하기 위하여 사전에 무엇을 하는 것이 거의 불가능했

---

22) Henry Thomas Colebrooke(1765~1837)는 영국의 인도학자.

다는 점이다. 앙크틸과 존스를 보기로 든다면, 그들은 동양에 도착해서야 비로소 동양에 관한 지식을 습득했다. 그들은 소위 동양 전체와 직면했으며, 얼마 동안 상당한 시행착오를 겪은 뒤에야 처음으로 그것을 더욱 작은 영역으로 나눌 수가 있었다. 한편 나폴레옹은 이집트를 모두 손에 넣기를 희망했는데, 그 사전 준비의 규모가 장대하고 철저했던 점은 유례가 없을 정도였다. 심지어 그 준비는 거의 광신적일 정도로 도식적이었고, 게다가(이렇게 말할 수 있다면) 텍스트 의존적인 것이었다. 여기서 그 특징에 대해 약간 분석하도록 하자. 1797년, 나폴레옹이 이탈리아에서 그 후의 군사행동을 준비했을 때, 다른 무엇보다도 강력하게 그의 마음을 차지했던 것은 다음 세 가지였다고 생각된다. 첫째, 영국이 여전히 위협적인 세력이라는 점을 별도로 한다면, 캄포 포르미오 조약[23]의 체결에 의해 나폴레옹의 군사적 성공이 정점에 이른 결과, 그에게 새로운 영광을 줄 만한 장소로는 오직 동양이 남겨졌을 뿐이라는 점이다. 나아가 그 직전에 탈레랑[24]이 "현 상황에서 새로이 확보된 식민지에서 나오는 이익"에 주의를 환기했는데, 이러한 생각은 그것이 영국에 타격을 주게 되는 점에서도 매력적이어서 나폴레옹을 동양에 이끌리게 되었다. 둘째, 나폴레옹은 청년시대부터 동양에 매혹되었다. 예컨대 나폴레옹이 청년시절에 쓴 초고에는, 마리니[25]의 저서인 《아랍의 역사》의 요약이 포함되어 있다. 또 장 티리가 서술했듯이, 알렉산더 대왕이 정복한 동양, 특히 이집트와 결부된 기억과 영광에 나폴레옹이 일반적으로 사로잡혔다는 점은, 그의 저술이나 대화 어디에서도 분명히 알 수 있다."[63]

---

23) 나폴레옹의 이탈리아 원정의 결과, 1797년 10월에 프랑스와 오스트리아가 맺은 평화조약. 그 결과 프랑스는 오스트리아령 네덜란드와 이오니아 제도를, 오스트리아는 베네치아를 획득했다.
24) Charles-Maurice de Talleyrand Périgord(1754~1838)은 프랑스의 정치가.
25) François Augier de Marigny(1690~1762)는 프랑스의 성직자.

따라서 새로운 알렉산더 대왕으로서 이집트를 다시 정복한다는 생각은, 영국에 희생을 강요하면서 이슬람에 새로운 식민지를 건설하는 이익을 포함하여 그에게 제시되었다. 셋째, 나폴레옹은 이집트를 꼭 알맞은 사업이라고 보았다. 왜냐하면 그는 전술적·전략적·역사적으로 그곳을 잘 알았을 뿐만 아니라, 동시에(이를 과소평가해서는 안 된다) 텍스트 의존적으로, 곧 유럽의 고전과 근대의 권위 있는 저술을 통하여 알았기 때문이었다. 요컨대 나폴레옹에게 동양이란 경험적 현실을 통해서가 아니라, 텍스트로부터 추출된 관념과 신화의 영역에 속하는 경험을 통하여 그의 머릿속에 존재했으며, 그 뒤에는 정복을 위한 준비 속에서 현실성을 획득한 하나의 사업이었다. 그러므로 이집트에 대한 나폴레옹의 계획은, 오랫동안 계속된 유럽과 동양의 만남 속에서도, 오리엔탈리스트의 특수한 전문적 지식이 직접 기능적으로 식민지 지배의 도구로 이용된 최초의 보기가 되었다. 왜냐하면 나폴레옹 시대 이후 오리엔탈리스트들은, 자신의 충성심과 공감을 동양에 부여할지, 아니면 정복자인 서양에 부여할지 선택을 강요받는 결정적인 순간에는 반드시 후자를 선택했기 때문이다. 황제 나폴레옹 자신은 먼저 고전적 문헌에 의해, 이어 오리엔탈리즘의 전문가에 의해 코드화된 대상으로서만 동양을 보았다. 고전문헌에 근거한 전문가의 비전은 현실 동양과의 실제 만남에 유용한 대용물로 생각되었다.

이집트 원정을 위하여 나폴레옹이 상당수의 '학자들'을 군대에 편입시킨 사실은 너무나도 유명하므로 여기서 상세히 설명할 필요도 없다. 그는 이집트협회를 창립하고, 그 회원들에게 모든 주제를 연구하게 하여 소위 원정대의 움직이는 일종의 문서관을 창설하고자 생각했다. 나폴레옹이 프랑스의 여행가인 볼네 백작의 저술을 가장 신뢰했다는 점은 그것보다는 덜 유명한 것이었다. 볼네가 쓴 《이집트와 시리아 기행》 2권은 1787년에 출판되었다. 그것은 거의 지독하다고 할 정도로 비개인적인 기록으로서 그 유일한 예외는, 갑자기 생긴 약간의 돈(유산)으로 1783년에 동양을 여행할 수 있었다고 독자에게 밝힌 짧은 서문뿐이다. 볼네는 분명히 자기가 본 사물의 '상태'를 언제나 기록하는 과학자임을 자처했다. 《이집트와 시리아 기행》의 클라이맥스는 제2권 가운데, 이슬람을 종교로 설명하는 부분이었다.⁶⁴ 볼네의 견해는 종교 및 정치제도의 체계로서의 이슬람에 대하여 교조적인 적대감을 보인다. 그럼에도 나폴레옹은 이 《이집트와 시리아 기행》과, 같은 저자의 《러시아와 터키의 전쟁에 관한 고찰》(1788)을 특히 중시했다. 왜냐하면 볼네는 결국 빈틈없는 프랑스인으로서 —4반세기 이후의 샤토브리앙, 라마르틴과 같이— 프랑스의 식민지배 야망을 실현하기에 적합한 장소로 중동을 눈여겨보았기 때문이다. 볼네가 프랑스 원정군이 동양에서 직면할 수 있는 장애를 그 곤란의 정도에 따라 열거한 것이야말로 나폴레옹에게 유익한 것이었다.

나폴레옹은 세인트헬레나 섬에서 베르트랑 장군[26]에게 구술하여 필기시킨 이집트 원정 회고록인 《1798~1799년 이집트 시리아 원정》에서도 명백히 볼네를 참조했다. 볼네는, 프랑스의 동양 제패에는 세 가지 장애가 있고, 프랑스군은 반드시 세 개의 전쟁을 수행해야 한다고 보았다고 나폴레옹은 구술했다. 그 첫째는 영국과의 전쟁, 둘째는 오토만제국과의 전쟁, 셋째는 가장 어려운 이슬람교도와의 싸움이었다.[65] 볼네의 이 판단은 모두 상당히 정확한 것이었고, 간단하게 그 결점을 발견하기 힘들다. 왜냐하면 그의 《이집트와 시리아 기행》과 《러시아와 터키의 전쟁에 관한 고찰》이란 동양에서 승리하고자 하는 모든 유럽인이 이용

---

26) General Bertrand(1773~1844)은 프랑스인 군인으로서 모든 나폴레옹 전쟁에 참전했다.

해야 할 실용적인 참고서였고, 그것은 나폴레옹의 눈에도 또 볼네를 읽는 누구의 눈에도 명백했기 때문이었다. 달리 말하자면, 볼네의 저서는 유럽인이 직접 동양을 경험할 때 느낄지도 모르는 충격을 약화시켜 주는 안내서와 같았다. 곧 그 책들을 읽어 보면, 동양과 만나서 당황하는 대신 그것을 뜻 그대로 따르게 될 것이라는 것이 볼네의 주장이었던 것을 알게 된다.

　나폴레옹은 볼네를 거의 문자 그대로 받아들였으나, 그 방식은 나름대로 교묘한 것이었다. 이집트 원정군이 이집트의 수평선에 모습을 나타낸 그 최초의 순간부터, 그는 1798년 7월 2일 알렉산드리아 시민에 대한 포고에서 말했듯이 '우리 프랑스인이 참된 이슬람교도'라는 것을 그들에게 믿게 하고자 모든 노력을 기울였다.[66] 한 무리의 동양학자를 거느린 나폴레옹은 (동양이라는 이름의 깃발을 단 배 위에 앉아서) 마메루크에 대한 이집트인들의 적대감과 만민의 기회 평등이라고 하는 혁명적인 사상의 매력을 이용하여 이슬람에 대한 지극히 자애롭고도 선택적인 싸움을 수행했다. 나폴레옹 원정시대의 아랍에서 제1급 연대기 작가였던 아브드-알-라만 알-자바티[27]에게 무엇보다도 강한 인상을 준 것은, 나폴레옹이 원주민과 접촉하기 위해 학자들을 기용한 점이었고, 또 유럽의 지적 권위를 갖는 집단을 직접 본 충격이었다.[67] 나폴레옹은 모든 곳에서 자신이 이슬람을 **위하여** 싸우고 있음을 증명하고자 했다. 그의 말은 모두 《코란》의 아라비아어로 번역되었고, 프랑스군 사령부는 군대에게 이슬람의 감수성을 자극하는 사항에 대해서는 언제나 주의하도록 요청했다. (이 점에 관하여, 이집트에서 쓴 나폴레옹의 전술과, 1513년에 스페인이 인디언들 앞에서 읽기 위하여 스페인어로 기초한 다음 **경고**[28] 전술을

---

27) Abd-al-Rahman al-Jabarti(1757~1825)는 이집트의 역사가.
28) 인디오의 취급방법에 관하여, 기독교적 윤리관에 근거하여 나타난 비난의 소리에 응해.

비교하여 보라. "우리는 너희들과 너희들의 처자를 체포하고 노예로 만들어 국왕폐하[스페인의 왕과 여왕]가 명하는 대로 노예로 판매하고 처분할 것이다. 또 복종하지 않는 신하와 마찬가지로, 너희들의 재산을 압수하고 우리가 가할 수 있는 모든 불행과 손상을 가할 것이다" 등등.)*68 나폴레옹은 자신의 군사력이 이집트인을 위압하기에는 너무 적다는 것을 알자, 그 지역 출신인 이맘, 카디, 무프티, 울레마29)에게 명령하여 《코란》을 프랑스 군대를 위해 해석하도록 했다. 이 목적을 위해 그는 아즈하르30)에서 가르친 60명의 울레마를 사령부에 초대하여 최고의 군대 예의를 베풀었다. 나아가 그는 이슬람과 마호메트를 찬양하고, 그가 완전히 아는 듯이 보인 《코란》에 대해 확실한 경의를 표하여 그들의 환심을 사려고 했다. 그것이 주효하여, 카이로 시민들은 점령군에 대한 불신감을 금방 잊은 듯이 보였다.*69 뒷날 나폴레옹은 후임자인 클레베르31)에게, 자신이 떠난 뒤의 이집트 통치는, 오리엔탈리스트들과, 그들이 프랑스 편으로 끌어들일 수 있는 이슬람 종교지도자들을 통하여 해야 한다는 엄격한 지시를 내렸다. 곧 그는 그 외의 다른 정책은 너무나도 희생이 크고 어리석다고 보았다.*70 위고는 '그들'이라는 제목의 다음 시에서, 자기가 지략에 뛰

1513년 스페인 국왕 페르낭드는 신학자로 구성된 특별심의회를 소집하여 문제의 검토를 명했다. 그 결과 작성된 것이 '경고'로서 아메리카로 향하는 식민자의 필수품이 되어, 인디언을 공격하기 전에 소리 높여 읽어야 했다.

29) *imam*은 《코란》에서 '규범', '지도자'를 뜻했으나 그 뒤에는 규모의 대소에 관계없이 이슬람교도의 집단 지도자를 뜻하는 아라비아어가 되었다. *cadi*는 이슬람법에 근거하여 민형사의 소송에 판결을 내리는 재판관이고, *mufti*는 이슬람법 해석의 적용에 관한 의견을 서술하는 자격을 인정받은 법학의 권위자이다. *ulema*는 이슬람의 법학자와 종교지도자들을 가리킨다.

30) 카이로에 있는 이슬람의 가장 오래된 교육시설. 모스크와 그곳에 부속된 마르라사(학교)로 구성되며, 모든 이슬람 사회에서 최고학부였다.

31) Jean-Baptiste Kléber(1753~1800)는 나폴레옹이 귀국한 뒤에 이집트 주둔군의 총사령관을 지냈다.

어난 나폴레옹의 동양원정의 영광을 파악했다고 자부했다.

나일 강변에서, 나는 다시 그를 만난다.
이집트는 그의 새벽빛과 함께 빛난다.
그의 제국은 동양에 떠오른다.

위업에 충만한 정복자, 열광자,
놀랍게도 그는 경이의 나라를 놀라게 한다.
나이 든 추장들은 젊고 현명한 장군을 숭배한다.
사람들은 그의 신기한 군대를 두려워한다.
장엄하게 그는 유목민 앞에 나타난다.
마치 서양의 마호메트처럼[*71].

아마도 책과 학자로부터 배운 것 외에는 동양에 관해 전혀 경험하지 못한 사람만이 군사적 원정 **이전에** 이러한 종류의 승리를 준비할 수 있었으리라. 아카데미를 완벽하게 그대로 원정에 데리고 간다고 하는 발상은, 동양에 대한 텍스트 의존적인 태도의 일면에 불과하다. 그리고 이러한 태도는 특별혁명 포고의 목적, 곧 신비성을 일소하고, 가장 심오한 지식조차 제도화하고자 하는 합리주의적 목적에 의해 다시금 보강되었다(특히 혁명력 제3년 제르미날 10일—곧 1793년 3월 30일의 포고에 의해 아라비아어, 터키어, 페르시아어를 가르치는 국립학교가 국립도서관 안에 설립되었다)[*72]. 그 결과 나폴레옹의 오리엔탈리즘이 낳은 번역자들의 대부분은, 1796년 6월 이래 '국립 동양어학교'의 최초이자 유일한 아라비아어 교사인 실베스트르 드 사시의 제자가 되었다. 그 뒤 유럽의 중요한 오리엔탈리스트는 거의 모두 사시의 제자였고, 유럽에서는 약 4분의 3세기에 걸쳐 그들이 이 분야를 지배했다. 그들의 다수는 이집트에서 나폴레옹을 도왔던 사람들과 마찬가지로 정치적으로 유용했다.

그러나 이슬람교도를 다스린다는 것은, 나폴레옹의 이집트 지배라는 사업의 극히 일부분에 불과했다. 그밖에도 이집트를 유럽인에게 완전히 개방하고 그들에게 면밀하게 조사시킬 필요가 있었다. 이집트는 더 이상 신비의 나라도 아니고, 또 선구적인 여행가나 학자 또는 정복자의 위업을 통하여 간접적으로 알려진 동양의 일부분도 아니며, 프랑스 학문의 일부가 되었다. 여기서도 또한 텍스트 의존적이며 도식적인 태도라고 하는 것이 명백하게 나타난다. 화학자, 역사가, 생물학자, 고고학자, 외과의사, 고미술 수집가 등 다양한 조직원이 포함된 이집트협회는 군대에 예속된 연구사단이었다. 이집트를 근대 프랑스에 포함시킨다고 하는, 이 사단의 임무는 다른 어떤 사단보다도 공격적인 것이었다. 그리고 아베 르 마스크리에[32])에 의한 1735년의 《이집트지》와는 달리 나폴레옹의 《이집트지》는 일종의 보편적인 기획이 되었다. 나폴레옹은 이집트 점령과 거의 동시에 이집트협회가 그 회합 및 실험―오늘의 우리가 현지조사라고 부르는 것―을 개시하도록 지시했다. 가장 중요한 것은, 말하고 관찰하고 연구한 것 일체를 기록해야 한다는 것이었고, 실제로 그것들은 《이집트지》라고 하는 어떤 나라가 다른 나라를 대규모로 착취하고자 하는 기도 속에 기록되었다는 점이다. 이는 1809년부터 1828년에 걸쳐 모두 23권이라는 방대한 규모로 출판되었다.[73]

《이집트지》는 그 규모나 심지어 집필자의 지성만이 아니라, 그 주제에 대한 태도에서도 유례를 찾아볼 수 없다. 그리고 그 태도야말로 《이집트지》를 근대 오리엔탈리즘의 여러 가지 사업을 연구하는 데에 매우

---

32) Abbé Le Mascrier(1697~1760)는 프랑스의 성직자.
33) Jean-Baptiste-Joseph Fourier(1768~1830)는 프랑스의 수학자이자 물리학자.

흥미 깊은 것이 되었다. 이집트협회의 간사였던 장 밥티스트 조셉 푸리에[33]가 쓴 《역사적 서설》의 처음 몇 쪽을 읽어 보면, 학자들이 이집트를 '다루는' 경우, 순수한 문화적·지리적·역사적 의의라고도 말할 수 있는 것과 직접적으로 대결했음을 분명히 알 수 있다. 이집트는 아프리카와 아시아, 유럽과 동양, 기억과 현실 사이의 여러 관계의 초점이었다.

> 아프리카와 아시아의 중간에 위치하여 유럽과 쉽게 통할 수 있었던 이집트는 고대 대륙의 중심을 차지했다. 이 나라는 단지 거대한 추억만을 제공한다. 곧 그곳은 여러 예술의 발상지였고 수많은 사적을 가지고 있다. 그 거대한 신전과 왕들이 살았던 궁전은 지금도 남아 있다. 그중 가장 새로운 것도 트로이전쟁 이전으로 거슬러 올라간다. 호메로스, 리쿠르구스, 솔론, 피타고라스, 플라톤은 모두 과학과 종교, 법을 공부하기 위하여 이집트에 갔다. 알렉산더 대왕은 그곳에 풍요로운 도시를 건설했고, 그 도시는 오랫동안 상업을 제패했으며, 폼페이우스, 카이사르, 마르쿠스 안토니우스 그리고 아우구스투스가 그들 사이에서 로마와 전 세계의 운명을 결정한 것을 증언했다. 따라서 이 나라가 여러 민족의 운명을 지배한 빛나는 왕자들의 주목을 받은 것은 지극히 당연한 일이다.
> 서양에서도, 아시아에서도 위대한 권력은 반드시 그 시선을 이집트로 향했고, 그것을 소위 스스로의 정당한 소유물로 간주했다.[74]

이집트는 예술과 과학 및 통치에 대한 상징적인 의미작용을 충족시켰기 때문에, 세계사적으로 중대한 행위가 행해질 때에는 그 무대를 제공하는 역할을 했다. 따라서 근대의 강국도 이집트를 차지함으로써 자연스럽게 그 힘을 과시하고 역사를 정당화했다. 한편 이집트 자체의 운명은 유럽이 희망하는 그대로 유럽에 흡수되었다. 나아가 이 (유럽이라는)

권력은 또한, 과거의 호메로스, 알렉산더, 카이사르, 플라톤, 솔론 그리고 피타고라스와 같이 동양에 체류함으로써 동양에 빛을 더한 사람들보다도 못하지 않은 사람들을 공통요소로 하는 하나의 역사에 참가하게 했다. 요컨대 동양은 그 최근 현실에 대해서가 아니라, 유럽의 먼 과거와의 일련의 접촉에 대하여 부여된, 가치평가의 집합체로 존재했다. 푸리에가 쓴 위 문장은 내가 지금까지 서술해 온, 텍스트 의존적이고 도식적인 태도를 보여 주는 하나의 순수한 보기이다.

푸리에는 100쪽 이상에 걸쳐 같은 논조로 계속 쓰고 있다(《이집트지》의 한 쪽은 우연히도 1제곱미터의 크기인데, 이는 마치 사업의 규모와 지면의 넓이는 비례하여야 한다고 생각된 듯하다). 그러나 푸리에는 나폴레옹의 원정을 애매 모호한 과거로부터 구별하면서, 그것을 수행해야 했기 때문에 수행한 것으로 정당화했다. 앞에서 말한 연극적인 관점은 결코 포기하지 않고 있다. 푸리에는 유럽의 관중과 그가 조종하는 동양의 등장 인물을 의식하면서 다음과 같이 쓰고 있다.

프랑스군이 동양에 있다는 충격적인 뉴스가 유럽에 준 인상을 누구도 잊을 수 없을 것이다. …… 이 엄청난 사업은 말없이 계획되고 신속하게 비밀리에 준비되었기 때문에 적의 엄중한 경계도 속일 수 있었다. 오로지 일이 터진 거의 그 순간에 와서야 적은 우리가 그것을 고안하고 그것에 착수했으며 성공적으로 그것을 실행했음을 깨달았다.

그렇게 극적인 **무대 전환**은 동양에 관해서도 마찬가지로 작용했다.

과거에는 그 지식을 수많은 나라에 전파한 이 나라가 이제 야만 상태에 빠져 있다.

한 사람의 영웅만이 이러한 모든 요소를 하나로 결부시킬 수 있다는 것을 푸리에는 다음과 같이 서술한다.

> 나폴레옹은, 이 사건이 유럽과 동양 및 아프리카 내부와의 관계, 지중해의 해운, 아시아의 운명에 미치는 영향을 정확하게 이해했다. …… 나폴레옹의 의도는, 유럽이라는 유용한 보기를 동양에 보여 주고, 결국 그 주민의 생활조건을 개선함과 동시에, 하나의 완벽한 문명이 가져다 주는 모든 은혜를 그 주민에게 부여하는 것이었다.
> 이 목표를 달성하기 위해서는, 예술과 학문을 끊임없이 이 사업에 적용할 필요가 있었을 것이다.[75]

어떤 지역을 현재의 야만 상태로부터 구출하고, 거기에 과거의 고전적인 위대함을 회복시킨다는 것. 근대 서양의 방식을 통하여 동양을 (그 이익을 위하여) 가르친다는 것. 동양을 정치적으로 지배하는 과정에서 얻은 빛나는 지식에 근거한 사업을 확대하기 위하여 군사력을 종속적인 위치에 두거나 그 행사를 자제한다는 것. 동양의 정식화, 곧 기억 속의 위치, 제국적 전략의 중요성, 유럽의 부속물이라는 그 '필연적' 역할을 충분히 고려하여 동양에 필요한 형태, 정체성, 정의를 부여한다는 것. 식민지 지배 기간에 수집된 모든 지식에 대하여 '근대적 학문에 공헌했다'는 명목으로 위신을 부여한다는 것. 한편 원주민에게는 도움이 되지 않는 텍스트를 변명하는 경우에만 그들을 상담의 상대로 대우한다는 것. 자신이 동양의 역사, 시간, 지리를 거의 마음먹은 대로 지배하는 유럽인이라고 느낀다는 것. 새로운 전문 영역을 설정한다는 것. 새로운 학문 분야를 확립한다는 것. 시야의 내부(그리고 외부)에 있는 것 모두를 분할, 배치, 도식화, 도표화, 색인화, 기록화한다는 것. 관찰 가능한 모든 세부로부터 하나의 일반론을 만들어 내고, 모든 일반론으로부터 동양의 성질, 기질, 심성, 관습, 유형에 관한 불변의 법칙을 만들어 낸다는 것. 그리고 무엇보다도 먼저 살아 있는 현실을 텍스트의 소재로 전환시킨다는 것. 동양에는 우리의 힘에 저항하는 것이 없으리라는 것을 주된 이유로 하여 현실을 소유한다(고 생각하)는 것. 이러한 것이야말로 《이집트지》에서 완전하게 실현된 오리엔탈리즘의 투사라는 여러 모습이며, 나폴레옹이 서양의 지식과 권력을 사용하여 이집트를 철두철미한 오리엔탈리즘으로 포섭함으로써, 《이집트지》 그 자체가 성립할 수 있었고 그 내용이 강화되었다. 그러므로 푸리에는 그의 서설을 끝내면서, 역사는 "이집트가 그(나폴레옹)의 영광의 무대였고, 이 놀라운 사건을 둘러싼 모든 상황을 잊지 못한다"는 것을 기억할 것이라고 언급했다.[76]

그리하여 《이집트지》는 고유한 일관성, 정체성, 의미를 갖춘 역사가 되어 이집트사나 동양사를 밀어 냈다. 그 대신 《이집트지》에 기록된 역사가, 실제로는 유럽사와 다름없는 세계사와 직접 아무런 매개 없이 일체화됨으로써 이집트사나 동양사를 대체했다. 오리엔탈리스트의 머릿속에서는, 어떤 사건을 망각의 심연에서 구출한다는 것이 동양을, 동양의 상연을 위한 극장으로 변화시키는 것과 같았다. 바로 이것이 거의 모두 푸리에가 서술한 점이다. 나아가 근대 서양의 용어로 동양을 서술해 온 순수한 힘은(그 자체 과거의 광대하나 정의할 수 없는 의미에 관하여 이제 막 투덜대기 시작한 것을 제외하고), 지금까지는 무시된 그대로 방치해 온 무언의 어두움으로부터 동양을 들어 올려, 근대 유럽 학문의 명료함 속으로 포함시켰다. 그리하여 이 새로운 동양상은—예컨대 《이집트지》에 있는 조프루아 생-틸레르의 생물학적 명제에서 볼 수 있듯이—뷔퐁[34]

---

34) Comte Georges-Louis Leclere de Buffon(1707~1788)은 프랑스의 박물학자이자 철학자.

이 정식화한 동물학상의 분류 법칙을 확정하는 것으로서 나타난다.[77] 또는 그것은 '유럽 여러 국민의 풍습과의 현저한 대비'[78]를 보여 주는 역할을 담당하고, 그것을 통해 동양의 '기묘한 향락성'이 서양 풍습의 근엄성과 합리성을 특히 두드러지게 만든다. 또는 더욱 다른 동양의 효용으로서, 시체를 훌륭하게 미라로 만드는 동양인의 생리적 특징과 같은 것을 유럽인의 시체 속에서도 탐구함으로써, 전쟁터에서 죽은 명예로운 전사들이 나폴레옹의 위대한 동양 원정을 기념하는, 살아 있는 화석으로 보존될 수 있도록 한다.[79]

그러나 나폴레옹의 이집트 점령이 군사적으로 실패한 것은, 이집트나 다른 동양에 대한 전면적인 투사의 풍요함까지 손상시킨 것은 아니었다. 점령은 완전히 문자 그대로 근대적이고 전면적인 동양 체험을 만들어 내었다. 그 경우의 동양은 이집트에서 나폴레옹이 기초를 놓은 담론의 세계 내부로부터 해석된 것이었고, 그러한 담론의 세계를 지배하고 확산시킨 매체가 이집트협회와 《이집트지》였다. 이 사상의 특징은, 이집트가 "현명하고 계몽된 행정에 의해 쇄신되어 영광을 회복하여…… 그 빛으로 주변 국가 모두를 널리 비추리라"[80]라고 한 샤를르 루의 말 속에 정확하게 나타나 있다. 물론 프랑스 이외의 여러 유럽 열강도 영국을 위시하여 이 사명의 수행에 뒤지지 않으려고 노력했다. 그러나─유럽 내부의 알력과 추악한 경쟁, 노골적인 전쟁에도 불구하고─동양에 대한 서양세계 공통의 사명이 낳은 유산은 계속되어 새로운 사업, 새로운 비전, 새로운 기업으로 나타났다. 그것들은 옛 동양의 남은 부분과, 정복자로서 유럽 정신을 결부시킬 것들이었다. 나아가 나폴레옹 이후, 오리엔탈리즘이란 말 자체에 근본적인 변화가 생겼다. 오리엔탈리즘의 서술적 실재론은 격상되었고, 더 이상 단순한 표상의 양식이 아니라, 하나의 언어, 즉 실제로 **날조**를 위한 하나의 수단으로 변했다. 근대 유럽어 일상어의 근원인 망각된 언어가, 앙투안 파브르 돌리베[35)]에 의해 모어母語로 불려짐에 따라, 동양은 오리엔탈리스트의 노력에 의해 재구성되며, 재조직되고, 가공되었다. 요컨대 새롭게 '만들어진' 것이었다. 《이집트지》는 동양을 유럽에 접근시키고 이어 그것을 완전하게 흡수하고자 하는, 나아가—가장 중요한 것으로서—동양의 이질성과 이슬람의 적대성을 말소하거나 적어도 완화하여 감소시키고자 하는, 후대의 모든 시도의 모체가 되었다. 왜냐하면 그 후 이슬람 동양은, 인간으로서의 이슬람 인민도, 역사로서의 그들의 역사도 아닌, 오리엔탈리스트의 힘을 드러내는 하나의 범주로 나타났기 때문이다.

그리하여 나폴레옹 원정에서 비롯된 일련의 텍스트 의존적인 자손들이 생겨났다. 곧 샤토브리앙의 《파리-예루살렘 여행》을 비롯한 라마르틴의 《동양기행》, 플로베르의 《살랑보》, 그리고 같은 전통 속에 있는 레인의 《현대 이집트인의 풍속과 습관》, 리처드 버튼의 《메디나와 메카 순례》에 이르는 작품들이었다. 이러한 작품들을 하나로 묶는 것은, 단순히 동양의 전설이나 체험담의 공통 배경만이 아니라, 그것들을 낳은 하나의 모태로 동양에 대한 학식에 의존하는 태도이다. 이러한 산물이 설령 역설적이게도, 살아 있는 동양이라고 보이는 것을 고도로 양식화한 모조품이자 정교하게 만든 유사품이라고 해도, 그 점으로 인해 그러한 작품에 포함된 상상력과 동양을 지배하는 유럽의 지배력이 조금도 감소되지 않았다. 그 전자의 원형이 동양을 연기한 유럽의 위대한 배우였던 카리오스트로[36)]였고, 후자의 원형이 근대 최초의 동양 정복자인 나폴레옹이었다.

나폴레옹 원정의 부산물은, 예술 작품이나 문서 형태를 취한 작품만

---

35) Antoine Fabre d'Olivet(1768~1825)는 프랑스의 언어학자이자 철학자.
36) Count Alessandro di Cagliostro(1743~1795)는 이탈리아의 사기꾼.

이 아니었다. 그것들과 함께 가장 큰 영향력을 미친 과학 사업과 지정학 사업이 생겨났다. 전자의 대표가 에르네스트 르낭의 《셈어의 비교구조와 그 일반사》이다. 이는 1848년에 완성되었고(충분한 자격에 근거하여) 볼네 상을 받았다. 그리고 후자를 대표하는 것은 페르디낭 드 레셉스의 수에즈 운하 건설과 1882년 영국의 이집트 점령이었다. 이 두 가지 사업이 서로 다른 점은 그 규모에서 명백하게 나타났을 뿐만 아니라, 두 오리엔탈리스트들이 갖는 신념의 질에도 나타났다. 르낭은 그의 저서에서, 동양을 있는 그대로의 모습으로 재창조했다고 확신했다. 한편 드 레셉스는 자신의 사업이 낡은 동양으로부터 해방된 새로움에 대하여 항상 약간의 경외심을 나타냈다. 그리고 그 경외심은 1869년의 운하 개통이 결코 평범한 일이 아니라고 느낀 모든 사람들에게 전염되었다. 1869년 7월 1일자의 《여행가를 위한 광고지》에서 토머스 쿡[37]이 보여 준 다음과 같은 열광은 드 레셉스의 그것을 방불하게 했다.

    11월 17일, 금세기 최대의 위대한 공업기술의 공적이 완성되어, 성대한 개통식을 갖고 그 성공을 축복하게 된다. 거기에는 거의 모든 유럽의 왕족 대표가 참석할 예정이다. 그것은 참으로 전무후무한 축전이 되리라. 유럽과 동양을 잇는 수로의 개척은, 과거 수세기에 걸쳐 그리스인, 로마인, 영국인, 프랑스인의 마음을 차례로 매료시킨 구상이었다. 그러나 두 개의 바다 사이에 오늘날까지 그 흔적을 남기고 있는 운하, 그것을 수십 세기 전에 개척한 고대 파라오들의 사업을 현대문명이 모방하고자 진지하게 생각하기 시작한 것은, 거의 최근 몇 년 사이에 불과했다.⋯⋯ [현대의] 개척사업에 관련된 모든 것은, 최대한의 규모를 자랑한다. 이 사업을 해설한 슈발리에 드 생-스

---

37) Thomas Cook(1808~1892)은 영국의 여행 업무 대리업자.

퇴스가 쓴 팸플릿을 읽어 보면, 참으로 위대한 거장 페르디낭 드 레셉스의 천부적 재능에 강렬한 감명을 받지 않을 수 없다. 그의 인내력, 냉정한 용기, 통찰력에 의해 수년간의 꿈은 이제 곧 실제의 확실한 사실이 된다. …… 서양과 동양의 나라들을 더욱 긴밀히 연결시키고, 그리하여 여러 시대에 속하는 다양한 문명을 하나로 통합하는 사업이 드디어 여기에 실현되었다.[81]

전통적인 사상과 새로운 방법의 조합, 19세기와 다양한 관계가 있는 여러 문화의 통합, 과거에는 각각 고정적이고 분리되었던 동양과 서양이라는 지리적 실체에 대한 근대적 기술력 및 지적인 의지력의 순수한 행사, 그것들이야말로 쿡이 감지하고, 드 레셉스가 그의 일기, 연설, (운하회사의) 설립 취지서, 편지 속에서 공언한 것이었다.

가정 사정으로 인해 페르디낭 드 레셉스의 출발은 행운이었다. 그의 아버지 마튜 드 레셉스는 나폴레옹을 따라 이집트에 간 뒤 1801년 프랑스군이 물러간 뒤에도(말로에 의하면 "프랑스 비공식 대표로"[82]) 4년간 이집트에 머물렀다. 페르디낭의 후기 저술에는, 나폴레옹 자신이 당시 품었던 운하 개척에 대한 관심을 언급한 것이 많았다. 그러나 나폴레옹은 전문가들로부터 잘못된 정보를 받았기 때문에 그것을 실현 가능한 목표라고 생각한 적이 한 번도 없었다. 리슐리외[38]나 생시몽주의자[39]들의 프랑스 측 계획을 포함하여, 역대의 운하 굴착 계획에는 엉뚱한 것들이 많았다. 그것들에 감염된 드 레셉스는 1854년에 이집트에 돌아와서 사업에 착수했으나 그것이 사실상 완성을 본 것은 15년 뒤였다. 그에게는

---

38) Armand-Jean du Plessis, Cardinal et duc de Richelieu(1585~1642)는 프랑스의 정치가.
39) Saint-Simonians는 프랑스의 사회개량가이자 공상적 사회주의자인 생시몽 백작Claude Henri, Comte de Saint-Simon(1760~1825)의 사상에서 비롯되어, 그 제자들이 발전시킨 산업주의 학설이다. 그들은 그 학설을 실천하는 것으로서 철도의 건설, 은행의 설립, 수에즈 운하의 건설 등에 관심을 가졌다.

공학상의 참된 예비지식이 전혀 없었다. 건설자, 발안자, 창조자로서 자신이 지닌 신에 가까운 수완에 대한 강한 믿음만이 그를 이끌었다. 곧 그는 외교와 재정 수완에 의해 이집트와 유럽의 지지를 받았고, 마찬가지로 사업을 완성시키기 위해 필요한 지식도 얻은 것으로 생각된다. 또한 필경 더욱 도움이 된 것은, 출자 능력이 있는 자본가들을 이 세계사적인 무대에 어떻게 내세울 것인가, '도덕적 사고'라고 자처한 그의 사업이 실제로 의미하는 것을 그들로 하여금 어떻게 인식시킬 것인가 하는 것을 그가 알았다는 점이었다. 1860년, 드 레셉스는 출자자들에게 다음과 같이 말했다. "서양과 동양의 접근이, 문명에 대하여 또 만인의 부의 증진에 대하여 얼마나 큰 공헌을 할 수 있는가에 주목하고자 합니다. 세계는 여러분의 힘에 의해 위대한 진보가 초래될 것을 기대하며, 여러분은 또한 세계의 기대에 부응할 것을 희망하고 있습니다."*83 이러한 취지에 의해 드 레셉스가 1858년에 설립한 투자회사에는, 그가 품었던 계획의 장대함을 반영하여 만국회사라는 이름이 붙었다. 1862년, 프랑스 학술원은 운하를 소재로 하는 서사시를 모집해 그 우수작에 상을 주었다. 수상자인 보르니에[40]는 다음과 같은 과장된 작품을 썼다. 그것은 드 레셉스가 자기 사업에 대하여 생각한 것과 근본적으로 다른 점이 전혀 없었다.

    일하라! 조국 프랑스가 보낸 노동자들이여,
    세계를 위하여, 이 새로운 길을 열어라!
    여러분 선조의 영웅들도 멀리서 이 땅에 왔도다.
    저 용사들과 같이 여러분도 튼튼하다.

---

40) Vicomte Henri de Bornier(1825~1901)는 프랑스의 시인이자 극작가.

그들과 같이 피라미드의 발 밑에서 분투하라.
이 4천 년의 세월이 여러분을 지켜보고 있다!

그렇다, 그것은 세계를 위하여! 아시아와 유럽을 위하여,
밤의 장막이 내린 흔들리는 나라들을 위하여,
방심치 못할 중국인을 위하여, 반라의 인도인을 위하여,
행복하고 자유롭고 정이 두텁고 용기 있는 사람들을 위하여,
악인을 위하여, 종속민을 위하여,
아직도 그리스도를 알지 못하는 자들을 위하여.[84]

운하에 투입된 막대한 자금과 노동력을 정당화하는 것이 새삼스럽게 필요하게 된 때일수록 드 레셉스는 과거에 볼 수 없었던 웅변을 했고 종횡 무진 기지를 발휘했다. 그는 통계를 들이부어 그 어떤 귀도 홀리게 만들었다. 곧 헤로도토스와 해양통계를 똑같이 유창하게 인용했다. 그는 1864년의 일기에, 기묘한 인생항로가 인간의 의미 있는 독창성을 개발하고, 그 독창성으로부터 위대하고 비범한 공적이 나오는 것이라는 취지의 카시미르 루공트의 경구를 찬양하면서 인용했다.[85] 그러한 공적은 공적이기 때문에 정당화되었다. 옛날부터 몇 번이나 실패를 거듭하고 막대한 비용이 소비되었음에도 불구하고, 또 유럽이 동양을 조종하는 방법을 완전히 변화시킬 엄청난 야망임에도 불구하고, 운하는 참으로 시도할 만한 가치가 있는 것이었다. 그것은 상담 상대의 어떠한 반대도 무시할 수 있고, 또 음모에 능한 이집트인이나 배신을 잘하는 중국인, 반라의 인도인이 자신의 힘으로는 결코 이룩할 수 없었던 동양 총체의 개혁사업을 실행에 옮길 수 있는 유일한 사업이었다.

1869년 11월의 개통식은 과거에 드 레셉스가 목표로 삼은 그 어떤 책

략보다 중요한 것이자 그의 사상을 완벽하게 구현하는 기회였다. 수년간 드 레셉스의 연설, 편지, 팸플릿은 발랄하고 정력적이며 연극적인 어휘로 가득했다. 그는 성공을 추구하면서, 우리는 창조했고, 투쟁했고, 처분했고, 달성했고, 행동했고, 인식했고, 인내했고, 전진했다고 (언제나 우리를 주어로 삼아) 자신을 말했다. 그리고 그는 기회가 있을 때마다 그 어떤 것도 우리를 정지시킬 수 없고, 그 어느 것도 불가능한 것은 없으며, 그 어느 것도 결국 문제가 될 수 없다고 반복하여 말했다. 단지 '최종결과, 곧 위대한 목표'의 실현만이 문제였으며, 그것을 자신은 입안하고, 정의하고, 최종적으로 실현했다고 말했다. 11월 16일 식전에 모인 귀족들 앞에서 한 교황 대리의 다음 연설은 드 레셉스의 운하가 제공한 지적 및 공상적인 스펙터클에 적절한 것으로 만들고자 필사적으로 노력한 것이었다.

지금 바로 들려 오는, 이 시간을 알리는 종소리. 그것은 금세기의 가장 장엄한 종소리일 뿐만 아니라, 인류 역사상 두 번 다시 있을 수 없는 위대하고도 결정적인 순간이라고 단언할 수 있을 것입니다. 아프리카와 아시아의 경계가 여기서 만들어지고, 앞으로 여기서 융합하게 될 이 땅, 이 위대한 인류의 제전, 이 장엄한 세계시민의 협력, 지상의 모든 인종과 빛나고 무한히 넓은 이 하늘 아래 나부끼는 모든 깃발, 초승달 가운데 치솟아 만인의 숭배를 받는 십자가, 이것들은 모두 어떤 놀라움, 어떤 감동적인 대조, 어떤 꿈이 아니겠습니까? 이것은 나의 손으로 만질 수 있는 현실로부터 생긴 꿈, 과거에는 환상으로밖에 생각하지 않았던 꿈입니다. 그리고 이 수많은 기적의 집합 속에는, 사색자를 위한 성찰의 재료가 얼마나 많이 숨어 있는 것일까요! 지금이라고 하는 시간 속에는 얼마나 큰 기쁨이 있고, 장래의 전망 속에는 얼마나 많은 빛나는 희망이 있는 것일까요! ……

세계의 양끝이 쌍방으로부터 걸어와서 서로 상대를 인정하고 있습니다. 서로 인정하면서 같은 하나의 신의 어린이들로서, 모든 인류가 서로 우정에 몸을 흔드는 기쁨을 느낍니다. 서양이여, 동양이여. 서로 다가서서 시선을 나누며 서로를 인정하고 만나세요, 그리고 포용하는 것이 좋습니다! ……

그러나 이 물질계의 배후에는 측정 가능한 어떤 공간보다도 더욱 광대한 지평이 퍼져 있음을, 사색자의 시선은 처음부터 끝까지 바라보고 있습니다. 이 무한히 넓은 지평에서, 가장 숭고한 운명, 그 최대의 영광으로 가득한 정복, 인류의 불멸의 신념, 그것들이 활동을 계속하고 있는 것입니다.……

(신이여) 당신의 신성한 숨소리가 이 운하의 수면을 스쳐 지나가는 것을, 서양으로부터 동양으로, 동양으로부터 서양으로 통하는 것을, 오오 신이여, 바라옵건대 인류를 서로 가깝게 하기 위하여 이 길을 사용하소서![86]

오로지 신만이 축복을 내릴 수가 있고, 신만이 이용할 수 있는 계획에, 전 세계 사람들이 경의를 표하기 위하여 모였다는 이야기이다. 그리고 과거의 차별과 압제는 모두 없어졌다고도 한다. 여기서 십자가는 초승달[41]을 압도했다. 곧 서양은 동양에 오게 되면 그대로 머물렀고 결코 떠나지 않았다(1956년 7월, 가말 아브델 나세르[42]가 드 레셉스의 이름을 거론하면서 운하의 이집트 접수를 추진하기까지 그것은 계속되었다).

수에즈 운하의 구상에는, 오리엔탈리즘적 사고의 논리적 귀결과, 더욱 흥미 깊은 것으로는 오리엔탈리스트 노력의 논리적 귀결이 같이 나타나 있다. 과거에 서양에서 아시아란 거리감과 소원감을 동시에 보여 주는 무언의 표상이었고, 이슬람이란 유럽 기독교세계에 대한 전투적

---

41) 초승달은 아랍을 상징한다.
42) Gamal Abdel Nasser(1918~1970)는 이집트의 군인으로서 쿠데타를 일으켜 독재자가 되었다.

이고 적대적인 상대였다. 이러한 무서운 불변의 상대를 타도하기 위해서는 먼저 동양을 알아야 하고, 이어 동양에 침입하여 그것을 소유하며, 그 뒤에 학자, 군인, 재판관의 손으로 재창조하여야 했다. 곧 그들은 잊혀진 언어, 역사, 민족, 문화를 발굴하여, 그것을 동시대의 동양을 판단하거나 지배하기 위하여 이용할 수 있는, 참으로 고전적인 동양으로 (동시대의 동양인 눈을 벗어나) 진열했다. 애매함은 없어졌고, 대신 온실에서 기른 실체가 대체되었다. 동양이라는 말은 여전히 기묘한 존재 그대로인 동양으로부터 근대 유럽이 최근에 와서 만들어 낸 것을 뜻하는 학술용어가 되었다. 드 레셉스와 그 운하로 인하여 동양의 거리감도, 서양으로부터 멀리 떨어져 **격리된** 내밀성도, 그 영원불멸의 이국적 정서도 차례로 없어졌다. 마치 육지의 장벽이 수로로 변할 수 있는 것과 같이, 동양도 또한 반항적 적대자로부터 협력적이고 순종하는 동맹자로 변했다. 드 레셉스 이후, 동양이 엄밀히 말하여 다른 세계에 속하는 것이라고 말하는 사람은 없게 되었다. 단지 '우리'의 세계, 서로 결합된 '하나의' 세계만이 있게 되었다. 수에즈 운하가, 몇 개의 다른 세계라고 하는 것이 있다고 생각한 최후의 시골사람의 신념까지 꺾어 버렸기 때문이었다. 그 후 '동양'이라는 개념은 행정적이거나 실무적인 개념이 되었고 인구통계학, 경제학, 사회학의 여러 요소에 종속되었다. 밸푸어와 같은 제국주의자들에게도, 또 J.A. 홉슨[43]과 같은 반제국주의자들에게도 동양인이란 아프리카인과 마찬가지로 종속 민족의 구성원이고, 반드시 특정한 지리적 영역의 주민일 필요는 없게 되었다. 드 레셉스는 동양을 서양 속에 (거의 문자 그대로) 녹여 없애 버렸고, 이어서 결국 이슬람의 위협을 불식시킴으로써 동양의 지리적인 정체성을

---

43) J.A. Hobson(1858~1940)은 영국의 경제학자로서 《제국주의론 *Imperalism*》을 썼다. 이 책은 해방 직후 번역되었다가 최근 다시 번역되었다.

없애 버렸다. 새로운 범주와 경험이 제국주의적인 것을 포함하여 출현했고, 이어서 오리엔탈리즘이 다소의 우여곡절을 겪은 뒤에 그것에 더욱 순응하게 되었다.

제4장
위기

어떤 사물이나 인간이 **텍스트 의존적인** 태도를 가지고 있다고 말하면 기이한 느낌을 받을지도 모른다. 그러나 문학연구자라면, 《캉디드》에서 볼테르가 공격의 대상으로 삼은 종류의 사고방식이나, 나아가 《돈키호테》에서 세르반테스가 풍자한 현실에 대한 태도를 상기함으로써 그 말을 훨씬 더 쉽게 이해하리라. 이러한 작가들에게 나무랄 데 없는 양식이라고 보이는 것은, 인간이란 서로 부닥치면서 앞을 예견할 수도 없이 불확실하고 선명하지 못한 혼란상태 속에서 살고 있으며, 그것을 책(텍스트)이 말하고 있는 것에 근거하여 이해할 수 있다고 생각하는 것은 엄청난 오류라는 점이고, 또 책에서 배운 것을 문자 그대로 현실에 적용시키고자 하는 것은 어리석은 파멸적 실패를 감수하게 한다는 점이다. 16세기의(또는 오늘날의) 스페인을 이해하기 위하여 《가울의 아마디스》[1]를

---

1) 《가울의 아마디스 Amadis of Gaul》은 스페인의 기사에 관한 이야기로 14세기 중엽까지 스페인에 전해진 원작자 불명의 설화를 올도니에스 드 몽탈포가 개작·증보했다

이용해서는 안 될 것이다. 이는 영국 하원을 이해하기 위하여 《성서》를 이용하지 않는 것과 같다. 그러나 현실적으로 과거에도 지금도 사람들은 너무나도 단순한 사고방식으로 텍스트를 이용하여 왔으며, 그런 만큼 《캉디드》나 《돈키호테》가 오늘날에도 우리의 독자를 끌고 있다. 인간적인 것과 직접 만나서 방향을 상실하는 것보다도, 도리어 텍스트의 도식적인 권위를 더 좋아한다는 것은 인간에게 보편적인 결점으로 생각된다. 그러나 과연 이러한 결점은 영원히 존재하는 것일까? 아니면 특히 텍스트 의존적인 태도가 지배적일 수 있는 특수한 조건이 존재하는 것일까?

텍스트 의존적인 태도를 낳기에 적합한 상황은 다음 두 가지이다. 하나는, 어떤 사람이 비교적 알려지지 않았고 위협적이며 과거에는 멀리 떨어져 있던 것과 매우 가깝게 만나는 경우이다. 이러한 경우, 우리가 먼저 의지하는 것은 이 새로운 경험과 유사한 이전의 경험이며, 또한 그것에 대해 과거에 읽었던 어떤 문장이다. 여행기나 안내서는 다른 어떤 책에 못지않은 저자나 이용자의 '자연스러운' 논리적 요청에 의해 생겨난 텍스트라고 말할 수 있다. 왜냐하면 인간은 지금까지 가 보지 못한 곳을 여행하여 마음의 평형을 위협하는 듯한 어떤 불확실한 것과 부딪쳤을 때, 먼저 그러한 텍스트에 의존하는 경향이 있기 때문이다. 대부분의 여행자는 처음 찾아가는 나라에서 경험한 것에 관하여, 자신이 기대한 것은 이런 것이 아니었다는 감상을 말하게 된다. 그것은 곧 책에 쓰인 내용과 자신의 경험이 달랐다고 하는 것이다. 물론 대부분의 여행기나 안내서를 쓴 저자들은, 이 나라는 **정말로 이렇다**든가, 또는 이 나라는 **정말로** 경치가 좋다거나, 비용이 많이 든다거나 재미있다고 말한다.

(1508). 그 뒤 16세기에 유럽 각지에 유포되었다.

어떤 경우에든 그 근본에 있는 것은, 인간과 장소 및 경험이 한 권의 책에 의해 언제나 묘사될 수 있다는 사고방식이며, 그 결과 책(텍스트)이 그 속에 묘사된 현실보다도 더욱 큰 권위를 얻어 더욱 널리 이용된다. 워털루 전투를 조사하고자 나선 파브리스 델 동고[2]의 코미디는, 그가 그 전투를 찾기에 실패했다는 점이 아니라, 도리어 그가 텍스트의 내용 그대로의 싸움을 계속 찾으려고 했다는 점에 있다.

텍스트 의존적인 태도를 낳기에 적합한 또 하나의 상황은 (그러한 텍스트로 인하여) 실제로 성공이 초래되는 경우이다. 가령 우리가 사자를 맹수라고 주장하는 책을 읽고, 그 후에 실제로 사나운 사자와 만났다고 하자(물론 나는 상황을 단순화하여 설명하고 있다). 그러면 우리는 다분히 같은 저자의 책을 더욱 많이 읽고자 하는 느낌을 갖게 되고, 나아가 그 책의 내용을 신용하게 되리라. 그러나 만약 그 사자에 관한 책이 그밖에 사나운 사자의 취급방법도 설명하고 그 설명이 실제로도 완벽할 정도로 참으로 도움이 되었다면, 저자는 절대적인 신용을 얻게 될 뿐만 아니라 다른 종류의 저술에도 손을 대게 될 것이다. 거기에는 상당히 복잡한 보강의 변증법이 작용한다. 이 변증법에 의해, 독자가 읽은 책이 독자의 현실 경험을 규정하게 되면, 이번에는 그 사실이 책의 저자에게 영향을 주어 독자의 경험에 의해 다시금 규정된 주제를 저자가 채택하도록 만든다. 그러므로 사나운 사자의 취급방법을 논의한 책의 출현이 계기가 되어, 사자의 사나움, 사나움의 원인 등을 주제로 하는 책이 계속 출판될 수도 있다. 이와 마찬가지로 텍스트의 초점이 사자 일반이 아니라 그 사나움이라는 주제에 더욱 모아짐에 따라, 사나운 사자를 취급하기 위하여 권장된 방법이, 실제로는 사자의 사나움을 **더욱더 강화하고**, 사자

---

2) Fabrice del Dongo는 스탕달의 소설 《빠름의 승원 La Chartreuse de Parme》(1839)에 나오는 주인공.

를 반드시 사나워야 하는 것으로 만들게 되리라. 왜냐하면 사나움은 실제 사자의 성질이며, 또 그것이 사자에 관하여 우리가 알고 있는 것의 본질이고, 또는 알 수 있는 **유일한** 지식이기 때문이다.

어떤 현실에 관한 지식을 포함하고자 의도한 텍스트, 그리고 내가 위에서 서술한 것과 유사한 상황에서 생긴 텍스트는 그렇게 쉽게 잊히지 않는다. 이는 전문적 저술이며, 학자나 연구기관 또는 정부가 그것에 권위를 부여할 수도 있다. 그 때문에 그 텍스트는 현실적 성공이 보증하는 이상의 큰 위신을 갖게 된다. 그리고 가장 중요한 것은, 이러한 텍스트가 단지 지식만이 아니라, 그 텍스트가 서술하고 있는 듯이 보이는 그 현실 자체도 **창조할** 수 있다는 점이다. 이러한 지식과 현실이란, 일종의 전통, 즉 미셸 푸코가 담론이라고 부른 것을 낳게 된다. 그리고 담론의 내부에서 생긴 텍스트의 내용을 결정하는 본질은, 특정 작가의 독창성이 아니라, 실은 그러한 담론의 실체적 존재나 그 무게이다. 이러한 종류의 텍스트는 플로베르가 '상투적 관념' 목록[3)]에 포함시킨 예비적 지식단위들로 조립된다.

이 모든 점에 비추어 나폴레옹과 드 레셉스를 고찰하여 보자. 그들의 동양에 관한 지식은 모두, 많든 적든 간에 오리엔탈리즘의 전통 속에서 쓰여져 오리엔탈리즘의 **상투적 관념**의 도서관에 있던 책들에서 유래했다. 그들에게 동양이란, 사나운 사자의 경우와 마찬가지로, 언젠가 부딪힐 수 있고 어느 정도까지는 통제해야 할 대상이었다. **왜냐하면** 바로 그 텍스트가 그러한 동양이라는 존재를 가능하게 했기 때문이다. 그러한 동양은 침묵하는 존재로서, 유럽인이 생각한 대로 여러 가지 사업을 실

---

3) 플로베르의 〈상투적 관념사전 Le Cictionnaire des Idées Reçues〉을 가리킨다. 그것은 플로베르의 사후에 출간된(1881) 소설 《부바르와 페퀴세 Bouvard et Péchuchet》의 아이로니컬한 부록이다.

현할 수 있는 장소였다. 그러나 그 사업은 원주민을 포섭하면서도 그들에게 직접 책임을 지는 것이 아니었다. 그리고 그러한 동양은 동양을 위해 꾸며진 여러 가지 사업, 조작된 이미지, 또는 스스로 서술해 온 것 그 자체에 대해서도 저항할 수 없는 존재였다. 나는 앞서 이 책 제1부의 첫 장에서, 서양인의 저술(및 그것에 부수된 여러 가지)과 동양의 침묵 사이에 있는 이러한 관계를, 서양의 강대한 문화적 힘, 곧 동양에 대한 권력 의지가 낳은 결과이자 그 징후라고 평했다. 그러나 이 힘에는 또 다른 측면이 있다. 그것은 오리엔탈리즘의 전통이 갖는 여러 가지 압력과, 동양에 대한 그 텍스트 의존적인 태도에 의존하여 존재하는 측면이다. 마치 사나운 사자에 관한 책이 사자가 말대꾸를 할 수 있지 않는 한 언제까지나 생명력을 상실하지 않는 것과 마찬가지로, 이 측면도 또한 언제까지나 그 자신의 생명력을 갖는다. 나폴레옹과 드 레셉스―동양에 관한 사업을 입안한 많은 사람들 중 두 사람만을 들어 본다면―가, 그 깊이를 알 수 없는 동양의 침묵 속에서도 자유롭게 활동할 수 있었던 이유는, 동양이 그들에 대하여 아무것도 할 수 없었던 무력상태 이상으로, 오리엔탈리즘의 담론이 그들의 행동에 의미, 명석함, 현실성을 충족시켜 주었기 때문이었다. 그러나 그 점을 지적한 견해는 지금까지 거의 볼 수가 없었다. 오리엔탈리즘의 담론 그리고 그 담론을 가능하게 한 것―나폴레옹의 경우에는 동양보다도 훨씬 강대한 군사력을 갖춘 서양―이 두 사람에게 부여한 것은, 《이집트지》와 같은 작품 속에 묘사되는 동양인과, 드 레셉스가 수에즈 운하를 개통한 것과 같은 방식으로 끊어 버릴 수 있는 동양이었다. 나아가 오리엔탈리즘은 이 두 사람을 성공으로 이끌었다. 적어도 동양인의 입장과는 전혀 무관한 그들의 입장에서 본다면 그것은 성공이었다. 요컨대 그 성공에 이르기까지 동양인과 서양인 사이에는, "나는 그렇게 생각했단 말이야"라고 제멋대로 말하는 《배심

재판》⁴⁾에 나오는 서양 재판관이 있었을 뿐, 참으로 인간적인 주고받음은 전혀 없었다.

오리엔탈리즘이란 것을 서양이 동양 위에 던진 일종의 투영도이고, 동양을 지배하고자 하는 서양의 의지 표명이라는 점을 다시 고려한다면, 우리는 그다지 놀라지 않게 된다. 왜냐하면 만일 미슐레, 랑케⁵⁾, 토크빌⁶⁾, 부르크하르트⁷⁾와 같은 역사가들이, 스스로의 서술에 어떤 '특수한 종류의 이야기'⁸⁷라는 **줄거리를 부여했음**이 사실이라면, 오리엔탈리스트가 수백 년에 걸쳐 동양의 역사와 성격 및 운명에 줄거리를 부여했음도 사실이기 때문이다. 19세기와 20세기를 통하여 오리엔탈리스트는 숫자로 보아도 더욱 중요하게 되었다. 왜냐하면 이미 그 당시까지 상상의 지리학과 현실의 지리학 쌍방에 대해, 그것들이 적용되어야 할 (미지의) 영역이 축소되었기 때문이며, 또 동양과 유럽 사이의 관계는 시장, 자원, 식민지를 추구하는 유럽의 한없는 확장에 의해 결정되었기 때문이고, 마지막으로 오리엔탈리즘이 학술적인 담론으로부터 하나의 제국적 제도로 스스로 완전히 변모되었기 때문이다. 이 변모의 증거는 내가 나폴레옹, 드 레셉스, 밸푸어, 크로머에 관하여 서술한 내용에 이미 명

---

4) 《배심재판 Trial by Jury》은 영국의 극작가인 W.S. 길버트 Gilbert(1836~1911)와 작곡가인 아서 설리반 Arthur Sullivan(1842~1900)에 의해 1875년에 초연된 희가극. 안젤리나라는 아름다운 여성이 법정에서 약혼자의 약혼불이행을 제소하는데 재판관 자신이 그녀에게 매혹되어 마침내 그녀와 결혼한다는 내용이다. 그런데 본문에 나오는 말은 이 희가극에 나오는 것이 아니라(다시 말해 사이드의 인용은 잘못된 것이다) 같은 극작가와 작곡가가 쓴 오페라 《아이오란데 Iolanthe》 제1막에서 대법관 로드 친첼러가 부르는 노래의 일절이다.
5) Leopold von Ranke(1795~1886)는 독일의 역사가로서 독일국가주의에 충실했다. 그가 왕을 위해 쓴 보수적인 역사서가 우리말로 소개되어 있다.
6) Alexis de Toqueville(1805~1859)은 프랑스의 정치학자, 역사가, 정치가로서 그가 쓴 《미국의 민주주의 American Democracy》는 우리말로 소개되어 있다.
7) Jakob Burkhardt(1818~1897)는 스위스의 역사가로 《이탈리아 르네상스 문화 Die Kultur der Renaissance in Italien》(1860)가 유명하다.

백하게 제시되었다. 동양에서 이룬 그들 사업을, 비전과 천재성을 겸비한 인간의 노력, 곧 칼라일이 말한 영웅의 노력으로 이해할 수 있는 것은, 그 가장 초보적인 단계에 관해서뿐이다. 가령 데르브로와 단테의 여러 도식을 상기해 보고, 그것들에 근대적이고 효율적인 엔진(예컨대 19세기 유럽 제국과 같은)을 장치하여 확실히 회전시켜 본다면, 나폴레옹도, 드 레셉스도, 크로머도, 밸푸어도 확실히 그것보다는 훨씬 **더 정규적이며** 이상한 점이 적다. (데르브로도 단테도 필경 인식했듯이) 동양을 존재론적으로 말살할 수는 없으므로 동양을 보충하고, 처리하고, 서술하고, 개량하고, 근본적으로 변화시키기 위한 수단은 반드시 어딘가에 존재한다는 것이다.

지금까지 얘기한 것을 요약하자면, 동양을 단순히 텍스트 의존적으로만 이해하고 정식화하며 정의하는 것으로부터, 동양에서 그 모든 것을 실천하는 전환이 이행되었고, 이러한 **터무니없는** 전환—문자 그대로의 의미에서 이 말을 사용한다면—에 오리엔탈리즘은 크게 관여했다는 것이다. 오리엔탈리즘의 엄밀히 학술적인 저술에 관한 한(엄밀히 학술적인 저술이 이해하기 어려운 무미건조하고 추상적인 저술이라고 하는 사고방식에 나는 찬성하지 않으나, 그래도 여전히 우리는 그것을 지적으로 인정할 수 있다) 오리엔탈리즘은 매우 많은 것을 이룩했다. 19세기라고 하는 오리엔탈리즘의 위대한 시대에 오리엔탈리즘은 여러 학자들을 낳았다. 또 서양에서 가르치는 동양 언어의 수는 증대되었고, 더욱 많은 사본이 편집, 번역, 주석되었다. 많은 경우 오리엔탈리즘은 동양에 대하여 산스크리트 문법이라든가, 페니키아의 고대 화폐학, 아라비아어의 시와 같은 문제에 공감하고 순수한 흥미를 지닌 유럽인 연구자를 낳았다. 그러나 오리엔탈리즘은 동양을 유린했다(여기서 우리는 참으로 이것을 분명히 확인하여야 한다). 동양에 관한 하나의 사고체계로서 그것은, 언제나 특수한 인간적 세부로부터 출발하여, 초인간적인 일반화로 상승했다. 가령 10세기 아라비아어의 시에 관한 고찰이 스스로 증식되어, 이집트나 이라크 또는 아라비아의 동양적 심성에 대응하기 위한 (그리고 그것을 이용한) 정책으로 변질되었다. 마찬가지로 《코란》의 어느 구절이, 이슬람교도의 고질적인 관능성을 증명하는 최고의 증거로 인정되기도 했다. 오리엔탈리즘이 전제로 삼은 것은, 서양과는 완전히 상이하고(상이한 이유는 시대에 따라 변했다) 언제나 변함없는 동양이었다. 나아가 18세기 이후의 존재형태에서 오리엔탈리즘은 결코 자기를 수정할 수 없었다. 이 모든 것들이 동양의 관찰자이자 통치자인 크로머와 밸푸어의 출현을 불가피하게 만들었다.

정치와 오리엔탈리즘 사이의 긴밀한 관계, 또는 더욱 신중하게 말한다면, 오리엔탈리즘에서 비롯된 동양의 여러 관념이 정치적으로 이용될 수 있는 엄청난 개연성은 매우 중요하면서도 매우 미묘한 진리이다. 그것은 학문적으로 제3자의 입장을 취해야 한다든가 또는 압력 단체의 운동에 가담해야 한다든가 하는 연구자의 성향 문제, 곧 손을 더럽혀야 하느냐 마느냐의 문제를 제기한다. 이는 흑인연구나 여성학과 같은 분야에서 생기는 문제와 마찬가지이다. 이것은 문화적·인종적·역사적 일반화, 그 효용과 가치, 객관성의 정도 그리고 근본적인 의도에 관하여 양심의 가책을 불러일으키지 않을 수 없다. 다른 무엇보다도, 서양 오리엔탈리즘의 번영을 가능하게 한 정치적·문화적 환경은, 연구 대상으로 설정된 동양과 동양인의 열등한 지위에 관심을 불러일으킨다. 안와르 아브델 말레크[8]가 완벽하게 성격을 부여했듯이 동양화된 동양을 낳은 것으로서 정치상의 주인과 노예 관계 외에 달리 무엇이 있을 수 있겠는가?

---

8) Anwar Abdel Malek(1924~)는 이집트의 사회학자.

a) 〔오리엔탈리즘은〕 **문제의 위치**나 문제설정이라는 측면에서…… 동양과 동양인을 '타자성'—'주체'이든 '객체'이든 간에 완전히 상이한 것으로서의 타자성—을 구성요소로 하는, 곧 본질주의적 성격의 타자성을 각인시킨 연구 '객체'로 인정한다. …… 이 연구의 '객체'는 보통 수동적이고 비참여적이며, '역사적' 종속성이라는 성격을 부여받고, 특히 자기와의 관계에서 비능동적·비자율적·비주권적이다. 궁극적으로 허용될 수 있는 유일한 동양이나 동양인, 또는 '주체'란 철학적으로 말하면 소외된 존재, 곧 자신과 관련되어 자신이 아니고, 타인에 의해 제기되고 이해되고 정의되고 기능하는 존재이다.

b) **주제**라는 측면에서 〔오리엔탈리스트가〕 연구 대상인 동양의 여러 국가와 민족 그리고 인민에 대하여 채택하는 것은 본질론적인 개념, 곧 인종주의 색채가 농후한 유형학을 통하여 표현된 개념이고…… 곧 그것은 인종차별주의로 나아가리라.

전통적인 오리엔탈리스트에 의하면, 하나의 본질이라고 하는 것이 반드시 존재한다. 가끔 그것은 형이상학적인 용어로 명확하게 논술되는 경우도 있다. 그 본질이 고찰되는 모든 존재의 빼앗을 수 없는 공통의 기반을 구성한다. 이 본질은 '역사적'임과 동시에 본질적으로 비역사적이다. 왜냐하면 '역사적'이라고 하는 것은 그 본질이 역사의 여명기에까지 거슬러 올라가는 존재이기 때문이고, 비역사적이라고 하는 것은 그 본질이 연구의 '객체'인 존재를, 그 존재가 가지고 있으며 빼앗을 수도 없고 진화하지도 않는 특수성의 내부에 고정되기 때문이다. 그러한 존재는 국가, 민족, 인민, 문화처럼 다른 모든 사물의 경우와는 달리, 역사적 진화의 영역에서 작용하는 여러 가지 힘이 매개된 결과 생겨난 것으로 정의되지 않는다.

그리하여 우리는 마지막에 유형학이라고 하는 것으로 나아가게 된다. 그 유형은 현실의 특수성에 근거하지만, 역사로부터는 분리되며 따라서 손으로 만질 수 없는 본질적인 것으로 인식된다. 이 유형학은 연구 대상의 '객체'로 부터 연구 주체가 초월적인 별종의 존재를 만들어 낸다. 그리하여 중국인, 아라비아인(물론 기타 이집트인 등등이 얼마든지 있을 수 있다), 아프리카인[9] 과 같은 유형을 만들게 되고, 이들에 대하여 '정상인'이라고 이해되는 인간 이란 역사시대 곧 고대 그리스 이래 유럽의 인간을 말하게 된다. 마르크스와 엥겔스가 폭로한, 18세기에서 20세기까지 소수 소유자에 의한 패권주의[10] 와, 프로이트가 분해한 인간중심주의가, 인문사회과학의 영역에서, 특히 비유럽인과 직접 관계를 갖는 영역에서, 유럽중심주의와 얼마나 깊이 연결되어 왔는가를 우리는 알 수 있다.[88]

아브델 말레크는 오리엔탈리즘을 하나의 역사를 갖는 것으로 보고 있다. 그리고 20세기 후반을 산 '동양인'인 그의 생각에 따르면, 이 역사야말로 오리엔탈리즘을 위에서 말한 막다른 골목으로 몰아간 장본인이었다. 이제 우리는 19세기를 통하여 압력과 권력, '소수 소유자에 의한 패권주의' 그리고 유럽중심주의와 결부된 인간중심주의를 계속 축적시켜 온 이 역사의 개요를 간단히 살펴보도록 하자. 18세기의 70~80년대 이후 적어도 1세기 반 동안, 영국과 프랑스는 학문 분야로서 오리엔탈리즘를 지배했다. 존스, 프란츠 보프, 야콥 그림[11] 등에 의한 비교문법학 분야의 위대한 문헌학적인 발견도, 기본적으로는 동양으로부터 파리와 런던에 옮겨 온 사본 때문에 가능했다. 오리엔탈리스트는

---

9) 국적에 따라 인간을 단순히 구별하는 것이 아니라. 어떤 특수성을 갖는 인간유형으로서 구별하는 것이다. 예컨대 중국적 인간상은 이렇다 저렇다 하는 경우이다. 그러한 유치한 유형화의 대표적인 것이 임어당의 《생활의 발견》 속에 나오는 인종구별이다.
10) 패권주의, 즉 헤게모니즘 *hegemonism*이란 안토니오 그람시가 사용한 개념으로서, 소수가 다수를 문화적으로 또는 이데올로기적으로 지배하고, 그것이 소수와 다수 모두에 의해 '자연스러운' 것으로 수용되는 것을 말한다.
11) Jacob Grimm(1785~1863)은 독일의 언어학자.

거의 예외 없이 먼저 문헌학자로 출발했고 보프, 사시, 뷰르노프[12]와 그 제자들을 낳은 문헌학상의 혁명이란, 모든 언어가 인도-유럽어와 셈어라는 두 개 언어족에 속한다는 가설에 근거한 비교연구였다. 따라서 오리엔탈리즘은 처음부터 두 가지 특징을 발전시켜 왔다. 곧 (1) 유럽에 대한 동양의 언어학적인 중요성을 인식하면서 새로운 과학적 자의식을 형성하는 것, (2) 동양은 언제나 동일하고 불변이고 획일적이며 근본적으로 특수한 객체라는 견해에 결코 변경을 가하려고 하지 않으면서, 그 주제를 구분하고 다시 구분하고 또다시 구분하고자 하는 경향을 나타낸다는 것이다.

파리에서 산스크리트를 습득한 프리드리히 슐레겔은 위 두 가지 특징을 함께 보여 준다. 그는 1808년 《인도인의 언어와 지혜에 관하여》를 출판했을 때 이미 동양연구를 사실상 포기했으나, 산스크리트어와 페르시아어, 그리스어와 독일어 사이의 친근성은, 그것들과 셈어, 중국어, 아메리카나 아프리카의 여러 언어 사이의 친근성보다도 더욱 긴밀하다고 여전히 생각했다. 나아가 인도유럽어족은 예술적으로 간소하고 충분한 것이나, 셈어는 그렇지 않다고 생각했다. 이러한 추상관념에 대해 슐레겔은 어려움을 전혀 느끼지 않았다. 그에게 민족, 인종, 정신, 인민이라는 개념은 정열적으로 말할 수 있는 것으로서―헤르더가 처음으로 그 윤곽을 제시한 인민주의가 급속히 좁아져 가는 시야 속에서―평생에 걸쳐 계속 매력을 발산시켰다. 그럼에도 슐레겔은 현존하는 동시대의 동양에 관해서는 어디에서도 전혀 말하지 않았다. 1800년에 그가 "동양에서야말로 우리는 최고의 낭만주의를 탐구하여야 한다"고 말했을 때, 그가 의미한 동양이란 《샤쿤탈라》[13], 《젠드-아베스타》[14], 《우파니샤드》[15]

---

12) Eugène Burnouf(1801~1852)는 프랑스의 동양학자.
13) *Sakuntala*는 인도의 카리다사(굽타 왕조, 5세기경)가 쓴 산스크리트 희곡의 대표작.

의 동양이었다. 교착적膠着的이고 심미적이지 못하며 기계적인 언어를 가진 셈족은, 이질적이고 열등하며 후진적인 사람들이라는 것이었다. 또한 언어, 생활, 역사, 문학에 관한 슐레겔의 설명은 이와 같이 완전히 무조건적으로 사용된 차별적 언사로 가득하다. 그에 의하면 히브리어는 예언자의 발언과 점占을 위하여 만들어진 언어로, 이슬람교도는 "생명이 없는 공허한 유신론, 단순하고 소극적인 일신론"을 신봉한다는 것이었다.[89]

셈족과 기타 '열등한' 동양인에 대한 슐레겔의 혹평에 나타나는 인종차별주의 사상의 대부분은, 이미 유럽문화 속에 광범위하게 퍼져 있던 것이었다. 그러나 그 후의 19세기에 와서 다윈주의 인류학자와 골상학자를 예외로 한다면, 비교언어학이나 비교문헌학에서만큼 인종차별주의를 학문적인 주제의 기초로 삼은 분야도 없었다. 언어와 인종은 철저히 연결된 것으로 생각되었고, '좋은' 동양이라고 한다면, 그것은 반드시 먼 옛날의 인도 어딘가에 있었던 고전기의 것이었으며, '나쁜' 동양이라고 한다면 오늘의 아시아, 북아프리카 일부, 이슬람세계의 모든 곳이었다. '아리아인'의 존재는 유럽과 고대 동양에만 한정되었다. 레온 폴리아코프[16]가 밝힌 바와 같이(그러나 그가 유대인뿐만 아니라 이슬람교도도 마찬가지로 '셈족'이라고 말한 적은 한 번도 없었으나),[90] 아리아인에 관한 신화는 '더욱 열등한' 민족을 희생하면서 역사인류학과 문화인류학을 지배한 것이었다.

19세기 이후의 유명한 오리엔탈리스트들을 생각나는 대로 열거해 보

---

14) *Zend-Avesta*는 조로아스터교의 경전. 젠드는 경전인 아베스타의 주해서로서 그 전체 이름은 유럽인의 오해에서 비롯된 것이다.
15) *Upanishad*는 고대 인도의 바라문 철학서.
16) Léon Poliakov(1910~)는 러시아 태생의 프랑스문학자.

아도, 고비노, 르낭, 훔볼트[17], 슈타인탈, 뷰르노프, 르뮤자[18], 팔머[19], 바일[20], 도지[21], 뮤어[22]는 틀림없이 오리엔탈리즘의 공식 지적 계보 속에 포함되리라. 이 계보에는 나아가 학술단체가 갖는 보급 기능도 포함된다. 곧 1822년에 창립된 아시아협회(프랑스), 1823년에 창립된 왕립아시아협회(영국), 1842년에 창립된 미국동양협회 등이다. 그러나 그것만으로는 역시 오리엔탈리스트가 설정한 동양 내부의 여러 가지 지리적·시간적·인종적 구분을 더욱 강화한 공상문학과 기행문학의 위대한 공헌을 간과할 수 있다. 그러한 간과는 타당한 것이 아니다. 왜냐하면 이슬람 동양에 관해서는 이러한 종류의 문학이 특히 풍부했고, 오리엔탈리즘 담론의 구축에 중요하게 공헌했기 때문이다. 그중에는 괴테, 위고, 라마르틴, 샤토브리앙, 킹레이크[23], 네르발, 플로베르, 레인, 버튼, 스콧, 바이런, 비니[24], 디즈레일리, 엘리엇, 고티에[25]의 작품들이 포함된다. 그 뒤의 19세기 후반부터 20세기 초엽에는 다우티[26], 바레스[27], 로티[28], T.E. 로렌스[29], 포스터[30]의 작품들도 그 속에 포함시킬 수

---

17) Karl Wilhelm von Humboldt(1767~1835)는 독일의 언어학자로서 외국인에게 주는 장학금을 그의 이름을 따서 지었을 정도로 독일이 세계적이라고 자랑하는 학자이다. 그는 또한 독일대학의 기본 이념을 정립한 사람이기도 했다.
18) Jean-Pierre Abel Rémusat(1788~1831)는 프랑스의 중국학자.
19) Edward Henry Palmer(1840~1882)는 영국의 동양학자.
20) Gustav Weil(1808~1888)은 독일의 동양학자.
21) Reinhart Dozy(1820~1883)는 네덜란드의 동양학자.
22) Sir William Muir(1819~1905)는 영국의 동양학자.
23) Alexander William Kinglake(1809~1891)는 영국의 저술가.
24) Alfred-Victor de Vigny(1797~1863)는 프랑스의 시인, 소설가, 극작가.
25) Théophile Gautier(1811~1872)는 프랑스의 시인, 소설가, 비평가.
26) Charles Montagu Doughty(1843~1926)는 영국의 시인, 여행가.
27) Maurice Barrès(1862~1923)는 프랑스의 소설가, 정치가.
28) Pierre Loti(1850~1923)는 프랑스의 소설가, 정치가.
29) T.E. Lawrence(1888~1935)는 영화 〈아라비아의 로렌스 *Lawrence of Arabia*〉로 알려진 영국의 군인. 뒤에서 다시 상세히 연구된다.

있으리라. 이러한 작가들은 모두 디즈레일리가 말한 "아시아의 위대한 신비"를 더욱 극명하게 부각시켰다. 이러한 기도는 메소포타미아, 이집트, 시리아, 터키에서 사멸한 동양문명의 (유럽인 고고학자에 의한) 발굴만이 아니라, 동양의 모든 곳에서 실시된 대규모의 지리학적 조사로부터도 상당히 큰 지원을 받았다.

19세기 말까지 이러한 사업의 달성을 촉진시킨 실질적인 보증은, 유럽이 중동 전체(1918년 이후 유럽에 병합되는 오토만제국령은 제외하더라도)를 지배한 것이었다. 중요한 식민지주의 세력은 이 경우에도 영국과 프랑스였다. 그러나 러시아와 독일도 다소의 역할을 수행했다.[91] 식민화란 먼저 이해관계를 확인하는 것—실은 날조하는 것—을 뜻했다. 이러한 이해관계에는 상업, 교통과 통신, 종교, 군사, 문화가 포함되었다. 예컨대 이슬람과 이슬람 여러 지역에 관하여 말하면, 영국은 그곳에서 기독교의 강대국으로서 옹호해야 할 정당한 이해관계를 갖는다고 느꼈고, 이러한 이해관계를 보전하기 위한 복잡한 장치가 발달했다. 곧 기독교지식보급협회(1698), 해외복음전도협회(1701)와 같은 초기 조직에 밥티스트선교협회(1792), 영국성공회선교협회(1789), 영국내외성서협회(1804), 유대인에 대한 기독교 보급을 위한 런던협회(1808)가 이어져 초기 조직을 지원했다. 이러한 선교 단체들은 "유럽의 확장과 공공연히 결합되었다."[92] 여기에는 또한 여러 무역회사, 학술단체, 지리탐험 기금, 번역 기금, 동양에 설치되는 학교, 선교 단체, 영사관, 공장 그리고 때로는 대규모의 유럽인사회가 더해져서, '이해관계'라는 개념이 더욱 폭넓은 의미를 획득하게 되었다. 일단 그렇게 된 뒤에 이해관계는 엄청난 열의와 비용에 의해 수호되었다.

---

30) E.M. Forster(1879~1970)는 영국의 소설가로서《인도로 가는 길 *Passage to india*》등을 썼다. 그 영화나 소설은 인도의 현실과는 무관한 동양 신비화의 극치라고 할 수 있다.

위에서 내가 살펴본 역사의 개요는 거창한 것이다. 그렇다면 오리엔탈리즘의 학문적 발전과 오리엔탈리즘이 촉진한 정치적 정복의 양면에 부수된 전형적인 경험과 감정이란 어떤 것이었을까? 첫째 근대 동양이 텍스트와는 전혀 유사하지 않은 것에서 비롯된 실망이 있다. 다음의 인용은 1843년 8월 말에, 네르발이 테오필 고티에에게 써 보낸 편지의 일부이다.

> 나는 이미 왕국으로부터 왕국으로, 지방에서 지방으로 아름다운 세계의 반 이상을 상실했다. 그리고 곧 자신의 꿈을 어디에 피난시켜야 좋을지 모르겠다. 그러나 이집트를 나의 상상의 세계로부터 추방하고 그것을 나의 기억에 슬프게 간직하는 것이야말로 가장 가슴 아픈 일이다."93

이것이 위대한 《동양여행》의 저자가 쓴 글이다. 네르발의 이 한탄은, 낭만주의의 공통 주제(알베르 베갱[31])이 《낭만적인 영혼과 꿈》에서 묘사한 배반된 꿈)이고, 샤토브리앙에서 마크 트웨인[32]에 이르는, 성서적 차원의 동양을 여행한 사람들에게 공통된 주제이다. 세속적 동양을 직접 체험한다는 것은, 괴테의 '마호메트의 노래'나 위고의 '안녕, 아랍의 여인'에 나타난 동양의 가치고정화에 대해 아이로니컬하게 주석을 더하는 것에 불과했다. 근대 동양을 상기하는 것이, 상상의 세계와 모순을 초래했고, 그 결과 사람들은 유럽적 감수성으로 본 현실의 동양보다도 오히려 나은 장소인 상상의 세계로 끝없이 되돌아 갔다. 네르발은 고티에에게 이렇게 말한 적이 있다. "동양을 본 적이 없는 사람에게는 상상 속의

---

31) Albert Béguin(1901~1957)은 스위스의 비평가이자 저널리스트.
32) Mark Twain(1835~1910)은 미국의 소설가로서 소년들을 주인공으로 한 그의 몇 작품은 우리말로 소개되었다.

연꽃이 여전히 연꽃이지만, 동양을 본 그에게는 그것이 양파의 한 종류에 불과하다"고 말이다. 근대의 동양에 관하여 무엇을 쓴다는 것은, 텍스트로부터 선택된 여러 이미지의 신비성을 충격적으로 폭로하는 것이거나, 아니면 위고가 《동방시집》의 최초의 서문 속에서 말한 동양, 곧 '일종의 일반적인 고정관념'의 상징인 '이미지'나 '상념'으로서의 동양에 한정되는 것 중의 어느 하나이다.[94]

개인적인 환멸과 일반적인 고정관념에 의해 최초로 오리엔탈리즘적인 감수성의 지도를 선명하게 그리게 되면, 그것들은 사고나 감정 또는 지각의 어떤 다른 가장 친숙한 습성에 길을 양보하게 된다. 사람들은 머릿속에서 동양에 관한 일반적인 인식을 개개의 특수한 경험으로부터 분리하도록 배운다. 여기서 소위 각각이 별도의 길을 혼자서 걷게 된다. 가령 스콧의 소설 《부적》(1825)[33]에서는, 팔레스티나 사막의 어느 곳에서 ('몸을 움츠리는 표범'의 한 사람인) 케네스 경이 어떤 사라센 사람과 싸워서 무승부가 되었다. 싸움이 끝난 뒤에, 이 십자군 기사와 변장한 살라딘인 그 적수는 대화를 나누게 되고, 기독교도는 상대인 이슬람교도가 그렇게 나쁜 사람이 아니라는 것을 알게 된다. 그럼에도 그는 다음과 같이 말한다.

나는 충분히 생각했다. …… 당신들 눈먼 인종의 가계는 사악한 악마였음에 틀림없다고. 악마의 도움이 없이는 이 축복의 땅 팔레스티나를 그렇게 다수의 용감한 신의 병사들로부터 지킬 수가 없었을 것이야. 사라센이여! 나는

---

33) 《부적 The Talisman》은 리처드 1세가 거느린 제3회 십자군의 성지원정을 다룬 소설. 주인공인 케네스경은 표범의 기사로 불리는 가난하지만 용감한 스코틀랜드의 기사이다. 그 후 그가 호위하던 영국의 기가 찢겨지고 작위를 박탈당하나, 살라딘의 도움을 얻어 리처드 1세를 암살의 위기에서 구출하고 다시 작위를 부여받는다. 제목인 《부적》은 살라딘이 케네스에게 부여한 영험이 뛰어난 부적에서 딴 것이다.

특히 당신을 가리켜 얘기하는 것이 아니야. 그 민족과 종교를 일반적으로 말하는 것이다. 그러나 내게 이상하게 생각되는 것은, 당신이 악마의 자손이어야 했다는 것이 아니라, 왜 악마의 자손임을 자랑하고 있느냐 하는 것이야."95)

왜냐하면 실제로 이 사라센인은 (소설에서) 이슬람교도의 루시퍼[34]인 에블리스[35]까지 거슬러 올라가는 자신의 계보를 자랑하고 있기 때문이다. 그러나 참으로 기묘한 것은, 스콧이 '중세적' 배경을 설정하고 19세기 유럽인이라면 결코 하지 않을 방식으로(아니 실제로는 할 수 있는), 기독교도가 이슬람교도를 신학적으로 공격하는 허약한 역사주의가 아니라, 도리어 하나의 민족 전체를 '일반적으로' 비난하면서 "나는 특히 당신을 가리켜 얘기하는 것이 아니야"라는 냉정한 말로 상대에 대한 모욕을 경감시키려고 하는, 은혜라도 베푸는 듯한 경박한 태도이다.

그러나 스콧은 결코 이슬람에 관한 전문가가 아니었으며 (그럼에도 전문가인 H.A.R. 기브는 이슬람과 살라딘에 대한 통찰력을 이유로《부적》을 칭찬하고 있으나"96)), 에블리스의 역할에 지극히 자유로운 재량을 부가하여 그를 신도들의 영웅으로 만들었다. 필경 스콧의 지식은 바이런과 벡퍼드에서 유래한 것이리라. 그러나 여기서는 동양적 사물의 일반적인 성격이 된 것이, 분명히 예외적인 인물이 갖는 수사학적이고 존재론적인 힘에 어느 정도 강력하게 저항할 수 있었는가에 주목하는 것으로 충분하다. 그것은 마치 한편에는, 동양에 대한 서양의 권위주의적·몰개성

---

34) *Muslim Lucifer*는 신에게 반역하여 하늘에서 추락한 대천사, 곧 사탄을 말한다.
35) *Eblis*는 샤이턴, 사탄 곧 악마라고도 불린다.《코란》제15장 등의 여러 곳에서 신이 아담을 창조하고 천사들에게 경배를 명령했으나 거부했으므로 신의 저주와 분노를 샀다고 기록되어 있다. 그들은 신으로부터 심판의 날까지 유예를 받아서, 그동안 지상의 인간을 유혹했다고 한다.

적·전통적인 태도 전부를 아무런 생각 없이 내버릴 수 있는 '동양'이라고 하는 이름의 거대한 저장고가 존재하고, 이와 달리 다른 한편에는, 그럼에도 사람들이 얘기할 때, 사건이나 일화적 전통에 따라 그 어느 것에도 도움이 되는 저장고와는 거의 관계없이, 동양의 또는 동양과 관련된 경험에 관하여 말할 수 있다고 하는 것과 같다. 그러나 스콧의 산문구조 그 자체는, 그것보다 더욱 긴밀한 양자의 관련성을 보여 준다. 왜냐하면 일반적인 범주가 특수한 사례에 대해서는 한정된 영역을 미리 지정하고, 그 속에서만 활동을 허용하기 때문이다. 특수한 사례가 어느 정도로 뿌리 깊은 것이든지 간에, 또 어떤 한 사람의 동양인이 주위에 펼쳐진 울타리를 넘어 그곳에서 어느 정도 멀리까지 도망갈 수 있었다고 하여도, 그는 무엇보다도 **먼저** 동양인이고, 그 **다음**에 한 사람의 인간이지만 결국 **마지막**에는 다시 동양인으로 돌아온다.

'동양'이라는 하나의 일반적인 범주에는 지극히 흥미 깊은 변화가 생길 수 있다. 디즈레일리의 동양에 대한 열중은 1831년의 동양 여행 기간에 처음으로 나타났다. 그는 카이로에서 "우리 자신의 모습과는 거의 조화될 수 없는 저 위대함과 만나서 나의 눈과 마음은 아직도 고통스럽다"[97]고 썼다. 일반적인 위대함과 정열은 사물에 대한 초월적인 지각을 불러일으키고, 구체적인 현실에 대해서도 인내하기 어렵게 만든다. 그의 소설 《탕크레드》는 인종과 지리에 관한 케케묵은 이야기로 가득하다. 등장인물인 시드니어는 다음과 같이 말한다. "모든 것은 인종 문제이다. 따라서 구원이라는 것이 있다면 그것은 동양과 그 종족 속에서만 찾을 수 있다"고. 이 소설에서는 그 적절한 보기로 드루즈파, 기독교도, 이슬람교도, 유대교도가 쉽게 친하게 지낸다. 왜냐하면—이라고 누군가는 신랄하게 비꼰다—아랍인이 말을 탄 유대인에 불과하듯이 그 뿌리는 모두 동양인이기 때문이다. 일반적인 범주 사이에는 조화가 있을 수 있어도, 범주와 거기에 포함된 요소 사이에는 조화가 있을 수 없다. 동양인은 동양인이기 때문에 동양에서 살아간다. 그들은 동양적인 전제와 동양적인 관능 하에서 동양적 숙명론에 물들어 동양적 편의의 인생을 살아간다. 마르크스, 디즈레일리, 버튼, 네르발과 같이 서로 이질적인 저술가들은, 이러한 일반론을 사용하는 것에 아무런 의문을 갖지도 않았고, 나아가 지적으로 그것을 구사하면서 오랫동안 논의할 수 있었다.

(정신분열증적이라고까지는 말할 수 없어도) 환멸과 일반화된 동양관과 함께 언제나 또 하나의 특이성이 존재한다. 왜냐하면 그것은 일반화된 객체로 변화되었기 때문에, 또한 동양의 전체가 기괴함의 특수형태를 보여 주는 보기로써 사용될 가능성이 있기 때문이다. 개개의 동양인은 그의 이상함에 의해 일반적인 범주를 흔들거나 교란시킬 수 없음에도, 일반적인 범주는 그들의 이상함에 의미를 부여하고, 나아가 그의 이상함은 그것 자체로 그 이상함 때문에 향락의 대상이 될 수 있다. 예컨대 플로베르는 그러한 동양의 광경을 다음과 같이 묘사하고 있다.

어느 날 모하메드 알리의 광대가 군중을 즐겁게 하기 위해, 어느 여인을 카이로 시장에서 사서 상점 진열대에 앉히고 관중들 앞에서 그녀와 성교를 했다. 그 사이 상점 주인은 유유히 그의 파이프를 피웠다.

조금 전에는 카이로로부터 슈브라로 가는 길에서 어떤 젊은이가 사람들 눈앞에서 거대한 원숭이와 성교를 했다. 앞의 경우와 마찬가지로 명성을 얻고 사람들을 웃기기 위해서였다.

더 조금 전에는 어느 이슬람 성자가 죽었다. 그는 백치였으나 오랫동안 신에게 선택된 성인으로 통했다. 모든 무슬림의 여인들이 그를 찾아와서 그와 성교를 했다. 마침내 그는 지쳐서 죽었다. 아침부터 밤까지 끝없이 성교를 했기 때문이었다.

다음과 같은 얘기는 또 **어떤가**. 얼마 전에 어떤 **고행승**이 카이로 거리를, 머리와 음경에 모자를 썼을 뿐 완전한 나체로 걸어다니곤 했다. 소변을 보기 위하여 그가 모자를 벗으면, 아기를 갖고자 하는 불임 여인들이 달려와서, 그의 오줌이 그리는 포물선 밑에서 몸을 씻었다."98

플로베르는 이것이 특별한 종류의 터무니없는 이야기임을 솔직히 인정한다. "옛날부터 있어 온 우스개 장사"—플로베르가 말하고자 하는 것은 유명한 "얻어터지는 노예…… 여자를 팔고 사는 야비한 장사꾼…… 도둑상인"이라는 풍습이다—는 동양에서 "새롭고 신선하며…… 순수하고 매력적인" 의미를 확보한다. 이러한 의미는 재생산될 수 없다. 이것은 그 장소에서만 즐길 수 있고 '상기될 수도' 없다. 동양은 **관찰되고 있다**. 왜냐하면 거의 (결코 완벽하지는 않으나) 공격적이고 사람들에게 불쾌감을 주는 동양의 행동이 엄청난 특이성의 저장고로부터 나오기 때문이다. 유럽인(동양을 여행하는 것은 그 감성이다)은 스스로 하나의 관찰자임을 잊을 수 없고, 결코 말려 들어가지 않으며, 언제나 초연하게 《이집트지》가 말하는 '기묘한 향락'의 새로운 사례를 발견하고자 한다. 동양인은 기묘한 것을 보여야 하는 살아 있는 그림이다.

그리고 이 그림은 참으로 논리적으로 텍스트의 특별한 주제가 된다. 그리하여 그 원형구조가 완결된다. 동양은 텍스트로부터 준비될 수 없는 구경거리가 더 이상 아니게 되고, 규율된 방식에 따라 서술되는 것으로 다시 돌아갈 수 있다. 그래서 동양의 이질성을 번역하고, 그 의미를 해독하며, 그 적대성을 누그러뜨릴 수 있게 된다. 그러나 동양에 주어진 **일반성**, 동양을 만난 뒤에 느끼는 환멸, 동양이 보여 주는 설명하기 힘든 기괴함은 모두 동양에 관하여 말하고 쓴 것 속에 재분배된다. 예컨대 이슬람은 19세기 후반과 20세기 초엽의 오리엔탈리스트에게는 동양적인 것의 전형이 되었다. 칼 베커의 논의에 따르면, '이슬람'은 (여기서 그 엄청난 일반성에 주의해야 한다) 그리스의 전통을 계승했음에도 불구하고, 그리스의 인간중심주의적 전통을 이해하지도, 이용하지도 못했다. 또 이슬람을 이해하기 위해서는, 이슬람을 '독창적'인 종교로 보아서는 안 되고, 동양인이 르네상스기 유럽에서 발견되는 창조적인 영감을 갖지 못한 채 그리스 철학을 이용하고자 시도했으나 실패한 하나의 보기라고 생각할 필요가 있다고 했다.*99 루이 마시뇽36)은 현대 프랑스 오리엔탈리스트 중에서도 필경 가장 유명하고 가장 큰 영향력을 행사한 사람일 것이다. 그에게 이슬람이란 기독교에서 말하는 신의 화신에 대한 부정의 체계임에도 불구하고, 이슬람의 최대 영웅은 마호메트나 아베로에스가 아니라, 이슬람을 인격화하고자 시도했기 때문에 정통파 이슬람교도들에 의해 십자가에 못 박힌 이슬람 성자인 알-할라주37)였다.*100 베커와 마시뇽이 그들의 연구로부터 명시적으로 배제한 것은 동양의 기괴함이었고, 그들은 그것을 서양적 표현을 사용하여 정연하게 만들고자 노력하여 간접적으로 그것을 승인했다. 그들은 마호메트를 버린 대신, 알-할라주를 높이 받들었다. 왜냐하면 알-할라주는 자신을 기독교적인 신의 화신이라고 생각했기 때문이었다.

동양을 재판하는 새판관으로서 현대 오리엔탈리스트들은, 자신이 스스로 이렇다고 믿고서 공언할 정도가 되기 위해서는, 동양에 대하여 객관적인 입장을 가지고 그것으로부터 벗어나서는 안 된다. 전문지식에만

---

36) Louis Massignon(1883~1963)은 프랑스의 종교학자이자 이슬람학자.
37) Mansur al-Hallaj(858~922)는 이슬람의 신비주의자로서 이란 남부에서 태어나 바그다드에서 처형되었다. 그는 종교적 근행이 영육을 성화시키고, 그 성화된 자의 내부에 성령이 들어와, 그의 행위는 신의 행위가 된다고 가르쳤다. "우리들이야말로 신이다"라는 그의 사상은, 신과 피조물의 본질적인 차이를 전제로 하는 이슬람의 경우 이단이었다.

매달려 상대에게 공감을 불러일으키지 못하는 것이 인간으로서 초연한 자세를 나타내는 지표로 인식되었는데, 이 초연성에 더욱 무게를 더한 것이 지금까지 묘사하여 온 오리엔탈리즘의 교조적인 자세, 관념, 기분 등의 모든 것이다. 오리엔탈리스트의 동양은 있는 그대로의 동양이 아니라 동양화된 동양이다. 지식과 권력의 완전한 원호圓弧가 유럽이나 서양의 정치가와 서양의 오리엔탈리스트를 연결시킴과 동시에, 동양을 포함하는 무대의 모서리를 형성했다. 그런데 제1차 세계대전이 끝날 때까지 아프리카와 동양은 서양을 위한 지적인 구경거리라기보다는 도리어 서양의 특권적인 무대가 되었다. 오리엔탈리즘의 영역은 제국의 영역과 정확하게 일치되었다. 이 양자의 완벽한 일치야말로 실제로는 동양에 관한 서양의 사상이나 동양에 대처하여 온 서양의 역사 속에서 전무후무한 위기를 불러일으켰다. 그리고 이 위기는 오늘날에도 여전히 존속되고 있다.

　제국의 지배와 제국주의에 대한 반응은 1920년에 시작되어 제3세계를 하나의 끝에서 다른 끝까지 뒤덮은 변증법적인 것이었다. 1955년의 반둥회의(아시아아프리카회의) 무렵에는 이미 동양 전역이 서양의 제국 지배로부터 정치적인 독립을 획득했으나, 미국과 소련이라고 하는 제국 세력의 새로운 포진에 직면했다. 오리엔탈리즘은 이 새로운 제3세계 속에서는 더 이상 '자신의' 동양을 인식할 수 없고, 이제 정치적으로 무장한 도전적인 동양과 직면해야 하게 되었다. 오리엔탈리즘 앞에는 두 가지의 선택이 주어졌다. 그 하나는, 마치 아무 일도 없었던 것처럼 지금까지와 마찬가지로 계속하는 것이었다. 다른 하나는 종래의 방법을 새로운 사태에 적응시키는 것이었다. 그러나 동양은 불변이라고 확신하고 있는 오리엔탈리스트의 입장에서 보게 되면, 새로운 사태란 단순히 잘못 생각한 새로운 '탈脫-동양인'(이러한 신조어를 사용해도 좋을 것이다)이

속여서 그렇게 보이고 있는 낡은 사태에 불과하다. 그리고 제3의 수정적인 선택으로서는 오리엔탈리즘을 전면적으로 폐지하는 것이나, 그것은 지극히 소수에 의해서만 생각될 수 있는 것이었다.

아브델 말레크에 의하면, 이러한 위기를 나타내는 자료로서는, "식민지배로부터 벗어난 동양의 민족해방운동"이 수동적이고 숙명적인 '종속민족'이라고 하는, 오리엔탈리즘적인 개념을 뿌리째 파괴했다는 사실만이 있는 것이 아니었다. 나아가 "전문가도, 대부분의 민중들도 오리엔탈리즘적인 학문과 연구 대상 사이의 시간차를 알게 되었을 뿐만 아니라, 인문·사회과학의 연구에 사용되는 여러 개념, 방법, 수단 그리고 오리엔탈리즘에 사용되는 그러한 것 사이의 시간차―이것은 곧 결정적인 것이 된다―도 알게 되었다"[101]고 하는 사실도 문제되었다. 오리엔탈리스트들은―르낭으로부터 골트치허, 맥도널드[38]를 거쳐 폰 그루네바움[39], H.A.R. 기브, 버나드 루이스[40]에 이르기까지―이슬람을, 예컨대(P.M. 홀트[41]가 말하는) '문화적 통합체'로 보았고, 그것은 이슬람세계의 사람들에 관한 경제학·사회학·정치학으로부터 분리되어 연구할 수 있는 것이었다. 오리엔탈리즘에서 이슬람이라는 말이 어떤 의미를 갖는가에 대해서 가장 간단한 정식적인 표현을 찾으려고 한다면, 그것은 르낭의 첫 논문 속에서 찾을 수 있다. 곧 이슬람을 가장 잘 이해하기 위해서는, 그것을 '천막과 부족'으로 환원시켜야 한다는 구절이다. 식민지주의, 세계정세, 역사적 발전의 압력 따위는 오리엔탈리스트의 입장에서 보게 되면, 장난꾸러기 아이들이 놀이 삼아 잡아 죽인―또는 무시한―파리

---

38) Duncan Black Macdonald(1863~1942)는 영국의 신학자.
39) Gustave von Grunebaum(1909~1972)은 독일 태생의 미국 동양학자.
40) Bernard Lewis(1916~)는 영국의 이슬람학자.
41) P.M. Holt(1918~)는 영국의 중동사학자.

와 같은 것에 불과하고, 이슬람의 본질적인 이해를 복잡하게 만들 정도로 심각하게 고려할 만한 것이 전혀 아니었다.

기브의 경력은, 그 자체가 오리엔탈리즘이 현대의 동양에 반응하는 경우에 선택 가능했던 두 종류의 접근을 보여 준다. 1945년, 기브는 시카고 대학교의 하스켈 강좌를 담당했다. 기브가 개관한 세계는, 벨푸어나 크로머가 제1차 세계대전 이전에 알았던 세계와 같은 것이 아니었다. 여러 차례의 혁명, 두 번의 세계대전, 정치·경제·사회의 수많은 변화가 1945년의 여러 현실을, 잘못 알아서는 결코 안 되고, 심지어 지각 변동적이라고 할 수도 있을 정도까지의 새로운 대상으로 변화시켰다. 그럼에도 불구하고, 기브는 〈이슬람의 근대적 조류〉라고 하는 강의를 다음과 같이 시작했다.

아랍문명 연구자는, 예컨대 아랍문학의 어떤 부문에서 발휘되는 상상력이, 심지어 동일한 작품 속의 추론이나 서술 과정에 보이는 현학성과 동거하고 있는, 그 가장 현저한 대조와 시종 직면하게 된다. 이슬람교도 중에도 위대한 철학자들이 있어 왔고, 그중 몇 명은 아랍인이었다는 것은 사실이다. 그러나 그것은 극히 예외적인 것이었다. 아랍의 정신은 외부세계에 관해서도, 또 사고의 과정에 관해서도, 구체적인 사건을 개별적으로 분리한 위의 개별성에 대한 강렬한 감정을 버릴 수 없다. 이것이야말로 맥도널드 교수가 동양인에 나타나는 특징적인 차이점이라고 생각한 '법칙성의 결여'의 배후에 숨어 있는 중요 요인의 하나라고 나는 믿는다.

또한 이것은 이슬람교도가 합리주의적인 사고 과정을 혐오하는─서양의 연구자에게는 〔적어도 오리엔탈리스트들의 설명을 듣기까지는〕 이해하기 어려운 사항이다─이유를 설명해 준다. …… 따라서 이슬람교도가 합리주의적 사고양식 및 공리주의적 도덕을 거부하는 것은, 이슬람 신학자들이 말하는 '반계몽주의'에 근거하는 것이 아니라, 아랍의 상상력에서 유래하는 원자론과 사물을 비연속·비관련적으로 보는 사고방식에 근거한다."[102]

바로 이것이야말로 순수한 오리엔탈리즘이다. 물론 제도적 이슬람에 관한 기브의 뛰어난 지식이 이 강의를 정리한 책의 나머지 부분을 뛰어나게 특징짓는 점을 인정한다고 하여도, 그러나 위에서 본 첫 부분의 선입견은 현대 이슬람을 이해하려고 하는 사람에게는 가공할 만한 장애로 남는다. '상이점'을 말하면서 '무엇과의' 차이인지가 완전히 무시된다면, 이 상이점이란 말은 어떤 의미를 담는 것일까? 동양 이슬람교도 세계가 서양세계와 같은 것이 아니라—그것과 '상이하게'—마치 7세기부터 앞으로 한 발자국도 나아가지 않은 것처럼 그들을 조사해 보도록 또다시 요청받는 것이 아닌가? 현대의 이슬람 그 자체에 관해서 기브의 이해는, 다른 점에서는 현저한 권위를 발휘한 복잡한 구성을 갖고 있음에도 불구하고, 왜 그렇게 어쩔 수 없는 적대감을 가지고 그것을 바라보아야 하는 것일까? 만일 이슬람이 본래 최초로부터 그 영원한 무능력으로 인한 결함을 갖는 것이라고 한다면, 이슬람이 이슬람을 개혁하고자 하는 어떤 시도에도 오리엔탈리스트들은 반대하고자 할 것이다. 왜냐하면 오리엔탈리스트의 견해에 의하면 개혁이란 이슬람 자체에 대한 배반 행위이기 때문이다. 그리고 이것이야말로 바로 기브의 논점이었다. 어떻게 하면 동양인은 이러한 속박을 벗어나 현대세계에 등장할 수 있는가? 《리어왕》에 나오는 어릿광대와 같이 다음과 같이 말하지 않을 수 없다. "그들은 나에게 진실을 얘기하라고 채찍을 때린다. 내가 거짓말을 하면 채찍을 때린다고 한다. 그리고 때로는 침묵한다고 채찍을 맞는다."

그로부터 18년 뒤에 기브는 영국인 동포 청중 앞에서 오로지 하버드 대학교의 중동연구소 소장 자격으로 강연했다. 그 제목은 〈지역연구 재고〉였고, 그 속에서 그는 특히 "동양은 오리엔탈리스트에 맡기기에는 너무나 중요하다"는 의견에 특히 찬동했다. 마치 기브의 〈이슬람의 근대적 조류〉가 오리엔탈리스트에게 개방된 최초의 전통적인 접근의 보기였듯이, 〈지역연구 재고〉에서는 제2의 선택으로 새로운 접근이 선언되었다. 〈지역연구 재고〉에 제시된 기브의 정식은, 학생들을 '공적인 생활과 직업'의 길로 내보내지 않으면 안 되는 서양의 동양연구 전문가 측에서 보면, 당연하면서도 선의로 가득한 것이라고 말할 수 있다. 그는 다음과 같이 말했다. 우리가 현재 필요로 하는 것은, 전통적인 오리엔탈리스트에다가 훌륭한 사회과학자들을 **더하여** 함께 일하며, 양자 사이에서 '학제적인' 연구를 하는 것이라고 말이다. 그러나 그 경우에도 전통적인 오리엔탈리스트는 동양에 대해 시대에 뒤떨어진 지식을 가져와서는 안 된다고 말이다. 그것이 아니라 그의 전문지식을 통해, 지역연구의 경험을 충분히 쌓지 않은 그의 공동 연구자에게 "서양 정치제도의 심리학과 역학을 아시아나 아랍 상황에 적용하는 것이 순수한 월트 디즈니 세계에서만 가능하다"[103]는 점을 상기시키는 것이어야 한다고 말이다.

이러한 사고방식이 실제로 의미하는 것은 이렇다. 만일 동양인이 반식민지 투쟁에 나선다면, 그들에게 동양인은 '서양인'과 같은 자치의 의미를 한 번도 이해한 적이 없지 않은가 라고(디즈니주의에 빠질 위험을 회피하기 위하여) 말할 수밖에 없다는 것이다. 또 인종차별에 반대하는 동양인이 있을 경우, 차별을 실천하는 동양인도 있다고 하면 "그들은 모두 뿌리가 같은 동양인"이므로 계급적 이해관계, 정치정세, 경제요인을 운운하는 것은 완전히 무관한 것이라고 말하면 된다. 또는 만일 아랍의 팔레스타인이 그들의 땅에 이스라엘인을 정착시키고 점령하는 것에 반대한다면, 버나드 루이스와 같이 그것은 단순한 '이슬람의 회귀'에 불과하다고 말하거나, 또는 저명한 현대 오리엔탈리스트의 정의에 따라 그것이야말로 여러 비이슬람 인민에 대한 이슬람적인 반대이고,*104 그것은 7세기에 생긴 이슬람적 원칙의 하나라고 말하면 충분하다. 여기서 역사, 정치, 경제 따위는 문제가 될 수 없다. 이슬람은 이슬람이고, 동양은 역시 동양일 뿐이다. 우익이나 좌익, 혁명이나 변혁 같은 것에 관한 자신의 관념을 그대로 가지고 어서 디즈니랜드로 내려가면 되는 것이다.

이와 같은 동어반복, 청구 그리고 기각이 오리엔탈리즘 이외 모든 분야의 역사학자, 사회학자, 경제학자, 인문학자들에게 친숙하지 않은 이유는 매우 분명하다. 오리엔탈리즘은 가상적인 대상에 대해서는 물론이고, 그것과 마찬가지로 여러 가지 관념에 대해서도 그것에 의해 스스로의 심오한 성숙이 침해받는 것을 허용하지 않았기 때문이다. 그러나 현대의 오리엔탈리스트—그들의 새로운 명칭으로 부른다면 지역연구 전문가—들은 언어학의 분야에서는 소극적으로 물러서지 않았다. 반대로 그들은 기브의 충고를 잘 활용했다. 오늘날 그들 대부분은 해럴드 라스웰[42]이 명명한 정책과학이라는*105 것의 '전문가'나 '고문'과 구분할 수 없다. 그리하여 예컨대 '국민성 분석'을 하는 전문가와 이슬람의 여러 제도에 관한 전문가들이 맺은 동맹의 군사적·국가적 안전보장상의 의의가, 일종의 방편으로, 때로는 방편을 위해서만 신속하게 인정되었다. 어쨌든 제2차 세계대전 이래 '서양'이 직면한 것은 잘 속아 넘어가서 어느 한쪽으로 기울기 쉬운 동양(아프리카, 아시아의 발전도상국) 여러 나라로부터 동맹자를 모집하는 간악한 적, 전체주의자였다. 이 적을 앞지르기 위해서는, 오리엔탈리스트만이 생각할 수 있는 방식으로 동양인의 비논리적 심성을 감동시키도록 연기하는 것 이상으로 좋은 방법이 있겠는가? 그리하여 나타난 것이 '진보를 위한 동맹'[43]이니 '동남아시아조

---

42) Harold Lasswell(1902~)은 미국의 정치학자로서 한국에도 깊은 영향을 끼쳤다. 그의 저서 중 다수가 번역되었다.

약기구'[44)] 등과 같은 채찍과 당근 정책이라는 교묘한 계략이었다. 이것들은 모두 전통적인 '지식'에 근거하면서, 그 지식을 가상 대상의 더욱 교묘한 조작에 도움이 되는 새로운 도구로 변화시켰다.

그리하여 혁명의 동란이 이슬람 동양세계를 사로잡게 되었을 때, 사회학자들은 우리에게 아랍이 '입술만의 기능'[*106]에 빠져 있다고 상기시켰다. 한편 경제학자들은—다시 이용된 오리엔탈리스트—자본주의도, 사회주의도 현재 이슬람에게 부여하기에는 적절한 것이 아니라고 보았다.[*107] 반식민지주의 운동의 파도가 동양 전역을 적시고, 그것에 의해 동양세계가 일체화되자, 오리엔탈리스트들은 그 모든 사건이 서양 민주주의에 대해 피해가 되었을 뿐만 아니라, 그것을 모욕한 것이라고 비난했다. 세계적인 중요 문제—핵에 의한 파멸, 자원결핍의 파국적인 양상, 평등과 정의 및 경제적 균등을 추구하는 인간적 요구의 엄청난 증대 같은 문제—에 관심이 집중되자 정치가들은 동양에 대한 통속적인 캐리커처를 이용했다. 그 경우 이데올로기의 공급원은 어중간한 지식을 가진 기술자만이 아니라 고도의 학식을 지닌 오리엔탈리스트들이었다. 미국 국무부의 전설적인 아라비아 전문가들은 아랍이 세계를 제패하려는 계획을 갖고 있다고 경고했다. 배반을 일삼는 중국인, 반란의 인도인, 소극적인 이슬람교도들은 '우리의' 아낌없는 선물에 대하여 욕심을 내는 욕심쟁이로 서술되었고, 나아가 "우리가 그들을 공산주의에게 뺏겼다", 또는 그들의 갱생될 수 없는 동양적 본능에 뺏겼다고 비난했다. 공산주의이든, 동양적 본능이든 간에 큰 차이는 없다는 것이었다.

이러한 현대 오리엔탈리스트들의 태도는 언론이나 대중의 마음속에 흘러 넘치고 있다. 예컨대 아랍인은 낙타를 탄 테러리스트, 돈으로 여자

---
43) 미국의 중남미 원조계획.
44) SEATO, 즉 *South-East Asia Treaty Organization*.

를 사는 갈고리 코의 호색한으로, 그의 과분한 재산은 진정한 문명에 대한 공공연한 모독이라고 생각된다. 이러한 견해에 끊임없이 잠복되어 있는 것은, 서양인 소비자가 수로는 소수임에도 불구하고, 세계 자원의 대부분을 소유하거나 소비하는 (또는 그 두 가지 모두의) 권리를 갖고 있다는 전제이다. 그 이유는 무엇인가? 동양인과는 달리 서양인은 참된 인간이기 때문이라고 한다. 안와르 아브델 말레크가 '소수 소유자의 패권주의' 및 유럽중심주의와 결부된 인간중심주의라고 부른 것의 보기로, 오늘날 그 이상으로 적절한 것은 없으리라. 백인 중산계급에 속하는 서양인의 신념에 따르면, 비백인 세계를 관리하는 것만이 아니라, 그것을 소유하는 것도 인간으로서 그들이 갖는 특권이라는 것이다. 왜냐하면 '그것'을 정의하면 '우리'와 같이 완전히 인간적이라고 할 수 없기 때문이다. 비인간적인 사고를 이 정도로 순수하게 표현하고 있는 보기는 더 이상 있을 수 없다.

어떤 의미에서 오리엔탈리즘의 한계란 이미 설명한 바와 같이, 다른 문화, 민족, 지리적 구분 속의 인간존재를 무시하고, 그 정수를 뽑아 버리며, 그것을 박탈하는 결과로 생기는 한계이다. 그러나 오리엔탈리즘은 이 한계를 넘어서 더욱더 나아간다. 그것은 동양을 단지 서양을 위한 구경거리로 볼 뿐만 아니라, 서양에 대해 시간적·공간적으로 고정된 그대로의 존재로 본다. 오리엔탈리즘이 대상을 서술하고 텍스트에 의존하여 거둔 성공이 너무나도 강한 인상을 주었기 때문에 동양의 문화, 정치, 사회의 모든 역사적인 단계는 서양에 대한 단순한 응답에 불과한 것으로 인정되었다. 서양은 어디까지나 행위자이고 동양은 수동적인 반응자이다. 서양은 동양의 행동의 모든 측면에 관한 관찰자, 재판관, 배심원이다. 그런데 20세기의 역사가 동양의 내부에서 동양의 본질적인 변화를 불러일으켰다는 점을 오리엔탈리스트는 아직까지도 인정하지 않고 있다. 그는 다음 사실을 조금밖에 이해할 수 없다.

> 새로운 [동양의] 지도자, 지식인, 정책 입안자들은 그들의 선구자들이 겪은 고난으로부터 많은 교훈을 배워 왔다. 또한 그들은 과도기를 통하여 구조적·제도적인 전환에 도움을 받았고, 선구자들보다도 훨씬 높은 자유를 누리면서 자국의 미래상을 그릴 수 있다는 사실에 의해 크게 도움받아 왔다. 나아가 그들은 훨씬 더 자신감으로 가득하고, 아마도 약간은 공격적일지도 모른다. 그들은 더 이상 서양이라고 하는 눈에 보이지 않는 배심원의 호의적인 판단을 얻고자 움직일 필요는 없게 되었다. 그들은 서양이 아니라 동포·시민들과 대화하고 있는 것이다.[108]

나아가 오리엔탈리스트는 텍스트로부터 예견할 수 없었던 일이 생기면, 그것을 외부로부터의 선동이니, 동양의 잘못된 우둔함의 결과라고 간주했다. 이슬람에 관한 오리엔탈리즘의 수많은 텍스트 가운데 어느 것도—그 학문적 집대성이라고 할 수 있는 케임브리지판 《이슬람의 역사》도 포함하여—1948년 이후 이집트, 팔레스타인, 이라크, 시리아, 레바논, 예멘에서 일어난 사건들을 독자들에게 예견시키지 못했다. 이슬람에 관한 도그마가 팽글로스 류[45]의 극단적으로 낙천적인 오리엔탈리즘에도 도움이 되지 못한 경우에는, 동양화된 사회과학적 횡설수설과 엘리트, 정치적 안정, 근대화, 제도적 발전과 같은, 모조리 오리엔탈리즘적인 예지에 봉인된 시장성이 높은 추상개념에 의지한다는 수단도 존재한다.[46] 그러나 그런 것이 증가하는 가운데, 급속히 위험한 균열이 동

---

45) 볼테르의 《캉디드》에 나오는 낙천주의 철학자로서 주인공 캉디드의 스승이다.
46) 이것이 한국의 소위 근대화, 사회과학이었다. 미국에 의한 그것은 이제 분명히 제국주의의 그것으로 해명될 필요가 있다.

양과 서양을 분리시키고 있다.

  현재의 위기는 텍스트와 현실 사이에 상이함을 극적으로 표현하고 있다. 그럼에도 나는 이러한 오리엔탈리즘 연구에서 오리엔탈리즘이 갖는 견해의 원천을 폭로하는 것만이 아니라, 오리엔탈리즘의 중요성에 관해서도 고찰하고자 한다. 왜냐하면 오늘의 지식인들은, 지금 세계의 일부분이 분명한 형태로 자신을 침해하고 있는 때에 이것을 무시하는 것은, 현실로부터 눈을 돌리는 것 이외의 다른 아무것도 아니라는 것을 당연하게 느끼고 있기 때문이다. 인문학자는 전문적으로 분화된 연구 주제에만 자신의 주의를 한정하는 정도가 너무나도 극심하다. 그리고 오리엔탈리즘과 같은 학문 분야에도 눈을 돌리고자 하지 않고, 또 그것으로부터 배우고자 하지도 않는다. 오리엔탈리즘의 끊임없는 야심은 하나의 세계를 **전부** 지배하는 것이었지, 그 세계의 일부분 곧 특정한 저자나 텍스트의 일정한 집합과 같이 쉽게 한정할 수 있는 범위를 지배하는 것은 결코 아니었다. 그러나 오리엔탈리즘은 이러한 지극히 광대한 야망에도 불구하고, '역사학', '문학', '인문학'과 같은 아카데믹한 안전장치의 모포에 휩싸인 운명과 마찬가지로, 지금까지 자주 거만한 과학주의와 합리주의에 대한 애원 뒤에 숨고자 노력해 온 세계적·역사적 상황에 스스로 말려 들어가 있다. 오늘의 지식인들이 오리엔탈리즘에서 배울 수 있는 것은, 한편으로는 그 규율 요구의 범위를 현실에 맞추어 한정하거나 확대하는 방법이며, 다른 한편으로는 텍스트, 비전, 방법, 학문 분야가 시작되어, 성장하고 번영하고 타락해 가는 인간적 풍토(예이츠[47]는 이를 "넝마와 뼈를 파는, 마음이 더러운 상점"[48]이라고 했다)를 볼 수 있는

---

47) W.B.Yeats(1865~1939)는 아일랜드의 시인이자 극작가.
48) 예이츠의 《최후의 시집 *Last Poems*》(1936~1939)에 나오는 '서커스동물들의 탈주 *The Circus Animals Desertion*'의 마지막 귀절.

방법이리라. 오리엔탈리즘을 검토하는 것은, 역사가 소위 동양이라는 주제 속에서 제기해 온 방법론상의 여러 문제를 통제하기 위한 지적인 논리를 제안한다는 것이기도 하다. 그러나 그 논의에 들어가기 이전에, 우리는 오리엔탈리즘이 그 영역과 경험 및 구조로 인하여 분명히 말살시킨 인간론적 가치를 실제로 살펴보아야 한다.

제 2 부
오리엔탈리즘의 구성과 재구성

제1장 재설정된 경계선, 재정의된 문제, 세속화된 종교
제2장 실베스트르 드 사시와 에르네스트 르낭
　　　: 합리주의적 인류학과 문헌학적 실험실
제3장 동양 체류와 동양에 관한 학문
　　　: 어휘서술과 상상력이 필요로 하는 것
제4장 순례자와 순례, 영국인과 프랑스인

나키브 엘-아슈라프(예언자 후손의 추장)라는 칭호를 갖는 세이드 오마르가 지금부터 45년 정도 전에 한 여자를 아내로서 맞았다. 그때 어떤 젊은 남자가 자신의 배를 가르고 그 창자를 대부분 끄집어내어 그것을 은으로 만든 쟁반 위에 담아서 혼례의 행렬 앞을 걸어갔다. 행렬이 끝난 뒤에 그 남자는 창자를 뱃속에 집어넣었으나, 그의 우둔하고도 혐오스러운 행동으로 인하여 며칠 동안 누워 있어야 했다.

에드워드 윌리엄 레인, 《현대 이집트인의 풍속과 습관》

…… 콘스탄티노플에서 혁명이 일어나는 경우이든, 또는 잇따른 분할 탓이든 간에, 오토만 제국이 와해되는 때에는, 유럽의 열강이 열강회의의 약정에 근거하여 각각 할당받은 제국의 일부분을 보호령이라고 하는 명목에 의해 관리한다. 이러한 보호령은 각 영토 간의 인접관계, 변경의 안전보장, 종교와 습관 및 이해관계의 일치 여부에 따라 그 범위가 규정되고 한계가 그어지기 때문에…… 열강의 종주권을 강화하는 결과가 된다. 이와 같이 명확하게 규정되고 유럽인의 불가침의 권리임을 시인받은 이러한 종류의 종주권은, 주로 자유시나 유럽인 거류지, 무역항구를 구축하기 위하여 어떤 영역 및 연안을 점유하는 권리에 의해 구성될 것이다. …… 그것은 곧 열강이 각 보호령에 대하여 행사하는 무력적·교화적 후견에 불과하며, 보호령의 존립이나 그 민족성의 여러 요소도 더욱 강력한 국가의 깃발 아래 보장된다. ……

알퐁스 드 라마르틴, 《동양기행》

제1장

재설정된 경계선, 재정의된 문제, 세속화된 종교

구스타브 플로베르는 지식의 퇴폐와 인간 노력의 공허함에 대한 백과전서적 해학소설인 《부바르와 페퀴세》를 미완성으로 남긴 채 1880년 사망했다. 그럼에도 그의 비전의 기본적인 윤곽은 분명했고, 그 윤곽은 소설의 풍부한 세부묘사에 의해 명료하게 표현되었다. 부바르와 페퀴세는 부르주아에 속한 필경사였다. 그중 한 명이 생각 밖의 상당한 유산을 받게 되어 시골에서 하고 싶은 일을 하면서 평생을 보내기 위해("마음껏 하고 싶은 대로 해야 하지 않겠는가!") 도시생활을 끝낸다. 플로베르가 그들의 경험을 묘사하듯이, 하고 싶은 것을 하기 위하여 부바르와 페퀴세는 농학, 역사학, 화학, 교육학, 고고학, 문학을 거치는 이론적 및 실천적인 산책에 나서지만, 언제나 성공하지 못한다. 그들은 재능이 결여된 아마추어로서 낙담, 비참, 좌절을 경험하면서 시간과 지식 속의 여행자처럼 학문의 여러 분야를 순방한다. 그러나 사실 그들이 순방한 것은 19세기의 환멸적 경험의 전체로서, 그것을 통하여—샤를르 모라제[1]의 표현을 빌리자면―"진격하는 부르주아지"가 결국은 같은 수준의 무능력과 평범함의 희생자에 불과하다는 것이 판명된다. 어떠한 열광이라고 하여도 결국은 진부한 상투 문자에 귀착되고, 어떤 학문 분야나 어떤 지식 유형도 희망과 힘으로부터 무질서, 황폐, 비탄으로 변한다.

이 절망의 광경의 결말로 플로베르가 준비한 스케치 속에는 우리에겐 특히 흥미 깊은 점이 두 가지 있다. 먼저 두 남자가 인류의 미래를 토론하는 장면이다. 페퀴세는 "비관적인 안경을 통하여 인류의 미래"를 보는 반면 부바르는 "낙관적으로!" 본다.

> 현대인은 진보 과정에 있다. 유럽은 아시아에 의해 소생하리라. 역사 법칙에 의하면 문명은 동양으로부터 서양으로 나아가기 때문이다. ……두 개의 인간사회는 결국 융합하리라.[1]

퀴네를 분명히 되풀이한 이 문장은 두 사람이 새롭게 통과해야 할 열광과 환멸이라는 사이클의 출발점을 보여 준다. 플로베르의 각서에 의하면, 부바르의 이 예상된 계획은 그의 다른 계획과 마찬가지로 현실에 의해―이 경우에는 갑자기 헌병이 나타나, 부바르가 여성을 타락시켰다는 이유로 그를 고발함에 의해―별안간 중단된다. 그러나 그 몇 줄 뒤에는 제2의 흥미로운 장면이 나타난다. 곧 자신들이 숨긴 희망이 사실은 다시금 필경사로 되돌아가는 것이라고 두 사람이 동시에 고백하는 장면이다. 그들은 서로 마주 앉을 수 있는 책상을 주문하고 책, 연필, 지우개를 사서 "드디어 일을 시작하게 되었다"고 플로베르는 소설을 끝맺고 있다. 부바르와 페퀴세는 지식에 따라 살고자 하면서 처음에는 다소 직접

---

1) Charlis Moraze(1913~)는 프랑스의 정치학자.

적으로 지식을 응용하고자 시도했으나, 마지막에는 문헌을 차례차례 무비판적으로 베끼고 말았다.[2]

유럽이 아시아에 의해 소생한다는 부바르의 비전은 충분하게 상세히 묘사되어 있지 않지만, 이 비전(및 이 비전이 필경사의 책상 위에서 맞게 되는 결말)의 몇 가지 중요한 점에 관하여 주석을 더할 수 있다. 두 사람의 다른 많은 비전과 마찬가지로 이 비전도 **세계적**이고, **재구성적**인 것이다. 그것은 플로베르가 느낀 19세기적 기호, 곧 때로는 특수한 과학기술을 사용하면서 공상적인 비전에 따라 세계를 재구축하고자 한 19세기적 기호를 표상하고 있다. 플로베르가 묘사한 여러 가지 비전 속에는, 생시몽과 푸리에의 유토피아가 있고, 콩트[3]가 몽상한 인류의 과학적 소생이 있었다. 그리고 데스튜트 드 트라시[4], 카바니스[5], 미슐레, 쿠쟁[6], 프루동[7], 쿠르노[8], 카베[9], 자네[10], 라므네[11]와 같은 이데올로그, 실증주의자, 절충주의자, 신비주의자, 전통주의자, 이상주의자에 의해 추진된 모든 기술적 및 세속적인 종교가 포함되어 있다.*2 소설 전체를 통하여 부바르와 페퀴세는 이러한 사람들의 여러 가지 견해를 신봉하였고 마침내 그것들을 파괴하고 계속 새로운 학설을 추구했으나, 결국 좋은 성과

---

2) 따라서 이 작품은 무용한 지식의 집적으로 소화불량에 빠진 두 주인공의 어리석음을 풍자한 소설이라고 할 수 있다.
3) Auguste Comte(1798~1857)는 프랑스의 철학자이자 사회학자.
4) Destutt de Tracy(1754~1836)는 프랑스의 철학자로서 *ideology*의 창시자.
5) Pierre-Jean-Georges Cabanis(1757~1808)는 프랑스의 철학자로서 유물론적 생리학의 창시자.
6) Victor Cousin(1792~1867)은 프랑스의 철학자로서 절충주의의 대표자.
7) Pierre Joseph Proudhon(1809~1865)은 프랑스의 사회사상가.
8) Antoine Augustin Cournot(1801~1877)는 프랑스의 경제학자, 수학자, 철학자.
9) Étienne Cabet(1788~1856)는 프랑스의 공상적 사회주의자.
10) Paul Janet(1823~1899)는 프랑스의 유심론적 심리학파의 대표.
11) Félicité-Robert de Lamennais(1782~1845)는 프랑스의 가톨릭 사상가로서 기독교사회주의의 주창자.

를 얻지 못한다.

이러한 수정주의적 야심의 근원은, 지극히 특수한 의미에서 낭만주의적인 것이다. 18세기 후반의 정신적 및 지적인 사업의 대부분이 어느 정도까지 재구성된 신학―M.H. 에이브러햄스[12]가 말하는 자연적인 초자연 신앙―이었는가를 상기해 볼 필요가 있다. 이러한 종류의 사상은 플로베르가 《부바르와 페퀴세》에서 풍자하고 있는 전형적인 19세기적 태도에 의해 추진되었다. 곧 소생이라고 하는 개념은 결국 그 근원을 찾아가면 이렇다.

> 계몽시대의 합리주의와 고상함 뒤에 오는 화려한 낭만주의적 경향에 불과하고…… 그것은 파괴와 창조, 천국과 지옥, 추방과 재회, 죽음과 부활, 실의와 기쁨, 낙원의 상실과 낙원의 회복이라는 양극관념의 주위를 선회한다. 그러면서 기독교 이야기와 교의의 생생한 드라마, 초이성적인 신비 그리고 기독교 내부세계의 격렬한 갈등과 급격한 전환으로 되돌아가고자 하는 것이었다. …… 그러나 낭만주의 작가들은 불가피하게 계몽주의 시대 이후에 살았기 때문에, 이러한 고대의 문제를 부활시키는 방법도 그 이전과는 달랐다. 곧 그들은 인간의 역사와 운명의 개관, 실존적인 패러다임, 인류의 종교적 유산의 긴요한 가치를 우선 감정적으로 타당하고 동시에 지성적으로 수용할 수 있는 방법으로 재구성하여 지키고자 했다.*3

부바르가 염두에 둔 것―아시아에 의한 유럽의 소생―은 엄청난 영향력을 가진 낭만주의적 관념이었다. 예컨대 프리드리히 슐레겔과 노발리스[13]는 그들의 동포에 대하여, 또 유럽인 일반에 대하여, 인도를 상세

---

12) M.H. Abrahams(1912년생)는 미국의 문예비평가.
13) Novalis(1722~1801)는 독일의 낭만파 시인.

히 연구할 것을 장려했다. 왜냐하면 그들은 서양문화의 물질주의와 기계론(및 공화주의)을 타파할 수 있는 것이 인도의 문화와 종교라고 말했기 때문이었다. 그리고 이러한 패배로부터 새로운 활력을 얻은 유럽이 생겨난다고 보았다. 이 처방전에는 죽음, 부활, 속죄라는 성서적 이미지가 분명히 나타났다. 나아가 이러한 낭만주의적 오리엔탈리즘 사업은 단순히 일반적인 경향의 특수한 보기에 그치지 않았다. 레이몽 슈와브가 《동양 르네상스》에서 지극히 설득력 있게 논의했듯이, 그것은 그 경향 자체의 강력한 형성자였다. 그러나 문제는 아시아가 아니라, 도리어 당대의 유럽에 대한 아시아의 **용도**였다. 따라서 슐레겔이나 프란츠 보프와 같이 동양의 언어를 하나라도 습득한 사람은, 지금은 상실된 신성한 사명감을 유럽에 다시 불러일으키는 정신적 영웅이자 모험의 기사가 되었다. 플로베르가 그 뒤에 묘사한 이러한 세속적 종교가 19세기에 담당한 것이 바로 이 사명감이었다. 슐레겔, 워즈워스, 샤토브리앙 등에 못지않게 오귀스트 콩트도—부바르와 마찬가지로—계몽시대 이후의, 확실히 기독교적 윤곽을 갖는 세속적 신학의 신봉자이고 창조자였다.

처음부터, 우스울 정도로 품위를 상실한 마지막에 이르기까지 여러 가지의 수정주의적인 관념을 부바르와 페퀴세에게 경험시킴으로써, 플로베르는 모든 사업에 공통된 인간적 결합에 대하여 독자의 주의를 환기시켰다. 그는 "유럽이 아시아에 의해 소생된다"고 하는 '상투적인 관념'의 배후에 지극히 교활한 생각이 숨어 있다는 사실을 완벽하게 인식했다. 광대한 지리적 영역을 자기 손으로 다루고 관리할 수 있는 실체로 전환시키는 공상가 특유의 기술이 없으면, '유럽'도 '아시아'도 존재할 수 없었다. 따라서 유럽도 아시아도 실제로는 '우리의'(곧 서양의) 유럽이고, '우리의' 아시아였다. 또한 쇼펜하우어[14]가 말했듯이 우리의 '의지'와 '표상'이었다. 역사의 법칙은 실제로 역사가의 법칙이었다. 그것은 마치 "두 개의 인간사회"라고 한 플로베르의 언급이 현실 그 자체에 대해서보다는, 도리어 인공적인 구별을 필연적인 것처럼 여기는 유럽에 대해 독자들의 주목을 환기시켰음과 같았다. 또 나머지 후반 부분, "결국 융합하리라"고 한 부분에 대해서 말한다면, 여기서 플로베르가 비웃고 있는 것은, 인간적 실체를 마치 현저히 비활성적인 재질인 것처럼 보고 이것을 해부하여 용해시키고자 하는, 현실에 대한 학문의 행복한 무관심이었다. 그러나 그가 비웃은 것은 단순히 어떤 학문만이 아니었다. 그것은 곧 열광적이고 심지어 메시아적이기도 한 유럽의 학문이었고, 이 학문의 승리를 장식하는 전리품 속에는 좌절된 혁명, 전쟁, 억압 그리고 장대한 책 속의 관념들을 돈키호테와 같이 즉시 실행에 옮기고자 하는, 가르쳐질 수 없는 욕망이 포함되었다. 이러한 학문과 지식을 전혀 계산에 넣지 않았던 것은, 자신 안에 깊게 배어든 비이기적인 의식의 나쁜 양심unself-conscious bad innocence이고 그것이 직면한 현실적 저항이었다. 부바르가 학자의 역할을 연기했을 때, 그는 천진난만하게도 학문이란 단순히 존재하는 것이며, 학자가 현실이라고 말하면 그것이 현실이고, 그 학자가 바보이든 몽상가이든 간에 그것은 문제가 아니라고 주장했다. 부바르는(또는 그와 마찬가지로 생각하는 사람은) 동양이 유럽을 소생시키고자 희망하지 않을지도 모른다는 것 따위는 생각한 적도 없고, 또 유럽이 황색이나 갈색의 아시아인과 민주적으로 융합하고자 하지 않는다고도 생각해 본 적이 없었다. 요컨대 그러한 학자는 자신의 학문 속에 권력에 대한 이기적 의지가 숨어 있고, 그것이 그의 노력을 지원하는 것이자 그의 야심을 부패시킨다는 점을 인식하지 않았다.

물론 플로베르는 그가 만들어 낸 불쌍한 바보들이 이러한 곤란 속에

---

14) Arthur Schopenhauer(1788~1860)는 독일의 철학자로《의지와 표상으로서의 세계 *Die Welt als Wille und Vorstellung*》(1819)를 썼다.

서 코끝을 처박도록 만들었다. 부바르와 페퀴세는 관념과 현실을 함께 거래하지 않는 것이 유리함을 알고 있었다. 이 소설의 결말에는 두 사람이 좋아하는 사상을 책으로부터 종이 위에 믿음직스럽게 복사하는 것에 완전히 만족하는 장면이 묘사되어 있다. 지식은 더 이상 현실에 적용될 필요가 없고, 침묵 속에 주석도 없이 텍스트로부터 텍스트로 복사되는 것이다. 여러 가지 관념은 누구의 것인지도 모른 채 전달되고 확대되며, 누구의 것이라고 정해지지도 않은 채 반복되어 간다. 문자 그대로 **상투적 관념**이 된다. 그것들에게 중요한 것은 무조건 반복되고 반향되고 다시 반향되기 위하여 그것들이 그곳에 **존재한다**는 것이다.

《부바르와 페퀴세》를 위한 플로베르의 초고로부터 이끌어 낸 이 짧은 에피소드는, 지극히 압축된 형태로 오리엔탈리즘의 특수한 근대적 구조의 틀을 보여 준다. 요컨대 오리엔탈리즘이란 19세기 유럽사상이 품었던 세속적(그리고 사이비 종교적인) 신앙 속의 한 가지 규율에 불과했다는 것이다. 우리는 중세와 르네상스 시대를 통하여 연면히 이어져 온 동양에 관한 사고의 전반적 시야의 특징을 밝혀 왔다. 그 경우 이슬람은 동양의 본질적 요소였다. 그러나 18세기가 되면, 새로이 나타날 복음주의의 단계를 암시하는 새롭고 밀접하게 연관된 여러 요소가 출현했다. 플로베르는 그 새로운 단계의 윤곽을 뒤에 재창조하게 된 것이었다.

그 제1의 요소로 동양은 이슬람의 여러 지역을 넘어 훨씬 멀리까지 확대되었다. 이 양적인 변화의 대부분은 유럽이 끊임없이 나머지 세계를 탐험하고, 그 탐구의 범위를 확대한 결과였다. 기행문학, 공상적 유토피아, 도덕적 항해기, 과학적 조사보고서의 영향이 증대됨에 따라 동양은 더욱더 분명하고 확대된 형태가 되었다. 가령 오리엔탈리즘이 그 많은 것을 18세기 마지막 3분의 1세기에 앙크틸과 존스가 이룩한 동양 발견의 결실에 빚지고 있다고 한다면, 그러한 발견은 이제 더욱 광대한 문맥 속에서 재조명되어야 했다. 그러한 문맥을 만든 것은 쿡[15], 부겐빌[16], 투르느포르[17]와 아단슨[18]의 여행, 드 브로스[19] 지사의 《남극항해기》, 태평양을 누빈 프랑스 상인들, 중국과 미국 대륙의 예수회 선교사들, 윌리엄 담피어[20]의 탐험과 보고, 유럽의 극동・극서・극남・극북에 거주하고 있는 것으로 믿어진 거인족・파타고니아인・야만인・원주민・괴물 등에 관한 수많은 억측이었다. 그러나 이와 같이 확대된 지평선의 중심에는, 반드시 유럽이 주된 관찰자로서(또는 골드스미스[21]의 《세계시민》[22]에서와 같이 주된 피관찰자로서) 특권적인 위치에 확고한 자리를 차지했다. 왜냐하면 유럽이 밖으로 향하여 확대되는 때에도 그 문화적인 힘의 의식은 강화되었기 때문이다. 인도회사와 같은 대규모 조직에 의해서만이 아니라, 여행자의 이야기로부터도 식민지가 창조되었고, 자민족 중심의 원근법이 확보되었다.*4

제2의 요소로서, 이질적이고 이국적인 것에 대하여 더욱 지적인 태도를 취하도록 조장한 사람들은 여행가와 탐험가뿐만이 아니라, 유럽의 경험과 더욱 오래된 다른 여러 문명과의 비교가 유효한 것임을 인정한 역사가들이기도 했다. 학자들이 신들의 대결이라고 형용한 18세기 역사인류학이 한 시대를 풍미한 것을 생각하면, 로마제국 멸망의 교훈을 이슬람의 융성 속에서 읽은 기번의 입장은, 비코가 근대문명을 야만적이

---

15) James Cook(1728~1779)은 영국의 항해가로 Captain Cook으로 유명하다.
16) Louis Antoine de Bougainville(1729~1811)은 프랑스의 항해가.
17) Joseph Pitton de Tournefort(1656~1708)은 프랑스의 식물학자.
18) Michel Adanson(1727~1806)은 프랑스의 식물학자.
19) Président do Brosses(1709~1777)는 브루코류의 지사.
20) Willian Dampier(1662~1715)는 영국의 항해가이자 해적.
21) Oliver Goldsmith(1728~1774)는 아일랜드 태생의 영국 시인, 소설가, 극작가.
22) 《세계시민 The Citizen of the World》(1762)는 런던에 사는 가공의 중국인을 설정하고, 그가 영국사회의 여러 가지 측면에 대하여 느낀 바를 편지 형식으로 쓴 수필.

면서도 시적인 그 최초의 빛나는 문명과 관련하여 이해한 것과 마찬가지로 이해된다. 르네상스 역사가들은 동양을 확고하게 적이라고 판단한 반면, 18세기 역사가들은 때로는 초연한 태도로, 때로는 동양의 문헌자료를 직접 취급하려고 시도하는 태도로 동양의 특수성에 직면했다. 왜냐하면 필경 이러한 기술이 유럽인의 더욱 훌륭한 자기이해에 기여하기 때문이었다. 조지 세일의 《코란》 번역과 그 서문은 이러한 변화를 잘 보여 준다. 세일은 그의 선배들과는 달리, 아랍의 역사를 아라비아어 사료에 근거하여 다루고자 했다. 나아가 그는 이슬람교도 주석가들에게 성전에 관하여 말하게 했다.[5] 세일이 18세기에 보여 준 단순한 비교주의는, 그 뒤 19세기적 방법론이 자랑하는 비교연구(문헌학, 해부학, 법학, 종교학)의 초기 단계를 나타낸 것이었다.

그러나 사상가들의 일부에는 비교연구와 '중국으로부터 페루까지' 확대되는 인류의 비교에 의한 명확한 개관에 만족하지 않고, 그것을 대상의 공감적 동일화 sympathetic identification에 의해 초월하고자 하는 경향도 존재했다. 이것이 근대 오리엔탈리즘의 길을 준비하는 제3의 18세기적 요소이다. 오늘날 우리가 역사주의라고 부르는 것은 18세기적인 관념이다. 그중에서도 비코, 헤르더, 하만[23]의 신념에 따르면, 어떤 문화도 유기적이며 내적인 일관성을 가지고 하나의 정신, 영혼, **풍토**, 민족이념에 의해 통합되어 있는 것이므로 외부인이 그것을 통찰하고자 한다면, 역사적 공감이라는 행위에 의해서만 비로소 가능하다. 그리하여 헤르더의 《인류역사의 철학사상》(1784~1791)에서는 다양한 여러 문화가 파노라마와 같이 전시되어 있으나, 각각의 문화에는 적대적이고 창조적인 정신이 가득하고, 관찰자는 자신의 편견을 버리고 오직 **감정이입**에 의해 각

---

23) Johan Georg Hamann(1730~1788)은 독일의 철학자.

각에 접근할 수 있다고 했다. 헤르더 등에 의해 주장된 인민주의적이고 다원론적 역사의식이 침투한[6] 18세기 정신에서는 서양과 이슬람 사이를 갈라놓은 도그마적 장벽을 깰 수 있었고, 서양과 동양 사이의 숨겨진 친척관계 요소를 인정할 수도 있었다. 나폴레옹의 경우는 이러한(보통은 선택적이었으나) 공감에 의한 동일화의 유명한 보기이다. 모차르트[24]도 그러한 보기라고 할 수 있다. 곧 그의 〈마술피리〉(이 작품에서는 프리메이슨의 코드와 온화한 동양의 비전이 섞여 있다)와 〈후궁 탈출〉은 특히 관용적인 인간성을 동양에 설정하고 있다. 그리고 이 점이 '터키풍' 음악의 유행보다도 더욱 공감적으로 모차르트를 동양으로 이끌었던 것이다.

그러나 동양에 대하여 모차르트가 품었던 직감과, 동양을 오직 이국적인 곳으로 보는 낭만주의 이전과 낭만주의적 표상의 전체 범위로부터 구별하기란 매우 어렵다. 18세기 후반부터 19세기 초엽까지 통속적인 오리엔탈리즘(동양 취미)이 상당한 인기를 얻었다. 그러나 윌리엄 벡퍼드, 바이런, 토머스 무어[25], 괴테의 작품 속에서 쉽게 확인할 수 있는 이러한 유행 현상도, 중세 이야기, 중세풍 전원시, 야만인의 영광과 잔혹에 대한 상상에 대한 관심으로부터 간단히 분리할 수 없다. 따라서 동양적 표상은, 어떤 경우에는 피라네시[26]의 감옥과, 다른 경우에는 티에폴로[27]의 사치스러운 분위기와, 또 어떤 경우에는 18세기 후반의 회화에 나타나는 이국적 숭고미와 연결될 수 있었다.[7] 19세기가 되면 들라크루아[28]를 비롯한, 문자 그대로 수십 명의 프랑스와 영국 화가들의 작품 속

---

24) Wolfgang Amadeus Mozart(1756~1791)는 오스트리아의 작곡가로서 우리에게 널리 알려져 있다.
25) Thomas Moore(1779~1852)는 아일랜드의 시인.
26) Giambattista Piranesi(1720~1780)는 이탈리아의 동양화가로서 판화집 《가공의 감옥 *Carceri d'Invenzioni*》(1745) 등으로 유명하다.
27) Giovanni Battista Tiepolo(1696~1770)는 이탈리아의 화가.

에 나타나는 동양 풍속화에 의해, 표상이 시각표현으로 변화되고 독자적인 생명을 갖게 되었다(유감스럽지만 이 책에서는 이 점에 관하여 논의할 여유가 없다). 관능성, 희망, 공포, 숭고함, 목가적 즐거움, 열렬한 에너지라는, 18세기 후반 유럽에서 낭만주의 이전의, 전문적 기능 이전의 오리엔탈리즘이 갖는 상상력 속의 비유형상으로서 동양은, 실제로 '동양적'이라는 (형용사로) 불린 카멜레온적인 성질의 것이었다.[28] 그러나 이와 같이 자유롭게 유동하는 동양은 학문적인 오리엔탈리즘의 도래와 함께 철저히 단절되었다.

오리엔탈리즘의 근대적 구조에 이르는 길을 준비한 제4의 요소는, 자연과 인간을 유형으로 분류하려는 모든 충동이었다. 이 점에 관하여 가장 위대한 이름이 린네[29]와 뷔퐁이라는 것은 말할 필요도 없다. 하지만 신체적인(그리고 도덕적·지적·정신적인) 확대―곧 사물의 전형적인 물질성―를 단순히 바라보는 것으로부터, 특징적인 요소를 정확하게 측정하는 대상으로 변환시킬 수 있는 지적 과정은 지극히 넓은 범위에 미쳤다. 린네에 의하면, 어떤 자연의 유형에 주어진 의견은 모두 "수량, 형태, 비율, 상황의 연구결과여야 한다"는 것이고, 실제로 칸트, 디드로, 존슨의 저서를 읽어 보면, 일반적인 특색을 각색하고 방대한 수의 대상을 더욱 소수로 만들어 질서를 부여하며 서술할 수 있는 **유형**으로 환원시키려는 유사한 경향이 여러 곳에 존재함을 알 수 있다. 박물학, 인류학 또는 문화의 개괄화에서 하나의 유형은 고유한 **특징**[30]을 가지며, 그

---

28) Ferdinand-Victor-Eugène Delacroix(1798~1836)는 프랑스의 화가.
29) Carolus Linnaeus(1707~1778)는 스웨덴의 식물분류학자
30) *character*란 푸코의 용어로서(프랑스어로는, *charactere*), 어떤 사물을 다른 사물로부터 구별한다는 뜻이나, 고전주의 시대의 사고, 특히 박물학에 관하여 사용된 경우 그것은 보다 특수한 뜻을 갖는다. 곧 단순한 특징을 넘어서서 그 사물을 더욱 잘 나타내는 이름(기호), 나아가 만물의 일람표 속에서 그 사물의 위치를 표시하기 위하여 사용된다.

특징이 관찰자 한 사람의 지시(명칭), 그리고 푸코가 "하나의 통제된 전이轉移"[31]라고 부른 것을 부여했다. 이러한 유형과 특징은 하나의 시스템, 곧 상관되는 일반화의 네트워크에 속했다. 따라서 다음과 같다고 할 수 있다.

> 어떠한 지시도, 다른 모든 가능한 지시와 관련되어 행해져야 한다. 어떤 개체에 고유한 것을 인식한다는 것은, 그 밖의 모든 개체의 분류를(또는 그것들을 분류하는 가능성을) 자기의 것으로서 갖는 것이다.[9]

우리는 철학자, 역사가, 백과전서가, 수필가의 저술 속에서 지시로서의 특징character-as-designation이 생리학적·도덕적 분류로 나타나고 있음을 발견한다. 예컨대 야만인, 유럽인, 아시아인 등처럼 말이다. 이것은 물론 린네의 저술에도 나타나고 있으나, 동시에 몽테스키외, 존슨, 블루멘바흐[32], 죄머링[33], 칸트와 같은 사람들의 책에서도 볼 수 있다. 생리학적이고 도덕적인 특징은 다소 균등하게 분배되어 있다. 예컨대 아메리카 인종은, "적색·담즙질choleric·경직", 아시아 인종은 "황색·흑담질melancholy·강직", 아프리카 인종은 "흑색·점액질phlegmatic·이완"이라는 것이다.[10] 이러한 특징은 그 뒤 19세기에 와서 전이라는 발생학적 유형의 특징과 결부되면서 위력을 발휘했다. 예컨대 비코와 루소에서는, 연극적이고 다분히 조형적이라고도 할 수 있는 비유형상—원시인,

---

분류명임과 동시에 명명법이기도 한 박물학의 목적은 바로 그것의 추구이며, 보편적인 특징서술은 그것을 사고의 모든 대상에 미치고자 하는 시도이다.

31) derivation(프랑스어로는 *derivation*)이란 박물학의 영역에서는, 기호와 그 본래의 내용의 관계 변화에 관하여 사용된다.
32) Johann Friedrich Blumenbach(1752~1840)는 독일의 의학자, 인류학자.
33) Samuel Thomas von Soemmerring(1755~1830)은 독일의 해부학자, 생물학자.

거인, 영웅—이 현존의 도덕적·철학적, 나아가 언어적인 여러 문제의 기원이라는 것을 정확하게 보여 주어 도덕적인 총괄화의 힘이 더욱 높아졌다. 그리하여 동양인이 언급 대상이 되는 경우, 그의 '원초적' 상태, 일차적인 여러 특징, 고유한 정신적 배경이라는 발생학적인 일반개념의 특유한 표현으로 언급되었다.

지금까지 말한 네 가지 요소, 곧 확대, 역사적 대결, 공감, 분류는 근대 오리엔탈리즘에 특유한 지적·제도적인 구조가 의거했던 18세기적 사상의 조류이다. 지금부터 살펴보는 바와 같이, 이것들이 없이는 오리엔탈리즘은 출현할 수 없었으리라. 덧붙여 얘기하면, 이러한 여러 요소로 인하여 동양 일반, 특히 이슬람은 종래와 같이 기독교적인 서양에 의해 협소한 종교적 모색을 통하여 검토되지(판단되지) 않게 되었다. 달리 말하면 근대 오리엔탈리즘은 18세기 유럽문화 속의 이러한 세속화를 촉진시키는 여러 요소에서 비롯되었다. 먼저 제1의 요소에 의해 동양이 지리적으로는 동쪽을 향하여, 시간적으로는 과거를 거슬러 올라가서 확대된 결과, 《성서》적인 틀이 완전히 이완되었고, 마침내 해체되었다. 지극히 보잘것없는 달력과 지도밖에 갖지 못한 기독교나 유대교만을 참조하지 않고 인도, 중국, 일본, 수메르, 나아가 불교, 산스크리트, 조로아스터교, 《마누법전》까지 참조하게 되었다. 제2의 요소에 의해 역사 그 자체가 과거보다도 더욱 근원적으로 인식되었음과 동시에 비유럽문화와 비유대-기독교문화를 교회정치의 한 주제로 환원시키지 않고 역사적으로 다루는 능력도 강화되었다. 유럽을 정확하게 이해한다는 것은, 동시에 이전에는 도달할 수 없었던 시간적·문화적 변경과 유럽 사이의 객관적인 여러 관계를 이해하는 것이기도 했다. 어떤 의미에서 세고비아의 호안이 구상한 유럽과 동양 사이의 '토론회'가[34] 실현되었다고는 할 수 있으나, 단 그것은 완전히 세속적인 방법에 의한 것이었다. 기번은 마호메트를 마술과 거짓 예언자 사이를 배회하는 악마적인 대악당으로서가 아니라, 유럽에 영향을 끼친 역사적 인물로 취급할 수 있었다. 제3의 요소에 의해, 주변 지역이나 문화와의 선택적 동일화는, 지금까지 야만인의 무리와 그것을 향해 전투 형태를 갖춘 신자들의 공동체라고 하는 양극구조의 원흉이 된, 완고한 자아와 자기인식을 누그러뜨리게 되었다. 그 결과 더 이상 기독교적인 유럽세계의 경계선이 세계관의 역할을 수행하지 않게 되었다. 곧 인간들의 연대와 인류의 가능성이라는 개념—국지적인 것과는 반대의 개념—이 지극히 폭넓고 보편적인 정통성을 확보했다. 제4의 요소에 의해 지시와 전이의 가능성이 세련되었고, 비코가 말한 비유대인적이고 성스러운 여러 국민이라는 범주를 초월하였듯이 인류의 분류법도 체계적으로 다양화되었다. 인종, 피부색, 혈통, 기질, 성격 그리고 유형이 기독교도를 다른 것과 구분하는 것을 압도했다.

그러나 이러한 상호 연관된 여러 요소가 세속화를 추진하는 경향을 나타내었다고 하여도, 인간의 역사 · 운명 · '실존적 패러다임'의 낡은 종교적 여러 패턴이 간단히 없어지지는 않았다. 도리어 그것들은 이미 열거한 여러 가지 세속적인 틀 속에 재구성되었고 재배치되었으며 재배분되었다. 왜냐하면 동양을 연구하는 사람은 누구나 분명히 이러한 세속적인 틀에 대응하는 세속적인 어휘를 필요로 했기 때문이었다. 그러나 설령 오리엔탈리즘이 그러한 어휘나 개념의 저장고이며, 그것을 구사하는 여러 가지 기술을 공급했다—그것이야말로 18세기 말 이래의 오리엔탈리즘이 실제로 **행한** 것이고, 실제로 오리엔탈리즘이란 그러한 **것이었다**—고 하여도, 오리엔탈리즘은 재구성된 종교적 충동, 곧 자연화된 초자연적인 신앙을 그 담론의 조류로 제거하지 않고 계속 보존했

---

34) 제1부 제2장 117쪽 참조.

다. 내가 분명히 밝히고 싶은 것은, 오리엔탈리즘의 이 충동이 오리엔탈리스트의 자아개념, 동양개념, 규율개념 밑에 존재했다는 점이다.

근대 오리엔탈리스트들은 동양의 애매함, 소외감, 기이함을 적절하게 판단하고, 그것들로부터 동양을 구출하는 영웅이라고 자처했다. 샹폴리옹이 로제타스톤[35]으로부터 이집트의 상형문자를 재구성한 것과 같이, 그들의 연구는 동양의 없어진 언어와 관습, 나아가 심성까지도 재구성한 것이었다. 오리엔탈리즘에 고유한 여러 가지 기술, 즉 사전 편찬, 문법, 번역, 문화의 암호 해설 등에 의해 고대의 고전적 동양이 갖는 가치와 문헌학, 역사학, 수사학, 교의 논쟁이라는 전통적 학문 분야가 갖는 가치가 복구되었고, 생생하게 되었으며, 재주장되었다. 그러나 이 과정에서 오리엔탈리즘의 학문 분야는 그 본래의 형태 그대로 존속될 수 없었고, 변증법적으로 변화되었다. 동양은, 오리엔탈리즘의 통상적인 연구 대상인 '고전적' 형태에서도 근대화되었고, 현대에 복원되었다. 곧 전통적인 학문 분야도 동시대의 문화 속에 도입되었다. 그러나 이들은 **권력의** 흔적을 간직하고 있었다. 그 권력이란 동양을 소생시키고, 참으로 그것을 창조하는 것이었으며, 문헌학적·인류학적 개괄화라고 하는 새롭고 과학적인 고도의 테크닉 속에 존재하는 것이었다. 요컨대 오리엔탈리스트는 동양을 근대성 속에 이전시킴으로써 과거의 낡은 세계를 창조한 신과 같이 새로운 세계를 창조한 인간, 세속적인 창조주로서 스스로의 방법과 입장을 축복할 수 있었다. 이러한 방법과 입장이 개별 오리엔탈리스트들의 생애를 넘어 지속된 데에는, 계속성이라는 세속적인 전통, 곧 훈련된 방법론자라고 하는 세속의 한 계급이 존재했다. 그리고 그들의 형제적 관계는 혈연에 근거한 것이 아니라 공통의 담론, 실천,

---

[35] *Rosetta Stone*은 1799년 이집트의 로제타에서 발견되어 상형문자 해독의 실마리가 된 돌 비석.

도서관, 수용 사상, 요컨대 그 계급에 속한 사람 전원에게 공통된 찬가에 근거한 것이었다. 플로베르는 근대 오리엔탈리스트가 조만간 부바르와 페퀴세와 같이 필경사로 타락할 것을 예견할 수 있을 정도로 선견지명이 있었다. 그러나 실베스트르 드 사시와 에르네스트 르낭이 활약한 초기 단계에는 이러한 위험은 아직 표면에 나타나지 않았다.

내가 주장하는 바는, (현대 오리엔탈리즘의 근본이 된) 근대 오리엔탈리즘의 이론과 실천을 가장 중요한 국면에서 파악하려고 한다면, 그것은 동양에 관한 객관적 지식에 별안간 접근하는 것이 아니라, 과거로부터 상속되어 왔고, 세속화되어 왔고, 재배치되어 왔으며 나아가 문헌학과 같은 학문 분야에 의해 변형된 한 세트의 구조물로 이해하여야 한다는 것이다. 그리고 그러한 학문 분야도 기독교적인 초자연 신앙이 자연화되고 근대화되며 세속화된 대체물(또는 변형)에 다름 아니었다. 동양은 새로운 텍스트나 관념의 형태를 취하여 이러한 구조에 순응하였다. 존스와 앙크틸과 같은 언어학자나 탐험가도 분명히 근대 오리엔탈리즘에 공헌했다. 그러나 근대 오리엔탈리즘에 대해 하나의 분야로, 하나의 관념군으로, 하나의 담론으로 그 특색을 발휘하게 한 것은 그들보다 후대의 세대들이었다. 만일 우리가 나폴레옹 원정(1798~1801)을 근대 오리엔탈리즘에 가능성을 부여한 최초의 경험이라고 한다면, 오리엔탈리즘의 선구적인 영웅들―이슬람 연구에 공헌한 사시, 르낭, 레인 등―이 이 분야의 건설자들이고, 전통의 창조자이며, 오리엔탈리스트 간에 맺어진 형제관계의 시조라고 볼 수 있다. 사시, 르낭, 레인이 이룩한 것은 오리엔탈리즘을 과학적·합리적인 기초 위에 세우는 것이었다. 그 결과 그들 자신의 모범적인 저술이 생겨났을 뿐만 아니라, 오리엔탈리스트라면 누구나 공유하여 이용할 수 있는 어휘와 관념이 창조되었다. 그들이 오리엔탈리즘을 개척한 것은 주목할 만한 위업이었다. 이것에 의해 과학적인 전문용어의 사용이 가능하게 되었다. 그것은 애매함을 없애고, 대신 동양을 조명하기 위한 특별한 형식을 확립했다. 곧 오리엔탈리스트라고 하는 인물상이 동양을 **대표하는** 중심적 권위로 확립되었고, 특별하게 일관된 내용을 갖는 오리엔탈리즘 저술이 정통성을 확보했다. 또 그 후 동양을 **대변하기** 위한, 담론에 근거한 일종의 통화가 문화적으로 광범하게 유통되었다. 그리고 무엇보다도 그러한 선구자들의 작업에 의해 하나의 연구 영역과 하나의 가족을 구성하는 여러 관념이 창출되었고, 이어서 그것들이 학자의 공동체를 만들어 내었다. 그 공동체의 계보, 전통, 야심은 그 연구 영역의 내부에 분명히 내재화함과 동시에 일반의 위신을 얻기에 충분할 정도로 외재화되었다. 19세기가 되어 유럽이 동양을 침략하면 침략할수록, 오리엔탈리즘은 더욱더 대중적인 신용을 얻었다. 그러나 설령 이러한 대중적 신용의 확보가 창조성의 상실과 일치했다고 하여도 그것은 그렇게 놀라운 것은 아니었다. 왜냐하면 오리엔탈리즘의 양식은 처음부터 재구성되고 반복된 것이기 때문이다.

 마지막으로 언급할 것은 이 제2부에서 취급하는 18세기 후기와 19세기의 관념, 제도, 인물상이 사상 최대라고 해야 할 영토 확보 시대 제1국면의 중요 부분이며, 그 결정적인 전개형태라는 것이다. 제1차 세계대전 말까지 유럽은 지상의 85퍼센트를 식민지로 차지했다. 따라서 근대 오리엔탈리즘이 제국주의와 식민주의의 일면이었다고 단언하여도 크게 문제될 여지가 없다. 그러나 그것만을 지적하는 것으로는 불충분하다. 그것은 분석적이고 역사적으로 검증될 필요가 있다. 나는 근대 오리엔탈리즘이 단테나 데르브로의 경우와 같이 식민지화 이전의 시대적인 의식을 가졌던 것과는 달리, 조직적인 규율을 어느 정도까지 **축적**하였는가를 분명히 밝히는 데에 흥미를 갖고 있다. 그것은 지적·이론적인 특징을 지니는 것에 그치지 않고, 오리엔탈리즘을 숙명적으로 인간과 영토의 체계적인 축적으로 향하게 한 것이었다. 사멸하여 상실된 동양의 언어를 재구성하는 것은, 궁극적으로 사멸되어 무시된 동양을 재구성하는 것이었다. 그리고 재구성의 정확함과 과학성, 나아가 상상력까지, 그 뒤에 동양의 대지에서 군대, 행정부, 관료조직이 행한 경로를 준비할 수 있는 것을 뜻했다. 오리엔탈리즘이 지금까지 옹호하여 온 것은, 지적 및 예술적인 성공을 위해서만이 아니라 그 뒤에 발휘된 유효성, 유용성, 권위에 대한 것이었다. 이 문제는 분명히 중대한 관심을 불러일으킬 만한 가치를 갖는다.

제2장

실베스트르 드 사시와 에르네스트 르낭
: 합리주의적 인류학과 문헌학적 실험실

실베스트르 드 사시의 일생에서 두 가지의 중요한 주제는, 영웅적인 노력 그리고 교육적·합리적 유효성에 관한 헌신적인 감각이었다. 1758년 대대로 **공증인**을 직업으로 삼은 얀센파[1] 가계에서 태어난 앙투안-이삭-실베스트르는 베네딕트파 수도원에서, 먼저 아라비아어, 시리아어, 칼디어, 히브리어를 개인적으로 배웠다. 그중에서도 특히 아라비아어는 사시의 눈앞에 동양을 열어 준 언어였다. 왜냐하면 조셉 레이노[2]가 서술했듯이, 성스러운 자료이든 세속적인 자료이든 간에 당시로서 가장 오래되고 가장 계몽적인 동양관계의 자료가 아라비아어로 쓰였기 때문이다."[11] 사시는 왕정주의자였음에도 불구하고 당시 막 창설된 '현대동양어학교'의 초대 아라비아어 교사로 1796년[3]에 임명되었고,

---

1) 17세기 네덜란드 신학자 Jansen이 주장한 예정설을 믿는 사람들.
2) Joseph Reinaud(1795~1807)는 프랑스의 동양학자.
3) 사이드는 1769년이라고 하나 1796년의 오류이다.

1824년에는 그 학교의 교장이 되었다. 또 1805년 이래 프랑스 외무부 전속 오리엔탈리스트가 되었음에도 1806년에는 콜레주 드 프랑스의 교수가 되었다. (1811년까지 무급의) 전속이었던 그의 첫 일은 육군본부의 공모나, 1806년 나폴레옹이 러시아 정교회를 징계하기 위하여 '이슬람교도의 광신'을 선동하고자 발표한 선언을 번역하는 것이었다. 그러나 그 후에는 오랫동안 미래의 학자와 프랑스의 동양어 통역관을 양성했다. 1830년 프랑스가 알제리를 점령했을 때, 알제리아인에 대한 포고문을 번역한 것도 사시였다. 그는 동양관계의 모든 외교문제에 관하여 외무부장관, 때로는 육군장관의 정기적인 자문에도 응했다. 그 후 75세가 되어 다시에르[4]의 후임으로 금석문연구소장에 취임했고, 동시에 왕립도서관의 동양관계 사본 관리 책임자가 되었다. 그 길고도 탁월한 일생을 통하여 그는 당연하게 혁명 후 프랑스의 (특히 동양연구 분야의) 교육개편과 뗄 수 없는 관계가 되었다."[12] 그리고 1832년 사시는 큐비어와 함께 프랑스의 새로운 귀족으로 임명되었다.

  사시의 이름이 근대 오리엔탈리즘의 초창기와 결부되는 것은, 그가 단순히 (1822년에 창설된) 아시아협회의 초대회장이었기 때문만이 아니다. 이는 그가 오리엔탈리즘이라는 직업 앞에 완전히 체계화된 텍스트의 총체, 하나의 교육적 실천, 하나의 학문적 전통, 동양에 관한 학술과 공공 정책의 중요한 연결을 제시했기 때문이다. 빈 교회회의 이래 유럽에서 처음으로 자각적인 방법론적 원리가, 그의 작업 속에서 학문상의 규율과 동시에 작용하게 되었다. 또한 그 못지않게 중요한 것은, 사시가 자신을 수정주의적인 사업의 출발점에 선 인간임을 언제나 자각했다는 점이었다. 그는 자각적인 창시자였다. 나아가 더욱 중요한 점이, 여기의

---

4) Joseph Dacier(1742~1833)는 프랑스의 작가.

일반적인 논제로부터 말하자면, 그가 저술을 하면서 마치 세속화된 성직자와 같이 행동했으며, 그에게 동양과 제자들은 각각 교의와 교구민 같았다는 점이다. 사시와 동시대인이며 그의 숭배자이기도 했던 드 브로리 공작[5]의 말을 빌린다면, 사시의 연구는 학자의 자세와 《성서》설교사의 매너를 조화시킨 것이었고, 사시라는 인물은 "라이프니츠[6]의 목표와 보셰[7]의 노력"을*13 조화시킬 수 있었던 유일한 인간이었다. 따라서 사시의 저서는 모두, 학생들을 대상으로 정하여 말하는 형식으로 쓰여졌고(1799년에 출판된 처녀작인 《일반문법의 원리》의 경우 학생이란 그의 아들이었다), 나아가 그곳에 제시되는 것은 어떤 새로운 것이 아니라, 이미 이루어져서 말해지고 또는 쓰여진 최고의 부분을 발췌하여 개정한 것이었다.

이러한 두 가지 특징, 즉 학생에 대하여 교육적인 저서를 제시하고, 동시에 개정과 발췌에 의한 반복의 의도를 분명히 인정하는 것은 매우 중요하다. 사시의 필치는 언제나 담화 형식이었고, 그의 문장에는 일인칭 대명사, 인칭에 의한 한정, 또는 현장감을 높이기 위한 수사기교가 산재해 있다. 사시의 가장 난해한 문장(예컨대 3세기 사산 왕조[8]의 고대 화폐학에 관한 학문적 고찰 등의 문장)을 읽을 때에도, 독자는 그것이 펜으로 쓴 글자가 아니라 도리어 소리로 듣는 이야기같이 느끼게 된다. 그의 연구 기조는 《일반문법의 원리》에 쓰인, 자기 아들에 대한 헌사의 시작 부분에 포함되어 있다. "귀여운 아들이여, 이 이야기는 너를 위하여 썼다"라는 부분은, 곧 내가 너를 위하여 이 책을 쓴(또는 말한) 것은 네가 이

---

5) Achille-Chares-Léonce-Victor Duc de Broglie(1785~1870)는 프랑스의 정치가.
6) Gottfried Wilhelem von Leibniz(1646~1716)는 독일의 철학자이자 수학자.
7) Jacques Bénigne Bossuet(1627~1704)는 프랑스의 신학자.
8) 페르시아의 중세 왕조.

러한 사항을 알 필요가 있기 때문이고, 그것들이 간단하게 손에 들어오는 형태로는 존재하지 않으므로, 내가 스스로 너를 위해 이 작업을 하지 않을 수 없었다는 것이다. 여기에는 직접적 화법, 노력, 직접적이고 은혜적인 합리성이 있다. 어떤 것이든 간에, 그리고 그 달성이 얼마나 곤란하고 그 주제가 얼마나 애매하든 간에, 그것을 명석하고 합리적인 것으로 변화시킬 수 있다는 것이 사시의 신념이었다. 여기에는 보셰의 엄격함과 라이프니츠의 추상적인 인도주의가 루소의 **어투**와 함께 같은 스타일 속에 동거하고 있다.

사시의 어투에는 하나의 원형을 만들어 내고, 그 속에 그와 청중을 집어넣어 일반 세상과 단절시키는 효력이 있다. 그것은 마치 교사와 학생이 폐쇄된 교실 속에서 하나의 폐쇄된 공간을 만들어 내는 것과 같았다. 동양연구의 소재는 물리학, 철학, 고전문학의 소재와 달리 신비로운 것이었다. 이는 이미 동양에 흥미를 갖고 있지만 동양을 더욱 조직적인 방식으로 좀 더 많이 잘 알고자 희망하는 자에게 중대한 의미를 갖는다. 그리고 여기서 교육적인 규율은 매력적일 뿐만 아니라 더욱 효과적이기도 하다. 따라서 교육자로서 담화자는 그의 소재를 제자들에게 **제시**하고, 제자들은 주의 깊게 선택되고 배열된 제목이라는 형태로 그것들을 제공받은 그대로 받아들이면 된다. 동양은 오래되고도 먼 것이기 때문에, 교사에 의한 제시란, 이미 소멸된 것을 더욱 넓은 시야에서 복원하는 것, 곧 재환상re-vision을 만드는 것이다. 그리고 또한 (공간, 시간, 문화 속에서) 한없이 풍부한 동양을 완전히 보여 줄 수 없기 때문에, 그 가장 대표적인 여러 부분만을 선택할 필요가 있다. 그리하여 사시의 노력은 사화집, 명문집, 일람표, 일반원리의 개설에 집중되었다. 그리고 비교적 소수의 유효한 보기의 집합에 의해 동양이 학생들에게 전수되었다. 이러한 보기가 유효한 이유는 두 가지이다. 첫째 너무나 멀고 너무나 이상한 동양으로부터 지금까지 은폐되어 온 것을 주의 깊게 끄집어 내고자 하는 서양적 권위로서 사시의 힘이 이러한 보기에 반영되어 있기 때문이다. 둘째는 이러한 보기들이 동양을 의미하는 기호의 힘을 내재하고 있기(또는 오리엔탈리스트에 의해 받아들여져 있기) 때문이다.

사시의 작업은 모두 본질적으로 편찬적인 성격을 띤다. 곧 격식을 차리는 교사의 작업이자 동시에 부지런한 개정자의 작업이었다. 그는《일반문법의 원리》이외에《아랍 명문집》3권(1806·1827), 아라비아어 문법의 범례집(1825), (국립학교 학생을 위해 쓴) 1810년의 아라비아어 문법, 아라비아 시의 운율과 드루즈파 종교에 관한 여러 논문, 동양의 화폐·고유명사·비문·지리·역사·도량형을 주제로 한 무수한 소논문을 썼다. 또 그는 수많은 번역을 했으며《칼릴라와 딤나》[9]와 알-하리리의《마가마트》[10]를 상세히 주해했다. 나아가 편집자, 회상록의 작가, 근대적 학문을 익힌 역사가로서도 정열적으로 활약했다. 사시는 다른 여러 관련 분야에서도 중요한 것은 거의 모두 '손댔으나', 그 자신의 저술은 그 지향을 단 하나에 집중시켰고, 비오리엔탈리스트의 입장에서 본다면 그의 업적은 좁은 실증주의자의 범위를 넘지 못했다.

그러나 1802년, 프랑스학술원이 1789년 이래의 인문·자연과학의 현상과 발전에 관한 '일람표'의 작성을 나폴레옹으로부터 위탁받았을 때, 사시도 그 집필자 중의 한 사람이 되었다. 그는 전문적 연구자로서는 가장 엄격했고, 종합적 연구자로서는 역사가적인 경향이 가장 강했다. 공

---

9) 《칼릴라와 딤나 Calila and Dumna》는 중세 페르시아어로 번역된 산스크리트의 우화인 '판차탄트라'의 아라비아어 번역. 압바스조의 관리인 이븐 알-무카파(720~756)에 의해 번역되었다.
10) 《마가마트 Maqamat》는 '사람이 모이는 장소'라는 뜻으로 설화 형식에 의한 아랍 운문산문 문학의 한 장르이다. 10세기에 알-하마자니에 의해 창시되어, 50편의 작품을 쓴 알-하리리에 의해 대성되었다.

식적으로 알려져 있지는 않으나, 이 다시에르의 보고서는 동양연구의 현상에 관한 사시의 기고 논문을 포함하는 동시에 사시가 특히 좋아하는 것들을 구체화한 것이었다. 《프랑스학술의 역사적 일람표》라는 다시에르 보고서의 표제는 (신학적 의식에 대립하는 것으로서) 새로운 역사의 식을 표명하고 있다. 이러한 의식은 연극적인 것이다. 왜냐하면 학문이 소위 무대 위에 정렬되어 그 총체가 쉽게 개관될 수 있기 때문이다. 국왕[11]에게 바친 다시에르의 서설은 그 주제를 완전하게 서술하고 있다. 곧 이러한 종류의 개관은, 어떤 군주라도 과거에 시도한 적이 없는 감행으로서, **한눈에** 인류 지식의 전모를 간파할 수 있도록 한 것이므로, 만일 이러한 **역사적 일람표**가 과거에 작성되었다면, 상실되거나 파괴된 다수의 걸작이 오늘날까지 보존되었을지도 모른다고 다시에르는 말했다. 그러므로 이 일람표의 장점과 유용성이란, 지식을 보존하고 그 지식을 직접 확보할 수 있는 것으로 만드는 것이라고도 했다. 다시에르는 이러한 작업이 나폴레옹의 동방원정에 의해 쉽게 행해졌다는 점도 언급하였다. 곧 당시 지리학적 지식의 수준이 향상된 것은, 나폴레옹 원정의 성과 때문이었다고 했다(이러한 **역사적 일람표**의 연극적 형태에 필적하는 유용성을 갖는 것이 사실 현대의 백화점 아케이드나 매장뿐이라는 것은, 다시에르의 서문 전체 속에 잘 나타나 있다).*[14]

오리엔탈리즘의 초창기를 이해하는 데에 《프랑스학술의 역사적 일람표》가 중요한 의미를 갖는 이유는, 그것이 오리엔탈리즘의 지식 형태와 그 상세한 면모를 부각시킴과 동시에, 오리엔탈리스트와 그가 다루는 주제의 관련도 다루고 있기 때문이다. 사시는 오리엔탈리즘에 관한 논문 속에서—다른 글에서와 마찬가지로—자신의 작업은 세상에 알려지

---

11) 황제 나폴레옹.

지 않은 방대한 양의 자료를 **밝혀 내고, 조명하여, 구출하는** 것이라고 말했다. 무엇 때문인가? **학생 앞에 보이기 위해서였다.** 왜냐하면 그 시대의 학식 있는 모든 사람들과 마찬가지로 사시 또한, 학문적 연구란, 모든 학자가 함께 구축하는 하나의 건조물에 어떤 적극적인 것을 부가하는 것이라고 생각했기 때문이다. 지식이란 본질적으로 어떤 소재를 **가시적인 것으로 만드는 것**이고, 일람표의 목적이란 일종의 벤담식 원형감시시설[12]을 건설하는 것이었다. 따라서 이러한 학문적 규율은 특수한 응용기술이었다. 곧 그것은 사용자(및 그의 제자들)를 위하여, (만일 그 사용자가 역사가라면) 지금까지는 간과해 온 여러 도구와 지식을 확보하는 것이었다."[15] 실제로 전문가의 힘과 전문지식의 확보라는 말은, 선구적인 오리엔탈리스트인 사시의 명성과 강하게 결부되었다. 그는 학자로서 영웅적 정신에 의해 극복하기 어려운 곤란을 성공적으로 다루어 왔다. 그는 학생들을 위하여 무인지경에 하나의 분야를 소개하고 그 수단을 확보했다. 드 브로리 공작이 사시에 관하여 서술했듯이, 사시는 책과 규칙 그리고 보기를 **만들었다.** 그 결과 동양을 둘러싼 소재, 그것을 연구하기 위한 방법, 동양인조차 가진 적이 없었던 보기를 만들어 냈다."[16]

---

12) 푸코의《감시와 처벌》에 의하면 벤담의 원형감시시설은 다음과 같은 것이다. "주위에는 원형의 건물, 중심에는 탑을 배치하고, 탑에는 원주에 그것을 둘러싼 건물의 내부에 면한 커다란 창을 몇 개 붙이는 것이다(탑에서 안뜰 너머 주위의 건물 속을 감시한다는 것이다). 주위의 건물은 독방으로 구분되며, 그 하나하나가 건물의 폭을 완전히 차지한다. 독방에는 창이 두 개 있는데 탑의 창에 대응하는 위치에 내부 측을 향하여 하나의 창이 나 있고, 외부 측에 면하는 또 하나의 창으로부터 빛이 독방을 통하도록 한다. 따라서 중앙의 탑 속에 감시인을 한 명 배치하고, 각 독방 내에는 광인, 병자, 수행자, 노동자, 생도 등을 한 사람씩 유폐하는 것으로 충분하다. 주위 건물의 독방 내에 있는 인간의 작은 그림자가 역광선의 효과로 빛 속에 떠오르는 자세를, 탑으로부터 파악할 수 있기 때문이다. 역광의 우리 수만큼 마찬가지로 작은 무대가 다수 있다고 말할 수 있는 것으로서 그곳의 각각의 배우는 단 한 사람으로서 완전히 개인화되며 끝없이 가시적이다." 박홍규 역,《감시와 처벌》(강원대학교 출판부, 1989, 260쪽)

프랑스학술원의 집필진에 가담한 그리스학자나 라틴학자의 작업과 비교하면, 사시의 작업은 엄청난 것이었다. 그 학자들에게는 텍스트와 관습 및 학파가 있었으나 사시에게는 없었다. 따라서 사시는 그것들을 만들어 내기 위하여 열심히 노력해야 했다. 사시의 저술 활동은 출발점의 핸디캡을 뒤에 와서 극복해야 한다는 역학의 강박성 속에서 이루어졌다. 따라서 그것에 투자한 그의 노력은 참으로 엄청난 것이었다. 사시는 다른 여러 분야의 집필자들과 마찬가지로, 지식이란—소위 원형감시와 같이—보는 것이라고 생각했다. 그러나 그들과 달리 그는, 먼저 무엇이 지식인가를 확인하여야 했을 뿐만 아니라 그 지식을 해독하고 해석하고 이용하게끔 만드는 더욱 어려운 작업도 이룩해야 했다. 사시의 공적은 하나의 전체를 만들어 낸 것이었다. 유럽인으로서 사시는 동양의 고문서를 섭렵했다. 나아가 그것은 프랑스를 떠나지 않고서도 가능했다. 어떤 텍스트든지 간에 그는 그것을 선택해서 자신의 것으로 만들었다. 그리고 그것을 상세히 관찰하고 주석을 달고 기호화하고 배열하고 해석했다. 당시 동양 그 자체는 오리엔탈리스트가 동양으로부터 만들어 낸 것만큼 중요하지는 않았다. 그리하여 오리엔탈리스트의 동양은 사시에 의해 교육적 일람표라고 하는, 밀폐된 논리적 조작의 장소에 끌어 넣어졌고, 그 후 스스로 현실 속에 그 모습을 나타내지 않게 되었다.

　사시는 지극히 지적인 인간이었기 때문에 자신의 견해와 자신의 실천을 항상 논의를 통하여 보강했다. 무엇보다도 먼저 그는 '동양'이 왜 자력으로는 늘 유럽인의 취미나 지성 또는 인내력을 이겨 내지 못하는가를 분명히 밝혔다. 사시는 아라비아 시와 같은 것에 나타난 유용성과 흥미로움을 옹호했다. 그러나 그가 진실로 말한 것은, 오리엔탈리스트에 의해 적절하게 변형되어야 비로소 아라비아 시는 감상의 대상으로 평가받을 수 있다는 점이었다. 그 이유는 대체로 인식론적인 것이었으나, 거기에는 오리엔탈리스트의 자기정당화도 포함되었다. 아라비아 시란, 유럽인이 알고 있는 풍토적·사회적·역사적 조건과는 엄청나게 다른 여러 조건 하에서 (유럽인의 입장에서 본다면) 완전히 이질적인 사람들에 의해 창조된 것이었다. 나아가 이러한 시는 "유럽인이 길고 고통스러운 연구를 거쳐 처음으로 습득할 수 있었던 가치판단, 편견, 신념, 미신" 등에 의해 길러진 것이었다. 설령 엄격한 전문적 훈련을 통과했다고 하여도 "더욱 고도의 문명에 도달한" 유럽인에게는, 그 시가 묘사하는 것의 대부분은 역시 접근하기가 어려울 것이다. 그러나 한편으로 우리 유럽인은 스스로의 외부적 속성, 신체적인 활동, 자연과의 관계를 위장하는 것에 익숙해져 있으므로 우리가 습득할 수 있는 것은 거기에서 큰 가치를 갖게 된다. 따라서 오리엔탈리스트는 상당히 광범위한 비일상적인 체험을 그의 동포가 이용할 수 있도록 하고, 히브리 민족의 '참으로 신성한' 시를 이해하는 데에 도움이 되도록 하는 문학의 일종을 동포의 공유재산으로 삼기 위하여, 더욱 도움을 주는 것이다.[17]

그리하여 오리엔탈리스트는 멀리 떨어진 동양의 심연으로부터 유익한 보석만을 낚아 올리기 때문에, 또 그 힘을 빌리지 않고는 동양을 알 수 없기 때문에 오리엔탈리스트라는 존재가 필요하며, 동양 문헌 자체를 통째로 취해서는 안 된다는 주장 또한 진실이다. 이것이야말로 사시가 도입한 단편斷片이론으로서 이는 당시 낭만주의에 공통된 관심이었다. 동양의 문학작품은 유럽인에게 본질적으로 맞지 않기 때문만이 아니라, 그것은 독자의 흥미를 충분히 지속시킬 만한 것을 포함하고 있지도 않으며, 충분한 '취미와 비판정신'에 의해 쓰여지지도 않았으므로 발췌하는 것 외에는 간행될 가치가 없다는 것이었다[18]. 그리하여 오리엔탈리스트는 일련의 표상적 단편에 의해 재출판되고, 설명이 가해지고, 주가 붙고, 나아가 많은 단편들을 주위에 배치한 단편들에 의해 동양을

제시하도록 요구받게 된다. 이러한 제시를 위해서는 특수한 장르가 요구되었다. 그것이 바로 명문집이었다. 사시의 경우, 오리엔탈리즘의 유용성과 흥미가 여기서 가장 직접적으로, 그리고 가장 유익한 형태로 제시되었다. 사시의 가장 유명한 책은《아랍 명문집》전 3권이다. 이 책은 내부에 운이 있는 아라비아어의 대구對句인 "근면한 학생을 위하여 즐겁고 유익한 책; 시와 산문의 단편을 모은 책"으로 소위 처음부터 봉인된 것이었다.

유럽에서는 사시의《아랍 명문집》이 여러 세대에 걸쳐 매우 광범위하게 사용되었다. 이러한《아랍 명문집》에 수록된 내용은 전형적인 것이라고 규정되었으나, 사실은 오리엔탈리스트가 동양에 가한 검열을 내부에 숨기고 은폐한 것이었다. 나아가《아랍 명문집》내용의 내부질서, 각 부분의 배열, 단편의 선택으로부터는 그 비밀을 알 수 없었다. 설령 각 단편이 그 중요성이나 시간적인 발전 순서나 심미적 이유 때문에 선택되지 않았다(바로 사시의 경우와 같이)고 하여도, 역시 거기에는 어떤 동양적인 자연스러움이나 전형으로서의 필연성이 체현되어 있음에 틀림이 없다는 인상을 독자에게 주었다. 그러나 그것에 관하여 사시는 아무 말도 한 적이 없다. 그는 단지 그의 학생들을 위하여 노력하여 왔으며, 학생들을 위하여 동양관계 문헌의 그로테스크할 정도로 거대한 도서관을 구입하는(또는 그곳에 있는 모든 책을 읽는) 것을 불필요하게 만들기 위한 것이라고 주장했을 뿐이다. 따라서 독자는 오리엔탈리스트가 기울인 노력을 잊고, 각 문집이 뜻하는 동양의 재편성을 통하여 **단선적으로** 동양으로 보게 된다. 여기서 객관적 구조(동양이라는 지시 대상)와 주관적 재구성(오리엔탈리스트에 의한 동양 표상)은 서로 바꿀 수 있는 것이 된다. 그리고 그 동양에 오리엔탈리스트의 합리성이 장식된다. 동양의 여러 원리는 오리엔탈리스트의 것이 된다. 과거에는 멀리 있었던 동양이 이제는 손에 들어온다. 과거에는 그 자체로 지속될 수 없는 것이었으나 이제는 교육상 유용한 것이 된다. 과거에는 상실된 것이었으나 이제는 발견되었다. 그러나 그 간과된 부분은 그 과정에서 무리하게 탈락되었다. 사시의 《아랍 명문집》은 동양의 부족함을 보충했을 뿐만 아니라, 동양의 존재를 서양에 공급했다.[19] 사시의 작업은 동양을 규범화하는 것이었고, 그것은 연구자가 이 세대에서 저 세대로 계승하여 가는 텍스트의 규범을 낳았다.

사시의 제자들이라는 살아 있는 유산은 참으로 경탄할 만한 것이었다. 19세기 유럽의 중요한 아라비아 연구자들은 모두 그 지적 권위를 사시로부터 구했다. 프랑스, 스페인, 노르웨이, 스웨덴, 덴마크 그리고 특히 독일의 대학이나 연구소에는 사시 밑에서 교육받고, 그 작업의 성과인 《아랍 명문집》이라는 일람표의 학습에 의해 자기를 형성한 제자들이 산재했다.[20] 그러나 모든 지적 유산으로서 여러 가지 부가물과 제약도 동시에 전해졌다. 사시는 근대의 동양이란 무질서하고 알 수 없는 존재라고 보았기 때문에, 또한 그럼에도 그것을 회복해야 할 어떤 것으로 취급한 점에 그 계보적 차원의 독창성을 갖는다. 사시는 아랍을 동양 **속에 배치했는데**, 이는 동양 그 자체를 근대적인 학문의 일람표 속에 배치한 것이었다. 따라서 오리엔탈리즘은 유럽의 학문적 전통에 속하게 되었으나, 그 소재는 오리엔탈리스트가 재창조하여 처음으로 라틴학이나 그리스학과 같이 백화점의 진열장에 진열될 수 있었다. 손익에 관하여 사시가 최초로 제공하고 이행한 인식론적 기본원칙에 따라, 오리엔탈리스트는 각각 자신의 동양을 재창조했다. 확실히 사시는 오리엔탈리즘의 아버지였던 것처럼, 그 학문 분야 최초의 희생자이기도 했다. 왜냐하면 그를 이은 오리엔탈리스트들은 새로운 텍스트, 단편, 발췌를 번역함으로써 그들 나름으로 회복된 동양을 제공하여, 사시의 연구를 완전히 대체

했기 때문이다. 그럼에도 사시가 창시한 과정이 언제까지나 계속되었던 것은, 특히 문헌학으로 인하여 사시의 단계에서는 아직 이용될 수 없었던 체계적이고 제도적인 힘이 발달되었기 때문이었다. 이것은 바로 르낭의 공적이었다. 그는 동양을 더욱더 근대적인 비교연구와 결부시켰는데, 그 중에서 문헌학이야말로 가장 빛나는 분야의 하나였다.

사시와 르낭이 다른 점은 창시자와 계승자의 차이이다. 사시는 창시자였고, 그 작업은 혁신적인 낭만주의에 근거한 19세기적 학문으로서 이 분야의 출현과 지위를 표상한다. 한편 르낭은 오리엔탈리즘의 제2세대 출신이다. 르낭의 작업은 오리엔탈리즘의 공적인 담론을 확고히 하고 그 통찰력을 체계화하여, 그 지적 및 세속적인 여러 제도를 확립한 것이었다. 사시는 개인적인 노력으로 오리엔탈리즘의 분야와 구조를 새롭게 세우고 활성화했다. 한편 르낭은 오리엔탈리즘을 문헌학에 적응시켰고, 나아가 이 양자를 동시대의 지적 문화에 적응시켰다. 이로써 오리엔탈리즘 구조는 지적인 영속성과 더욱 광범한 시야를 부여받게 되었다.

르낭은 타고난 자질 면에서 본다면 완전히 독창적인 인간은 아니었고, 또한 절대적인 파생적 인간도 아니었다. 따라서 하나의 문화적인 힘으로서나 탁월한 오리엔탈리스트로서 르낭은, 단순히 그의 인격이나, 그가 믿었던 도식적인 관념들의 세트에 환원될 수 있는 존재가 아니었다. 도리어 르낭은, 사시와 같은 선구자에 의해 활동 기회를 이미 부여받은 동적인 힘으로서 파악하는 것이 더욱 적절하다. 그러나 그는 그러한 선구자의 업적을 일종의 통화로 문화 속에 가져와 (이 이미지를 지금 좀 더 밀고 나가 말한다면) 그것을 그 자신이 만들어 낸 분명한 재발행 통화와 함께 유통시키고 다시 유통시켰다. 요컨대 르낭은 문화적·지적 실천의 한 전형으로서, 곧 미셸 푸코가 시대의 고문서관이라고 부르는 것[21] 속에서 오리엔탈리즘적 진술을 만들기 위한 하나의 양식으로 이해되어야 하는 인물이다. 중요한 것은, 단순히 르낭이 말한 내용만이 아니라, 그가 어떠한 방식으로 그것을 말했는가 하는 것이며, 그가 자신의 교육이나 경력을 전제로 하여 무엇을 자신의 연구 주제로 택하여 왔는가 하는 것이고, 무엇과 무엇을 결부시키고자 했는가 등이다. 따라서 르낭이 동양에 관한 연구 주제와 그의 시대 및 청중과, 나아가 그 자신의 작업과 어떤 관계를 가졌는가를 서술하기 위해서, 우리는(시대정신이라든가, 사상가라든가, 인생과 시대라든가 등의) 존재론적인 안정성이라고 하는, 검증되지 않은 가정에 의존하는 여러 정식에 의지할 필요는 없다. 도리어 르낭은 청중에 대하여, 나아가 동시대 오리엔탈리즘 속 각자의 지위 향상이라고 하는 더욱 중요한 목적에 대하여, 시간적·공간적·문화적으로(따라서 고문서관적으로) 특정한 장소에서 서술 가능한 어떤 일을 행한 저술가로서 해독할 수 있다.

르낭은 문헌학으로부터 오리엔탈리즘에 옮겨 왔다. 오리엔탈리즘에 가장 중요한 기술적인 여러 특징을 부여한 그 점이야말로, **문헌학**이라는 학문 분야의 지극히 풍부하고도 높은 문화적 지위였다. 그러나 문헌학이라는 낱말에서 무미건조하고 보잘것없는 단어 연구를 연상하는 사람이라면 19세기의 가장 위대한 사람들과 함께 자신도 문헌학자라고 공언한 니체의 말은 놀라운 것이 되리라. 그렇지만 발자크의 《루이 랑베르》를 상기한다면 그것은 별로 놀라운 일이 못 된다.

> 낱말 하나의 일생과 그 모험을 얘기한다면, 얼마나 훌륭한 책을 쓸 수 있겠는가! 의심할 바 없이 하나의 낱말은 그것이 사용된 사건의 여러 가지 인상을 받아 왔다. 그것이 사용된 장소가 변함에 따라 그것은 여러 가지로 상이한 사람들에게 상이한 종류의 인상을 불러일으켜 왔다. 그러나 하나의 낱말을 영혼, 육체, 운동이라는 3면에서 생각하면 더욱 위대하지 않겠는가?[22]

니체[13] · 바그너[14] · 쇼펜하우어 · 레오파르디[15]를 모두 문헌학자로 포괄하는 범주란 과연 어떤 것일까? 니체는 그 뒤에 그와 같은 물음을 던진 바 있다. 문헌학자라는 말은, 언어를 정신적으로 매우 예리하게 통찰하는 재능을 포함함과 동시에, 미적이고 역사적인 표현력을 갖춘 작품을 낳는 능력도 갖고 있는 사람이라고 생각할 수 있다. 문헌학자라는 직업은, "F.A. 볼프[16]가 자신을 부르기 위하여 문헌학도라는 호칭을 발명한" 1777년에 태어났다. 그럼에도 그리스 · 로마의 고전학을 전문적 직업으로 삼은 연구자들에게 일반적으로 자신들의 학문 분야를 이해하는 능력이 결여되어 있음을 니체는 열심히 증명하고자 했다. 그는 이렇게 말했다. "그들은 결코 그 **학문의 뿌리**에 이를 수 없다. 그들은 결코 문헌학을 하나의 문제로 파악하지 않는다", 왜냐하면 단지 "고대 세계에 관한 학문으로서 문헌학은 물론 영원한 것일 수가 없고, 그 소재는 무진장하지 않기 때문이다".[23] 문헌학자들이 이해할 수 없는 것이 바로 이 점이다. 그러나 니체가 칭찬할 만하다고 평가한—결코 막연하지 않고 또 여기서 내가 서술하듯이 조잡한 방법을 사용하지 않은—소수의 비범한 정신의 소유자가 다른 사람으로부터 구별되는 점은, 현대성과의 깊은 관계, 곧 문헌학의 실천을 통하여 그들이 갖게 된 관계이다.

  문헌학이 문제삼는 것은 문헌학 그 자체와 그 전문가들 그리고 현재이다. 그것은 현대적임과 동시에 유럽적이라는 고유한 조건을 체현하는 것이다. 왜냐하면 이 두 가지 범주는 모두 그 이전의 이질적인 문화와 시대에 관련되어서만 그 참된 의미를 갖기 때문이다. 니체가 생각한 문

---

13) Friedrich Wilhelm Nietsche(1844~1900)는 본래 문헌학을 공부했고 문헌학 교수였다.
14) Richard Wagner(1813~1883)는 독일의 악극작곡가.
15) Conte Giacomo Leopardy(1798~1837)는 이탈리아의 시인.
16) Friedrich August Wolf(1759~1824)는 독일의 고전학자.

헌학 역시 인간적인 사업의 상징으로서, 비코가 말한 대로 **발생하고 만들어진 것**이며, 인간적 발견, 자기발견, 독창성의 한 범주로 창조된 것이다. 문헌학이란 위대한 예술가가 그랬듯이 스스로를 그가 속하는 시대와, 심지어 근접한 과거로부터 역사적으로 단절시키는 방법이다. 이는 역설적이고 모순되는 것같이도 생각되지만 인간은 바로 그렇게 행함으로써 자신의 현대성을 실제로 특징 지을 수가 있다.

1777년의 프리드리히 아우구스트 볼프와 1875년의 프리드리히 니체 사이에 에르네스트 르낭이 있다. 그는 동양언어학자임과 동시에, 문헌학과 동시대의 문화가 서로 깊게 관련되어 있는가에 대해 복잡하고도 흥미 깊은 감각을 갖춘 인물이기도 했다. 르낭은 (1848년에 집필되었으나 1890년에야 최초로 출판된)《과학의 미래》에서 "근대적 정신을 창조한 것은 문헌학자이다"라고 말했다. 그리고 그 앞의 문장에서 그는, 근대적 정신이란 "문헌학과 같은 날에 창조된 합리주의, 비판정신, 자유주의"이 아니라면 다른 무엇인지를 물었다. 이어서 문헌학이란 오로지 근대인만이 소유하는 비교연구의 학문 분야이자 동시에 근대(와 유럽)의 우월성을 나타내는 상징이라고 보았다. 15세기부터 인류가 달성한 모든 진보는 문헌학적이라고 불러야 할 정신에 귀착될 수 있다. 근대 문화(르낭이 문헌학적이라고 부른 문화)에서 문헌학의 임무는, 현실과 자연을 계속하여 명료하게 보고, 그리하여 초자연 신앙을 추방하며, 자연과학의 여러 발견과 계속 보조를 맞추는 것이다. 그러나 무엇보다도 문헌학으로 인하여 우리는 인간생활과 사물의 체계를 한눈에 볼 수 있게 된다. "나는 중앙에 앉아서 모든 것의 향기를 빨아들이고 판단하며 비교하고 결합하며 귀납한다. 이런 방법으로 나는 사물의 체계 그 자체에 도달하게 된다." 문헌학자의 주변에는 명백한 권력의 분위기가 있다. 그리고 르낭은 문헌학과 자연과학에 관한 그의 논점을 다음과 같이 분명히 밝힌다.

철학을 한다는 것은 사물을 안다는 것이다. 큐비어의 멋진 표현에 따르면 철학이란 **세계를 이론으로 가르치는 것**이다. 칸트와 마찬가지로 나도, 모든 순수하게 사변적인 논증은 수학적 논증과 마찬가지로 타당성을 갖지 못하고, 실재적 현실에 관하여 우리에게 아무것도 가르쳐 줄 수 없다고 확신한다. 문헌학이란 정신적 대상에 대한 **정밀과학**이다. 여러 인문학에 대한 문헌학의 관계는, 물체에 관한 여러 철학적 과학에 대한 물리학·화학의 관계와 마찬가지이다."[24]

이는 큐비어로부터 르낭이 인용한 것이나 자연과학에 대한 끊임없는 언급에 관해서 나는 조금 뒤에 다시 검토하고자 한다. 우선 여기서 주목해야 하는 것은《과학의 미래》의 중추 부분이 모두 문헌학에 대한 르낭의 찬사로 가득하다는 사실이다. 그는 문헌학을 모든 인간적 노력 중에서도 그 성격을 부여하기가 가장 어렵고, 모든 학문 분야 중에서도 가장 정확한 학문이라고 묘사하고 있다. 문헌학을 진정한 인간과학으로 만들고자 희망하면서, 르낭은 자신을 명시적으로 비코, 헤르더, 볼프, 몽테스키외와 같은 사람들과 동등하게 생각했고, 동시에 빌헬름 폰 훔볼트나 보프 그리고 (자신의 저술을 헌정한) 위대한 오리엔탈리스트인 위젠 부르노프와 같은, 거의 동시대의 문헌학자와 결부하여 생각했다. 르낭은 문헌학을 그가 어디에서나 언급한 소위 지식 행진의 중심에 위치시켰으며, 실제로 그의 저술 자체가 인류의 진보사관의 선언문이라고 할 수 있다. 이는 그의 저술의 부제('1848년의 사색')나,《부바르와 페퀴세》,《루이 보나파르트의 브뤼메르 18일》과 같이 1848년과 관련된 저술을 생각해 보면 역설적이다. 왜냐하면 어떤 의미에서 이 선언문의 총체, 특히 그의 문헌학에 관한 서술—그는 이미 여러 셈족의 언어에 관한 방대한 문헌학적인 학술논문을 썼으며 그것으로 볼네 상을 받았다—이 의도한 것은,

한 사람의 지식인으로서 자신을, 1848년이라고 하는 해가 불러일으킨 거대한 사회문제(2월혁명)에 대하여 분명히 자각적인 형태로 관련시키자 한 것이었기 때문이다. 그가 이러한 관계를 형성하기 위한 기반으로서 여러 지적인 학문 분야 중에서도 가장 직접성이 **적은** 분야(문헌학), 곧 **인민과의** 명백한 관련 정도가 가장 희박하고, 가장 보수적이며, 가장 전통적인 분야를 선택한 점으로부터 짐작될 수 있듯이, 르낭이 취한 입장은 지극히 신중한 것이었다. 왜냐하면 실제로 르낭은 한 사람의 인간으로서 만인을 향하여 말한 것이 아니라, 1890년에 쓴 서문에서도 말했듯이, 인종 간의 불평등과 소수자가 다수자를 필연적으로 지배하는 것을, 자연과 사회를 일관하는 반민주주의적인 법칙으로 당연하다고 인정하는 내성적이고 전문적인 의견의 소유자로서 말했기 때문이다.[25]

그러나 르낭은, 도대체 어떻게 하여 그 자신의 입장과 그가 말하는 사항을 그렇게도 역설적인 형태로 주장할 수 있었을까? 한편에서 본다면, 문헌학이란 전 인류의 과학이고 인류의 결합과 개별 인간의 존엄성을 전제로 한 과학임에 틀림없다. 그런데 다른 한편으로 문헌학자는―르낭 자신이 그의 학문적인 명성을 확립한 연구 주제였던 동양의 셈족 그 자체에 대하여 악명 높은 인종적 편견을 품고 있었던 것으로 증명되듯이[26]―인류를 고등인종과 하등인종으로 난폭하게 구분한 인간에 불과하고, 또 시간성, 기원, 발전, 관련성, 인간가치에 관한 가장 신비한 관념을 품은 리버럴한 비평가에 불과하다. 이러한 의문에 대한 답의 하나는, 빅토르 쿠쟁이나 미슐레, 알렉산더 폰 훔볼트에 대하여 문헌학을 말하는 젊은 날의 르낭의 편지로부터도 알 수 있듯이,[27] 그가 직업적인 학자이자 전문적인 오리엔탈리스트로서 강렬한 길드의식을 갖추고 있었으며, 사실 그 의식이 그를 민중으로부터 멀어지게 만들었다는 점이다. 그러나 나는 그것 이상으로 중요한 것이 다음과 같은 점이었다고 생각한다. 곧 르낭이 동양어 문헌학자로서 자신의 역할을, 그가 생각한 문헌학의 더욱 넓은 역사, 발전, 목표의 틀 속에서 충분히 인식했다는 점이다. 달리 말하면, 우리에게 역설적으로 보이는 것은, 문헌학이나 그 역사, 그 초창기의 발견 속에 르낭이 군주와 같은 지위를 어떻게 인식하고, 그 속에서 그가 무엇을 이룩했는가를 생각해 보면, 당연히 기대할 만한 결과였다고 할 수 있으리라. 따라서 새로이 탄생한 특권적인 과학의 암호화된 언어를 자유자재로 사용할 수 있는 기술을 익힌 르낭은, 문헌학에 **관하여** 말하기보다도 도리어 **문헌학적**으로 말하는 사람이었다고 성격 지워야 한다. 그러므로 이 과학이 언어 그 자체에 관하여 무엇을 말할 때도(암호를 사용하기 때문에) 그것은 직접적인 솔직한 방식으로는 결코 해석할 수 없는 것이었다.

르낭이 문헌학을 이해하고 수용하고 습득했을 때, 이 학문은 그에게 영광찬미의 규칙을 부과했다. 문헌학이라는 과학을 사실상 창시하고 거기에 독자적인 인식론을 부여한 것은, 종래의 가치평가에 대한 수정을 요구한 일련의 새로운 발견이었으나, 문헌학자라는 것은 무엇보다도 먼저 그 행동에서 이러한 새로운 발견이라는 사실의 지배를 받는 것을 의미했다. 이것은 바로 1780년대부터 1830년대 중반에 관한 것으로서, 이 시기의 후반은 르낭이 교육을 받기 시작한 시기와 일치한다. 르낭의 회상록은, 종교적 신앙의 위기가 어떻게 신앙심의 상실을 초래하며, 또 어떻게 하여 그것이 그로 하여금 1845년에 학구생활에 들어가게 했는가를 기록하고 있다. 이 경위야말로 그가 문헌학과 그 세계관, 위기, 양식에 귀의하기 위한 통과의례였다. 르낭은 자신의 인생이 문헌학의 제도적 생명력을 개인차원에서 반영한 것이라고 믿었다. 그러나 그는 그 일생에서 한때 그러했듯이 기독교도여야 한다고 굳게 결심했으나, 그것을 가능하게 만든 것은 이미 기독교가 아니라 그의 소위 '세속의 학문'이었다.[28]

세속의 학문에는 무엇이 가능하고 무엇이 불가능한가를 나타내는 가장 좋은 보기는, 몇 년 뒤인 1878년에 르낭이 소르본 대학에서 행한 〈역사적 과학에 대한 문헌학의 공헌에 관하여〉라는 제목의 강연 속에 분명히 나타나 있다. 이 강연 속에서도 특히 시사적인 점은, 르낭이 문헌학에 관하여 말할 때 분명히 종교를 염두에 두었다는 점이다. 예컨대 종교와 마찬가지로 문헌학도 인류의 기원, 문명, 언어에 관하여 가르친다는 것이다. 그러나 그의 청중은 문헌학이 결코 종교만큼 일관되고, 통합적이며, 적극적인 메시지를 전달할 수 없다는 점을 납득했을 뿐이었다.[29] 사물에 관한 르낭의 사고방식이 철저히 역사적인 것이었고, 또 그 자신의 말에 의하면 형태학적이기 때문에, 그가 젊은 날에 종교로부터 문헌학이라는 학문 분야로 옮겨 갔을 때, 과거에 종교로부터 얻은 역사적 세계관을 새로운 세속의 학문에까지 존속시키게 되었음은 지극히 당연한 일이었다. 그러므로 "나에게는 단지 하나의 작업만이 나의 생활을 충족시키는 가치를 갖는 것으로 보인다. 세속의 학문이 나에게 제공해 주는 것은 훨씬 광범한 수단에 의한, 기독교에 관한 비판적 연구〔기독교의 역사와 기원을 주제로 하는 르낭의 중요한 학문상의 시도를 암시하고 있는〕의 수행이라는 것이 바로 이것이다."[30] 르낭은 기독교 신앙의 상실 이후 그 나름의 방식으로 자신을 문헌학에 동화시켰다.

    기독교가 내부적으로 제시하는 역사와, 비교적 새로운 학문인 문헌학이 제시하는 역사 사이의 차이야말로 바로 근대 문헌학의 존재를 가능하게 만든 것이고, 르낭은 이를 완전히 이해했다. '문헌학'이 18세기 말엽과 19세기 초엽에 문제가 되었을 때 우리가 그것에서 이해할 수 있는 것은 **새로운** 문헌학이며, 그 중요한 성과는 비교문법학, 언어들을 어족으로 재분류하는 것, 언어의 신성기원설을 최종적으로 부정하는 것에 있었다. 이러한 성과는, 언어를 완전히 인간적 현상으로 본 견해에서 생긴 다소간의 직접적인 결과였다고 해도 과언이 아니다. 그리고 소위 성스러운 언어(무엇보다도 히브리어)가 태고로 거슬러 올라가는 것도 아니며, 또 신으로부터 유래하는 것도 아니라는 것이 경험적으로 알려지게 되자 이 견해는 지극히 일반적으로 수용되었다. 따라서 푸코가 언어의 발견이라고 부른 것은, 신이 에덴동산에서 인간에게 언어를 전수하였다는 종교적 관념을 배제한 세속적 사건이었다.[31] 실제로 이러한 변화에 의해, 언어가 어원적으로 신성한 유일한 기원을 갖는 것이라는 관념은 밀려났고, 언어란 고르지 못한 내부구조와 일관성을 함께 갖는 하나의 자주적인 영역이라는 생각이 그것을 대체했으며, 그 결과 언어의 기원에 대한 관심도 극적으로 감퇴되었다. 반면 언어의 기원을 논한 헤르더의 논문이 1772년 베를린 아카데미로부터 메달을 획득한 1770년대에는 이 문제를 논하는 것이 대유행이었으나, 19세기 최초의 10년이 경과되기까지 유럽에서는 그것을 학술적 논쟁의 테마로 삼는 것이 거의 금지되었다.

여러 가지 각도에서, 그리고 여러 가지 상이한 방법으로 윌리엄 존스가 《아시아협회 설립 기념논문집》(1785~1792)에서 서술한 것, 또는 프란츠 보프가 《비교문법》(1832)에서 제언한 것은, 언어신성기원설이 결정적으로 파탄되고 사상으로서의 신용성이 실추되었음을 뜻했다. 기독교에서는 가장 중요한 텍스트의 신성한 지위를 저하시키는 경험적 증거를 제시하는 것으로는 그 궁지를 벗어날 수 없다고 생각되었으므로, 요컨대 무엇인가 새로운 역사개념이 필요하게 되었다. 샤토브리앙이 서술하듯이, 산스크리트어가 히브리어보다도 훨씬 옛날부터 존재했다는 것을 새롭게 알았음에도 그 신앙이 흔들리지 않는 경우도 있었다. 곧 "슬프다! 인도의 예지에 가득한 언어에 관한 지식이 더욱 깊어져서 수많은 세기의 세월이 성서라는 좁은 범위 속에 갇혀 버렸다. 이 굴욕을 경험하기 전에 내가 신자가 되었다는 것은 얼마나 다행스러운 일인가."[32] 그 외의 사람들, 특히 선구자인 보프 자신을 포함한 문헌학자들에게는, 언어연구에 있어서 언어의 고유한 역사, 철학, 지식은 필연적인 것이 되었고, 그 결과 에덴동산에서 신으로부터 인간에게 전수된 원초의 언어라는 관념은 사라져 버렸다. 산스크리트어의 연구와 18세기 후반에 확대된 분위기는, 문명의 발상지를 성서 속의 토지보다도 훨씬 동방으로 이동시킨 것으로 보였고, 이와 마찬가지로 언어도 더 이상 어떤 외부적인 힘과 말하는 사람 사이에서 연속성을 갖는 것이라기보다, 언어를 사용하는 사람들이 서로 창조하고 완성시킨 하나의 내부적인 장으로 이해하게 되었다. 최초의 언어 따위는 존재하지 않았으며, 단순한 언어 따위―내가 다음에 논의하는 방법을 별도로 한다면―도 존재하지 않았다.

이러한 제1세대의 문헌학자들이 르낭에게 남긴 유산은 사시가 이룩한 성과보다 높은, 가장 중요한 것이었다. 르낭은 오랜 연구생활의 초기에서든, 중기에서든, 말기에서든 간에 언어와 문헌학을 논하는 때에는 반드시 새로운 문헌학을 반복하여 설명했다. 그것은 (신에 대립하는 것으로서) 기술적인 언어학의 실천에 근거하여 언어의 신성기원설이나, (신과 인간을 매개로 하는) 연속체설에 반대하는 학설을 그 중요한 기둥으로 삼은 것이었다. 언어학자에게는, 언어가 신으로부터 일방적으로 유출된 힘에 의해 생긴 것이라는 것은 도저히 상상될 수 없었다. 콜리지는 "언어는 인간정신의 무기고이다. 그곳에는 과거의 전리품과 미래의 정복을 위한 무기가 함께 저장되어 있다"[33]라고 말했다. 최초의 에덴언어라는 개념은 조상어(인도-유럽어 또는 셈어)라는 가설적 개념에 길을 양보했다. 조상어의 실재는 결코 논의의 대상이 되지 않았다. 왜냐하면 조상어란, 되찾아 낼 수 있는 것이 아니라 단지 문헌학적인 절차에 의해서만 재구성될 수 있는 것이라고 인정되었기 때문이다. 하나의 언어가 다른 모든 언어에 대한 가설적인 기준으로 도움이 되는 한, 그 하나의 언어란 가장 오래된 인도-유럽어 형태인 산스크리트어였다. 용어법도 역시 변화했다. 곧 이제 여러 언어에 '어족語族'이라는 개념이 사용되었다(종種과 해부학적 분류로부터의 유추가 분명히 인정되었다). 그리고 어떠한 '실제의' 언어라도 대응될 필요가 없는 **완벽한** 언어형태가 있으며, 원형적인 언어라는 개념은 그 본성에 의해서가 아니라 단지 문헌학 담론의 한 가지 기능으로 사용되었다.

그러나 작가들 중에는, 산스크리트어나 인도의 사물 일반이 어떻게 하여 히브리어나 에덴동산의 허구를 간단하게 대신할 수 있었는가에 관하여 날카롭게 주석한 사람도 있었다. 일찍이 1804년에 벤저민 콩스탕[17]은 그의 《개인기록》에서 다음과 같이 썼다. 곧 자신은 "《종교론》에서 인도를 논의할 생각이 없는데, 그 이유는 인도를 자기 것으로 만든 영국인도, 또 그것을 지치지 않고 연구한 독일인도 인도를 모든 것의 **기원**으로 삼았으나, 그다음에 등장한 프랑스인은 나폴레옹과 샹폴리옹으로부터 배워서 모든 것이 이집트와 새로운 동양으로부터 비롯된다고 생각했기 때문"이라고 말이다.*34 이러한 목적론적인 열광은 1808년 이후 프리드리히 슐레겔의 유명한 《인도인의 언어와 지혜에 관하여》에 의해 폭발하게 되었는데, 이 책은 동양이야말로 낭만주의의 가장 순수한 형태라는 그 자신의 발언을 보완한 것이었다.

1830년대의 중반부터 1840년대의 후반에 걸쳐 교육을 받은 르낭의 세대가, 동양을 둘러싼 이 모든 열광으로부터 지키고자 한 것은 언어, 문화, 종교를 연구하는 서양 학자들의 동양에 대한 지적인 필요성이었다. 여기서 중요한 안내자가 된 텍스트는, 동양 르네상스를 선언하고 동

---

17) Benjamin Constant(1767~1830)은 프랑스의 작가.

양과 서양을 각각의 기능적인 상호관계 속에 위치시킨 에드거 퀴네의 《여러 종교의 정수》(1832)이다. 나는 이미 레이몽 슈와브가 《동양 르네상스》에서 포괄적으로 분석한 이러한 관계의 거대한 의미에 관하여 언급한 적이 있다. 이와 관련하여 나는 여기서 문헌학자이자 오리엔탈리스트인 르낭의 사명에 관련되는 몇 가지의 특수한 측면을 지적하는 것에 그치고 싶다. 퀴네가 미슐레와 교류하고 두 사람이 각각 헤르더와 비코에 대하여 흥미를 품은 것은, 그들로 하여금 어떤 극적인 사건의 전개를 지켜보는 관중과 같이, 또는 어떤 계시를 증언하는 신자와 같이 상이한 것, 이질적인 것, 멀리 떨어진 것에 대처하는 학자(역사가)의 필요성을 통감하게 했다. 퀴네의 정식에 의하면, 동양은 문제를 제기하고 서양은 그것을 해결한다, 곧 아시아는 예언자를 가지며 유럽은 전문가(학자와 과학자: 이는 말장난이다)를 갖는다는 것이다. 양자의 만남으로부터 새로운 도그마나 새로운 신이 생겨난다. 그러나 퀴네의 안목은 이 만남에서, 동양과 서양이 각각 스스로의 운명을 충족하고 각각의 정체성을 확인한다는 점에 있다. 마치 특별히 사정이 좋은 유리한 위치에서 수동적이고 생식력이 풍부하며 여성적이고 심지어 침묵하고 게으른 동양을 바라보면서, 비밀로 가득한 밀교적인 언어를 독해하는 능력에서 유래하는 문헌학자의 학문적 권위를 가지고 동양에 대하여 그 비밀을 넘겨 주고 이어서 동양을 명확하게 **표현하는** 학식 있는 서양인의 초상이야말로 르낭 속에 일관된 학자적인 자세였다. 1840년대, 문헌학자로서의 수업 시대에 르낭의 내면에는 더 이상 연극적인 자세는 유지되지 않았고, 그것은 과학적인 자세로 대체되었다.

퀴네와 미슐레에게 역사란 하나의 드라마였다. 퀴네는 전 세계를 하나의 사원으로, 인간의 역사를 일종의 종교적 의식으로 서술했다. 미슐레와 퀴네는 모두 스스로가 논의의 대상으로 삼은 세계를 **이해했다**. 인류사의 기원이란, 비코와 루소가 원시시대의 인간생활을 묘사하기 위하여 사용한 것과 마찬가지로 눈부시고 정열적이며 극적인 용어를 사용하여 서술할 수 있는 것이었다. "서사시나 다른 중요한 장르―희곡, 산문 형식의 로망스, 환상적인 '장편 송시'의 형식―를 사용하여, 아담과 이브의 타락, 속죄, 낙원의 회복에 의한 새로운 세계의 출현이라는 기독교적인 패턴을, 스스로의 역사적 및 지적인 환경에 적합한 용어로써 근본적으로 수정한다"[35]는 유럽의 낭만주의적인 공동사업에 자신들이 참가하고 있다는 것은, 미슐레나 퀴네에게 조금도 의문의 여지가 없었다. 나의 생각으로는, 퀴네에게 갓 태어나려고 하는 새로운 신의 관념은 낡은 신이 방치한 장소를 채우는 것에 불과했다. 그러나 르낭에게 문헌학자라는 것은, 낡은 기독교 신과의 모든 연관성을 완전히 단절하는 것, 그 결과 그것에 대체되는 새로운 교의(필경 과학)가 소위 자유롭고 새로운 장소를 차지할 것이라는 것을 의미했다. 르낭의 모든 학문 생애는 이러한 진보의 과정을 충실하게 하는 데에 바쳐졌다.

르낭은 언어의 기원을 논한 평범한 논문의 끝에서, 인간은 더 이상 발명자가 아니고 창조의 시대는 확실히 지나갔다고 매우 명확하게 서술했다.[36] 인간에게는 단지 추측할 수밖에 없는, 침묵으로부터 언어, 그리고 문자로 **이행한** 시기가 있었다. 언어가 존재하게 된 이후 참된 과학자의 임무란 '언어가 어떻게 발생했는가'라는 문제가 아니라, 언어가 '어떻게 **존재하고 있는가**'라는 문제를 검토하는 것이었다. 그러나 르낭은 언어가 원시시대에 격렬하게 창조되었다는 사고방식(이는 헤르더, 비코, 루소, 심지어 퀴네와 미슐레도 자극했다)을 물리치고, 과학적 분석의 소산으로 형성된 하나의 새로운 형태의 인위적 창조물을 설정했다. 르낭은 콜레주드 프랑스의 〈취임기념강연〉(1862년 2월 21일)에서, 일반인들이 "문헌학적 과학의 실험실 그 자체"[37]를 직접 볼 수 있도록 하기 위하여 자신의 강의를 그들에게 공개한다고 선언했다. 르낭의 저서를 읽은 독자라면 누구나, 이러한 언급이 부드러운 그 나름의 아이로니컬한 태도로서 사람들을 놀라게 하려는 것이 아니라, 도리어 소극적으로 사람을 즐겁게 하고자 하는 의도에서 나온 것임을 이해하리라. 왜냐하면 르낭은 그때 히브리어 교수의 지위를 이어받았고, 그의 강의는 문명의 역사에 대한 셈계 여러 민족의 공헌을 주제로 삼은 것이었기 때문이다. 역사에 개입하는 신의 의지를 대체하는 것으로서 문헌학의 실험실을 설정한다면, '성스러운' 역사에 대하여 그 이상으로 교묘한 모욕이 없다. 또 동시대의 동양이 단지 유럽인의 연구 소재로서만 도움이 된다고 공언하기 위해서도, 이 이상으로 효과적인 방법이 다시없다.[38] 사시에 의해 일람표 속에 배치된, 생명력이 없는 여러 단편은 이제 새로운 무엇인가에 의해 대체되게 되었다.

르낭이 〈취임기념강연〉의 끝을 장식한 자극적인 결론은, 동양어-셈어 문헌학을 단순히 미래와 과학에 결부시킨다는 것만이 아니라, 다른 기능을 갖는 것이기도 했다. 르낭에 앞선 히브리어 교수였던 에티엔 콰트르메르[18]는 '학자란 무엇인가'라는 대중적 캐리커처의 보기가 됨직한 인물이었다. 1857년 10월의 《주르날 데 데바》지에 기고한 비교적 냉정한 회고록에서 르낭이 서술한 바에 의하면, 콰트르메르는 매우 근면하고 현학적인 버릇을 가진 인물로서 그는 작업을 할 때 마치 헤아릴 수 없는 노력을 기울이면서도 건축 중인 건물의 전체상을 볼 수 없는 부지런한 목수와 같다고 했다. 그 건물은 이제 막 돌을 하나씩 쌓아 가는 과정에 있는 '인간정신의 역사과학'을 말한다.[39] 콰트르메르가 더 이상 그 시대에 맞는 학자가 아니었다고 한다면 르낭은 연구에서 단연코 그 시

---

18) Etienne Quatremere(1782~1857)는 프랑스의 동양학자.

대의 사람이었다. 나아가 그때까지 동양이 인도 및 중국과 동일시되어 왔다고 한다면, 르낭이 목표로 삼은 것은 자신을 위한 새로운 동양의 영역, 이 경우에는 셈계 동양을 잘라 내는 것이었다. 물론 그는 아라비아어와 산스크리트어의 혼동이 우연적이며 확실히 유행하는 것임을 명확히 지적했다(마치 발자크의 《겉껍질》에서 운명적인 부적의 아라비아 문자가 산스크리트어로 서술되고 있는 바와 같이). 그리고 르낭은 보프가 인도-유럽어에 대해서 수행한 것을, 셈어에 대해서도 수행하는 것을 자신의 작업으로 삼았다. 르낭은 이를 비교셈어론에 대한 1855년의 서문에서 서술하고 있다.[40] 따라서 르낭의 계획은 여러 셈어를 보프와 **같은 식으로** 선명하고 매력적인 초점에 가져와서, 이와 같이 무시된 열등한 언어에 대한 연구를 루이 랑베르[19] **식으로** 정열적이고 새로운 정신과학의 차원에까지 끌어올리려는 것이었다.

르낭은 셈족과 셈어가 오리엔탈리즘의 문헌학적 연구의 **창조물**이라는 것을 몇 번이나 솔직히 말했다.[41] 그는 그 연구의 당사자였기 때문에 이 새로운 인위적 창조에서 자신이 수행해야 할 중심적인 역할에 관해서는 애매한 점이 거의 없도록 배려하였다. 그러나 르낭은 이 경우에 **창조**라는 말을 어떻게 사용했는가? 또 이 창조는 자연계의 창조와 어떤 관계에 있으며, 나아가 르낭과 다른 사람들에 의한 실험실이나 분류학적 자연과학, 특히 소위 철학적 해부학에 귀착되는 창조와 어떤 관련을 갖는 것일까? 우리는 이 점에 관하여 조금은 생각해 보아야 한다. 르낭은 그 경력을 통하여 인간생활에서 과학의 역할이란(가능한 한 충실히 번역하여 인용한다면) "사물의 언어〔로고스?〕를 확정적으로 인간에게 말하는 것[42](얘기하는 것 또는 명확하게 발음하는 것)"이라고 생각한 듯이 보인

---

19) 앞에서 나온 발자크의 《루이 랑베르》(1832)의 천재적인 주인공.

다. 과학은 사물에 대하여 화법을 부여한다. 하지만 과학은 사물의 내부에 숨어 있는 화법을 꺼내어 거기에 음성을 부여하는 것이라고 할 수 있을지도 모른다. 언어학(새로운 문헌학은 자주 이렇게 불렸다)이 갖는 특수한 가치는 그것이 자연과학과 유사한 점에 있는 것이 아니라, 도리어 그것이 낱말을 자연의, 또는 침묵하는 대상물로 취급하고 거기에 비밀을 털어놓고자 하는 점에 있다. 로제타스톤에 새겨진 문자는 표의적 요소와 함께 **표음적** 요소도 포함하고 있다고 한 샹폴레옹의 발견이, 비문과 상형문자 연구에 중요한 돌파구를 여는 계기가 되었음을 상기해 보라.[43] 사물로 하여금 말하게 한다는 것은, 소위 낱말로 하여금 말하게 하는 것과 같고, 그것은 낱말에 대하여 상황적 가치를 부여하고 법칙이 지배하는 규칙적 질서 속에 정확한 위치를 부여하는 것이기도 하다. 르낭이 사용한 **창조**라는 낱말은, 첫째 발성을 뜻했다. 발성에 의해 **셈어**와 같은 대상도 창조물의 일종으로 보일 수 있었다. 둘째 창조란, 과학자가 조명함으로써 그 침묵으로부터 떠오른 배경—셈어의 경우 동양의 역사, 문화, 인종, 심성 등—을 의미하기도 했다. 그리고 마지막으로 창조란 분류체계의 정식화였다. 이것에 의해 문제의 사물을 다른 유사한 사물과 비교하면서 바라볼 수 있게 되었다. 그리고 르낭은 이러한 '비교하면서'라는 말에 의해, 셈어와 인도-유럽어 사이에 통용되는 복잡한 패러다임적[20] 관계의 네트워크를 의도했다.

　지금까지의 서술에서, 내가 여러 셈어에 관한 르낭의 비교적 잊혀진 연구에 역점을 두어 왔다고 한다면, 그것에는 몇 가지의 중요한 이유가 있다. 셈어는 르낭이 기독교 신앙을 상실한 직후에 바로 취급한 과학적

---

20) *paradigmatic*이란 언어학과 문화인류학에서 사용되는 개념으로서 *syntagmatic*에 대칭된다. 연쇄적인 여러 요소 사이에 작용하는 통합적 관계를 *syntagmatic*이라고 하고, 다수의 요소가 동시병행적으로 관련될 수 있는 계열적 선택관계를 *paradigmatic*이라고 한다.

연구였다. 그가 어떻게 셈어 연구를 자신의 신앙을 대체할 수 있는 것으로 보았는지, 그리고 어떻게 장래에 신앙에 대한 비판적 관련을 가능하게 하였는지는 지금까지 서술한 그대로이다. 셈어연구는 르낭이 처음으로 행한 본격적인 오리엔탈리즘적이자 과학적인 연구였고(1847년에 완성하여 1855년에 제1판이 출판되었다), 또 기독교의 기원과 유대인의 역사를 주제로 하는 후기의 저서들을 위한 예비적 연구임과 동시에 그 일부를 형성한 것이기도 했다. 그런데 흥미로운 점은, 언어학자 또는 오리엔탈리즘의 역사에 관한 표준적인, 또는 동시대의 저술 대부분이 르낭의 이름을 거론하는 경우에 지극히 소홀하게 다루었다는 것이다.*44 그러나 이러한 결과에도 불구하고, 르낭은 셈어에 관한 책을 세상에 내놓는다는 것을 문헌학의 획기적인 업적이 될 것으로 생각했다. 그리고 그 뒤에 그는 종교, 인종, 민족주의에 관한 자신의 (거의 언제나 사악할) 입장을 옹호하기 위하여 이 책으로부터 소급적으로 권위를 불러일으키고자 했다.*45 르낭이 예컨대 유대인이나 이슬람교도에 관한 의견을 서술하고자 하는 때면 언제나 그의 마음속에는 셈족에 관한 현저히 신랄한 (그리고 그가 스스로 만든 과학에 의하는 것 이외에는 아무런 근거도 없는) 비판이 숨어 있었다. 나아가 르낭이 말하는 셈어는, 인도-유럽어를 둘러싼 언어학의 발전과 여러 가지 오리엔탈리즘의 분화에 기여하는 것이라고 생각되었다. 인도-유럽어에 비한다면, 셈어는 윤리적으로도 생물학적으로도 타락된 형태이고, 반면 오리엔탈리즘에서 셈어는 문화적 타락의—전형적인 것이라고는 말할 수 없어도—하나의 확실한 형태를 보여 주는 것이었다. 결론적으로 셈어란 누구보다도 먼저 르낭이 창조한 것이었다. 그것은 르낭이 자신의 공적 지위에 대한 의식과 사명감을 만족시키기 위하여, 문헌학의 실험실 속에서 발명한 허구였다. 르낭의 자아에서, 셈어가 유럽인의(따라서 그의) 동양 지배의 상징이며, 또 자신이 속한 시대를 지배하는 것의 상징이기도 했다는 점을 우리는 결코 잊어서는 안 된다.

그러므로 동양의 일부로서 셈어는, 예컨대 원숭이의 어떤 종과 같이 완전한 자연계의 사물도 아니고, 또한 과거에 생각된 바와 같이 완전히 자연계에 속하지 않는 성스러운 사물도 아니다. 셈어가 차지한 것은 중간적인 위치이고, 그것은 정상적인 언어에 대한 반대의 관계에 의해 정의된 변칙성(정상성이란 인도-유럽어에 의해 정의된다)으로 인하여 정통성을 확보하고, 도서관이나 실험실 또는 박물관이 그 전시와 분석의 장으로서 사용되었다는 이유에서, 기괴하고 준괴물적인 현상으로 이해되었다. 르낭은 자기의 논문에서 이미 큐비어나 조프루아 생-틸레르 부자[21]가 실천한 바와 같이, 독서에 의한 학습과 자연 관찰로부터 최대한의 것을 끌어내고자 하는 목적에 따라 목소리와 발표 방법을 채택했다. 이것은 양식상의 중요한 달성이었다. 왜냐하면 그것으로 인하여 르낭은 언어를 이해하기 위한 개념상의 틀로서 원시성이나 신의 명령이 아니라, **도서관**을 **박물관**과 함께 일관되게 이용할 수 있었기 때문이었다. 그리고 박물관에서는 실험실의 관찰 결과가 전시되고, 연구되고, 교육되었다.[*46] 언어, 역사, 문화, 심성, 상상력과 같은 정상적인 인간적 사실도 르낭의 손을 거치게 되면, 그것이 셈적이고 동양적이라고 하는 이유에서, 또 실험실의 분석에 제공된다고 하는 이유에서 무엇인가 다른, 기묘하게 상궤를 벗어난 것으로 변형되어 취급되었다. 그리하여 셈족이란 어떤 신화, 예술, 상업 활동, 문명도 낳은 적이 없는 광신적인 일신교도로 간주되었고, 그들의 의식은 좁고 경직된 것으로 인식되었다. 곧 그들은 모조리 "인간성의 열등한 배합"[*47]을 보여 주는 것으로 간주되었다.

---

21) Geoffroy Saint-Hilaires 'pere et fils', 아버지 에티엔Étienne(1772~1844)는 박물학자였고, 아들 이시도르Isidore(1805~1861)는 동물학자였다.

르낭은 동시에 자신은 어디까지나 하나의 원형을 문제로 삼고 있는 것이지, 현실에 존재하는 참된 셈적인 전형을 문제로 삼는 것이 아니라는 것을 이해시키고자 했다(그러나 그는 이 점에 관해서도 마각을 드러내어, 그 저술의 여러 곳에서 학문적으로 초연한 태도를 취하는 것도 잊고서, 현존 유대인이나 이슬람교도에 관하여 논의하고 있다[48].) 그리하여 한편으로는 인간적인 것이 표본으로 변하고, 다른 한편으로는 비교에 근거한 판단이 내려져 그 표본이 어디까지나 문헌학적이고 과학적인 연구를 위한 표본이자 주제로 남는 것이다.

《셈어의 일반사와 비교체계》의 모든 곳에 언어학과 해부학을 연결하는 고리에 관한 고찰이 산재되어 있고, 또—르낭에게는 마찬가지로 중요한 것이나—이러한 고리가 인류사(역사과학)를 위하여 얼마나 도움이 될 수 있는가에 관한 의견이 나타나 있다. 그러나 먼저 암묵적으로 성립되어 있는 연결고리에 대해 살펴보아야 한다. 나는 르낭이 그 오리엔탈리즘적인 성격으로 가득한 《셈어의 일반사와 비교체계》의 전형적인 쪽을 쓰는 경우에, 그 인쇄의 체제나 구성의 면에서 큐비어나 조프루아 생-틸레르의 스타일로 쓰인 철학적 비교해부학의 한 쪽을 염두에 두었다고 말하여도, 결코 틀렸다거나 과장이라고는 생각하지 않는다. 언어학자나 해부학자는, 자연계에서 직접 손에 쥘 수 있거나 관찰할 수 없는 사항을 문제로 삼는다. 곧 해골의 모형이나 상세한 근육도 역시 마치 언어학자가 고대-셈어나 고대 인도-유럽어로부터 순전히 가설적으로 구성한 패러다임과 마찬가지로, 실험실이나 도서관의 산물이라고 할 수 있다. 언어학의 텍스트도, 해부학의 저술도 자연(또는 현실)에 대해서 포유류나 신체기관의 표본을 전시하는 박물관의 진열장이 갖는 일반적 관계와 유사한 관계를 갖고 있다. 책 속에 쓰이고 박물관의 진열장 속에 소장되어 있는 것은, 사시의 동양관계 발췌와 마찬가지로 불완전하게 과장된 것이다. 그리고 그 목적은, 대상과 자연 사이의 관계를 전시하는 것이 아니라, 과학(또는 과학자)과 대상 사이의 관계를 전시하는 것이다. 르낭이 아라비아어, 히브리어, 아람어,[22] 고대 셈어에 관하여 기록한 그 어떤 쪽이라도 읽어 보라. 그러면 오리엔탈리스트 문헌학자가 그 권위를 가지고 도서관으로부터 마음대로 인간 언어의 보기를 끄집어내어, 그것을 정돈하고 부드러운 유럽적 산문으로 둘러싸서, 그 언어나 민족 그리고 문명이 갖는 단점, 장점, 야만성, 결점 등을 지적한 역학적 사실을 읽을 수 있으리라. 이러한 전시에서 그 어투와 시제는 거의 균일하게 동시적인 현재에 맞추어져 있으므로, 우리는 마치 눈앞에서 교육적인 실험수업이 행해지고, 실험용 교단에 학자나 과학자가 서서 강연을 하면서 그가 논하는 소재를 창조하고, 한정하고, 판단하는 과정을 보는 듯한 인상을 받는다.

 실험수업을 통해 현실적으로 행해지는 감각을 전하고자 하는 열망이 르낭의 경우에도 높아진 적이 있다. 그것은 해부학이 안정적이고 가시적인 표지를 사용하여 사물을 상세히 분류하는 것인 데 반하여, 언어학은 그것이 불가능하다는 것을 그가 분명히 서술한 때이다.[49] 따라서 문헌학자는 어떤 언어학적인 사실을 어떤 방법으로 일정한 역사상의 시기에 대응시켜야 한다. 그렇게 함으로써 분류의 가능성이 생겨난다. 그러나 르낭도 가끔 인정해야 했던 바와 같이 언어학상의 시간성이나 역사에는 결손 부분이나 거대한 불연속성 또는 가정에 불과한 시간 등이 너무나도 많다. 그러므로 언어학상의 사건은 비직선적이고 근본적으로 불연속적인 시간적 차원 속에서 생겨나게 된다. 그리고 그 차원은 언어학자에 의해 지극히 독특한 방법으로 관리된다. 이러한 방법이 바로 비교

---

22) 지금의 시리아와 메소포타미아 지방에 살던 아람족의 말.

라고 하는 점은, 동양어의 셈 부문에 관하여 르낭의 논문 전체가 왜곡하여 논한 바로 그것이다. 곧 거기에서는 인도-유럽어가 생생한 **유기적** 지표로 사용된 반면, 동양의 셈어는 그것과 비교하여 **비유기적인** 것으로 인정되고 있다."[50] 시간은 비교에 따른 분류의 공간으로 변용하고, 그 공간은 근저에서 유기적인 언어와 비유기적인 언어 사이의 엄격한 대립에 의해 성립된다. 그래서 한편에는 인도-유럽어로 대표되는 유기적이고 생물학적인 재생력을 갖는 과정이 있고, 다른 한편에는 비유기적이고 근본적으로 비생산적인 과정이 있으며, 그것이 경화하여 셈어가 된다. 곧 가장 중요한 것은, 르낭이 분명히 밝히는 바와 같이 이러한 교만한 판단이 동양어의 문헌학자에 의해 그 실험실 속에서 행해진다는 점이다. 왜냐하면 그들이 지금까지 관여해 온 종류의 구별을 행하는 것은, 훈련된 전문가 이외에는 불가능하고 또 도움이 될 수도 없기 때문이다. "그러므로 우리는 셈어에 자기증식의 능력이 있음을 부정한다. 심지어 인간의 의식이 낳는 다른 생산물과 마찬가지로, 그것이 변화하고 계속적으로 변모하는 필요성을 면할 수 없다는 것을 인정하여도 그렇다."[51]

그러나 르낭의 마음속에서는 이 격렬한 대립이 배후에 작용하고 나아가 또 하나의 대립이 존재했다. 그리고 그는 제5권의 제1장에서 여러 쪽에 걸쳐 자신의 입장을 독자들에게 지극히 솔직하게 피력했다. 이는 생-틸레르의 "유형의 진화"[52]에 관한 견해를 소개하는 가운데 나타나 있다. 비록 르낭은 자기가 언급하고 있는 생-틸레르가 아버지 쪽인가 또는 자식 쪽인지를 명기하지 않고 있으나, 언급 그 자체는 분명하다. 왜냐하면 에티엔과 그의 자식인 이시도르는 어느 쪽이나 19세기 전반의 프랑스에서 특히 문학적 지성인들 사이에서, 특수하게 커다란 명성과 영향력을 가졌던 생물학적 사상가였기 때문이다. 에티엔은 나폴레옹의 이집트 원정대에 가담한 일원이었고, 발자크의 《인간희극》 서문에 나오는 중요한 일절은 에티엔에 바쳐진 것이었음을 돌이켜 볼 수 있다. 또 플로베르가 생-틸레르 부자의 저술을 읽고, 그들의 견해를 작품 속에서 이용한 것에 관해서는 여러 가지 증거가 있다.'53 여러 종 사이의 유사함과 동일함 그리고 유기적인 **원초** 형태에 강한 관심을 품은 에티엔과 이시도르는 괴테와 큐비어를 포함하는 '낭만적' 생물학의 전통을 받아들였을 뿐만 아니라, 기형의 철학과 해부학—이시도르는 이를 기형학이라고 불렀다—에 관한 전문가이기도 했다. 기형학에 의하면, 가장 무서운 생리학적인 비정상은 종의 세계 내부에서 내부적 퇴화의 결과라고 생각되었다.'54 나는 여기서 기형학의 복잡한 세부에(또 소름끼치는 매력에도) 들어갈 수 없다. 단지 에티엔과 이시도르가 언어학적 패러다임이 갖는 이론적인 힘을 이용하여 하나의 생물학적인 체계의 내부에서 생길 수 있는 일탈을 설명했음을 지적하는 것으로 충분하다. 따라서 에티엔의 견해에 의하면 기형이란 **비정상**으로서, 같은 의미에서 언어에서도 낱말들은 서로 유사한 관계에서나 비정상의 관계에서도 존재하는 것이다. 이러한 관념은 언어학에서 적어도 바로[23)]의 《라틴어론》과 같이 오래된 문헌으로부터 존재했다. 어떠한 비정상이라고 하여도, 불필요한 예외로 고찰될 수는 없다. 도리어 비정상이야말로, 동일한 계층에 속하는 모든 구성요소를 하나로 묶는 규칙적인 구조의 존재를 확인시키는 것이다. 이러한 견해는 해부학에서 지극히 참신한 것이었다. 에티엔은 《해부학의 철학》에 첨부된 '서문'에서 다음과 같이 말한다.

실제로 그러한 것은 이 시대의 특징으로서, 우리가 더 이상 단일한 모노그래프 틀 속에 엄격히 자신을 봉쇄시킬 수 없게 되었다는 것을 의미한다.

---

23) Marcus Terentius Varro(116~27 B.C.)는 로마의 문인, 학자.

하나의 대상을 분리시켜 연구한다면, 그 대상을 본래의 장소에 돌려보낼 수 있을 뿐이다. 따라서 그 대상에 관하여 완전한 지식을 얻을 수가 없다. 그러나 그것을 여러 가지 다른 방식으로 서로 결합시키거나 여러 가지 다른 방식으로 서로 분리시키고 있는 여러 존재 가운데 두고 본다면, 그 대상에 대한 여러 관계는 더욱 넓은 시야 속에서 발견될 수 있게 될 것이다. 무엇보다도 우리는 그 특수성에서도 그것을 더욱 잘 알게 된다. 그러나 더욱 중요한 것은, 대상을 그 자신의 활동 범위의 바로 중심에서 고찰함으로써, 그것이 그 자신의 외부 세계에서 어떻게 행동하는가를 정확하게 알게 되고 또 그 자체의 특징이 그 주위의 환경에 대한 반응 속에서 어떻게 구성되고 있는가를 알게 되는 점이리라."55

생-틸레르는 여러 현상을 비교하면서 검토한다는 것이 당시(1822년) 연구의 특징이라고 말한다. 그뿐만이 아니라 동시에 그는, 아무리 이상하고 예외적인 현상이라도, 과학자에게는 다른 여러 현상과 관련시켜 설명할 수 없는 것은 하나도 존재하지 않는다고 말한다. 또 그 뒤에 르낭이 '과학의 미래' 속에서 사용하게 되는 중심성이라는 비유(활동 범위의 중심)를 생-틸레르 역시 사용하고 있음에도 주의해야 한다. 그는 이 비유에 의해, 관찰하는 과학자가 자연 속에 과학적으로 **배치한** 문제—그것은 과학자 자신도 포함한다—가 차지하는 위치를 서술하고 있다. 이렇게 함으로써 물체와 과학자 사이에는 친화력이 성립한다. 물론 이것은 실험실에서 실험을 하는 동안에 생길 수 있는 것이고 다른 곳에서는 생길 수 없다. 중요한 것은, 과학자가 일종의 지레장치를 자유롭게 사용하여 완전히 이상한 현상도 자연스러운 것으로 볼 수 있고 과학적으로 알 수 있다고 하는 점이다. 이 경우 초자연적인 것을 이용하지 않고, 단지 과학자가 구성한 주위의 환경만을 이용함으로써 그것이 가능하게 된다. 그 결과 자연 그 자체도 연속적이고 조화롭게 일관된, 물질적으로 명석한 것으로서 재인식될 수 있다.

그리하여 르낭에게 셈어란 인도-유럽어 그룹의 성숙된 언어 및 문화와 비교한 경우, 심지어 셈계 이외의 여러 동양어와 비교한 경우에도, 발달이 정지된 현상으로 인식되었다.[56] 그러나 이것은 르낭이 지닌 역설로서, 그는 우리에게 언어를 소위 '자연계의 생물'에 대응하는 것으로 보도록 촉구하면서, 한편으로는 동양어와 셈어가 유기적으로 발달이 정지되고 완전히 경화되어 자기 증식 능력이 없는 언어라고 모든 곳에서 증명하고 있다. 달리 말하자면 그는 셈어란 살아 있는 언어가 아니고, 마찬가지로 셈어가 생물이 아니라는 것을 증명한다. 나아가 인도-유럽어와 그 문화는 실험실에서 관찰됨에도 불구하고, 도리어 그렇게 관찰되기 **때문에** 살아 있는 유기체라고 하는 것이다. 그러나 나는 이 역설이, 르낭의 연구에서 주변적인 문제에 그친 것이 아니라 그의 모든 업적, 스타일 그리고 동시대의 문화 속에서 그가 갖는 문서관적인 존재성의 바로 중핵에 위치한다고 믿는다. 그 문화에 대하여 그가 중요한 공헌자였다는 점은, 매슈 아널드, 오스카 와일드[24], 제임스 프레이저[25], 마르셀 프루스트[26]와 같은 다양한 사람들이 똑같이 인정했다. 생명체 및 준생물체(인도-유럽어, 유럽문화)와 그것에 병행하는, 거의 기형적이고 비유기적인 현상(셈어, 동양문화)을 통합시키고자 하는 비전의 유지를 가능하게 한 것은, 바로 유럽의 과학자가 실험실에서 이룩한 것이었다. 과학자란 **건설하는** 사람이고, 건설이란 행위 그 자체가 반항적 현상에 대한 제국적 권력의 상징임과 동시에, 지배적인 문화의 힘을 확인하고 그것을 '자연화'시키

---

24) Oscar Wilde(1854~1900)는 영국의 극작가이자 소설가.
25) James Fraser(1854~1941)는 스코틀랜드의 인류학자.
26) Marcel Proust(1871~1922)는 프랑스의 소설가.

는 것이다. 실제로 르낭의 문헌학적 실험실은 유럽민족중심주의의 실천의 장이었다고 해도 과언이 아니다. 그러나 여기서 강조될 필요가 있는 것은, 문헌학의 실험이 언제나 실험실 그 자체를 낳고 또 실험의 기회를 부여해 주는 담론이나 저술의 외측에서는 전혀 존재할 수 없다는 점이다. 그리하여 르낭이 살아 있는 유기체라고 부르는 유럽의 문화도 사실은 실습실 속에서 문헌학자에 의해 **창조된 피조물**이다.

르낭의 말년 경력은 전체적으로 유럽적이고 문화적인 것이었다. 그 업적은 다양했으며 유명해졌다. 나는, 그의 학풍이 지녔던 권위란, 그 근원을 찾아가 보면, 비유기적인 것(내지는 결여되고 있는 것)을 구축하고 그것에 생명의 외관을 부여하는 기술에 유래한다고 생각한다. 그는 물론 《예수의 일생》의 저자로서 유명하고, 그것이야말로 기독교와 유대인에 관한 그의 기념비적인 역사 서술의 선두를 장식하는 것이었다. 그러나 우리는 《예수의 일생》이 사실은 《셈어의 일반사와 비교체계》와 완전히 동일한 유형의 업적이었음을 간과해서는 안 되리라. 그것은 죽은(이 말은 르낭에게는 이중의 의미를 갖는 것이다. 곧 죽은 신앙, 그리고 상실되었기 때문에 죽었다는 역사상의 한 시기를 뜻한다) 동양인의 전기를, **마치** 자연계의 생명에 관한 진실의 이야기처럼—이 역설은 즉시 분명해졌다고 하여도—교묘하게 만든 역사가의 능력에 의해 처음으로 가능하게 된 구축물이었다. 르낭이 말한 것은 무엇이든 간에, 먼저 문헌학의 실험실을 통과한 것이었다. 곧 그것이 텍스트를 통해 짠 활자가 되면, 거기에 동시대 문화의 각인을 새긴 생명 부여의 능력이 나타나게 되고, 그것이 현대성으로부터 모든 과학적 능력과 무비판적인 모든 자기찬미를 이끌어 내었다. 이러한 종류의 문화에서는 왕조, 전통, 종교, 민족공동체와 같은 계통을 찾는 것은 세계에 가르쳐져야 할 이론의 기능에 불과했다. 세계에 이론을 가르친다고 하는 표현을 큐비어로부터 빌려 온 르낭은, 과학적 증명을 경험 위에 주의 깊게 위치시켰다. 곧 시간성은, 일상적 경험이라고 하는, 과학적으로는 무용한 영역에 의해 격하되는 한편, 특별한 문화주기율과 문화비교주의(이것들로부터 자민족중심주의, 인종이론, 경제적 억압이 부회한다)가 도덕적인 비전을 훨씬 앞서는 힘을 부여받았다.

르낭의 학풍, 오리엔탈리스트이자 학자로서의 경력, 그가 전달하는 의미 내용을 둘러싼 환경, 동시대 유럽의 학술적 및 일반적인 문화—개괄적으로 말하면 리버럴하고 배타주의적이며 교만하고 반인간적인 문화—에 대해 그가 가진 독특히 친밀한 관계, 이 모든 것들을 나는 '독신자篤信者적이고' 과학적인 것이라고 부르고자 한다. 르낭에게 자손을 낳는다는 것은, 그가 유명한 선언 속에서 과학과 결부시킨, 저 **미래**의 영역에 위임된 것이다. 비로 그가 문화사가로서는 튜르고[27], 콩도르세[28], 기조[29], 쿠쟁, 주프루아[30], 발랑슈[31]와 같은 사람들의 학파에 속했고, 그 학풍에서는 사시, 콧상 드 페르스발, 오자남[32], 포리엘[33], 부르노프와 같은 학파에 속했으나, 르낭의 역사와 학문의 세계는 특이하게 황량하고 광폭할 정도로 남성적인 세계이다. 곧 실제로 그것은 아버지, 어머니, 아이들이 사는 세계가 아니라 예수, 마르쿠스 아우렐리우스, 칼리반[34] 그리고(그의 《철학적 대화》의 '꿈'에 묘사된*57) 태양신과 같은 남성들의 세계이다. 그는 과학의 힘, 특히 오리엔탈리즘적인 문헌학의 힘을 중요하게 생각했다. 그리고 그 힘의 통찰력과 기술을 추구

---

27) Anne-Robert-Jacques Turgot(1727~1781)는 프랑스의 정치가이자 경제학자.
28) Marquis de Condorcet(1743~1794)는 프랑스의 수학자이자 철학자.
29) François-Pierre-Guillaume Guizot(1787~1874)는 프랑스의 역사가.
30) Théodore Jouffroy(1796~1842)는 프랑스의 철학자.
31) Pierre Simon Ballanche(1776~1847)는 프랑스의 철학자.
32) Antoine-Frédéric Ozanam(1783~1854)은 프랑스의 역사가이자 문학자.
33) Claude Fauriel(1772~1844)은 프랑스의 역사가이자 언어학자.
34) Caliban이란 셰익스피어의 《폭풍 Tempest》에 나오는 반수반인의 정령.

했다. 나아가 그는 그 힘을 이용하여 그 시대의 생활에 개입하고, 종종 상당한 효과를 얻었다. 그러나 그럼에도 그가 이상적으로 본 역할은 구경꾼의 그것이었다.

르낭에 의하면, 문헌학자는 **향락**보다 **행복**을 좋아해야 한다. 그것은 성적인 쾌락이 아니라, 비록 열매를 맺지 못한다고 해도 고상한 행복을 선택하여야 한다는 의미의 표현이다. 이상적으로 말한다면, 언어는 그것에 관한 연구와 마찬가지로 행복의 영역에 속하는 것이다. 내가 아는 한 르낭이 출간한 저술에서 여성의 역할이 유익했다거나 도움이 되었다는 내용은 거의 없다. 외국의 여성들(유모, 하녀)이 정복자인 노르만인의 아이들을 교육시킨 것이 틀림없다든가, 그러므로 우리 언어의 내부에 생긴 변화를 설명할 수 있다는 등의 의견을 서술한 경우가 있을 뿐이다. 그러나 여기서 주목할 것은, 도움이 될 수 있는 여성의 기능이란 자손의 생산성을 높이거나 확장하는 것도 아니고, 내적인 변화 역시 거기에서 부차적인 변화를 초래하는 것일 뿐이라는 점이다. 그는 같은 논문의 끝에서 다음과 같이 말하고 있다. "남성은 자신의 언어에도, 자신의 인종에도 속하지 않는다. 그는 무엇보다도 먼저 자기 자신에 속한다. 왜냐하면 남성은 무엇보다도 먼저 자유로운 존재이고 도덕적인 존재이기 때문이다."[58] 남성은 자유롭고 도덕적이었으나, 르낭이 생각한 인종, 역사, 과학의 고리에 연결되었다는 것이야말로 이 학자가 남성에게 부과한 조건이었다.

동양의 여러 언어에 대한 연구는 르낭을 이러한 조건의 핵심으로 이끌었다. 그리고 문헌학이 구체적으로 밝힌 점에 의하면, 인간의 지식이란 먼저 본래 그대로의 현실로부터 분리되고 (마치 사시가 아라비아어의 단편을 필연적으로 그 구체성으로부터 분리했듯이) 이어 영광의 찬미를 위하여 죄수에게 교정복을 입히기라도 한다면 시적으로 변용된다는 것이었다'59)(이는 에른스트 카시러35)가 요약한 것이다). 과거에 비코, 헤르더, 루소, 미슐레, 퀴네가 행한 언어연구 역시 문헌학의 형성에 따라 셸링36)이 플롯과 그 연극적 표현의 질이라고 부른 것을 상실했다. 그 대신 문헌학은 인식론적으로는 복잡한 것이 되었다. 곧 언어 그 자체가 이미 (과거 비코의 경우와 마찬가지로) 감각이나 신체에 관련되는 것이라기보다도, 도리어 인종, 심성, 문화, 국가라는 온실재배의 정식이 지배하는, 눈에 보이지 않고 상상할 수 없는 추상적인 영역에 속하게 되었기 때문에, **언어감**이란 것이 더 이상 충족될 수 없게 되었다. 논리적으로 구축되고 동양이라고 불린 그 영역 속에서는, 어떤 종류의 단정은 모두 동일한 역학적 일반성과 문화적 유효성을 갖게 되었다. 왜냐하면 르낭이 모든 노력을 기울인 것은, 인공적으로 실험실 속에서 생겨난 것을 제외하면 동양문화에서 생겨나는 권리란 인정할 수 없다는 것이었기 때문이다. 인간은 문화가 낳은 아이가 아니라는 것이었다. 이러한 왕조적인 관념은 문헌학에 의해 과도로 유효하게 타파되었다. 문헌학이 우리에게 가르쳐 준 것은, 문화란 어떤 의미에서 구축물이며, 하나의 **접합체**(디킨스가 《우리의 친구》에서 비너스 씨의 직업에 관하여 사용한 의미)37)이고, 심지어 하나의 창조물이고 준유기체적인 구조에 불과하다는 것이다.

르낭에 관하여 특히 관심이 가는 것은, 그가 스스로 자신의 시대와 자

---

35) Ernst Cassirer(1874~1945)는 독일의 철학자.
36) Friedrich Wilhelm Joseph von Schelling(1775~1854)은 독일의 철학자.
37) 《우리의 친구 Our Mutual Friend》(1864~1865)는 디킨스 최후의 장편으로서, 등장인물 비너스 씨는 런던의 뒷골목에서 비도덕적인 상점을 경영하면서 명함에 '동물 및 조류박제업자, 접골업자 Preserve of Animals and Birds, Articulator of Human Bones' 라고 새기고 다녔다. 그는 여러 가지 시체로부터 뼈를 수집하여 인체의 골상 모형을 만들어 그것을 미술학교 등에 팔았다. 따라서 비너스(미의 여신)라는 이름에는 작가의 풍자가 숨어 있다. 그것은 인골이라는 무기물을 접합하고 조합시켜 일종의 반유기적인 구조체―그것도 아름다움과는 반대로 그로테스크한―를 만들어 내는 직업이기 때문이다.

민족중심주의적인 문화에 의해 생겨난 창조물에 불과하다는 것을 어느 정도 자각했는가 하는 점이다. 1885년, 페르디낭 드 레셉스의 연설에 대하여 르낭이 학술적으로 답했을 때에 그는 다음과 같이 확실히 밝혔다. "자국민보다 현명하다는 것은 매우 슬픈 일이다. …… 사람은 자기 조국에 대하여 고통을 느낄 수 없다. 국민들에게 가혹한 진실을 말하는 사람들과 함께 과도하게 올바르게 사는 것보다, 도리어 국민과 함께 오류를 범하는 쪽이 낫다."38)*60 이러한 언급이 갖는 경제성은 너무나도 완벽하여 믿어지지 않을 정도이다. 만년의 르낭은 실제로 이렇게 말한 것이 아닐까? 곧 가장 좋은 관계란, 일생을 통하여 자기의 문화, 그 문화의 윤리성, 그 에토스에 대등한 관계를 갖는 것이지, 결코 자기 시대의 아이들이나 부모를 정하는 왕조적 관계를 맺는 것이 아니라고 말이다. 그러면 여기서 다시금 실험실로 돌아가 보도록 하자. 왜냐하면 르낭이 생각한 대로, 실험실에서야말로 친자관계에 수반되며 궁극적으로는 사회관계적인 책임이 제거되고, 과학적이고 오리엔탈리즘적인 책임이 그것을 대체하기 때문이다. 르낭의 실험은 오리엔탈리스트로서 그가 세계에 말하는 연단이었다. 그것은 그의 말을 매개로 하여 그의 말에 신용과 일반성을 갖는 정확함, 그리고 계속성을 부여했다. 그리하여 르낭이 이해한 문헌학적 실험실은 그의 시대와 문화를 재정의하고, 새로운 방법으로 그것에 날짜와 형태를 부여하게 되었을 뿐만이 아니라, 그의 동양에 관한 주제에 학문적인 일관성을 부여하고, 나아가 그(와 그의 전통에 따른 후대의 오리엔탈리스트들)를 그가 이미 실현한 서양의 **문화적** 인물로 만들었다. 문화의 내부에 생긴 이러한 자율성은, 과연 르낭이 희망했듯이 문헌학적 오리엔탈리즘이라는 그의 과학이 초래한 자유였는가, 아니면

---

38) 이러한 표현은 키케로의 《투스크룸 논의 *Tusculanae disputationes*》 I, xvii-39에 나오는 유명한 경구이다.

(오리엔탈리즘을 비판적으로 보는 역사가의 입장에서 보아) 오리엔탈리즘과 그것이 추정적으로 만들어 낸 인간적인 주제―결국 권력에 의거하며, 순수한 객관성에 근거한 것이 아닌 주제―사이의 귀속관계를 만들어 낸 것일까? 그것에 의문을 갖는 것은 당연한 일이다.

제3장
동양 체류와 동양에 관한 학문
: 어휘서술과 상상력이 필요로 하는 것

동양의 셈족에 관한 르낭의 견해가 대중의 편견이나 통속적인 반셈주의의 일종이라기보다 도리어 과학적인 동양어 문헌학의 영역에 속하는 것임은 두말할 필요도 없다. 르낭과 사시의 책을 읽어 보면, 문화의 개괄적인 파악이 과학적 진술이라고 하는 갑옷으로 몸을 단단히 감싸고, 외국문화를 교정하는 연구의 분위기를 갖추기 시작하는 모습을 쉽게 볼 수 있다. 여러 학문적 전문 분야의 초기 단계와 같이, 근대 오리엔탈리즘도 스스로 정의한 주제를 엄청난 힘으로 잡아 쥐고서, 그것이 유지할 수 있는 힘을 통하여 거의 모든 것을 행하였다. 그리하여 인식방법을 규정하는 어휘가 발달했고, 그 양식과 그 기능이 동양을 **비교연구**의 틀 속에, 르낭이 사용하고 조작한 종류의 틀 속에 위치시켰다. 이러한 비교연구는 서술적인 경우가 드물며 거의 언제나 평가적이고 해설적이다. 다음 문장에서 르낭은 전형적이라고 할 수 있는 비교를 하고 있다.

보는 바와 같이, 셈 인종은 모든 점에서 그 단순성으로 인하여 미완성의 종족이라고 생각된다. 인도-유럽어족과 이 종족의 관계는—감히 유추한다면—유화와 연필화의 관계와 같다. 이 종족에게는 완벽함의 필수조건인 다양성, 활달함, 생명의 풍요로움이 결여되어 있다. 또한 창조력이 결여되어 은혜로운 소년기를 보내도 결국 가장 평범한 남자가 되는 것과 같이, 셈 인종은 그 최고의 만개를 일찍 경험했기 때문에 그 뒤에는 참된 성숙을 이룩할 수가 없다.[61]

여기서는 인도-유럽어족이 비교의 기준이다. 그것은 마치 셈계 동양인의 감성이 인도-게르만 민족이 도달한 높이에는 결코 이를 수 없다고 말하면서 그가 인도-유럽어족을 비교의 기준으로 삼은 것과 꼭 같은 것이다.

이러한 비교연구의 자세가 주로 학문상의 필요성으로부터 오는 것인지, 아니면 자민족중심주의에 근거한 인종차별적인 편견을 변형시킨 것인지, 절대적인 확신을 가지고 말할 수는 없다. 우리가 말할 수 있는 것은 이 양자가 서로 도우면서 함께 작용한다는 것이다. 르낭과 사시가 노력한 것은 동양을 일종의 인간적인 평범함으로 환원시키는 것이었고, 그것으로 인하여 동양의 여러 특징은 쉽게 조사되었으며, 동양이 갖는 복잡한 인간성은 박탈되었다. 르낭의 경우, 그의 노력은 문헌학에 의해 정통성을 부여받았다. 그 문헌학의 이데올로기적인 원리는 언어를 그 뿌리에 환원시키는 것이었다. 그 후 문헌학자들은, 르낭 등이 행한 바와 같이 그러한 언어의 뿌리를 인종, 심성, 성격, 기질의 근본과 결부시킬 수 있다는 것을 발견했다. 예컨대 르낭 자신이, 자기와 고비노 사이의 유사성이란, 공통된 문헌학적이고 오리엔탈리즘적인 견해라는 점을 인정했다.[62] 그는 《셈어의 일반사와 비교체계》의 개정판에서 고비노 저서의 일부를 자기 책에 포함시켰다. 그리하여 동양과 동양인에 관한 연구를 오직 비교연구로서 행하는 것은, 서양과 동양 사이의 명백한 존재론적 불평등을 말하는 것과 같은 뜻이 되었다.

이 불평등성의 중요한 특징은 간단히 요약할 만한 가치가 있다. 나는 이미 슐레겔이 인도에 열중했고, 그 뒤에는 그 반동으로 인도로부터, 그리고 두말할 필요도 없이 이슬람으로부터도 멀어졌음을 지적한 바 있다. 초기의 동양 애호가 중 상당수는, 그들의 유럽인으로서 지성과 정신의 습관에 건전한 **착란**을 불러일으켰다는 점에서 동양을 환영했다. 동양은 그 범신론, 정신성, 안정성, 항구성, 원시성 등등으로 인하여 과대평가되었다. 예컨대 셸링은, 동양의 다신교 속에서 유대-기독교적인 일신론에 통하는 길을 발견했다. 곧 브라흐마[1)]를 아브라함의 원형으로 간주했다. 그러나 이러한 과대평가의 다음에는 예외 없이 그것에 대한 반동이 초래되었다. 그래서 동양은 갑자기, 불쌍하게도 비인간적, 반민주주의적, 후진적, 야만적인 등등의 모습으로 나타났다. 일방적인 시계추의 운동은 그것과 똑같은 반대방향의 반동을 초래했다. 곧 동양은 과소평가되었다. 직업으로서의 오리엔탈리즘은 이러한 두 가지의 대립, 곧 불평등성에 근거한 보상과 수정으로부터 성장하여 왔으며, 그 사고방식은 널리 문화 일반 속의 유사한 사고방식에 의해 함양되었고, 또 다른 유사한 사고방식을 함양했다. 실제로 오리엔탈리즘과 결부된 한정과 재구성이라는 사업 자체가, 그 직접적인 기원을 따진다면 불평등성에까지 거슬러 올라가는 것이고, 이 불평등성으로 인하여 동양의 상대적 빈곤(또는 부유함)이 문헌학, 생물학, 역사학, 인류학, 철학, 경제학과 같은 학문 분야에 나타나는 학문적·과학적 취급을 요청하게 되었다.

---

1) *Brahma*는 힌두교에서 모든 중생의 아버지로서 힌두교 최고의 신, 범천(梵天)이라고도 한다.

그리하여 오리엔탈리스트라고 하는 현실의 직업은, 이 불평등성과 그것이 낳은 독특한 역설을 성스러운 것으로 소중하게 간직했다. 대부분의 경우, 사람들은 동양이 스스로에게 부과하는 요구에 대처하기 위한 수단으로 이 직업을 선택했다. 그러나 대부분의 경우 또한, 오리엔탈리즘의 훈련이 그를 소위 개안시키게 되었고, 그 결과 그는 일종의 정체 폭로라는 사업에 종사하게 되었으며, 그것에 의해 동양은 종래 간주된 탁월성에 훨씬 미치지 못하는 것으로 축소되었다. 그렇게 생각하지 않는 한, 예컨대 윌리엄 뮤어(1819~1905)나 라인하르트 도지(1820~1883)의 저서에 나타나는 것과 같은 거대한 업적과, 같은 저서 속에 인상적으로 나타나는 동양, 이슬람, 아랍에 대한 적대를 어떻게 결부시켜 설명할 수 있겠는가? 르낭이 도지를 지지한 사람 가운데 한 사람이었다는 것은 그의 특징을 너무나도 잘 보여 주는데, 마찬가지로 도지는 그의 《스페인 이슬람교도의 역사―무라비드왕조에 의한 안달루시아 정복까지》(1861) 전4권에서 르낭의 반셈주의적인 비판적 언사를 다수 답습했고, 1864년에는 유대인 원시신이란 야훼가 아니라 바알이었으며 그 증거는 바로 메카에서 발견될 수 있다고 주장한 한 권을 추가했다. 뮤어의 《마호메트의 일생》(1858~1861)과 《칼리프제도, 그 융흥, 쇠퇴 및 종언》(1891)은 지금도 믿을 만한 학문적 금자탑으로 인정되고 있다. 그러나 주제에 대한 뮤어의 자세는 "마호메트의 칼과 코란이야말로, 문명과 자유 그리고 진리에 관하여 세계가 지금까지 경험한 가장 완강한 적이었다"고 하는 그의 말에 단적으로 표현되었다.[63] 동일한 사고방식을 알프레드 라이얼의 저서에서도 다수 발견할 수 있다. 그는 크로머가 즐겨 인용한 저자 중의 한 사람이었다.

설령 오리엔탈리스트가 스스로의 소재에 대하여 도지나 뮤어와 같이 명백한 판단을 내리지 않는 경우에도 불평등성의 원칙은 역시 그 영향력을 행사한다. 파편들을 모아서 동양 또는 동양인을 묘사하는 한 장의 초상화, 말하자면 복구된 회화를 만든다고 하는 것은 여전히 직업적인 동양학자에 과제로서 남아 있다. 사시가 발굴한 단편들이 소재를 제공해 준다고 하여도, 말하는 모습이나 연속성 그리고 등장인물을 조립하여 구성하는 것이 학자의 업무이고, 그들에게 학문이란 동양의 다루기 힘든(비서양적인) 역사 아닌 역사를 질서 있는 연대기나 초상화 또는 플롯과 함께 포착하는 것이었다. 코생 드 페르스발의 《이슬람교 이전과 마호메트의 시대를 통한 아랍의 역사시론》(전3권, 1847~1848)은 완전히 전문적인 연구로서, 거기에 자료로 사용된 것은(두말할 필요도 없이 사시를 필두로 하는) 다른 오리엔탈리스트들이 이 분야의 **내부에서** 이용할 수 있도록 만든 문헌이거나, 유럽 오리엔탈리즘의 도서관이 소장하게 된 문헌—예컨대 코생은 이븐 할둔[2]의 텍스트에 크게 의거하고 있다—이었다. 코생의 명제란, 아랍을 하나의 민족으로 뭉친 것이 마호메트였고 이슬람은 본질적으로 정치적인 도구이지 결코 정신적인 도구가 아니라고 하는 것이다. 코생이 목표로 삼은 것은, 혼란된 세부로 구성된 거대한 집합체 속에서 명석함을 추구한다는 것이다. 그리하여 이슬람 연구로부터 나타난 것은 문자 그대로 일차원적인 마호메트의 초상화이고, 마호메트는 그 저술의 끝에서 (그의 죽음이 서술된 뒤에) 사진과 같이 정확한 세부묘사로 등장한다.[64] 코생의 마호메트란 악마도 카리오스트의 원형도 아니고, 오로지 하나의 배타적인 정치운동으로서 이슬람을 대상으로 삼는 하나의 역사기술(중에서도 가장 적합성이 강한 것)을 위해서만 선택된 인물이고, 그는 무수한 인용에 의해 그 중심부에 세워지고 위로 받들어졌고, 나아가 어떤 의미에서는 텍스트 밖에 놓여졌다. 코생의 의

---

2) Ibn-Khaldun(1332~1406)은 아랍의 역사가.

도는, 마호메트에 관하여 얘기되지 않는 것이 하나도 없도록 하는 것이었다. 그것에 의해 예언자는 냉정한 조명 아래에서 관찰되었고, 그 거대한 종교적 능력과 유럽인을 놀라게 하기에 충분한 모든 잠재적인 능력을 드러냈다. 여기서 요컨대 마호메트의 지극히 왜소한 인간적인 모형을 보존하기 위하여, 그가 산 시대와 장소에 적합한 마호메트의 인간상은 말살되었다.

코생의 마호메트에 대응하는 비전문가의 손에 의한 초상화는 칼라일이 그린 것이다. 그것은 예언자가 태어난 시대와 장소의 역사적 및 문화적인 환경을 완전히 무시한 하나의 명제에, 억지로 맞추어진 마호메트의 초상화이다. 비록 칼라일이 사시를 인용하기는 했지만, 그의 논설은 순진함이나 영웅적 자질 그리고 예언자적 성격에 관하여 어디까지나 어떤 일반개념을 조립하고자 하는 인간에 의해 쓰여진 것이라는 점이 분명하다. 확실히 그의 자세에는 적극적인 면도 있다. 마호메트가 전설상의 인간도 아니고, 혐오스러운 호색한도 아니며, 비둘기를 자기 귀에 넣어 콩을 줍게 하는, 웃기는 열등 요술사도 아니라고 인정했다. 그리고 《코란》이라는 책의 저자로서, 그 책이 "조악하며 미숙하고 서투르며 혼잡스럽고, 끝없는 중복, 기나긴 헛소리, 착란 그리고 참기 어려운 우매함"*65을 만들어 내었음에도 불구하고, 참된 비전과 자기 확신을 가진 인간이라는 점을 긍정했다. 그 스스로 명석함이나 문체의 우아함에서 표본이라고 말하기 어려운 칼라일이지만, 그가 그렇게 주장한 이유는, 마호메트와 자기를 함께 비난하는 것에 틀림이 없는 벤담적인 기준으로부터 마호메트를 구출하기 위해서였다. 그러나 마호메트는 영웅이라고는 하여도, 매콜레이 경의 유명한 1835년의 〈각서〉에서 표준 이하로 인정한, 동일한 야만적 동양으로부터 유럽에 이식된 영웅이었다. 그 〈각서〉에서 그는 "우리 토착의 신민들은" 우리가 그들로부터 배우는 것 이상으

로 더욱 많은 것을 우리로부터 배워야 한다고 주장했다.'66

코생과 칼라일이 함께 우리에게 가르쳐 주는 것은, 달리 말하자면 동양인은 유럽인이 달성한 것에는 도저히 미칠 수 없으므로 우리가 동양에 대하여 과도한 불안을 지닐 필요는 없다는 것이었다. 오리엔탈리스트의 견해와 비오리엔탈리스트의 견해는 여기서 일치한다. 19세기 초엽의 문헌학 혁명 이후, 오리엔탈리즘은 비교연구의 분야로 변모했으며, 그 분야의 내부에서도 외부에서도, 곧 통속적인 스테레오타입에서도, 또 동양을 소재로 하여 칼라일과 같은 철학자가 만들어 낸 형상이나 매콜레이 등이 만들어 낸 스테레오타입에서도, 동양 자체는 서양에게 지적으로 종속되었다. 연구나 사색의 소재로서 동양은, 선천적인 허약성을 보여 주는 모든 징표를 갖게 되었다. 동양은 여러 가지 이론의 엉뚱한 요구에 응하여 그 보기로 사용되었다. 뉴먼 추기경[3]은 전혀 위대한 오리엔탈리스트가 아니었으나, 동양 이슬람을 1853년 연설의 논거로 사용하여 영국의 크림전쟁[4] 개입을 정당화했다.'67 또 큐비어는 동양이 그의 저서 《동물계》(1816)에 유익하다는 것을 발견했다. 나아가 파리의 여러 살롱에서는 동양이 일상의 화제로 채택되었다.'68 동양적인 관념을 따라잡아 그것을 참조하고 차용하며 변형을 가한 보기를 모두 열거하면 방대한 수에 이른다. 그러나 궁극적으로 초기의 오리엔탈리스트가 달성하고 서양의 비오리엔탈리스트들이 이용한 것은, 우세한 지배적 문화와 그 이론적 요구(그리고 이론적 요구의 바로 뒤에 오는 실천적 요구)에 적합한 동양의 축소 모형이었다.

가끔 사람들은 동양과 서양 사이의 이 불평등한 연결관계의 예외와,

---

3) Cardinal Newman(1801~1890)은 영국의 가톨릭 신학자.
4) 1853~1856년 사이에 영국, 프랑스, 터키, 사르디니아 연합국 대 러시아 사이에서 일어난 전쟁.

또는 예외라고까지는 말할 수 없어도 흥미롭고 복잡한 사례를 만나게 된다. 칼 마르크스는 영국의 인도 지배를 분석한 1853년의 여러 논문 속에서, 아시아적인 경제 시스템이라는 개념을 확인했고, 나아가 그것과 동시에 식민지에 대한 영국의 간섭, 약탈, 노골적인 잔혹성이 이 시스템 속의 인간에게 가한 참혹함에 대하여 언급했다. 마르크스는 서술을 거듭할수록 더욱 확신을 더해 가면서, 영국은 아시아를 파괴하며 바로 그것에 의해, 아시아에서 참된 사회혁명이 가능해졌다는 견해를 되풀이했다. 마르크스의 문체를 보면, 동양사회가 격심하게 변화되어 가는 과정에서 동양인이 당하는 여러 가지의 고난에 대하여 같은 인간으로서 당연히 느끼는 고통과, 이 변화가 역사적 필연이라는 인식을 어떻게 양립시킬 것인가 하는 곤란한 문제에 직면하지 않을 수 없다.

매우 근면하고 가부장적이며 악의 없는 사회조직이 이처럼 해체되고 각 구성단위로 분해되어 고난의 바다에 던져져, 그들이 고대의 문명을 그대로 보존하지 못하고 전래의 생활수단을 동시에 상실하는 것을 보는 것은 정말로 가슴 아픈 일이다. 하지만 이러한 목가적인 촌락공동체가 설령 악의 없는 것으로 보여도, 그것이 언제나 동양적인 전제정치의 견고한 기초가 되어 왔고, 또 그것이 인간정신을 가장 좁은 범위에 속박하여 왔으며, 미신에 대한 무저항으로, 전통적인 규범의 노예로, 인간의 모든 존엄과 역사 발전의 에너지를 박탈한 것이었음을 잊어서는 안 된다.……
영국이 힌두스탄에 사회혁명을 야기한 동기는 가장 비열한 이해 관심뿐이었고, 그것을 달성하는 방식도 어리석은 것이었다. 그러나 그것이 문제인 것은 아니다. 문제는 인류가 그 사명을 완수함에서, 아시아 사회상태의 근본적인 변혁 없이 그것이 가능한가 하는 것이다. 만약 그것 없이는 불가능하다고 한다면 영국이 범한 죄가 어떤 것이라고 해도, 영국은 이 혁명을 초래하는 데에 무의식적으로 역사의 도구로서 역할을 수행했다.

그러면 고대세계가 산산이 무너지는 정경이 우리의 개인적인 감정에 아무리 비통하다고 하여도, 역사의 입장에서 본다면 우리는 괴테와 함께 다음과 같이 절규할 권리를 가지고 있다.

이 고통이 우리의 쾌락을 증가시키니
어떻게 그것이 우리의 마음을 괴롭히겠는가?
티무르의 지배도
무수한 생명을 앗아간 것이 아니었는가?[69]

고통이 쾌락을 낳는다는 마르크스 자신의 주장을 지지하는 위의 시는 《서동시집》으로부터 인용된 것으로서 마르크스가 동양에 관하여 지녔던 여러 관념의 근거를 밝혀 준다. 이러한 여러 관념은 낭만주의적이고 메시아적이기도 하다. 곧 인간적 소재로서 동양보다도, 낭만주의적인 구제사업의 요소로서 동양이 더욱 중요하다. 따라서 설령 사람들의 참상에 의해 마르크스의 인간적 심정, 곧 그의 동정심이 생겨난 것은 분명하다고 하여도, 마르크스의 경제분석은 표준적인 오리엔탈리즘적 시도와 완전히 합치된다. 결국 최후에 승리를 거둔 것은 낭만주의적인 오리엔탈리즘의 비전이고, 그때 마르크스의 이론적인 사회경제적 고찰은 이 고전적인 표준적 이미지 속에 매몰된다.

영국은 인도에서 이중의 사명을 수행해야 한다. 하나는 파괴의 사명이고, 또 하나는 재생의 사명이다.—낡은 아시아 사회를 파멸시키는 것 그리고 서양사회의 물질적 기초를 아시아에 심는 것이다.[70]

근본적으로 생명력이 없는 아시아를 재생한다는 사고방식이 순수한 낭만주의적인 오리엔탈리즘의 일종이라는 것은 두말할 필요도 없다. 그러나 이러한 견해도, 당사자의 고통을 쉽게 잊을 수 없는 저자, 그 사람의 입에서 나오는 경우에는 우리를 당혹하게 한다. 여기서 우리는 다음과 같이 물어야 한다. 곧 첫째, 아시아의 상실과 함께 영국의 식민지 지배를 비난하여 온 마르크스의 윤리적 관점은, 우리가 지금까지 서술하여 온, 과거로부터의 동서양 불평등론의 방향으로 어떻게 왜곡되었는가? 그리고 둘째, 그의 인간으로서 동정심은 어디로 가 버렸는가? 곧 오리엔탈리즘적 비전으로 대체되는 과정에서 그것은 어떠한 사고영역 속으로 그 모습을 감추어 버렸는가?

여기서 즉각적으로 생각하게 되는 것은, 오리엔탈리스트가 다른 수많은 19세기 초엽의 사상가들과 마찬가지로 인간을 광범위한 집합의 견지에서 파악하고 또 추상적인 일반개념으로 인식했다는 사실이다. 오리엔탈리스트는 개인으로서 인간을 논의하는 것에는 흥미가 없고, 그것을 논의할 능력도 갖지 못했다. 그 대신 필경 헤르더 같은 종류의 민중귀속설에 근거한다고 생각되는 여러 가지의 인공적인 존재양태가 현저하게 나타난다. 거기에 있는 것은 동양인, 아시아인, 셈족, 이슬람교도, 아랍인, 유대인 등의 여러 인종, 심성, 민족이고, 그중의 몇 가지는 르낭의 연구에 나타난 유형화라는 학문적인 작용의 소산이다. 마찬가지로 '유럽'과 '아시아' 또는 '서양'과 '동양'이라고 하는 해묵은 구분은, 인간의 다양성에 유래하는 있을 수 있는 모든 차이에 대해 지극히 광범한 꼬리표로 가축 무리를 나누는 것과 같이 작용하여, 그 과정에서 인간을 한 가지나 두 가지의 궁극적이고 집합적인 추상개념으로 환원시킨다. 마르크스도 예외가 아니다. 그에게도 이론을 설명하기 위해서는 인간의 실존적인 정체성보다 집합적 개념으로 동양을 사용하는 것이 용이했다.

왜냐하면 동양과 서양의 사이에는, 마치 각각의 진영이 자기 존재의 봉화를 올리는 것과 같이 단지 방대한 수의 무명의 인간을 집약하는 것만이 문제가 되었고, 또 실제로 그곳에 존재한 것도 그러한 무명의 인간의 집합체에 불과했기 때문이다. 양자 사이에는 그 이외의 교류란, 어떤 종류의 것이든 간에 설령 아무리 세밀한 것이어도 행할 여지가 없었다.

마르크스가 그래도 여전히 무엇인가 공감을 지녔다고 하는 점, 비록 지극히 약간이었다고 할지라도 불쌍한 아시아와 일체화되었다고 하는 사실은, 꼬리표가 위력을 떨치기 시작하기 이전에, 곧 마르크스가 동양에 관한 지혜의 근원을 찾아 괴테를 참고하기 이전에, 무엇인가 일어났다는 것을 시사한다. 마치 (이 경우에는 마르크스의) 개인적 심정이 아시아 속에서 집합적·공적 개념이 되기 이전의 개별성을 발견할 수 있었고—그리고 나서 자신의 정서, 심정, 감각에 더해진 그 개별성의 중압에 굴복하여—그가 사용하지 않을 수 없었던 어휘 그 자체 속에 숨은 훨씬 준엄한 검열관을 만났을 때, 마침내 그 개별성을 포기해 버렸다고 할 수 있는 것이었다. 그 검열관의 업무는 동정심을 중단하고, 그것을 쫓아 버리는 것이었다. 그리고 그 뒤에는 비명碑銘과 같이 분명한 하나의 정의가 나타났다. 곧 그러한 사람들은 고통을 당하지 않는다는 것이었다. 그 사람들은 동양인이고 그러므로 지금까지 채택해 온 방식과는 다른 방식으로 취급되어야 하는 상대라는 것이다. 오리엔탈리즘의 학문이 구축하고, 그것에 적합하다고 생각되어 온 '동양에 관한' 지식(예컨대 《서동시집》)의 지지를 얻어 이미 절대적인 것이 된 정의와 만나, (마르크스의) 동정적인 감정의 파도는 사라졌다. 또 오리엔탈리즘적 학문의, 나아가 오리엔탈리즘적 예술의 사전상의 의미통제에 굴복하여 이 감정을 나타내는 어휘는 소멸되었다. 사전적인 정의에 의해 개개의 경험은 제거되었다. 이와 같은 것이 마르크스의 인도론에서도 생겨났음은 누구라도 분명하게 알 수 있다. 마르크스의 인도론에서 결국 어떤 힘이 그를 강제하여 괴테에게 서둘러 달려가게 했고, 거기에서 그는 자신을 옹호해 준 동화된 동양 속에 자리했다.

물론 마르크스는 사회경제적 변혁에 관한 그 자신의 여러 명제를 입증하는 점에도 부분적으로 관심을 가졌다. 그러나 동시에 그는 오리엔탈리즘의 내부에서 견고한 것이 되어, 그 분야의 외부에까지 뻗쳐 나온, 이미 동양에 관한 모든 진술을 지배하게 된 방대한 저술의 집합체에도 안이하게 의존한 것으로 생각된다. 이 책의 제1부에서 나는, 어떻게 하여 이 지배가 고대 이래 유럽문화 일반 속에 전수되어 왔는가를 분명히 밝히고자 노력했다. 여기 제2부에서 나의 관심은, 19세기에 어떻게 하여 근대적인 전문용어와 직업적 관습이 확립되었고, 그것들이 오리엔탈리스트에 의해서건 비오리엔탈리스트에 의해서건 간에 어떻게 하여 동양에 관한 담론을 지배하게 되었는가를 분명히 밝히는 것이다. 사시와 르낭은 각각 오리엔탈리즘이 어떻게 하여 방대한 텍스트의 집합체나 문헌학에 근거한 처리과정을 만들어 내었는가를 보여 준 좋은 보기로서, 그 결과 동양은 논리적인 정체성을 확보하고 서양에 대하여 불평등한 것으로 변했다. 비오리엔탈리스트의 인간적 참여가 먼저 붕괴되었고, 이어서 그것이 오리엔탈리즘의 일반화에 의해 침해된 사례로 마르크스를 살펴보면서, 우리는 오리엔탈리즘에 고유한 어휘서술 기능이나 제도가 강화되어 가는 과정을 고찰하지 않을 수 없게 되었다. 동양에 관하여 논의하고자 하는 경우, 언제나 엄청난 메커니즘을 지닌 만능의 정의가 전면에 나타나, 자신이야말로 논의에 유효한 유일의 정의라고 주장하는, 그 작용의 정체는 무엇인가? 이 메커니즘이 본래는 그것과 모순된 개개의 인간적 경험에 대해서도 도대체 어떻게 하여 독특한 방법으로 (나아가 효과적으로) 작용을 미칠 수 있었는지를 우리는 분명히 밝힐 필요가 있고, 또 그러한 **인간적 경험**이 어디로 갔고, 어떤 형태를 **취하며** 존속되고 있는지도 분명히 밝히지 않으면 안 된다.

이러한 것들은 모두 서술하기가 매우 어려운 난해하고 복잡한 작용이다. 적어도 하나의 성장하고 있는 학문 분야가 경쟁자를 눌러서 전통, 방법, 제도를 위해 권위를 획득하고, 진술, 개성, 기능을 위하여 문화 일반 속에서 정통성을 확보하여 가는 과정만큼이나 난해하고 복잡한 작용이라고 할 수 있다. 그러나 우리는 오리엔탈리즘이 자기목적을 위하여 채택하고 전형적인 어떤 종류의 경험을 특정함으로써, 이 작용을 서술하는 경우에 생기는 복잡함을 대부분을 단순화할 수 있다. 이러한 경험은 본질적으로, 앞에서 내가 서술한 사시와 르낭의 경험에 이어진 것이다. 그러나 이 두 학자는 동양에 관한 **현지의** 전문적 지식을 주장한 것이 아니라 전적으로 **학문적인** 오리엔탈리즘을 대표한다. 반면에 한편에서는 동양에 거주하면서 동양과 현실상의 실존적 접촉을 가졌다는, 독특한 강제적 사실에 근거하여 스스로의 정통성을 주장하는 또 하나의 전통도 존재했다. 앙크틸과 존스 그리고 나폴레옹 원정은 이런 전통의 초기 윤곽을 규정한 것이고, 그 후 이 윤곽이 오리엔탈리스트로서 동양에 체류한 사람들 모두에게 확고부동한 영향력을 미쳤다. 이 윤곽은 유럽 권력의 윤곽이다. 왜냐하면 동양에 거주한다는 것은, 보통 한 시민으로서가 아니라 유럽인의 대표로 특권적인 생활을 영위한다는 것을 뜻했기 때문이고, 그 유럽(영국과 프랑스)제국은 동양을 군사적·경제적 그리고 무엇보다도 문화적인 양팔로 **껴안고** 있었기 때문이다. 그리하여 동양에 산다는 것과 그 학문적인 성과는 르낭이나 사시에서 볼 수 있는, 텍스트 의존적인 태도를 지닌 학문적 전통 속에 주입되었다. 그리고 이러한 두 종류의 경험은 하나가 되어 엄청난 도서관을 구축했고, 그 도서관에 대해서는 누구도, 심지어 마르크스조차 반항할 수가 없었고 비켜

지나갈 수도 없었다.

　동양에 거주하는 것에는, 개인적인 경험을 쌓고 개인적인 증언을 하는 것도 어느 정도 포함되었다. 경험과 증언이 오리엔탈리즘의 도서관에 어떻게 공헌하고 그것을 어떻게 견고한 것으로 만들 수 있는가 하는 것은 그것들이 순수하게 개인적인 문서인 점을 벗어나 어느 정도까지 오리엔탈리즘적인 학문의 강력한 기호로 변환될 수 있는가에 달려 있다. 달리 말하자면 하나의 텍스트 내부에서 개인적인 진술로부터 공적인 진술로 변모되어야 한다는 것이다. 곧 유럽인의 동양 거주와 경험의 기록은, 순수하게 자서전적이고 방종한 묘사가 아니거나 적어도 최소화한 것이어야 하고, 일반적으로는 오리엔탈리즘, 특수하게는 그 뒤의 오리엔탈리스트가 그 위에 더욱 많은 학문적 관찰과 서술을 가하여 조립하고 기초를 세울 수 있는 것이어야 한다. 그리하여 우리는 동양에 관한 개인적인 감정이 마르크스의 경우보다 더욱 분명하게 공적인 오리엔탈리즘의 진술로 전환하는 보기도 볼 수 있게 된다.

　그런데 19세기에 동양, 특히 중동이, 유럽인이 즐겨 여행하고 저술하는 장소였다는 사실이 사태를 더욱 풍부하고 복잡한 것으로 만들었다. 나아가 동양에서의 개인적 경험에 근거하여 매우 자주 쓰인 동양적 스타일의 유럽문학이 발달했고, 그것은 상당히 방대한 양에까지 이르게 되었다. 이러한 문학의 확실한 원천의 하나로 즉각 머리에 떠오르는 것이 플로베르이고 디즈레일리, 마크 트웨인, 킹레이크 등 각기 다른 세 명의 문학가 역시 그러한 보기라 할 수 있다. 그러나 흥미로운 것은, 사적인 오리엔탈리즘으로부터 전문적인 오리엔탈리즘으로 전환한 작품과, 역시 동양체제나 개인적 증언에 근거하면서도 여전히 '문학'에 그친 채 학문이 되지 못한 제2유형의 작품 사이의 차이이다. 이러한 차이야말로 내가 지금부터 탐구하고자 하는 것이다.

유럽인으로서 동양에 산다는 것은, 주위 환경으로부터 초연하며, 주위와는 동등하지 않은 하나의 의식으로 그곳에 산다는 의미를 **언제나** 포함하고 있다. 그러나 무엇보다 주의해야 하는 것은, 이 의식이 어떤 의도를 갖는가 하는 점이다. 그것은 무엇을 추구하여 동양에 존재하는 것인가, 또 스콧, 위고, 괴테와 같은 작가들처럼 그 의식은 늘 유럽의 현실을 떠나지 않은 그대로이면서 왜 지극히 구체적인 경험을 추구하여 동양을 여행하며, 동양에 있을 때조차 왜 그들은 서양에 있고자 하는가 하는 이유가 문제된다. 이러한 의도는 몇 가지 범주로 도식적으로 제시되었다. 첫째, 학문적인 소재를 전문적 오리엔탈리즘에 공급한다는 특별한 과제를 위하여 자신의 동양 체류 경험을 이용하려는 의도를 갖고서, 자신의 체류를 학문적인 관찰의 한 형식으로 생각하는 저술가이다. 둘째, 전자와 같은 목적을 가지기는 하나, 자신의 개인적 의식의 기괴함과 스타일을 전자 정도로 쉽게는 비개성적인 오리엔탈리즘에 의한 정의의 희생으로 삼지 않으려고 하는 저술가이다. 이 경우 그러한 정의가 그의 작품 속에 나타나지 않는 것은 아니나, 그것을 개인적인 스타일의 괴팍성으로부터 해방시키기는 쉽지 않다. 셋째, 동양의 현실적 여행 또는 비유적인 여행을, 어떤 마음의 근저에서 간절히 느끼며 그 실현을 급박한 사업의 달성으로 삼는 저술가이다. 따라서 그의 작품은 그 개인의 미의식을 기반으로 하고, 그 사업에 의해 함양되며 충만한 작품이 된다. 둘째와 셋째의 범주에 속하는 저술가들의 경우에는, 개인적인—적어도 비오리엔탈리즘적인—의식이 작용할 여지가 첫째 저술가들의 경우보다 더욱 크다. 가령 에드워드 윌리엄 레인의《현대 이집트인의 풍습과 습관》을 첫째 범주의 작품 가운데 가장 대표적인 것으로 볼 수 있고, 또 버튼의《메디나와 메카의 순례》를 둘째 범주에 속하는 작품으로 볼 수 있으며, 나아가 네르발의《동양여행》을 셋째 범주의 대표로 볼 수 있다.

이렇게 보면 각각의 텍스트 속에서 저자의 존재가 힘을 발휘하고, 스스로를 제시할 여지가 상대적으로 어느 정도 남아 있는가 하는 점이 분명히 나타난다.

그러나 이러한 세 가지 범주는 각각 상이한 것이기는 하나, 일반적으로 생각하는 만큼 서로 떨어져 있는 것은 아니다. 또 각 범주가 범주를 대표하는 '순수한' 유형을 포함하고 있는 것도 아니다. 예컨대 세 가지 범주의 어느 것을 보아도, 그것들은 그 핵심에서 유럽인이라는 의식이 갖는, 완전히 이기적인 권력에 의존하고 있다. 어떤 경우에도 동양은 유럽인이라 관찰자를 **위하여** 존재하는 것이고, 나아가 레인의 《현대 이집트인의 풍습과 습관》을 포함하는 범주의 경우, 작가의 스타일이 아무리 공평무사한 개인성을 목표로 하고 있다고 해도 오리엔탈리즘적인 자아는 분명히 나타난다. 나아가 세 가지 유형 모두를 통하여 일관되게 반복되는 어떤 종류의 모티프가 존재한다. 순례지로서 동양이라고 하는 모티프가 그 하나이다. 또 구경거리로서, 또는 **살아 있는 그림**으로서 동양을 보는 것도 그 하나의 보기라고 할 수 있다. 세 개의 범주를 통하여 동양을 소재로 한 작품이 모두 동양이라는 장소의 특징을 나타내고자 한다는 점은 두말할 필요도 없다. 그러나 그 이상으로 흥미 깊은 것은, 작품의 내적 구조가 어떤 의미에서 동양의 포괄적 **해석**(또는 그것에 대한 시도)과 어느 정도까지 같은 것일 수 있는가 하는 점이다. 놀랍지 않게도, 대부분의 경우에 이 해석은 동양에 대한 낭만주의적인 재구성의 한 형식이자 그 재조명으로서, 동양을 현대에 회수하여 보존하고자 하는 것이다. 곧 동양을 위하여 창조된 모든 해석, 모든 구성은 사실상 동양의 재해석이고 재구축이었다.

그런데 이렇게 서술한 시점에서 우리는 다시 여러 범주 사이의 차이로 돌아가 볼 필요가 있다. 이집트인을 주제로 한 레인의 저서는 상당한 영향력을 끼쳤고, (플로베르를 필두로 하여) 많은 사람들에게 읽혀졌으며 인용되어 오리엔탈리즘적 학문에서 제1인자로서 저자의 명성을 확립시켰다. 달리 말하자면 레인은 단순히 그가 말한 내용에 의해서가 아니라, 도리어 그가 말한 내용이 오리엔탈리즘에 제대로 적응되었기 때문에 권위를 확보한 것이었다. 레인은 이집트나 아라비아에 관한 지식의 근거로 인용되었으나, 반면 버튼이나 플로베르는, 그들의 동양에 관한 지식 때문이라기보다 그들이 자기 자신에 관하여 말하는 사항에 대한 흥미 때문에 오늘까지 읽히고 있다. 레인의 《현대 이집트인의 풍속과 습관》에서 저자의 기능은, 다른 여러 범주의 저자의 기능만큼 강력한 것이 아니다. 왜냐하면 레인의 저서는 전문가들 사이에 보급되어, 그것에 의해 강화되었고 제도화되었기 때문이다. 레인의 저술과 같이 전문적인 규율을 부과받은 작품의 경우, 저자의 정체성은 주제의 요구만이 아니라 그 학문 분야의 요구에도 종속되고 있다. 그러나 이것은 그렇게 간단하게 이루어지는 것이 아니며 또는 여러 가지의 문제를 제기하지 않고는 이루어지지 않는다.

레인의 고전적인 작품인 《현대 이집트인의 풍속과 습관》(1836)은, 그의 일련의 저술과, 두 번에 걸친 이집트 체류(1825~1828, 1833~1835)의 자각적인 성과였다. 여기서 내가 '자각적'이라는 말을 특히 강조하여 사용하는 데에는 이유가 있다. 곧 레인은 독자에 대하여, 자신의 연구가 직접적이고 장식이 없는 중립적인 서술로 구성된 작품이라고 하는 인상을 주고 싶었으나, 실제로 그것은 상당히 편집을 가한 작품이었고(최종적으로 출판된 작품은 레인이 집필한 본래의 작품과는 별도의 것이었다) 또 상당히 여러 분야에 걸치는, 지극히 특수한 노력의 결과로 완성한 작품이기도 했다. 레인의 출생이나 경력에는 그로 하여금 동양에 관심을 갖게 한 운명적인 계기는 전혀 보이지 않았다. 단지 그가 논리에 강한 학구적인 인간이었다는 점, 그리고 고전연구와 수학에 재능이 있었다는 점이 그의 저서에 분명히 나타나 있는 내면적인 단정함을 어느 정도 설명해 줄 뿐이었다. 그가 쓴 서문은, 그가 이 작품을 위하여 무엇을 했는지에 관하여 일련의 흥미 깊은 단서를 제공한다. 그에 의하면 그는 본래 아리비아어를 공부할 목적으로 이집트에 갔다. 그곳에서 당시의 이집트에 관한 몇 권의 노트를 만든 뒤에, 실용지식보급협회라는 단체의 한 위원회로부터 이집트의 국토와 주민에 관한 체계적인 저술을 만들도록 권유받았다. 그의 저술은 방만한 관찰의 집적을 벗어나 어느 외국사회의 본질을 알고자 하는 사람들을 위하여, 그들이 쉽게 이용할 수 있도록 배열된 실용적인 지식의 기록으로 변모시킨 것이었다. 이러한 지식이 어떤 방식으로 기존의 지식을 폐기시켜야 했으며, 동시에 스스로 특히 효과적인 성격을 갖추었음을 주장해야 하는가 하는 점은 그 서문에 명확히 서술되어 있다. 이 점에 관해서 레인은 치밀한 논객이었다. 그는 무엇보다도 먼저 자신이, 선구자들이 이룩할 수 없었거나 이룩하지 못했던 것을 달성했다는 점을 나타내고, 이어서 자신은 참으로 완전하고 정확한 지식을 확보할 수 있었다는 사실을 나타내어야 했다. 그리하여 마침내 레인에게 특유한 권위가 그 모습을 나타내기 시작했다.

레인은 그 서문에서 러셀 박사[5]의 (잊혀진 작품인)《알레포 민속지》를 야유하고 있으나, 레인의 저서에 필적하는 중요한 선행 작품이 실제로는 《이집트지》라는 점은 분명한 사실이다. 그러나 이 작품은 레인에 의해 긴 각주 속에 묻혀 버렸고, 이집트에 관한 "프랑스인의 위대한 작품"이라는 모욕적인 인용부호가 첨부되어 언급되고 있다. 레인에 의하면 그 작품은 너무나도 철학적으로 일반적인 것이자 너무나도 조잡한 것이

---

5) Dr. Russel(1715~1768)은 알레포의 영국인 상업 지역에서 의사 생활을 했다.

었다. 그리고 자콥 부르크하르트[6]의 유명한 연구도 단순히 이집트 격언의 집성에 불과하고 "한 민족의 도덕성을 시험하기에는 조잡한 시금석"에 불과하다고 했다. 프랑스인이나 부르크하르트와 달리 레인은 현지인 사이에서도 생활할 수 있었다. 곧 그는 그들과 같이 살았고 그들의 관습에 순응할 수 있었으며 "낯선 사람들 속에 들어가도…… 한번도 위법한 침입자로 수상하게 취급되지 않았다". 그러나 레인은 그 점에 의해 자신이 객관성을 잃게 될 것을 두려워하여 자신은 《코란》의 '낱말들'(강조는 레인에 의한 것)에 따른 것뿐이고, 그래서 본질적으로 자신과는 맞지 않는 문화와의 거리를 언제나 알고 있다고 첨가했다.[71] 따라서 레인의 정체성의 일부분은 무수한 이슬람교도의 바다 속을 쉽게 떠다니는 것인 반면, 한편으로 그의 정체성의 숨겨진 부분은, 유럽인으로서 그가 갖는 비밀의 권력을 유지하면서 그 주위의 모든 것을 비평하고 확보하며 소유한 것이었다.

오리엔탈리스트는 동양을 모방할 수 있으나, 그 반대는 진실이 아니다. 따라서 오리엔탈리스트가 동양에 관하여 말하는 것은 일방통행의 거래 속에서 얻어진 서술로 이해되어야 한다. 곧 **그들이** 말하고 행동하는 것을 그는 관찰하고 기록한다. 레인의 힘은 현지 언어를 소위 모국어처럼 구사하면서, 동시에 숨겨진 작가로서 그들 속에서 존재해 온 점에 있었다. 나아가 레인의 작품은, 그들에 위해서가 아니라 유럽과 여러 가

---

6) 원서에서 저자 사이드는 Jacob Burckhardt라고 쓰고 있으나, 이는 오류이고 그의 형인 J.L. Burckhardt가 쓴 《아랍의 격언 *Arabic Proverbs*》(London, 1830)이 본문에서 언급되는 책이다. John Lewis Burckhardt(1784~1817)는 스위스 출신의 영국의 동양학자이자 탐험가로서 케임브리지에서 공부하고 이슬람으로 개종하여 시리아, 레바논, 팔레스타인에서 일생을 마쳤다. 따라서 본문에서 부르크하르트가 현지인 사이에서 생활하지 않았다고 하는 사이드의 설명은, 그가 John을 Jacob과 혼동했기 때문에 생긴 것으로서 오류이다.

지 보급기관을 위하여 유용한 지식이 되는 것을 염두에 두고 쓰인 것이었다. 이것이 레인의 산문을 결코 잊을 수 없게 하는 이유의 하나이다. 이집트인의 습관, 의례, 축제, 유년기, 성년기, 장례식을 차례로 경험한 일인칭대명사로서의 자아는, 실제로 보통의 수단으로는 손에 넣을 수 없는 가치 있는 정보를 취하여 전달하기 위해 고안된, 동양인의 얼굴을 한 가면이고, 오리엔탈리즘적인 책략이었다. 해설자로서 레인은 전시물임과 동시에 전시자이기도 했고, 경험에 대한 두 종류의 욕구, 곧 동무로서 사귀는 것(또는 그렇게 보이는 것)에 대한 동양인의 욕구와, 권위 있는 유익한 지식에 대한 서양인의 욕구를 하나하나 전시하면서 그 양자로부터 동시에 신뢰를 얻는 것이었다.

이것을 설명하는 데에 서문의 끝에 있는 세 가지의 삽화만큼 적절한 것은 없다. 거기에서 레인은, 그의 주된 정보 제공자인 친구 샤이흐 아흐메드를 동료이자 자신의 호기심 대상으로 묘사한다. 이 두 사람은 레인이 이슬람교도와 같이 보이도록 함께 행동한다. 그러나 아흐메드는 레인의 대담한 모방으로부터 용기를 얻어 불안을 극복한 뒤에야 겨우, 모스크 속에서 레인과 함께 예배를 올릴 수 있었다. 이 최후의 장면이 달성되기 앞서서 나타나는 두 개의 장면에서 아흐메드는 유리를 먹는 기이한 사람이자 일부다처주의자로 묘사된다. 샤이흐 아흐메드를 둘러싼 삽화를 구성하는 세 부분을 통하여, 이 이슬람교도와 레인 사이의 거리는 더욱 확대된다. 그것은 양자의 행동 자체에서 거리가 축소되는 것과는 완전히 반대이다. 아이로니컬하게도 이슬람교도 행동의 매개자이자 번역자라고도 할 수 있는 레인은, 그것을 냉정한 영어 산문으로 묘사하기 위해 필요한 거리 이상으로는 이슬람교도의 행동양식 속에 들어가려고 하지 않는다. 가짜 신자이자 특권적인 유럽인으로서의 레인의 정체성야말로 그의 사악한 신념의 본질 그 자체이다. 왜냐하면 그의 특권적인 유럽인으로서의 정체성은 지극히 명료한 방식으로, 가짜 신자로서의 정체성을 부각시키기 때문이다. 그리하여 **한 사람의** 더욱 특이한 이슬람교도의 행위에 관한 사실 보고가 레인에 의해 모습을 나타내어, **모든** 이슬람교도 신앙의 핵심이 있는 그대로 폭로된 것과 같이 만들어진다. 레인은 아흐메드가 자기에게 정보를 준 타인과의 우정을 배반했다는 것 등에 대해서는 전혀 관심을 보이지 않는다. 그에게 중요한 것은 보고가 정확하고 일반적이며 냉정한 것이라고 받아들여지는 것, 영국인 독자에게 레인은 결코 이단이나 배교의 영향을 받지 않았다고 확신시키는 것 그리고 마지막으로 레인의 텍스트가 그 학문적 타당성을 위하여 그 주제의 인간적인 내용을 말소시키는 것이었다.

이 책이 레인의 이집트 체류에 관한 단순한 이야기로서가 아니라 오리엔탈리즘적인 재구성과 세부묘사로 압도된 이야기 구조로 조립되어 있는 것은, 바로 이러한 목적 때문이다. 나는 이것이야말로 레인의 작품이 성취한 것의 핵심이라고 생각한다. 《현대 이집트인의 풍속과 습관》은 그 골격과 외형에서, 예컨대 필딩[7]의 소설과 같은 18세기 소설의 정석에 따랐다. 먼저 국토와 배경에 관한 서술로부터 시작하여, 이어 '인간적 특질'과 '유년기와 초등교육'에 관한 여러 장이 이어진다. 그리고 축제, 법, 성격, 산업, 마술, 가정생활과 같은 사항에 관한 25개 장이 계속된 뒤 마지막으로 '죽음과 장례식'의 장으로 끝난다. 언뜻 보아 레인의 서술방식은 시간적 및 발전적인 질서에 따르고 있다. 그는 자신을 인간 생활의 중요한 대목에서 생기는 사건의 관찰자로 기록하고 있다. 곧 레인의 모델은 주인공의 출생, 모험, 결혼, 죽음의 암시를 묘사한 《톰 존스》에서와 같이, 이야기 서술양식이다. 단지 레인의 텍스트에서는 이야

---

7) Henry Fielding(1707~1754)은 영국의 소설가로서 《톰 존스 *Tom Jones*》 등을 남겼다.

기하는 사람의 목소리는 젊으나, 그 주제인 당대의 이집트인은 개별 인간의 일생을 두루 통과하고 있다. 한 사람의 인간이 스스로에게는 초시간적인 능력을 부여하고 사회와 민중에게는 한 개인의 수명 전체를 강제하는 이러한 전도현상은, 단순히 이국 여행담으로 끝날지도 모르는 것에 대하여 규율을 부여하고, 평범한 텍스트를 이국 정서를 보여 주는 백과사전이자, 오리엔탈리스트의 정밀한 조사를 위한 활동영역으로 변화시키는 일련의 절차의 제1단계에 불과하다.

레인이 소재에 대하여 그 지배력을 확고한 것으로 만드는 요인으로는 (거짓 이슬람교도와 순수한 서양인이라고 하는) 연극적인 이중인격과, 이야기하는 사람의 목소리와 주체를 조작한 점 외에도 그 세부묘사의 수법을 들 수 있다. 각 장의 중요한 절은 반드시 어떤 평범한 일반적 고찰로부터 시작된다. 예컨대 "일반적으로 관찰되고 있는 바에 의하면, 어떤 국민의 풍속, 습관, 성격에서 가장 확실한 특이성의 대부분은 그 나라의 자연이 갖는 특이성에 기인하는 것이다."[72] 그리고 그것에 이은 서술─나일 강, 이집트의 "건강에 매우 좋은" 기후, 농민의 "규칙적인" 노동 등─이 이를 보증한다. 그러나 이야기의 순서에 따라 다음의 에피소드가 이어지는 대신에 세부묘사가 부가되며, 그 결과 순수한 형식상의 이유로부터 기대되는 이야기는 실현되지 않는다. 달리 말하자면 레인의 텍스트의 큰 줄기는 탄생-일생-죽음이라는 이야기의 인과관계 순서에 따라 전개되는 것이지만, 도중에 삽입된 특별한 세부묘사가 이야기의 흐름을 갑자기 중단시켜 버린다. 일반적인 고찰로부터 시작하여 이집트인 성격의 어떤 측면에 관한 세부적인 묘사로 옮겨 가고 나아가 이집트인의 유년기, 청년기, 성년기, 노년기의 서술로 이행되어 가는 사이에, 레인은 항상 대량의 세부묘사를 가하여 그 부드러운 이행을 **방해**한다. 예컨대 독자는 건강에 좋은 이집트의 기후에 관하여 들은 직후에, 불치의 병이나 의료설비의 결여, 여름의 혹서 등으로 인하여 대부분의 이집트인이 2~3세의 나이에 죽는다는 것을 알게 된다. 그리고 뒤에 혹서가 "이집트인(무한정한 일반으로서)을 자극하여 방종적인 관능적 쾌락으로 유혹한다"는 것을 듣게 된다. 그리고 곧이어서 독자들은 풍부한 도판과 삽화로 채워진 카이로의 건축, 장식, 분수, 감옥에 관한 묘사의 깊은 수렁 속에 빠지게 된다. 이야기의 실마리가 다시 나타나도 그것은 단순한 형식으로 나타날 뿐이다.

이야기의 질서가 레인의 텍스트를 지배하는 허구가 되는 바로 그 순간에, 완전히 압도적인 황당무계한 세부묘사가 나타나 그 이야기의 질서를 방해한다. 레인의 목표는 이집트와 이집트인을 총체적으로 가시적인 존재로 만들어, 독자에 대하여 아무것도 숨기지 않은 그대로 모든 것을 드러내고, 깊이도 없이 과장된 세부묘사를 통하여 이집트인의 모습을 전달하는 것이다. 보고자로서 레인은 터무니없는 사도-마조히즘적인 괴담을 즐기는 경향이 있어서, 수도승이 자기 신체를 고의로 손상하는 광경이나 재판관의 잔혹함, 이슬람교도 사이에 널리 퍼져 있는 종교와 방탕의 혼합, 성욕 과잉 등을 계속 이야기한다. 그러나 사건이 어느 정도로 기묘하고 사악한 것이라고 하여도, 또 우리가 눈에 현기증이 날 정도의 세부묘사에 어느 정도 당혹한다고 하여도, 레인은 모든 곳에 모습을 나타내어 그 역할을 떠맡아 사건의 단편을 모으고, 우리를 재촉하여 변덕스럽기는 하지만 계속 전진하게 한다. 어느 정도까지는 단지 그가 유럽인이라는 이유에 의해서만 그것을 할 수 있다. 한 사람의 유럽인으로서 그는 불행하게도 이슬람교도들이 사로잡히게 된 열광과 흥분을 논리적으로 통제할 수 있기 때문이다. 그러나 그 이상으로 레인이 규율과 초연성의 강직한 굴레와 함께 그의 엄청난 주제를 자신의 생각대로 제어할 수 있었던 것은, 그가 이집트인의 생활과 생산성으로부터 냉정하게 거리를 유지했기 때문이다.

그것을 상징하는 중요한 측면은 그 책의 제6장 '가정생활-속편'의 첫 부분에 나타난다. 그 전까지 레인은 이야기의 전통적인 수법을 사용하여 이집트인의 생활 속을 둘러보고, 이집트인 가정의 거실과 관습을 살펴본 뒤에(레인은 사회적 영역과 공간적 영역을 항상 혼동했다) 그 종착점에 이른 것이었다. 레인은 이제 가정생활의 내적인 측면을 논하기 시작한다. 곧바로 그는 "혼인과 혼례에 관하여 설명해야 한다"고 쓴다. 일반적인 보기에 따라 서술은 일반적인 고찰로 시작된다. 곧 "이집트인 남성이 혼인 적령기에 이르고 충분히 근거가 있는 장애가 없음에도" 결혼을 하지 않고 있다면, "주위 사람들은 그것이 적절하지 못하며, 심지어 명예롭지도 못한 일이라고도 생각한다." 레인은 즉각 그러한 고찰을 자신에게 적용시켜 스스로를 단죄하게 된다. 하나의 긴 단락을 사용하여 그는 자신에게 결혼을 강요한 주위의 압력이 얼마나 강했던가, 또 얼마나 단호한 태도로 자신이 그것을 거절했는가를 얘기한다. 이어서 식민지인 친구가 '편의결혼'을 시키기 위해 그에게 요청까지 했으나, 그것도 레인은 거절했다고 하면서, 별안간 마침표와 대시가 나타나 그 일련의 장면은 종료된다.[73] 그는 다른 일반적 고찰로 옮겨 감에 따라 다시 일반적인 논의를 개시한다.

여기서 우리는 난잡한 세부묘사에 의해 이야기의 흐름을 중단시키는 레인의 뛰어난 방식의 전형을 보게 되나, 그것만이 아니라 레인이 동양사회의 자손증식 과정으로부터 분명히 문자 그대로의 이탈을 초래하는 모습도 보게 된다. 사회참여를 거절한 짧은 이야기는 극적인 중단으로 끝난다. 곧 스스로 가정생활의 내밀의 부분에 정통하지 않는 한 **자신의** 이야기를 계속할 수 없다고 말하는 듯이 보인다. 그리고 가정적 인간의 후보자로서 레인은 시야로부터 사라진다. 그는 결혼에 의한 사회참여를 거절함으로써 인간적 주제로 자신을 문자 그대로 폐지한다. 그리하여 그는 위선적인 관여자로 자신의 권위적인 정체성을 확보하고, 자신의 이야기가 갖는 객관성을 뒷받침한다. 우리는 레인이 이슬람교도가 아니라는 것을 이미 알고 있으나, 이제 그가―동양인이 아니라―오리엔탈리스트가 되기 위하여 가정생활이 갖는 관능적인 향락을 단념했어야 했다는 것도 알게 된다. 나아가 그는 인간의 일상사에 들어가서 스스로에게 시간을 부여하는 것도 회피하여야 했다. 이러한 소극적인 방법으로만 그는 관찰자로서 시간을 초월하는 권위를 유지할 수가 있었다.

레인은 '불편과 불쾌'를 피하여, 곧 결혼하여 살 것인가, 아니면 현대 이집트인에 관한 연구를 완성시킬 것인가 라는 양자택일의 기로에 놓였다. 그 선택의 결과가 그로 하여금 이집트인에 관한 정의를 가능하게 만들었음은 명백하다. 왜냐하면 만일 레인이 이집트인의 일원이 되었다고 한다면, 그는 순수하게 배양된, 성의 구별이 없는 어휘서술적인 관점을 가질 수 없었음에 틀림없기 때문이다. 따라서 레인은 두 종류의 중요하고도 긴박한 방법으로 학문적인 신뢰성과 정통성을 확보한다. 첫째는 인간생활에 대한 보통의 설화적인 경과를 방해하는 방법이다. 이는 그가 행하는 무수한 양의 세부묘사가 수행하는 기능이고, 그 세부묘사 속에서 한 사람의 외국인으로서 관찰하는 지성은 대량의 정보를 소개할 수 있고 나아가 그것들을 종합할 수 있게 한다. 이집트인은 그야말로 배를 갈라서 그 속을 보여 주었는데, 그 뒤에 레인에 의해 설득되어 그것을 봉합했다는 것이다. 둘째는 이집트인-동양인의 생활에서 자손증식 과정으로부터의 이탈이라는 방법이다. 이 기능은 레인이 자기의 동물적 욕구를 억제함으로써 수행된다. 그 결과 주어진 정보는 이집트 속에서 이집트를 위하여 보급되는 것이 아니라, 유럽의 학문 전반 속에서 유럽의 학문 전반을 위하여 보급된다. 흐트러진 현실에 학자로서 의지의 힘을 부과함과 동시에 자신이 거주하는 공간으로부터 학문적 명성이 찬양되는 무대로 의도적인 이동을 달성했다는 것, 이 두 가지야말로 오리엔탈리즘의 연보 속에서 레인에게 위대한 명성을 보증한 원천이다. 그러한 자기부정이 있었기 때문에 비로소 레인은 유용한 지식을 확보하고, 정식화하고, 보급할 수 있게 되었다.

《현대 이집트인의 풍속과 습관》에 의해 창시된 지식의 체계는, 레인의 다른 두 가지 주요 저서, 《아라비아어 사전》과 《아라비안나이트》의 평범한 번역에 의해 더욱 견고해졌다. 후년의 두 작품에서는, 이야기적인 작품이 당연히 가졌던, 창조적 존재로서 그의 개성은 완전히 소실되었다. 인간으로서 레인은 (《아라비안나이트》의) 주석자이자 번역자[8] 그리고 비인격적인 사전 편찬자라는 공적 인격 속에서만 그 모습을 나타낸다. 레인은 자신의 주제와 같은 시대를 사는 저자임을 포기하고, 고전 아라비아어와 고전 이슬람을 연구하는 오리엔탈리스트적인 학자로서 동시대를 초월하여 지금까지도 살아 있다. 그러나 흥미 깊은 것은 그가 살아온 방법이다. 왜냐하면 학자로서 레인이 남긴 유산은 물론, 동양에서가 아니라 그가 속하는 유럽사회의 제도나 기관에서 중요한 것이었기 때문이다. 그리고 이러한 제도나 기관은, 아카데믹한 것—공식적인 오리엔탈리즘 학회나 제도, 연구기관 등—인 경우도 있고, 또 매우 특수한 초아카데믹한 경우도 있었다. 후자의 경우 그것들은 뒤에 동양에 체류한 유럽인의 작품 속에서 결실을 맺었다.

만일 우리가 레인의 《현대 이집트인의 풍속과 습관》을 동양에 관한 지식의 원천으로서가 아니라 아카데믹한 오리엔탈리즘의 조직화를 위하여 쓰인 작품으로서 읽는다면, 이 작품으로부터 배우는 것이 너무나

---

8) 원문에서 저자 사이드는 *retranslator*(중역자)라고 하고 있으나, 레인이 아라비아어판에서 바로 옮긴 것이므로 '번역자'로 수정한다.

도 많음을 느끼게 되리라. 레인이 자신의 자아를 학문적 권위에 종속시킨 것은, 여러 가지 동양관계 학회로 대표되는 동양지식의 전문화와 제도화가 진전된 것과 깊은 관계를 맺고 있다. 왕립아시아협회는 레인의 책이 출판되기 10년 전에 설립되었으나, 동양의 "예술, 과학, 문학, 역사, 고대유물에 관한 정보와 조회의 수리를 목적으로 한"[74] 그 교류위원회는 레인이 축적한 정보를 가공하여 정식화된 형태로 받아들이는 조직적인 접수처가 되었다. 레인의 저술과 같은 작품의 보급이라는 점에 관하여 말한다면, 유용한 지식을 보급하기 위한 단체만 존재한 것은 아니었다. 동양과의 통상과 무역을 조성하는 본래의 오리엔탈리즘적인 프로그램이 쇠퇴한 시대에는 여러 가지의 전문학회가 존재했다. 또한 이해관심으로부터 초연한 학문이 갖는 (현실적 가치는 아니라고 하여도) 잠재적인 가치를 발휘하는 여러 작품이 산출되었다. 예컨대 아시아협회의 회칙은 다음과 같이 서술하고 있다.

임명된 교수가 스스로 담당하는 여러 언어(곧 동양의 여러 언어)의 강의를 위하여 유익하고 불가결하다고 인정한 문법서, 사전, 기타의 기본문헌의 편집과 인쇄를 하는 것. 프랑스 국내외에서 제작되는 동종 저술의 발행을 예약 구독 등의 방법에 의해 조성하는 것. 사본의 입수 내지는 유럽에 존재하는 사본의 전체 또는 일부를 복사하고, 그 번역과 발췌를 만들고, 동판·석판의 복제로 사본 수의 확대를 도모하는 것. 지리, 역사, 예술, 자연과학 분야에서 유익한 저술을 행하는 사람에 대하여 그들의 숨은 노력의 성과를 일반에게 공개하는 수단을 확보하는 것. 정기적으로 아시아의 문헌과 자료를 수집하고 간행함으로써 동양의 과학적·문학적·시적 작품 및 유럽에서 정기적으로 산출되는 동종의 저술에 대하여 공중의 주목을 끌게 하고, 유럽에 관련된 동양의 여러 사실과 여러 동양 민족을 주제로 하는 여러 종류의 발견과 업적에 대하여 공중의 주의를 환기시키는 것. 아시아협회는 이상을 그 목적으로 정한다.

동양에 관련된 자료를 확보하고 이것을 전문화된 지식의 형태로 규칙적으로 보급하기 위한 조직으로서, 오리엔탈리즘은 체계적으로 정비되었다. 문법서가 복사되고 인쇄되었다. 원전이 확보되고, 증쇄되고, 광범위하게 배포되었다. 나아가 지식을 정기 간행물의 형태로 분배하게 되었다. 레인이 그의 책을 쓴 것도, 그리고 자아를 희생시킨 것도 이 조직에 합류하고 이 조직의 이익을 도모하기 위해서였다. 레인의 저술이 오리엔탈리즘의 문서관 속에서 어떤 방식으로 존속되어야 하는 것인지도 규정되었다. 사시의 말을 빌리자면 그곳에는 하나의 '박물관'이 구축된 것이었다.

그것은 소묘, 원전, 지도, 여행기 등 모든 종류의 사물을 쌓은 광대한 수집고가 되고, 그 소장품은 동양 연구에 몸을 바치고자 하는 모든 학도에게 제공될 것이다. 그 결과 이러한 학도는 그 연구 대상이 무엇이든 간에, 예컨대 몽고의 어느 부족이라든가 중국 인종이라고 하여도, 마치 마법에 걸려 운반되는 것 같은 착각에 빠지게 될 것이리라. …… 여러 동양어에 관한 기본문헌이 간행된 뒤에는…… 이 박물관의 초석을 놓는 것만큼 중요한 사업은 없을 것이리라. …… 그리고 이 박물관이야말로 여러 가지의 사전류에 관한 살아 있는 주석이 되고, 살아 있는 '주석자'가 된다고 나는 생각한다.[75]

'주석자truchement'란, 멋지게도 '통역', '매개자', '대변자'를 뜻하는 아라비아어 turjaman에서 온 단어이다. 한편으로 오리엔탈리즘은 동양을 가능한 한 단어 그대로 그리고 넓게 인식했으나, 다른 한편으로는 규범적인 기호, 분류, 표본 케이스, 정기 간행물, 사전, 문법서, 주석, 편찬, 번역 등의 여과장치를 통하여 그 지식을 서양에 순화시켰다. 그리고 이러한 모든 것이 일체가 되어 동양에 관한 위조품과 환상을 형성하고, 동양을 서양 속에서, 또 서양을 위하여 실체적으로 재생산했다. 요컨대 동양은 용감한 여행가나 거주자들의 개인적인, 종종은 왜곡된 증언이었으나, 이제는 그것이 학문에 종사하는 모든 사람의 협력에 의해 얻어진 비개성적인 정의로 전환하게 되었다. 동양은 개개인의 조사 체험의 연쇄였으나, 이제는 벽이 없는 일종의 상상의 박물관[9])으로 변모했다. 그리고 그곳에서는, 거대한 넓이와 다양성을 갖춘 동양의 문화로부터 수집되어 온, 있을 수 있는 모든 것이 무조건 **동양적인** 것이 되었다. 동양은 탐험가, 조사대, 파견단, 군대, 상인 등이 가져다 나른 조각들의 집합으로부터 재전환되고 재구성되며 어휘서술적으로, 문헌학적으로, 백화점식으로 **텍스트 의존적이 된** 오리엔탈리즘적인 의미 내용을 갖는 것으로 변화했다. 그리고 19세기 중엽까지 동양은 디즈레일리가 말한 바와 같이, 평생을 바쳐야 하는 사업이 되었다. 그것은 곧 사람들이 동양만이 아니라 자신도 개조하고 소생시킬 수 있는 사업이 되었다.

---

9) André Malraux(1901~1976)는 전 세계의 여러 가지 문명권에 속하는 고금의 예술작품을 그 역사적 및 사회적인 텍스트로부터 분리시켜, 때로는 사진과 복제도 이용하여 한곳에 모은 상상의 미술관 *musee imaginaire*을 고안했다. 여기서 사이드의 용어도 말로의 그것을 의식한 것이다. 같은 *musée-museum*이나 사이드의 경우 박물관이라고 하는 편이 적합할 것이다.

제4장

순례자와 순례, 영국인과 프랑스인

동양을 여행하거나 동양에 거주하는 모든 유럽인은, 동양의 불온한 영향력으로부터 자신을 보호하고자 했다. 레인과 같은 인물이 동양에 관하여 무엇을 쓰고자 하면, 동양의 시간적·공간적인 배치는 결국 재조정되었다. 독특하고 이상한 달력을 사용하고, 공간이 이국적으로 배치되며, 전혀 이해할 수 없는 기묘한 언어를 사용하고, 사악하게만 보이는 도덕에 따르는 동양적 생활의 비정상성은, 규범적인 유럽식 산문체로 상세한 설명을 가한 항목의 시리즈라는 형태로 나타나게 되면서 크게 축소되었다. 레인은 동양을 동양화함으로써 동양을 정의했을 뿐만이 아니라, 그것을 편집했다고 말하는 것이 옳다. 곧 그는 그것으로부터 그 자신의 인간적인 공감을, 나아가 유럽인의 감성을 교란시킬 우려가 있는 모든 것을 단절시켰다. 그 대부분의 경우에 동양이란, 언제나 성도덕에 저촉하는 것이라고 생각되었다. 동양—적어도 레인이 이집트에서 본 동양—에 관한 한 모든 것이 위험한 성적 매력을 발산했고, 그것들은 평상시보다 과장된 레인의 표현에 따른다면, 과도하게 "자유로운 성적 교섭"에 의해 건강과 가정생활에 적합한 절도를 위협했다.

그러나 성적인 것 외에도 위협적인 것이 여러 가지 존재했다. 그러한 모든 위협이 시간·공간·개개인의 정체성에 관한 유럽적인 명석함과 합리성을 마멸시켰다. 동양에 체류한 사람들은 전혀 상상하지 못한 고대성, 이 세상 것이라고 할 수 없는 아름다움, 무한한 거리감 등에 돌연히 직면했다. 이러한 것들이 직접적인 경험의 대상으로서가 아니라, 사고와 서술의 대상이 되는 경우에, 이른바 더욱 정직하게 이용될 수 있었다. 바이런의 '이단자', 괴테의 《서동시집》, 위고의 《동방시집》에서 동양이란 해방의 한 형식이었고, 독창적인 기회로 가득한 하나의 장소였다. 그 주된 선율은 괴테의 '이주移住'에서 연주되었다.

> 북쪽도, 서쪽도, 남쪽도 부수어라,
> 옥좌를 부수어라, 제국을 흔들어라,
> 이주하라, 그리고 저 순수한 동양에서
> 족장 나라의 공기를 맛보라.

사람들은 언제나 동양으로 **돌아갔다**—"그 순수하고 정의로운 땅에서/나는 인류의/원시 늪에 빠져든다"—동양이야말로 자신이 과거에 상상한 모든 것을 완성하고, 확인해 주는 장소라고 생각하면서.

> 동양은 신의 것!
> 서양은 신의 것!
> 북의 땅도 남의 땅도
> 신의 손에 쉬고 있다.[76]

독특한 시정, 독특한 분위기, 독특한 가능성을 갖는 동양은, 하피즈[1]와 같은—괴테에 의하면 **무한한**, 우리 유럽인보다 연상이자 연하인—시인들에 의해 표상되었다. 그리고 '무프티의 싸움소리'와 '파샤의 고뇌'를 묘사한 위고의 경우[77] 동양인의 용맹함과 극도의 우울함을 표현하는 다리가 된 것은, 생명의 위험과 방향 상실에 대한 현실적 공포감이 아니라, 볼네와 조지 세일의 학문적인 저술이었다. 이러한 저술은 야만적인 찬란함을 번역하여 그것을 숭고한 시적 재능을 타고난 시인에 대한 유용한 정보로 변화시켰다.

문학자들은 레인, 사시, 르낭, 볼네, 존스와 같은 오리엔탈리스트들(《이집트지》는 말할 필요도 없고)과 다른 선구자들이 유용하게 만든 것을 이용했다. 여기서 우리는 앞에서 논의한, 동양을 소재로 삼고 실제로 동양에 거주한 경험에 입각하여 쓰인 작품의 세 가지 유형을 상기해 볼 필요가 있다. 지식의 엄격한 요구는 오리엔탈리즘의 저술로부터 저자의 감수성을 배제하게 했다. 그 결과 레인의 자아는 단절되었고, 또 우리가 제1유형으로 분류한 여러 작품이 산출되기도 했다. 제2·3의 유형에 속하는 여러 작품에서는, 자아가 노출된 형태로 존재하고, 그 자아는 참된 지식의 배분을 임무로 하는 하나의 소리에 따르거나(제2유형), 아니면 동양에 관하여 우리가 아는 모든 것을 지배하고 매개하는 것이 되었다(제3유형). 그러나 19세기 초엽부터 말엽까지—곧 나폴레옹 이후—동양은 여전히 순례의 땅이었고, 반드시 학문적이라고는 말할 수 없는 오리엔탈리즘에 귀속하는 저술 가운데 중요한 것들은 모두 동양순례라고 하는 관념으로부터 그 형식, 스타일, 의도를 취했다. 이러한 관념에서는 우리가 이미 논의한 다른 많은 형태의 오리엔탈리스트 저술의 경우와

---

1) Hafiz(1326~1390)는 이란의 서정시인.

마찬가지로, 재생적 재구성(자연적인 초자연 신앙)이 그 중요한 원천이 되었다.

　모든 순례자는 사물을 자기 식으로 바라본다. 그러나 순례가 무엇을 목적으로 할 수 있고, 어떤 형상과 형식을 가질 수 있으며, 어떤 진실을 분명히 보여 줄 수 있는가에 대해서는 한계가 존재한다. 모든 동양순례는 성서에 기록된 여러 지방을 통과하는 것이었다. 아니 통과하여야 했다. 그러한 순례의 대부분은 실제로 유대-기독교적, 그리스-로마적 현실의 어떤 부분을 체험하고자 하는 시도이거나, 그러한 현실을 광대하고 믿을 수 없을 정도로 풍요한 동양으로부터 해방시키고자 하는 시도였다. 이러한 순례자들에게는 성서, 십자군, 이슬람, 나폴레옹, 알렉산더 대왕 등이 끝없이 의식되지 않을 수 없는 가공할 만한 선구자들이었음과 동시에, 동양화된 동양, 곧 오리엔탈리즘의 학자들이 만들어 낸 동양도 통과해야 하는 시련이었다. 학문적인 동양은 순례자가 심사숙고하고 사적인 공상에 잠기는 것을 억제시켰을 뿐만 아니라, 네르발과 플로베르가 레인을 이용했던 것과 같이 오리엔탈리즘의 저술이 도서관으로부터 단절되어 예술적인 사업 속에 묻히는 경우를 제외하면, 학문적인 동양이 기정사실로 존재하고 있다는 것 자체가 이 시대 여행자와 그 작품 사이를 갈라놓는 장벽이 되었다. 그리고 또 하나의 억제 현상으로 오리엔탈리스트 저술이, 오리엔탈리즘 학문의 공적인 요구에 의해 과도하게 제약되고 있다는 사실이 있다. 예컨대 샤토브리앙과 같은 순례자는, 오직 자신을 위해서만 여행했다―"나는 이미지를 찾아서 갔고 오직 그것뿐이었다."[78]―고 오만하게 주장했다. 플로베르 · 비니 · 네르발 · 킹레이크 · 디즈레일리 · 버튼은 모두 기존의 오리엔탈리즘 문서관의 곰팡이를 일소하고자 순례를 시도했다. 그들의 작품은 신선하고 새로운 동양 체험의 저장고가 될 수 있었다. 그러나 실제로는, 뒤에서 보는 바와 같이 이러한 사업조차 보통(언제나 그렇다고는 말할 수 없어도)은 좌절되고 오리엔탈리즘적인 것의 축소모형이 되어 끝났다. 그 이유는 복잡한데, 순례자의 성격, 그의 저술 스타일, 그가 의도한 작품의 형태와 크게 관련되었다.

19세기에 동양이란 개별 여행가에게 어떤 것으로 보였을까? 첫째, 말하는 사람이 영국인인 경우와 프랑스인인 경우의 차이를 생각해 보자. 물론 영국인에게 동양이란 현실적으로 영국 영토였던 인도를 뜻했다. 따라서 중동을 통과한다는 것은, 중요한 식민지인 인도에 이르는 길을 통과하는 것이었다. 그곳에서 상상력을 발동시킬 수 있는 여지는, 행정 및 영토 보유의 합법성, 통치권력이라는 현실에 의해 이미 제약을 받았다. 스콧, 킹레이크, 디즈레일리, 워버튼[2], 버튼과 같은 작가들, 심지어 조지 엘리엇에게(그녀의 《다니엘 데론다》에서는 동양을 목적으로 하는 여러 가지 계획이 수립되었다) 동양이란, 레인과 레인 이전의 존스에서 그러했듯이, 물질적인 영토 소유에 의해, 곧 소위 물질적 상상력[3]에 의해 규정되었다. 영국은 나폴레옹을 타파하고 프랑스를 축출했다. 곧 거기에서 영국인의 정신이 바라본 것은, 1880년대까지는 지중해로부터 인도에 이르기까지 빠짐없이 영국의 손바닥 속에 들어온 하나의 완벽한 제국 영토였다. 이집트, 시리아, 터키에 관하여 쓴다는 것은, 그곳을 실제로 여행하는 경우와 마찬가지로 정치적 의지, 정치적 지배, 정치적 한계의 영역을 여행한다는 것이었다. 디즈레일리와 같이 지극히 분방한 작가도, 영역적인 요구가 명하는 것에는 절대적으로 따라야 했다. 그의 《탕크레드》는 단순히 동양을 소재로 한 유쾌한 이야기였을 뿐만 아니라, 현실의

---

2) Eliot Warburton(1810~1852)은 영국의 작가이자 여행가.
3) 물질적 상상력 *material imagination*이란 본래 프랑스의 철학자인 가스통 바슐라르에 의해 제창된 유명한 개념이다.

영토에서 빈틈없이 현실의 힘을 조종하기 위한 정치 경영술의 과정이기도 했다.

이와 대조적으로, 프랑스인 순례자는 동양에서 심각한 상실감을 맛보아야 했다. 그들은 프랑스가 영국과 달리 통치자로 존재하지 않는 장소에 왔다. 지중해는 십자군으로부터 나폴레옹에 이르기까지 오직 프랑스의 패배만을 되울리고 있었다. 뒤에 '교화의 사명'으로 알려지게 된 것이, 영국의 존재에 대항하기 위한 차선책으로 19세기부터 비롯되었다. 그 결과 볼네 이후의 프랑스인 순례자들은, 주로 **그들의 마음속**에 있는 여러 장소를 목표로 삼아 계획하고 사업화하며 상상하고 묵상했다. 곧 그들은 '동양'에서 전형적으로 프랑스적인, 아마도 유럽적이라고 말해도 좋을 거대한 콘서트 개최를 계획했다. 물론 그 오케스트라가 연주해야 할 곡목은 동양이었다. 그들의 동양이란, 추억과 연상을 북돋우는 폐허, 잊혀진 비밀, 숨겨진 교신으로 이루어진 동양이었고, 하나의 거의 대예술가적 스타일이라고 해야 할 존재양식이었다. 이러한 동양의 최고도의 문학 표현은 네르발과 플로베르에서 발견할 수 있었다. 곧 양자의 작품은 모두 공상적이고, (심미적인 관점 이외로는) 실현 불가능한 차원에 견고하게 고정된 것들이었다.

이는 동양을 여행한 프랑스인 학자들에게도 어느 정도 해당되는 것이었다. 앙리 보르도[4]가 그의 《동양 여행자들》에서 주장했듯이, 그들 대부분이 성서시대나 십자군에 대하여 흥미를 가지고 있었다.[79] 그리고 우리는 (하산 안누티의 시사에 따라) 이러한 동양 여행자 속에 콰트르메르, 사해[5]를 탐험한 솔시, 페니키아어 고고학자로서의 르낭, 페니키아 학자인 주다, 앙사르,[6] 이스마일파 그리고 셀주크 왕조를 연구한 카타파

---

4) Henri Bordeux(1870~1963)는 프랑스의 소설가이자 평론가.
5) *Dead Sea*는 이스라엘과 요르단 사이에 있다.

고와 데프레메리, 유대 지방을 조사한 클레르몽-가노, 팔미러 비문을 중심으로 연구한 보규에 후작 등의 동양 셈어학자들을 포함시켜야 한다. 나아가 샹폴리옹과 마르에트로 비롯되고, 뒤에 마스페로와 레그레인을 포함하는 이집트 연구자들의 거대한 학파도 존재했다. 1884년(영국에 의한 이집트 점령이 시작된 지 2년 뒤) 카이로에서 화가인 루도빅 르픽이 "동양은 카이로에서 죽었다"라고 슬프게 말한 감상은, 영국인이 본 현실과 프랑스인이 본 꿈 사이의 차이를 보여 주는 지표로 상기할 만한 가치가 있다. 시종일관 현실주의적인 인종차별주의자였던 르낭만은, 영국이 아리비아의 민족주의적 반란을 진압한 것에 대하여 어쩔 수 없는 것이라고 생각했고, 그 자신의 더욱 위대한 예지에 비춰 보면 반란이야말로 '문명의 수치'라고 주장했다.[80]

볼네와 나폴레옹과 달리 19세기 프랑스의 순례자들은, 과학적인 현실보다도 이국적이고 특히 매력적인 현실을 탐구했다. 이것은 샤토브리앙으로 시작된 문학적 순례자들의 경우 가장 잘 나타났다. 그들은 동양 속에서 자신들의 사적인 신화, 강박관념, 욕구에 공감하는 장소를 발견했다. 여기서 우리는 모든 순례자, 특히 프랑스인 순례자들이 자신들의 실존에 관계되는 사명을 정당화하기 위하여 작품 속에서 동양을 어떻게 이용하여 왔는가를 주목하게 된다. 그러나 동양에 관하여 쓴다는 것에 어떤 인식적인 목적이 부가될 때에만, 자아의 발로는 어느 정도 강력하게 억제된다. 예컨대 라마르틴은 자신에 관한 사항만이 아니라 동양에 존재하는 하나의 권력이라는 점으로 프랑스에 관해서도 썼다. 곧 후자의 기획은 그의 혼, **그의** 기억, **그의** 상상력에 의해 그의 문체 위에 누적

---

6) *Ansar(ansár)*는 '원조자'라는 뜻의 아라비아어. 초기 이슬람에 귀의한 메디나의 주민으로서, 메카로부터 도망쳐 온 마호메트와 이주자(무하지른)를 맞아들인 신도들을 가리킨다. 그리고 *Ismail* 파는 시아파의 일파인 12이맘파의 분파이다.

된 명령을 누그러뜨리고 마침내 그것을 억제했다. 프랑스인이든 영국인이든 간에 레인 이상으로 자신의 자아, 그리고 자기의 주제를 철저히 통제한 순례자는 없었다. 심지어 이슬람교도의 순례자가 된 버튼이나, 메카로부터 거꾸로 **역**순례를 자칭한 T.E. 로렌스도 역사, 정치, 사회에 관한 오리엔탈리즘적인 서술을 대량으로 만들어 내었으나, 그것들은 레인의 서술이 레인의 자아로부터 해방된 정도까지는 결코 그들의 자아로부터 해방되지 못했다. 이것이야말로 버튼, 로렌스, 찰스 다우티가, 레인과 샤토브리앙 사이의 중간에 자리하게 되는 이유이다.

샤토브리앙의 《파리에서 예루살렘으로, 예루살렘에서 파리로의 여행》(1810~1811)(이하 《여행》으로 줄임)은 그가 북아메리카를 여행한 뒤에 1805년부터 1806년까지 시도한 동양 여행에 대한 상세한 기록이다.[7] 그 수백 쪽에 이르는 서술은 "나는 영원히 나 자신에 관하여 말한다"라는 저자 자신의 신조를 증언하는 것이다. 스스로도 결코 자제심이 강한 작가가 아니었던 스탕달조차, 샤토브리앙이 총명한 여행가일 수가 없었던 것은 '역겨운 이기주의' 탓이라고 인식했을 정도였다. 샤토브리앙은 개인적 목적과 가설이라고 하는 무거운 짐짝을 동양에까지 운반하고, 그 짐을 그곳에 내려놓은 뒤에, 마치 그의 교만한 상상력에 저항할 수 있는

---

7) 샤토브리앙은 1768년, 프랑스의 귀족 가정에서 태어났다. 1787년에 파리에 나와 궁정과 사교계를 출입하고, 문인들과 교제했다. 1791년부터 아메리카 대륙을 여행하였고, 1792년에는 루이16세가 체포되었다는 소식을 듣고 귀국하여 반혁명군에 참가했으나 실패하여 1793년부터 1800년까지 망명생활을 해야 했다. 귀국 후 북아메리카에서 소재를 얻은 《아탈라》(1801), 그 속편인 《르네》(1805) 그리고 기독교 옹호론을 전개한 《기독교의 정수》(1811) 등을 발표하여 문학적 명성을 확립했다. 나폴레옹의 인정을 받아 관계로 나섰으나, 얼마 후 그와 불화하여 1806년에 사직하고 평소의 염원이었던 성지순례를 떠났다. 그 여행 기록이 《파리에서 예루살렘으로, 예루살렘에서 파리로 여행》이다. 부르봉 왕조의 부활 후에 다시 정계에 들어가 대사와 외상의 요직을 역임했고, 1830년의 7월혁명으로 정계를 떠난 뒤로는 독서와 저술에 몰두했다. 정치적으로는 왕당파였고, 문학자로서는 낭만주의 문학의 기초를 확립했다.

것은 아무것도 있을 수 없는 양, 동양에서 여러 가지 인간, 여러 가지 장소, 여러 가지 사상을 구별하면서 나아갔다. 샤토브리앙은 진실한 자신으로서가 아니라 구축된 하나의 **인격**으로 동양에 왔다. 그에게는 나폴레옹이 최후의 십자군이었고, 그 자신은 "과거의 순례자가 가졌던 이념, 목적, 감정을 가지고 성지를 여행하기 위하여 조국을 떠난 최후의 프랑스인"이었다. 그러나 그를 동양에 오게 한 다른 이유가 있었다. 첫째, 균형을 유지한다는 것이었다. 곧 신세계에 가서 자연이 그곳에 남긴 기념비를 직접 본 샤토브리앙은, 이제 동양과 그 지식의 기념비를 방문함으로써 그 자신의 연구 영역을 완성시켜야 했다. 그는 이미 고대 로마와 고대 켈트 연구를 한 적이 있으므로 남은 것은 아테네, 멤피스, 카르타고의 폐허뿐이었다. 둘째, 자기를 완성시킨다고 하는 동기가 있었다. 곧 그는 이미지의 축적을 보충하여야 했다. 셋째, 종교적 정신의 중요성을 확인한다는 것이었다. 곧 "종교는 모든 인간에게 이해되는 일종의 보편 언어인데," 이것을 관찰하기 위해서는 동양이라고 하는, 바로 이슬람과 같은 비교적 저급의 종교가 세력을 유지하고 있는 나라만큼 적절한 장소는 없었다. 넷째, 이것이 특히 중요한 것으로서, 사물을 있는 그대로가 아니라 샤토브리앙이 그러하리라고 가정한 대로 볼 필요성이었다. 《코란》은 "마호메트의 책"이고, 그 책에는 "문명의 원리도, 인격을 함양하는 교훈도" 포함되어 있지 않으며, "이 책이 가르치는 바는 압제를 증오하는 것도, 자유를 사랑하는 것도 아니다"라고, 그는 이야기의 맥락에 따라 다소 자기 멋대로 날조하면서 이야기를 계속했다.[81]

샤토브리앙과 같이 참으로 훌륭한 자질을 갖춘 인물이 본 동양이란, 그의 노력에 의해 재생되기를 기다리는 낡은 캔버스 같은 것이었다. 동양인 아랍인은 "다시 야만 상태에 빠진 문명인"이었다. 따라서 샤토브리앙이, 프랑스어를 말하고자 노력하는 아랍인을 보고, 자신의 앵무새가 처음으로 말하는 것에 감격한 로빈슨 크루소의 기분을 맛보았다는 것도 전혀 이상한 얘기가 아니었다. 참으로 진실한—곧 유럽의—문명과의 유사점이 재발견된 베들레헴과 같은 장소도 있기는 있었으나(이 지명의 어원이 의미하는 것을 샤토브리앙은 완전히 오해했다)[8] 그것은 지극히 예외적인 것이었다. 그는 모든 곳에서 아랍인이라는 동양인을 만났으나 그들의 문명, 종교, 풍속은 참으로 저속하고 야만적이며 대립적인 것이어서 유럽에 의한 재정복은 당연한 것이라고 주장한다. 따라서 십자군은 침략군이 아니었다고 주장한다. 곧 십자군은 오마르[9] 세력이 유럽에 미친 바에 대한 기독교 측의 반격에 불과했다는 것이었다. 나아가 십자군이 설령 그 원형에서 또는 후대로부터 그것을 볼 때에 역시 침략 행위였다고 하여도 십자군이 제기한 문제는, 사람들이 많이 죽었다는 평범한 문제를 훨씬 초월하는 것이라고 부가했다.

십자군은 단순히 성지 해방을 목표로 하여 일어난 것이 아니라, 도리어 지상의 2대 세력 가운데 문명의 적이자 체계적으로 무지〔이는 물론 이슬람을 말한다〕, 전제주의, 복종에 찬성하는 종파와, 현대인의 내면에 예지로 가득한 고대의 영혼을 다시 일깨워 그 비열한 복종을 없앤 종교 가운데 어느 것이 승리할 수 있는지를 더 잘 아는 것이었다.[82]

이는 유럽인의 저술 가운데 거의 참을 수 없을 정도로 강력한, 나아가 무분별한 권위를 확보하게 되는 사상을 최초로 표현한 의미 깊은 설명

---

8) 샤토브리앙은 그 여행기 속에서 "베들레헴은 '빵의 집'이라는 의미"라고 했다. 실제로 히브리어로 베들레헴(beyt lehem)이란 그런 뜻이므로 본문의 사이드에 의한 비판에는 도리어 문제가 있다. 사이드는 아라비아어로 '고기의 집'을 뜻하는 *bayt laham*에서부터 샤토브리앙을 비판하고 있는 것으로 짐작된다.
9) Omar(?~644)는 제2대의 정통 칼리프.

이다. 그 사상이란, 유럽이 동양에게 자유의 의미를 가르쳐 주어야 한다는 명제로 나타났다. 그 자유란 샤토브리앙과 그 뒤 사람들의 믿음에 따른다면, 동양인 특히 이슬람교도가 전혀 모르는 관념이었다.

> 자유에 대해 그들은 아무것도 모른다. 또한 그들은 예의범절을 전혀 모른다. 힘이야말로 그들의 신이다. 신성한 정의를 집행하는 정복자를 오랫동안 보지 못하고 살아오면서 그들은, 지휘관 없는 병사, 입법자 없는 시민, 아버지 없는 가족과 같이 되어 버렸다.[83]

그리하여 이미 1810년의 시점에서 우리는, 1910년의 크로머와 마찬가지로, 동양인은 정복될 필요가 있다고 주장하고, 서양인에 의한 동양 정복이 절대로 정복이 아니라 해방이라는 말에 아무런 모순도 느끼지 않는 유럽인을 만나게 된다. 샤토브리앙은 그러한 사고방식 전체를 낭만주의적인 속죄 관념으로 표현한다. 곧 죽은 세계를 갱생시키고, 생명력이 없어져 껍질 밑에 은폐된 잠재능력을 유럽인만이 자극하여 자각시키는 것이야말로 기독교도의 사명이라는 것이다. 팔레스타인에 가는 여행자들에게 이것은, 《구약성서》와 《복음서》를 여행의 지침서로 삼아야 한다는 것을 뜻했다.[84] 오로지 그렇게 해야만 당대의 동양이 분명하게 보여 주는 타락이 극복될 수 있다는 것이었다. 그러나 그럼에도 샤토브리앙은, 자신의 여행과 직관이, 당대 동양인과 그 운명에 대해 그에게 아무것도 보여 주지 않는다는 사실에 어떠한 아이러니도 느끼지 않는다. 동양에 관한 문제란, 동양이 샤토브리앙에 대하여 무엇을 불러일으켰고, 그에게 어떤 정신 활동을 허용했으며, 그 자신에 관하여 또 그의 상념이나 기대에 관하여 무엇을 보여 주도록 허용했는가 하는 점이었다. 그가 매우 중요시한 자유란, 동양의 적의로 가득한 광막한 황야로부터 그 자신을 해방하는 것이었다.

그가 해방되어 즉시 되돌아간 곳은, 상상력과 상상력에 의한 해석이라고 하는 영역이다. 동양에 대한 묘사는, 권력을 노골적으로 드러낸 제국적 자아에 의해 억눌린 디자인과 패턴에 의해 흔적도 없이 사라진다. 레인의 산문에서 우리는, 자아가 소멸되고 그 결과 동양이 그 현실의 모든 세부까지 보여 주는 것을 관찰했다. 샤토브리앙의 경우, 자아는 스스로 창조한 기적을 응시하면서, 나아가 용해되고 재생되어 과거의 것보다 강력한 것이 되며, 스스로의 권력을 더욱 맛보게 되고, 스스로의 해석을 향수하기 위하여 더욱 큰 능력을 갖추게 된다.

사람들이 유대 땅을 여행할 때는 먼저 깊은 우수에 젖게 된다. 그러나 인적이 없는 토지를 계속 통과하고 끝없는 광막함을 눈으로 보게 되면, 이 우수는 차차 사라지고 신비로운 공포를 체험하게 된다. 이 공포감은 영혼을 위축시키지 않고 거꾸로 그것에 용기를 주며, 인간의 타고난 자질을 드높인다. 여러 가지 이상한 경관이 대지의 모든 부분에서 기적적으로 나타난다. 곧 불타는 태양, 무서운 독수리, 열매를 맺지 않는 무화과나무, 성서에 묘사된 모든 시와 모든 장면이 그곳에 있다. 모든 이름은 신비로 가득하고, 모든 동굴은 미래를 예언하며, 모든 정상에는 예언자의 목소리가 아직도 울리고 있다. 신 스스로 이러한 땅으로부터 말하여 왔다. 곧 메마른 급류, 찢어진 바위, 벌어진 무덤은 모두 기적의 증거이다. 사막은 지금 공포로 인하여 소리도 내지 않고 그대로 있는 듯이 생각된다. 사막은 영원한 목소리를 들은 이래 아직도 부술 수 없는 침묵을 가지고 있다고 사람들은 말하고 있다.[85]

위 문장에서 사고 과정은 계시적이다. 파스칼적인 무한에 대한 공포의 체험은, 단순히 인간 자신에 대한 신뢰감을 왜소화시키는 것에 그치지 않고, 그것을 불가사의한 힘으로 자극한다. 황량한 풍경이, 마치 지극히 강력한 자아 앞에 하나의 텍스트로 제시되고 음미되며 해독되어 가는 듯이 나타난다. 샤토브리앙은 놀라울 정도로 비참한 현대 동양의 참상을 초월하여, 동양에 대한 근원적이고 창조자적인 위치에 섰다. 위 문장이 끝나면서 그는 더 이상 현대의 인간이 아니라, 어느 정도 신과 같은 시대를 사는 환상자가 된다. 곧 유대의 사막이, 그곳에서 신이 말한 이후 계속 침묵을 지켜 왔다고 한다면, 그 침묵의 소리를 듣고, 그 뜻을 이해하며, 다시 사막으로 하여금—독자에게—말하게 할 수 있는 사람은 바로 샤토브리앙이란 것이다.

샤토브리앙은 《기독교의 정수》에서 기독교를, 또 《르네》와 《아탈라》에서는 북아메리카의 신비를 묘사하고 해석했다. 이를 가능하게 한 공감적 직관이라는 뛰어난 천부의 재능은 《여행》에서도 끊임없이 불러일으켜져 위대한 해석을 달성하게 했다. 저자가 다룬 것은 더 이상 자연적 원시성이나 낭만적인 감정 따위가 아니다. 여기서는 영원한 창조성과 신의 독창성 자체를 다루고 있다. 왜냐하면 《성서》에 기록된 동양이야말로 그것들이 처음으로 기탁된 장소였기 때문이며, 또한 그것이 아무 매개 없이 잠재적인 형태 그대로 남아 있는 장소였기 때문이다. 물론 그것들은 쉽게 파악될 수 없다. 곧 샤토브리앙에 의해 간절히 소망되고 확보되어야 했다. 그리하여 《여행》은 이 야심적인 목적을 위하여 봉사하게 된다. 동시에 그 텍스트 속에서 샤토브리앙의 자아는, 이러한 임무 수행에 차질이 없도록 근본적으로 재구성되어야 했다. 레인과 달리 샤토브리앙은 동양을 **소비**하고자 했다. 그는 단순히 동양을 자신의 것으로 만드는 것만이 아니라, 동양을 표상하고 동양을 대신하여 말한다. 그것도 역사적으로가 아니라 초역사적으로, 인간과 토지, 신과 인간이 일체화되고 있는, 완전히 치유된 세계의 초시간적 차원에서 그것을 표상하고 이야기한다. 따라서 그의 비전의 중심이고, 그의 순례의 궁극의 목적지인 예루살렘에서, 그는 유대인의, 기독교도의, 이슬람교도의, 그리스인의, 페르시아인의, 로마인의 그리고 마지막으로 프랑스인의 동양과 일종의 총체적 조화에 도달하게 된다. 그는 유대인의 궁상맞음에 충격을 받는다. 그러나 그는 유대인도 그의 일반적인 비전을 설명하는 것에 도움이 되며, 더욱 사정이 좋아지면 유대인은 그가 기독교도로서 갖는 복수심에 없어서는 안 될 격렬함을 부여하게 된다고 생각했다. 신은 새로운 민족을 선택했고, 그것은 유대인이 아니라 (서양인이라고) 그는 말했다.⁸⁶

그러나 그가 이 지상의 현실에 대하여 양보하고 있는 것은 그밖에도 있다. 예루살렘은 현실을 초월한 최종목표로 그의 여정표에 미리 쓰여 있었던 반면, 이집트는 그에게 정치적인 여담의 소재를 제공한 곳이었다. 그래서 샤토브리앙의 이집트에 관한 견해는 그의 순례에 대한 멋진 보충이 된다. 그는 장엄한 나일 강 삼각주에 감동하여 다음과 같이 말했다.

> 이 장대한 대평원에 적합한 것은 오직 영광으로 가득한 우리 조국의 기억 뿐이라고 생각된다. 곧 나는 프랑스의 천재에 의해 나일 강가에 세워진 새로운 문명의 기념비¹⁰⁾가 남아 있는 것을 보았다.⁸⁷

그러나 이 소감에는 옛날을 그리워하는 냄새가 배어 있다. 왜냐하면 샤토브리앙은 이집트가 프랑스에 지배받지 않는 점이, 행복한 민족을 통치하는 자유로운 정부의 부재를 의미한다고 믿어 의심치 않는 인간이었기 때문이다. 나아가 예루살렘을 방문한 뒤에는, 이집트란 단순히 일

---

10) 프랑스가 이집트에 건설한 제조공장을 가리킨다.

종의 정신적인 용두사미에 불과한 것으로 생각했다. 그는 이집트의 참상에 관한 정치적인 주석을 가한 뒤에, 역사적 발전의 결과로 '차이'에 대한 일상적인 질문을 자신에게 던졌다. 곧 도대체 헤로도토스나 디오도로스[11]에게 그렇게 큰 감명을 주었던 사람들이 살았던 나라에, 어떻게 하여 그들과는 완전히 다른, 이 타락하고 어리석은 '회교도'라는 무리가 살게 되었단 말인가 라는 물음이었다.

  이 물음은 이집트에 대한 적절한 고별사이다. 그리고 이집트를 떠난 그는 튀니지와 카르타고의 유적을 거쳐 마지막으로 고국에 돌아갔다. 그러나 그는 이집트 체류의 최후에 주목할 만한 행위를 한다. 피라미드를 멀리서밖에 볼 수 없었던 그가 일부러 피라미드까지 사람을 보내어 돌 위에 자신의 (샤토브리앙이라는) 이름을 파고, 나아가 후세의 우리를 위하여 "경건한 여행자로서 사람들은 아무리 사소한 것이라도 그 모든 의무를 이행해야 한다"라는 말을 덧붙여 새긴 것이다. 보통이라면 우리는, 이 여행자다운 진부한 행위의 사랑스러운 보기를 재미 정도로 여길 것이다. 그러나 《여행》의 마지막 부분을 준비한 것으로 보면, 그것은 언뜻 보기보다도 훨씬 중요한 것임을 알 수 있다. 샤토브리앙은 망명자로서 "모든 운명과 모든 비참"을 해명하고자 한 20년간의 시도를 회고하면서, 자기가 쓴 책 모두가 실제로 자신의 생존을 연장시킨 것이라고 일종의 애조 띤 필치로 기록한다. 곧 가정도 없이, 또한 그것을 가질 가능성도 없이 자신이 청춘을 훌륭하게 보내었음을 발견한다. 만일 신이 그에게 영원한 휴식을 허락한다면, 그는 침묵으로 '조국에 바치는 기념비'를 세우기 위하여 노력할 것을 약속한다. 그러나 그는 쓴다는 것을 가지고 이 세상을 살아갈 수 있는 인간이다. 설령 자신의 이름이 후세에 남

---

11) Diodorus는 기원전 40년경에 시리아에서 태어난 역사가.

는다고 한다면 지금까지 충분할 정도로 써왔다는 것이고 설령 남지 않는다고 한다면 너무나 많이 쓴 것이 될 것이라고 그는 쓰고 있다.[88]

위의 끝 부분 몇 줄은, 샤토브리앙이 자신의 이름을 피라미드에 새기는 것에 흥미를 가졌다는 사실을 상기시킨다. 그리하여 우리는 동양을 둘러싼 그의 자기중심적인 기억이 끝없이 과시되고 끊임없이 행해진 그 자아의 경험임을 이해하게 된다. 샤토브리앙에게는 쓴다는 것이 곧 삶의 행위였다. 그는 살아 있는 한, 모든 것에 대하여, 심지어 멀리 떨어져 있는 하나의 돌에 대해서도 문자를 새기지 않으면 안 되었다. 레인의 경우 말의 질서가 과학적 권위와 풍부한 세부묘사에 의해 교란되었다고 한다면, 샤토브리앙의 그것은 자기본위로 지극히 변덕스러운 개인이 표출된 형태로 변형되어야 했다. 또 레인이 오리엔탈리즘의 규준을 위하여 자아를 희생한 반면, 샤토브리앙은 그가 동양에 대해 말한 것 모두를 그의 자아에 완전히 종속시켰다. 그러나 두 사람 모두, 후세 사람들이 뒤를 이어 유익한 성과를 얻으리라고는 꿈에도 생각할 수 없었다. 레인은 기술주의적인 학문 분야의 몰개성적 영역에 빠져들었다. 그러므로 자신의 작품이 이용된다고 하여도 그것은 인간적 기록으로 이용될 수는 없다고 생각했다. 한편 샤토브리앙은 자신의 작품이 피라미드의 표면에 기념으로 조각된 그의 이름과 마찬가지로, 자신의 자아를 의미한다고 생각했다. 만일 그렇지 않다면, 다시 말해 쓰는 것에 의해 인생을 연장하는 것에 성공하지 못했다면, 그의 저술은 단순히 과잉된, 불필요한 것이었다.

샤토브리앙과 레인의 작품은 그들 이후에 동양을 여행하는 모든 사람들이 의식하는 것이 되었다(경우에 따라서는 그들의 작품이 그대로 복사되는 경우도 있을 정도였다). 실제로 그들이 남긴 유산은 오리엔탈리즘의 운명과 오리엔탈리즘에 허용된 선택의 좁은 폭을 그대로 재현하는 것이 되었다. 사람들은 레인과 같이 과학을 서술하거나, 샤토브리앙과 같이 사적인 언어를 기록했다. 전자의 경우 문제되는 것은, 그것이 일반적이고 집합적인 여러 현상을 서술하는 것의 가능성을 믿는, 몰개성적이고 서양적인 확신에 근거했다는 점이며, 또 생생한 그대로의 현실을 동양 그 자체로부터가 아니라 자신의 관찰로부터 이해하고자 하는 경향으로 흐르기 쉽다는 점이었다. 사적인 언어라는 경우 문제는 그것이 불가피하게 동양과 사적인 환상을 동일시하는 지점까지 후퇴했다는 점이었다. 설령 그러한 환상이 심미적인 관점에서 본다면, 매우 수준 높은 것이었다고 하여도, 그 문제에 변함은 없었다. 물론 어떤 경우에도 오리엔탈리즘은 동양이 어떻게 서술되고 특징 지워지는가에 관하여 절대적인 영향력을 행사하여 왔다. 그러나 그 영향력이 오늘에 이르기까지 일관하여 막아 온 것은, 있을 수 없을 정도로 일반적이 아니며, 뻔뻔스러울 정도로 사적인 것도 아닌 동양을 실감하는 것이었다. 현대세계에 사는 동시대인으로서 동양인이 갖는 인간적인 현실 또는 심지어 사회적 현실까지 생생하게 느끼게 하는 힘을 오리엔탈리즘 속에 구하려고 해도, 그것은 헛일일 뿐이다.

　오리엔탈리즘에 이런 결함이 생기는 이유는, 레인과 샤토브리앙, 또는 영국인과 프랑스인이라고 하는, 우리가 앞에서 서술한 두 가지 선택에서 유래하는 영향력에 의해 거의 설명이 된다. 지식, 특히 전문화된 지식은 지극히 완만한 과정을 통하여 발달한다. 지식의 발달이란, 지식이 단순히 양적으로 부가되고 누적되는 과정이 아니라, 연구상의 합의라고 불려 온 것의 내부에서 지식의 선택적인 누적, 배척, 말소, 재배치, 강조가 행해지는 과정이다. 19세기를 통하여 오리엔탈리즘과 같은 지식이 담당한 정통성은, 계몽주의시대 이전과 같은 종교적 권위로부터가 아니라, 선행하는 권위의 보강적인 차용이라고 부를 수 있는 것으로부터 생겼다. 사시로부터 비롯된 학식 있는 오리엔탈리스트의 태도는, 먼저 일련의 텍스트의 단편들을 개관하고, 이어 그것들을 편집하여 배열하는 과학자의 태도였다. 그것은 마치 여러 장의 낡은 밑그림에 의해 암시적으로 나타나는 어떤 그림을 복원하고자 하여 그것들을 모으는 원형복구자의 태도와도 같았다. 그 결과 오리엔탈리스트들은 서로의 작품을 동료 사이에서 유사한 방식으로 인용하게 되었다. 예컨대 버튼은 레인의 작품을 **통하여**, 곧 선배의 작품을 인용하여 그 선배에게 매우 큰 권위를 인정하면서도 그에게 도전해 《아라비안나이트》, 또는 이집트를 간접적으로 취급했다. 또 네르발의 동양 여행은 라마르틴[12]의 여행을 답습한 것이었고, 라마르틴의 여행은 샤토브리앙의 그것을 답습한 것이었다. 요컨대 발달하고 있는 지식의 한 형태로서 오리엔탈리즘은, 그 분야의 선행된 학자들로부터의 인용을 그 주된 자양분으로 받아들였다. 오리엔탈리스트는 새로운 소재를 발견했을 때에도(학자들이 종종 그러하듯이) 선배들로부터 그들의 관점, 이데올로기, 준거해야 할 명제를 차용함으로써 그것을 판단했다. 그리하여 사시와 레인 이후의 동양학자들은 사시와 레인을 지극히 엄밀한 방법으로 다시 썼으며, 샤토브리앙 이후의 순례자들은 샤토브리앙을 지극히 엄밀한 방법으로 다시 썼다. 이러한 복합적인 다시 쓰기의 작업과정에서는, 동시대 동양의 여러 현실이 체계적으로 배제되었다. 그것은 네르발과 플로베르같이 뛰어난 재능을 가진 순례자들이 스스로의 눈과 마음이 직접 보여 주는 것 이상으로 레인의 서술을 신용했을 때 특히 분명히 나타났다.

---

12) Alphonse de Lamartine(1790~1869)는 귀족 가문의 출신으로 1820년의 명상시집에 의해 서정시인으로서 명성을 얻었다. 1830년의 7월혁명 이후 정치에 관심을 기울여 국회의원이 되었고 임시정부의 외상을 지냈다. 1851년 루이 나폴레옹과 대통령선거에서 다투었으나 패배했고, 제정 부활과 함께 정계를 은퇴했다. 만년에는 막대한 부채로 인하여 불우했다. 낭만파 4대 시인 중의 한 사람이었다.

동양에 관한 지식의 체계에서, 동양이란 단순한 장소라기보다는 도리어 하나의 토포스,[13] 곧 인용구의 집합이고 특징의 집합이라고 할 수 있다. 그리고 그것은 인용구나 텍스트의 단편, 동양에 관한 다른 저술로부터의 인용, 과거에 떠올랐던 이미지의 단편, 또는 이 모든 것의 집합체를 기원으로 삼는 것으로 생각된다. 그것들은 직접적 관찰, 또는 상황적 서술이라고 하여도, 실제로 동양에 관하여 쓴다는 행위가 제시하는 허구에 불과하다. 나아가 이러한 허구는 언제나 오리엔탈리즘이라는 또 다른 종류의 체계적 기획에 완전히 종속하여 산출되는 것이다. 라마르틴, 네르발, 플로베르에게 동양이란, 독자의 흥미를 환기시킬 수 있는 심미적이고 집행자적인 의지에 의해 인도된 규범적 소재의 재再표상이라고 할 수 있다. 그러나 이 세 사람의 작가에서는, 앞에서 말한 바와 같이 설화의식에 지극히 큰 역할이 작용하고 있음에도 불구하고, 거기에 오리엔탈리즘이나 그 어떤 측면이 분명히 나타나 있다. 우리가 지금부터 보는 바와 같이 이 설화의식은 거기에서 발휘되는 별난 개성에도 불구하고, 최후에는 부바르와 페퀴세와 같이, 순례가 결국은 복사의 한 형식에 불과하다는 것을 깨닫는 것으로 끝난다.

1833년에 시작한 동양 여행은 수년 동안의 꿈을 실행에 옮긴 것이었다고 라마르틴은 서술했다. 곧 "동양 여행은 나의 내면적인 삶의 궐기와 같은 것이었다." 그는 선입감과 공감 및 편견의 덩어리였다. 곧 그는 로마인과 카르타고를 증오했고, 유대인, 이집트인, 힌두교도를 사랑했으며, 자신은 그들에게 단테와 같은 존재가 된다고 자인했다.[14] 라마르틴은 프랑스에 대한 이별의 인사와 함께 동양에서 실행하고자 한 사항 전

---

13) *topos*란 수사학의 용어로서 늘 사용되는 주제, 개념, 표현, 곧 진부한 표현이나 생각을 가리킨다.
14) 단테가 신곡을 만들었듯이 자신은 동양에 대하여 위대한 시작품을 남긴다는 것이다.

부를 열거한 정형시 '안녕'을 갖고 동양으로 출발했다. 처음에는 그가 본 모든 것이 그의 시인적인 예언을 실증했거나 그의 유추벽을 실현했다. 헤스터 스텐호프 부인[15]은 사막의 키르케[16]로서, 동양은 "나의 공상의 조국"이며, 아랍인은 미개한 사람들이고, 성서의 시는 레바논의 대지에 새겨졌다고 말했다. 그리고 동양은 아시아의 매력적인 광대함과 그리스의 상대적인 협소함을 증명하는 것이기도 했다. 그러나 라마르틴은 팔레스타인에 도착하자마자 곧 공상의 동양을 집요하게 조작하기 시작했다. 그는 가나안[17]의 평야가 푸생[18]과 로랭[19]의 작품에 묘사되었을 때 가장 돋보였다고 주장했다. 이제 그의 여행은, 과거에 그가 '번역'이라고 부른 것으로부터, 그의 시각이나 지성 및 정신보다도 그의 기억과 영혼 및 마음에 작용하는 하나의 기도祈禱로 바뀌었다."[89]

　이러한 솔직한 발언이야말로 라마르틴이 유추와 재구성에 바친(그리고 규율되지 않은) 정열을 완전히 해방시켰다. 라마르틴은 기독교를 상상과 추억의 종교로 간주했고, 자신이야말로 경건한 신자의 전형이라고 자인하는 인간이었기 때문에 그곳에서 안심하고 상상과 추억에 젖을 수 있었다. 그의 선입견으로 가득한 '관찰'의 목록은 무한히 계속되어 갔다. 곧 그가 만나는 여성은,《돈 주앙》[20]에 나오는 헤이데를 연상시켰고, 예수와 팔레스타인의 관계는 루소와 주네브의 관계와 비교되었다. 또한 현실의 요르단 강은 우리의 영혼에 살아 있는 '신비'만큼 중요한

---

15) Lady Hester Stanhope(1776~1839)는 영국의 귀족으로서 예루살렘을 순례한 뒤에 동양에 영주했다.
16) Circe는《오디세이아 *Odysey*》에 등장하는 마녀이다.
17) *Canaan*은 지금의 팔레스타인 서부지방으로서 성서에 의하면 그 신이 유대인에게 약속한 땅이다.
18) Nicolas Poussin(1593~1665)은 프랑스의 화가이다.
19) Claude Lorrain(1666~1743)은 프랑스의 화가이다.
20)《돈 주앙 *Don Juan*》은 바이런의 시.

것이 아니고, 동양인, 특히 이슬람교도는 태만한 자들이며, 그들의 정치는 변덕스럽고 감정적이며 장래성이 없는 것으로 생각했다. 나아가 다른 여성은 그에게 《아탈라》[21]에 나오는 어느 구절을 연상시켰다. 타소[22]도 샤토브리앙도(라마르틴에 앞선 그들의 여행은, 그것 이외의 점에 관해서는 방자한 라마르틴의 이기심에 깊은 상처를 주었다) 성지를 옳게 이해하지 못했다는 등등이 그에 의해 언급되었다. 그가 절대적인 자신을 가지고 아랍의 시를 논한 대목에서는, 그가 아라비아어에 대해 전혀 몰랐다는 것에 아무런 저항도 느끼지 않았음이 폭로된다. 라마르틴에게 중요한 것은, 그의 동양 여행에 의해 동양이야말로 '신앙과 기적의 땅'이라는 점이 분명히 밝혀졌고, 그가 동양에 의해 선택된 서양의 시인이 되었다는 점이다. 자기모순을 전혀 느끼지 않으면서 그는 다음과 같이 말했다.

이 아랍의 토지는 기적의 땅이다. 여기서는 모든 것이 싹튼다. 경솔한 인간이거나 광신적인 인간은 그곳에서 모두 차례로 예언자가 될 수도 있다.[90]

그는 동양에 거주한다는 사실만으로 이미 예언자가 된 것이다. 라마르틴은 이야기를 끝내며, 모든 시간과 공간의 시작이자 끝인 성묘聖墓 순례라는 목적을 달성했다. 그는 현실로부터 도망하여 순수한 사색, 고독, 철학, 시 속으로 은둔하고자 했던 만큼 충분히 현실을 내면화하였다.[91]

그는 단순한 지리상의 동양을 초월하여 더욱 높이 올라가서, 샤토브리앙의 현대판으로 변모하였고, 동양이 마치 유럽의 권력에 의한 처분을 기다리고 있는 사적인 (적어도 프랑스의) 영토인 것처럼 바라보았다. 과거에는 현실의 시간과 공간을 여행하는 여행자이고 순례자였던 라마

---

21) 《아탈라Atala》는 샤토브리앙의 시.
22) Torquato Tasso(1544~1595)는 이탈리아의 시인.

르틴이, 이제는 힘과 의식에서 자기를 모든 유럽과 동일시하는 초개인적인 자아가 되었다. 그가 스스로 바라본 것은, 조각으로 나누어져 유럽의 종주권 하에 접수되고 그 불가침의 영토가 될 해체 과정에 있는 동양이었다. 그리하여 더욱 높이 상승한 라마르틴의 시각 속에서 동양은, 유럽이 그곳에 힘을 미치는 권력을 갖는 대상으로 다시 탄생했다.

> 이와 같이 명확히 규정되고, 유럽인의 권리임을 시인한 이러한 종류의 종주권은, 주로 자유도시나 유럽인 식민지 또는 상업항구를 건설하기 위하여 어떤 영역과 해안을 점유하는 권리로 구성되리라……

라마르틴은 이러한 단계에 만족하지 않는다. 그는 더욱 높은 지점으로 상승한다. 그곳에서는 동양, 그가 방금 본 것, 그가 방금 방문한 장소는 모두 작아져서 "영토도, 조국도, 권리도, 법도, 안전도 갖지 못하는 국민", 유럽의 점령이라는 "피난처에 들어갈 것만을 마음으로부터 간절히 기다리는 나라"로 왜소화되었다.[92]

오리엔탈리즘이 만들어 낸 모든 동양관 가운데 이만큼 완벽하고 충실한 요약은 다시없다. 라마르틴에게 동양 순례란, 단순히 제국적 교만 의식이 동양에 침투한 것만이 아니라, 동시에 동양을 몰개성적으로 소위 대륙 전체를 지배할 수 있는 높이에까지 상승된 결과 그러한 의식을 사실상 제거한 것이기도 했다. 동양의 구체적 현실의 정체성은 위축되어서 일련의 단편이나, 라마르틴의 회고적 소감 등의 집합으로 변했다. 그것들은 뒤에 하나로 모아져, 나폴레옹의 세계 제패라는 꿈을 다시 서술하는 것으로 발표될 것이었다. 한편 레인의 인간적 정체성이 이집트의 사물을 분류하기 위한 과학적인 틀 속으로 사라졌음에 비해, 라마르틴의 의식은 통상의 의식범위를 완전히 벗어났다. 그렇게 함으로써 그의 의식은 샤토브리앙의 여행과 그의 비전을 반복하면서 끊임없이 그것들을 초월하고, 여러 가지 세계와 그 주민들을 테이블 위의 수많은 트럼프 짝처럼 다루는 셸리[23]나 나폴레옹 같은 종류의 영역으로 들어갔다. 라마르틴의 산문에서 동양을 상기시키는 것은, 거의 실체적인 것이라고 말하기 어렵다. 그 지정학적인 현실은, 그 현실을 대상으로 삼는 그의 여러 가지 계획으로 압도되었다. 그리고 그가 방문한 장소, 그가 만난 사람들, 그가 얻은 경험은 그의 화려한 일반론 속에 약간의 반향을 남겼을 뿐이었다. 특수성의 마지막 흔적도 《동양기행》의 결론에 해당하는 '정치적 개요' 속에 완전히 불식되었다.

라마르틴의 초월적인 사이비-국가적 이기주의에 대치되어야 하는 것은, 네르발과 플로베르이다. 그들의 모든 **작품** 속에서 동양을 소재로 한 작품이 각각 차지하는 실질적인 위치는, 라마르틴의 제국주의적인 《동양기행》이 그의 모든 **작품** 속에서 차지하는 위치보다도 훨씬 중요하다. 그러나 네르발과 플로베르는 라마르틴과 마찬가지로, 고전으로부터 근대문학, 학문적인 오리엔탈리즘의 저술에 이르는 광범한 독서로 완벽한 준비를 하고서 동양에 왔다. 그런 사전준비에 관해서는 플로베르가 네르발보다도 훨씬 정직했다. 네르발[24]은 《불의 딸들》에서, 동양에 관한 자기의 지식이란 이미 반 이상을 잊은 학교교육의 그것이라고 서술했으나, 그것은 진실이 아니었다.[93] 《동양여행》이라는 움직일 수 없는 증거가 그의 말을 분명히 부정하고 있다. 그러나 동양에 관한 체계적이고 학

---

23) Percy Bysshe Shelly(1792~1822)는 영국의 시인.
24) Gérard de Nerval(1808~1855)은 파리에서 태어나, 1828년에 괴테의 《파우스트 Faust》를 번역하고 독일 낭만주의로부터 깊은 영향을 받았다. 또 1834년 이후 평생 동안 유럽 각지는 물론 근동제국에까지 미치는 수차의 여행을 경험하고 그곳에서 받은 인상을 여러 작품으로 남겼다. 1841년에 최초의 신경발작을 일으킨 뒤에 계속 발작했고, 1855년 파리의 거리에서 익사체로 발견되었다. 작품으로는 《동양여행》 외에 다수의 창작을 남겼다.

문적인 지식에 관해서는, 그의 여행기가 플로베르의 여행기보다 훨씬 열등하다는 것은 인정하여야 한다. 그러나 그것보다 더욱 중요한 것은, 동양을 방문한 19세기 여행가들 가운데 이 두 작가(네르발은 1842년부터 1843년, 플로베르는 1849년부터 1850년에 걸쳐 동양을 방문했다) 이상으로 스스로의 동양 방문을 개인적이고 심미적인 목적을 위하여 이용할 수 있었던 사람은 없었다는 사실이다. 무엇보다도 먼저 이 두 사람이 천재였다는 것, 그리고 두 사람이 모두 유럽문화의 여러 모습에 완전히 젖어 있었으며, 그것으로부터 동양에 대한 도착倒着적이기는 하나 공감으로 가득한 비전을 형성하는 원동력을 얻었다는 것이 여기서 적지 않은 중요성을 가진다. 네르발과 플로베르는 모두 마리오 프라츠[25]가 《낭만적 고뇌》에서 묘사한 사고와 감정의 공동체에 속했다. 그곳에서는 이국적 장소의 이미지들(프라츠가 algolagnia라고 부른), 사도-마조히즘적인 취미의 함양, 죽음의 공포와 '운명적 여인'이라는 관념, 그리고 비밀주의와 신비주의에 의해 환기되는 매혹적 도취 등이 혼연일체가 되어 고티에(그 자신이 동양에 매혹되었다), 스윈번[26], 보들레르[27], 위스망스[28] 등의 문학작품을 산출한 토양을 형성했다.*94 네르발과 플로베르에게 클레오파트라[29], 살로메[30], 이시스[31]와 같은 여인상은 특별한 의미가 있었다. 동양에서 소재를 구한 작품 중에서, 또 동양 여행에서, 그들은 이러한 전설적이고 풍부한 함축성을 가졌으며, 풍부한 연상을 가능하게 하

---

25) Mario Praz(1896~1982)는 이탈리아의 평론가.
26) Algeron Charles Swinburne(1837~1907)은 영국의 시인.
27) Charles Baudelaire(1821~1867)는 프랑스의 시인.
28) Joris-Karl Huysmans(1848~1909)는 프랑스의 악마주의의 작가.
29) Cleopatra(69?~30 B.C.)는 고대 이집트의 마지막 여왕.
30) Salomé는 헤로드Herod 왕의 후처 헤로디아스Herodias의 딸로서 왕에게 청하여 세례 요한John the Baptis의 목을 얻었다.(마태복음 14:8)
31) Isis는 고대 이집트의 풍요의 여신.

는 여성의 유형을 지극히 높이 평가했고, 그 가치를 더욱 높였다는 것은 결코 우연한 일이 아니었다.

네르발과 플로베르는 그들의 일반적인 문화적 태도만이 아니라 개인과 관련된 신화학도 동양에 도입하였다. 본래 이 신화학은 그 관심의 대상으로, 또 스스로의 구조 그 자체를 성립시키는 요소로 동양을 필요로 했다. 두 사람 모두 퀴네가 정의한 동양 르네상스의 감화를 받아, 놀랄 만하게 고대적인 것과 이국적인 것이 주는 상쾌감을 추구했다. 그러나 그들 각각에게 동양 순례란, 상대적으로 개인적인 어떤 것을 추구하는 여행이기도 했다. 플로베르는 여러 가지 종교나 비전의 원천, 장 브루노가 '고향'이라고 부른 전형적인 고대문명을 탐구했다.[95] 한편 네르발은 스턴[32]의 소설에 나오는 요리크[33]를 흉내내어, 그의 사적인 감정과 꿈의 흔적을 탐구했거나 그 뒤를 밟았다. 따라서 이 두 작가에게 동양이란, **이미 보았다고 느끼는 착각**의 장소였고, 위대한 미적 상상력 모두에 전형적으로 나타나는 예술적 경제원리의 작용에 의해, 현실의 여행을 완수한 뒤에도 그들이 몇 번이나 되돌아간 장소이기도 했다. 동양을 소재로 한 양자의 작품 중에는, 종종 실망과 환멸 및 탈신화화가 특징적인 것으로 인정된다. 그럼에도 동양이란 그들에게는 결코 그 바닥이 보이지 않는 무궁무진한 샘이었다.

19세기 오리엔탈리즘의 정신을 이와 같이 연구하는 경우, 네르발과 플로베르가 가장 중요하다고 하는 이유는, 그들의 작품이 지금까지 우리가 논의해 온 종류의 오리엔탈리즘과 결부되어, 또 그것에 의존하면서도 그것으로부터 독립을 유지한다는 점에 있다. 먼저 그들의 작품이 얼마나 광대한 시야의 넓이를 가지고 있었는가 하는 점부터 살펴보자.

---

32) Lawrence Stern(1713~1768)은 영국의 소설가.
33) Yorick는 스턴의 《감상적 여행 Sentimental Journey》에 나오는 주인공인 시골 목사.

네르발은 여행 중의 수기, 소품, 이야기, 단편들을 모은 형태로《동양 여행》³⁴⁾을 출간했다. 그가 그전부터 동양에 마음을 빼앗겼다는 점은, 그의 《환상시편》을 비롯해 편지, 소설 기타 몇 가지 산문작품에서 발견할 수 있다. 플로베르의 저술은 여행 이전의 것도 여행 이후의 것도, 동양 속에 완전히 젖었다. 동양에 대한 언급은《여행수첩》에도,《성 앙투안의 유혹》제1판(및 그 뒤의 두 개판)에도 나타나며, 또《헤로디어스》,《살랑보》그리고 브루노가 지극히 지성적으로 연구하여 우리도 이용할 수 있도록 한 수많은 독서 노트, 개요, 미완의 이야기에도 동일하게 나타난다.*⁹⁶ 나아가 플로베르의 다른 중요한 소설에도 오리엔탈리즘의 영향이 인정된다. 총괄적으로 네르발과 플로베르는 스스로의 동양적인 소재를 끊임없이 수정하여, 그것을 스스로의 개인적이고 심미적인 사업의 특수 구조 속에 여러 가지 방식으로 흡수했다. 그러나 이는 동양이 그들 작품에서 부수적이었다는 것을 의미하는 것이 아니다. 도리어—레인(그의 작품을 네르발과 플로베르는 부끄러움도 없이 차용하고 있다), 샤토브리앙, 라마르틴, 르낭, 사시와 같은 저술가들과는 대조적으로—그들의 동양은, 파악되고 착복되고 환원되고 기호화된다고 하기보다는 가능성으로 가득한 광대한 장소로 거기에서 살고, 미와 상상을 위하여 이용되는 것이었다. 그들에게는 작품의 구조가 자율적·심미적·개인적인 사실로서 문제되었을 뿐, 어떻게 하면 희망대로 동양을 효과적으로 지배하고 그것을 생생하게 서술할 수 있는가 하는 것과는 무관했다. 그들의 자아는 결코 동양을 흡수, 동화하지 못했고, 또 동양을 동양에 관한 기록이나

---

34)《동양 여행》은 1839~1840년의 빈 여행, 1842~1843년의 근동 여행의 감상적인 인상을 적은 것으로서 문체와 내용이 풍부한 변화를 보여 주는 작품이었다. 4부로 나누어진 책의 여러 부분에 '아침의 여왕과 정령의 왕 솔리만의 이야기', '카리프 하킴 이야기' 등의 환상적인 이야기가 삽입되어 있다.

텍스트 의존적인 지식(요컨대 공식의 오리엔탈리즘)과 완전히 동일시한 적도 없었다.

따라서 한편으로 동양을 소재로 한 그들의 작품이 다루는 영역은, 정통적 오리엔탈리즘이 설정한 좁은 한계를 훨씬 초월했다. 다른 한편으로 그들 작품의 주제는 동양적이거나 오리엔탈리즘적인 것에 그치지 않고(설령 그들이 그들 나름으로 동양을 동양화한다고 하여도), 동양이나 동양에 관한 지식이 부과하는 제약과 도전을 확실히 의식적으로 자유롭게 조종했다. 예컨대 네르발은 자기가 보는 것에 자신이 생기를 불어넣어야 한다고 믿었다. 그는 다음과 같이 말한다.

> 바다와 해는 여전히 그곳에 있고, 동양의 하늘과 이오니아의 바다[35]는 아침마다 성스러운 사랑의 키스를 교환하고 있다. 그러나 대지는 죽어 있다. 왜냐하면 사람들이 그것을 죽였기 때문이고, 신은 날아가 버렸다.

네르발은 신이 날아가 버린 이상, 동양이 적어도 살아가고자 한다면, 자신의 창의로 가득한 노력에 의존하여야 한다고 쓰고 있다. 《동양 여행》에서 이야기하고자 하는 의식은 변함이 없이 강력한 목소리가 되어, 동의를 나타내는 타이에브tayeb, 거절을 나타내는 마피슈mafisch라는 두 개의 아라비아어로 무장하여 동양적 생활의 미로를 지나간다. 네르발은 이러한 두 낱말을 거듭 선택하면서, 대립적인 동양세계에 대치하여 그곳으로부터 그 비밀의 원리를 추출한다. 그는 본래, 동양을 '꿈과 환상의 나라'로, 즉 그가 카이로의 모든 곳에서 발견한 베일처럼 깊고 풍부한 여성의 성적인 본질을 은폐하는 나라로 인정하는 성질의 인간이었

---

[35] 사이드는 la mer를 sky라고 영역하나 이는 sea의 오역이다.

다. 그는 레인과 마찬가지로 이슬람 사회 속에서 결혼의 필요성을 발견했으나, 레인과는 달리 참으로 어떤 여성에게 열중했다. 그와 제이납[36]의 관계는 단순한 사회적 의무 이상의 것이었다.

> 나는 우리 최초의 고향인 이 성스러운 대지의 솔직한 소녀와 결혼하여야 한다. 나는 우리 아버지들의 시와 신앙이 흘러온 이 인류의 삶의 샘에 몸을 적셔야 한다! …… 나는 인생을 소설처럼 구성하고 싶고, 어떤 일을 하여도 자신의 주위에 드라마를, 절정을, 흥미를, 곧 행동을 만들고자 하는 활동적이고 결단력 풍부한 주인공과 같은 상황에 자신을 두고 싶다.[97]

네르발은 정신과 육체적 행동을 융합시키기 위하여 스스로를 동양에 투자하고, 그곳으로부터 소설적으로 말한다기보다는 도리어 영원히 지속하는—결코 완전히 실현되지 않는—목표를 만들어 내었다. 이 반(反)이야기적인, 변칙적인 순례는, 선행하는 작가들이 동양에 관하여 구상하여 온 담론적인 완결성으로부터 벗어난 행위이다.

육체와 공감에 의해 동양과 결부된 네르발은, 그 부와 그 문화(주로 여성적인 문화)가 만들어 낸 분위기 속에 어떤 형식에도 구애받지 않고 방황한다. 그리고 모든 예지가 흘러나오는 "저 신비롭고도 접근하기 쉬운" 모성적인 '중심'을, 특히 이집트로 설정한다.[98] 그의 인상과 꿈 그리고 기억은 동양풍의 문체로 기록된 화려하고 예의바른 이야기 부분과 교차하여 짜여지고, 이집트·레바논·터키 여행이라는 엄격한 현실은, 잘 훈련된 지엽적 문제의 취향과 교차된다. 마치 네르발은 샤토브리앙의 여행을 그보다도 훨씬 얌전하고 은밀한 지하 루트로 계속 이용하는 것

---

36) Zaynab은 네르발이 이집트의 노예 상인으로부터 사들인 자바 여성이다.

처럼 생각될 정도이다. 미셸 뷔토르[37)]는 이를 다음과 같이 아름답게 표현한다.

> 네르발의 눈에 비친 샤토브리앙의 여행이 땅 위에 머문 것으로 보였음에 비하여, 그 자신의 여행은 어떤 중요한 중심에 각각 부속된 위성적 중심, 그것들을 연결하여 중심에 통합시킨 장원형의 회랑을 이용한, 잘 계산된 여행이었다. 그 결과 그는 시차視差parallax의 효과에 의해 규범적 중심에 잠재된 유혹의 모든 위상에 빛을 보낼 수 있었다. 카이로, 베이루트 또는 콘스탄티노플의 거리와 교외를 다니면서 네르발은, 로마와 아테네와 예루살렘(샤토브리앙 《여행》의 중요 무대가 된 세 도시) 밑에 지하통로가 있을 법하다고 생각하여, 그것을 느끼게 하는 어떤 단서를 구하고자 항상 신경을 썼다.
> ……마치 샤토브리앙의 세 도시가 서로 연결되고 있는 것처럼—황제와 교황의 로마가, 아테네와 예루살렘의 유산과 유언을 다시 모은 것과 같이—네르발의 지하통로도…… 서로 교섭하기에 이른다.[*99]

영속적이고 견고한 이야기 화법을 필경 미래에 걸쳐 나르게 될, 구성이 분명한 두 가지 긴 삽화인 '칼리프 하킴 이야기'와 '아침 여왕 이야기'조차, 네르발을 '땅 표면'의 완결성으로부터 밀어내, 역설과 꿈으로 짜여진 내부세계로 서서히 나아가게 한 것처럼 보인다. 이 두 가지 이야기는 모두 작가의 복합된 분신을 다룬 것이다. 그 모티프의 하나는—분명히 서술되듯이—근친상간이다. 그 양자를 읽음으로써 우리는 선명함, 명확함, 구체성을 넘어 무한히 증식되어 가는, 불확정적이고 유동적인 꿈의 세계, 곧 네르발의 전형적인 동양세계로 되돌아가게 된다. 여행이

---

37) Michel Butor(1928~)는 프랑스의 작가이자 비평가.

끝나고, 유럽으로 돌아가면서 말타 섬에 상륙한 네르발은 자신이 지금 있는 곳이 "냉랭한 바람과 비의 나라로, 나에게 동양은 이미 가혹한 하루가 시작되기 전 아침에 꾸는 꿈의 하나에 불과하다"는 것을 실감한다.[100] 그의 《동양여행》은 레인의 《현대 이집트인의 풍습과 습관》으로부터 많은 부분을 복사한 것이나, 레인의 문장이 지닌 명석한 확실함도, 네르발이 말한 동양의 본질이라고 해야 할 저 무한한 분해를 통한 지하통로와 같은 요소 속에도 분명히 용해된 것으로 보인다.

네르발의 작품이 오리엔탈리즘에 상당한 정도로 의존하고 있음에도 불구하고, 어떻게 그의 동양은 오리엔탈리즘적인 동양 개념의 일종이 되지 않았는가? 이 의문에 해답을 주는 두 개의 완벽한 텍스트가 그의 《동양 여행》의 초고에 있다고 나는 생각한다. 첫째의 텍스트에서는 그의 탐욕이 경험과 기억을 무조건 많이 모으려고 한 것으로 나타난다. 그는 "모든 자연(이국의 여성들)과 일체화되어야 한다고 느끼고, 나아가 그곳에서 살았다고 생각되도록"이라고 쓰고 있다. 둘째의 텍스트는 첫째의 그것을 약간 보완하는 것이다. 그는 "꿈과 광기…… 동양에 대한 욕구. 유럽이 일어선다. 꿈이 실현된다. 나는 그녀를 피했고, 나는 그녀를 상실했다. …… 동양의 배"[101]라고 말한다. 동양은 네르발의 꿈의 추적과 꿈의 중심에서 도망가는 여성을, 욕구와 상실의 과정으로 상징한다. "동양의 배"라는 신비스러운 표현은, 동양을 실어 나른다는 의미에서 여성을 지칭하는 것일지도 모르고, 또는 동양을 추구하는 네르발 자신의 배, 곧 그의 산문《동양 여행》을 가리키는 것인지도 모른다. 어느 경우이든 간에 동양은 추억되어야 할 부재不在로 인식되고 있다.

이처럼 생각하지 않는 한, 그렇게 독창적이고 개성적인 정신의 소산인 《동양 여행》에서, 네르발이 레인의 책을 거대한 견본으로 사용하면서, 그것을 한 치의 망설임도 없이 자신의 동양에 관한 서술로 작품 속에 포함시키고 있는 태만함에 대하여 우리는 어떻게 설명할 수가 있겠는가? 네르발은 안정된 동양의 현실을 탐구하려는 것에도, 또 자기 나름의 동양의 재再제시에 대해 체계적인 질서를 부여하려는 것에도 실패했기 때문에, 이어 규준화된 오리엔탈리즘 텍스트로부터 권위를 차용하게 되었다고도 말할 수 있다. 여행이 끝난 뒤에도 대지는 여전히 죽음에 처해져 있었고, 그의 여행이 《동양여행》 속에 멋진 기교에 의해 여러 조각으로 구체화된 것을 별도로 한다면, 그의 자아는 이전보다 더욱 더 마비되고 피곤해졌다. 그리하여 동양은 회상 속에서 하나의 부정적인 영역에 속하는 것으로서 나타났다. 그리고 그 영역에서는 실패한 이야기, 무질서해진 연대만이, 학술적인 텍스트의 단순한 복사와 같은 것만이 그것을 실어 나를 수 있는 유일한 배였다. 네르발은 자기 목적의 몇 가지를 달성하기 위하여 분명히 동양의 힘을 이용했다. 그러나 적어도 자기 계획의 좌절을 구원하기 위하여 동양에 대한 프랑스적 책략에 완전히 골몰하지는 않았다.

네르발이 실체가 없는 동양이라는 부정적인 비전을 가졌던 것에 비하면, 플로베르의 그것은 지극히 실질적인 것이었다. 여러 가지 사건과 인물 그리고 무대배경을 세심하게 보고하면서 그 **기발함**을 즐기고, 자기 앞에 놓인 모순을 해결하려고 노력하지도 않는 한 인간을 그의 여행 노트나 편지로부터 볼 수 있다. 그가 쓴 것에는(또는 아마도 그가 썼기 때문에) 그가 관심을 가진 곳에 프리미엄이 주어졌고, 그것들은 예컨대 "비문과 새똥이 생명을 가리키는 이집트의 유일한 두 가지 사실이다"[*102] 라는 식의 자기의식적으로 꾸며진 경구로 나타났다. 그의 취향은 도착倒着적인 경향이 있었고, 그 도착은 자주 극도의 야수성, 심지어 그로테스크한 정도의 비열함, 그리고 때로는 지적인 세련성과의 결합이라고 하는 형태로 나타났다. 그러나 이 특수한 종류의 도착은, 단순히 관찰되는 것만으로 끝나는 것이 아니라, 상세히 연구되고 이어서 플로베르의 소설에 본질적 요소를 표상하기까지 이르렀다. 플로베르의 작품 속을 배회하는 친숙한 대립물, 곧 헤리 레빈[38)]이 반대 감정의 병존ambivalences이라고 부른 것—육체와 정신, 살로메와 사도 요한, 살랑보와 성 앙투안*103—은 플로베르가 동양에서 본 것, 곧 광범한 학식을 전제로 하여 그가 그 땅에서 지식과 육욕 사이의 협조관계에 관하여 볼 수 있었던 것에 의해 분명히 그 유효성을 확인받았다. 그는 이집트 북부에서 고대 이집트 예술, 그리고 그 세심함과 의식적인 음란함에 마음을 빼앗겼다. "이 정도로 비열한 그림이, 그 정도의 옛날에 있었던가?" 동양은 그것이 그들에게 던진 것 이상으로, 실제 어느 정도의 답을 주었는가 하는 점이 다음 문장에 나타나 있다.

어머니는 동양이 내가 상상한 정도로 높은 곳에 있는가를 물으셨습니다. 그렇습니다. 높이에 관해서는 생각한 대로이고, 나아가 크기에서도 내가 세웠던 가정을 넘었습니다. 내게 뚜렷하지 않던 것이 지금은 분명히 윤곽을 나타내었습니다. 사실이 예감의 자리를 빼앗았습니다. 너무나도 멋지게 그러했기 때문에 잊었던 낡은 꿈을 갑자기 다시 만난 것처럼 생각됩니다.*104

플로베르의 작품은 매우 복잡하고 매우 광범하기 때문에, 동양을 소재로 한 그의 작품을 간단히 설명하고자 하면, 너무나도 피상적이고 어쩔 수 없이 불완전한 것이 되리라. 그럼에도 동양을 소재로 삼은 다른 작가들에 의해 창조된 맥락 속에서, 플로베르의 오리엔탈리즘이 갖는 중요한 특징 몇 가지를 공정하게 서술할 수 있다. 솔직하고 개인적인 서

---

38) Harry Levin(1912~)은 미국의 비평가.

술(편지, 여행 노트, 매일의 비망록)과 형식적으로 예술적인 작품(소설과 이야기) 사이의 차이를 고려할 필요가 있다고 하여도, 우리는 동양을 바라보는 플로베르의 관점이 '상상 속의 대체물'을 동방과 남방에서 탐구하려는 시도에 뿌리를 내린 것이었다고 말할 수 있다. 이 '상상 속의 대체물'이란 "프랑스 시골 풍경의 회색조와는 대조적인 화려한 색채를 의미한다. 그것은 단조로운 일상생활을 대신하는 자극적인 구경거리, 너무나도 친숙한 것의 대체물인 영원한 신비를 뜻했다"*.105 그러나 그가 실제로 동양을 방문했을 때, 현실의 동양은 노쇠하고 노화된 인상으로 그를 압도했다. 그 후 플로베르의 오리엔탈리즘은 다른 모든 오리엔탈리즘과 마찬가지로 동양의 부활을 목표로 삼았다. 곧바로 그는 동양에 생명을 부여해야 하며, 그 동양을 그 자신과 그의 독자에게 인도하는 의무를 지게 되었다. 그리고 그 목적을 달성하는 것이야말로 그의 책 속의, 또 현지의 동양 체험이고, 그의 언어는 그것을 표현하는 것이었다. 따라서 동양을 소재로 한 그의 소설은 공을 들여 역사적 및 학술적으로 재구성한 것이었다. 《살랑보》의 카르타고39)나 성 앙투안의 열정적인 상상력의 소산은, 플로베르의 종교, 전쟁, 예식, 사회에 관한(주로 서양) 문헌의 광범한 섭렵에 유래하는 믿을 만한 성과였다.

형식에 따라 쓰인 심미적인 작품은, 플로베르의 남독과 수정의 흔적보다 훨씬 많고 동양 여행의 추억에 머물고 있다. 〈상투적 관념사전〉*106은 오리엔탈리스트를 "많은 여행을 거듭해 온 사람들의 것"이라고 정의하는데, 이러한 종류의 여행자들 다수와 달리, 플로베르는 자신의 여행을 교묘하게 이용했다. 그의 경험의 대부분은 연극적인 형식으로 전달

---

39) 《살랑보》에서는 제1차 포에니전쟁에서 패배한 카르타고를 무대로 하여 용병대장인 코트와 카르타고 장군의 딸이자 여신 타니트의 무녀인 살랑보와의 숙명적인 사랑이 묘사되어 있다.

되었다. 그는 단지 자신이 보는 대상에 흥미를 가질 뿐만 아니라, —르
낭과 마찬가지로— **어떻게** 그것을 바라보는가, 곧 어떻게 하여 동양이
때로는 두렵고 그러나 언제나 매력적인 형태로 자신 앞에 모습을 나타
내는가 하는 것에도 흥미를 갖는다. 플로베르는 그 최고의 청중이다.

> …… 카스르 엘-아이니 병원. 훌륭하다. 클로 베이[40]의 작품이다. 그의
> 손길은 여전히 남아 있다. 매독 환자가 좋은 보기이다. 곧 압바스 해부
> 실…… 압바스 친위대병사들이 사는 방에는 많은 사람들이 매독에 걸려 있
> 다. 의사의 신호에 따라 모두 침대에서 일어나 바지의 허리끈을 푼다(그것은
> 마치 군대의 훈련과 같다). 그리고 성병의 정도를 보여 주기 위하여 손가락
> 으로 항문을 벌린다. 엄청난 모습들. 어떤 경우에는 항문 안에 털이 자라고
> 있다. 어떤 노인의 음경은 피부가 전혀 없다. 그 악취로 인하여 나는 뒷걸음
> 질쳤다. 꼽추 환자, 그들 손은 안으로 굽었고, 손가락은 갈고리발톱처럼 길
> 다. 마치 해골처럼 가슴의 뼈 구조가 드러나 있다. 그 신체의 나머지도 형언
> 할 수 없도록 가늘다. 그리고 머리는 문둥병 환자처럼 약간 흰 것이 둘러져
> 있다.
>
> 방은 완전히 개봉되어 있다. …… 그 탁자 위에는 아랍인의 시체가 있다.
> 아름다운 검은머리……[41]*107

처절할 정도로 세밀하게 묘사된 이 광경은, 독자에게 해부학 강의실
에 있는 듯이 질병을 제시하여 보여 주는 플로베르 소설의 다른 많은 장

---

40) Clot Bey는 안토니 베르테르에 클로(1793~1868)로 프랑스의 의사이다. 이집트의 모하
마드 아리에 와서 이집트의 공중위생을 위해 노력했고, 1826년에는 카이로에 최초의 의
학교를 설립했다. Clot Bey는 이집트인이 그를 부른 이름이다.
41) 《이집트 기행》은 1849년부터 1851년 초까지의 동양 여행 중에 기록한 노트에 근거하여
편집 가필한 여행기이다.

면과도 관련된다. 그가 해부의 아름다움에 마음을 뺏긴 것은, 예컨대 마토의 처형으로 클라이맥스를 맞는 살랑보의 마지막 장면을 생각하게 한다. 이러한 장면에서는 혐오감도 공포감도 완전히 억눌린다. 오직 정확하게 세밀한 장면을 정직하게 묘사하는 것만이 문제된다.

플로베르가 동양 여행 중에 경험한 가장 축복받은 순간은, 워디 할파에서 만난 이집트의 유명한 무용수이자 고급 창녀였던 쿠추크 하넴과 보낸 시기였다. 그는 여성 무용수인 알르메와 남성 무용수인 하왈르에 관해서는, 이미 레인의 책에서 읽어 알고 있었다. 그러나 알르메의 직업 내용과 알르메라는 이름의 의미가 나타내는 형이상학적이라고 할 수 있는 역설을 즉시 이해하고, 동시에 그것을 맛볼 수 있었던 것은 레인이 아니라 도리어 플로베르의 상상력 쪽이었다(조셉 콘래드[42]는 그의 소설 《승리》에서 여주인공인 알마가 악셀 헤이스트를 유혹하고 위험에 빠뜨린다고 이야기를 꾸미는데 이는 플로베르의 견해를 답습한 것이었다). 알르메는 아라비아어로 교양 있는 여성을 뜻한다. 18세기의 전통적인 이집트 사회에서 그것은 시를 완벽하게 암송하는 여성에게 주어진 이름이었다. 19세기 중엽까지 그 말은 창부를 겸한 무용수를 가리키는 일종의 직업명으로 사용되었다. 쿠추크 하넴도 이러한 여성의 한 사람으로서, 플로베르는 그녀의 '꿀벌 춤'을 감상하고부터 그녀와 동침하게 되었다. 지극히 관능적이고 섬세하며, (플로베르에 의하면) 우둔하고 야비했다는 점에서 쿠추크 하넴이 플로베르의 소설에 등장하는 여성들 성격의 원형이었다는 점은 확실하다. 쿠추크 하넴에 대해 플로베르가 특히 좋아한 점은, 빈대의 '진저리 나는 냄새'가 '백단유sandalwood가 방울째 떨어지는 그녀의 살냄새'와 황홀하게 섞였을 때 나는 체취, 그리고 그녀가 그에게 아무런 요구

---

[42] Joseph Conrad(1857~1924)는 영국의 소설가이며 그의 작품 《승리Victory》는 1915년에 쓰였다.

도 하지 않는다는 점이었다. 플로베르는 동양 여행에서 돌아온 뒤, 루이스 콜레[43]에게 보낸 편지에서 "동양의 여인은 기계와 같다. 그녀들은 남자들을 구별하지 못한다"고 재확인했다. 쿠추크가 말없이 발산하는 저항하기 어려운 성적 매력에 촉발되어 플로베르의 마음은 반추 속에서 방황했다. 그를 사로잡은 그녀의 매력은 《감정교육》의 끝 부분에 나오는 데로리에와 프레데릭 모로를 어느 정도로 생각하게 한다.[44]

나로서는 도저히 거의 눈을 감을 수가 없었다. 그녀는 머리를 나의 팔에 기대어 코를 골았다. 나는 그녀의 목걸이 밑에 집게손가락을 집어넣었다. 이 아름다운 창조물이 잠드는 것을 보면서, 나의 잠은 길고도 무한히 강렬한 몽상으로 오래된 기억들의 모든 일들을 회상하였다. 그것이 내가 머문 이유였다. 나는 파리에서 보낸 쾌락의 밤들을 생각했다. 그리고 나는 그녀를, 그녀의 춤을, 그 의미를 알 수 없었고 심지어 구별조차 안 되는 말들에 불과했던 노래를 부른 그녀의 목소리를 생각했다.[45] *108

이 동양 여성은 플로베르가 몽상에 잠기기 위한 유인이자 동기였다. 곧 그녀의 자족적인 태도와 감정의 활발함 또는 그의 곁에 누워서 그를 사고하도록 촉진시킨 무엇이 그를 무아의 경지로 이끌었다. 쿠추크는 한 사람의 여성 이상의 매우 강한 인상을 주지만, 언어에 의해서는 표현할 수 없는 여성다움 그 자체의 발로이며, 플로베르의 살랑보와 살로메의 원형임과 동시에 여러 가지 형태로 성 앙투안을 습격한 여체의 유혹

---

43) Louise Colet(1808~1876)는 플로베르의 정부.
44) 《감정교육》에 나오는 두 주인공은 각각 오랜 실의의 생활을 보낸 뒤에 학생시절을 회상하면서 "그때가 가장 좋았다"고 말했다.
45) 이집트 여행 중이었던 1850년 3월 13일, 루이 페이에게 보낸 편지. 루이 페이에(1822~1896)는 플로베르의 친구로서 플로베르와 함께 문학을 시작했다.

의 원형이다. (또한 마찬가지로 '꿀벌' 춤을 춘) 시바의 여왕과 같이, 쿠추크도―만일 소리를 낼 수 있었다면―"나는 하나의 여자가 아니야. 나는 하나의 세계야"[*109]라고 말했으리라. 또한 달리 본다면, 쿠추크는 사람의 마음을 교란시키는 풍요성의 상징이고, 그녀의 왕성하고도 끝없는 성적인 매력은 특히 동양적인 것이다. 나일 강 상류에 가까운 그녀의 집은 《살랑보》속에서 타니트―**무한한 풍요**를 나타내는 여신으로 서술된―의 성의가 숨겨진 장소와 구조적으로 매우 유사한 위치를 차지하였다.[*110] 나아가 쿠추크는 타니트와 살로메 또는 살랑보 자신과 마찬가지로, 임신도 하지 않고 남자를 타락시키는 여자로 언제까지나 혼자 살아가도록 운명 지워져 있었다. 쿠추크와 그녀가 사는 동양세계가 플로베르에게 자기의 성적 무능력을 얼마나 통절하게 느끼게 했는가는 다음의 문장에서 분명히 나타나 있다.

우리에게는 거대한 오케스트라도, 색깔이 풍부한 팔레트도, 여러 가지 자원도 있다. 우리는 매우 많은 간계와 속임수를 알고 있으며, 아마도 과거의 어느 누구보다도 뛰어날 것이다. 아니다. 우리가 결여하고 있는 것은 내재하는 원칙, 사물의 영혼, 주제의 관념 그 자체이다. 우리는 노트를 가지고 있다. 우리는 여행을 한다. 비참함! 비참함! 우리는 학자, 고고학자, 역사가, 의사, 기술자, 취미인이 된다. 그러나 그런 것이 무슨 소용이 있는가? 마음과 정열과 활력은 어디에 있는가? 어디에서 와서 어디로 가는가? 우리는 멋지게 입을 맞추고 엄청난 혓바닥놀이를 하고 오랫동안 애무를 한다. 그러나 참된 것은 어디에 있는가? 아이를 배게 된다니 이 무슨 꼬락서니냐![*111]

흥분한 경우든, 실망한 경우이든 간에, 플로베르가 동양에서 체험한 것 모두를 통하여, 거의 획일적이라고도 할 수 있는 동양과 섹스 사이의 연상이 짜여져 있다. 그러나 이러한 연상을 작동시키는 데서, 플로베르는 동양에 대한 서양의 여러 자세에 일관된 이 모티프를 최초로 사용한 작가가 아니었으며, 그가 그것을 그 누구보다 과장한 것도 아니었다. 실제로 플로베르의 천재성이 이 모티프에 대하여 그 누구보다도 많은 예술적 위엄성을 부여한 적은 있었을지도 모르지만, 모티프 그 자체는 기묘할 정도로 전통적인 것과 다르지 않았다. 동양은 왜 오늘날에도 여전히 풍요함만이 아니라 성적인 기대(와 위협), 지칠 줄 모르는 관능성, 무제한의 욕망, 무한한 생식 에너지를 시사하고 있는 것처럼 보이는 것인가? 이는 누구나 생각해 볼 수 있는 문제처럼 보인다. 그러나 이 문제는 자주 지적되어 왔음에도 불구하고, 내가 여기서 분석하는 연구에는 포함되지 않는다. 물론 이것이 오리엔탈리스트 내부에 복잡한 반응을 불러일으키고, 때로는 엄청난 자기 발견을 형성했다는 의미에서, 우리는 그 중요성을 인정하여야 하고, 또 플로베르는 그중에서도 특히 흥미로운 보기였다고 할 수 있다.

  동양을 앞에 두고, 플로베르는 자신이 인간으로 살아가기 위한 기술적인 방책을 구하지 않을 수 없었다. 동양은 그의 존재에 대하여 쿠추크와 마찬가지로 어떤 반응도 나타내지 않았다. 단지 유연하게 흘러가는 동양의 생활을 앞에 두고서 플로베르는, 과거의 레인과 마찬가지로, 자신이 본 것 속에 들어가 그 일부가 된다는 점에 대해서는, 자신이 그 대상과 떨어져 있어서 무력함을 통감하고, 필경 스스로 그것을 실행해서도 안 된다고 하는 것을 자기암시에 의해 느끼고 있었다. 이는 물론 플로베르의 일생을 통한 문제였다. 곧 그것은 그가 동양에 가기 전부터 이미 존재했고, 동양을 방문한 후에도 여전히 존재한 문제였다. 플로베르는 그 문제의 어려움을 인정했고, 그것에 대처하는 방책으로 그는 그의 저술(특히 《성 앙투안의 유혹》과 같이 동양을 소재로 한 작품)에서, 인간으로 생활 속에 참가하는 것을 단념하고 그 대신 소재를 백과사전식으로 제시한다고 하는 **형식**에 중점을 두는 것을 고안했다. 실제로 성 앙투안은, 현실이 계속 책이나 풍경 또는 연극이라는 형태로 눈앞에 매혹적으로 전개되는 모습을 단지 바라보고 있는 남자에 불과했다. 플로베르의 거대한 학식은 모두—미셸 푸코가 적절하게 지적했듯이—극장풍의 환상적인 도서관의 형태로 구성되었으며, 그것이 은자隱者(앙투안)가 응시하는 눈앞을 주마등처럼 지나간다.*112 그 행진 속에는 카스르 엘아이니 (매독환자에 대한 군대식 취급)에 대한 플로베르의 기억이나 쿠추크의 춤에 대한 추억이 있다. 그러나 더욱 중요한 것은, 성 앙투안이 독신자篤信者이고 그에 대한 유혹이 주로 성적 유혹이었다는 점이다. 모든 종류의 위험한 유혹을 이겨 낸 뒤에, 그는 마지막으로 생명의 진화에 대한 생물학적인 과정을 보게 된다. 곧 그는 생명이 태어나는 광경을 볼 수 있게 되어 어쩔 줄 몰라 하는데, 이것이야말로 플로베르가 동양 체류 중에 스스로의 무능력을 느끼게 된 광경 바로 그것이다. 그러나 성 앙투안이 어쩔 줄 모르기 때문에, 우리 독자들은 그 광경을 아이로니컬하게 읽도록 기대된다. 그에게 최후로 허용된, 물질이 **되고자** 하는 욕망, 생명으로 태어나고자 하는 욕구는 어디까지나 하나의 욕구에 그치는 것이고, 그것이 실현되어 수행되는가 그렇지 않은가를 우리는 알 수 없다.

플로베르는 지성의 에너지와 지적 흡수력이라고 하는 거대한 능력을 갖추고 있었음에도 불구하고, 동양에서 첫째로 "동양에〔세부적으로〕주의를 집중하면 할수록 전체를 파악할 수 없고", 나아가 둘째로 "부분이 저절로 적합한 장소에 돌아간"*113 것을 느꼈다. 이는 **스펙터클한** 형식을 낳는 결과가 되었으나, 그 형식에서는 서양인이 그 속에 완전히 들어가는 것이 허용되지는 않았다. 어떤 차원에서 본다면, 이것은 플로베르의 개인적인 딜레마였고, 그는 그것에 대처하기 위하여 우리가 이미 그 몇 가지를 논의한 수단을 고안했다. 더욱 일반적인 차원에서 본다면, 이는 하나의 **인식론상**의 어려움이었고, 오리엔탈리즘이라고 하는 학문 분야 자체가 이 어려움에 대처하기 위하여 존재했다고 말할 수 있다. 그는 동양 여행 중 한때에, 이 인식론상의 어려움에 대한 도전이 무엇을 산출할 수 있느냐에 대하여 생각했다. 그는 자신의 정신과 스타일이 없이는, 인간이 "고고학 속에서 길을 잃으리라"고 생각했다. 여기서 그가 고고학이라고 부르는 것은, 일종의 고급화된 골동품 취미이고, 그것에 의해 이국적인 것, 진기한 것이 정식화되며, 사전이나 기호, 나아가 그가 〈상투적 관념사전〉에서 야유한 상투문자 형태를 취하는 것이었다. 이러한 태도의 영향을 받으면, 세계는 "기숙사처럼 규율에 얽매이게 되리라. 사감은 법이고, 모두 제복을 입게 되리라".[114] 이와 같이 강제된 규율에 반해, 그는 당연히 이국적인 소재에 대한 자신의 취급, 특히 그가 오랫동안 현지에서 체험하고 독서를 거듭하여 온 동양적인 소재에 대한 취급방법이 더욱 바람직하다고 생각하였다. 그의 취급방법에는 적어도 직접성의 감각·상상력·직관이 작용할 여지가 남아 있었으나, 반면 고고학 학술서의 책장으로부터는 '학식' 이외의 것이 모두 추방되었다. 나아가 플로베르는, 대부분의 소설가보다도 더욱 조직화된 학식과 그 산출 및 성과에 정통했다. 곧 그러한 성과는 부바르와 페퀴세의 불행 속에 분명히 나타나 있으나, 그들이 상투적 관념 세계에 속하는 텍스트 의존적인 태도에 구속된 오리엔탈리즘의 영역 속에 놓여 있다면, 그곳에서도 역시 마찬가지로 희극적인 모습이 폭로된 것이리라. 그리하여 사람들은 활력과 문체를 가지고 세계를 구성하거나, 비개인적인 학술적 절차에 따라 세계를 지치지 않고 묘사하는 것 중의 어느 하나를 선택하게 된다. 어떤 경우에도 동양에 관한 한, 그것이 어딘가 다른 장소에 있는 별세계이고, 서양의 **우리** 세계가 갖는 일상적인 귀속감, 감정, 가치와 격리된 세계라고 하는 것이 공공연히 인정되었다.

플로베르는 그의 소설 전부를 통하여 동양을 성적인 환상에 의한 현실도피와 결부시키고 있다. 에마 보바리와 프레데릭 모로[46]는 단조로운 (또는 괴로운) 부르주아 계급의 일상생활 속에서 그들이 갖지 못하는 것을 동경한다. 그리고 그들이 갖고자 하는 것은 동양적인 상투문자, 곧 하렘[47], 공주, 왕자, 노예, 베일, 춤추는 소년과 소녀, 아이스크림, 연고약 등에 포함된 그들의 백일몽 가운데 쉽게 나타난다. 이러한 제목이 우리에게 친숙한 것은, 그것들이 우리에게 플로베르 자신의 동양 여행과 동양에 대한 강박관념을 생각하게 하기 때문이 아니라, 도리어 여기서도 동양과 방종한 성적 자유 사이의 연상이 분명히 나타나기 때문이다. 우리는 19세기를 통하여 유럽에서 '부르주아화'가 진행됨에 따라 성의 제도화가 상당한 정도로 진전되었음을 인정할 수 있다. 그러나 '프리' 섹스라는 것은 존재하지 않았으며, 사회에서 성관계는 상세하고도 매우 거추장스러운 종류의 법적·도덕적, 심지어 정치적·경제적 의무의 망을 필요로 했다. 마치 여러 식민지 소유가 유럽 본국에 준 경제적인 이익과는 완전히 별도로, 도저히 어쩔 수 없는 방탕한 자식들, 범죄자, 빈민, 기타 바람직하지 못한 사람들로 구성된 과잉인구를 보내는 장소로서 유용했던 것과 같이, 동양은 우리가 유럽에서는 가질 수 없는 성적 체험을 탐구할 수 있는 장소였다. 실제로 1800년 이후에 동양에 관한 저술을 한, 또는 동양을 여행한 유럽인 작가 가운데 그것을 탐구하지 않았던 사람은 거의 없었다. 곧 플로베르, 네르발, '더티 딕' 버튼 그리고

---

46) 보바리와 모로는 모두 《보바리 부인》의 등장인물들이다.
47) *harem*은 메카에 있는 회교성전을 가리키나, 복수인 경우 회교국의 여자의 방, 곧 규방의 여자들(어머니, 처, 첩, 자매, 딸, 여종 등) 또는 한 남자를 둘러싸고 따라다니는 여자들을 뜻한다.

레인은 그중에서도 가장 잘 알려진 보기에 불과하다. 20세기에 와서는 지드[48], 콘래드, 몸[49] 그리고 수많은 작가들이 있다. 그들이 종종—나는 그것이 정당하다고 생각하나—탐구한 것은, 필경 더욱 방탕하고 더욱 죄의식에 젖지 않는 여러 가지의 성관계였다. 그러나 이러한 탐구조차 다수의 사람에 의해 반복되면, 학문 그 자체와 마찬가지로 통제되고 획일적인 것이 되지 않을 수 없다(그리고 실제로 그렇게 되었다). 곧 '동양식 성관계'는 대중문화 속에서 다른 편리한 상품과 같은 표준적인 상품이 되었다. 그 결과 독자와 작가는, 그들이 희망한다면 반드시 동양까지 가 보지 않아도 그 상품을 소유할 수 있었다.

19세기 중엽까지 프랑스에서는 영국 및 다른 유럽 여러 나라와 마찬가지로, 확실히 플로베르가 두려워한 지식의 산업을 개화시키게 되었다. 방대한 양의 텍스트가 생산되었고, 더욱 중요한 것은 이러한 텍스트의 전파와 보급을 위한 기관과 제도가 모든 곳에서 발견되었다는 점이다. 학문과 지식의 역사를 탐구하는 역사가들이 주목한 바와 같이, 19세기에 생긴 과학적 및 학문적 분야의 조직화는 엄격하고도 포괄적인 것이었다. 조사가 일상적인 활동이 되었고, 정보교환이 규칙적으로 행해졌으며, 무엇이 문제인가에 관한 합의와 조사 및 그 성과에 적합한 패러다임에 관한 합의가 성립되었다."[115] 동양 연구에 봉사하는 도구도 이러한 무대장치의 일부였고, 그것이야말로 플로베르가 "모든 사람이 제복

---

48) André Gide(1869~1951)는 프랑스의 시인, 소설가, 비평가로서 1947년에 노벨상을 받았다. 《좁은 문》, 《교황청의 지하도》, 《배덕자》, 《사전꾼》 등을 비롯한 그의 대부분의 작품은 우리말로 번역되었다.
49) W. Somerset Maugham(1874~1965)는 영국의 소설가이자 극작가로서 1916년부터 태평양 일대, 중국, 동남아, 멕시코 등을 여행했다. 《인간의 굴레 Of Human Bondage》(1915), 《달과 6펜스 The Moon and Sixpence》(1919), 《과자와 맥주 Cakes and Ale》(1930), 그리고 《비 Rain》(1921) 등의 단편과 자서전인 《서밍 업 The Summing Up》(1938) 등 대부분의 작품이 우리 말로 번역되었고, 그는 대중작가로 평가되고 있다.

을 입게 되리라"고 공언했을 때, 반드시 그가 염두에 두었을 것이었다. 오리엔탈리스트란 더 이상 재기에 찬 아마추어 정열가일 수 없었다. 설령 그런 사람이 있었다고 해도, 그가 한 사람의 학자로 진지하게 받아들여지기는 상당히 어려웠으리라. 오리엔탈리스트가 된다는 것은, 동양 연구의 분야에서 대학교육의 훈련을 받았다는 것이었고(1850년까지 유럽의 중요 대학은 모두 오리엔탈리즘 학문 분야 가운데 어느 것에 대해서도 완벽하게 발달된 교과과정을 가지고 있었다), 여행을 위한 보조금이 (필경 아시아협회의 하나, 또는 지리학 탐구의 기금, 또는 정부의 조성에 의해) 주어지고, 나아가 권위 있는 형식으로 (필경 학술단체나 동양어의 번역기금에 의해 간행된) 저술을 발표한다는 것이었다. 그리고 오리엔탈리스트 학자들 단체 내부에서도, 사회 일반에서도, 개인적인 증언이나 주관적인 인상기가 아니라, 오리엔탈리즘의 학술적인 저술을 완전히 덮고 있는 획일적인 권위야말로 학문이라고 생각되었다.

동양적 사항에 대한 압제적인 규제화의 무게에 더하여, 열강(유럽의 여러 제국)이 동양, 특히 레반트에 기울인 관심의 정도도 가속도로 높아졌다. 1806년에 오토만제국과 대영제국 사이에 체결된 차나크조약 이래 유럽의 지중해 수평선 위에는 동양문제가 더욱 분명한 모습을 드러내게 되었다. 동양에서 영국의 이해관계는, 프랑스의 그것보다도 더욱 실질적인 것이었으나, 우리는 러시아의 동양 진출 움직임(1868년에는 사마르칸드와 보하라가 점령되었고, 트란스카스피안 철도가 조직적으로 연장되었다)을 잊어서는 안 되고, 또 독일과 오스트리아, 헝가리의 움직임도 잊어서는 안 된다. 그러나 북아프리카에 대한 프랑스의 간섭만이 프랑스의 이슬람에 대한 정책을 구성한 유일한 요소는 아니었다. 1860년, 레바논에서 마론파와 드루즈파 사이에 분쟁이 생겼을 때(라마르틴과 네르발이 이미 그것을 예언했다) 프랑스는 기독교도를 지지하고, 영국은 드

루즈파를 지지했다. 왜냐하면 유럽 여러 나라의 동양정책 전체의 핵심에 가까운 위치를 차지한 것이야말로 소수민족의 문제였고, 열강은 소수민족의 '이익'을 각각 자기 나름의 방식으로 옹호하며 대표한다고 주장했기 때문이다. 동양정책을 계획적으로 수립할 뿐만이 아니라, 그것을 유연하게 내세우기 위해서도 열강은 유대교도, 그리스정교도, 러시아정교도, 드루즈파, 체르케스인50), 아르메니아인51), 쿠르드인52)·기독교도의 여러 가지 소분파 전체에 관하여 연구하고, 계획을 짜며, 음모를 수립했다.

나는 이러한 사항을 단순히 19세기 후반에 하나의 주제로서의 동양, 하나의 영토로서의 동양을 뒤덮은 여러 가지 이해관계, 공적인 학문, 제도적인 압박의 엄청난 중압에 관한 감각을 생생하게 보존하여 온 방법의 하나로 설명한다. 심지어 가장 해독성이 없는 여행기도―19세기 중엽 이래 그것은 문자 그대로 수없이 쓰여졌다*116―대중의 동양의식을 더욱 진하게 만드는 데에 공헌했다. 곧 동양을 여행한 각 순례자(마크 트웨인이나 허만 멜빌53)과 같은 미국인 여행자도 포함하여*117)가 말하는 즐거운 이야깃거리나 잡다한 자기자랑 또는 놀라운 견문은, 무겁게 그어진 경계선에 의해 학식 있는 여행자, 선교사, 정부관리 기타 전문적인 관찰자의 권위 있는 보고서와는 분명히 구별되었다. 이 경계선은 플로베르의 마음속에 확실히 존재했다. 그것은 또 동양에 대한 소박한 시야를 가지고 바라본 사람을 별도로 한다면, 동양을 문학적인 설명을 위한 지역

---

50) *Circassian*은 소련의 코커서스 산맥 북쪽의 흑해 연안지역인 *Circassia*에 사는 사람들.
51) *Armenians*는 이란 북서부에 있는 소련의 지방인 *Armenia*에 사는 사람들.
52) *Kurds*는 아시아 서남부인 터키, 이란, 이라크에 걸친 고원지대인 *Kurdistan*에 사는 방랑·호전적인 이슬람교도.
53) Herman Melville(1819~1891)은 미국의 소설가로서 《백경 *Moby Dick, The whale*》을 썼다.

으로 이용하고자 하는 개개의 의식 속에도 분명히 존재했음에 틀림이 없다.

　대부분의 영국 작가들은 동양 순례가 무엇을 초래하는가에 관하여 더욱 분명한 인식을 가졌고, 더욱 엄격한 감각을 가졌다. 인도야말로 이 감각 속에서는 현실적인 불변의 가치를 갖는 것이었고, 따라서 지중해와 인도 사이의 모든 영역이 인도에 대응하는 엄청난 중요성을 갖게 되었다. 그 결과 바이런이나 스콧 같은 낭만주의적인 작가도 중동에 대하여 정치적인 비전을 갖게 되었고, 동양과 유럽의 관계가 어떻게 처리되어야 하는가에 관하여 매우 과격한 의식을 갖게 되었다. 스콧은 뛰어난 역사의식을 가졌기 때문에 《부적》[54]과 《파리의 로버트 백작》[55]에서 각각의 무대를 십자군 시대의 팔레스타인과 11세기의 비잔틴으로 설정하면서도, 열강이 해외에서 어떻게 행동하고 있는가에 대한, 그의 날카로운 정치적 판단을 더하는 것을 잊지 않았다. 디즈레일리의 《탕크레드》가 실패한 이유는 필경, 동양의 정치학이나 영국의 지배체제가 갖는 이해관계의 네트워크에 관하여, 작가가 너무나도 깊게 알고 있었기 때문이라고 하면 쉽게 설명될 수 있으리라. 예루살렘에 가고자 하는 탕크레드의 천진난만한 욕구로 인하여, 디즈레일리는 곧 바보 같은 정도로 교착된 묘사의 늪으로 빠져들어, 레바논 부족의 수령이 드루즈파와 이슬람교도 그리고 유대교도와 유럽인을 자기의 정치적 이익을 위하여 어떻게 조종하는지를 계속 이야기하고 있다. 소설의 결말에 이르러 탕크레드의 동양탐구 여행은 거의 없어져 버린다. 왜냐하면 동양의 현실에 대하여 디즈레일리가 가졌던 즉물적인 비전에는, 순례자가 갖는 상당히 변덕스러운 충동을 조장하는 힘이 없었기 때문이었다. 한번도 동양을 방문한

---

54) 《부적 *The Talisman*》은 스콧이 1825년에 발표한 십자군 소설.
55) 《파리의 로버트 백작 *Count Robert of Paris*》는 스콧이 1831년에 발표한 지주 소설.

적이 없는 조지 엘리엇조차 《다니엘 데론다》[56] 속에서, 동양 순례에 대응하는 유대인의 조국부흥이라는 주제를 관철하기 위하여, 동양 사업에 결정적인 영향력을 미친 영국의 교착된 현실 속을 방황하여야 했다.

그리하여 영국 작가들이 동양적인 모티프를 이용하고자 할 때마다, 그것이 주로 문체상의 요청으로부터 오는 것이 아닌 한(피츠제럴드의 《루바이야트》[57]나 모리어의 《이스파한의 하지 바바의 모험》[58]은 그 보기이다), 그는 거기에서 반드시 그의 개인적인 환상을 방해하는 일련의 장애에 직면하지 않을 수 없었다. 영국인 작가들 작품 중에는 샤토브리앙, 라마르틴, 네르발, 플로베르와 같이 동양을 주제로 한 작품에 필적하는 작품이 전혀 없다. 그것은 마치 초기 오리엔탈리즘에서 레인과 대조적인 위치에 있었던 두 사람의 학자—사시와 르낭—가 레인 이상으로 분명히, 자신들의 저술을 창작으로 의식한 것과도 대응되는 사실이다. 킹레이크[59]의 《이오덴》이나 버튼의 《알메디나와 메카의 여행》[60](1855~1856)이라는

---

56) *Daniel Deronda*는 조지 엘리엇이 1876년에 발표한 마지막 소설로서, 유대인 가수의 아들인 Daniel Deronda와 유대인 여주인공인 Mirah, 그녀의 동생인 지성적인 유대인 민족주의자 Modecai 등을 둘러싼 소설이다.
57) Edward Fitzgerald(1809~1883)는 영국의 작가로서 12세기 페르시아의 시인인 Omar Khayyàm의 《4행시집*Rubàiyàt*》의 자유역을 1859년에 출판하여 우수에 젖은 분위기와 낭만적 문체에 의해 당시의 영국에서 인기를 얻었다. 영어 중역의 한국어 번역이 있다. (민음사)
58) 《이스파한의 하지 바바의 모험*Adventures of Hajji Baba of Ispahan*》은 영국의 외교가이자 문필가인 James Molier(178?~1849)에 의해 쓰인 피카레스크picaresque 이야기로서 페르시아의 모험에 찬 기발한 삶의 변화는 19세기 초 영국에 화제를 뿌렸다.
59) Alexander William Kinglake(1809~1891)는 1844년에 《에오테니 또는 동양에서 귀국한 여행로*Eotheni or Traces of Travel Brought Home from the East*》를 출간했다. 그는 1835년에 근동을 방문하여 사막과 성지를 보고 그 여행기를 썼다.
60) Sir Richard Francis Burton(1821~1890)은 인도 군인으로서 1849년에 인도를 떠나 메카를 방문했다. 《메디나와 메카 순례의 사적 이야기*Personal Narrative of a Pilgrimage to El-Medina and Mecca*》(1855~1856)는 그 여행기로서 단순한 모험담에 그치지 않고 이슬람교도의 풍속과 습관, 특히 순례에 관한 귀중한 자료가 되었다.

작품들이 갖는 형식은 엄격할 정도로 연대기적인 것이고, 충성스러울 정도로 단선적이다. 마치 저자들은 모험을 이야기한다기보다도, 동양의 시장에서 물건을 사기 위해 여행한 것을 서술하고 있는 것처럼 보인다. 분에 넘치게 유명하고 인기 있는 킹레이크의 작품도 실은 교만한 자민족중심주의와 피곤할 정도로 특징이 없는 영국인이 본 동양에 관한 서술을 감상적으로 나열한 것일 뿐이다. 그가 그 책을 지은 표면상의 목적은, 동양 여행이 "우리의 성격, 곧 정체성 그 자체를 형성함에" 얼마나 중요한지를 증명함에 있었다고 하나, 실제로는 그것이 단순히 '우리의' 반셈주의, 외국인 혐오증, 일반적인 만능주의적인 인종적 편견을 견고히 하는 것에 불과했음이 분명히 나타난다. 예컨대 그에 의하면《아라비안나이트》는 "창조적인 목적을 위해서는 죽은 것과 마찬가지이고 황폐한 사물, 즉 하나의 정신적인 미라와 마찬가지인 단순한 동양인"이 만들어 낸 작품치고는 너무나도 생생하고 창의력이 풍부한 작품이라고 한다. 킹레이크는 동양의 언어에 관하여 아무런 지식도 갖지 않았다고 태연하게 고백하고 있으나, 그러한 무지와 관계없이, 동양과 그 문화, 정신적인 풍토, 사회에 관하여 광범위한 일반론을 전개하고 있다. 그가 반복하여 보여 준 태도의 대부분이 정형적인 것이라고 함은 말할 필요도 없으나, 실제로 동양을 구체적으로 관찰한 경험이 그의 의견에 거의 아무런 영향도 주지 않았다는 점은 흥미 깊은 일이다. 다른 많은 여행자와 마찬가지로 그의 흥미는, 동양에서 보아야 하는 것을 보는 것이 아니라, 도리어 자신과 동양(죽은 것이고 황폐한 정신적 미라)을 만들어 내는 것을 향하고 있다. 그가 만난 동양사람은 모두, 위협을 받을 때에 가장 훌륭하고, 위협의 도구로 최고의 권력을 갖는 서양인의 자아만큼 좋은 것이 없다는 그의 확신을 더욱더 강하게 만들었다. 그는 혼자서 사막을 횡단하여 수에즈로 가는 도중에 자신의 독립심과 힘을 자랑하여 다음과 같이 말했다.

"나는 여기 아프리카 사막 속에 있다. 그리고 **다른 누구도 아닌, 내 자신만이 나의 생명을 책임질 수 있다.**"*118 킹레이크에게는 스스로 자신의 생명을 책임진다는, 그다지 이익도 없는 목적을 위해서 동양이 도움이 되었다.

과거의 라마르틴과 마찬가지로 킹레이크는 그의 우월감을 국가의식과 동일화하여 만족했다. 그러나 킹레이크의 경우, 그의 조국인 영국정부가 동양의 다른 지역에 정착할 가능성을—적어도 그 당시에는—프랑스보다 더욱 많이 가지고 있었다는 점에서 라마르틴과는 다른 상황에 놓였다. 플로베르는 이를 완벽할 정도로 정확하게 보았다.

> 나에게는, 영국이 짧은 기간 내에 이집트의 지배자가 되는 것이 거의 불가피한 것으로 생각된다. 영국은 이미 아덴에 군대를 완전히 진주시켰고, 수에즈를 건너는 것은 너무나도 쉬운 일이며, 영국 병사가 어느 날 돌연히 카이로에 도착하게 될 것이다. 그 뉴스는 2주 뒤에 프랑스에 도착할 것이고 모두 놀라게 되리라! 나의 예언을 기억하라. 유럽에 분쟁의 조짐이 조금이라도 나타나게 되면, 영국은 이집트를, 러시아는 콘스탄티노플을 점령할 것이다. 그리고 우리는 그 보복으로 시리아의 산맥 속에서 학살될 것이다.[61]*119

킹레이크는 자기의견이 지극히 독창적인 것이라는 것을 과장하고 있으나, 실제로 그의 의견이란 동양을 지배하고자 하는 대중적이고 국가적인 의지의 표현일 뿐이다. 그의 자아는 그 의지를 표현하는 도구이기는 해도 결코 그 주인이지는 않았다. 그의 저술을 보는 한, 그가 동양에 관하여 무엇인가 새로운 견해를 산출하고자 고심한 흔적은 전혀 보이지

---

[61] 이집트 여행 중인 1850년 1월 15일 외과의사인 줄 크로케에게 보낸 편지.

않는다. 그의 지식에도 그의 개성에도 그러한 능력은 없었다. 그리고 그것이야말로 그와 리처드 버튼 사이의 커다란 차이점이다. 여행가로서 볼 때 버튼은 정말 타고난 모험가였다. 학자로서 그는 유럽의 어떤 학식이 풍부한 오리엔탈리스트와 비교해도 뒤지지 않았다. 하나의 성격으로서 본다면, 그는 유럽과 유럽 지성을 그렇게 엄격한 익명성과 학문적 확실성에 의해 유지해 온 규격화된 선생들과 자신이 싸우지 않으면 안 된다는 점을 충분히 인식했다. 버튼이 쓴 것에는 모두 그 투쟁심이 나타나 있다. 그러나 그가 번역한 《아라비안나이트》의 서문만큼 그가 적대자들에 대한 경멸을 솔직하게 나타낸 것은 거의 없다. 그는 자신이 어떤 전문학자보다도 많은 것을 알고, 어떤 학자보다도 더욱 상세한 정보를 얻었으며, 어떤 학자보다도 교묘하게 빈틈없이 참신한 방식으로 소재를 취급할 수 있었음을 과시하여 보이는 것에 천진난만한 즐거움을 특별히 느끼는 것같이 보였다.

　이미 설명했듯이 버튼이 개인적인 체험을 근거로 하여 저술한 작품은, 오리엔탈리즘 작품 장르 중에서 레인으로 대표되는 것과, 지금까지 논의해 온 프랑스 작가로 대표되는 것의 중간 위치를 차지하고 있다. 버튼의 동양 체험 이야기는 순례로 조립되어 있고, 《미디안족의 토지 재방문》의 경우에는 그것이 어떤 때는 종교적인, 또 어떤 때는 정치적이고 경제적인 중요성을 갖는 장소의 순례가 되어 있다. 버튼은 이러한 작품의 주역으로 등장하고, (프랑스인 작가들과 같이) 공상적인 모험담과 환상의 중심을 차지함과 동시에 (레인과 같이) 동양의 사회와 풍습에 관한 권위 있는 주석자, 방관자로서 서양인의 역할도 담당하고 있다. 토머스 아사드는 정당하게도 버튼을 (블런트나 다우티와 함께) 일련의 맹렬하고도 개성적인 빅토리아조 동양 여행가 가운데 제1인자로 인정했다. 아사드는 이 세 작가의 작품과 오스턴 레이야드[62]의 《니네베와 바빌론 유적의 재발견》(1851), 엘리엇 워버튼의 유명한《초승달과 십자가》(1844), 로버트 커즌[63]의《레반트 수도원 방문기》(1849) 나아가(그 이름을 설명하지는 않았으나) 새커리[64]의 매우 흥미 깊은《콘힐에서 대카이로로의 여행기》(1845)*120와 같은 작품 사이에 놓여 있는 그 어조와 지성의 차이를 기본으로 삼으면서 연구했다. 그러나 버튼의 유산은 한마디로 개인주의라고 할 정도로 단순한 것은 아니기에 더욱 복잡하다. 왜냐하면 그의 저술 속에는, 동양에 대한 제국주의 세력으로서의 유럽(특히 영국)에 바쳐진 그의 강렬한 국민적 일체감이 그의 개인주의와 싸우고 있으며, 그 알력이 전형적으로 나타난 모습을 볼 수 있기 때문이다. 버튼은 자신과 아랍을 공감이라는 유대에 의해 결부시켰음에도 결국엔 제국주의자였음을 아사드는 예리하게 지적하고 있다. 그러나 더욱더 정확하게 말한다면 버튼은 스스로를 권위에 대한 반역자로 위치시킴과 동시에(그러므로 그는 동양을 빅토리아조의 도덕적 권위로부터의 해방의 땅과 동일시했다) 동양에서의 권위의 잠재적 대행자라고도 생각했다. 이와 같이 그에게 서로 대립하는 두 개의 역할이 **어떻게** 공존할 수 있었는가 하는 점이 우리의 관심 대상이다.

  이 문제는 결국 동양에 대한 지식의 문제로 환원된다. 버튼의 오리엔탈리즘에 관한 고찰이, 19세기의 대부분을 뒤덮은 오리엔탈리즘의 구성과 재구성에 관한 우리의 서술의 결론이 되어야 하는 이유가 바로 여기에 있다. 버튼은 모험가로서 여행을 거듭하면서 자신이 사는 대지의 사람들과 자신은 생활을 함께 하고 있다고 생각했다. 그는 T.E. 로렌스보다도 훨씬 성공적으로 동양인이 될 수 있었다. 그는 말을 완벽하게 구사

---

62) Austen Layard(1817~1894)는 영국의 고고학자이자 외교관.
63) Robert Curzon(1810~1873)은 영국의 여행가이자 고서 수집가.
64) William Makepeace Thackeray(1811~1863)는 영국의 소설가.

할 수 있었을 뿐만이 아니라, 이슬람의 핵심부에 잠입하여 인도인 무슬림 의사로 가장하고 메카의 순례를 완수할 수 있었다. 그러나 나는, 버튼의 가장 비범한 특성이란, 인간 생활이 사회 속에서 어떻게 규칙과 기호에 의해 지배되는지를 그가 신비스러울 정도로 잘 알았다는 점에 있다고 믿는다. 동양 일반, 특히 이슬람은 정보, 행동, 신앙의 여러 체계이고, 동양인이나 이슬람교도가 된다는 것은 일정한 사항을 일정한 방법으로 아는 것이었으며, 나아가 그러한 사항은 당연히 역사나 지리 그리고 고유한 환경의 내부에서 사회발전에 종속하고 있다는 사실을 버튼이 알고 있었다는 것은, 그의 저술의 모든 쪽에 있는 동양에 관한 그의 방대한 정보에 명백히 나타난다. 그리하여 그의 동양 여행기를 읽어 보면, 우리는 그가 이러한 사실을 충분히 알고 그것들을 통하여 이야기가 나아가는 길을 찾아갈 수 있는 의식을 보게 된다. 버튼과 마찬가지로 아라비아어와 이슬람에 정통하지 않는 한, 누구도 그가 실제로 메카와 메디나 순례자로서 행한 정도의 대여행을 수행할 수는 없었다. 그리하여 우리가 그의 산문에서 읽게 되는 것은, 상이한 문화의 정보와 행동체계를 교묘하게 흡수함으로써 그 상이한 문화 사이를 빠져나가고자 하는, 의식적인 교섭의 역사이다. 버튼의 자유는, 동양인으로 살아갈 수 있을 정도로 충분하게, 그가 유럽인으로 갖는 근본을 흔들어 벗어난 결과 생긴 것이다. 《순례》의 어떤 장면에서도 버튼은 새로운 토지를 여행하는 외국인인 그의 앞에 놓인 장애를 훌륭하게 극복함을 보여 준다. 그에게 그것이 가능했던 것은, 그가 그 목적을 위하여 상이한 사회에 관한 지식을 충분히 익혔기 때문이었다.

　버튼은 동양에 살았고, 실제로 동양을 직접 보았으며, 그곳에 젖은 인간의 시각에서 동양의 생활을 이해하고자 진지한 노력을 거듭함으로써 동양에 관한 지식을 확보했다. 그러한 지식을 토대로 하여 그는 동양인에 관한 일반론, 예컨대 아랍의 카이프⁽⁶⁵⁾라는 개념을 통한 쪽들, 또는 동양인의 마음에 교육이 얼마나 적합한 것인가를 설명한 쪽들(그것들은 분명히 매콜리의 단순한 주장에 대한 반박으로 짜여져 있다*¹²¹)을 조립했다. 이것이야말로 우리가 버튼의 작품을 읽을 때에 동양을 취급한 다른 어떤 작가로부터 느낄 수 없는, 강렬한 인상을 준다. 그러나 버튼 산문의 껍데기로부터 결코 멀지 않은 곳에, 실로 또 하나의 다른 감각이 방사되어 있다. 그것은 동양의 생활이 갖는 모든 복잡함 전체에 관하여, 그가 무엇인가를 단언하고 지배하고자 하는 감각이다. 《순례》이든, 《아라비안나이트》의 번역이든 간에(그의 '마지막 논문'도 마찬가지이나*¹²²) 버튼은 그 각주 하나하나를 그가 혼자 힘으로 습득한, 때로는 외설적이기도 한 동양에 관한 지식의 체계에 대한 승리의 증명으로 기록하고 있다. 버튼의 산문에서조차 우리는 결코 동양을 직접 **부여받지** 않는다. 동양에 관한 모든 것이 버튼의 풍부한(그리고 가끔은 호색적인) 학식의 개입을 통하여 우리에게 제시된다. 그리고 그러한 개입은 우리로 하여금, 버튼이 자기 이야기의 목적을 달성하기 위하여 얼마나 훌륭하게 동양의 생활을 관리했는가 라는 사실을 반복하여 생각하게 한다. 이 사실─《순례》 속에서 그것은 하나의 사실이다─이야말로 버튼의 의식으로 하여금 동양을 단숨에 장악할 수 있는 위치에까지 고양시키는 원흉이다. 그러한 높이에 올라간 그의 개성은 그곳에서 필연적으로 제국의 소리와 만나고 그것과 뒤섞인다. 그러한 제국의 소리 그 자체도, 규칙이나 기호, 구체적인 인식상의 습관 등에 의해 구성되는 하나의 체계이다. 그리하여 버튼이 《순례》 속에서 독자를 향하여 "이집트는 정복되어야 할 하나의 보물이다"라고 말하고 "그것이야말로 동양이 유럽의 야망 앞에 제시하는

---

(65) 버튼에 의하면, *Kayf*라는 아라비아어는 간단히 말하여, 어떤 도취된 상태를 가리킨다.

가장 매력적인 상이다. 골든 혼[66]조차 그것에는 미치지 못한다"[*123]라고 말했을 때, 우리는 동양에 관한 지식을 습득한 매우 특이한 인물의 목소리가 동양 지배를 바라는 유럽적 야망의 함성과 일체가 되어 하나로 뒤섞여 있음을 당연히 알게 된다.

버튼의 두 가지 소리는 혼연일체가 되어 오리엔탈리스트 **겸** 제국 대리인들이 산출하는 작품들을 예언한다. 그러한 영국인으로서는 T.E. 로렌스, 에드워드 헨리 팔머, D.G. 호가드[67], 거트루드 벨[68], 로널드 스토즈[69], 세인트 존 필비[70], 윌리엄 기포드 팔그레이브[71] 등을 들 수 있다. 버튼의 작품에는 이중의 의도가 **동시에** 포함되어 있다. 그 의도는 그가 동양에 산 경험을 과학적 관찰을 위하여 이용함과 동시에, 그 목적을 위하여 자신의 개성을 쉽게 희생시킬 수 없다는 것이었다. 그중 제2의 의도를 실현하고자 한다면, 그는 필연적으로 제1의 의도에도 따라야 한다. 왜냐하면 다음에서 분명히 보는 바와 같이 버튼은 어디까지나 유럽인이고, 그에게 자신이 습득한 동양사회에 관한 지식은, 유럽적인 자의식을 가지고 규칙과 습관의 집합체로 사회를 바라는 유럽인에게만 허용된 하나의 특권이었기 때문이다. 달리 말하자면 동양에서 유럽인이기 위해서는, 나아가 지식에 의해 그렇게 되기 위해서는, 사람들은 동양을 유럽에 의해 지배된 하나의 영역이라고 인정해서는 안 된다는 것이다. 동양에 관한 유럽적 또는 서양적 지식의 체계인 오리엔탈리즘은, 그리하여 유

---

66) *Golden Horn*은 터키의 이스탄불 항구를 형성하는 보스포러스*Bosporus* 해협의 입구에 있는 강.
67) David George Hogarth(1862~1927)는 영국의 고고학자이자 근동문제의 전문가, T.E. 로렌스의 스승이었다.
68) Gertrude Bell(1868~1926)은 여행가이자 고고학자.
69) Ronald Storrs(1881~1955)는 영국의 역사가이자 관리.
70) St. John Philby(1885~1960)는 영국의 탐험가.
71) William Gifford Palgrave(1826~1888)는 영국의 여행가이자 외교관.

럽에 의한 동양 지배와 동의어가 되고, 이 지배력이 버튼의 개성적인 문체가 갖는 괴기성조차 효과적으로 압도하게 된다.

버튼이 동양에 관한 개인적이고 진정한 지식, 공감으로 가득한 인간미 풍부한 지식을 강조한 것도, 동양을 둘러싼 공식적인 유럽적 지식의 문서관과 대결하는 가운데에서였다. 지식과 생활의 모든 영역을 복구하고, 재구성하며, 구출하고자 한 19세기적 시도의 과정에서, 오리엔탈리즘은—낭만주의의 감화를 받은 다른 모든 학문 분야와 마찬가지로—매우 큰 역할을 수행했다. 이 영역은 영감으로 가득한 관찰의 체계로부터 진화하여, 플로베르가 규율화된 지식의 기숙사라고 부른 것으로 변모되었다. 그뿐만이 아니라 그것은 버튼과 같이 가장 무서운 개인주의자의 개성조차 왜소화하여, 마침내 제국의 서기라는 지위에까지 오르게 했다. 동양은 하나의 장소라는 것으로부터 현실의 학술적 지배의 영역이자 잠재적인 제국 지배의 영역으로 변화했다. 르낭과 사시 그리고 레인과 같은 초기 오리엔탈리스트들의 역할은, 자신들의 작업과 동양의 쌍방에 대하여 **무대장치**를 제공하는 것이었다. 그 뒤의 오리엔탈리스트들은 학술적인 사람이든 상상력이 풍부한 사람이든 간에 이 무대를 철저히 지켰다. 나아가 그 뒤에 와서는 무대가 경영을 필요로 하게 되었고, 경영이라는 게임을 위하여 개인보다 제도를 설정하고 정부를 개입시키는 쪽이 훨씬 낫다는 사실이 분명하게 되었다. 이것이야말로 19세기 오리엔탈리즘이 남긴 유산이고, 20세기는 그것을 받은 상속인이 되었다. 우리는 이제 20세기의 오리엔탈리즘—그것은 1880년대 이후 서양에 의한 동양 점령의 긴 과정을 전제로 하여 시작되었다—이 어떻게 하여 자유와 지식을 성공적으로 통제할 수 있게 되었는가를 가능한 한 정확하게 조사하여야 한다. 요컨대 어떻게 하여 오리엔탈리즘이 완전히 형식화되고, 이어서 자기 복사를 반복하게 되었는가를 조사하여야 한다.

제 3 부
오늘의 오리엔탈리즘

제1장 잠재적인 오리엔탈리즘과 명백한 오리엔탈리즘
제2장 스타일, 전문지식, 비전 : 오리엔탈리즘의 세속성
제3장 현대 영국·프랑스의 오리엔탈리즘, 그 극성기
제4장 최근의 전개

손발이 마비된 커다란 아이와 같이, 우상을 팔에 안고 있는 것이 보였다.

구스타브 플로베르, 《성 앙투안의 유혹》

이 지상의 정복이란 무엇인가? 대부분의 경우 그것은 단순히 피부색이 다른 인간, 우리들보다도 다소 낮은 코를 지닐 뿐인 인간으로부터 무리하게 승리를 뺏는 것이다. 잘 생각해 보면 그것은 결코 좋은 일이 아니다. 그러나 그것을 보상해 주는 것은 관념 뿐이다. 정복의 배후에 있는 하나의 관념, 감상적인 가식이 아니라 하나의 관념인 것이다. 자신을 죽여서 관념을 믿게 되는, 우리들이 그것을 받들고 그 앞에 무릎을 꿇고 희생을 바치는 그런 관념이다.

조셉 콘래드, 《어둠의 속》

제1장
잠재적인 오리엔탈리즘과 명백한 오리엔탈리즘

나는 이 책의 제1부에서 영국과 프랑스가 중동, 이슬람, 아랍에서 거둔 직간접의 경험을 특별한 전형으로 사용하여 **오리엔탈리즘**이라는 말이 포괄하는 사고와 행동의 범위를 보여 주고자 노력했다. 이러한 경험 속에서 나는 서양과 동양 사이의 긴밀한, 필경 가장 긴밀하다고도 할 수 있는 풍부한 관계를 인정했다. 그러한 경험은 유럽 또는 서양과 동양의 더욱 광범한 관계의 일부를 구성하는 것이지만, 오리엔탈리즘에 가장 큰 영향을 주었다고 생각되는 것은 동양을 다루는 서양인들이 언제나 느낀 일종의 대립감각이었다. 동양 대 서양이라는 경계개념, 여러 가지 차원에 투영된 열등성과 우월성, 행해진 작업의 정도, 동양 특유의 여러 가지 특징, 이 모든 것들은 동양과 서양을 상상 속의 지리에 의해 의도적으로 구분하고, 그것을 몇 세기에 걸쳐 존속시켜 왔음을 증명했다. 이어 이 책의 제2부에서 나는 문제의 초점을 상당히 좁혔다. 나는 18세기 후반부터 19세기 초엽에 걸친 시기에 시작된 소위 근대 오리엔탈리즘의 초창기에 주목했다. 나는 이 책을 근대 서양의 동양연구 발전을 서술식 연대기로 만들 의도는 없었기 때문에, 그 대신 오리엔탈리즘을 1870년이나 1880년경까지의 지적·문화적·정치적 역사 환경을 배경으로 하여 형성된 것으로 보아, 그 발생과 발전, 제도에 관한 서술을 제시했다. 여기서 나의 관심 대상에는 상당히 다양한 학자들과 상상력이 풍부한 작가들이 포함되었으나, 나는 오리엔탈리즘이라는 분야를 구성하는 전형적인 여러 구조(그리고 그 이데올로기적 경향), 이 분야와 다른 분야와의 관계, 그리고 이 분야 속의 가장 유력한 몇 학자들의 저술을 제시하는 것에 그칠 수밖에 없었다. 나의 중요한—그리고 앞으로도 사용할—작업가설은 다음과 같다. 첫째, 학문의 여러 분야는 아주 별난 예술가의 작품과 같이 사회에 의해, 문화적 전통에 의해, 세속적인 여러 조건에 의해 그리고 학교, 도서관, 정부와 같은 고정화의 영향에 의해 억제되며, 영향을 받는다는 것. 둘째, 학문적인 저술과 문학작품은 모두 그것들이 사용할 수 있는 이미지, 가설, 의도 속에 한정되며 결코 자유롭지 못하다는 것. 셋째, 오리엔탈리즘과 같은 '과학'이 학술적인 형태를 취하여 형성하는 학문적인 성과도 우리들이 가끔 믿고 싶어 하는 객관적 진리가 아니라는 것. 요컨대 이 책의 제2부까지 나는 하나의 관념으로, 개념으로, 또는 이미지로 **동양**이라는 말이 서양에서 상당히 광범위한 흥미 깊은 문화적 공명현상을 불러 일으켜 왔음을 인정하면서도, 오리엔탈리즘을 일관된 주제로 만드는 **경제학**을 서술하고자 노력해 왔다.

이러한 가설에 대해 반드시 이의를 제기하는 사람이 있음을 나는 알고 있다. 대부분의 사람들은, 지식과 학문이란 진보하는 것이라고 막연히 상정하고. 그것은 시간이 지남에 따라 더욱 좋은 것이 되며, 그 방법은 정보의 축적에 따라 더욱 정밀하게 되고, 새로운 세대의 학자는 구시대 학자의 작업을 개선한다고 느낀다. 나아가 창조의 신화라는 것이 있어서, 우리는 예술적인 천재성, 독창적인 재능, 또는 강력한 지성이 세계 앞에 새로운 작품을 만들어내기 위하여 자신이 속하는 시간과 공간의 한계를 초월할 수 있다고 믿고 있다. 이러한 사고방식이 어느 정도의 진실을 포함하고 있음을 부정하는 것은 무의미하다. 그럼에도 위대한 재능이란 다른 사람들이 이미 이룩한 학문 분야 속에 수용된 작업에 대하여 지극히 건전한 경의를 표시하는 것도 사실이기 때문에, 위대하고 독창적인 인간에게도 그 문화 속에 숨은 작품의 가능성이라는 것은 결코 무한하지 않다. 선배들의 저술, 제도에 속박된 학구생활, 학술적인 기획이 갖는 집합적 성격들도—경제적·사회적인 여러 조건에 관해서는 말할 것도 없이—개별 학자의 학문적 생산의 성과를 억제하는 경향을 갖는다. 오리엔탈리즘과 같은 분야는 누적적이고 집합적인 성질을 가지며, 그 성질은 전통적인 학문(고전학·성서학·문헌학), 공적인 여러 제도(정부·무역회사·지리협회·대학), 특정 종류의 작품(여행기·탐험기·환상적인 이야기·이국적인 풍속묘사)과 결부될 때 특히 효력을 발휘한다. 그 결과 오리엔탈리즘에 일종의 합의가 생기게 되었다. 곧 오리엔탈리스트에게는 어떤 사물, 어떤 종류의 진술, 어떤 종류의 작품이야말로 타당한 것이라고 생각되었다. 오리엔탈리스트는 그것들 위에 작품과 연구를 조립했다. 그리고 이번에는 거꾸로 그러한 작품과 연구가 뒤에 나타나는 작가나 학자에게 중압을 가하는 결과를 낳았다. 따라서 오리엔탈리즘이란, 동양에 대하여 표면상 적합하다는 여러 가지의 요청, 관점, 이데올로기적인 편견에 의해 지배되는 규제된(곧 동양화된) 작품, 비전, 연구의 양식이라고 볼 수 있다. 동양이란 어떤 독특한 방법에 의해 가르쳐지고, 연구되고, 관리되고, 판단되는 것이다.

따라서 오리엔탈리즘 속에 나타나는 동양은, 서양의 학문, 서양인의 의식, 나아가 근대에 와서 서양의 제국지배 영역 속에 동양을 집어넣는 일련의 총체적인 힘의 조합에 의해 틀이 잡힌 표상의 체계이다. 오리엔탈리즘에 관한 이러한 정의가 정치적인 색채를 많이 띠는 것같이 보일 수도 있다. 그 이유는 오리엔탈리즘 그 자체가 정치적인 힘과 행동에 의해 산출된 탓이라고 나는 생각한다. 오리엔탈리즘이란 동양의 문명·주민·여러 지역을 소재로 삼은 해석의 한 학파이다. 오리엔탈리즘의 객관적인 여러 발견—텍스트를 편집하고 번역하며, 문법서를 편찬하고, 사전을 집필하며, 망각된 과거의 시대를 재구성하고, 실증적 검증에 근거하여 지식을 산출한 무수한 헌신적인 학자들의 작업—은 언어에 의해 전달된 모든 진실과 같이, 그 진리가 언어 속에 구체화되었다는 사실에 의해 규정되고 있고, 언제나 규정되어 왔다. 그리고 과거에 니체가 말했듯이 언어에 관한 진리란,

> 은유, 환유, 의인화와 같은 동적인 집합이고, 요컨대 인간적인 여러 관계의 총화로서, 그것은 시적으로나 수식적으로 높아지고 전용되고 수식되고, 나아가 오랫동안 사용되고 난 뒤에, 어떤 민족에게 확고한 것, 규범적인 것, 구속력 있는 것이라고 생각된 것이다. 곧 진리란 그것이 착각임을 망각하고 있는 착각이다.[1]

니체의 이러한 견해는 너무나도 허무주의적으로 들릴지 모른다. 그러나 적어도 그것은 다음 사실을 우리들에게 주목하게 할 것이다. 곧 동양이란 그것이 서양의 의식에 존재하는 한, 광범한 의미, 연상, 함축의 영역을 내포하는 하나의 말이고 나아가 그러한 의미, 연상, 함축이라는 것은 반드시 참된 동양이 아니라, 도리어 그 낱말의 주변 영역을 가리키는 것이었다는 사실이다.

따라서 오리엔탈리즘은 단순히 어떤 시대에도 서양에 내재해 온 동양에 관한 실증적인 교의에 그치지 않는다. 그것은 또한(오리엔탈리스트라고 불리는 학문적 전문가를 문제 삼는 경우에) 엄청난 영향력을 갖는 하나의 학문적 전통이고, 동시에 동양을 특정한 장소, 주민, 문명에 관한 특정한 지식으로 보는 여행자들, 상업적인 사업, 정부, 군사원정대, 이국적 모험소설이나 이야기의 독자, 박물학자, 순례자들이 관심의 대상으로서 정의해 온 하나의 영역이다. 왜냐하면 동양에 관한 여러 가지 관용구가 빈번하게 사용되었고, 그러한 관용구는 유럽의 담론 속에 분명히 정착되었기 때문이다. 관용구 밑에는 동양에 관한 교의가 숨어 있었다. 그것은 수많은 유럽인의 경험으로부터 형성된 것이었고, 그러한 경험은 모두 동양적 성격이라든가 동양적 전제, 동양적 관능 등과 같은 동양의 본질적인 특징이란 것으로 수렴되었다. 19세기 유럽인 누구에게도(나는 거의 무조건 이와 같이 말해도 무방하다고 생각한다) 오리엔탈리즘이란 이러한 진리의 한 체계, 곧 니체가 사용한 의미에서 진리라는 것의 한 체계였다. 따라서 모든 유럽인은 그가 동양에 대하여 말할 수 있는 것에 관하여 필연적으로 인종차별주의자이고, 제국주의자이며, 거의 전면적으로 자민족중심주의자였다고 해도 무방하다. 나아가 우리가 인간사회라고 하는 것은, 아니 적어도 선진적인 여러 문화라는 것은, '다른' 문화를 다루기 위한 수단으로 거의 예외 없이 제국주의, 인종차별주의, 자민족중심주의만을 사람들에게 제공해 왔다는 사실을 상기한다면, 이러한 꼬리표에 대하여 우리들이 느끼는 직접적인 양심의 가책도 어느 정도는 완화되리라. 그러므로 오리엔탈리즘은 유럽과 아시아라는 두 세계의 차이에 관한 감각을 더욱 경직화시키는 방향으로 문화 일반의 압력을 증대시키게 되었고, 거꾸로 그러한 문화적인 압력에 의해 오리엔탈리즘은 더욱 강화되어 왔다. 오리엔탈리즘이란 동양이 서양보다도 약했기 때문에 동양을 억누른, 본질적으로 정치적인 교의이고 그것은 동양이 갖는 이질성을 그 약함에 관련시켜 무시하고자 하는 것이었다. 이상이 나의 주장의 요점이다.

이상의 명제는 먼저 이 책의 제1부에 제시되었고, 그 뒤 서술은 거의 모두 어떤 의미에서는 그것을 확인하는 의도로 이어졌다. 동양 그 자체에는 오리엔탈리즘과 같은 '분야'가 존재하지 않으나,[1] 서양에 오리엔탈리즘이라는 '분야'가 존재한다는 것 자체가 동양과 서양 사이의 상대적인 힘의 관계를 시사한다. 동양에 관한 서술이 엄청나게 존재한다는 것은, 두말할 필요도 없이 동양과의 상호작용이 질과 양에서 모두 놀라운 것임을 의미한다. 그러나 서양의 힘이 보여 주는 결정적인 지표는, 서양인의 (18세기 말 이래의) 동양을 향한 움직임과, 서양을 향한 동양인의 움직임을 비교하는 것이 거의 불가능하다는 점에 있다. 서양의 군대, 영사단, 무역상, 과학적 및 고고학적 탐험대가 언제나 동양을 목표로 삼았다고 하는 사실은 접어 두더라도, 1800년부터 1900년 사이에 동양 이슬람세계에서 유럽을 향한 여행자의 수는, 그 반대와는 비교도 안 될 정도로 적다.[2] 나아가 서양에 온 동양인 여행자들은 진보된 문화로부터 배우고 그것에 현혹된 사람들이었으나, 동양에 온 서양인 여행자들은 이미 우리들이 보아 온 바와 같이 완전히 상이한 부류의 사람들이었다.

---

1) 역자는 이 점에 관하여 사이드와 의견이 다르다. 물론 서양의 침략적인 오리엔탈리즘과 같은 성격은 동양에 존재하지 않으나(있다면 북한의 주체사상이나 쿠바의 카스트로, 리비아의 카다피, 이란의 호메이니―예컨대 루시디 문제) 서양의 오리엔탈리즘이 낳은 새로운 오리엔탈리즘이 존재한다고 볼 수 있다. 나는 그것을 이 책의 첫 부분에서 상세히 설명했다. 특히 그것은 미국이나 유럽의 지배권 하에 있는 나라에 극심하다. 그것은 단적으로 서양우월주의와 서양모방주의 그리고 그 속의 작은 삽화로서 전통이 예술이나 철학의 이름으로 '서양식'으로 자리 잡는다. 나는 그 단적인 보기를 일본과 한국에서 볼 수 있다고 생각한다. 그런데 문제는 실제로는 서양화되지도 못하면서 그것을 신앙으로 삼는 일부 지식층의 허위의식이다.

나아가 1800년부터 1950년까지 중동을 다룬 책은 거의 6만 권에 이르렀으나, 서양에 관하여 쓴 동양의 책은 아예 비교할 수도 없을 정도로 적었다. 문화적인 장치로서의 오리엔탈리즘은 공격, 행동, 판단, 진실에 대한 의지, 지식 이외의 아무것도 아니었다. 동양은 서양을 위하여 존재했다. 적어도 그 수를 셀 수 없는 오리엔탈리스트들에게는 그렇게 생각되었다. 그들의 작업에 대한 태도는, 아들에 대한 아버지의 그것이거나 또는 솔직하게 겸손한 그것이었다. 그러나 골동품 취미를 가진 고대학자가 아닌 한, '고전적인' 동양은 **그들에게** 하나의 명예를 주는 것이었다. 단 물론 이 사람들도 개탄스러운 현대 동양을 명예라고는 생각하지 않았다. 그리고 서양에는 동양사회에는 존재하지 않았던 서양학자들의 작업을 보강하는 무수한 기관과 제도가 존재했다.

동양과 서양 사이에 이러한 불균형이 생긴 것은 분명히 가변적인 역사의 패턴이 작용했기 때문이다. 8세기부터 16세기에 걸쳐 정치적·군사적으로 이슬람이 그 전성기를 과시한 시대에는 이슬람이 동양과 서양 모두를 지배했다. 그 뒤에 힘의 중심은 서양으로 이동했고, 20세기 후반인 현대에 다시 동양으로 돌아가고 있는 것으로 생각된다. 이 책의 제2부, 곧 19세기의 오리엔탈리즘에 관한 서술은 19세기 후반의 격동시대에 관한 설명으로 끝났다. 이 시기는 오리엔탈리즘의 종종 완만하고 추상적이며 사업적인 측면에서 식민지주의에 대한 봉사라는 공식적이고 세속적인 사명에 관한 새로운 감각이 부가되기 시작한 시기에 해당된다. 지금부터 설명하고자 하는 것은 이 사업과 그 시기에 관한 것이다. 왜냐하면 특히 이러한 설명에 의해 20세기 오리엔탈리즘의 위기와 동양의 정치적·문화적인 힘의 부흥이라는, 몇 가지 중요한 배경이 분명하게 밝혀질 수 있기 때문이다.

동양에 관한 여러 가지 관념, 신념, 상투문자, 학식으로 구성되는 하나의 총체로서의 오리엔탈리즘과, 문화 속의 다른 사상학파 일반 사이의 여러 관계에 관해서 나는 지금까지 몇 번이나 언급했다. 19세기 오리엔탈리즘의 중요한 발전의 한 측면은, 동양에 관한 기본적인 여러 관념―동양의 관능성, 전제주의적인 경향, 이상한 정신 상태, 상습적인 부정확성, 후진성―으로부터 불순물이 제거되어, 그것들이 하나의 분리된 확고한 논리적 정합체로까지 순화되었다는 점이었다. 그리하여 작가가 **동양**이라는 말을 사용하면, 독자는 그 말이 지시하는 것이 동양에 관한 특별한 정보체계라는 것을 충분히 확인할 수 있었다. 이 정보는 도덕적으로 중립적이고 객관적인 유효성을 갖는 것으로 보였다. 곧 역사상의 연대 배열이나 지리상의 위치에 상당한 인식론적인 지위를 차지하는 것처럼 생각되었다. 따라서 그 가장 기본적인 형태에서 동양적 소재는 현실에서 어떤 발견이 행해져도 전혀 변화되지 않았고, 또 완전히 재평가되는 경우도 거의 없었다. 그 대신 19세기 여러 학자들의 작업이나 창의적 작가들의 작품은, 이 본질적인 지식의 총체를 더욱 명확하게, 더욱 상세하게, 더욱 실질적으로―그리고 '옥시덴탈리즘'으로부터 더욱 분명히 구별되는 것으로―만들어 내었다. 그러나 오리엔탈리즘의 여러 관념은, 일반적인 철학이론(예컨대 인류사와 문명사에 관한 여러 이론)이나, 철학자들이 때로 산만한 세계가설이라고 부른 것과도 연결될 수 있었다. 그리하여 동양에 관한 지식의 보급에 공헌한 전문가들은, 다른 학문이나 사상체계에서 유래한 문화적 타당성을 갖춘 언어와 전문용어를 사용하여, 여러 가지 형태로 스스로의 정식과 관념, 스스로의 학문적인 저술, 스스로의 주도면밀한 현상인식을 표현하는 것에 열심이었다.

나는 실로 **잠재적인** 오리엔탈리즘이라고 부르고자 하는 거의 무의식적인(그리고 불가침의) 확신과, **명백한** 오리엔탈리즘이라고 부르고자 하는 동양의 사회, 언어, 문학, 역사, 사회학 등에 관하여 표명된 여러 견해를 구별하고자 한다. 동양에 관한 지식에 생기는 모든 변화는 거의 오직 명백한 오리엔탈리즘에서 발견된다. 그리고 잠재적인 오리엔탈리즘에서 합의, 고정성, 지속성은 거의 항구적이다. 내가 이 책의 제2부에서 분석한 19세기의 저술가들의 경우 동양에 관하여 각자가 갖는 사고의 차이는 확실히 있다고 할 수 있으나, 이것은 형식이나 개인적인 양식의 차이지 기본적인 내용에서 다른 점은 거의 없다는 것이 특징적이다. 그들 모두 동양의 원격성, 기괴성, 후진성, 침묵적 무관심, 여성적인 피침투성, 무기력한 순종성에 손을 대지 않았다. 이것이 (이데올로기적으로 이야기한다면) 르낭으로부터 마르크스까지 또는 가장 엄격한 학자들(레인과 사시)로부터 더욱 창의력이 풍부한 작가들(플로베르와 네르발)까지 동양에 관한 모든 저술가들이, 동양을 서양인에 의해 주목받고, 재건되고, 나아가 구제될 필요가 있는 지역으로 간주한 이유이다. 동양은 학문, 예술, 상업에서 유럽적 진보의 본류로부터 소외된 장소로 존재했다. 따라서 좋은 것이든 나쁜 것이든 간에 동양에 귀속된 가치는 모두, 서양인이 동양에 대하여 지녔던 고도로 전문화된 관심에 의해 만들어진 것처럼 보였다. 1870년대로부터 20세기 초엽까지는 이러한 정세가 계속되었다. 여기서 내가 의미하는 것을 설명하기 위한 몇 가지 보기를 들고자 한다.

동양의 후진성, 퇴행성, 서양과의 불평등이라는 명제는, 19세기 초엽에 인종차별이론의 생물학적 근거를 둘러싼 여러 관념과 가장 쉽게 연결되었다. 따라서 큐비어의 《동물계》, 고비노의 《인종불평등론》 그리고 로버트 녹스의 《흑인종》에 묘사된 인종의 분류는, 잠재력인 오리엔탈리즘 속에서 자발적인 지지자를 발견했다. 나아가 이러한 여러 관념에는, 선진적 인종과 후진적 인종, 곧 유럽-아리아 인종과, 동양-아프리카 인종이라는 구분의 '과학적인' 타당성을 강조하는 다윈주의의 아류가 부가되었다. 그리하여 19세기 후반, 친제국주의자와 반제국주의자 쌍방에 의해 논의된 제국주의 문제 전체가 인종, 문화, 사회를 선진적인 것과 후진적인 것(곧 종속적인 것)으로 분류하는 이원적인 유형학을 추진시켰다. 예컨대 존 웨스틀레이크[2]는《국제법의 원칙》(1894)에서 '비문명적'이라는(이 말은 오리엔탈리즘적인 가설의 내실을 특히 잘 전달하고 있다) 이름으로 불리는 지구 위의 여러 지역이, 선진적인 여러 권력에 의해 병합, 점령되어야 한다고 주장하고 있다. 마찬가지로 칼 페터스[3], 레오폴드 드 소쉬르[4], 찰스 템플[5]과 같은 저술가들의 사상도, 19세기 후반의 오리엔탈리즘에서 지극히 집중적으로 선전된 선진적 · 후진적이라는 이원주의의*3 사고방식을 끌어 왔다.

  동양인은 후진적, 퇴행적, 비문명적, 정체적이라는 여러 가지 호칭으로 불린 다른 민족과 함께, 생물학적 결정론과 윤리적 · 정치적 교훈으로 구성된 틀 속에서 관찰되었다. 그리하여 동양인은 비참한 이방인이라는 표현이 가장 적합한 정체성을 공유하는, 서양사회 속의 여러 요소(범죄자, 광인, 여자, 빈민)와 결부되었다. 동양인을 동양인 자체로 보거나, 그들을 제대로 주목한 적은 거의 없었다. 그들은 시민으로서도 인간으로서도 아니고, 해결되어야 하고 한정되어야 하며, 또는 (식민지주의적인 여러 세력이 공연히 그들의 영토를 욕구하는 경우에는) 접수되어야 할 문제로 간파되고 분석되었다. 요컨대 대상을 동양이라고 부르는 것 자체가 이미 명백한 가치판단을 포함한 것으로서, 예컨대 쇠퇴한 오토만제국의 내부 주민의 경우, 그들에 대한 암묵의 행동계획이 포함되어 있었다. 동양인

---

2) John Westlake(1828~1913)는 영국의 법학자.
3) Carl Peters(1856~1918)는 독일의 식민지 정치가.
4) Leopold de Saussure(1866~1925)는 프랑스의 군인이자 정치철학자.
5) Charles Temple(1871~1929)은 영국의 식민지 관료.

은 종속 인종의 일원이었기 때문에 반드시 종속되어야 했다. 그것은 그렇게 간단했다. 이러한 판단과 행동의 근거는 구스타브 르 봉[6]의 《민족진화의 심리학적 법칙》(1894)에서 발견된다.

그러나 잠재적인 오리엔탈리즘의 역할은 그것만이 아니었다. 그 일련의 관념에 의해 동양인이 진보적이고 문명적인 나라로부터 분리되었고, '고전적인' 동양이 오리엔탈리스트의 존재와 오리엔탈리스트에 의한 현대 동양인 경시를 정당화하는 것에 도움이 된 반면, 잠재적인 오리엔탈리즘은 또한 이상할 정도로 (불쾌한 정도라고까지는 말할 수 없으나) 남성적인 세계개념을 촉진했다. 나는 이미 르낭에 관하여 논의했을 때 이 점에 대해서도 언급했다. 동양의 남성은 그가 현실적으로 살고 있는 공동체, 또는 레인 이래 수많은 오리엔탈리스트에 의해 경멸이나 공포와 같은 감정을 가지고 바라본 공동체의 총체로부터 분리된 존재로 간주되었다. 나아가 오리엔탈리즘 그 자체가 오로지 남성적인 영역이었다. 현대의 전문가 집단과 마찬가지로, 오리엔탈리스트들도 스스로와 스스로의 주제를 성차별주의의 색안경을 통하여 바라보았다. 이는 여행가와 소설가의 저술에 특히 분명히 나타나 있다. 곧 여성이란 보통 남성적인 권력 환상에 의해 만들어진 창조물이라는 것이었다. 여성은 무한한 관능의 매력을 발산하고, 다소 어리석으며, 무엇보다도 그들은 순종한다. 플로베르의 쿠추크 하넴은, 동양을 무대로 삼아 신기함을 추구한 포르노 소설(예컨대 피에르 루이스[7]의 《아프로디테》)에서 상당히 일반적이라고 할 수 있는 캐리커처의 원형이다. 나아가 남성적인 세계개념은 실천적인 오리엔탈리스트들에게 영향을 끼쳤고, 그것은 정지되고 얼어붙어 영구

---

6) Gustave Le Bon(1841~1931)은 프랑스의 사회심리학자로서 주저인 《대중심리》는 우리말로 번역되었다.
7) Pierre Louÿs(1870~1925)는 프랑스의 시인이자 소설가.

히 변화하지 않는 것이 되는 경향이 있다. 동양과 동양인은—그 낱말의 가장 깊은 의미에서—발전이나 변화, 인간적 운동의 가능성 자체를 부정당하고 있다. 외부에 알려지고 궁극적으로 고정화되거나 비생산적인 특질을 갖는 동양과 동양인이란, 곧 바람직하지 못한 불변성과 동일시된다. 따라서 동양이 찬양되는 경우에 사용된 '동양의 예지'라는 말은 여기서 유래한다.

암묵의 사회적 평가로부터 분명한 문화적인 평가로 변모한, 이 정지상태의 남성적인 오리엔탈리즘은, 19세기 후반, 특히 이슬람이 논의의 대상이 되었을 때에 여러 가지 형태로 나타났다. 레오폴트 폰 랑케와 자콥 부르크하르트와 같이 존경받은 세계문화사가들은, 의인화된 추상개념을 논하기보다도, 도리어 근본적으로 일반화가 가능하고 또 그것이 시인되는 종교적·정치적 문화를 취급한다는 태도로 이슬람을 공격했다. 랑케는 그의 《세계사》(1881~1888)에서 이슬람을 게르만-라틴[8] 여러 민족에 의해 정복된 민족으로 논의하고, 부르크하르트는 그의 《역사적 단편》(미간행 노트 1893)에서 이슬람을 뿌리 뽑히고, 발가벗은 하찮은 것으로 묘사했다.*4 오스발트 슈펭글러는 더욱 예리한 직감과 정열을 가지고 이러한 지적 조작을 감행했다. 그의 (동양 이슬람교도를 전형으로 하는) 마술적 인격에 관한 여러 관념은, 《서양의 몰락》(1918~1922)과 거기에서 그가 창조한 문화의 '형태론' 속에도 침투되어 있다.

동양에 관하여 광범하게 보급된 이러한 여러 관념은, 순수하게 감지되고 경험된 힘으로서의 동양으로, 동시대의 서양문화 속에서 거의 전면적으로 결여한 것에 의해 성립되었다. 다수의 명백한 이유에 의해 동양은 언제나 서양에 대해서는 외부인이었음과 동시에, 서양에 합체된

---

8) *Germanic-Romanic*, 곧 유럽민족이다.

약한 파트너이기도 했다. 서양의 학자들은 동시대의 동양인이나 동양의 사상 및 문화상의 움직임에 대해 어느 정도는 알고 있었다. 그러한 움직임은 오리엔탈리스트에 의해 생명을 부여받아 실재하게 된 침묵하는 그림자로 간주되거나, 또는 오리엔탈리스트의 엄숙한 해석행위에 유용하고, 그들이 초월적인 심판자, 학식 있는 인간, 강력한 문화적 의지라는 역할을 수행하기에 필요한 일종의 문화적이고 지적인 프롤레타리아로 간주되었다. 곧 동양이 논의의 대상인 경우에도 동양은 완전히 부재하며 그 대신 오리엔탈리스트와 그들의 언어만이 실재하는 것으로 느껴진다는 것이다. 그러나 잊어서는 안 되는 것은, 오리엔탈리스트의 실재란 동양의 실질적 부재에 의해 비로소 가능하게 된다는 점이다. 대체와 치환이라고 불러야 할 이러한 사실은, 분명히 오리엔탈리스트 자신에게도 압박을 가하고, 그 결과 그들은 대부분의 시간을 동양을 해명하고 제시하고자 노력한 뒤에도, 그것을 스스로의 저술 속에서 왜소화하지 않을 수 없다. 이렇게라도 생각하지 않는 한, 율리우스 벨하우젠[9]이나 테오도르 뇔데케 같은 이름과 결부된 중요한 학문적 업적과 그들이 그것을 뒤집는 듯이 주제에 대하여 거의 완벽한 정도로 철저하게 매도하는 노골적이고 결정적인 표현을 어떻게 설명할 수가 있겠는가? 그리하여 뇔데케는 1887년에 이르러 그의 오리엔탈리스트로서 모든 업적이 여러 동양 민족에 대한 자신의 '낮은 평가'를 확인하기 위한 것이었다고 선언할 수가 있었다.[*5] 칼 베커와 마찬가지로 뇔데케도 그리스숭배주의자였다. 그는 기묘하게도 자신의 그리스에 대한 사랑을 최종적으로 그가 학자로서의 연구 대상으로 선택한 동양에 대한 적극적인 혐오로서 표현했다.

오리엔탈리즘에 관한 매우 가치 있고 지적인 연구가 담긴 자크 바덴

---

9) Julius Wellhausen(1844~1918)은 독일의 성서학자이자 이슬람학자.

부르크[10]의 《서양의 거울 속에 비친 이슬람》에서는 이슬람의 이미지를 만들어 낸 중요 학자로 다섯 사람을 지적했다. 바덴부르크가 19세기 후반부터 20세기 초엽까지의 오리엔탈리즘을 거울의 이미지로 보여 준 것은 적절한 비유이다. 그가 말한 탁월한 오리엔탈리스트들의 저술은 모두, 마치 이슬람이 그 약점의 반영인 것과 같이, 편견으로 가득한—다섯 명 가운데 네 명까지는 적대적이라고 할 수 있는—이슬람관을 보여 주고 있다. 그들은 각각 깊은 학식을 갖추었고, 그 학문적 공헌의 스타일은 특이했다. 이 다섯 오리엔탈리스트들은 거의 1880년대부터 두 차례의 세계대전 기간까지의 오리엔탈리즘 전통 속에서 가장 뛰어나고 가장 강력한 업적을 낳았다. 그러나 이그나즈 골트치허에게는, 이슬람이 다른 종교에 대해 보여 준 관용을 정확하게 평가하면서도, 마호메트의 신神인격화anthropomorphism와, 너무나도 엄격한 이슬람의 신학과 법학을 혐오했다는 결점이 있었다. 또 던컨 블랙 맥도널드[11]는 이슬람의 신앙과 정통파 신학에 관심을 가졌으면서도, 이슬람을 기독교의 이단으로 보는 오류를 범했다.[12] 나아가 칼 베커의 이슬람문명에 관한 이해는, 그것을 비참할 정도로 미발달된 문명으로 보게 했다. 그리고 C. 스누크 휴르그로니에[13]는 이슬람신비주의(그는 그것을 이슬람의 본질이라고 생각했다)에 관하여 지극히 상세히 연구한 결과, 그 결함을 이루는 여러 가지 한계에 대해 가혹한 판단을 내렸다. 그리고 마지막 다섯 번째의 루이 마시뇽은 이슬람의 신학, 신비주의적 정열, 시학에 대하여 이상할 정도로 자신을 동화시켰기 때문에, 이슬람이 예수의 인간화[14]라는 관념에 대하

---

10) Jacques Waardenburg(1930~)는 네덜란드의 동양학자.
11) Duncun Black Macdonald(1863~1943)는 미국의 신학자이자 동양학자.
12) 제1부 제2장 주 44 참조.
13) C. Snouck Hurgronje(1857~1936)는 네덜란드의 동양학자.

여 죄 많은 저항을 계속해 왔다고 생각하여 그것에 대해 기묘할 정도로 완고한 태도를 취했다. 이 다섯 사람의 방법론 위에 현저하게 나타난 차이는, 그들의 이슬람에 대한 오리엔탈리즘적 합의, 곧 이슬람의 잠재적 열등성이라는 합의에 비한다면 그다지 중요한 것이 아니다.[6]

바덴부르크의 이 연구에는 더욱 좋은 점이 있다. 곧 이 다섯 명의 학자들이 국제적인 지적·방법론적인 전통을 어떻게 공유했는가를 참으로 분명하게 밝혀 준다는 것이다. 1873년의 제1회 오리엔탈리스트 회의 이래 이 분야 학자들은 서로의 저술을 알게 되었고, 서로의 존재를 지극히 가깝게 느껴왔다. 나아가 바덴부르크가 충분히 강조하지 않았지만 19세기 후반의 대부분 오리엔탈리스트들은 정치적으로도 서로 연결되었다. 스누크 휴르그로니에는 그 이슬람 연구로부터 바로 이슬람권 인도네시아 식민지 경영을 위한 네덜란드 정부의 고문이 되었고, 맥도널드와 마시뇽은 이슬람 문제의 전문가로서 북아프리카로부터 파키스탄에 이르는 식민지 행정관료에게 광범한 조언을 요청받았다. 그리고 바덴부르크가 말하듯이 (너무 간단하지만) 다섯 학자 전원이 서양세계 전체를 통하여 정계에 광범한 영향력을 가진 일관된 이슬람관을 형성했다.[7] 우리가 바덴부르크의 고찰에 반드시 부가해야 하는 것은, 이러한 학자들이 동양을 막연하게 책상 위의 문제로서가 아니라, 마송-우르셀[15]이 말하듯이 "관습과 사고를 통찰하고 역사의 여러 가지 비밀도 파내기 위하여 언어의 가치를 완전히 동화 흡수하는 것을 확고한 목적"으로 삼아 동양을 취급하고자 한 16~17세기 이래의 경향에 완성 형태를 부여하고, 그것을 극단적으로 구체성을 갖는 것으로서 만들고자 했다는 점이다.[8]

---

14) *incarnation*은, 인간을 구원하기 위하여 그리스도가 하느님의 아들로서 육신과 인간성을 가지고 지상에 태어난 인간화 내지 육체화를 일컫는 말이다.
15) P. Masson-Oursel(1882~1956)은 프랑스의 철학자이자 동양학자.

나는 이미 이 책에서 동양의 병합과 동화가 단테나 데르브로와 같이 서로 떨어진 작가들에 의해 이행되었다고 말했다. 그러나 단테나 데르브로의 노력과 19세기 말까지 유럽의 참으로 무서운 문화적·정치적·물질적인 사업이 되어 온 것 사이에는 분명한 차이가 있다. 물론 19세기의 식민지주의적인 '아프리카 쟁탈전'이 아프리카에만 국한되었던 것은 결코 아니었다. 또 동양 침투라는 관념이 수년간에 걸친 아시아의 학문적인 연구 뒤에 돌연히 극적으로 고안된 것도 아니었다. 우리들이 여기서 고려하여야 하는 것은, 장기간에 걸친 완만한 식민지화의 과정이다. 이 과정에서 유럽이, 아니 유럽인의 동양에 관한 인식이 텍스트 의존적이고 관조적인 것으로부터 행정적·경제적, 심지어 군사적인 것으로 변모했다. 곧 공간과 지리가 근본적으로 변화했다. 그보다 도리어 동양에 관한, 지리와 공간의 이해가 질적으로 변화했다. 유럽의 동쪽에 퍼진 지리적 공간을 동양이라고 규정하는 수세기 동안의 낡은 방식은 정치적이기도 했고, 교의적이기도 했으며, 또 상상적인 것이기도 했다. 거기에는 실제의 동양 체험과 동양적인 것에 관한 지식 사이의 필연적 결합이 전혀 포함되지 않았다. 그리고 확실히 단테와 데르브로는 동양에 관한 그들의 관념이, 긴 **학문적인** (그리고 비실존적인) 전통에 의해 확인되어 왔다는 것을 주장했을 뿐이었다. 그러나 레인, 르낭, 버튼 그리고 19세기 유럽의 그 수많은 여행자들과 학자들이 동양에 관하여 논하는 단계에 오면, 우리는 거기에 동양과 동양적 사물에 대한, 훨씬 더 친밀하고, 심지어 소유주인 양 하는 태도조차 즉각적으로 느낄 수 있다. 오리엔탈리스트가 재구성하는 동양의 고전적이고 가끔은 시간적으로 멀리 떨어진 형태에서도, 또 그들이 현대의 동양에 살면서 연구하고 상상하는 경우의, 동양의 참으로 현실적인 형태에서도, 동양의 **지리적 공간**은 침투를 받아 논의되고 파악된 것이었다. 서양인이 수십 년에 걸쳐 지배권을 가지고 동양을 대면한 그 누적적 효과로 동양은 이질적인 공간으로부터 식민지 공간으로 변했다. 19세기 후반에서 중요한 의미를 갖는 것은, 서양이 동양에 침투하여 이것을 영유했는가 **아닌가**가 아니라, 도리어 영국과 프랑스가 그 기정사실을 '**어떻게** 느꼈는가'라는 점이다.

오리엔트를 소재로 삼은 영국 작가들과 그밖에 영국의 식민지 행정관료들이 대상으로 삼은 지역에서는, 그곳 주민들이 표면상으로는 프랑스와 프랑스적인 사고방식에 끌리는 듯이 보였어도 실제로는 영국의 힘이 우위를 차지했음은 의심할 수 없는 사실이었다. 동양의 현실적인 공간에 관한 한 영국은 실제로 동양에 군림했으나, 프랑스는 동양의 시골뜨기들을 유혹하는 경솔한 길거리 여성으로서만 거기에 있었을 뿐이었다. 이러한 공간에 관한 태도의 질적인 차이는, 크로머 경이 특히 절실하게 느낀 이 문제에 관하여 다음과 같이 말한 것 속에 가장 분명히 나타난다.

왜 프랑스문명이 아시아인과 레반트인에게 강한 매력을 주는지 그 이유는 분명하다. 실제로 프랑스문화는 영국문화와 독일문화보다 매력적이고, 게다가 모방하기가 쉽기 때문이다. 사회적으로 타인과 교제하지도 않고, 섬나라 근성을 벗어나지 못하며, 과시적이지 못하고 수줍은 영국인과, 쾌활하고 세계시민적인 프랑스인을 비교해 보라. 프랑스인은 수줍다는 말이 무슨 뜻인지도 모르고, 우연히 알게 된 사람과도 10분이 채 안 되어 수년간 사귄 친구를 대하는 것과 같은 교우관계를 맺는다. 충분한 교육을 받지 못한 동양인은 영국인이야말로 성실함의 미덕을 갖춘 인간이라는 점, 반면 프랑스인은 그 시늉만을 한다는 점을 인식하지 못한다. 그들은 영국인에게 차가운 시선을 보내고, 프랑스인의 품속으로 달려가게 된다.

위 글 뒤에는 다소 필연적인 결과로서 성적인 풍자가 전개된다. 프랑스인은 애교가 있고, 기지가 풍부하며, 우아하고, 유행의 첨단을 달리는 것에 비하여 영국인은 노력가이고, 근면하며, 베이컨류의 경험주의자이자 정확하다는 것이다. 크로머의 주장이 이집트 속에서 현실적인 존재감을 갖지 못한 프랑스인의 매력에 대치되는 영국인의 성실성에 근거한다는 것은 두말할 필요도 없다.

〔크로머가 계속 서술하는 바에 따르면〕 지식이 얕은 이집트인이 프랑스인 논리의 근저에 가끔 오류가 있음을 알아차리지 못하고, 그 피상적인 화려한 재기만을 즐기며, 영국인이나 독일인의 꾸준한 노력이나 매력적이지 못한 근면성을 몰라 준다고 해도 그리 놀라운 일은 아니다. 예컨대 프랑스인의 행정조직이 갖는 이론적인 완벽함이나 그 주도면밀한 세부, 또 어떤 예측할 수 없는 사태가 생겨도 대처할 수 있을 것 같은 수많은 법규정. 이러한 특징을 영국인의 실제적인 조직과 비교해 보는 것이 좋다. 그것은 몇 개의 중요한 곳에만 규범을 설정하고, 다른 세부에 관해서는 모두 개인의 판단에 일임하는 것이다. 충분한 교육을 받지 못한 이집트인이 외관상 더욱 완성도가 높고 더욱 쉽게 적용될 수 있는 프랑스인의 조직을 좋아하는 것도 당연한 일이다. 나아가 이집트인이 간과하고 있는 것은, 영국인도 자신들이 대처해야 할 사실에 적합한 조직을 만들어 내고 싶다고 희망하면서도 그것에 반대하고 있다는 점이다. 반면 프랑스류의 행정제도를 이집트에 적용한다면 사실을 왜곡하여 기성의 조직에 무조건 적응시켜야 하는 경우가 너무나도 많다.

영국인은 실제로 이집트에 군림하고 있고, 나아가 그것은—크로머에 의하면—이집트인의 지성을 훈련하는 것이라기보다도 도리어 "이집트인의 성격을 형성"하기 위해서라고 한다. 그렇기 때문에 프랑스인의 덧

없는 매력이 "약간은 인공적인 매력"을 지닌 계집아이와 같은 것인데 비하여, 영국인의 매력은 "아름다움은 이미 없어졌으나 도덕적 가치는 더욱 뛰어나며 엄숙한" 귀부인과 같다는 것도 당연한 게 된다.[9]

크로머가 엄격한 영국인 유모와 프랑스 소녀를 대비하는 배경에는, 동양에서 영국이 완전히 특권적인 지위를 차지했다는 사실이 있다. 동양을 소유하고 있는 것이 영국이기 때문에 "〔영국인이〕 대처해야 할 사실"은 경박한 프랑스인이 지적할 수 있는 어떤 것보다도 더욱 복잡하고 흥미 깊은 것이 되었다. 크로머는 《현대 이집트》(1908)를 간행한 2년 뒤에 《고대와 현대의 제국주의》에서 철학적으로 이렇게 상세히 언급했다. 바로 노골적인 동화, 착취, 억압정책을 취한 로마 제국주의와 비교하면 영국 제국주의는 더욱 바람직하게 생각된다는 것이다. 물론 영국 제국주의에는 다소 약한 측면이 있을지도 모르지만, 영국은 어떤 종류의 문제에 관해서는 충분히 명확한 의지를 가지고 있다는 것이다. 설령 대영제국이 "둔하고, 제멋대로이며, 너무나도 앵글로색슨적인 방식으로" "확장주의적인 군사점령과 〔종속민족의〕 민족주의 원칙이라는 두 개의 기반" 가운데 어느 것을 선택할 것인가를 결정할 수 없는 듯이 보이는 경우에도 그것은 변함이 없다는 것이다 이상이 그의 설명이었다. 그러나 크로머도 대영제국도 현실적으로는 "민족주의 원칙"과는 반대되는 선택을 했기 때문에 그 우유부단함이란 결국 학술적인 것에 불과할 뿐이다. 이어서 그는 다음과 같은 세 가지 의견을 첨가했다. 첫째, 대영제국은 확고히 유지되어야 한다. 둘째, 원주민과 영국인 남녀와의 결혼은 바람직하지 않다. 셋째, (이것이 가장 중요한 점이라고 생각된다) 동양 식민지에서 대영제국의 존재가 동양인의 정신과 사회에, 격동적이라고까지는 말할 수 없어도 영속적인 어떤 효과를 미쳐 왔다고 생각한다. 이 효과를 표현하기 위하여 크로머가 사용한 비유는 거의 신학적인 것이었고, 그의 마음속에서는 동양의 광대한 영역에 서양이 침투해 간다는 관념이 그 정도로까지 강력한 것으로서 뿌리내렸다. 그것은 "과학적 사고에 충만한 서양의 호흡을 한번 경험하게 되면, 영속적인 각인이 찍히게 되고, 두 번 다시 과거와 같은 상태로 될 수가 없다"는 것이었다.[10]

그러나 이러한 점에 관하여 크로머의 지성이 특별히 독창적이었던 것은 아니었다. 그가 본 것 그리고 그가 표현한 방법은, 대영제국의 지배층이나 지식인 계급에 속하는 그의 동료들 사이에서는 공통된 것이었다. 크로머와 마찬가지로 식민지 총독을 지낸 커즌[16], 스웨튼햄[17], 루거드[18]와 같은 사람들의 경우에는 이러한 합의가 매우 확실했다. 특히 커즌 경은 언제나 제국주의자의 공통어를 사용하여 말했고, 심지어 크로머보다도 더욱 눈에 거슬리는 태도로 소유라는 관점에서, 곧 유능한 식민지 지배자에 의해 완전히 소유된 광대한 지리적 공간이라는 관점에서 영국과 동양의 관계를 논의했다. 그에게 대영제국이란, "야심의 대상" 따위가 아니라 "무엇보다도 먼저 위대한 역사적이고 정치적이며 사회적인 사실이다"라고 말했다. 1909년, 그는 옥스퍼드에서 열린 대영제국 신문편집인회의에서 그곳에 파견된 대표들을 향하여 "여러분 나라의 장관들, 행정관들, 재판관들, 교사들, 목사들, 변호사들을 양성하고, 여러분들에게 파견하는 것은 이곳의 우리들입니다"라고 말했다. 커즌의 경우 특히 이 교육적이라고도 할 만한 제국관의 배경에는 아시아가 펼쳐져 있었다. 그것은 그가 과거에 쓴 바와 같이 "사람을 멈추어 서게 하고 생각하게" 만드는 것이었다.

---

16) Robert Curzon(1859~1925)은 영국의 인도 총독.
17) Sir Alexander Swettenham(1846~1933)은 영국의 나이지리아, 홍콩 총독.
18) Frederick Dealtry, 1st Baron Lugard(1858~1933)는 영국의 식민지 총독.

나는 가끔 이 위대한 대영제국의 구조를 테니슨의 '예술의 궁전'[19]과 같이 거대한 건축에 비교하여 보고 싶다. 그 초석은 이 나라 안에 있고, 과거에 영국인의 손으로 놓여졌으며, 미래에도 그렇게 유지되어야 한다. 그 기둥이 되는 것이야말로 여러 식민지이고, 모든 것을 볼 수 있는 높이에는 광대한 아시아의 돔이 세워져 있다."[11]

이와 같이 테니슨의 예술의 궁전을 마음속에 그린 커즌과 크로머는 함께 동양연구의 전문학교 설립을 촉진할 목적으로 1909년에 창설된 분과회의 열성적인 회원이었다. 커즌은 자신이 인도에서 "굶주리며 여행" 했을 때에 만일 현지 언어에 능통했다면 도움이 되었을 것이라고 회고하면서, 동양에 대한 영국 책임의 일환으로 동양연구를 지지하는 논의를 전개했다. 1909년 9월 27일, 그는 상원에서 다음과 같이 연설했다.

우리는 단지 여러 동양 민족의 언어만이 아니라, 그들의 습관, 감정, 전통, 역사, 종교에도 충분히 정통하고 있습니다. 곧 우리는 동양의 정수라고 부르는 것들도 이해할 만한 충분한 능력을 갖추고 있습니다. 이 사실을 기반으로 할 때에만이 우리는 지금까지 확보한 지위를 장래에도 계속 유지할 수 있을 것입니다. 그리고 이 지위를 강화하기 위한 수단은 어떤 것이든 간에, 국왕폐하 정부의 관심을 불러일으킬 가치가 있는 것이라고 생각되며, 여기 상원에서 토의하기에 적합한 것이라고 생각됩니다.

5년 뒤에 같은 의제를 토의하기 위하여 시장 관저에서 열린 회의석상에서, 커즌은 이 문제의 마지막 결론을 장식했다. 그는 거기에서 다음과

---

19) *Palace of Art*는 영국 빅토리아조의 시인인 Alfred Tennyson(1809~1892)이 1831년에 출판한 《시집 *poems*》에 수록한 시로서 화려함의 극치인 궁전을 묘사하고 있다.

같이 말했다.

> 동양연구는 지적인 사치가 아니라, 위대한 제국의 의무입니다. 나는 런던에 이러한 학교〔동양연구를 위한 학교─오늘날의 런던대학 동양아프리카학대학원〕를 창설하는 것은, 제국에 필요한 가구의 일부와 같은 것이라고 생각합니다. 우리는 각각 동양에서 수년간을 보냈고, 그것을 우리 일생의 가장 행복한 부분으로 생각하고 있으며, 또 그곳에서 이룩한 일이야말로 그 정도에 관계없이 영국인의 어깨에 부과된 최고의 의무를 수행하는 것이었다고 생각합니다. 그러한 우리들의 입장에서 본다면 우리 제국의 설비 중에는, 어떻게든 보완되어야 할 간격이 있다고 느껴집니다. 이 간격을 메우기 위하여 런던시민이 재정적인 원조와 다른 여러 가지 형태의 적극적인 원조를 해 준다면, 이것은 제국에 대한 국민의 의무를 수행하고, 인류의 대의와 선의의 촉진에 기여하는 것이라고 여겨집니다.*12

동양연구에 관한 커즌의 생각은 대부분, 거의 1세기에 걸친 영국의 동양 식민지에 대한 공리주의적인 관리와 철학으로부터 생긴 논리적인 귀결이었다. 영국의 동양(특히 인도) 지배에 미친 벤담과 밀 부자[20]의 영향력은 대단한 것이었고, 그것은 과도한 규제와 과도한 혁신을 배척하는 것에 효과를 발휘했다. 에릭 스토크스[21]가 설득적으로 보여 주었듯이 공리주의는 그 대신 자유주의와 복음주의의 유산과 결부되어, 영국

---

20) Jame Mill(1773~1836)과 그 아들 John Stuart Mill(1806~1873)을 가리킨다. 전자는 1817년에 《영국령인도의 역사 History of British India》를 써서 인도청의 중요한 지위를 차지했고 벤담과 리카도를 따르는 공리주의자가 되었다. 후자도 인도청의 직원을 지내며 공리주의를 발전시켰다. 후자의 책은 《자유론》 및 《자서전 Autobiography》(1873) 등이 우리말로 번역되어 있다. 그러나 그들은 제국주의자로 인식되어야 한다. 동시에 그들의 공리주의란 반개혁적인 점진적인 개량주의로 평가되어야 한다.
21) Eric Stokes(1924~)는 영국의 역사가이다.

의 동양 지배 철학으로서 합리성의 관점에서 각종 법률과 형법으로 무장된 강력한 행정부. 그리고 경계선과 지대 등의 문제에 관한 일관된 원칙 확립의 중요성을 설파했다. 나아가 필요 최소한의 감독기관을 여러 곳에 설치하는 것의 중요성을 강조했다.[13] 그리고 이러한 모든 조직의 초석이 되는 것이야말로 언제나 세련된 동양에 관한 지식이었다. 그것이 있으면 전통적인 사회가 급속히 발전하여 근대적인 상업사회가 된 경우에도, 영국이 갖는 가부장적인 지배력이나 식민지 수입이 손해를 입을 우려는 전혀 없었다. 그러나 커즌이 동양연구를 "대영제국에 필요한 가구"라고 약간은 세련되지 못한 표현으로 불렀을 때, 그는 영국인과 원주민이 각각의 사업을 수행하고 각각의 지위를 지키기 위하여 행하는 거래의 관념을, 정적인 이미지 속에 집어넣었다. 윌리엄 존스 경의 시대로부터 일관하여 동양은 영국이 지배함과 동시에 영국이 그것에 대하여 아는 존재가 되었다. 곧 영국은 언제나 주인의 지위에 있었고, 그곳에서 지리·지식·권력이 삼위일체가 되어 왔다. 커즌이 서술한 "동양이란 학자가 학위를 받지 않는 대학이다"라는 말을 달리 표현하면, 동양은 거의 영구적으로 학자의 존재를 필요로 한다는 것이다.[14]

그러나 한편에서는 다른 유럽의 여러 열강, 특히 프랑스와 러시아가 언제나 (주위에서) 영국의 존재를 위협했다. 커즌은 모든 서양 열강이 영국과 마찬가지로 세계를 지향하고 있다는 것을 분명히 의식했음에 틀림이 없다. 지리학이 "침체되고 현학적인 것"(커즌은 학문적 주제로서 지리학으로부터 탈락된 부분을 이렇게 표현했다)으로부터 "여러 학문 중에서도 가장 보편적인 것"으로 변화했다는 사실이야말로 이 새롭고 널리 팽창된 여러 서구 열강의 지향을 **정확하게** 증명해 주는 것이었다. 1912년에 커즌은 그가 회장을 지낸 지리학협회에서 다음과 같이 연설했다. 그 발언의 내용은 결코 근거가 없는 것이 아니었다.

단지 지리학을 가르치는 방법이 변화했다고 하는 것에 그치지 않고, 지리학에 대한 일반 여론의 평가에도 근본적인 변화가 생겼습니다. 오늘날 우리는 지리학의 지식이, 지식 전체 속에서 필수 부분이 되고 있다고 생각하고 있습니다. 지리학의 도움을 받아야 비로소 우리는 위대한 자연계의 힘의 작용, 인구분포, 상업의 진전. 경계선의 확대, 국가의 발전 등, 곧 인간의 에너지가 달성한 위대한 업적을 그 여러 발현 형태에서 이해할 수가 있습니다.

우리는 지리학을 역사학의 보조로 생각하며…… 지리학은 동시에 경제학, 정치학의 자매 과학입니다. 지리학 연구의 뜻은 우리들에게는 주지된 사실입니다만, 우리들이 만약 지리학의 영역에서 벗어난다면, 그 즉시 지질학, 동물학, 민족학, 화학, 물리학 등 기타 모든 여러 인접 과학의 경계선 내부에 들어가게 될 것입니다. 따라서 우리는 지리학이야말로 여러 학문 중에서 가장 먼저이고 가장 중요한 학문의 하나라고 말씀드릴 수 있습니다. 곧 지리학은 올바른 시민관념을 갖추기에 필요한 장비의 하나이고, 공민을 만듦에 불가결한 부속품의 하나입니다.*15

지리학이란 본질적으로 동양에 관한 지식을 뒷받침하는 물질적 기반이었다. 동양의 잠재적이고 불변적인 여러 특징은, 모두 동양의 지리학에 근거하여 조립되었으며 거기에 뿌리를 내렸다. 따라서 한편으로는 지리학상의 동양이야말로, 동양의 주민을 육성하고 그 특징을 보증하며 그 특성을 규정한 것이었고, 다른 한편으로는 바로 동은 동, 서는 서라는 형태로—체계화된 지식에 너무나 자주 나타나는 역설의 하나로서—지리학상의 동양이 서양의 주의를 환기시켰다. 커즌의 생각에 지리학의 세계시민적인 성격이란, 서양세계 전체에서 지리학이 갖는 보편적 중요성이었다. 왜냐하면 서양세계와 다른 세계와의 관계는 노골적인 욕망에 의해 결부되었기 때문이다. 그러나 지리학적인 욕망은 발견을 하고, 현장에 내려가서, 폭로하고자 하는 인식론상의 충동에 특유한 도덕적 중립성도 취할 수 있었다. 마치 《어둠의 속》의 주인공인 말로우가 지도를 향한 정열에 대해 고백할 때에도 그러했던 것과 같이 말이다.

나는 몇 시간이나 자신을 잊고서 남미, 아프리카, 호주의 지도를 들여다보면서, 저 수많은 탐험대의 위험을 황홀하게 공상했다. 그 무렵에는 아직 이 지구상에 공백이 얼마든지 있었다. 특히 나의 마음을 사로잡은 것이 있다면(아니 그렇지 않은 것이 거의 없었으나) 나는 그 위에 나의 손가락을 놓고 말했다. 언젠가 내가 어른이 되면 반드시 그곳에 가겠노라고.*16

말로우가 그렇게 말했던 때보다 70년 정도 앞서, 라마르틴은 지도 위의 공백 지대에 원주민이 살고 있다는 등의 문제에는 상관하지 않았다. 그뿐만 아니라 이론적으로도, 1758년에 스위스-프러시아의 국제법 권위자였던 에메르 드 바텔이, 단순한 유목민 거주 지역을 유럽제국의 소유지로 만들도록 제안했을 때에도 그의 마음속에는 조금도 주저하는 구석이 없었다.*17 중요한 것은, 단순한 정복 활동을 하나의 개념으로 권위 있게 미화하는 것이었다. 곧 더욱 넓은 지리적 공간을 얻고자 하는 욕망을 한편으로는 지리학, 다른 한편으로는 문명인 또는 비문명인 사이의 특수관계론으로 변형시키는 것이 중요했다. 그러나 이러한 이론화에 프랑스가 기여한 바도 적지 않았다.

19세기 말까지 프랑스에서는 정치적 및 지적 환경이 충분히 성숙하여, 지리학과 지리학적인 스페큘레이션speculation(사색과 투기라는 두 가지 의미 모두에서)이 매력적인 국민적 오락이 되기에 이르렀다. 유럽 전체의 논조도 그것에 적절하게 작용했다. 곧 대영제국주의의 성공은 너무나도 명확했다. 그러나 영국은 언제나 프랑스와 프랑스의 사상가들에게, 동양에서 비교적 성공적인 프랑스의 제국주의적 역할까지 방해하는 것처럼 보였다. 보불전쟁 전에는 동양에 관하여 정치적으로는 상당히 많은 낙관적인 관측이 있었고, 나아가 그것은 시인이나 소설가들에게만 그치지 않았다. 예컨대 1862년 5월 15일의 《양대 세계평론》지에서 생마르크 지라르댕[22]은 다음과 같이 말했다.

> 프랑스에는 동양에서 이룩해야 할 것이 많이 있다. 왜냐하면 프랑스는 동양으로부터 많은 기대를 받고 있기 때문이다. 아니, 프랑스는 동양에 의하여 능력 이상의 것을 요구받고 있다. 동양이 자기 장래에 대한 보살핌을 모두 자발적으로 프랑스에 위탁한다고 하면, 그것은 프랑스에게도 동양에게도 위험을 야기하게 될 것이리라. 왜냐하면 프랑스는 고난에 처한 인민의 대의를 옹호하고자 하여, 많은 경우에 이행 불가능한 의무를 지기 때문에 위험에 빠질 수 있으며, 한편 동양의 경우에 스스로의 운명을 타인에게 맡기고자 기대하는 사람들은 언제까지나 신뢰할 수 없는 상황에 놓이지 않을 수 없으며, 민족의 구제란 그들이 스스로 이룩하여야 하기 때문이다.*18

디즈레일리라면 이상의 견해에 대하여, 프랑스는 시리아(곧 지라르댕이 말하는 동양)에 대해 '감상적인 관심'밖에 갖지 않았다고 말했을 것임에 틀림없다. 물론 '고난에 처한 인민'이라는 허구는, 과거에 나폴레옹이 이집트인에게 자신은 터키를 적으로 삼으며 이슬람을 동지로 생각하고 있다고 호소했을 때에도 이용된 것이었다. 1830년대, 1840년대, 1850년대 그리고 1860년대에 동양의 고난에 처한 인민은 시리아의 기독교도 소수파에 국한되었다. 나아가 동양이 프랑스에 구제를 요청했다

---

22) Saint-Marc Girardin(1801~1873)은 프랑스의 정치가이자 문학자.

는 기록은 어디에서도 찾아볼 수 없다. 동양에서는 영국이 프랑스의 길을 차단했다고 하는 쪽이 더욱 실정에 맞는 것이리라. 설령 프랑스가 동양에 대하여 어떤 의무감을 순수하게 느꼈다고 하여도(실제로 그렇게 느꼈던 프랑스인도 있었겠지만) 영국과 영국이 지배하는 인도로부터 지중해에 이르는 거대한 영토 사이에 프랑스가 취할 여지는 거의 남아 있지 않았다.

1870년의 보불전쟁 결과, 프랑스에 초래된 가장 주목할 만한 현상은, 지리학 학회들이 엄청난 개화기를 맞이하여 계속 창설되었고, 영토 획득에 대한 요구가 더욱 거세어졌다는 점이었다. 1871년 말 파리 지리학협회는, 스스로 더 이상 '학문적인 사색'에 구속되지 않는다는 의지를 표명했다. 나아가 시민에 대해서는 "우리가 야만에 대한 문명의 정복 경쟁으로부터 탈락한 이래…… 우리의 과거의 우월성이 위협당해 왔다는 것을 잊어서는 안 된다"고 강조했다. 그 뒤에 지리학 운동이라고 불리는 것을 지도한 기욤 데팽[23]은, 1881년 보불전쟁에서 "승리한 사람들은 교사들이었다"고 주장했다. 이는 프랑스의 전략적 무능에 승리한 프로이센의 과학적 지리학이야말로 참된 승리자라는 의미였다. 프랑스 정부의 《관보》는 지리학적 탐험과 식민지주의적인 모험의 효과(와 이익)를 중심으로 한 특집호를 계속 발간했고, 시민은 그 속에서 드 레셉스의 "아프리카의 기회"라든가 가르니에[24]의 "푸른 강의 탐험"으로부터 지식을 얻을 수 있었다. 학문적이고 문화적인 사업에 대한 국민적인 자존심과, 이익 추구에 관한 상당히 기본적인 욕구의 결합이 촉진됨에 따라, 과학적인 지리학은 곧 '상업적인 지리학'에 그 길을 양보했고, 식민지 획득의 기둥이 되도록 연결되었다. 어떤 광신자의 말을 빌리자면 "지리학협회

---

23) Guillaume Depping(1829~1901)은 프랑스의 역사가.
24) Francis Garnier(1839~1873)는 프랑스의 군인이자 탐험가.

는 우리를 강변에 묶어 두었던 숙명적인 마술로부터 해방시키기 위하여 설립되었험" 는 것이다. 인간을 해방시킨다는 이 탐험대를 도와 주기 위하여 모든 종류의 계획이 짜여졌다. 그 속에는 줄 베른[25]—그의 소위 '믿기 어려운 성공'은 과학적 정신이 추리라는 최고 단계에서 나타난 것이었다.—가 선두에 서서 행한 '과학적 탐험을 위한 세계일주 캠페인', 북아프리카 해안선의 남쪽에 새로운 광대한 바다를 만들고자 하는 계획, 알제리와 세네갈을 철도—"강철의 리본"이라고 불렸다—로 연결하고자 하는 계획이 포함되었다."[19]

  19세기 마지막 3분의 1 사이에 프랑스를 석권한 확장주의적인 열광의 대부분은, 1870~1871년의 프로이센의 승리를 보상하고자 하는 명백한 희망과, 그것만큼 중요한 것으로서 대영제국의 여러 성과에 대항하고자 하는 희망에서 생긴 것이었다. 후자의 희망은 지극히 강력한 것이었고, 또 동양에서 영국과 프랑스의 오랜 적대적 전통에서 유래되었기 때문에, 프랑스는 문자 그대로 영국의 그림자처럼 따라다니는 듯이 보였고, 동양과 관련된 모든 사항에서 영국을 따라잡고 우열을 다투고자 했다. 1870년대 후반에 인도차이나학회가 그 회칙을 개정했을 때 '인도차이나를 오리엔탈리즘의 영역에 편입하는 것'이 가장 중요하게 다루어졌다. 그것은 코친차이나[26]를 '프랑스인의 인도'로 만들기 위한 것이었다. 군인들은 오랫동안 프랑스가 식민지에서 영국에 뒤져 왔다는 점에 관하여 아무 말도 하지 않았으나, 보불전쟁에서 나타난 군사적 및 경제적인 약점에 관해서는 프랑스가 실질적인 식민지를 영유하지 않은

---

25) Jules Verne(1828~1905)는 프랑스의 공상소설가로서 그의 많은 과학소설은 한국에서 특히 어린이들을 대상으로 많이 소개되었다. 그러나 그 배경에는 한국까지 포함한 아시아 정복이라는 계기가 숨어 있었다.
26) *Cochin China*는 *Vietnam* 최남부 지방.

탓이라고 비난했다. 지도적인 지리학자였던 라 롱시에르 르 누리[27]는 다음과 같이 주장했다. "여러 서양민족의 확장 능력"과 "그 숭고한 대의 명분, 구성요소, 인류의 운명에 미치는 영향력은 미래의 역사가에게는 좋은 연구 대상이 될 것이다." 또 백인종이—그 지적인 탁월성의 표시로서—여행에 대한 욕구를 충족시킬 때에만 식민지의 확대는 가능할 것이라고 했다.[20]

이러한 명제로부터 동양이란 경작되고, 추수되며, 지켜져야 할 지리적 공간이라고 보는 일반적인 견해가 생겨났다. 이에 수반하여 동양에 대한 농업의 이미지 그리고 노골적인 성적 관심에 근거한 이미지도 증식되었다. 이러한 이미지의 전형적인 발로로 가브리엘 샤름은 1880년에 다음과 같이 썼다.

> 우리가 동양으로부터 모습을 감추고, 다른 유럽의 여러 열강이 그곳을 차지하게 되는 날이 온다면, 우리의 지중해 통상 활동도, 아시아에서의 우리의 미래도, 남프랑스의 여러 무역항구의 거래도 모두 끝나게 될 것이다. **우리의 국가적 재산을 형성하는 가장 결실이 많은 원천의 하나가 고갈될 것이다.**(강조는 인용자에 의함)

다른 사상가인 르로이-볼리외[28]는 이러한 철학을 다음과 같이 더욱 세련되게 말했다.

> 하나의 사회가 고도의 성숙에 도달하고 강력하게 되면 식민지를 건설한다. 사회는 새로운 사회를 낳고 그것을 비호하며, 그것을 성장에 양호한 환

---

27) Baron Camille de La Roncière Le Noury(1813~1882)는 프랑스의 군인.
28) Paul Leroy-Beaulieu(1842~1912)는 프랑스의 작가.

경 속에 두어 스스로가 낳은 새로운 사회를 성년에 이르게 한다. 식민지 건설이란 사회의 가장 복잡하고 미묘한 생리현상의 하나이다.

식민지 건설과 자기증식을 동일시하는 이 사고방식은, 르로이-볼리외를 어느 정도 불길한 관념으로 이끌었다. 그것은 현대사회에서 활력을 갖는 모든 것이 '그 왕성한 활동력을 밖으로 향하여 발전시킴으로써 확대하여 간다'라고 하는 것이었다. 그리하여 그는 다음과 같이 말했다.

식민지의 형성이란 하나의 민족이 확장해 가는 힘이다. 곧 그것은 자기를 재생산하는 힘이다. **공간을 통한 확대와 증식이다.** 그것은 하나의 우주나 그 광대한 영역을 그 민족의 언어, 습관, 사상, 법률에 종속시키는 것이다."[21]

여기서 요컨대 동양과 같은 더욱 약하고 더욱 발달되지 못한 지역의 공간은, 프랑스의 흥미, 관통, 정액 주입, 곧 식민지화를 촉진시키는 것으로 보여진다. 지리학적인 개념 작용에 의해 문자 그대로 또 비유적으로, 경계선과 국경에 의해 포위된 명확한 실체라고 하는 것이 없어졌다. 동양과 서양을 그 지리적인 속박으로부터 해방하고자 계획한 드 레셉스와 같은 사업가적 몽상가는 물론이고 프랑스의 학자, 행정관료, 지리학자, 상인들은 그들의 풍부한 활동력을 참으로 무기력하고 여성적인 동양 위에 뿌렸다. 프랑스에 있는 지리학협회의 수와 그 회원 수는 전 유럽의 그것을 상회했다. 그 이유로는 다음 두 가지를 들 수 있다. 첫째, 프랑스 아시아위원회와 동양위원회 같은 강력한 조직이 있었다는 점, 둘째, 아시아협회를 필두로 하는 여러 종류의 학회가 존재했고, 그 조직과 회원을 대학과 연구소 및 정부 내부에 확고하게 뿌리내리게 했다는 점이다. 각각 독자의 방식으로 동양에서 프랑스의 이권을 더욱 현실적이고 더욱 실질적인 것으로 만들었다. 19세기의 마지막 20년 사이에 프랑스가 그 국가의 범위를 넘어선 책임을 져야 했을 때, 거의 1세기에 걸쳐 계속된 수동적인 동양연구는 이제 그 종말을 맞게 되었다.

동양에서 영국과 프랑스의 이해관계가 문자 그대로 중복된 유일한 지역, 곧 당시에 빈사 상태의 중환자와도 같았던 오토만제국의 영토 내에서, 서로 적대한 영국과 프랑스 양국은 완벽할 정도로 독특한 논리적 일관성을 가지고 양국 간의 알력을 처리했다. 영국은 이집트와 메소포타미아에 **뿌리**를 내렸다. 그리고 변경의 (어떤 힘도 갖지 못한) 족장들과 거의 허구라고 할 정도의 일련의 조약을 맺음으로써 지중해로부터 인도까지 내륙을 대부분 차지했으며 홍해, 페르시아만, 수에즈운하를 지배했다. 한편 프랑스는 마치 동양이라는 상공을 선회하는 새의 운명처럼 보였으나, 일단 땅에 내려와서 드 레셉스의 운하 성공을 재현하는 계획을 실행에 옮겼다. 그 계획의 대부분은 철도 부설 계획이었고, 그것들은 시리아—메소포타미아 철도와 같이 다소나마 영국의 지배 영토 내에 들어갈 수 있도록 계획되었다. 나아가 프랑스는 소수파 기독교도—마론파, 카르데아(가톨릭)파, 네스토리우스파—의 보호자로 자처했다. 그러나 영국과 프랑스는 모두 시기가 도래하면 아시아의 터키령을 분할할 필요가 있다는 점에 원칙적으로 일치했다. 제1차 세계대전 이전부터 전시 중에 걸친 비밀 외교는, 중동을 먼저 세력범위로 분할하고, 이어서 위임통치령(또는 피점령지)으로 분할하는 것에 모든 정력을 기울였다. 프랑스에서는 지리학 운동의 극성기에 형성된 확장주의적인 감정의 대부분이 아시아 터키령의 여러 가지의 분할 계획에 초점을 맞추었고, 1914년에는 파리에서 그 목적을 위하여 '화려한 신문 캠페인이 시작되었을' 정도였다.*22 영국에서는 다수의 위원회가 가장 효과적인 동양 분할안을 연구하여 제안하는 권한을 부여받았다. 예컨대 분센위원회와 같은 위원회를 모체로 하여 다수의 영-불 합동위원회가 발족되었다. 그중에서도 특히 마크 사익스[29]와 조르주 피코[30]가 위원장이었던 것이 가장 유명했다. 지리적 공간을 공평하게 분할하는 것이 이러한 여러 가지 계획의 룰이었고, 이것은 또한 영·불의 대립을 진정시키기 위하여 주도면밀하게 고안된 것이기도 했다. 그 이유에 관하여 사익스는 메모에서 마음과 같이 이야기했다.

> 조금 늦든 빠르든 간에 아랍은 반드시 반란을 일으킨다. 만일 이 반란을 축복이 아니라 재앙으로 변화시키지 못하면, 프랑스와 우리나라가 더욱 친밀한 관계를 유지하여야 하는 것은 …… 분명한 것이었다.*23

적대감은 결코 사라지지 않았다. 그리고 그들에게 윌슨[31]의 민족자결주의가 자극물로 다가왔다. 사익스 자신이 기록했듯이 그것은 여러 열강이 공동으로 구축한 식민지 분할 계획의 구조 전체를 뿌리째 붕괴시키는 것으로 생각되었다. 20세기 초엽의 여러 열강이나 현지의 여러 왕조, 여러 가지 민족주의 운동이나 민족주의 정당 그리고 시오니스트들의 손에 의해 운명이 결정되었던, 미로와 같이 교착되고 심각한 논쟁을 불러일으킨 중동 역사의 모든 국면에 관하여 논의할 여유가 우리에게는 없다. 단지 우리에게 가장 직접적으로 관련되는 문제는, 동양이 관찰되고 열강이 행동하는 경우에 규준이 된 독특한 인식론적인 구조이다. 영

---

29) Mark Sykes(1879~1919)는 영국의 외교관.
30) Georges Picot는 프랑스의 외교관.
31) Woodrow Wilson(1856~1926)은 미국의 제28대 대통령(1913~1921). 일제 강점기 3.1운동에 끼친 윌슨의 민족자결주의는 허구인인 것으로 파악되는 경향이 있으나, 그것이 당시의 서양 열강에 끼친 영향은 큰 것이었고, 일본정부에도 상당한 영향력이 있었다고 생각된다.

국도 프랑스도 그 입장이 달랐음에도 불구하고, 동양을 하나의 지리학적—그리고 문화적, 정치적, 인구통계학적, 사회적, 역사적—총체로 보았고, 그 운명을 좌우하는 자격이 전통적으로 자신들에게 속한다고 생각했다. 그들에게 동양이란 갑자기 발견된 것도, 단순한 역사상의 한 사건도 아니었다. 도리어 그것은 유럽을 기준으로 하여 획일적으로 가치가 정해진, 유럽의 동쪽에 펼쳐진 지역이었다. 더욱 엄밀하게 얘기한다면, 그 가치는 동양을 오늘날의 동양으로 만들고 있는 것이 유럽—유럽의 과학, 학문, 지식, 행정—이라고 주장하는 입장으로부터 정해진 것이었다. 그리고 이것이야말로 근대 오리엔탈리즘이—의식적이든 무의식적이든 간에—이룩한 업적이었다.

20세기 초엽, 오리엔탈리즘이 동양을 서양에 전수했을 때, 주로 두 가지 방법이 사용되었다. 그 첫째는 현대 학문이 갖춘 전파 능력, 곧 연구교수직, 대학, 학회, 지리학적인 탐험조직, 출판업 등의 확산장치를 사용한다는 방법이었다. 이미 본 바와 같이 이러한 것들은 모두 선구적인 연구자, 여행자, 시인들의 특권적인 권위에 의존하는 것이었고, 그들의 비전이 누적되어 동양의 진수를 형성했다. 이러한 동양의 교의적·학설적인 발로야말로 우리가 지금까지 잠재적인 오리엔탈리즘이라고 불러온 것이다. 동양에 관하여 어떤 의미 있는 발언을 하고자 하는 사람은 잠재적인 오리엔탈리즘에 의해 표현의 잠재능력을 부여받았다. 그는 개개의 경우에 따라 그 잠재능력을 이용하거나 동원하여 그것을 의미 있는 담론으로 변환시킬 수 있었다. 그리하여 밸푸어가 1910년에 하원에서 연설했을 때에도,[32] 그는 분명히 그러한 표현의 잠재능력을 마음속에 지녔을 것이며, 그것을 당시에 일반적으로 유통하고 합리적으로 수

---

32) 제1부 제1장의 첫 부분을 참조하라.

용되는 언어로 바꾸었기 때문에 비로소 그는 '동양인'이라고 불리는 어떤 사람을 과도하게 애매한 것으로 만드는 위험 없이 그렇게 이름 붙이고 그것에 관하여 말할 수 있었다. 그러나 표현의 잠재능력과 그것에 의해 가능하게 되는 담론이 모두 그렇듯이, 잠재적인 오리엔탈리즘도 또한 지극히 보수적인 것, 곧 오직 자기보존적인 것에 치중된 것이었다. 세대로부터 세대로 전환되는 가운데 그것은 문화의 일부가 되었고, 기하학이나 물리학과 마찬가지로 현실의 일부를 대상으로 하는 하나의 언어가 되었다. 오리엔탈리즘은 동양에 대한 개방성, 그 수용 능력에 의해서가 아니라, 도리어 동양을 지배하고자 하는 구조적인 권력지향이 갖는 내부적·반복적인 논리적 일관성에 의해 그 존재를 보증받았다. 그런 방식에 의해 비로소 오리엔탈리즘은 여러 가지 변혁과 세계전쟁, 제국의 문자 그대로 해체를 초월하여 계속 유지될 수 있었다.

  동양을 서양에 전수시키는 경우에 오리엔탈리즘이 사용한 둘째 방법은 하나의 중대한 수렴작용의 결과로 생긴 것이었다. 수십 년에 걸쳐 오리엔탈리스트들은 그 특이한 이질성에 의해 유럽으로부터 격리된 하나의 학술적 대상으로서 동양을 말하고 텍스트를 번역하며 문명, 종교, 왕조, 문화, 심성을 설명하여 왔다. 오리엔탈리스트란, 르낭이나 사시와 같이 사회 속에서 동양을, 동포를 향하여 동양을 해석해 주는 역할을 담당한 전문가였다. 오리엔탈리스트와 동양의 관계는 본질적으로 해석학적인 것이었다. 곧 멀리 떨어진, 그 전부를 거의 판단할 수 없는 문명과 문화유산의 앞에 선 오리엔탈리즘의 학자는, 이와 같이 파악하기 어려운 대상을 번역하고, 공감적으로 묘사하며, 내부적으로 파악함으로써 그 애매함을 경감시켰다. 그러나 오리엔탈리스트는 언제나 동양의 외부에 서 있었고, 동양은 그것이 얼마나 명료한 것이었든 간에 어디까지나 서양 속에 계속 머물러 있었다. 이러한 문화적·시간적·지리적인 거리감은, 심오함, 신비함, 성적인 기대감이라는 비유에 의해 표현되었다. 곧 '동양의 신부가 쓰는 베일'이라든가 '신비한 동양'과 같은 표현이 일상회화 속에서도 사용되었다.

그러나 거의 역설적으로, 19세기를 통하여 동양과 서양의 거리는 계속 축소되었다. 동쪽과 서쪽 사이에서 상업상, 정치상, 또는 기타의 실존적인 접촉이(지금까지 우리가 논의해 온 여러 가지 방법으로) 증대됨에 따라, '고전적인' 동양연구에 기반을 둔 잠재적인 오리엔탈리즘의 교의와 여행자, 순례자, 정치가 등에 의해 분명히 나타난 오늘의 명백한 동양의 묘사 사이에는 긴장관계가 높아졌다. 그리고 언제라고 분명히 한정할 수 없는 순간에, 이 긴장관계가 (잠재적인 것과 명백한) 두 유형의 오리엔탈리즘의 수렴을 야기했다. 이것은 단순한 추측에 불과하나 필경 이 수렴은 사시에서 비롯한 오리엔탈리스들이 현대 동양이란 도대체 무엇인가를 정부에 충고하는 역할을 인수했을 때에 발생했다. 여기서 특별한 훈련을 받고, 특수한 기능을 가진 전문가의 역할에 새로운 차원이 부가되었다. 곧 오리엔탈리스트는 동양에 대치하여 어떤 정책을 취하고자 하는 서양 열강의 특별 대리인으로 간주되었다. 학식이 있는(또는 크게 학식이 없어도) 유럽인 여행자가 동양에 가면, 자신이 애매함이란 필름 밑에 숨어든 서양인의 대표임을 실감했다. 이는 버튼, 레인, 다우티, 플로베르 또는 지금까지 논의의 대상이 된 중심인물에 관하여 분명히 진실이라고 할 수 있는 것이다.

동양에서 서양 여러 나라들의 영토 획득이 진행됨에 따라, 명백하고 현대적인 동양에 관하여 서양인이 새롭게 발견한 여러 사실은 더욱 큰 중요성을 확보하게 되었다. 그리하여 서양이 동양을 현실적으로 지배할 필요에 부닥쳤을 때, 학술적인 오리엔탈리스트가 정의한 '본질적인' 동양은 이러한 발견에 의해 때로는 반박되었으나, 대부분의 경우에는 더욱 강고한 것이 되었다. 물론 동양인에 관한 크로머의 이론—그것은 전통적인 오리엔탈리즘의 문서관으로부터 확보된 이론이었다—도, 그가 수백만 명의 동양인을 현실적으로 지배했을 때 그 정당성이 충분히 확인되었다. 또 시리아, 북아프리카 등 소수의 식민지에서 겪은 프랑스의 체험에 관해서도 마찬가지 현상이 일어났다. 그러나 잠재적인 오리엔탈리즘의 교의와 명백한 오리엔탈리즘의 체험이 더욱 극적인 형태로 수렴된 것은 제1차 세계대전의 결과, 아시아의 터키 영토가 영국과 프랑스에 의해 해체되는 듯이 보인 순간이었다. 거기에서 이 유럽의 환자는 수술대 위에 오랫동안 뉘어 그 약점, 특징, 지형학적인 윤곽의 전부를 폭로당했다.

이 외과수술에서는, 오리엔탈리스트가 그 특수한 지식에 의해 엄청나게 중요한 역할을 수행했다. 일찍이 1882년, 영국인 학자인 에드워드 헨리 팔머가 시나이에 보내져, 그곳에서 반영감정이 높아지면 그것이 아라비아반란에 이용될 가능성이 있는지 없는지를 조사하는 임무를 부여받았을 때에, 동양의 **내부**에서 일종의 비밀첩보원 일을 수행한다는 오리엔탈리스트의 중요한 역할이 이미 암시되었다. 팔머는 임무 수행 중 살해되었으나, 그는 대영제국을 위하여 비슷한 임무를 수행한 수많은 사람들 가운데 가장 크게 실패한 유일한 경우에 불과했다. 이러한 임무는 이제, 지역연구 **전문가**에게 맡겨지는 중대하고도 가혹한 업무가 되었다. 또 한 사람의 오리엔탈리스트인 D.G. 호가드는, 적절하게도《아라비아반도 침입》[24](1904)이라고 명명된 유명한 탐험기의 저자로, 제1차 세계대전 중에 카이로의 아라비아국局 국장으로 임명되어 그 임무를 훌륭하게 수행했다. 또 거트루드 벨[33], T.E. 로렌스[34], 세인트 존 필비와

---

33) Gettrude Bell(1868~1926)은 고고학자이자 여행가로서 중동을 여행하고 고고학적 조

같은 동양의 남녀 전문가들이 동양과 동양인에 관한 그 해박한 전문지식을 이유로 하여, 대영제국의 대리인이자 동양의 친구로서 보는 대체정책의 입안자로서 동양에 배치되었던 것도 결코 우연이 아니었다. 그들은—과거에 로렌스가 그렇게 불렀듯이—하나의 '굴레'를 형성했다. 곧 위대한 개성, 동양에 대한 공감과 직관적 동일화, 동양에서의 자기 사명에 대해 주의 깊게 숨겨진 의식, 세련된 기묘성, 마지막으로 동양에 대한 부정[35)]이라는 서로 모순되는 관념과 인격상의 유사점에 의해 그들의 '굴레'는 완전히 하나로 결합되었다. 그들에게 동양이란 모두 그것에 대한 직접적이고 특수한 체험이었다. 곧 대영제국이 소멸하고 새로운 지배자의 역할을 수행하게 되는 다른 후보자의 손에 그 유산이 건네지기 이전에, 오리엔탈리즘과 동양을 움직이기 위한 효과적인 실천은, 그들 속에서 가장 최종적인 유럽적인 형태로 나타났다.

이러한 개인주의자들은 소위 학구적이지는 않았다. 우리가 곧 보게 되

사 활동에 종사했다. 제1차 세계대전 이후 콕스의 사실상 정치 비서로서 메소포타미아의 전후 통치에 관계했고, 특히 카이로회담(1921년)에서는 메카의 하심가의 파이잘을 이라크 왕으로 취임시키는 데 공헌했다. 저서로는 《사파르 나메 : 페르시아의 그림Safar nameh : Persian Pictures》(1894), 《사막과 소운Deserts and Sown》(1907), 《아무라드에서 아무라드로Amurath to Amurath》(1911) 등이 있다.
34) T.E. Lawrence(1888~1933)는 영화 〈아라비아의 로렌스〉로 잘 알려진 영국의 탐험가, 군인, 스파이 그리고 동양학자. 옥스퍼드 대학에서 중세사를 전공하고, 십자군 연구를 위해 중동 각지를 여행했다. 1910~1914년에는 호가드가 지도한 대영박물관의 유적발굴대에 참여하여 중동의 조사와 탐험에 종사한다. 제1차 세계대전의 발발과 동시에 육군 정보 장교로 카이로에 파견되었고 1916년에는 아라비아로 옮겨 터키 지배 하의 아라비아 민족반란을 지도했다. 영국정부의 비호하에 아랍의 독립을 위하여 노력했으나 영국정부의 외교정책이 변화되어 그의 노력은 좌절되었다. 당시의 활동은 자서전적인 《지혜의 일곱 기둥Seven Pillars of wisdom》으로 정리되어 있다.
35) 그 전형적인 모습을 우리는 T.E. 로렌스에서 볼 수 있다. 그의 전기는 이미 1960년대 초에 《세계의 인간상》이란 거창한 타이틀 속에 4명의 모험가 중 하나로 소개되었고(신구문화사), 그의 전기영화는 1970년 초에 한국에 공개되었다. 그 어디에도 스파이와 같은 구석은 없고 위대한 독서가, 전략가, 현대의 마지막 영웅식으로 비화되어 오늘날까지도 회자되고 있다. 그러나 그는 명실공히 제국의 스파이였다.

듯이 그들은 학문적인 동양연구의 은혜를 입었으나, 어떤 의미에서도 오리엔탈리스트 학자들의 공적·전문적인 집단에는 속하지 않았다. 그러나 그들의 역할은 학문적인 오리엔탈리즘을 경시하거나 파괴하는 것이 아니라, 도리어 그것을 효과적으로 만든다는 것이었다. 그들의 계보에 속하는 인물로서는 레인과 버튼이 있고, 그들은 그 백과사전적인 지식을 독학으로 자습한 점에서도, 또 동양인을 다루거나 동양인에 관한 것을 쓴 경우에 개진한, 정확하고 준학술적인 동양의 지식이라는 점에서도 공통점을 지녔다. 동양에 관한 교과과정에 따라 연구하는 대신에 그들은 당시의 제국문화 속에서 쉽게 이용할 수 있었던 잠재적인 오리엔탈리즘을 더욱 세련화했다. 그들이 참조한 학문적인 준거의 틀은 그다지 큰 것은 아니었으나 윌리엄 뮤어, 앤서니 베번[36], D.S. 마골리우스[37], 찰스 라이얼[38], E.G. 브라운[39], R.A. 니콜슨[40], 기 르 스트렌지[41], E.D. 로스[42], 토머스 아널드[43]와 같은, 레인의 직계가 되는 사람들에 의해 설정되었다. 그들의 상상적 관점은 주로 그들과 동시에 살았던 저명한 작가, '야자수와 소나무 위에 세워진 통치령'[44]에 관하여 잊을 수 없는 시를 남겼던 루디야드 키플링에 의해 주어졌다.

   이러한 문제에 관한 영국과 프랑스의 차이는, 양국이 동양에서 경험한 역사와 완전히 일치했다. 곧 영국은 동양에 군림했으나, 프랑스는 인

---

36) Anthony Bevan(1859~1933)은 영국의 동양학자.
37) D.S. Margoliouth(1858~1940)는 영국의 아라비아학자.
38) Charles Lyall(1845~1920)은 영국의 동양학자.
39) E.G. Browne(1862~1926)은 영국의 페르시아학자.
40) R.A. Nicholson(1868~1945)은 영국의 동양학자.
41) Guy Le Strange(1854~1933)은 영국의 동양학자.
42) E.D. Ross(1871~1940)는 영국의 동양학자
43) Thomas Arnold(1864~1930)는 영국의 동양학자.
44) 이는 키플링의 《시 *Recessional*》(1897)에 나오는 일절. 빅토리아 여왕 재위 60년의 *Diamond Jubilee*를 기념하여 쓴 것으로서 그의 시 가운데 가장 유명한 중의 하나이다.

도와 그 사이의 지역을 상실했음을 단지 개탄했을 뿐이었다. 19세기 말까지 시리아는 프랑스 식민 활동의 중심 초점이었으나, 그 담당자의 인격적 질에서나 정치적 영향력에서 영국의 적수가 되지 못했음은 누구나 인정하는 바였다. 오토만제국이라는 대상을 둘러싼 영국과 프랑스의 경쟁은 헤자즈, 시리아, 메소포타미아의 전쟁터에서도 느껴졌다. 그러나 에드몽 브르몽과 같은 기민한 자가 기록한 바와 같이, 그러한 땅의 어디에서도 영국의 오리엔탈리스트나 지역 전문가는 프랑스의 그들에 비하여 재기에서도 전략에서도 훨씬 뛰어났다.*25 루이 마시뇽과 같은 희귀한 천재를 별도로 한다면, 프랑스에는 로렌스도, 사익스도, 벨과 같은 자도 없었다. 단지 에티엔 플랑댕[45]이나 프랭클린-부용[46]과 같은 단호한 제국주의자가 있었다. 전투적인 제국주의자였던 크르사티 백작은 1913년, 파리의 알리앙스 프랑세즈[47]의 강연에서, 시리아가 프랑스 고유의 동양이며 프랑스의 정치적·윤리적·경제적 이권의 첨단 기지라고 선언했다. 나아가 이 이권은 현재와 같은 '침략적인 제국주의자가 만연된 시대'에는 단호히 지켜져야 한다고 부가했다. 그리고 그는 설령 프랑스가 동양에 무역회사나 공장을 설치하고, 프랑스인 학교에 훨씬 많은 원주민 학생을 받아들여도 우리는 여전히 동양으로부터 배척을 당하며, 영국만이 아니라 오스트리아, 독일, 러시아로부터도 위협을 받는다고 말했다. 만일 프랑스가 '이슬람부흥'을 계속 저지하고자 하면, 동양을 더욱 분명히 확보해 두어야 한다는 것이 그의 주장이었다. 그것은 먼저 크레사티의 지지를, 이어 상원의원인 폴 두메르[48]의 지지를 받았

---

45) Étienne Flandin(1889~1956)은 프랑스의 정치가이자 법률가.
46) Henry Franklin-Bouillon(1872~1937)은 프랑스의 저널리스트이자 정치가.
47) *Allince française*는 외국인에게 프랑스어를 보급하기 위하여 설치된 민간기관으로서 한국을 비롯한 각국에 있다.
48) Paul Doumer(1857~1931)는 프랑스의 정치가.

다.'²⁶ 이러한 사고방식은 그 후에도 계속 수십 번이나 반복되었다. 그리고 실제로 프랑스는 제1차 세계대전 이후 북아프리카와 시리아에서 상당한 성공을 거두었으나, 계속 저항하는 동양인민을 관리하고, 언제나 영국이 통치권을 주장한 법률상의 독립지역을 특별히 구체적으로 관리한다는 것은, 프랑스가 할 수 있는 일이 아니라고 느끼게 되었다. 궁극적으로 현대 영국과 프랑스의 오리엔탈리즘 사이에서 언제나 느껴지는 차이는 하나의 스타일 차이라고 할 수 있다. 곧 동양과 동양인을 둘러싼 일반화의 중요성, 동양과 서양 사이에서 유지되어온 차이감각, 서양에 의한 동양 지배의 희망, 이것들은 모두 영국과 프랑스의 전통에 공통으로 나타난다. 확실히 우리가 보통 '전문지식'이라고 부르는 것의 많은 구성요소 중에서도 스타일이야말로 가장 명백한 것의 하나로서 전통, 제도, 의지, 지성에 의해 개개의 세속적인 여러 조건이 형식적 표현의 틀에 찍혀진 결과로 생긴 것이다. 우리가 이어서 보고자 하는 것은 이러한 결정적 요소이고, 또 20세기 초엽의 영국과 프랑스의 오리엔탈리즘에서 생긴 현대적이고 지각 가능한 세련화의 과정이다.

제2장
스타일, 전문지식, 비전
: 오리엔탈리즘의 세속성

몇 편의 시나 《킴》과 같은 소설, 아이로니컬한 허구라고 하기에는 너무나도 많은 캐치프레이즈, 이러한 것 속에 나타나는 키플링의 '백인'은 하나의 관념이자 하나의 인물로서, 해외에서 생활한 많은 영국인에게 유용한 것으로 생각되었다. 물론 그들의 피부색이 흰 것이 영국인을 인종의 바다로부터 극적이고도 확실하게 구분시켜 온 것은 분명하다. 그러나 인도인이나 아프리카인, 아랍인 사이를 돌아다닌 영국인은, 자신이 유색인종에 대한 행정적 책임의 계속적인 전통의 일익을 담당하며 그 전통의 경험적 및 정신적인 축적을 이용할 수 있었다고 하는 것도 이해할 수 있었다. 키플링이 식민지의 '백인'이 걷는 '길'을 축복한 시는 이러한 전통과 그 영광 및 고난을 노래한다.

지금, 이것이 '백인'이 걷는 길이다.
대지를 깨끗이 하기 위하여 갈 때,

철로를 따라, 포도넝쿨 아래로
좌우로는 거대한 밀림.
우리는 그 길을 왔다―비에 젖고 바람 부는 길―
우리가 선택한 별을 길잡이로 삼아.
오, '백인'이 손을 흔들며 그 큰길을
걷는 것은 세계를 위해서다!'[27]

'대지를 깨끗이' 한다는 것은, 백인들이 서로 미묘한 협조관계를 유지할 때 가장 잘 이루어진다. 곧 여기에는 현재의 식민지에서 유럽의 여러 세력이 적대하고 있는 것의 위험성이 암시되어 있다. 곧 정책을 조정하는 시도에 실패하는 경우, 키플링의 '백인'은 즉시 전쟁에 나설 준비를 갖추고 있다. '우리에게 자유를, 우리 자식들을 위한 자유를/ 자유가 없다면 전쟁을'이라고 했듯이 우호적인 지도자라는 '백인'의 가면 밑에는, 언제나 힘을 행사하고 죽이고 죽겠다는 의지가 명백히 나타나 있다. '백인'의 사명감에 위엄을 부여하는 것은, 어떤 종류의 지적 공헌이라는 의식이다. 곧 그는 '백인'이지만 '백인'은 단순히 이득을 취하려는 것이 아니다. 그들이 '선택한 별'이 지상의 이해관계를 초월한 더욱 높은 곳에서 빛나고 있기 때문이다. 물론 다수의 '백인'은 자신들이 '비에 젖고 바람 부는 길' 위에서 도대체 무엇을 위하여 싸워 왔는지 의문을 품기도 한다. 또 확실히 '백인'의 대다수는 어떻게 자신들이 피부색으로 인하여 원주민의 세계에 대한 우월한 존재론적인 지위와 강대한 지위를 얻을 수 있었는지에 대해 역시 의문을 느끼지 않을 수 없다. 그러나 결국에는 키플링이나 그들은 모두 같은 사고방식과 같은 표현방법을 갖는 인간으로서 '백인'이라는 것은 자기를 확인시키는 바로 그것이었다. 자신은 '백인'으로 **태어났기** 때문에 '백인'이 되는 것이다. 더욱 중요한 것은,

'백인의 시대'에 '그 잔을 마시기 위해서는', 곧 그 변함없는 숙명을 살아가기 위해서는 출신이나 원인, 역사적 논리에 대한 무위의 사색에 잠길 여유는 거의 없었다는 점이다.

따라서 '백인'이라는 것은 하나의 관념임과 동시에 하나의 현실이었다. 그것은 백인의 세계와 백인 이외의 세계 쌍방에 대하여 일정한 위치를 갖는다는 것을 의미했다. 또 그것은—식민지에서—일정한 방식으로 말하고, 일정한 규범에 따라 행동하며, 어떤 특정한 사물만을 지각한다는 의미이기도 했다. 그것은 특정한 판단, 가치평가, 제스처를 의미했다. 그것은 백인 이외의 사람은 물론이고 백인 자신도 복종해야 하는 권위의 한 형태였다. 그것은 제도적인 형태(식민지 정부, 영사단, 무역회사)로 세계를 향한 정책을 표명하고 선전하며 실행하기 위한 기관이었고, 그 기관의 내부에서는 어느 정도의 개인적 자유는 허용되었으나, 역시 '백인'이라고 하는 비개인적이고 공동체적인 관념이 지배적이었다. 요컨대 '백인'이라는 것은 매우 구체적인 세계—속—존재의 한 형식이었고, 현실과 언어 및 사고를 장악하기 위한 하나의 수단이었다. 그것은 독특한 스타일을 가능하게 하는 것이었다.

키플링이라는 존재는 단순히 별안간 나타날 수 있는 것이 아니었다. 그의 '백인'의 경우도 마찬가지이다. 이러한 관념과 그 저자들은 교차된 역사적 환경 속에서 나타났으며, 그러한 문화적 환경 가운데 적어도 두 가지 요소는 19세기의 오리엔탈리즘의 역사와 공통된 측면을 갖는 것이었다. 하나는 문화적으로도 시인된 광범한 일반화의 습관이다. 그 결과로 현실은 언어, 종족, 유형, 피부색, 심성이라고 하는 많은 종류의 집합으로 분할되었다. 각각의 범주는 중성적인 호칭이라기보다 도리어 가치평가적인 해석이다. 이러한 범주의 근저에는 '우리'와 '그들'이라고 하는 엄격한 이원론의 대립이 존재하고, '우리'는 언제나 ('그들 것'이 '우리

것'의 완벽한 하나의 기능이 되기까지) '그들'을 계속 침식한다. 이 대립은 인류학, 언어학, 역사학에 의해 강화되는 것만이 아니라, 당연히 적자생존과 자연도태에 관한 다윈의 명제나—그것 못지않게 결정적인 것으로서—고도의 문화적인 인문주의의 수식에 의해서도 강화된다. 르낭이나 아널드와 같은 작가들이 인종에 관한 일반론을 전개하는 권리를 부여받은 것은, 그들이 익힌 문화적 소양이 공적인 성격을 띠었기 때문이었다. '우리의' 가치는 (소위) 리버럴하고 인도적이며 정확한 것이고, 아름다운 문학과 해박한 학문, 합리주의적인 탐구의 전통에 의해 뒷받침된 것이었다. 그러한 가치가 갖는 도덕성이 예찬되는 경우에는 언제나 유럽인(백인)으로서 '우리'가 함께 그 가치체계 속에 참가한다. 그럼에도 이러한 문화적 가치가 반복하여 형성된 인간적 연대는 포괄적임과 동시에 배타적인 것이었다. 아널드, 러스킨, 밀, 뉴먼, 칼라일, 르낭, 고비노, 콩트가 '우리'의 예술이라는 관념을 옹호했을 때 '우리'를 함께 묶는 연대는 증대되었으나, 반면 다른 국외자들은 추방되었다. 설령 이것이 항상 그러한 수식의—그것이 언제 어디에서 생겼든 간에—결과였다고 하여도, 우리는 19세기 유럽에서 학문과 문화의 장대한 전당이, 소위 현실의 국외자들(식민지인, 빈민, 범죄자)을 배제함으로써 구축되었다고 하는 사실을 잊어서는 안 된다. 그리고 이러한 국외자들이 담당한 문화상의 역할이야말로 제도적으로 **그들에게** 적합하지 않은 것을 정의한다는 것이었다.[28]

'백인'의 창조와 오리엔탈리즘의 창조 사이 쌍방에 공통되는 다른 요소로는, 각각이 지배하는 '영역' 내지 그러한 영역이 행동, 학문, 소유에 관하여 고유한 양식, 고유한 의식儀式을 필요로 한다는 감각을 들 수 있다. 예컨대 오직 서양인만이 동양인에 대해서 말할 수 있다는 것이다. 곧 '백인'이기 때문에 비로소 유색인종이나 백인 이외의 인간을 명명하고 명령할 수 있다는 뜻이다. 오리엔탈리스트나 '백인'(양자는 보통 호환되는 것이다)에 의한 모든 발언은 백인과 유색인종, 서양인과 동양인을 구분한다는, 극복하기 어려운 거리감을 유포했다. 나아가 각각의 발언 배후에는, 동양인-유색인종을 **서양인-백색인종의 관찰 대상**이라는 지위에 고정시켰고, 결코 그 반대는 성립되지 않는다는 경험, 학문, 교육의 전통이 울려 퍼졌다. 서양인(백인)이―예컨대 크로머와 같이―권력을 차지하고 있는 곳에서, 동양인은 지배체계의 내부에 소속되어 버리며, 어떠한 동양인이라고 하여도 독립과 자치를 허용받지 못한다는 사실을 확인하는 것만이 그 지배체계를 관철하는 유일한 원칙이 되었다. 곧 동양인은 자치에 대하여 무지하므로 그들을 위해서는 현재 상태를 유지하는 쪽이 좋다는 사고방식이 그 전제로 세워졌다.

'백인'은 오리엔탈리스트와 마찬가지로, 유색인종이 다가오지 못하게 한 경계선에서 생활했으므로, 자신이 보는 영역을 언제나 정의하고 재정의하는 것이야말로 자신의 의무라고 느꼈다. 이야기적인 서술의 구절과, 명료하게 반복되어 표현된 정의와 판단의 구절이 규칙적으로 교차하여 이야기적인 서술을 방해한다. 이것이야말로 키플링의 '백인'의 가면을 쓰고 계속 활동하는 동양 전문가들이 생산한 특징적인 저술의 스타일이다. 다음은 1918년, T.E. 로렌스가 V.W. 리처즈[1]에게 보낸 편지의 일부이다.

……아랍은 나의 상상력을 자극했다. 그것은 낡고 낡은 문명이다. 그것은 우리의 자질구레한 가정의 필수품이라든가, 우리의 문명이 급히 몸에 익히고자 하는 허구의 대부분을 깨끗이 정화시켜 준다. 물질적으로 거의 아무런

---

[1] V.W. Richards는 옥스퍼드 대학 이래 T.E. 로렌스의 친구로서 《T.E. 로렌스의 초상 Portrait of T.E. Lawrence》이라는 저서를 남겼다.

설비가 없다는 가르침은 좋은 것이다. 그리고 그것은 분명히 도덕적인 빈곤도 포함하는 것이다. 그들은 현재의 것만 생각하며, 코너를 돌아간다거나 언덕을 넘으려고 하지 않고, 인생을 그냥 지나치고자 노력한다. 어떤 의미에서 그들은 정신적·도덕적으로 피폐하며, 고갈된 종족이다. 그들은 고난을 피하기 위하여, 우리가 명예롭다고 생각하고 중대하게 여기는 것의 대부분을 버려 버린다. 그러나 그들과 같은 사고방식을 갖지 않아도, 나는 그들의 사고방식을 이해하고 그들의 방향에서 자신이나 다른 외국인을 바라보는 것이 충분히 가능하다고 생각한다. 그리고 나는 그들의 사고방식을 비난하지도 않는다. 나는 나 자신이 그들에게는 낯선 외부인임을 알고 있으며, 앞으로도 계속 외부인일 것이리라. 그래도 나는 그들의 방식에 따르는 것이 불가능했음과 동시에, 그들에 대하여 더욱 악의를 품는 것도 불가능했다.[29]

논의의 주제가 상이하다고 생각될지도 모르나, 이것과 같은 견해는 거트루드 벨의 다음 언급 속에서 발견된다.

    내륙의 사막에 대한 최초의 기록을 읽어 본 사람들은 이러한 상태〔곧 여러 아랍부족이 '전쟁상태' 속에 살고 있다는 것〕는 얼마나 오랜 옛날부터 계속되어 온 것인가 하고 말하리라. 왜냐하면 그 상태는 아랍 최초의 인간에까지 거슬러 올라가지만, 그들은 그 후 수세기에 걸친 경험으로부터 아무런 교훈도 얻지 못했기 때문이다. 그는 결코 안전하지 않으나, 마치 안전이 나날의 양식인 양 행동하고 있다.[30]

이 서술에 관한 주석으로, 다마스커스의 생활에 관한 그녀의 견해를 인용해 보자.

동양 대도시 문명의 의미, 그들(시민들)의 생활방식, 그들의 사고방식이, 나에게 어렴풋이 인식되기 시작한다. 나는 그들과 친하게 되었다. 나는 내가 영국인이라는 것이 지극히 다행스러운 일이라고 생각한다. …… 5년 전에 비하여 해외에서 영국의 지위는 더욱 상승했다. 그 차이는 매우 뚜렷하다. 나는 그것이, 이집트에서 우리 정부가 성공을 거둔 덕이라고 생각한다. …… 러시아가 패배한 것의 의미도 컸으나, 페르시아만과 인도 변경에서의 커즌 경의 적극적인 정책은 더욱 커다란 의미를 갖는 것으로 느껴진다. 동양이라는 것을 알지 못하는 사람은 이 모두가 얼마나 밀접하게 관련되어 있는지를 이해할 수 없다. 가령 영국정부의 사절단이 카불의 대문에서 쫓겨났다면, 영국인 여행자는 다마스쿠스의 길거리에서 불쾌감을 느끼게 된다고 말해도 과언이 아니다.[31]

이러한 발언을 듣게 되면, 우리는 즉시 '아랍'이나 '아랍부족'이라는 것이, 서술적인 생활사를 갖춘 개별 아랍인의 흔적을 완전히 없앨 정도로 강력한 분리성, 명료함, 집합적인 자기완결성의 분위기를 갖고 있다는 인상을 받게 된다. 로렌스의 상상력을 자극한 것은 이미지로서, 또 삶에 대한 가정된 철학(내지 태도)으로서 아랍이 갖는 명료함이었다. 어느 경우에든 로렌스가 부여잡고 있는 것은, 마치 아랍인 아닌, 인간이 지녔다는 정화적淨化的 관점에서 보는 아랍의 모습이고, 또한 마치 아랍인이 갖고 있다는 무자각의 원시적 단순함이라는 정화적 관점에서 본 아랍의 모습이다. 여기서 그런 가정은 '백인'이라는 관찰자에 의해 정의된 것이다. 그러나 아랍의 순화는 마치 아랍이 통상의 역사 과정을 거치지 않았다는 듯이 말하는 경우의 아랍의 영속성과 결부되었다. 곧 그 본질에서 예이츠의 비잔티움에 대한 다음과 같은 비전과도 조응되는 것이다.

> 땔감으로 불타는 것도 아니고, 강철로부터 나오는 것도 아닌,
> 폭풍도 끌 수 없는 불꽃, 불꽃에서 생기는 불꽃,
> 거기 피에서 나온 영혼이 와서
> 광란의 모든 교착을 쓸어 버린다[32]

역설적으로 로렌스에게 아랍은, 오랜 세월 동안 지속되어 왔다는 것 자체 속에 스스로를 고갈시킨 것으로 보였다. 곧 아랍문명이 거쳐 온 유구한 세월은, 아랍을 그 본질적인 속성에까지 순화시켰음과 동시에, 그 과정에서 그들을 도덕적으로 피폐시키는 역할도 수행했다는 것이다. 이는 수세기에 걸친 경험에도 불구하고 어떤 지혜도 확보하지 못했다고 보는 벨의 아랍관과도 일치한다. 집합체로서의 아랍은 어떤 실존적 밀도도, 심지어 어떤 의미 있는 밀도도 축적하지 못한다는 것이다. 곧 아랍은 '내륙사막에 관한 기록'의 처음부터 끝까지, 로렌스가 말하듯이 단지 피폐되어 순화되어 가는 것을 제외하면 언제나 동일하게 존재한다는 것이다. 여기서 우리는 다음과 같이 가정할 수 있다. 설령 어떤 **한 사람의** 아랍인이 즐거움을 맛보고, 자신의 자식이나 부모의 죽음을 슬퍼한다고 해도, 또는 정치적인 폭압에 대하여 모순을 느끼고 있다고 하여도, 그러한 경험은 아랍이라는 순수하고 간소하며 영속적인 사실 밑에 종속되어 버리는 것이라고.

이와 같은 상태의 원시성은, 적어도 두 가지의 차원에서 동시에 존재한다. 하나는 환원적인 **정의**定義의 차원이고, 또 하나는 (로렌스와 벨이 본) **현실**의 차원이다. 이 두 가지의 절대적인 공존은 결코 단순한 우연일 수는 없다. 왜냐하면 그것은 첫째, 오로지 우발적인 사건이나 환경 또는 경험에 의해 방해받지 않으면서, 사물의 본질을 깊이 연구하기 위하여 고안된, 일련의 어휘와 인식수단의 작용을 통하여 외부로부터 만

들어진 것이기 때문이다. 또한 둘째, 그 일치는 방법, 전통, 정치역학이 삼위일체가 되어 작용한 결과, 처음으로 생겨난 사실이기 때문이다. 어떤 의미에서는, 이러한 두 가지 각각의 작용에 의해 유형—그 동양인, 그 셈족, 그 아랍, 그 동양—과 통상의 인간적 현실, 곧 예이츠가 "야수의 탁자 위의 통제할 수 없는 신비"[2]라고 표현한, 모든 인간의 살아 있는 현실과의 사이의 구별이 소멸되었다. 학술적인 연구자는, 그가 어떤 동양인과 만나도, 그 개개인이 '동양인'이라고 이름 붙여진 유형과 같다고 생각했다. 셈족이나 동양정신이라는 사항에 관한 담론은, 수십 년에 걸친 전통의 힘에 의해 어떤 정통성을 부여받았다. 그리고 벨의 놀라운 말 속에 나타나 있듯이, 정치적 양식에 따르면, 동양에서는 '모든 것이 밀접하게 관련되어 있다'는 것이었다. 따라서 동양의 고유한 원시성이야**말로** 동양이었고, 그 동양이란 마치 시간과 경험을 초월한 시금석과 같이 동양을 다루고 동양에 관한 저술을 하는 사람이라면 반드시 돌아가야 할 하나의 관념이 되었다.

이 모든 것은 그것이 동양에서 활동하는 백인 첩보원, 전문가, 고문에게 적용되는 경우에 더욱 잘 이해될 수 있다. 다시 말해 로렌스와 벨에게는, 아랍이나 동양인에 관한 그들의 발언이 인식가능하고 권위적인 정식화의 관습에 속한다는 점이야말로 중요했으며, 그러한 방식 아래 모든 세부를 종속시킬 수 있다는 것이야말로 의미 있는 것이었다. 그러나 더욱 특수하게 '그 아랍인', '그 셈족', '그 동양인'이라는 유형은 도대체 어디에서 온 것일까?

---

2) *The uncontrollable mystery on the bestial floor*는 예이츠의 시 〈동방의 3박사 *The Magi*〉(1914년의 시집 《책임 *Responsibilities*》 속에 있음)의 마지막 귀절이다. 시에 붙인 스스로의 주석 속에서 예이츠는 "우리들 사이에서는 모든 사상이 동결되었고, 인간의 삶과는 다른 무엇인가로 변화되고 말았다"고 설명하고 있다.

이미 설명했듯이 19세기를 통하여 르낭, 레인, 플로베르, 코생 드 페르스발, 마르크스, 라마르틴과 같은 작가들이 '그 동양'에 관한 일반화를 했을 때, 동양적인 것의 모두에 갖추어졌다고 가정된 표상성으로부터 그 힘이 나왔다. 곧 동양의 파편 하나하나가 그 동양성을 말했고, 이어서 동양적이라는 속성이 그것에 대항하는 모든 사례를 짓밟았다. 동양의 인간은 무엇보다도 먼저 동양인이고, 오직 제2차적으로만 인간이었다. 이러한 근본적인 유형화는 당연히 여러 과학(내지 내가 부르기 좋아하는 말로는 담론)에 의해 보강되었다. 곧 그러한 과학은 종種이라는 범주를 향한 반동적이고 하향적인 방향성을 갖는 것이었고, 또한 그 종이라고 하는 범주야말로 그 종의 구성원 모두의 개체 발생적인 설명이 되어야 하는 것이었다. 그리하여 '동양인'이라는 광범하고도 반反상식적인 호칭 안에, 별도의 과학적 유효성을 갖는 구분이 만들어졌다. 곧 이러한 구분의 대부분은 주로 언어유형―예컨대 셈어, 드라비다어[3], 함어[4] 등―에 근거한 것이었으나, 그것들은 바로 언어유형에 의해 뒷받침되어 인류학적·심리학적·생물학적·문화적 근거를 빨리 확보할 수 있게 되었다. 예컨대 르낭의 '셈'이라는 유형은 본래 언어학적인 일반화였으나, 르낭의 손에 의해 해부학·역사학·인류학, 심지어 지질학으로부터도 모든 종류의 병행개념을 부가받게 되었다. 나아가 '셈'이라는 유형은, 단순한 서술이나 지시를 위하여 사용되는 것에 그치지 않고, 모든 역사적·정치적 사건의 복합체에 대해서도 적용되어, 그 결과 그러한 사건은 외피가 벗겨져 그 내부에 고유한 생득적인 하나의 핵으로까지 환원되었다. 곧 '셈'이란 시간과 개별성을 초월한 범주가 되었고, 그것이 목적으로 삼은 것은 '셈적'인 행동양식의 개별 사례를, 어떤 선행적

---

3) *Dravidic, Dravidian*은 남인도에 사는 비아리안계 종족인 드라비다 사람들의 언어.
4) *Hamitic*은 북아프리카 북동부의 원주민족인 *Hamite* 햄족의 언어.

으로 존재하는 '셈적'인 본질에 근거하여 예측하는 것이었으며, 동시에 인간생활과 인간행동의 모든 측면을 어떤 공통된 '셈적'인 요소에 의해 해석하는 것이었다.

언어학, 인류학, 생물학과 같은 과학이 갖는 매력은, 그것이 사변적이거나 이념적이지 않고 경험적이라는 점에 있다. 이를 분별하지 못하면, 어떻게 이러한 상대적인 응보적 관념이 19세기 말엽의 리버럴한 유럽문화에 영향력을 행사했는지를 알 수 없다. 확실히 르낭이 말하는 셈어족은, 보프의 인도유럽어족과 마찬가지로, 인위적으로 구성된 대상이었다. 그러나 그것은 과학적인 이해와 경험적인 분석이 가능한 개개의 셈어에 관한 자료가 부여되었을 때, 하나의 원형으로서 논리적이고 필연적인 것이 된다고 생각되었다. 따라서 원형적이고 원시적인 언어유형 및 문화적·심리적·역사적인 유형을 정식화하고자 하는 경우에는, 동시에 "인간의 근원적인 잠재능력을 정의하고자 하는 시도"[33]도 행해졌고, 그로부터 그 유형에 완전히 고유한 행동사례가 획일적으로 도출되었다. 정신과 육체가 본래, 지리적·생물학적·사이비 역사학적인 여러 조건의 일정한 조합에 의해 결정된, 상호의존적인 현실이라는—고전적인 경험론의—신앙이 없었더라면, 그런 시도 또한 생기지 않았을 것임에 틀림없다.[34] 이러한 조합은 원주민에게는 발견되거나 성찰될 수 없는 것이면서, 일단 결정되면 그들은 두 번 다시 거기에서 벗어날 수 없었다. 오리엔탈리스트들이 갖는 고고학적인 편견은 이러한 경험론적인 관념에 의해 뒷받침되었다. 그들은 '고전적인' 이슬람교, 불교, 조로아스터교를 연구하는 경우, 조지 엘리엇의 카소본 박사가 고백하듯이, 자신이 "고대의 유령과 같이 세계를 방황하면서 황폐와 혼돈된 변화에도 불구하고 옛날 모습을 그대로 머릿속에서 조립하고자 하는"[35] 것을 느꼈다.

언어적·문명적 그리고 마지막으로 인종적 특징에 관한 이러한 명제가 단순히 유럽의 과학자와 학자들 사이에서 행해진 학술 논쟁의 일부에 불과하다면, 우리로서는 그것을 전혀 중요하지 않은 탁상공론적 연극[5]의 소재로 던져 버릴 수 있으리라. 그러나 문제는 그 논쟁의 용어와 논쟁 그 자체가 매우 널리 보급되었다는 점이다. 라이오넬 트릴링[6]이 말했듯이, 19세기 말엽의 문화에서 "인종이론은 증대되어 가는 민족주의와, 확대되어 가는 제국주의의 자극을 받아, 또한 불완전하고 소화불량 상태인 과학의 도움을 얻어, 거의 의문의 여지가 없는 것이 되었다."[*36] 인종이론, 인류 발생의 기원과 분류에 관한 여러 관념, 현대의 퇴폐, 문명의 진보, 백색 인종(또는 아리안족)의 숙명, 식민지의 필요성, 이 모든 것들은 과학, 정치, 문화의 기묘한 합성 속에 나타난 요소이고, 거기에는 유럽과 유럽 인종을 비유럽 인종에 대한 지배자의 지위에 항상 올리고자 하는 조류가 '반드시'라고 할 정도로 가득 차 있었다. 또 다윈 자신이 시인한 이론과는 다른, 기묘한 아류 다윈주의의 영향에 의해, 근대 동양인이란 과거의 위대함이 퇴화된 유물에 불과하다는 견해도 인구에 회자되게 되었다. 동양의 고대문명, 또는 동양의 '고전적' 문명은 현대의 퇴폐적인 무질서를 통하여 인식될 수 있었으나, 그것은 (a)백인 전문가가 고도로 세련된 과학기술을 사용하여 선별하고 재구성했기 때문이고, (b)또 개괄적인 일반화(셈족, 아리안족, 동양인)를 하는 경우에 사용되는 어휘가 가리키는 대상이, 허구의 집합체가 아니라, 도리어 객관적·일반적 합의를 얻고 있다고 생각된 특징의 집합 전체이기 때문이었

---

5) *closet drama* 또는 레제드라마는 읽을 거리로 쓴 극.
6) Lionel Trilling(1905~1975)은 미국의 비평가로서 자유주의적인 인간주의의 입장에 《자유로운 상상력 *The Liberal Imagination*》(1950) 등의 평론집을 남겼다. 프로이트에 경도된 적이 있다.

다. 그리하여 '동양인에게 무엇이 가능하고 무엇이 불가능한가'라는 발언까지도 생물학적인 '진리'에 의해지지 받게 되었다. 이러한 '진리'를 설명한 저술로서는 P. 찰스 마이켈의 《우리나라의 외교정책에 관한 생물학적인 견해》(1896), 토머스 헨리 헉슬리[7]의 《인간사회의 생존경쟁》(1888), 존 B. 크로지어의 《현대의 진화에 따른 지성의 발전의 역사》(1897~1901), 찰스 하베이의 《영국정치의 생물학》(1904)을 들 수 있다.[37] 언어가 실제로, 언어학자가 주장하는 정도로 서로 구별할 수 있는 것이라면, 언어의 사용자 또한—그들의 정신, 문화, 잠재능력 나아가 육체까지—마찬가지로 상이한 것이라고 생각될 수 있었다. 그리고 이러한 구별의 배후에는 존재론적이고 경험적인 진리의 힘이 있었다. 또한 기원, 발전, 성격, 운명에 관한 연구에서도 이러한 진리가 어떻게 성립되는가에 관한 설득력이 풍부한 논증이 행해졌다.

인종, 문명, 언어 내부의 명백한 차이에 관한 이러한 진리가 뿌리 깊고 근절되기 어려운 것이었다는 점(또는 그렇게 주장된 것)은 특히 강조되어야 할 것이다. 이 진리는 사물의 근저에까지 이르렀고, 모든 사물은 그 진리로 인하여 자신의 기원 그리고 그 기원에 의해 가능하게 되는 유형으로부터 벗어날 수 없다고 주장되었다. 곧 그것은 인간 사이에 참된 경계선을 긋는 것이고 인종, 민족, 문명의 개념은 그 경계선에 따라 구축되었다. 또 그것은 즐거움과 괴로움, 정치조직이라는 다양하고 평범한 인간적 현실로부터 무리하게 사람들의 눈을 다른 곳으로 돌리고서, 그 대신 시선을 타락시키고 퇴행시켜 불변적인 기원이라는 것을 향하게 하는 것이었다. 과학자는 그의 연구에서 그러한 기원의 문제를 회피할 수 없었으나, 이는 동양인이 '셈족'이라든가, '아랍인' 또는 '인도인'과

---

7) Thomas Henry Huxley(1825~1895)는 영국의 생물학자로서 다윈의 친구였다.

같은 유형의 기원으로부터 회피할 수 없는 것과 마찬가지였다. 동양인의 타락되고 식민지화되고 후진적인 현실은 그들을 그러한 유형의 틀 속에 멈추게 할 수가 없었고 도리어 그 밖으로 밀어냈으나, 백인 연구자가 동양인을 교육적으로 제시하는 경우에는 그렇지 않았다.

전문화된 연구에 종사하는 자에게는 독특한 특권이 주어졌다. 여기서 레인이 동양인의 모습을 취했으면서, 동시에 그가 학자로서 초연성을 유지할 수 있었다는 사실을 상기하여 보자. 레인이 연구한 동양인은, 실제 문제로서는 **그의** 동양인으로 변화되었다. 왜냐하면 그는 동양인을 서술하는 경우, 그들을 현실에 살아 있는 인간으로서 보았을 뿐만이 아니라, 기념비와 같은 냉정한 대상으로서도 취급했기 때문이다. 이러한 이중의 관점으로 인하여 인위적으로 구성된 아이러니가 생겨나게 되었다. 한편에는 현재 살고 있는 집단이 있고, 다른 한편에는 그러한 사람들이 연구 대상으로서 '이집트인', '이슬람교도', '동양인'이 되었다. 오로지 연구자만이 이러한 두 가지 차원 사이의 간격을 볼 수 있고 조작할 수 있다. 전파는 언제나 다양성을 증대시키고자 하는 경향을 가지나, 그 다양성은 언제나 밑으로 억제되고 압축되어 **근원적인** 일반성의 극단으로 향한다. 현대 동양의 원주민이 나타내는 구체적인 행동은, 모두 다 일단 발로된 뒤에 그 기원적인 극단에 되돌려 보내지고, 그 과정에서 그 극단 역시 강화된다. 이러한 종류의 '되돌려 보내짐'이야말로 바로 오리엔탈리즘의 **규율**인 것이다.

레인은 이집트인을 지금 살아 있는 인간으로서 취급함과 동시에, 그들 **고유의** 꼬리표를 확인하는 존재로서도 취급할 수 있었다. 이는 오리엔탈리즘의 교육과 훈련이 갖는 기능임과 동시에, 중동의 이슬람교도나 셈족에 관한 통념이 갖는 기능이기도 했다. 동양의 셈족 경우만큼 사람들이 그 현실과 그 기원의 쌍방을 동시에 볼 수 있는 민족도 없다. 오리엔탈리즘 연구의 주제로서 유대교도와 이슬람교도는, 그 원초의 기원이라는 관점에 의해 쉽게 이해되었다. 곧 이는 근대 오리엔탈리즘의 초석이었다(또 어느 정도까지는 현대에서도 마찬가지이다). 르낭은 셈족을 발전이 정지된 민족의 보기라고 불렀다. 정지된 발전이라는 말은 기능상 오리엔탈리스트에 의해 다음과 같은 의미로 받아들여지게 되었다. 곧 현대의 셈족은 아무리 자신이 현대에 살고 있는 인간이라고 생각하려 하여도 그들을 스스로의 내부에 조합시키고자 하는 기원의 외침으로부터 도피할 수가 없다는 것이다. 이러한 기능적인 법칙은 시간과 공간이라는 쌍방의 차원에서 작용했다. 셈족의 어떤 인간도 '고전기의' 발전단계를 넘을 수가 없고, 어떤 인간도 천막과 부족 같은 목가적인 사막의 환경을 뿌리째 버릴 수가 없다고 생각했다. 현실의 '셈족' 생활의 발로는 모두 '그 셈족'이라는 원초적이고 설명적인 범주에 환원될 수 있고, 또 환원되어야 하는 것이라고 생각되었다.

현실 행동의 개별 사례를 소수의 설명적인 '기원'의 범주로 환원하고자 하는 이러한 하향적이고 퇴행적인 환원 시스템의 집행 능력은 19세기 말까지 상당히 강력한 것이 되었다. 오리엔탈리즘의 이런 능력은 공공행정에서 관료에 해당하는 것이었다. 그곳에서는 커다란 분류 항목이 개개인의 파일 이상으로 유용했다. 그러나 확실히 인간은, 하나하나의 파일에 기재되기 때문에 비로소 의미가 있다. 우리는 오리엔탈리스트가 사무관으로서 매우 다양한 파일을 함께 모아서 그것을 '셈족'이라고 쓴 커다란 캐비닛 속에 던져 넣는 모습을 상상해 보아야 한다. 윌리엄 로버트슨 스미스[8]와 같은 학자는 비교·미개인류학의 최근 성과의 도움을 받아 중동에 사는 사람들을 하나의 그룹으로 묶어서 그들의 친족관계와

---

8) William Robertson Smith(1846~1894)는 영국의 신학자이자 동양학자.

결혼 습관, 종교의례의 형식과 내용에 관하여 책을 쓸 수가 있었다. 스미스의 책은 셈족의 신화를 근본적으로 뒤바꾸는 힘을 지녔다. 이슬람이나 유대교가 이 세상에 가져온 명목상의 장벽은 없어졌다. 곧 스미스는 셈어 문헌학, 신화학, 오리엔탈리즘의 학문 전통을 이용하여 "모든 아라비아적 사실과 합치하는, 사회시스템의 발전에 관한 가설적인 구도를 …… 구축"하고자 한다. 만일 이 구도에 의해 토테미즘이나 동물숭배 속에 고대로부터 내려오는 일신교의 뿌리, 지금도 영향력을 가지고 있는 그 뿌리가 일관하여 분명히 나타난다면, 그는 이 기획에 성공했다고 할 수 있으리라. 나아가 스미스에 의하면, 이 기획은 "우리가 이용하는 이슬람 자료가 낡은 이교도 숭배의 모든 구체적인 세부사항을 가능한 한 덮어 버리고자 하고" 있음에도 불구하고 행해진 것이었다.[38]

  셈족에 관한 스미스의 이 책이 포함하는 범위는 신학, 문학, 역사 등 여러 분야에 걸쳐 있다. 그것은 다른 오리엔탈리스트들의 저술을 충분히 의식하여 쓰인 것이고(예컨대 1887년에 르낭이 쓴 《이스라엘 인민의 역사》에 대하여 스미스가 날카롭게 비판한 것을 보라) 나아가 더욱 중요한 점은, 그것이 현대 셈족을 이해하는 데 도움이 되기 위한 의도로 쓰였다는 사실이다. 내가 그렇게 생각하는 것은 스미스가 백인 전문가와 현대 동양을 연결하는 지적 연쇄의 중요한 일환이었다고 생각하기 때문이다. 스미스 없이는 로렌스, 호가드, 벨 등이 동양에 관한 전문지식으로서 전달한, 저 캡슐화된 지식도 존재할 수가 없었으리라. 또 고고학자인 스미스 자신도, '아라비아적인 사실'에 관한 그의 직접 체험이 부가되지 않았다면 결코 그러한 권위를 반 정도도 획득할 수 없었으리라. 스미스는 원초적 범주를 '파악'함과 동시에, 경험적으로 알려진 현대 동양인의 기괴한 행동 뒤에 숨어 있는, 일반적인 진리를 발견하는 능력도 갖추고 있었다. 이것이야말로 그의 저술이 그렇게도 큰 중요성을 확보하게 된 원인이었다. 나아가 이 두 가지 능력의 특수한 결합이야말로 로렌스, 벨, 필비의 명성에 토대가 되는 전문지식의 스타일을 예언한 것이었다.

1880년과 1881년 사이에 스미스는, 그 앞에 버튼과 찰스 다우티가 그러했듯이, 헤자즈를 여행했다. 아라비아는 오리엔탈리스트에게는 특별한 혜택의 장소였다. 왜냐하면 이슬람교도는 이슬람을 아라비아의 **수호신**으로 보았고, 또 헤자즈는 지리적으로도 역사적으로도 불모의 미개지로 생각되었기 때문이다. 따라서 아라비아 사막에 관하여 사람들은 그 과거와 현재를 완전히 같은 형식으로 (완전히 같은 내용을) 말할 수 있다고 생각한다. 헤자즈에서는 이슬람교도와 현대 이슬람, 원시 이슬람을 완전히 구별하지 않고 말할 수 있다. 역사적 근거를 결여한 이러한 어휘에 대하여, 스미스는 그가 셈 연구에서 확보한 권위의 봉인을 부여할 수 있었다. 그의 설명으로부터 우리가 듣게 되는 것은, 이슬람, 아랍, 아라비아에 선행하는 **모든** 요소를 내려다보는 학자의 관점이다.

무슬림 국가에서는 모든 정치조직과 사회형태가 종교적인 옷을 입고 있기 때문에, 민족감정이 예외 없이 종교적 양상을 띤다는 점에 마호메트교의 특징이 있다. 그러나 종교적 형태를 취함으로써 스스로를 정당화하는 모든 사항이 그 근저에 순수한 종교 감정을 숨기고 있다고 가정하는 것은 잘못된 것이리라. 아랍에 대한 여러 가지 편견은, 이슬람 신앙보다도 더욱 뿌리 깊이 잠재된 보수주의에 근거한다. 예언자의 종교가 최초의 포교 대상인 사람들이 갖는 편견에 너무나도 쉽게 가담했다는 것, 그리고 마호메트조차 그 혁신적인 교리의 보급을 쉽게 하기 위하여 그 자신이 전혀 종교적인 가치를 인정하지 않았을, 다수의 야만적이고 진부한 관념을 자신의 체계 속에 포섭하고, 그것을 예언자의 종교가 온존시켰다는 것은 이 종교의 커다란 결함임에 틀림이 없다. 그러나 우리의 눈에는 분명히 가장 분명하게 마호메트교적인 것으로 보이는 편견의 다수는, 실로 《코란》에는 아무런 근거도 없는 것들이 대부분이다."[39]

이 놀라운 논리전개의 마지막 문장에서 '우리'라고 하는 말은, '백인'이 차지하는 유리한 지점을 분명하게 규정하고 있다. 그 결과 '우리'는 먼저 최초의 문장에서 모든 정치적 및 사회적 생활이 종교적인 옷을 "입고 있다"고 서술하고(그리하여 이슬람은 전체주의적인 성격을 가질 수 있다), 이어서 제2의 문장에서 종교란 이슬람교도가 사용하는 구실에 불과하다는 것(곧 모든 이슬람교도는 본질적으로 위선자라고 하는 것)을 분명히 밝힐 수 있게 된다. 제3의 문장에서 이슬람은—심지어 그것이 아랍인의 신앙심을 분명히 장악했을 때에도—아랍이 갖는 이슬람 이전 시대의 근본적인 보수주의를 완전히는 개혁할 수 없었다고 주장된다. 그뿐만이 아니다. 왜냐하면 만일 이슬람이 종교로서 성공했다면 그것은 "진정한" 아랍적인 편견을 경솔하게 스스로의 내부에 잠입시켰기 때문이다. 이러한 책략(이는 이슬람 측이 사용한 책략이라고 한다)에 관해서 우리는 마호메트를 비난해야 한다. 그는 결국 냉혹하고도 무정한 책략가였다. 그러나 최후의 문장에 이르러 이상의 주장은 거의 흔적도 없이 사라져 버린다. 곧 스미스는 서양에 알려져 있는 이슬람의 본질적인 모습은 결국 "마호메트교적인 것"이 아니기 때문에 '우리'에게 그가 이슬람에 관하여 말한 것은 모두 무효라고 확신하게 한다.

자기동일성과 모순회피라는 원리가 오리엔탈리스트를 구속하지 않는 것은 분명하다. 오리엔탈리스트의 전문지식은 그러한 원리를 유린하고 있다. 그러한 전문지식의 근저에는 오리엔탈리스트가 철학적·수식적으로 완벽하게 파악할 수 있는, 논박이 불가능한 집합적인 진리가 존재한다. "아랍 정신이 갖는 무미건조하고 실제적이며……생래의 비종교적 습관", "조직적인 위선" 체계로서의 이슬람, "형식주의와 내용 없는 반복을 하나의 시스템에 환원하는 이슬람 신앙에 대하여 우리가 경의를 품는 것"의 불가능성에 대해 스미스는 조금도 동요하지 않고 당당하게 말할 수 있다. 그의 이슬람에 대한 공격은 상대주의적인 것이 아니다. 왜냐하면 그에게 유럽과 기독교의 우월은 현실 그 자체였고, 상상 속의 산물이 아니기 때문이다. 다음 글에서 분명히 나타나듯이 스미스의 세계관은 근본적으로 이원적이다.

> 아라비아인 여행가는 우리와 전혀 다르다. 이리저리 이동한다고 하는 것은, 그들의 경우 단순한 고통에 불과하다. 그들은 ('우리'처럼) 노력하는 것을 전혀 즐기지 않고, ('우리'와 달리) 배고픔이나 피로에 대하여 최대한의 불평불만을 늘어놓는다. 낙타에서 내린 뒤에, 즉시 융단 위에 웅크리고 앉아 휴식을 취하며(이스테리흐)[9] 담배를 피우거나 물을 마시는 것만이 즐거움은 아닐 것이나, 그것을 동양인에게 납득시키기는 어려운 일이다. 나아가 아랍은 ('우리'처럼) 풍경을 보고 감동하는 경우는 거의 없다."[40]

여기서 스미스는 '우리'는 이러하고, '그들'은 저러하다고 한다. 그러나 그것이 어떤 아랍, 어떤 이슬람에 관한 사항이고, 어느 시대의 어떤 점이 문제인가, 어떤 근거에 의한 것인가 라는 것은, 스미스가 헤자즈에서 행한 관찰이나 경험과는 무관한 구별처럼 보인다. 결정적으로 중요한 것은, 셈족이나 동양인에 관하여 사람들이 알고 배울 수 있는 모든 것이, 단순히 문서관의 문헌에 의해서만이 아니라, 현지에서 바로 확보한 증거에 의해 직접적으로 확인된다는 점이다.

---

9) *isterih*(*istarih*가 정규 아라비아어)는 아라비아어의 동사 *istaraha*(휴식하다)의 명령어.

근대의 유색 인종은 이러한 고압적인 틀을 사용하는 유럽의 백인 학자에 의해, 그들의 언어학, 인류학, 교의 위의 원형적인 선조에 관한 정식화된 일반적 진리에 결정적으로 연결되었다. 그리고 그러한 고압적인 틀로부터 20세기 영·불의 위대한 동양 전문가들의 저술이 나타났다. 또 그러한 틀 속에 그 전문가들은 자신들의 사적인 신화와 강박관념을 가지고 들어갔다. 다우티나 로렌스와 같은 저자의 경우, 이러한 신화와 강박관념에 관한 연구가 지금까지 상당히 정력적으로 행해져 왔다. 윌프리드 스케이웬 블런트[10], 다우티, 로렌스, 벨, 호가드, 필비, 사익스, 스토즈는 동양적인 사물에 관한 각자의 비전이 개인적인 것이고, 그것이 동양과 이슬람, 또는 아랍과의 강렬한 개인적 만남으로부터 자연스럽게 형성된 것임을 믿어 의심하지 않았다. 그들 각각은 동양에 관한 공적인 지식에 대하여 일반적인 경멸을 나타내었다. 다우티는 《사막의 아라비아》에 "태양이 나를 아랍인으로 만들었다. 그러나 그것이 나를 오리엔탈리즘으로 왜곡시킨 것은 아니다"라고 썼다. 그러나 결국 그들은 모두(블런트를 제외하면) 동양에 대한 전통적인 서양의 적대감과 동양의 공포를 표명했다. 근대 오리엔탈리즘이 갖는 학문적 스타일, 광범한 일반화의 레퍼토리, 피할 도리가 없이 편향된 '과학', 환원적인 여러 정식은 그들 동양 전문가에 의해 세련화되었고 개인적인 취향과 뒤섞였다. (다우티는 오리엔탈리즘을 조롱한 그 같은 쪽에서 이렇게 말했다. "셈족은, 하수구 속에서 두 눈까지 완전히 잠겨서 그 이마만 하늘에 닿아 있는 남자와 같다.")[*41] 그들은 이러한 일반화에 근거하여 행동하고, 약속하며, 국가정

---

10) Wilfrid Scawen Blunt(1840~1922)는 영국의 시인, 외교관, 여행가, 반제국주의자, 아랍학자로서 이집트, 인도, 아일랜드의 독립을 지지하는 글을 많이 썼고 그것으로 G.B. 쇼의 인정을 받았다. 본문에서도 언급되듯이 그는 유럽지성사에서 거의 예외적인 반제국주의자였다. 물론 G.B. 쇼 등의 사회주의자들도 그러했다.

책을 추진했다. 그리고 놀라운 아이러니에 의해, 그들은 자신들이 태어나 자란 문화 속에서 '백인'의 동양인이라는 정체성을 확보했다. 이는 마치 다우티, 로렌스, 호가드, 벨의 경우에 (스미스와 같은) 직업적인 동양과의 관계가, 그들의 동양에 대한 철저한 경멸에 방해가 되지는 않았다고 하는 아이러니와 같았다. 그들에게 주된 문제는 동양과 이슬람을 '백인'의 지배하에 계속 둔다는 것이었다.

이러한 사업으로부터 새로운 변증법이 생겨났다. 동양의 전문가에게 요구된 것은 더 이상 단순한 '이해'가 아니게 되었다. 이제 동양은 행위의 담당자가 되어야 하고, 동양의 힘은 '우리'의 가치, 문명, 이익, 목적에 동원되어야 한다. 동양에 관한 지식은 직접적으로 행위로 번역되고, 그 성과가 동양에서 새로운 사고와 행동의 조류를 낳게 된다. 그러나 이번에는 이러한 조류가 '백인'에 대하여 새로운 지배의 주장을 요구한다. 그 경우의 백인이란 동양에 관한 학문적인 저술의 집필자가 아니고 현대사의 담당자, 긴박한 현실로서의 동양의 창조자이다(그러한 동양을 창조하기 시작하는 것은 전문가이므로 전문가만이 그것을 충분히 이해할 수 있다). 그리하여 오리엔탈리스트는 이제 동양의 역사와 불가분한 관계에 있는 등장인물이 되고, 창조자가 되며, 또 서양에 대한 그 특징적인 **기호**가 된다. 요컨대 그 변증법이란 다음과 같다.

주로 군대의 원수와 같은 몇 영국인들은, 터키에 대한 아랍 반란이 영국으로 하여금 독일과 싸우면서도, 동시에 그 동맹국인 터키를 격파하게 할 것이라고 확신했다. 아라비아어를 말하는 민족의 성질, 역량, 국토에 관한 그들의 지식은, 그러한 반란이 좋은 결과를 낳으리라는 확신을 그들에게 심어 주었고, 또 스스로 그 반란의 성격이나 방법을 지시하게도 되었다. 그리하여 그들은 영국정부로부터 반란 원조에 대한 공식 확인을 받아 반란을 일으켰다. 그러나 그럼에도 메카의 세리프 반란은 그들 대부분에게 놀라운 일로 받아들여졌고, 또 연합국 측에서는 준비가 부족했었다. 그것은 복잡한 감정을 불러일으켰고, 강력한 지지자와 반대자를 만들어 냈으며, 그들의 격돌하는 질투심 속에서 이 사건은 실패하기 시작했다.⁴²

이는 로렌스 자신이 쓴 《지혜의 일곱 기둥》 제1장의 개요이다. "몇몇 영국인"의 "지식"이 동양에 운동을 불러일으켰고, 그 "사건"은 복잡한 결과를 낳았다는 것, 그리고 이 새로운, 재생된 동양이라는 다분히 공상적이고 희비극적인 결말, 그리고 그 애매성이 이 전문적인 저술의 주제가 된다. 그것은 오리엔탈리즘 담론의 새로운 형태로서 현대 동양의 비전을 말하는 것으로서가 아니라 모든 복잡성, 문제성, 배반된 희망으로 제시하고, 나아가 저자인 백인 오리엔탈리스트는 그 예언적이고 명확한 규정으로 나타난다.

비전이 설명을 파탄시키는 현상은—그것은 《지혜의 일곱 기둥》과 같이 뚜렷한 이야깃거리를 갖춘 작품에도 해당되지만—우리가 이미 레인의 《현대 이집트인의 풍속과 습관》 속에서도 만난 것이었다. 동양에 관한 전체론적인 관점(서술, 기념비와 같이 냉엄한 기록)과 동양에서 생긴 사건에 관한 설명 사이의 갈등은, 여러 차원에서 여러 상이한 문제를 포함한 갈등이다. 이 갈등은 오리엔탈리즘의 담론 속에서 몇 번이나 반복되어 나타나는 것으로서, 그것에 관하여 여기에 간단히 분석해 볼 만한 가치가 있다. 오리엔탈리스트는 동양을 위에서부터 개관하고, 자기 앞에 펼쳐져 있는 파노라마, 즉 문화, 종교, 정신, 역사, 사회의 전모를 장악하고자 한다. 이를 위하여 그는 일련의 환원적인 범주(셈족, 무슬림 정신, 동양 등등)의 장치를 통하여 모든 세부를 상세히 보아야 한다. 이러한 범주는 원래 도식적이고 효율적인 것이기 때문에, 또한 동양인은 오리엔탈리스트가 그들을 알 수 있는 정도로는 자신을 이해할 수 없다는 것도 어느 정도 전제되어 있기 때문에, 동양의 비전은 어느 것이나 궁극적으로 그 소유자인 인물, 제도, 담론에 의거하여 그 일관성과 힘을 불러일으키게 된다. 어떤 포괄적인 비전이라고 해도 그것은 모두 기본적으로는 보수적인 것이다. 그리고 서양의 중동 관념에 관한 역사 속에서, 이러한 여러 관념이 그것들을 반박하는 어떤 증거에도 관계없이 여전히 부동의 지위를 유지하여 왔다는 것은 우리가 이미 보아 온 그대로이다. (실제로 이러한 여러 관념은 스스로의 유효성을 증명하는 증거를 낳았다고 말할 수도 있다.)

대부분의 경우 오리엔탈리스트는, 이러한 포괄적인 비전을 만들어 내는 일종의 대행자이다. 곧 어떤 개인이 동양이나 동양 민족으로 알려진 집합적인 현상 전체를 '과학적'으로 보아야 할 필요에 부닥쳤을 때, 그는 자신의 관념이나 자신의 눈으로 본 사항도 이 요구에 종속시키고자 생각한다. 그 방법의 전형적인 보기가 레인이다. 그러므로 19세기 말의 오리엔탈리즘을 채운 과학적인 범주가 고정적인 것임과 꼭 마찬가지로, 비전이라고 하는 것도 고정적인 것이 된다. '그 셈족'이나 '그 동양적 정신'이라고 하는 범주를 초월한 곳에는 더 이상 아무런 근거도 존재하지 않는다. 곧 이것들은 최종적인 궁극으로서, 동양적인 행동의 모든 변종을 이 분야 전체의 일반적인 견해 내부에 그치게 하는 역할을 수행한다. 또한 하나의 학문 분야로서, 하나의 직업으로서, 특수화된 언어나 담론으로서 오리엔탈리즘은, 동양 전체의 영속성에 존재하고 있다. 왜냐하면 동양이라는 것이 없으면, 오리엔탈리즘이라고 불리는 일관되고 명료하며 명석한 지식도 있을 수 없기 때문이다. 따라서 동양은 오리엔탈리즘에 속하는 것이며, 이는 동양에 속하는(또는 그것에 관한) 일정한 지식이 존재한다는 것이 전제로 인정되고 있는 것과 마찬가지이다.

이러한 고정적인 "공시적共時的 본질주의symchronic essentialism"[*43]의 시

스템은, 모든 동양을 한눈에 바라볼 수 있다는 전제 위에 성립되었고, 따라서 나는 이 시스템을 비전이라고 불러 왔다. 이러한 시스템에는 언제나 어떤 압력이 가해지고 있다. 그 압력의 원천은 이야기narrative이다. 왜냐하면 만약 동양의 어떤 세부가 움직이거나 발전을 보일 수 있게 된다면, 이 시스템 속에 통시성通時性, diachrony이 도입되기 때문이다. 고정적이라고 보인 것—동양은 고정성이나 불변적 영원성과 같은 뜻이었다—이 이제 고정적이지 않은 것으로 나타난다. 이러한 변동성은, 역사라는 것이 그 자질구레한 상세함이나 그 변화의 조류, 또는 발전이나 쇠퇴나 극적인 운동을 향한 경향성을 수반하여, 동양의 내부에서 동양을 위하여 존재할 수 있음을 시사한다. 역사, 그리고 역사를 표상하는 이야기에 의해, 비전이 얼마나 불완전한 것인지가 논증되고, 하나의 무조건적인 존재론적 범주로서 '동양'이, 사실은 현실이 갖는 변화의 가능성을 부당하게 무시하는 것임이 분명히 나타난다.

  나아가 이야기는 비전이 갖는 영원성에 대항하도록, 역사적 서술이 채택한 특수한 형식이다. 레인은 그 자신과 그가 기록하는 지식에 직선적인 서술 형태를 부여하는 것을 거부하고, 그 대신 백과사전적이고 어휘 서술적인 비전이 갖는 기념비적인 형식을 채택했을 때 이야기가 갖는 위험성을 감지했다. 인간에게는 태어나서 자라고 죽는 능력이 있다는 것, 제도와 현실은 변화하고자 하는 경향을 갖는다는 것, 고전적인 문명도 최종적으로는 현대성과 동시대성으로 압축된다는 것 그리고 무엇보다도 중요한 점은, 현실에 대한 비전의 지배가 하나의 권력 의지이고, 진리와 해석에 대한 하나의 의지이지 역사의 객관적 상태가 아니라는 것. 이러한 것들을 이야기는 분명히 주장한다. 요컨대 이야기는 일원적인 비전의 밈에 대해 그것과 대항되는 관점, 견해, 의식을 도입하여, 비전이 주장하는 청명한 아폴로적 허구를 타파하는 것이다.

제1차 세계대전 결과, 동양이 역사 속에 들어가게 되었을 때, 그 일을 한 것이 바로 대리인으로서의 오리엔탈리스트들이었다. 한나 아렌트[11]는 제국의 대리인이 관료기구와 대조적인 위치에 있음을 예리하게 지적했다.[44] 가령 오리엔탈리즘이라는 집단적인 학자들의 노력이, 동양에 관한 일정한 보수적 비전에 근거한 관료제도라고 한다면, 동양에서 그러한 비전에 봉사한 하인들은 T.E. 로렌스와 같은 제국의 대리인이었다고 할 수 있다. 로렌스가 "새로운 제국주의"는 "현지〔곧 동양〕인민에게 책임을 부과하고자 하는 적극적인 파도"를 시도했다고 기록했듯이,[45] 우리는 그의 작품에서 이야기로서의 역사와 비전 사이에 생긴 알력을 매우 명료하게 볼 수가 있다. 여러 유럽 세력 간에 벌인 경합의 결과, 이제 그들은 동양에 대하여 활동적인 생명력을 불러일으켰고, 이를 봉사로 몰아세워 동양으로 하여금 변함없는 '동양적인' 수동성으로부터 전투적인 현대적 생명체로 변화시켰다. 그러나 동양인에게는 자유라는 견해가 없다고 하는 공식적인 견해가 있는 이상, 어떤 일이 있어도 동양에게 그 독자의 길을 걷게 하거나, 서양이 관여할 수 없는 곳으로 도망치게 해서는 안 된다고 하는 것이 중요했다.

로렌스의 작품은 투쟁을 상징한다는 점에서 위대한 드라마이다. 그 경우의 투쟁이란, 첫째 (생명과 시간 및 힘을 결여한) 동양을 운동으로 자극하고, 둘째 그러한 운동에 근본적으로 서양적인 형태를 부여하며, 셋째 새로이 일어난 동양을 개인적인 비전 속에 포함시키는 것을 목적으로 하는 것이었다. 그 개인적인 비전이 갖는 회고적인 형식에는, 자신이 실패하고 배반당했다는 강한 의식이 포함되어 있다.

---

11) Hannah Arendt(1906~1975)는 독일 출신의 미국 여류 정치사상가로서 20세기의 지성사에 중요한 공헌을 했다. 《인간의 조건》, 《폭력의 세기》 등이 소개되어 있다.

나는 새로운 국가를 창조하고, 상실한 영향력을 회복하고, 2천만의 셈족에 대하여, 그들의 민족적 사유에 근거한 영감으로 가득한 꿈의 전당을 구축하기 위한 기초를 부여하고자 했다.…… 나에게는 대영제국에 종속된 모든 영토는, 어떤 영국 소년의 죽음만큼도 가치가 없는 무의미한 것이었다. 내가 동양에게 어떤 자존심, 목표, 이상을 회복시키고, 백인의 유색인종에 대한 표준적인 지배를 더욱 위급한 것으로 만들었다면, 그것은 내가 어느 정도까지 그러한 사람들을 새로운 국가에 적합한 사람들로 만든 것이 될 것이다. 그리고 그 새로운 국가에서는, 지배자인 여러 인종이 그 야만적인 행적을 잊고 백색, 적색, 갈색, 흑색 등 여러 가지 피부색의 사람들이 함께 서서 곁눈질도 하지 않고 세계를 위하여 노력하게 될 것이리라.*46

이 모든 것들은, 그것이 단순히 의도에 그친 것이든, 실제로 이행되었든 간에, 또는 실패로 끝난 계획이었다고 해도, 처음부터 '백인'적인 오리엔탈리스트의 관점이 없었다면 존재할 수 없었을 것이다.

브라이튼[12]의 메트로폴 유대인, 수전노, 아도니스 숭배자, 다마스커스[13]의 마굴의 호색가는 모두 향락을 위한 셈족의 능력을 상징이고, 동일한 근원적 힘의 표현이기도 하다. 또한 그 능력은, 다른 극단으로 자기부정을 뜻하는 에센파[14] 신도, 초기 기독교도, 초기 칼리프들을 우리에게 부여했다. 그리고 이러한 것들은 모두 마음이 가난한 것에 대하여 가장 아름다운 천국의 길을 발견하게 해 주었다. 셈족은 번뇌와 자기부정 사이를 방황하였다.

---

12) *Brighton*은 영국해협에 면한 해변의 관광도시.
13) *Damascus*는 시리아의 수도.
14) *Essenes*는 기원전 2세기부터 기원후 2세기경까지 팔레스타인과 사해 부근에 살았던 유대교도의 금욕적이고 공산적인 종교집단.

로렌스의 이 말을 뒷받침하는 것은, 등대의 불빛처럼 19세기 전체를 비춘 하나의 존경할 만한 전통이다. 물론 그 불빛의 중심에 있는 것은 '동양'이고, 그 광원은 사정거리 안에 있는 지형의 거대한 윤곽과 상세한 면모도 함께 충분히 비출 수 있을 정도로 강력하다. 유대인, 아도니스의 숭배자, 다마스커스의 호색가는 인간성의 지표라고 하기보다는 도리어 셈적이라고 이름 붙여져 오리엔탈리즘의 셈적 부문에 의해 일관적으로 구축된, 하나의 기호론적인 분야이다. 그 분야의 내부에서는 몇 가지가 가능하게 된다.

아랍인은 하나의 망에 불과한 하나의 관념 위에 매달릴 수 있었다. 왜냐하면 속박되지 않는 충성심이 그들을 순종하는 하인으로 만들었기 때문이다. 그들 중 누군가가 성공하기 이전에는 결코 누구도 그 결속을 부수고자 하지 않을 것이고, 동시에 또한 책임, 의무, 일을 버리지 않을 것이다. 그리고 그 관념이 없어지고 일도 끝나면 모든 것은 파괴이다. 어떤 교조를 갖지 않을 때에는, 지상의 부와 즐거움을 보여 주고 그들을 세계의 어디까지라도 (단 천국에 가는 것은 제외하고) 유도할 수 있으리라. 그러나 길거리 위에서 …… 그들은 하나의 관념을 갖는 예언자를 만났다. 그는 어디에도 그의 머리를 누이지 않고 그의 먹이는 자선이나 새에 의존한다. 그러면 그들은 이 예언자의 영감에 그들의 모든 부를 포기하리라. …… 그들은 물과 같이 움직이기 쉽고, 결국에는 물과 같이 승리하리라. 그들의 삶이 시작된 이래, 성공적인 물결 속에서 그들은 육체의 해변에 스스로 육박하여 왔다. 어떤 파도도 부서졌다. …… 그러한 하나의 파도를(게다가 결코 작지 않은 파도를) 내가 일으켜서 하나의 관념의 호흡 앞에서 물결치게 하고, 거대한 물마루에 이르러 다마스커스 위에 넘어져 떨어지게 했다. 그 파도는 단단히 고정된 사물의 저항에 부닥쳐 저지되어도 계속 밀려들 것이며, 이것에 이어 새로운 파도를 만들고, 나아가 충분한 시간이 되면 바다는 다시금 파도를 일으키리라.

'가능하리라', '되리라', '만일'이라는 말은, 로렌스가 자신을 이 분야 속에 소위 삽입시키기 위하여 사용한 방법이다. 그리하여 최후의 문장을 만들 가능성이 준비되고, 최후의 문장에서 아랍을 조종하는 인물로서 로렌스가 선두에 서게 된다. 콘래드의 쿠르츠[15]와 같이 로렌스는 자신을 지상으로부터 분리시켜, 뒤에 그가 서술한 대로 '그 시기가 이미 움직일 수 없게 초래된 새로운 아시아를…… 출현'시킬 책임을 질 수도 있기 때문에—라고 그는 뒤에 서술했다—새로운 현실과 일체화된다.[47]

아랍의 반란은 로렌스가 그것에 의미를 부여하고자 하는 때에만 의미를 확보한다. 그리하여 그가 아랍에 부여한 의미란, "우리가 타인의 고통, 경험, 인격을 인수했다고 생각하는 점에서…… 하나의 확대의 무드"이자 승리였다. 오리엔탈리스트는 이제 동양인의 대표가 되었다. 그들은 동양을 주의 깊게 먼 곳에 두어야 한다고 생각한 레인과 같은 초기의 참여적 관찰자와는 다른 사람이 되었다. 그러나 로렌스의 내부에서는 백인과 동양인 사이의 해결하기 어려운 갈등이 있었고, 비록 그가 분명히 말하지는 않았지만, 이 갈등이 근본적으로 그의 정신 내부에 동양과 서양 사이의 역사적 갈등을 재현시켰다. 그는 자신이 동양에 미친 힘이나 자신이 갖는 양면성을 의식했다. 그러나 역사는 결국 역사이고, 심지어 그가 없었다고 해도 아랍이 최후에는 터키와의 싸움에 나서게 되었으리라는 것을 시사하는, 동양의 여러 현상을 그는 의식하지 못했다. 그것을 의식하지 못한 채로 로렌스는, 그 반란(그 일시적인 성공과 고통스러

---

15) Kurtz 씨는 영국의 소설가 조셉 콘래드Joseph Conrad의 소설인 《어둠의 속》의 주인공으로서, 독일령 동아프리카에서 만행을 저지른 실재 인물인 칼 페터스Carl Peters를 모델로 했다.

운 실패)에 관한 이야기 전체를, 해결될 수 없는 "끝없는 내란"으로서 그의 자기 비전으로 환원시킨다.

그러나 실제로 우리는 자기 자신을 위하여 타인의 짐을 짊어져 왔다. 또는 적어도 그 짐이 우리의 이익이 되는 것이었기 때문에, 우리는 그것을 짊어져 왔다. 그리고 의미나 동기를 가장함으로써만 이러한 것을 아는 지식으로부터 벗어날 수 있었다.

…… 이러한 부정직한 행동의 골목 속에서는, 우리 지도자가 절대 곧게 걸어갈 수 없는 듯이 보인다. 미지의, 부끄러운 동기의 굴레 안쪽에 또 다른 동기의 굴레가 나타나 앞의 동기를 제거하고, 그것을 이중으로 강력한 것으로 만들기 때문이다."[48]

이 깊은 좌절감에 대하여, 로렌스는 뒤에 자신으로부터 승리를 탈취한 '낡은 인간'[16]에 관한 이론을 부가하였다. 어쨌든 로렌스에게 중요한 것은, 그가 백인의 전문가이자 동양에 관한 오랫동안의 학문적·통속적인 지혜의 유산 상속인으로서, 자신의 존재양식을 그들의 지혜에 종속시키고, 그 뒤에 '새로운 아시아'의 운동에 형태를 부여한 동양의 예언자로서 역할을 할 수 있다고 하는 점이다. 이유야 어떻든 간에, 그의 운동이 실패로 끝났을 때(운동은 타인에게 빼앗겼고, 목적은 배반되었으며, 독

---

16) 1920년, 시리아와 레바논은 프랑스의 위임통치령으로, 이라크와 팔레스타인은 영국의 위임통치령으로 결정되어, 영국이 아랍 측에 부여해 온 '아랍왕국'의 약속이 파기된 것에 관하여 로렌스는 다음과 같이 서술했다. "우리들은 저 격렬한 전쟁 사이에, 일신의 이해는 생각하지도 않고, 몇 번이나 죽음의 골짜기에 빠졌는지도 모른다. 나아가 이윽고 목적을 달성하고 새로운 세계의 새벽이 비치게 되자, 다시금 저 낡은 인간들이 나타나 우리들로부터 그 승리를 뺏고, 또한 그들의 구세계와 똑같은 세계를 만들었다. 청년은 승리했다. 그러나 승리를 얻었다는 것을 알지도 못한 채 노인에 대하여 너무나도 약했다." (《지혜의 일곱 기둥》 서문)

립의 꿈은 물거품처럼 사라졌을 때), 중요한 의미를 갖는 것은 **로렌스**의 실망이다. 로렌스는 혼란이 극단에 이른 사건의 엄청난 파도 속에서 넋을 잃은 단순한 하나의 개인은 아니다. 그는 자신을 갓 태어나려고 하는 새로운 아시아의 투쟁과 그 자신을 완전히 동일시하고 있다.

아이스킬로스는 그 상실을 한탄하여 아시아를 표상했고, 네르발은 자신이 희망한 정도로 매력적이지 못했던 동양에 대한 실망감을 표현[17]했다. 이에 대하여 로렌스는, 개탄하는 대지 그 자체가 **됨**과 동시에, 거의 우주적인 환멸을 표현하는 주관적인 의식이 **된다**. 최후에 그는—로웰 토머스[18]와 로버트 그레이브스[19]의 덕분만은 아니라—자신의 비전과 함께 동양의 고난을 바로 상징하게 되었다. 요컨대 로렌스는 독자와 역사 사이에 자신의 예지로 가득한 체험을 점철시킴으로써, 동양에 대한 책임을 지는 담당자가 되었다. 실제로 로렌스가 독자에게 제시하는 것은 직접적인 전문적 능력, 즉 짧은 기간에 동양이 될 수 있는 능력이다. 역사적인 아랍 반란에 귀속한다고 생각된 모든 사건이, 최종적으로는 반란을 위하여 로렌스가 얻은 여러 가지 종류의 경험으로 환원되었다.

따라서 이러한 경우, 스타일은 단순히 아시아, 동양, 아랍이라고 하는 거대한 일반 개념을 상징하는 힘에 그치지 않는다. 그것은 동시에 치환과 통합의 한 형식이며, 그것에 의해 하나의 소리가 역사 전체로 될 수 있고, 또한 독자 또는 필자로서 백인인 서양인이 알 수 있는 유일한 동양이 된다. 르낭이 문화, 사고, 언어에서 셈족에게 허용된 가능성의 영역을 도식화했듯이, 로렌스도 현대 아시아의 공간과 시간을 도해하여 보여 준다(실제로 그는 그 공간을 지배한다). 이 스타일이 채용된 결과, 아

---

17) 사이드는 espressed라고 썼지만 expressed의 오기일 것이다.
18) Lowell Thomas(1892~1981)는 미국의 여행가이자 저널리스트.
19) Robert Graves(1895~1985)는 영국의 작가이자 시인.

시아는 감질날 정도로 서양에 접근하게 되었으나, 그것은 지극히 잠깐 동안이었다. 우리는 결국 '우리'를 동양으로부터 분리시키는 슬픈 간격의 감각과 함께 남게 된다. 그 동양이란 서양으로부터 영원한 격리성의 상징으로, 그 이질성을 몸에 익히도록 운명 지워진 것이다. 이것이야말로 E.M. 포스터[20]의 《인도로 가는 길》[21] 최후의 장면(동시대의 현실과 같이)에서 확증된, 아지즈와 필딩이 화해를 시도하면서도 결국 그것을 이룩하지 못하고 끝나는 실망으로 가득한 결론이다.

"왜 우리는 지금 친구가 될 수 없습니까?"라고 필딩은 상대를 애정을 가지고 바라보면서 말했다. "그것은 제가 원하는 것이고, 또 당신이 원하는 것입니다."

---

20) E.M. Forster(1879~1970)는 영국의 저명한 현대작가로서 2회의 인도 방문 후에 《인도로 가는 길 A Passage to India》(1922~1924)을 썼다. 한국에서는 이 작품이 데이비드 린의 영화와 함께 1980년대 후반에 소개되었다. 그것은 그의 마지막 소설이었고 그 후 그는 D.H. 로렌스의 《차탈레이 부인의 사랑 Lady Chatterley's Lover》을 비롯한 문학작품에 대한 검열에 항의하는 활동에 참여했다.

21) 《인도로 가는 길》은 제1부 '모스크Mosque', 제2부 '동굴', 제3부 '사원'으로 구성된다. 젊은 이슬람교도 의사인 아지즈Aziz는 영국인에 대해서 우정과 정열을 가졌으나, 그의 자존심이 손상되었을 때 그것은 고통과 환멸로 변한다는 것이 주제이다. 첫 장면은 인도의 치안판사인 아들을 방문하러 온 무어부인Mrs Moore과 아지즈 사이에 어떤 공감이 생겨나는 것에서 비롯된다. 무어 부인은 젊고 성실하며 매력적인 아델라 퀘스테드 Adela Quested와 함께 왔다. 그녀는 인도의 진면목을 알고자 하며, 영국인 사회의 규율과 속물근성을 무시하려고 노력한다. 아지즈는 그들을 위하여 유명한 마라바 동굴Caver of Marabar 여행을 계획한다. 그러나 그곳에서 예상하지 못한 사건이 일어나 그를 치욕에 쌓이게 하고 두 종족 사이에 엄청난 적대감이 생겨난다. 아델라는 그가 동굴에서 자신을 강간했다고 고소하여, 그는 감옥에 갇혀 재판을 기다린다. 아델라는 결국 제소를 취소하지만 아지즈는 영국인에 대해 분노하여 떠나고 힌두·무슬림에 귀의하게 된다. 제3부에서 그는 지방정부의 고관으로 나타나 평화롭게 그의 가족과 살며, 시를 쓰며 페르시아 고전을 읽는다. 그곳에서 그는 식민지대학의 전학장이었던 필딩Mr Fielding의 방문을 받는다. 그는 지성적이고 엄격한 사람으로서, 인도의 장래에 대해 아지즈와 상의한다. 그때 아지즈는 영국인이 인도에서 완전히 물러나야 두 사람은 완전한 친구가 될 수 있다고 예언한다.

그러나 두 마리의 말은 그것을 원하지 않았다. 그들은 곧 헤어졌다. 대지는 그것을 원하지 않았다. 바위가 돌기하여 길이 좁혀졌으므로 말에 탄 두 사람은 한 줄로 나아가야 했다. 바위 사이에서 나와 마우 마을을 내려다보게 되었을 때 신전이, 저수지가, 감옥이, 궁전이, 새가, 썩은 고기가, 영빈관이 보였다. 그들은 그것을 원하지 않았다. 그들은 각자 소리를 지르며 말했다. "안 돼, 아직 안 돼." 그리고 하늘도 말했다. "안 돼. 아직 거기에서는 안 돼."*49

이 스타일, 그 간결한 정의야말로 동양이 언제나 만나게 되는 것이다. 그 허무주의에도 불구하고, 위 구절의 배후에는 적극적인 정치적 메시지가 포함되어 있다. 크로머나 밸푸어가 잘 알고 있었듯이, 동양과 서양 사이의 골짜기는, 우위에 선 서양의 지식과 권력에 의해 어떻게든 조정될 수 있는 것이었다. 프랑스에서 로렌스의 비전을 보완한 것은, 모리스 바레스[22]의 1914년 중동 여행의 기록, 《레반트제국 탐방기》이다. 그 저자는 서양문명의 원천과 기원을 동양에서 구하고자 할 뿐만이 아니라, 네르발, 플로베르, 라마르틴의 동양 여행을 다시 하고자 한다. 그 점에서 위의 《레반트제국 탐방기》도 앞서 나온 여러 작품과 마찬가지로 요약적인 작품이다. 그러나 바레스의 경우, 그의 여행에는 또 하나의 정치적인 차원이 부가되었다. 곧 그는 동양에서 프랑스가 건설적인 역할을 수행하고 있음을 증명하고, 그 결정적인 증거를 탐구하고자 한다. 또 영국과 프랑스 사이에 전문지식의 차이라는 것도 존재한다. 곧 전자가 현실적으로 인간과 영토를 결부하고자 함에 반해, 후자는 정신적인 가능성의 영역을 문제로 삼는다. 바레스의 경우, 프랑스의 존재를 가장 잘 보여 주는 곳은 프랑스인 학교이다. 알렉산드리아[23]에 있는 학교에 관

---

22) Maurice Barres(1862~1913)는 프랑스의 작가.
23) *Alexandria*는 북아프리카의 항구도시.

하여 그는 다음과 같이 말한다. "동양의 소녀들이 〔그들이 말하는 프랑스어에 의해〕 프랑스 본토의 선율과 **환상**을 맞아들여 매우 멋지게 그것들을 재현하고 있는 모습은 황홀한 광경이다." 프랑스는 현실적으로 그곳에 어떤 식민지도 소유하지 않았으나, 전혀 소유하지 않은 것은 아니었다.

여기 동양에서 프랑스에 대한 감정은 매우 종교적이고 강력하기 때문에, 우리가 갖는 매우 다양한 야망도 그 감정에 의해 흡수되고 화해될 수 있을 정도이다. 동양에서 우리는 정신성, 정의, 이상이라는 범주를 대표한다. 분명히 여기에서 영국은 강력하고 독일은 만능이다. 그러나 우리는 동양의 혼을 소유한다.

조레스[24]와 격론을 벌였던 이 고명한 유럽인은, 의사로서 아시아에 그 질환의 예방접종을 실시했고, 동양인을 서양화시켜 그들을 건강의 차원에서 프랑스와 접촉하도록 제안했다. 그러나 이 사업에서도 바레스의 비전은, 그가 완화시킨 동양과 서양 사이의 구별을 온존한 것이었다.

결코 뿌리 없는 풀이 되지 않고 스스로의 규준에 따른 발전을 계속하며, 가족적인 전통에 지배되면서, 우리와 원주민 대중 사이의 고리를 형성하는 소수의 동양인들, 우리가 함께 힘을 합칠 수 있는, 이러한 지적 엘리트인 동양인을 형성하기 위해서, 우리는 어떻게 하면 좋을 것인가? 〔동양에서〕 우리의 정치적인 미래에 있어야 할 모습으로서, 조약이나 협정을 준비하면서 여러 가지 관계를 수립하기 위해서는 어떻게 하는 것이 좋은 것일까? 이 모

---

24) Jean Jaures(1859~1914)는 프랑스의 사회주의자이자 정치가.

든 것은 최종적으로, 우리가 이 기묘한 민족의 내부에 우리의 지성과 접촉을 유지하기를 희망하는 기풍을 환기시킬 수 있는가 없는가의 문제에 귀착한다. **이러한 기풍이 실제로는 그들의 민족적 운명에 대한 고유한 감각에서 생기는 것이라고 하여도 역시 그 점에 변화는 없다.**[50]

최후의 문장은 바레스 자신이 강조한 것이다. 로렌스나 호가드(그의 저서 《방황하는 학자》는 1896년과 1910년에 그가 행한 두 번의 레반트 여행의 기록으로서, 정보가 매우 풍부하고 낭만적인 부분은 전혀 없는 저술이다[51])와 달리, 그가 주제로 삼은 것은 장래 가능성의 세계이다. 그에게는 동양이 독자의 길을 걷는 것을 상상할 수 있는 여유가 있었다. 그러나 그가 변호하는 동양과 서양의 고리(내지 유대)는, 서양에서 동양으로 향하여 언제나 여러 가지의 지적 압력이 가해지는 것을 용인하는 것이었다. 바레스는 사물을, 파도나 전투 또는 정신적 모험이라는 관점에서가 아니라, 미묘하고 뿌리 깊은 지적 제국주의의 함양이라는 관점에서 바라보았다. 로렌스로 대표되는 영국의 비전은 주류 동양, 곧 '백인'의 전문적인 지도에 따르고 그것에 의해 통제된 사람들을 대상으로 하는 정치조직 및 운동이다. 곧 동양은 '우리의' 동양, '우리의' 사람들, '우리의' 지배영역이다. 엘리트와 대중이라는 구별은 영국인의 경우, 프랑스인의 경우만큼 의미를 갖지는 않는 것이었다. 그런데 프랑스인의 감각이나 정책은 언제나 소수파에 입각하여, 프랑스와 그 자식인 식민지 사이에 구축된 정신적 공동체가 갖는, 보이지 않는 압력을 기반으로 한 것이었다. 영국의 대행자로서의 오리엔탈리스트들—로렌스, 벨, 필비, 스토즈, 호가드—은 제1차 세계대전 중과 그 전후에 전문가, 모험가, 연인(19세기에 각각 레인, 버튼, 헤스트 스텐호프 등에 의해 창조된)의 역할과 토착 지배자에 대해 중요한 지위를 차지하는 식민지 권력의 역할이라는 두 가지를 담당하게 되었다. 하심가와 결합한 로렌스, 사우드가와 결합한 필비가 가장 유명한 보기이다. 동양에 관한 영국의 전문지식은, 총의總意, 정통성, 지배권력을 둘러싸고 형성되었으며, 두 세계대전 사이 프랑스의 전문지식은 이단, 정신적 유대, 기괴성에 관련된 것이었다. 따라서 이 시기의 두 가지 위대한 학문적인 업적이, 영국과 프랑스 각각에서 H.A.R. 기브와 루이 마시뇽에 의해 대표되고, 기브의 관심이 이슬람의 순나(또는 정통)라는 관념에 의해 정의되었음에 비해, 마시뇽의 초점이 사이비 기독교적인 신지학神智學적 신비주의자인 만수어 알-할라주에 맞추어졌다는 것도 결코 우연이 아니다. 이 위대한 두 사람의 오리엔탈리스트에 관해서는 뒤에서 다시 검토하겠다.

  내가 이 장에서, 학자가 아니라 제국의 대리인이나 정책 결정자들에게만 주의를 집중한 것은 동양에 관한 지식, 동양과의 교류를 위한 오리엔탈리즘이 아카데믹한 자세로부터 **도구적인** 자세로 커다란 전환이 생겼음을 강조하기 위해서다. 이 전환에 수반되어 각 오리엔탈리스트의 자세에도 변화가 나타난다. 그들(레인, 사시, 르낭, 코생, 뮐러 등)은 더 이상 자신이 내적인 전통과 의례를 갖는 일종의 조합적 공동체의 구성원이라고 생각할 필요가 없게 되었다. 이제 오리엔탈리스트는 자신이 속하는 서양문화의 대표자가 되었으며, 그는 자신의 저술이 (그 특수한 형식에도 불구하고) 상징적으로 표현하고 있는 중심적인 양면성을 그 저술의 내부에 응축한다. 서양적인 의식, 지식, 과학은 동양의 너무나도 광대한 넓이와 동시에, 그 가장 미세한 특성도 보충하는 것이다. 형식상으로 오리엔탈리스트는 스스로 동양과 서양의 융합을 완성하려고 한다. 그러나 그것은 주로 서양이 갖는 기술적·정치적·문화적 우위를 반복하여 주장함으로써 수행된다. 이러한 융합에서, 역사가 완전히 추방되지는 않아도 근본적으로 희박하게 된다. 발전의 조류, 이야기의 가닥,

시간과 공간의 내부에서 체계적이고 물질적으로 전개되는 다이내믹한 힘으로 본 경우, 인간의 역사는—동양의 것이든 서양의 것이든 간에—서양과 동양이라는 본질론적·관념론적인 개념에 종속된다. 오리엔탈리스트는 자신이 바로 동서의 분할선 곁에 서 있다는 것을 자각하고 있으므로, 매우 광대한 일반화에 근거하여 사물을 이야기하거나, 동양 또는 서양 각각의 삶의 실상을 각각의 지리적 구분의 직접적인 지표로 바꾸고자 시도한다.

오리엔탈리스트들의 저술에서는, 전문가로서 자기와 서양의 대표로서 증언하는 자기, 바라보는 자기 사이의 교류가 지극히 시각적으로 표현되어 있다. 그것을 전형적으로 보여 주는 것이 던컨 맥도널드의 고전적인 저술인 《이슬람의 종교적 태도와 생활》(1909)에 나오는(기브에 의해 인용된) 다음 구절이다.

> 아랍인은 자신을 특히 신앙에 빠지기 쉬운 인간으로서 나타내는 것이 아니라, 도리어 완고하고 즉물적이며 호기심 많고 회의적인 인간, 자신의 미신이나 관습을 조소하고, 초자연적인 것의 검증을 즐기는 인간으로 스스로 나타낸다. 나아가 이 모든 것이 기묘할 정도로 경박하고, 거의 어린이와 같은 방법으로 행해지고 있다."[52]

문장의 전체를 지배하는 동사는 **나타낸다**는 것이다. 이 동사로 인하여 우리는 아랍이 자신을(희망하든 희망하지 않든지 간에) 전문가의 검증을 위하여 제시하는 것으로 이해할 수 있다. 아랍에 귀속되는 다수의 속성은 그 일련의 병치(倂置)적 나열에 의해, '그 아랍'에 대하여 일종의 실존적인 희박성을 획득하게 한다. 그 결과 '그 아랍'은 '유아적 미개성'이라는, 현대의 인류학적 사고에 일반적인, 매우 광범한 호칭 속에 포함된다. 또 이러한 서술을 위하여, 서양의 오리엔탈리스트가 차지해야 할 특권적인 장소가 존재하게 되고, 그들은 서양의 대표자로 보일 필요가 있다는 것을 **나타낸다**고 하는 표상적 기능을 수행하는 것이다. 이 점은 맥도널드도 암묵적으로 말하고 있는 사항이다. 그리하여 모든 특수 역사는, 동양과 서양 쌍방의 정점이나 감응하기 쉬운 경계선에서 보일 수 있다. 인간생활의 복잡한 역학—내가 이야기의 역사라고 불러 온 것—은, 이러한 원형식 비전에 비하면 부적절하며 사소한 것이다. 그 비전 속에서 동양생활의 세부는, 피관찰자의 동양성과 관찰자의 서양성을 재확인하기 위해서만 봉사하기 때문이다.

이러한 비전이 어떤 점에서는 단테의 그것을 상기시킨다고 하여도, 우리는 이러한 동양과, 단테의 동양 사이에 놓여 있는 차이를 결코 무시해서는 안 된다. 이 비전에는, 증거가 과학적으로 사용될 수 있다는 점이 표방되어 있다(필경 실제로도 그렇게 믿어진다). 그 증거의 근원은 계보적으로 말하면 19세기 유럽의 지적 과학 및 인문학에까지 거슬러 올라가는 것이다. 또한 동양은 더 이상 단순한 경이로움이나 적이 아니며, 이국적인 사물의 일종도 아니게 된다. 그것은 곧 중요하고 의미 깊은 정치적인 현실이 된다. 로렌스와 마찬가지로 맥도널드도 서양인으로서의 표상적인 특질을, 하나의 학자로서의 역할로부터 분리할 수가 없다. 따라서 그의 이슬람에 관한 비전은, 로렌스의 아랍에 관한 비전과 마찬가지로 대상의 **정의**와 정의하는 인간의 **정체성**을 동시에 포함하게 된다. 동양의 아랍은 모두, 서양인 학자가 구성한 동양적인 유형의 비전에 적응되어야 하고, 또한 동양과의 특수한 만남에도 적응되어야 한다. 이 만남에서 서양인은 동양으로부터 소외감을 친근하게 실감한 결과, 다시 동양의 본질을 파악하기에 이른다. 포스터와 로렌스에게는, 이러한 깊은 소외감이 개인적인 패배에 근거한 실망감도 산출하는 결과가 되었고, 나아가 맥도널드와 같은 학자에게는 그 감각이 오리엔탈리즘의 담론 그 자체를 강화하게 된다.

나아가 이 소외감에 의해, 오리엔탈리즘의 담론은 문화, 정치, 현실성의 세계에까지 확대된다. 예컨대 말로[25]의 소설로부터도 쉽게 판단할 수 있듯이, 제1·2차 세계대전 사이의 시기에는, 동양과 서양의 관계가 광범하게 되었음과 동시에 불온한 양상을 나타내었다. 동양이 정치적인 독립을 요구하는 징후는 여러 곳에서 발견되었다. 두말할 필요도 없이, 해체된 오토만제국의 내부에서, 독립의 요구가 연합국에 의해 촉발되었고 급속하게 문제화되었다. 그것은 아랍 반란 전체와 그 여파에 분명히 나타난 그대로이다. 이제 동양은 서양 일반에 대해서만이 아니라, 서양의 정신, 지식, 절대권력에 대해서도 도전하는 듯이 보였다. 거의 1세기에 이르는 동안의 끊임없는 동양에 대한 간섭(과 그 연구)의 뒤에, 근대성의 위기에 대응하는 동양 자체에서의 서양의 역할도 더욱 미묘한 것으로 생각되었다. 곧 그곳에는 직접 점령과 위임 통치령의 문제가 있었고, 동양에서의 유럽의 경쟁 문제가 있었다. 또 원주민 엘리트나 현지의 인민 운동, 현지의 자치와 독립의 요구에 어떻게 대응해야 하는지의 문제도 있었고, 동양과 서양 사이의 문명적 접촉이라는 문제도 있었다. 이러한 여러 문제는 동양에 관한 서양의 지식의 재고를 요청하게 했다. 1928년부터 1935년까지 아시아협회의 회장을 지낸, 콜레주 드 프랑스의 산스크리트 교수이기도 했던 실뱅 레비[26]도 1925년에 동서 문제의 긴급성을 진지하게 고려하여 다음과 같이 고찰했다.

---

25) André Malraux(1901~1976)는 프랑스의 소설가, 미술비평가, 정치가였다. 《인간조건》, 《정복자》, 《왕도》, 《희망》 등의 소설과 미술비평 약간이 소개되었다.
26) Sylvain Lévi는 뒤에서 다시 상세히 언급된다.

우리의 의무는 동양문명을 이해하는 것이다. 이 인문적인 과제는 동양의 과거와 미래의 상이한 문명을 지적 차원에서 이해하기 위해서 공감으로 가득한 총명한 노력을 계속하도록 구성되어 있다. 우리의 광대한 아시아 식민지와 관련하여 특히 우리 프랑스인을 위하여 이 과제는 하나의 실제적인 방식으로 제시되었다. 〔그와 같은 감정은 영국인에 의해서도 표명되었을 것이다. 곧 문제는 **유럽적인** 것이었다.〕

…… 이러한 사람들은 역사와 예술 및 종교의 긴 전통을 받아들인 사람들이고, 그들은 그 감각을 지금도 완전히 상실하지 않고 있으며, 필경 앞으로도 계속 갖고 싶다고 희망할 것이다. 우리는 가끔 그들과 상의하지 않고, 때로는 그들의 요구에 응하기도 하면서 그들의 발전에 개입할 책임을 담당하여 왔다. …… 옳건 그르건 간에 우리는 더욱 뛰어난 문명의 대표자임을 주장했고, 이 우월성에 의해 부여된 권리에 근거하여 그 우월성이 원주민에게 의문의 여지가 없는 것이 되도록 규칙적으로 확인하여 왔다. 그리고 우리는 그들의 토착적인 전통 모두에 이의를 제기하여 왔다.

…… 따라서 일반적인 방법으로, 유럽이 개입한 모든 곳에서 원주민은 일종의 막연한 절망감을 가지고 자신들을 인식했다. 원주민은 순수한 물질적 견지보다는 도리어 윤리적 영역에서 자신들 행복의 총량이 실제로 감소하기는 해도 결코 증대하지는 않았다고 느꼈다. 그러므로 이 절망감은 참으로 통절한 것이었다. 이 모든 것의 결과, 원주민의 사회생활의 기반은 매우 약하게 되어 힘없이 무너지는 것같이 보였다. 그리고 자신들이 생활을 재건하는 경우의 토대로 삼고자 생각한 황금의 기둥도, 실제로는 금색 물감으로 바른 종이에 불과한 것으로 보였다.

이 절망감은 동양의 모든 곳에서 원한으로 번역되었고, 이제 이 원한이 증오로 바뀌기 일보직전의 상태에 있다. 그리고 증오는 단지 행동으로 전환될 순간만을 기다리고 있다.

태만이나 무이해를 이유로 하여 유럽이 그 이익을 지키기 위하여 필요한 노력을 하지 않는다면, **아시아의 드라마는 위기적인 상황을 맞게 되리라.**

그리하여 생활의 한 형식임과 동시에 정책의 도구이기도 한 과학이라고 하는 것이(우리의 이익이 위협받는 경우에는 어디에서나) 토착의 문명과 생활의 근본에까지 침투하여, 그 근원적인 가치와 영속적인 특성의 발견을 스스로의 핵심으로 인수하게 된다. 과학은 유럽문명의 수입품이 초래한, 맥락이 없는 위협에 의해 현지의 생활을 질식시키기보다는 도리어 이 업무를 인수하고자 한다. 우리는 다른 생산물과 같이 이 문명도, 지방의 교환시장에 제공하여야 한다. 〔강조는 원저자〕[53]

레비는 오리엔탈리즘과 정치를 아무 어려움 없이 결합했다. 왜냐하면 동양에 대한 서양의 장기에 걸친―아니면 연장된―개입은, 그것이 지식에 초래한 여러 결과에서도, 불행한 원주민에게 미친 영향력에서도, 결코 부정할 수 없는 사실이기 때문이다. 곧 이 양자는 서로 만나서, 엄청난 미래라고 부를 수 있는 것을 형성한다. 그가 표방하는 휴머니즘, 그가 인류 동포에 대하여 나타내는 칭찬할 정도의 관심에도 불구하고, 레비는 현재의 위기를 불쾌할 정도로 좁은 견지에서 이해한다. 레비의 상상에 의하면, 동양인은 자신들의 세계가 더욱 뛰어난 문명의 위협에 부닥쳐 있다는 것을 느끼고 있다고 한다. 그러나 그러한 감각을 유발한 원인은, 자유와 정치적 독립 또는 **그들이 바라는 조건에 의한** 문화적 달성에 대한 적극적인 갈망 등이 아니라, 도리어 원한이라든가, 질투로 가득한 악의라는 것이다. 이러한 모순된 사건전개가 예상되는 상황에서, 그것을 해소하는 특효약이란 동양을 서양 소비자의 시장에 파는 것이고, 소비자의 눈을 끌고자 하는 수많은 상품 사이의 하나로 동양을 함께 보여 주는 것이라고 그는 주장한다. 사람들은 단 한 번의 수완에 의해

(동양이 서양의 관념 시장에서 '대등'한 양만큼 존재한다고 스스로 생각하도록 함으로써) 동양을 진정시킬 수 있고, 동시에 동양의 대변동에 대한 서양인의 공포감도 진정시킬 수 있다는 것이다. 물론 근본적으로 레비가 주장하는 요점―그리고 그의 가장 설득력이 있는 고백―은, 동양에 대해서 무엇인가를 하지 않으면 "아시아의 드라마는 위기적인 상황을 맞게 되리라"는 점에 있다.

아시아는 고통을 받고, 그 고통으로써 유럽을 위협한다. 곧 동양과 서양 사이에 가로놓인 영원한 철조망과 같은 경계선은, 고대 이래 거의 변함없이 계속되고 있다. 현대의 오리엔탈리스트 속에서 가장 위엄 있는 인물로서 레비가 말한 것은, 문화적인 휴머니스트들 사이에서도 더욱 거칠게 재현되었다. 그 일환으로서 1925년에 프랑스의 《카이에 듀 모어》지는 저명한 지식인을 대상으로 한 조사를 했다. 조사 대상이 된 작가 중에는 앙드레 지드, 폴 발레리[27], 에드몽 잘루[28] 같은 문학인 외에 오리엔탈리스트들(레비, 에밀 세나르)도 포함되었다. 질문사항은 그다지 도전적이라고 할 수는 없었으며, 시의에 적절한 방식으로 동양과 서양의 관계를 문제 삼았다. 그것 자체가 이미 그 시대의 문화적 분위기를 어느 정도 보여 준 것이었다. 여기서 우리는 오리엔탈리스트의 학문적 전통 속에 보급된 것과 같은 관념이, 이제 일반적으로 수용되는 진리의 차원에까지 이른 것을 즉시 알아차리게 된다. 첫째 질문은(메테르링크[29]가 생각했듯이) '동양과 서양은 서로 이해할 수 없는 것인가'라는 것이었다. 그리고 둘째 질문은 프랑스의 사상에 동양의 영향이―앙리 마시[30]

---

27) Paul Valéry(1871~1945)는 프랑스의 시인으로 한국에도 잘 알려져 있다.
28) Edmond Jaloux(1878~1949)는 프랑스의 소설가이자 비평가.
29) Comte Maurice Maeterlinck(1862~1949)는 벨기에의 극작가이자 시인.
30) Henri Massis(1886~1970)는 프랑스의 작가.

가 말하는— '"중대한 위험"을 표상하는 것인가'라는 것이고, 셋째 질문은 동양에 대한 서양의 우월성에 근거를 마련하는 서양문화의 가치에 관한 것이다. 여기서 발레리의 회답 중 일부를 인용할 만한 가치가 있다고 생각된다. 그 논의의 줄기는 적어도 20세기 초엽인 당시에는 솔직하고 고풍스러운 것이기 때문이다.

문화적 관점에서 말한다면, **지금** 동양의 영향에 관하여 그렇게 두려워할 필요는 없다고 생각합니다. 그것은 우리에게 미지의 것이 아닙니다. 우리는 우리의 예술과 지식의 기원을 모두 동양에 빚지고 있기 때문입니다. 설령 무엇인가 새로운 것이 동양에서 왔다고 하여도 우리는 그것을 훌륭하게 받아들일 수 있습니다. 그러나 나는 그 새로운 것이 온다는 점에 대하여 의문을 갖고 있습니다. 이 의문이야말로 바로 우리 유럽의 보증이고 무기입니다.
그런데 이상에 관하여, 참된 문제는 **소화한다**는 것입니다. 그러나 바로 여기에 오랫동안 유럽 정신이 가졌던 큰 문제와 그 특질이라는 것이 있습니다. 우리의 역할은 이 선택하는 힘, 보편적인 이해력, 모든 것을 우리의 실체로 변형시키는 힘, 곧 오늘의 우리를 형성해 온 이러한 힘을 유지하는 점에 있습니다. 이미 그리스인과 로마인이 어떻게 아시아의 괴물들을 취급하고, 어떻게 그것을 분석, 해체하여 어떻게 그것으로부터 정수를 뽑아 내는가를 보여 주었습니다.…… 지중해라는 욕탕은, 광대한 동양의 진수가 농축되었기 때문에 끝없이 흘러나오는 증류와 같이 생각됩니다. 〔강조와 생략은 원전에 의함〕[54]

유럽문화가 일반적으로 동양을 소화하여 왔다고 한다면, 그 업무를 담당한 특수기관이 오리엔탈리즘이었음을 발레리는 분명히 알고 있었다. 민족자결이 주장되는 윌슨주의의 세계에서, 발레리는 동양의 위협을 분석에 의해 해체한다는 점에 분명한 신뢰감을 가지고 있다. 유럽의 "선택하는 힘"이란, 주로 먼저 동양을 유럽 과학의 원천으로 인식하고, 그 다음에 그 원천을 이미 (유럽이) 대체한 것으로 취급하는 것이다. 따라서 다른 문맥에서는, 밸푸어가 팔레스타인의 원주민에게 토지의 우선권을 인정하면서도 그 우선권에 부수되는 보유의 권한은 결코 인정하지 않는 사태도 생겨났다. 70만 명에 이르는 아랍인의 의지 따위는 본질적으로 유럽의 식민지 운동[31]의 운명에 비하면 아무것도 아니라고 그는 말했다."[55]

당시 아시아는 돌연히 분출하여 '우리'의 세계를 파괴할 것이라는 불쾌한 가능성을 지닌 곳이었다. 존 부칸[32]은 1922년에 다음과 같은 표현을 하였다.

> 지구는 일관성을 결여한 힘과 조직화되지 못한 지성으로 끓어오르고 있다. 당신은 중국의 경우를 생각해 본 적이 있는가? 그곳에서는 수백만의 예민한 두뇌가 시시한 작업으로 질식하고 있다. 그들에게는 어떤 방향도, 어떤 추진력도 없다. 그래서 그들의 노력은 모두 수포로 돌아간다. 그리고 세계는 중국을 비웃고 있다."[56]

그러나 만일 중국이 스스로 조직화된다면(현실적으로 그렇게 되었듯이) 이것은 웃을 일이 아니다. 따라서 유럽은, 외부로부터 흡수할 수 있는 것을 흡수하고, 그 모든 것을 지적·물리적으로 이용 가능한 것으로 변환시켜 동양을 선택적으로 조직화(또는 비조직화)한 상태로 지속하려는, 발레리가 말한 '강력한 기계'"[57]라는 것을 유지하기 위해 노력했다. 그러

---

31) 유대인의 시오니즘.
32) John Buchan(1875~1940)은 영국의 작가이자 정치가.

나 이것은 명석한 비전과 분석에 의해서만 가능했다. 동양을 있는 그대로 보지 않는 한, 그 힘—군사적·물질적·정신적인 힘—은 조만간 유럽을 압도할 것이다. 거대한 식민지 제국, 거대한 조직적 억압체계가 이 엄청난 사태를 회피하기 위하여 존재했다. 1939년에 조지 오웰[33]이 마라케시[34]를 본 것처럼, 식민지의 종속민은 아프리카인, 아시아인, 동양인이라는, 오로지 일종의 대륙적인 분출물로만 보여야 했다.

이러한 마을—주민 20만 명, 그중에서 적어도 2만 명은, 그들이 몸에 걸치고 있는 누더기 이외에 문자 그대로 아무것도 가지고 있지 않다—의 사람들이 어떻게 살며, 나아가 얼마나 쉽게 죽는지를 보게 되면, 사람들 사이를 걸어다니는 자신을 믿을 수 없게 될 것이다. 모든 식민지 제국은 지금 이러한 사실 위에 구축되어 있다. 사람들의 얼굴은 갈색이다. 그러한 사람들이 너무나도 많다! 그들은 참으로 당신과 같은 육체인가? 그들은 심지어 이름이라도 가지고 있는가? 또는 그들은 벌이나 산호벌레와 같이 개성조차 갖지 못한, 구별되지도 않는 갈색의 물건에 불과한 것인가? 그들은 땅 위에 태어나서 수년간 땀을 흘리고 굶주리며, 묘지명도 없는 구덩이 속에 돌아간다. 아무도 그들의 죽음에 관심도 없다. 심지어 그 묘 자체도 조만간 흙 속에 풍화되어 버린다.[58]

---

33) George Orwell(1903~1950)은 벵골에서 태어나 영국에서 교육받았다. 1922~1927년 사이에 버마에 있는 인도제국 경찰에 근무했고 에릭 아서Eric Arthur Blair라는 필명으로 최초의 소설인 《버마의 나날Burmese Days》(1934)을 발표했다. 그 후 파리와 런던에서 막노동을 한 경험을 《파리와 런던의 빈털털이Down and Out in Paris and London》(1933)로 기록했다. 스페인내란에 참전하여 《카탈로니아찬가Homage to Catalonia》(1938)를 남겼다. 그는 전체주의에 반대하는 사회민주주의자로서 걸작인 《동물농장Animal Farm》(1945)과 《1984년Nineteen Eighty-Four》(1949) 등을 남겼다. 모두 우리말로 번역되었다.
34) Marrakech는 모로코 중남부의 도시.

이류작가들(피에르 로티·마르마듀크 피크탈[35] 등)의 이국 정서가 풍부한 작품 속에서 생생한 개성의 주인공들이 유럽인 독자에게 제시되는 경우를 예외로 한다면, 유럽인에게 알려진 비유럽인이란, 바로 오웰이 묘사하고 있는 인물 그것이다. 비유럽인은 웃음거리의 대상이거나, 아니면 일상적 또는 학술적인 담론 속에서 동양인, 아프리카인, 황색인종, 갈색인종, 이슬람교도라고 하는 미분화未分化의 유형으로 제시되는 광대한 집합체의 한 요소이다. 이러한 추상화에 대해 오리엔탈리즘은 그 일반화의 힘을 대여했고, 하나의 문명 속의 각 사례를 그 문명의 가치, 관념, 지위의 이상적인 담당자로 전환시켰다. 그러한 가치, 관념, 지위 등은 이미 오리엔탈리스트가 '동양' 속에서 발견했고, 그것을 공통의 문화적 통화로 변환시킨 것이었다.

레이몽 슈와브가 1934년에 앙크틸-뒤페롱에 관한 훌륭한 전기를 발표하고, 오리엔탈리즘을 정당한 문화적인 문맥 속에 위치시켜야 하는 일련의 연구에 착수했음을 생각해 본다면, 우리는 이와 동시에, 그가 행한 작업이 그 시대의 예술가, 지식인과는 현저한 대조를 이루었음에도 언급해야 한다. 그 시대의 예술가와 지식인에게 동양과 서양이란 여전히, 발레리의 경우와 마찬가지로 역시 간접적인 추상에 불과했다. 파운드[36], 엘리엇[37], 예이츠, 아서 웨일리[38], 페놀로사[39], **(동양의 인식의)** 클

---

35) Marmaduke Pickthall(1875~1936)은 영국의 동양학자이자 작가.
36) Ezra Pound(1885~1972)는 미국 이미지즘의 시인.
37) Thomas Sterns Eliot(1888~1965)은 영국의 시인으로서 미국에서 태어나 하버드 대학교와 소르본 대학교 그리고 옥스퍼드 대학교에서 수학했다. 1922년에 발표한 《황무지 The Waste Land》로 현대 영시의 최고봉으로 추앙받았다. 그러나 정치적으로는 왕당파였고 종교적으로는 영국성공회에 속한 보수적 경향을 지녔다. 1948년에 노벨상을 받았다. 그의 시와 시극, 평론은 우리말로도 다수 소개되었다.
38) Orthur Waley(1889~1966)는 영국의 중국·일본문학자.
39) Ernest Francisco Fenollosa(1853~1908)는 미국의 동양미술 연구가이자 철학자.

로델[40], 빅토르 세갈렌[41] 등은, 수세대 전에 막스 뮐러가 "동양의 지혜"라고 부른 것을 무시하지 않았다. 도리어 서양문화 일반이 동양, 특히 이슬람을 불신의 눈으로 바라보았다. 그러한 불신감은, 서양문화가 동양에 대해 학술적 태도를 취하는 경우, 언제나 붙어 온 것이었다. 이러한 그 시대의 태도를 더욱 명백히 보여 주는 적절한 보기는, 밸런타인 치롤[42]이 '서양과 동양'이라는 제목으로 1924년에 시카고 대학교에서 행한 연속 강연에서 찾아볼 수 있다. 치롤은 동양에 대한 경험이 풍부한 유럽의 저명한 언론인이었다. 그의 목적은 미국의 지식인층을 상대로 그들이 믿고 있는 만큼 동양이 다른 것은 아니라는 것을 분명히 밝히려는 것이었다. 그의 논지는 단순하다. 곧 동양과 서양은 서로 극복하기 어려운 대립 상태에 있고, 동양―특히 '마호메트교'―이 세계에 대하여 '가장 심각한 균열'을 불러일으키고 있는 '세계의 거대한 세력'의 하나라는 것이다.[59] 나는 치롤의 광범위한 일반화가 그의 여섯 개 강연 제목에도 적절하게 나타나 있다고 생각한다. 곧 '고대 동서 간의 전쟁', '오토만제국의 멸망, 이집트의 특수성', '이집트에서 영국의 대실험', '보호국과 위임통치령', '볼셰비즘의 새로운 요소' 그리고 '약간의 일반적 결론'이었다.

치롤이 행한 것과 같은, 비교적 통속적인 동양 서술의 보기로, 우리는 나아가 엘리 포르[43]의 증언을 부가할 수 있다. 그는 치롤과 마찬가지로, 자기사고의 기반으로서 역사와 문화적인 전문지식 그리고 '백인' 서양주의와 유색인종의 동양주의라고 하는, 상투적인 대조를 이용했다. '동

---

40) Paul Claudel(1868~1955)는 프랑스의 문학가이자 외교관.
41) Victor Ségalen(1878~1919)는 프랑스의 작가.
42) Valentine Chirol(1852~1929)은 영국의 저널리스트.
43) Élie Faure(1873~1937)는 프랑스의 미술사가.

양적인 무관심에 의한 끊임없는 학살'('우리'와 달리, '그들'은 평화라는 관념이 전혀 없었기 때문에)이라는 기묘한 학설을 선전하면서, 포르는 최후에 이르러 동양인의 육체가 태만하고, 동양에는 역사와 민족 및 **조국**이라는 관념이 아예 없으며, 동양은 본질적으로 알 수 없는 존재라는 것 등을 설파하고 있다. 포르는 동양인이 합리성을 몸에 익히고 지식과 실증주의의 기술을 발전시키지 않는 한, 동서 간의 **접근**은 있을 수 없다고 주장한다.[60] 이러한 동서의 딜레마에 관한 더욱 정밀하고 학문적인 설명은, 페르낭 발당스페르제[44]의 에세이 《동서지식인의 대립》에도 나타난다. 그러나 그도 동양인은 관념, 정신적 훈련, 합리적 해석에 대하여 생래적으로 경멸한다고 서술하고 있다.[61]

사실상 유럽문화의 대변자라고 자인하는 저술가들에 의해, 유럽문화의 심층으로부터 나온 이러한 상투문자(완전한 **상투적** 관념)는, 단순히 편협한 쇼비니즘의 보기로 설명될 수 없다. 포르나 발당스페르제가 쓴 다른 저술에 조금이라도 눈을 돌린 적이 있는 사람이라면 분명히 알 수 있듯이, 그것들은 쇼비니즘 따위가 아니다. 도리어 그렇지 않기 때문에 그야말로 더욱 역설적인 것이다. 그들의 배후에 있는 것은 오리엔탈리즘이라는 엄격하고 전문적인 학문의 변형된 모습이다. 그 기능은 19세기 문화에서 유럽에 대해 인간성의 상실된 부분을 회복시켜 주는 것이었다. 그러나 20세기에 오면, 그것이 정치의 도구로 변함과 동시에 더욱 중요하게는 유럽이 유럽 자신과 동양 자신을 해석하는 경우의 코드가 되었다는 점이다. 이 책에서 이미 논의해 온 수많은 이유에 의해, 근대 오리엔탈리즘은 이미 스스로의 내부에 이슬람에 대한 유럽의 엄청난 공포심을 각인시켰다. 그리고 이 각인은 **두 차례 세계대전 사이의 시기**에

---

44) Fernand Baldensperger(1871~1908)는 프랑스의 비교문학자.

정치적 도전에 의해 더욱 분명하게 되었다. 요컨대 과거에는 비교적 무해한 문헌학의 하위 분야였던 것이, 이제는 정치 운동을 통제하고, 식민지를 관리하며, '백인'의 노고로 가득한 교화의 사명에 관하여 거의 묵시론적인 발언을 할 가능성을 갖는 것으로 변모되었다. 나아가 이 모든 것이 리버럴하다고 칭해지는 문화, 곧 보편성, 다양성, 개방성이라는, 자랑할 만한 규준에 충분한 관심을 기울이고 있는 문화의 내부에서 생긴 것이라는 사실을 간과할 수 없다. 실제로 그곳에서 발생한 것은 리버럴한 것과는 정반대되는 것이었다. 곧 '과학'에 의해 산출된 교의나 의미가 '진리'로까지 경화되는 현상이었다. 왜냐하면 만일 이러한 진리가 내가 설명해 온 방식대로 불변성을 동양적인 것이라고 단정하는 권리를 유지하는 것이라면, 리버럴하다는 것도 단순히 억압과 유심론적인 편견의 하나에 불과하기 때문이다.

이러한 리버럴하지 못한 태도는, 지금까지 문화의 내부에서 인식되는 경우가 적지 않았고, 그 상황은 오늘날까지도 여전히 계속되고 있다. 그것은 이 책이 탐구하고자 하여 온 몇 가지 이유에 근거한 것이었다. 그러나 그러한 리버럴하지 못한 태도에 대하여 가끔 도전적인 태도가 생겨 온 것은 고무적인 점이다. 다음에 드는 보기는 I.A. 리처즈[45]가 쓴 《맹자의 정신론》(1932)의 서문이다. 아래 인용문에서 우리는 '중국'을 '동양'으로 쉽게 바꿀 수 있다.

중국사상에 관한 지식의 증대가 서양에 미친 영향을 생각한다면, M. 에티엔 질송[46]과 같이 무지나 부주의로부터 먼 저술가가 《성 토머스 아퀴나스의

---

45) I.A. Richards(1893~1979)는 영국의 비평가로서 하버드 대학교의 교수였다. 소위 New Criticism의 입장에서 정밀한 텍스트 연구를 강조했고 일반화의 위험성을 경고했다.
46) M. Etienne Gilson(1884~1978)은 프랑스의 중세사가.

철학》의 영어판 서문에서 토머스의 철학을 '인류의 모든 전통을 수용하고 집대성한 것'이라고 서술하는 것은 흥미롭다. 이것이 우리 모두의 사고방식이다. 우리에게는 서양세계가 아직도 유일한 '세계'〔또는 세계의 중요한 부문〕이다. 그러나 공정한 관찰자의 눈에는 이러한 편협함이 위험한 것으로 비치리라. 그리고 우리는 이러한 편협함이 초래한 악영향을 받지 않는다고 확신할 수 있는 정도로는, 아직 서양에서 행복하지 않다."62

리처즈의 논의는, 그가 "다원적인 정의定義"라고 부른 것의 실천을 제창한다. 이것은 복수의 정의체계 사이에 생길 수 있는 투쟁성을 배제한, 순수한 다원론의 일종이다. 우리가 질송의 편협함에 대한 리처즈의 반론을 받아들일 것인가 말 것인가를 논외로 하여도, 역사적으로 오리엔탈리즘이 그 일부분을 담당하여 온 리버럴한 인문주의가, 참된 이해에 도달하기 위하여 필요한 의미의 확대 과정을 **방해하고** 있다는 학설에 찬동할 수 있다. 20세기의 오리엔탈리즘에서―곧 기술적인 분야의 내부에서―의미의 확대 대신 무엇이 일어났는가가 다음 장의 주제이다.

제3장

현대 영국·프랑스의 오리엔탈리즘, 그 극성기

동양의 일부분 내지는 동양 생활의 한 측면을 연구하는 현대의 전문가를, 우리는 '지역연구'의 전문적 연구가라고 생각하는 것에 익숙해져 왔다. 때문에 제2차 세계대전 무렵까지 오리엔탈리스트가 (물론 다수의 전문적인 지식을 가지면서) 총괄적인 서술을 하기 위한 고도의 기술을 갖춘 종합적 연구가로서 인정받게 된 사정에 관하여 우리는 생생하게 이해할 수 없게 되었다. 여기서 내가 총괄적인 진술이라고 부르는 것은, 오리엔탈리스트가 예컨대 아라비아어 문법이라든가 인도의 종교와 같은 비교적 복잡하지 않은 관념을 정식화하는 경우, 그가 동시에 동양 전체에 관한 진술을 하여 동양을 총괄하고 있다고 이해되었다(또 스스로 그렇게 이해했다)고 하는 의미이다. 그리하여 동양이라는 소재의 각 단편에 관한 개별 연구가 동시에, 그 소재가 갖는 심원한 동양성을 총괄적으로 확증하는 것이라고 생각되었다. 그리고 동양 전체는 유기적으로 깊게 결합되어 있다는 것이 일반적으로 믿어졌기 때문에 오리엔탈리스트

학자가 자신이 취급하는 물적 증거를 궁극적으로 동양적인 성격, 정신, 에토스, 세속정신 등의 더욱 훌륭한 이해에 연결되는 것이라고 생각하였다고 하여도 그것은 충분한 해석학적인 의미를 갖는 것이었다.

이 책의 제1부와 제2부의 대부분은 오리엔탈리스트 사고의 역사 중 그 전반기에 관한 유사한 논의들로 채워졌다. 그러나 그 역사의 후반기, 곧 제1차 세계대전 직전과 직후의 시기 사이에 나타나는 차이야말로, 우리의 관심이 모아지는 부분이다. 전반기와 마찬가지로 후반기의 이러한 두 시기에서도, 동양이 동양적이라는 점에 관하여 양자 사이에 차이는 없다. 거기에 어떤 특별한 보기가 나타나고, 그것이 어떤 양식이나 기술로 서술되어도 동양은 어디까지나 동양적인 것이다. 단 양자에 나타나는 차이는, 오리엔탈리스트가 왜 동양의 본질적인 동양성을 판단할 필요가 있는가, 하는 **이유**에 있다. 제1차 세계대전 이전에 그 이론적인 근거의 좋은 보기는, 에두아르트 자카우[1]의 《이슬람법》에 대하여 스누크 휴르그로니에가 1899년에 쓴 다음 서평 구절에서 볼 수 있다.

…… 법이라는 것은, 실제로는 인민의 습관, 관습, 지배자의 자의성 앞에 끊임없이 더욱 크게 양보를 거듭해야 하는 것임에도 불구하고 이슬람교도의 지적 생활에 대해서는 상당한 영향력을 유지하여 왔다. 따라서 법은 법제사, 문명사, 종교사와 불가분한 추상적인 이유에 의해서만이 아니라, 실천적인 목적을 위해서도 중요한 연구 주제가 되어 왔으며, 사실 우리에게도 그것은 중요한 연구 주제이다. 유럽과 이슬람교 동양의 관계가 긴밀하게 되면 될수록, 더욱 많은 이슬람의 여러 나라가 유럽의 종주권에 굴복하게 됨에 따라, 우리 유럽인이 이슬람의 지적 생활, 종교법, 그 개념적인 배경에 정통해야

---

1) Eduard Sachau(1845~1930)는 독일의 동양학자.

할 필요성도 더욱 증대된다."[63]

휴르그로니에는 비록 '이슬람법'과 같이 추상적인 것이 역사와 사회의 압력에 자주 굴복했음을 인정하고자 하나, 그의 관심은 그러한 추상 개념을 지적으로 이용하고 유지하는 점에 향해 있다. 왜냐하면 '이슬람법'은 동양과 서양의 격차를 광범한 틀 속에서 확인하는 것이기 때문이다. 휴르그로니에에게 동양과 서양의 차이란 단순히 학술적·통속적인 상투문자가 아니라, 도리어 그것과 정반대로 양자 사이의 본질적·역사적인 힘의 관계를 의미하는 것이었다. 동양에 관한 지식은 양자의 차이를 증명하고, 강조하고, 심화시킨다. 그리고 이 차이로 인하여 유럽의 종주권(이 말은 유서 깊은 19세기적 내력을 갖는 것이다)은 효과적으로 아시아 위에 확대되고 있다. 다시 말해 서양인이 동양을 전체로서 알아야 할 필요성은, 동양이 서양인의 관리에 맡겨져 있기 때문에 비로소 생기는 것이다.

휴르그로니에의 위 문장과 거의 대조적인 문장이 1931년에 출판된 《이슬람의 유산》에서, 기브가 집필한 '문학' 항목의 결론 부분이다. 18세기까지 동양과 서양 사이에 생긴 3회에 걸친 우발적 접촉을 서술한 뒤에 기브는 19세기 부분을 다음과 같이 서술한다.

> 이러한 3회의 접촉에 이어 독일 낭만주의 사람들은 다시 동양에 눈을 돌렸다. 그들은 동양 시가의 참된 유산을 유럽의 시가 속에 도입하기 위하여, 그 필요한 통로를 열기 위한 작업을 처음으로 스스로의 의식적 목표로 설정했다. 그러나 새로운 힘과 우월감을 자각한 19세기는 그들의 의도 앞에 문호를 완벽하게 닫고 있다고 생각되었다. 이에 반하여 현재에는 몇 가지 변화의 조짐이 있다. 동양문학은 그 자신을 위하여 다시 연구가 개시되었고, 동양에

대한 새로운 이해가 형성되고 있다. 이러한 지식이 확산되어 동양이 인류사회 속에서 올바른 위치를 회복해 감에 따라, 동양문학도 다시 그 역사적인 기능을 발휘하게 될지 모른다. 그리고 문학, 사상, 역사에서 모든 의미 있는 것을 우리가 속하는 서반구에만 제한하고자 하는, 협소하고 억압적인 여러 관념으로부터 우리가 스스로를 해방하기 위해 힘을 빌려 줄지도 모른다."64

"그 자신을 위하여"라는 기브의 말은, 동양에 대한 유럽의 종주권에 관한 휴르그로니에의 주장에 부수된 일련의 이유와는 완전히 대조적이다. 그러나 그럼에도 '동양'이라고 불리는 어떤 실체, '서양'이라고 불리는 어떤 다른 실체에 갖추어진, 불가침으로 보이는 총체적 정체성만은 쌍방에 공통으로 존재한다. 이러한 두 가지 실체는 서로 유효성을 가지고 있다. 그리고 서양문학에 대한 동양문학의 영향을, (그 결과에서) 브뤼네티에르[2)]와 같이 "국가적 불명예" 따위로 부를 필요는 없다고 주장하는 점이야말로 기브에게 찬양할 만한 의도가 있다는 것을 명백히 한다. 동양은 도리어 서양의 자민족중심주의가 초래한 편협한 경계선에 대한 일종의 인문주의적인 도전으로 받아들여질 수 있었다.

기브는 같은 논문의 앞부분에서 괴테의 **세계문학**이라는 개념을 원용하고 있다. 기브가 동양과 서양 사이의 인문학적 상호 교류의 필요성을 주장한 배경에는, 제1차 세계대전 후의 정치적·문화적 현실에서 생긴 변화가 반영되어 있다. 동양에 대한 유럽의 종주권은 없어진 것이 아니었으나, 그것은—영국지배 하의 이집트에서—원주민에 의해 다소나마 은밀하게 받아들여진 단계를 넘어, 이제 독립에 대한 원주민의 다루기 어려운 요구에 직면하여, 더욱 투쟁적인 정치문제로 발전되

---

2) Vincent de Paul-Marie-Ferdinand Brunetière(1849~1909)는 프랑스의 비평가.

었다. 영국과 자그룰³⁾ 및 와프드당⁴⁾ 등 각 세력 사이에는 수년에 걸친 갈등이 있었다.⁶⁵ 나아가 1925년 이래 세계적인 경기 후퇴가 계속되었고, 그것이 또한 기브의 문장에 반영되어 있는 긴장감을 높였다. 그러나 그의 문장 속에서도, 특히 그 문화적인 메시지에는 매우 강력한 힘이 포함되어 있다. 곧 '동양에 주의하라, 왜냐하면 그것은 편협함이나 억압적인 전문 분화, 한정된 시야를 초월하고자 하는 서양인의 정신에 유효하게 작용할 것이기 때문이다'라고 그는 독자들에게 호소하고 있는 듯이 생각된다.

휴르그로니에로부터 기브로, 각 시대의 우선적인 과제에 변화가 있었음과 마찬가지로 그 근거도 크게 변했다. 기브의 시대에는 유럽의 동양 지배가 거의 당연한 사실이라는 주장이 이상하게 받아들여졌다. 동양이 서양에 의한 계몽을 필요로 한다는 주장도 더 이상 성립되지 못했다. 양대전 사이의 중요한 과제는 편협하고 외국인 혐오적인 자기규정을 초월하여 문화적으로 자기를 규정하는 것이었다. 기브는 서양이 연구 대상으로서 동양을 필요로 한다고 생각했다. 왜냐하면 동양은 불모의 전문 분화로부터 정신을 해방시키고, 과도하게 편협하고 민족주의적인 자기 중심성의 폐해를 완화시켜, 문화연구에서 참으로 핵심적인 문제의 파악을 촉진시킨다고 생각했기 때문이었다. 이 새롭게 떠오르는 문화적 자의식의 변증법에서 동양이 그 한쪽의 파트너로서 더욱 강하게 나타난 것은, 첫째, 동양이 과거 이상으로 도전적이 되었고, 둘째, 서양이, 비서양 세계에 대한 서양 종주권의 축소에도 어느 정도 기인하는 문화적 위

---

3) Sad Zaghlul(1857~1927)은 이집트의 정치가.
4) *Wafd*당은 이집트의 민족주의 정당. 제1차 세계대전 이후 이집트는 영국에 대하여 보호국제도의 폐지와 완전독립을 요구하여 파리강화회의에 대표단(*wafd*)을 보냈다. 그것을 모체로 하여 사드 자그룰이 이끄는 와프드당이 성립되었다. "이집트인을 위한 이집트"를 표방하고 폭넓은 대중의 지지를 얻어 1924년에는 자그룰 내각이 성립했다.

기의 비교적 새로운 국면에 들어갔기 때문이었다.

따라서 양 대전 사이의 기간, 오리엔탈리즘의 가장 우수한—마시뇽과 기브 자신의 화려한 경력으로 대표되는—작업 속에서, 우리는 그 시기의 가장 훌륭한 인문학과의 공통 요소를 발견할 수 있다. 곧 내가 앞에서 말한 총괄적인 자세란, 문화를 **하나의 전체로서**, 반실증적, 직관적, 공감적으로 이해하고자 하는 순수한 서양적 인문학의 시도 속의, 오리엔탈리즘 분야의 대응물로 볼 수 있다. 오리엔탈리스트도 비오리엔탈리스트도 모두 먼저 서양문화가 중대한 국면을 경과하고 있다는 감각으로부터 출발한다. 그 국면의 중요한 특징이란, 야만적인 관습, 편협한 기술적 관심, 도덕적 황폐, 귀에 거슬리는 민족주의 등의 위협에 의해 양성된 위기 상황이다. 예컨대 특수성으로부터 일반성(하나의 시대 그리고 결과적으로 한 시대의 모든 생활에 관한 이해)으로 이행하기 위하여 특수한 텍스트를 사용한다는 사고방식은, 빌헬름 딜타이[5]의 저술에 감화된 서양의 인문주의자들에게, 또 마시뇽이나 기브와 같은 탁월한 오리엔탈리스트에게 공통적으로 나타나고 있다. 따라서 문헌학을 다시 활성화하고자 하는 시도—쿠르티우스[6], 보슬러[7], 아우어바흐[8], 스피처[9], 군돌프[10], 호프만스탈[11] 등의 저술에 나타나는 것[*66]—에 대응하는 것으로서, 마시뇽의 소위 신비주의적인 술어, 이슬람 신앙의 어휘 등의 연구에

---

5) Wilhelm Dilthey(1833~1911)는 독일의 철학자.
6) Ernst Robert Curtius(1886~1956)는 독일의 로망스어학자. 로망스말이란 포르투갈, 스페인, 프랑스, 이탈리아, 루마니아의 말과 같은 라틴말에서 유래하는 언어
7) Karl Vossler(1872~1946)는 독일의 언어학자이자 로망스어학자.
8) Erich Auerbach(1892~1957)는 독일의 문헌학자이자 비평가로서 그가 쓴 《미메시스 Mimesis》는 우리말로 소개되었다.
9) Leo Spitzer(1887~1960)는 독일 출신의 미국 문헌학자이자 비평가.
10) Friedrich Gundolf(1880~1931)는 독일의 문학자.
11) Hugo von Hofmannsthal(1874~1929)은 오스트리아의 시인인자 극작가.

의해 활성화된, 엄격히 기술적인 오리엔탈리즘의 문헌학을 들 수 있다.

그러나 역사상 이 측면의 오리엔탈리즘과 동시대 유럽의 인간과학sciences de l'homme과 정신과학Geisteswissenschaften 사이에는, 나아가 별도의 더욱 흥미 깊은 결합관계가 존재한다. 우리가 처음으로 지적해야 하는 것은, 자기확대를 계속하는 초도덕적인 기술상의 전문 분화가 인문주의적 문화에 준 위협에 대하여, 비오리엔탈리스트의 문화연구는 필연적으로 더욱 민감하게 반응했다는 점이다. 유럽에서 파시즘의 발흥은 적어도 어느 정도까지 이 위협을 대표하는 것이었다. 이러한 반응은 양대전 사이의 관심을 제2차 세계대전 이후의 시기에까지 지속시키게 했다. 이 반응을 웅변하는 하나의 학문적이고 개인적인 증언은 에리히 아우어바흐의 걸작인 《미메시스》, 그리고 그가 **문헌학자**로 행한 만년의 방법론적 성찰 속에서 발견된다.[67] 아우어바흐에 의하면, 《미메시스》는 그가 터키 망명 중에 집필한 것으로서, 그 대담한 구상은 서양문화가 여전히 그 일체성과 문명적인 일관성을 지니고 있었던 거의 최후의 순간에 그 문화의 전개를 실질적으로 **관찰한다**는 시도였다. 그리하여 그는, 서양의 문학적 실천의 여러 원칙을 그 모든 다양성, 풍요성, 다산성 속에서 제시하기 위하여, 특정한 텍스트의 분석에 근거한 총괄적 저술의 집필을 자신의 작업으로 부과했다. 그 목적은 서양문화를 종합한다는 것이었다. 여기서 종합한다는 제스처 자체가 종합 그 자체에 필적할 정도의 중요성을 지녔다. 아우어바흐는 그 제스처가, 그가 말하는 '후기 부르주아 인문주의'에 의해 가능하게 된다고 믿었다.[68] 그리하여 개별적인 특수성이 고도의 매개체를 통하여 세계사적인 과정을 나타내는 상징으로 변했다.

아우어바흐에게 그 못지않은 중요성을 가진 것—나아가 그 사실이 오리엔탈리즘과 직접 관련되는 것—은, 자기가 속하는 문화나 문학과는 다른 이민족의 문화나 문학 속에 포함된 인문주의적 전통이었다. 아우어바흐의 모범이 된 것은 쿠르티우스이다. 그의 방대한 작품은, 쿠르티우스가 독일인으로서 로망스어 문학에 전문적으로 헌신한다는 신중한 선택의 증거였다. 따라서 아우어바흐가 만년의 성찰 끝에, 성 빅토르의 휴고[12]의 《학습론》으로부터 다음과 같은 의미 있는 구절을 인용하고 있는 것도 이유가 없는 것이 아니었다. "고향을 감미롭게 생각하는 사람은 아직 허약한 미숙아이다. 모든 곳을 고향이라고 느끼는 사람은 이미 상당한 힘을 갖춘 사람이다. 그러나 전 세계를 타향이라고 느끼는 사람이야말로 완벽한 인간이다."[69] 인간은 자신의 문화적 고향을 떠나면 떠날수록 참된 비전에 필요한 정신적 초연성과 관용성을 **동시에** 얻고, 그 고향과 전 세계를 더욱 쉽게 판단할 수 있게 된다. 또 자신에 대해서도, 상이한 문화에 대해서도 같은 친근감과 거리감의 조합을 통하여 더욱 쉽게 판단을 내릴 수 있게 된다.

분석 장치이자, 눈에 익은 사물을 새로운 방법으로 보는 방식으로서, 사회과학의 '유형' 이용도 방법론을 형성하는 중요한 문화적인 힘이 되었다. 베버[13], 뒤르켐[14], 루카치[15], 만하임[16]과 같은 20세기 초기 사상가와 기타 지식사회학자들에게 볼 수 있는 '유형' 개념의 정확한 역사에 관해서는 지금까지 충분히 연구되어 왔다.[70] 그러나 나는, 베버가 프로

---

12) Hugo of St. Victor(1096~1141)는 신비주의적인 스콜라 철학자.
13) Max Weber(1864~1920)는 독일의 사회학자이자 경제학자로서 상당수의 저작이 번역되었고 사회학을 중심으로 하여 오랫동안 연구되었다. 그러나 그는 기본적으로 오리엔탈리즘의 전통 속에 있었고 그의 연구방법론에도 많은 문제가 있음은 사이드가 지적한 그대로이다. 그러나 한국에서는 그러한 점이 거의 논의된 바 없다.
14) Émile Durkheim(1858~1917)은 프랑스의 사회학자.
15) Georg Lukács(1885~1971)는 헝가리의 문학사가이자 철학자로서 중요한 저작들이 최근 소개되었다.
16) Karl Mannheim(1893~1947)은 헝가리 출신의 지식사회학자로서 그의 주저인 《이데올로기와 유토피아 Ideologie und Utopia》 등이 번역되었다.

테스탄티즘, 유대교, 불교를 연구한 결과 (필경 무의식적으로) 본래 오리엔탈리스트에 의해 개척되고 주장되어 온 영역의 한가운데로 흡수되었다는 사실은 지금까지 지적된 적이 없다고 생각한다. 그는 거기에서 동서의 경제적 (및 종교적) '정신성' 사이에 일종의 존재론적 차이가 있다고 믿은 19세기 사상가들 모두로부터 자극을 받았다. 베버는 이슬람을 상세히 연구하지는 않았으나, 그럼에도 그 분야에 깊은 영향을 미쳤다. 왜냐하면 그의 유형 개념은 오리엔탈리스트들에 의해 주장된 규범적 명제의 다수를, 단지 '외부로부터' 확인하는 것에 불과했기 때문이다. 그리고 오리엔탈리스트들의 경제학적 관념은, 동양인에게는 본질적으로 무역, 통상, 경제적 합리성의 능력이 결여되어 있다는 주장으로부터 한 발자국도 더 나아간 것이 아니었다. 이슬람 연구의 분야에서는 ─1966년에 막심 로댕송[17]의 중요한 연구인《이슬람과 자본주의》가 나타나기까지 ─ 이러한 상투문자가 문자 그대로 수백 년에 걸쳐서 유효성을 지녀왔다. 나아가 유형개념 ─ 동양인, 이슬람교도, 아랍 등 ─은 오늘날에도 존속하고, 현대 사회과학 속에서 나타나는 같은 종류의 추상개념, 패러다임, 유형에 의해 함양되고 있다.

오리엔탈리스트가 자신이 속하는 문화와는 근본적으로 다른 문화를 취급하거나, 그 문화 속에서 생활하는 경우에 체험하는 소외감에 관하여, 나는 지금까지 이 책에서 몇 번이나 언급했다. 그런데 이슬람연구 분야의 오리엔탈리즘과, 소외감의 필요성에 대한 아우어바흐의 사고방

---

17) Maxime Rodinson(1915년생)은 프랑스의 이슬람학자로서 그의《아랍과 이스라엘의 투쟁》은 우리말로 번역되었다(임재경 역, 두레). 사이드의 본문에서도 언급되듯이 그의 저작에 의해 유럽의 이슬람에 대한 인식이 본질적으로 전환되었다. 그의 최근 저작으로는《The Western Image and Western Studies of Islam》(in The Legacy of Islam, 2nd. ed. by J. Schacht and C.C.Bosuorth(OXford U.P. 1979))이 있다. 이는 증보되어《La Fasanation de l'Islam》에 수록되었다.

식이 어떤 유효성을 갖는, 다른 모든 인문과학의 학문 분야와의 사이에는, 현저한 차이가 있다. 그 차이란 이슬람을 연구하는 오리엔탈리스트의 경우, 이슬람으로부터의 소외감을 건전한 것이라고 인정하거나, 자기 문화를 더욱 잘 이해하게 하는 태도라고 생각하지 않았다는 점이다. 도리어 그들의 이슬람으로부터의 소외감은, 유럽문화의 우월성이라는 감각을 단순히 강화하는 결과가 되었고, 심지어 그 반감은 모든 동양을 포함하는 것으로 확대되었다. 그리고 이슬람은 타락한(보통은 유해하고 위험한) 모든 동양의 대표로 인정되었다. 이러한 경향은—내가 이미 논의해 온 대로—19세기를 통하여 오리엔탈리스트 연구 전통 그 자체 속에 포함되었고, 거의 대부분의 오리엔탈리스트 훈련의 표준적인 구성요소가 되어 세대로부터 세대로 전달되었다. 나아가 나는 마찬가지로, 유럽학자들은 그 성서적 '기원'의 관점을 통하여 중동을 확고한 영향력을 갖는, 종교적으로 우월한 토지로서 계속 간주할 가능성이 매우 컸다고 생각한다. 기독교, 유대교와 특수한 관계에 있는 이슬람은 **그 기원으로부터** 문화적으로 뻔뻔스럽다고 할 수 있는 관념(또는 유형)이 오리엔탈리즘에 의해 언제까지나 계속 유지되었다. 그러한 관념은 이슬람문명이 그 기원에서 (또 동시대적으로) 기독교적인 서양과 어떤 형태로든 대립하여 왔다는 공포감에 의해 당연히 더욱 강화되었다.

그러한 이유에 의해 이슬람을 대상으로 하는 양 대전 사이의 오리엔탈리즘은, 아우어바흐를 비롯하여 이미 간단히 언급한 다른 몇 사람에 의해 그 윤곽이 나타난 일반적인 문화적 위기감을 공유했으나, 그 경우에도 오리엔탈리즘이 다른 인문과학과 같이 발전하지는 못했다. 왜냐하면 이슬람을 대상으로 하는 오리엔탈리즘은 처음부터 그것이 그 내부에 저장된 지극히 논쟁적인 **종교적** 태도를 견지한 까닭에, 소위 일정한 방법론적인 제도 위에 고정된 그대로 유지되었기 때문이다. 여기서 첫째,

오리엔탈리즘은 현대사와 사회적 및 정치적인 여러 조건, 또는 새로운 자료가 이론적·역사적인 '유형'에 부과하는 필요한 개정으로부터 문화적으로 단절되어야 했다. 둘째, 오리엔탈리즘이 부여하는 추상개념(또는 추상화의 기회)은, 이슬람문명의 경우 새로운 유효성을 확보했다고 생각되었다. 왜냐하면 이슬람은 오리엔탈리스트가(현실에 대해서가 아니라 일련의 '고전적인' 원리에만 의거하면서) 말한 그대로의 길을 걷고 있다고 상정되었으며, 또한 그것으로부터 현대 이슬람이란 낡은 이슬람을 재확인한 변형에 불과하다고 상정되었기 때문이다. 특히 이슬람의 현대성이란 도전이라기보다도 하나의 모욕이라고 하는 가정이 수립되었기 때문이었다(여기서 가정이라든가 상정과 같은 말이 매우 빈번히 사용되는 것은, 오리엔탈리즘이 인간적 현실을 보는 독특한 방법을 유지하기 위하여 필요로 한, 상당히 유별난 우여곡절을 표현하고자 의도했기 때문이다). 마지막으로 (아우어바흐나 쿠르티우스가 생각한) 문헌학에서 종합의 야망이 학자의 의식을 확대시켜, 사람들은 모두 형제라는 감각과, 인간행동의 어떤 원리가 갖는 보편성의 감각을 증대시킨 반면, 이슬람 연구에 관한 오리엔탈리즘의 경우에는 종합이라고 하는 것이, 이슬람에 반영되어 있는 동양과 서양의 차이감을 더욱 날카롭게 만드는 결과가 되었다.

여기서 내가 서술하고 있는 것은, 이슬람 연구에 관한 오리엔탈리즘을 오늘에 이르기까지 특징짓는 사항이다. 곧 그 입장은 다른 인문과학과 비교하여 (심지어 오리엔탈리즘의 다른 부문과 비교해 보아도) 퇴행적이고, 그 방법론과 이데올로기는 총체적으로 후진적이며, 다른 인문과학과 역사적·경제적·사회적·정치적인 여러 조건 하의 현실세계의 발전으로부터 상대적으로 고립되었다.[71] 이러한 이슬람(또는 셈) 오리엔탈리즘에 나타나는 격차는, 19세기 말엽에는 이미 분명해졌다. 왜냐하면 필경 셈 또는 이슬람 오리엔탈리즘이, 그 기원으로서 종교적 배경으로부터 지극히 조금밖에 자립하지 못했다는 것은 어떤 관찰자의 눈에도 분명하게 보이기 시작했기 때문이다. 제1회 오리엔탈리스트회의는 1873년에 파리에서 조직되어 개최되었고, 일반적으로 말하여 셈어 학자들과 이슬람 학자들이 지적으로 뒤처져 있다는 것이 처음부터 다른 학자들의 눈에 명백히 드러났다. 1873년부터 1897년 사이에 개최된 오리엔탈리스트회의 전체를 개관하면서, 영국의 학자인 R.N. 커스트[18]는 셈-이슬람 부문에 관하여 다음과 같이 기록하지 않을 수 없었다.

〔고대 셈어 분야에서 개최된〕 이러한 회의는 확실히 동양학을 전진시킨 것이다. 그러나 현대 셈어에 대해서는 동일하게 말할 수는 없다. 확실히 그것은 성황을 이루었으나, 논의된 주제는 거의 모두 사소한 문학적 흥미를 불러일으키는 것뿐이고, 낡은 학파의 딜레탕트적 연구자의 마음을 사로잡는 경우는 있어도, 19세기의 '지남철'인 일급 학자들에게는 무미건조했다. 나는 겨우 하나의 단어를 발견하기 위하여 프리니우스까지 거슬러 올라가야 했다. 이 부문에는 근대적인 문헌학적 정신도 고고학적 정신도 결여되어 있었다. 또 그 보고서를 읽어 보면, 마치 비교문헌학의 탄생에 의해 훈고학자의 거미집이 일소되기 이전에 그리스 연극의 일절을 읽는 방식이나 모음의 악센트를 논의하기 위하여 모인 지난 세기 대학 선생들의 회의록같이 생각된다. 도대체 마호메트가 펜을 쥘 수 있었는가, 또는 문자를 쓸 수 있었는가와 같은 의제가 과연 논의할 만한 가치가 있었을까?[72]

커스트가 기록하고 있는 복고 취미의 논쟁은, 어느 정도로는 유럽 반反셈주의의 학술적인 변종에 불과했다. 심지어 이슬람교도와 유대교도

---

18) R.N. Cust(1821~1909)는 영국의 동양 및 아프리카학자.

를 포함한다는 '근대 셈족'이라는 호칭(그것은 르낭이 창시한, 소위 고대셈어학 분야에 그 기원을 갖는 것이다)조차 그 인종차별주의의 깃발을 상당한 정도로 나부끼게 했다. 커스트는 그 보고서의 조금 뒷부분에서, 그 회의에서 "'아리아인'이라는 것이 고찰의 소재를 대량으로 제공했다."는 점에 관해서도 언급하고 있다. '아리아인'이 '셈'족에 대립하는 추상 개념이라는 것은 분명하나, 내가 이미 열거한 몇 가지 이유에 의해, 이러한 격세유전적인 징표는 특히 셈족에 적합한 것이라고 느껴졌다. 그 것이 인간세계 전체에 대하여 얼마나 값비싼 도덕적 및 인간적인 결말을 초래했는가는, 20세기 역사가 충분히 증명하고 있는 그대로이다. 그러나 현대의 반셈주의 역사 속에서 충분히 강조되지 않았던 것은, 이러한 격세유전적인 호칭이 오리엔탈리즘에 의해 정당화되었다는 사실이며, 또 여기서 나의 목적에 비추어 더욱 중요한 것으로서, 어떻게 하여 이러한 학술적이고 지적인 정당화가, 이슬람, 아랍, 중동에 관한 논의에서 현대에 이르기까지 일관되어 존속하여 왔는가 라는 점이다. '니그로 정신'이라든가 '유대인의 인격'에 관하여 학술적인 (또는 대중적인) 논문을 쓰는 것이 더 이상 불가능한 상황에 있는 반면, '이슬람 정신'이라든가 '아랍인의 성격'이라는 연구에 종사하는 것은 완벽하게 가능하다. 그러나 이 문제에 대해서는 뒤에서 다시 논의하겠다.

그리하여 이슬람연구에 관한 양 대전 사이의 오리엔탈리즘의 지적인 계보―그것은 마시뇽과 기브의 경력 속에 가장 흥미 깊고 만족할 만한 형태로(이것은 아이로니컬하게 말하는 것이 아니다) 나타난다―를 정확하게 이해하기 위하여, 우리는 오리엔탈리스트가 그 소재에 대하여 보여 준 총괄적인 자세와, 그것에 강한 문화적인 유사성을 보여 준 아우어바흐와 쿠르티우스와 같은 문헌학자들의 저술에 나타나는 자세 사이의 차이를 이해하여야 한다. 이슬람 오리엔탈리즘에 나타나는 지적 위기는,

'후기 부르주아 인문주의'가 갖는 정신적 위기의 또 다른 측면에 지나지 않았다. 그러나 이슬람 오리엔탈리즘은 그 형태와 양식에서, 인류의 여러 문제를 '동양'과 '서양'이라는 범주로 나누어 생각할 수 있다고 보았다. 서양인과 달리 동양인의 경우, 해방이라든가 자기표현 그리고 자기확장은 문제가 아니라고 믿어졌다. 그 대신 이슬람을 연구하는 오리엔탈리스트가 이슬람에 대한 자신의 관념을 표명했는데, 그 방식은 변화라든가 동서의 상호이해 또는 케케묵은 원시적인 고전적 제도로부터 현대성으로의 인간 발전에 대한 그의, 그리고 무슬림의 **저항**을 소문으로 강조하는 것이었다. 실제로 변화에 대한 이러한 저항감은 지극히 강력했고, 그 저항감에 기인하는 힘은 매우 광범한 것이기 때문에, 우리는 오리엔탈리스트의 저술을 읽을 때에, 두려워해야 할 계시란 서양문명의 파멸이 아니라, 도리어 동서를 서로 가르고 있는 장벽의 붕괴라는 것을 이해하게 된다. 기브가 현대 이슬람 여러 나라의 민족주의에 반대한 것은, 이슬람을 동양적인 것으로 만들고 있는 내적 구조가 민족주의에 의해 유린된다고 느꼈기 때문이었다. 곧 그는 세속적 민족주의의 최종적 결과가, 동양이 서양과 무엇인가 다른 점이 없게 하는 것이 되리라고 생각했다. 그러나 그가 이처럼 반대의사를 표명하는 경우에, 자신이 이슬람의 정통파 공동체를 '대변'하고 있다고 생각하는 방법을 취했다. 이는 기브가 다른 종교에 대하여, 이상할 정도로 커다란 공감적인 일체화의 능력을 갖추었음을 보여 주는 증거이다. 이러한 주장이 원주민을 대신하여 말한다고 하는 과거의 오리엔탈리즘적인 습관에 어느 정도까지 되돌아가는 것인가, 또 그것이 어느 정도까지 이슬람의 최대이익을 위하여 말하고자 하는 진지한 시도였는가 라는 의문에 대한 해답은, 이 두 가지의 선택 사이 어딘가에 위치하고 있다.

어떤 학자나 사상가라고 하여도 물론, 그가 국적이나 역사적 우연에 의해 소속하게 된 이념형이나 학파의 완벽한 대표자일 수 없다고는 말할 수 없다. 그러나 오리엔탈리즘과 같이 비교적 고립되고 특수화된 전통의 경우, 각각의 학자에는, 국가적인 이데올로기라고까지는 말할 수 없어도, 국가적 전통에 대한, 부분적으로 의식적이고 부분적으로 무의식적인 자각이 어느 정도 있는 것으로 생각된다. 이는 특히 오리엔탈리즘에서 현저히 나타나는 것이고, 그 이유의 일부는 유럽의 여러 나라가 동양 여러 나라의 문제에 정치적으로 직접 관여해 왔다는 점에 있다. 영국과 프랑스 밖에서 학자의 국가적 정체성이 단순 명쾌한 형태로 나타난 보기를 들어 본다면 스누크 휴르그로니에의 경우가 즉시 떠오르게 된다.[73] 그러나 개인과 유형의 차이(또는 개인과 전통의 차이)에 관하여 필요한 모든 조건을 감안한 뒤에라도, 기브와 마시뇽이 얼마나 완전한 대표적인 유형이었는가에 주목한다면, 놀라움을 금할 수 없다. 필경 기브와 마시뇽은 각각의 국가적인 전통, 국가정책, 각국의 오리엔탈리즘 '학파'의 내적인 변천이, 그들을 위하여 창조한 모든 기대를 실현시킨 것이라고 말하는 쪽이 좋으리라.

실뱅 레비는 이 두 학파 사이의 차이점을 다음과 같이 예리하게 구별했다.

> 영국을 인도에 결합시키는 정치적 이해로 인하여, 영국인의 일은 언제나 구체적 현실과의 접촉을 유지하면서, 과거의 표상과 현재 눈앞에서 펼쳐지는 광경 사이의 결합을 지속시켜 왔다.
>
> 그런데 고전적인 전통에 의해 함양된 프랑스의 경우에는, 그들이 중국에 흥미를 가졌던 것과 마찬가지의 방식으로 인도에서 발현된 인간정신을 탐구하고자 하는 것이다.[74]

이러한 양극성이, 한편에서는 근엄하고 실제적이며 구체적인 작품을 산출하고, 다른 한편에서는 보편적·사변적이며 재기 발랄한 작품으로 결실을 맺었다고 말하는 것은 너무나도 안이한 것일지 모른다. 그러나 이 양극성은 1960년대까지 프랑스와 영·미의 이슬람 연구에서 오리엔탈리즘을 지배한 두 명의 학자, 그들의 길고도 지극히 탁월한 이력을 설명하는 데에 유효하다. 만일 이 지배라고 하는 것이 무슨 의미를 갖는다면, 그것은 각 학자가 자각적인 전통 속에서 출현하여 그 전통 속에서 작업을 했기 때문이다. 그리고 그러한 전통을 구속하는 힘(또는 지적·정치적으로 말한다면 그 한계)은, 레비가 앞에서 말한 바와 같이 서술될 수 있다.

기브는 이집트에서 태어났고, 마시뇽은 프랑스에서 태어났다. 두 사람은 모두 지극히 종교적이고 경건한 인간으로 길러져서, 사회를 연구하는 학도라기보다도 도리어 사회 속의 종교생활을 연구하는 학도라고 할 정도였다. 동시에 그들은 지극히 세속적이기도 했다. 곧 그들의 최대 업적 가운데 하나는, 전통적인 학문을 정치세계에 응용한 것이었다. 그러나 각자의 학교교육과 종교교육에 나타나는 명백한 차이점을 고려하여도, 그들의 작업 범위(또는 그 조직 대부분)는 지극히 상이했다. 알-할라주("그의 영향의 흔적을 그는 그 뒤의 이슬람문학과 이슬람신앙 속에서 끝없이 탐구했다"고 기브는 1963년[19]에 마시뇽에 대한 추도사 속에서 서술했다)의 작품에 대한 일생의 헌신 속에서 마시뇽의 거의 무제한적인 탐구의 범위는, 그를 사실상 모든 장소에 이끌었고, 거기에서 "시공을 일관하는 인간 정신"의 증거를 발견하게 되었다. "현대 이슬람의 생활과 사상의 모든 측면과 모든 영역"을 포함하는 **작업**에 의해, 오리엔탈리즘에서 마

---

19) 원서에는 1962년으로 되어 있으나 잘못된 것이므로, 원주 75와 함께 수정한다.

시농의 존재는 그의 동료에 대해 끊임없는 위협이 되었다. 예컨대 기브는 마시뇽이 그 주제를 추구하면서 사용한 방법을 칭찬하였으나, 최종적으로는 그것으로부터 벗어났다.

그의 주제는 어떤 방법으로 무슬림의 정신생활과 가톨릭의 그것을 결부시키는 것이었고, [그 결과 그는] 파티마[20] 숭배 속에서 양자에 공통된 결과를 발견했고, 나아가 시아파 사상의 수많은 발현 형태에 관한 연구나 아브라함에 유래하는 공동체,[21] 7인의 잠자는 사람[22]이라는 주제 속에서 지극히 흥미 깊은 연구 영역을 발견했다. 이러한 주제에 관한 그의 저술은, 그가 그것들에 부여한 특질에 의해 이슬람연구에서 불후의 중요성을 확보했다. 그러나 바로 이러한 특질로 인하여 그러한 저술은 소위 두 가지 영역에서 집필된 것이 되었다. 그 하나의 영역은, 객관적 학문이라는 통상의 차원에서 성립된 것으로서, 학문적인 연구 속에서 이미 확립된 도구를 완벽하게 이용하여, 주어진 현상의 본질을 해명하고자 시도한 것이었다. 또 하나의 다른 영역은,

---

20) Fatima는 예언자 마호메트의 4녀로서 제3대 정통 칼리프인 알리의 아내였다. 시아파에서는 알리를 중요시했기 때문에 그의 처인 파티마에 대해서도 여러 가지 전설이 생겨나서 그 숭배를 낳았다. 마시뇽은 이슬람세계와 파티마 숭배를 기독교의 마리아 숭배에 대비시켰다.
21) 마시뇽은 예언자 Abraham을 유대교, 기독교, 이슬람교라고 하는 세 가지 일신교의 '공통된 아버지'로서 이해했다. 이러한 세 종교는 아브라함의 신이 각각 모세, 예수, 마호메트에 내린 계시에 의해 생긴 것이고, 마시뇽에게 이슬람이란 무엇보다도 먼저 이 '아브라함의 종교'라는 공통의 그릇에 근거한 종교 공동체로 이해되었다.
22) '7인의 잠자는 사람Sleepers'이란 기독교 전설상의 인물이다. 전설에 의하면 3세기 에베소(소아시아 서부의 도시)에 사는 7명의 기독교도가 당시의 로마황제 테키우스의 기독교 박해를 피하여 근교의 동굴에서 은신하고, 그들을 보호하고자 하는 신에 의해 오랫동안 잠들게 되었다. 그후 200년 뒤에 그들이 잠에서 깨어났을 때, 에베소는 이미 기독교도의 도시가 되었고, 그들은 사후에 성인으로 숭배되었다는 것이다. 이 전설은 '동굴의 사람들Ahl alkahf, Ashab al-kahf'로서 이슬람세계에도 전파되어, 《코란》의 '동굴의 장'과 아랍 연대기 속에 정착되었다. 마시뇽은 이 전설을 '이슬람의 묵시록'이라고 부르고, 이슬람과 기독교를 결합하는 요소 trait d'union라고 생각했다.

객관적인 자료와 객관적인 이해가, 정신적 차원으로 구성되는 개인적 직관에 의해 흡수되고 변형된 차원에서 성립된 것이었다. 제1의 영역과, 그의 풍요한 개성의 분출에 의해 생긴 변형 사이에 분명한 경계선을 긋는 것은 반드시 쉬운 일이 아니었다.

여기에는 가톨릭 신자 쪽이 프로테스탄트보다 '파티마 숭배'의 연구에 더욱 더 이끌리기 쉽다는 점이 암시되어 있다. 그러나 '객관적' 학문과 (심지어 지극히 정밀한) '정신적 차원으로 구성되는 개인적인 직관'에 근거한 학문 사이의 구별을 애매하게 만든 사람을 기브가 수상하게 생각한 것은 오류가 아닌 사실이다. 그러나 기브는 정당하게도 위 추도사 부분에 이어서, '무슬림 예술의 상징주의, 무슬림의 논리구조, 복잡한 중세의 재정, 기술자 단체 조직'[23]과 같은 다양한 분야에서 마시뇽의 정신이 보여 준 '풍요성'을 인정하고 있다. 나아가 그것에 이어 바로 기브는, 젊은 날의 마시뇽이 품었던 셈어에 관한 관심을, '문외한에게는 거의 고대 헤르메스 문서[24]'의 신비성에도 필적할 정도로 난해한 연구'를 낳은 원천으로서 올바르게 특징짓고 있다. 그럼에도 기브는 관대한 어조로 다음과 같이 맺고 있다.

우리에게 그가 동시대의 오리엔탈리스트들의 마음에 새겨 준 교훈이란, 동양문화의 여러 양상에 의미와 가치를 부여하여 온 생생한 힘에 어느 정도

---

23) 마시뇽은, 9세기 이래의 경제발전에 수반된 칼마트파(시아파 중 이스마엘파의 분파)가 기술자를 조직하는 것에 의해 이슬람 도시에 길드조직을 형성했다고 주장했다.
24) 연금술, 점성술, 우주생성론, 의학 등의 비교秘敎적인 지식에 관한 서술을 포함한 일련의 문서를 *Hermitica*라고 한다. 기원전 1세기부터 기원후 2세기에 걸쳐 란시스파, 유대교, 조로아스터교, 이집트의 토착신앙, 플라톤의 '티마이오스' 등의 영향을 받은, 헬레니즘 시대의 이집트 사상가가 저술한 것이라고 생각된다. 테르메스 토리스메기스토스의 계시라고 하는 형태를 취하고 있는 것이 그 형식적인 특징이다.

관여하지 않고서는, 심지어 고전적인 오리엔탈리즘이라고 해도 더 이상 적합하지 않다고 하는 것이었다."75

물론 그것은 마시뇽의 최대의 공적이었다. 그리고 확실히 현대 프랑스의 이슬람학Islamology(프랑스에서는 가끔 그러한 용어가 사용된다)에서는, '동양문화'를 알려주는 '생생한 힘'과 일체화시키고자 하는 전통이 육성되었다. 곧 자크 베르크[25], 막심 로댕송, 이브 라코스트[26], 로제 아르날데즈와 같은 학자들(그들은 모두 접근방식과 의도에서 매우 상이하다)의 비범한 업적을 지적하는 것만으로도, 우리는 그들 모두에게 틀림없이 지적 영향을 끼친 마시뇽이라는 풍부한 보기에 놀라지 않을 수 없다.

그러나 기브는 마시뇽의 여러 가지 장점과 단점에 대하여, 거의 삽화적으로 그의 논평의 초점을 맞추어 가는 방식을 택했기 때문에 마시뇽에 관한 몇 가지 명백한 사실을 간과하게 되었다. 그러한 사실이란 마시뇽을 기브와는 지극히 상이한 존재로 만드는 것임과 동시에, 전체적으로 보는 경우, 그를 프랑스 오리엔탈리즘에서 매우 중요한 발전을 보여주는 성숙한 상징으로 만든 것이다. 그 하나는 마시뇽의 개인적인 배경이었다. 이것은 프랑스의 오리엔탈리즘에 관한 레비의 서술이 정곡을 찌르고 있다는 것을 지극히 확실하게 실증해 주는 것이다. 본래 '인간정신'이라는 관념 자체가, 수많은 근대 영국의 오리엔탈리스트와 같이 기브가 발전시킨 지적·종교적인 배경과는 이질적인 것이었다. 마시뇽의 경우, 미적·종교적·도덕적·역사적 현실로서의 '정신'이라는 관념은, 그가 유년시절부터 영양분으로 흡수해 온 것으로 생각된다. 그의 가족은 위스망스와 같은 사람들과 가깝게 지냈다. 그리고 마시뇽의 거의 대

---

[25] Jacques Berque(1910~)는 프랑스의 사회학자이자 동양학자.
[26] Yves Lacoste는 프랑스의 지리학자이자 중동역사가.

부분의 저술에는, 그가 지적인 분위기 속에서 누린 유년기의 교육과 후기 상징주의의 이념이 분명히 나타나고 있다. 이는 그가 흥미를 가졌던 특수한 가톨릭주의(그리고 이슬람 신비주의)에 관해서도 마찬가지로 말할 수 있는 것이다. 그 세기의 위대한 프랑스적 문체의 하나에 의해 정식화된 마시뇽의 저술에는, 엄격함이 완전히 결여되어 있다. 인간의 경험에 관한 관념을 그는, 자신과 같은 시대의 사상가들과 예술가들로부터 풍부하게 흡수했다. 그리고 그의 문체 자체가 포함하는 매우 광범한 문화적인 영역이야말로, 마시뇽을 기브와는 완전히 상이한 범주 속에 위치시켰다. 그의 젊은 날의 여러 관념은 소위 미적인 퇴폐의 시대 속에서 출현한 것이었고, 동시에 베르그송·뒤르켐·모스[27]와 같은 사람들의 영향도 받았다. 그는 젊은 시절에 르낭의 강의를 들으며 오리엔탈리즘을 처음으로 접했다. 또 그는 실뱅 레비의 지도를 받았고, 폴 클로델, 가브리엘 부누르[28], 자크 마리탱[29], 라이사 마리탱[30], 샤를 드 푸코[31]와 같은 인물들과 친구가 되었다. 그 뒤에 그는 도시사회학, 구조주의언어학, 정신분석학, 현대인류학, 새로운 역사학[32]과 같은 비교적 새로운 분야의 성과도 흡수할 수 있었다. 알-할라주에 관한 기념비적인 연구는 말할 필요도 없고, 그의 논문은 모두 거대한 이슬람 문헌의 집합체 전체를 쉽게 이용하여 쓰였다. 곧 그의 신비스러울 정도의 학식과 거의 완벽

---

27) Marcel Mauss(1872~1950)는 프랑스의 사회학자.
28) Gabriel Bounoure는 프랑스의 동양학자.
29) Jacques Maritain(1882~1973)은 프랑스의 가톨릭 철학자로서 한국에도 영향력이 컸고 몇 권의 저서가 번역되었다.
30) Raïssa Maritain은 Jacques Maritain의 아내.
31) Charles de Foucauld(1858~1916)는 프랑스의 탐험가이자 종교가.
32) *New History*(*Nouvelle Histoire*)는 아날학파를 뜻한다. 그것은 1929년, 뤼시앙 페브르, 마르크 블로흐 등에 의해 창시된 잡지 《사회경제사연보*Annales d'Histoire Économique et Sociale*》를 발발점으로 하는 현대역사학의 새로운 조류로서, 역사를 살아 있는 인간활동의 총체로서 포괄적으로 파악하려는 입장이다.

하게 친숙한 인격으로 인하여, 종종 그는 호르헤 루이스 보르헤스[33])가 창조한 학자와 같은 모습으로 비치기도 했다. 그는 유럽문학의 '동양적인' 주제에 지극히 민감했다. 이에 대해서는 기브도 관심을 기울였으나, 기브와 달리 마시뇽은 동양을 '이해한' 유럽의 작가에게도, 또 그 뒤에 오리엔탈리스트 학자들이 행한 발견을 독자적으로, 예술적으로 확인하는 유럽어의 텍스트(예컨대 기브는 살라딘 연구에 관한 자료로 스콧에 흥미를 나타냈었다)에도 그다지 흥미를 느끼지 않았다. 마시뇽의 '동양'은, 7인의 잠자는 사람이나 아브라함의 기도[34])의 세계와 완전히 조화되는 것이었다(이는 마시뇽의 이슬람에 대한 비정통적인 견해를 나타내는 구분적인 특징으로서, 기브가 선택한 두 개의 주제이다). 곧 그의 '동양'은 색다르고, 약간 기이하며, 그가 그곳에 포함시킨(그리고 어떤 의미에서는 그것을 하나의 주제로 삼은), 눈을 어지럽히는 정도의 해석의 재능에 완전히 대응하는 것이었다. 기브가 스콧이 묘사한 살라딘을 좋아했다고 한다면, 마시뇽은 그것과 대조적으로 자살자, 저주받은 시인, 정신적 기인으로서의 네르발을 좋아했다. 이는 마시뇽이 본질적으로 과거를 연구하는 학도였음을 의미하는 것은 아니다. 도리어 반대로 그는 이슬람·프랑스의 관계나 정치·문화에서 중요한 인물이었다. 분명히 그는 이슬람세계가

---

33) Jorge Luis Borges(1899~1986)는 아르헨티나의 소설가로서 신비적 사실주의 *Magic Realism*에 입각한 그의 작품은 유럽문학에 큰 영향을 끼쳤다.
34) 《구약성서》에 의하면, 아브라함은 여자 노예인 하갈과의 사이에서 이스마엘, 본처 사라와의 사이에서 이삭을 얻었다. 이삭은 그 뒤에 유대교와 기독교의 선조가 되고, 이스마엘은 아랍 이슬람교의 선조가 된다. 그러나 신은 이스마엘이 아니라 이삭과 계약을 맺는다(《창세기》 제17장 제19~21절). 따라서 아랍은 이러한 신의 계약으로부터 제외된 사람들로 인정되나, 그들에게도 신의 축복은 주어진다. 왜냐하면 아브라함의 기도(《창세기》 제17장 제18장)에 답하여, 신은 이스마엘의 자손에게도 축복을 약속했기 때문이다(제11장 제20절). 이슬람은 이 아브라함의 기도와 신의 축복에 그 존재기반을 두고 있다. 그리고 이 축복된 민족에게, 신과의 계약을 회복시키기 위한 싸움이 '지하드'가 된다.

단순히 학문에 의해서만이 아니라, 그 세계의 모든 활동에 투입함에 의해 처음으로 통찰될 수 있다고 믿은 정열의 인간이었다. 그러한 활동의 적지 않은 것이, 이슬람에 포섭된 동양 기독교의 세계였고, 그중의 작은 집단인 바달리야 동포회[35]야말로 마시뇽이 따뜻하게 격려한 것이었다.

마시뇽은 문학적인 자질을 타고났기 때문에, 그의 학문적 저술은 가끔 변덕스럽고 과도하게 국제주의적이며, 때로는 사적인 사색이라는 겉모습을 나타냈다. 이 겉모습은 사람들을 오해하기 쉽게 만들고, 실제로 그의 저술을 특징짓는 것으로는 상당히 불충분하다. 마시뇽이 주의 깊게 회피하고자 한 것은, 그가 '오리엔탈리즘의 분석적·정태적 분석'이라고 부른 것으로,[76] 이는 어떤 이슬람적인 텍스트나 이슬람적 문제를 가정하고서 그 위에 자료, 기원, 증거, 논증 등을 일종의 불활성적인 방식으로 포함시키는 것이었다. 그는 언제나 가능한 한 많은 텍스트나 문제의 맥락을 포괄하고, 그 맥락을 활성화하여, 예리한 통찰력으로 거의 모든 독자를 놀라게 했다. 그 통찰력은 마시뇽과 같이, 모든 텍스트의 인간적 핵심에 들어가기 위하여 학문 분야와 전통 영역이 갖는 경계선을 건너고자 하는 사람이라면 누구나 갖는 것이었다. 현대 오리엔탈리즘의 학자로서—물론 업적이나 영향력이란 점에서 마시뇽에 가장 가까운 동료인 기브조차—그와 같이 쉽게(또 정확하게) 하나의 논문 속에서 수많은 이슬람 신비주의자들에 대하여 언급하면서, 동시에 융[36], 하이

---

[35] Badaliya Sodality(al-Badaliya)는 "이슬람에 대하여 구세주 크리스트의 사랑을 나타내는 것"을 목적으로 하여, 1934년 이집트의 다미에타에서 마시뇽에 의해 창설된 신앙단체이다. Badaliya는 본래 대체subsitute를 뜻하는 아라비아어이다. 마시뇽은 《구약성서》의 이삭의 대체 설화, 인류의 대체자로서 예수의 고난, 그 뒤의 기독교신비주의나 잔 다르크, 마리 앙투아네트에 나타나는 '대체'의 전통에 착안하여, 대체에 의해 기독교의 사랑을 재현하는 것이 기독교도의 사명이라고 생각했다. 기독교도가 무슬림의 대체자가 되어, 예수의 대체를 인정하지 않는 이슬람에게 그 의미를 가르치는 것을 바달리야 동포회의 목적으로 정했다.

젠베르크[37], 말라르메[38], 키에르케고르[39])에 언급한 사람은 없었다. 그리고 확실히 그 정도로 폭이 넓음과 동시에 구체적인 정치적 경험까지 함께 갖춘 오리엔탈리스트는 존재한 적이 없다. 그는 〈동양 앞에 선 서양 : 문화적 해결의 우월성〉이라는 1952년의 논문에서, 그의 정치적 경험에 관하여 말할 수 있었다.[77] 그럼에도 그의 지적 세계는 분명하게 정의되었다. 그것은 명확한 구조를 가지며, 그의 경력의 최초부터 최후까지 전혀 변화하지 않고 거의 누구와도 비교할 수 없는 박식함과 광범한 시야를 가지면서 기본적으로 불변인 일련의 관념 속에 포함된 것이었다. 아래에서 그 구조를 간단히 서술하고, 그 여러 관념을 요약하여 열거하여 보자.

마시뇽은 그 출발점으로서 세 가지의 아브라함 종교를 선택했다. 그 중에서 이슬람은, 이스마엘의 종교, 곧 신이 이삭에게 준 계약에서 제외된 사람들의 일신교라고 보았다. 따라서 이슬람은(아버지인 신과 그 화신인 크리스트에 대한) 저항의 종교이고, 하가르의 눈물[40]로 시작된 슬픔을 그 속에 가지고 있다고 한다. 그 결과 아라비아어는 눈물의 언어 그 자체가 되었고, 동시에 이슬람의 '지하드' 개념 전체가 중요한 지적 차원을 확보한다(지하드란 르낭이 몰랐거나 이해할 수 없었던 이슬람의 서사시적 형태라고 마시뇽은 분명히 밝히고 있다)는 것이다. 마시뇽에 의하면 지하

---

36) Carl Gustav Jung(1875~1961)은 스위스의 정신분석학자.
37) Werner Heisenberg(1901~1976)는 독일의 이론물리학자.
38) Stéphane Mallarmé(1842~1895)는 프랑스의 상징과 시인.
39) Sören Kierkegaard(1813~1855)는 덴마크의 철학자이자 신학자.
40) 《구약성서》에 의하면 아브라함의 아들인 이스마엘을 낳은 하갈은 사라에 의해 자식과 함께 황야로 추방되었다. 황야에서 마지막 물 한방울이 끝났을 때, 하갈은 아들을 나무 밑에 내려 놓고 소리 높여 울었다(하갈의 눈물). 그러자 신은 하갈의 눈을 뜨게 하고, 그녀에게 샘을 찾게 했다고 한다(〈창세기〉 제21장, 제9~19절). 이슬람의 전설에서는 이것이 메카의 잠잠의 샘으로 나타난다.

드의 사명이란, 외부의 적인 기독교와 유대교, 그리고 내부의 적인 이단에 대한 투쟁이다. 그러나 마시뇽은 이슬람의 내부에서 일종의 역류를 식별할 수 있다고 믿었다. 그 역류란 신의 은총에 이르는 길로서 신비주의 속에 체현되었다고 보아, 그것을 연구하는 것이야말로 그의 주된 지적 사명이 되었다. 신비주의의 기본적인 특징이 그 주관적인 성격에 있다는 것은 말할 필요도 없는 사실이다. 그리고 그 비합리적이고 불가해하기도 한 경향은, 이상하고 개인적이며 순간적인 신에 대한 참여 경험으로 향한 것으로 이해되었다. 그리하여 신비주의를 논하는 마시뇽의 이상한 저술 전체는, 이슬람의 정통과 공동체 또는 순나에 의해 부과된, 제한된 합의의 틀에서 나온 영혼의 과정을 서술하고자 하는 시도가 되었다. 이란의 신비주의자가 아랍의 그것보다도 더욱 대담하다고 한다면, 그것은 이란인이 아리아인이기 때문이며('아리아인'과 '셈족'이라고 하는 전통적인 19세기적 구분은, 슐레겔이 말하는 두 개 어족의 대립이라는 정통성과 마찬가지로 마시뇽의 경우에도 어쩔 수 없는 긴급성을 갖는 것이었다.[78]) 또 이란인이 '완전한 자'를 추구하는 인간들이었기 때문이라고 했다. 곧 마시뇽의 견해에 의하면, 아랍 신비주의자는 바덴부르크의 소위 증언적 일원론[41]에 기울어진 것이었다. 그리하여 이슬람에 의해 전면적으로 부정된 십자가형을 희망하고, 마침내 그 희망을 성취함으로써

---

41) 이슬람 신비주의는 신과 인간(자기)의 이원적 대립을 초월하여 신과 일체화되는 것(타우히드)을 그 목표로 삼는 것이나, 마시뇽은 그것에 두 가지의 경향이 있음을 지적했다. 하나는 이븐 알-알라비(1240년 사망), 이븐 알-파리드(1235년 사망), 루미(1273년 사망) 등에서 나타나는 존재일원론 *monisme existentiel, wahda al-wujud*이고, 다른 하나는 할라주로 대표되는 증언적 일원론 *monisme testimonial, wahda al-shuhud*이다. 전자는 모든 것을 존재에서 하나로 보는 범신론적인 입장으로서 철학적·내성적·관조적인 경향을 갖는다. 그것에 대하여 후자는 행위와 실천에 의해 '정신적 충격 *wajd*'을 통하여 존재 *wujud*를 지각하고, 스스로가 신의 증인(나는 신이다)이 되는 것이다. 마시뇽에 의하면 이란의 신비주의자는 전자에, 아랍의 신비주의자는 후자에 기울어지기 쉽다고 한다.

정통파 공동체의 외부에서 스스로의 해방을 추구한 알-할라주는 그야 말로 마시뇽에게는 전형적인 인물이 되었다. 마시뇽에 의하면 마호메트는 그 자신과 신을 단절시키고 있는 구덩이를 메우기 위하여 그에게 주어진 기회[42]를 고의로 물리쳤다. 따라서 알-할라주의 공적이란, 이슬람의 본성에 반해 신과의 신비적인 합일을 이룩한 것이었다.

정통파 공동체의 나머지 부분은, 마시뇽이 '존재론적인 고갈soif ontologique'이라고 부른 상황 속에 살아 있다. 신은 인간에 대하여 일종의 부재absence로서, 곧 존재하는 것에 대한 거부로서 나타난다. 그러나 자신은 신의 의지에 복종(이슬람)한다는 경건한 무슬림의 의식이, 신의 초월성에 대한 질투심과 모든 우상숭배에 대한 불관용을 낳고 있다. 마시뇽에 의하면 이러한 관념이 토대를 이루고 있는 것은 '할례된 마음 circumcised heart'[43]이다. 이 할례된 마음은 증거를 구하는 무슬림적인 정열에 의해 취해진 경우, 알-할라주와 같이 신적인 열광 또는 신에 대한 사랑에 의해 불타는 경우도 있을 수 있다. 어느 경우든지 간에 신의 초월적 유일성(타우히드)은 경건한 이슬람교도에 의해, 증언에 의해, 신에 대한 신비한 사랑을 통하여 반복하여 성취되고 이해되어야 하는 것이다. 그리고 이것이야말로 이슬람의 '의도'를 정의하는 것이라고 마시뇽은 어떤 복잡한 논문 속에서 서술했다.[79] 확실히 마시뇽이 이슬람의 신비주의적인 사명에 대하여 공감을 나타낸 것은, 그것이 경건한 가톨릭

---

[42] 마시뇽에 의하면 절대적 유일신과 인간이라는 이원적 대립을 초월하는 일체화의 보기는, 이미 마호메트의 신비적인 미라주(승천) 체험 속에서 인정되고 있다고 한다(《코란》 '밤의 여행'의 장). 그러나 마호메트는 이 황홀한 체험을 그 이상 추구하지 않았기 때문에 신과 인간의 신비한 합일의 달성을 위해서는, 후세의 신비주의자인 알-할라주의 출현을 기다려만 했다.

[43] 인간의 마음은 일단 신에 의해 할례(남아 성기의 표피를 잘라내는 것)를 받게 되면, 신의 유일성과 자기의 숙명을 자각하기에 이르며, 그곳에서 신에 대한 신앙이 생긴다고 한다.

교도인 그 자신의 기질과 가까웠기 때문임과 동시에 정통파 신앙 집단의 내부에 교란적인 영향력을 지녔기 때문이기도 했다. 마시뇽의 이슬람에 대한 이미지는, 이슬람의 거부, 이슬람의 뒤늦은 출현(다른 아브라함 종교와 비교했을 때), 세속적인 현실에 대한 이슬람의 비교적 불모의 감각, 알-할라주 기타 수피 신비주의자들이 체험한 종류의 '정신적 충격'에 대한 중후한 방위구조, 그 세 가지의 위대한 일신교 가운데 현존하는 유일한 '동양의' 종교로서의 이슬람의 고립성이라는 특질과 끊임없이 연결된 종교의 이미지였다.[80]

마시뇽이 '단순한 불변invariants simples'[44] [81]을 수반한 이슬람이라는 (특히 그의 사고와 같이 분방한 사고에서는) 분명히 엄격한 사고방식을 취했다고 하여 그가 이슬람에 대한 깊은 적의를 품었던 것은 아니었다. 마시뇽의 저술을 읽어 보면, 우리는 그가 반복하여 복합적인 독해의 필요성을 고집하고 있음을 알고 충격을 받게 된다. 그것은 의심할 수 없는 절대적 성실함을 갖는 요구이다. 그는 1951년에 자신의 오리엔탈리즘이 "이국 취미에 대한 편견도, 유럽의 부인도 아니고, 우리의 연구 방법과 고대문명의 경험적 전통을 동일 수준에 두는 것이다"라고 서술했다.[82] 아라비아어와 이슬람 문헌의 독해에서 실천된 이러한 종류의 오리엔탈리즘은, 거의 압도적이라고 해야 할 지성을 보여 주는 여러 가지의 해석을 낳았다. 따라서 우리가 마시뇽의 정신이 갖는 참된 천재성과 참신성에 대하여 경의를 표하지 않는 것은 어리석은 일이다. 그러나 그가 자신의 오리엔탈리즘에 관하여 내린 정의 속에서도 '우리의 연구 방법'과 '고대 문명의 경험적 전통'이라는 두 가지의 말은, 반드시 주목해야 한다. 마시뇽은 자신의 작업을 크게 두 가지의 대립하는 양의 통합으로 보

---

44) 마시뇽에 의하면, 유일한 성전(《코란》), 예배 시에 향하는 유일한 방향(키브라), 달력의 근거가 되는 유일한 천체(달)를 가리킨다.

았다. 그러나 우리를 곤혹스럽게 하는 것은 유럽에 대한 동양이라는 대립의 사실만이 아니라, 이러한 두 가지 양 사이에 나타나는 기묘한 불균형이다. 마시뇽은 동양과 서양의 차이의 본질이 현대성과 고대적 전통 사이의 차이라는 것을 주장하고자 했다. 그리고 실제로 마시뇽의 방법의 한계가 가장 직접적으로 나타나는 정치적·현대적인 여러 문제에 관한 저술 속에서는, 동서의 대립이 지극히 특이한 방법으로 부상되었다.

동서의 만남에 관한 마시뇽의 비전 가운데 가장 훌륭한 부분은, 동양에 대한 서양의 침략, 서양의 식민지주의, 이슬람에 대한 서양의 가차 없는 공격 대부분을 서양의 책임으로 돌린 것이었다. 마시뇽은 무슬림 문명을 위하여 지치지 않고 싸운 용사였고, 1948년 이후에 쓴 많은 논문과 편지가 증명하듯이, 팔레스타인 난민을 지원했다. 또한 압바 에반[45]의 발언과 관련하여 그가 엄격하게 이스라엘의 '부르주아 식민지주의[83]'라고 부른 시오니즘[46]에 반대하여, 팔레스타인의 아랍이슬람교도와 아랍기독교도의 권리를 옹호했다. 그러나 그와 동시에 마시뇽의 비전이 취한 틀은, 이슬람 동양에 대해서는 본질적으로 고대의 시간을 부여하고, 또 서양에는 현대성을 부여한 것이었다. 로버트슨 스미스와 마찬가지로, 마시뇽은 동양인이란 현대에 사는 인간이 아니라 셈족이라고 생각했다. 이 환원적인 범주는 그의 사고 위에 강력한 지배력을 미쳤다. 예컨대 1960년, 《에스프리》지에서 마시뇽과, 콜레주 드 프랑스의 동료인 자크 베르크 사이에 '아랍인'을 둘러싼 대담이 행해졌을 때, 아랍·이스라엘 분쟁을 사실상 '셈족'의 문제로 단순화시키는 것이, 과연 현대 아랍의 여러 문제를 보는 가장 좋은 방법일 수 있겠는가 라는 논의에 많은 시간이 주어졌다. 베르크는 이에 대해 정중하게

---

45) Abba Eban(1915~)은 이스라엘의 정치가이자 외교관.
46) Zionism이란 유대인을 팔레스타인에 복귀시키려고 한 유대민족 운동.

이의를 제기하고서, 세계의 다른 곳에서처럼 아랍도 소위 '인류학적 다양성'을 체험해 온 가능성이 있음을 마시뇽에게 환기시키고자 노력했다. 그러나 마시뇽은 그러한 사고방식을 일언지하에 부정했다.[84] 그가 팔레스타인 분쟁에 관하여 반복한 이해와 보고를 위한 노력은 깊은 휴머니즘으로 일관된 것이었음에도 불구하고, 이삭과 이스마엘 사이의 분쟁이라는 사고방식을 넘는 것이 아니었고, 마시뇽과 이스라엘의 항쟁에 관해서 말한다면, 그것은 유대교와 기독교 사이의 긴장관계 이외의 아무것도 아니었다. 아랍의 도시나 시골이 시오니스트의 손에 넘어갔을 때, 상처를 입은 것은 마시뇽의 종교적 감수성이었다.

유럽, 특히 프랑스는 현대적인 현실로 인정되었다. 마시뇽은 처음으로 영국과 정치적으로 접촉한 것이 제1차 세계대전 중이었기 때문에, 영국과 그 정책에 대해서 깊은 혐오감을 품었다. 곧 로렌스와 그의 무리들은, 마시뇽이 파이살[47]과 관계를 맺는 것에 반대한 너무나도 복잡한 정책의 대표자들이었다. "나는 파이살과 함께······ 그 자신의 전통이 갖는 의미 그 자체를 통찰하고자 시도했다."고 마시뇽은 말했다. 그에게 영국인이란, 동양에서의 '확장'이나, 도덕관념을 결여한 경제정책, 정치적 영향력에 관한 시대에 뒤떨어진 철학을 표상하는 사람들로 생각되었다.[85] 한편 프랑스인은 더욱 현대적인 인간으로서, 자신들이 상실한 정신성과 전통적인 가치 등을 동양으로부터 확보하여야 한다고 생각했다. 나는 마시뇽이, 서양을 치료하는 동양이라는 19세기적인 전통의 전체, 곧 퀴네가 최초의 윤곽을 발견한 그 전통을 경유하여 이러한 사고방식을 갖게 되었다고 생각한다. 마시뇽에게 이 전통은 기독교의 연민의 감정과 결부된 것이었다.

---

47) Faisal(1885~1933)은 제1차 세계대전 당시 아랍반란의 지도자로서 시리아 아랍왕국의 왕이었고, 그 뒤에 이라크 국왕이 되었다.

동양인에 관한 한, 우리는 이 연민의 학문, 곧 그들의 언어와 정신구조의 구성 그 자체 속에까지 '참가'한다는 수단에 호소하여야 한다. 우리가 이 참가를 분명히 필요로 하는 이유는, 이 학문이 궁극적으로 우리의 소유물이기도 한 진리의 증거가 되거나, 아니면 우리가 상실하고 다시 획득하여야 하는 진리의 증거가 되기 때문이다. 그리고 마지막으로 심오한 의미에서 존재하는 것 모두가 어떤 의미에서 선이기 때문이고, 모든 식민지의 불쌍한 사람들은 우리의 목적에 봉사하기 위해서가 아니라, 〔그들 자신으로서〕 존재하기 때문이다."[86]

그럼에도 동양인은 그들 자신으로서는 자기평가도, 자기이해도 할 수 없었다. 유럽인이 동양인에 대하여 행한 것을 이유로 하여, 동양인은 자신의 종교와 철학을 상실했다. 곧 이슬람교도는 자기의 내부에 '거대한 공허함'을 가졌다. 그들은 무질서와 자멸에 가까이 있다. 따라서 자신들의 전통적인 문화, 왕조적인 생활의 지배, 신도의 세습재산을 지키고자 하는 이슬람교도와 연대하는 것이 이제 프랑스의 의무가 되었다."[87]

어떤 학자도 자기가 연구하는 국가나 학문적 전통으로부터 가해지는 압력에 저항할 수 없고, 이는 마시뇽의 경우에도 예외가 아니었다. 동양에 관하여 또 동양과 서양의 관계에 관한 많은 발언 속에서, 마시뇽은 다른 프랑스 오리엔탈리스트들의 사고방식을 세련화하고 반복해 왔다고 생각된다. 그러나 그러한 세련의 과정이나 개인적인 스타일 그리고 개성적인 천재성이, 최종적으로는 전통과 국가적 환경 속에서 비개인적으로 작용하는 정치적 억제력에 의해 대체될 가능성이 있음을 우리는 인정하여야 한다. 그리고 그것을 인정한다고 해도, 마시뇽의 경우에는, 그 개성과 현저한 특이성에도 불구하고 그의 동양에 관한 관념이 어떤 방향에서 완전히 전통적이고 오리엔탈리스트적이었다는 것도 인정하여야 한다. 그에 의하면 이슬람 동양은 정신적·셈적·부족적이고, 근본적으로 일신교적·비아리안적인 것이었다. 곧 이러한 형용사는 마치 19세기 말엽의 인류학적 서술의 목록과 유사하다. 전쟁, 식민지주의, 제국주의, 경제적 억압, 사랑, 죽음, 문화교류와 같은 비교적 세속적인 경험은, 마시뇽의 눈에서는 언제나 형이상학적이고 궁극적으로는 비인간화된 렌즈를 통하여 전망된 것으로 생각된다. 곧 그것들은 셈족, 유럽인, 동양인, 아리아인 등이라는 렌즈이다. 그러한 범주가 그의 세계를 구성했고—적어도 그에게는—일종의 심오한 의미를 부여했다. 또 다른 방향에서 마시뇽은, 학문 세계의 개별적이고 고도로 세분화된 여러 관념 사이에 자신을 위한 특별한 위치를 교묘하게 확보했다. 그는 이슬람을 재구성하고, 한편에서는 유럽으로부터, 다른 한편으로는 이슬람으로부터 그것을 방위했다. 동양을 활성화하고 옹호하는 자로서 그가 그것에 간섭했다는 사실은(그것은 간섭이었다) 그 자신이 동양의 차이성을 인정하고, 그것을 자신이 바라는 대로의 모습으로 변용시키고자 하는 노력의 상징이었다. 또 동양에 대신하여 지식을 얻고자 하는 의지는, 마시뇽에게는 지극히 강력했다. 그의 알-할라주 상은 그 의지를 완벽하게 표현하는 것이다. 마시뇽이 알-할라주에게 이상할 정도로 중요성을 부여한 것은, 첫째 학자가 어떤 인물을 그 문화 모체 위에서 뛰어나게 보이게 하려는 결의를 보여 주고, 둘째 알-할라주가 서양 기독교도에게 초조할 정도의 끊임없는 도전을 표상했다는 사실을 보여 준다. 서양의 기독교도에게 신앙이란, 신비주의자가 생각한 극단적인 자기희생이 아니었기(필경 그러한 것이 됨은 불가능했다) 때문이다. 어느 경우에서나 마시뇽의 할라주 상은, 이슬람의 중심적인 교의체계에 의해 본질적으로 불법적인 것으로 인정된 가치를 문자 그대로 체현하고 구현하는 것으로 묘사되었다. 마시뇽 자신이 이슬람의 중심적인 교의체계를 서술한 것도 주로 그것을 알-할라주에 의해 포위되도록 하기 위해서였다.

그러나 그럼에도 우리는, 마시뇽의 저술이 잘못된 것이라든가, 이슬람의 최대 약점이 '평균적'이고 '평범한' 이슬람교도가 갖는 믿음이라고 한 것을, 이슬람에 대해서 잘못된 방식으로 재현한 것이라고 즉시 말할 필요는 없다. 어떤 탁월한 이슬람교도 학자는 바로 이 후자의 입장에 서서 논의를 전개하였다. 그러나 그는 마시뇽을 죄인과 같이 취급한 것은 아니었다.[88] 사람들은 그러한 주장에 대하여 크게 찬성하고 싶을지도 모른다. 왜냐하면 이 책이 지금까지 논증하고자 노력해 온 바와 같이 이슬람은 서양에서 본질적으로 잘못된 방식으로 재현되어 왔기 때문이다. 그러나 문제의 핵심은 어떤 사물의 참된 재현이라고 하는 것이 실제로 존재할 수 있는 것인가 없는 것인가, 또는 재현이라는 것은 모두 그것이 재현이기 때문에 먼저 재현하는 사람이 사용하는 언어에, 이어서 그가 속하는 문화나 제도, 정치적 환경에 분명히 포함되어 있는 것이 아닌가 라는 점이다. 만일 후자가 옳다고 한다면(나는 옳다고 생각한다), 우리는 다음 사실을 인정하여야 한다. 곧 재현이란, 그것이 재현이기 때문에 비로소 '진리' 이외의 실로 많은 사항과 결합되어 있고, 서로 얽혀 있으며, 묻혀 있고, 짜여져 있다. '진리'란 그 자체가 하나의 재현이다. 이러한 것의 방법론적인 귀결로서 우리는 재현(또는 잘못된 재현. 그 차이는 겨우 정도의 문제에 불과하다)을 단순히 내재적인 공통의 주제에 의해서만이 아니라 공통의 역사, 전통, 담론 세계에 의해서도 규정된, 어떤 공통의 활동 영역에 존재하는 것으로 보아야 한다. 이 영역은 어떤 한 사람의 학자의 힘으로 창조될 수 있는 것이 아니라 각 학자가 수용하고, 그 뒤에 거기서 자신의 장소를 발견하여 그 내부에서 각 연구자가 각각에 공헌하는 것이다. 이러한 공헌이란 예외적인 천재에게도 그 영역 내의 소재를 재배치하기 위한 전략이다. 심지어 일단 상실된 사본을 발굴하는 학자도, 실은 이미 준비된 문맥 속에서 그 '발견된' 텍스트를 창조하고 있고, 그것이 새로운 텍스트를 발견한다는 것의 참된 의미이다. 그리하여 각 개인의 공헌이 먼저 그 영역 내에서 변화를 야기하고, 이어서 그곳에 새로운 안정성을 촉진시킨다. 그것은 마치 20개의 컴퍼스로 커버한 지표면에 21번째의 것이 더해졌을 때, 20개 모두의 컴퍼스를 흔들리게 하다가 정지되어 그곳에 새롭게 조화된 배치를 만드는 것과 마찬가지이다.

유럽문화 속에 오리엔탈리즘이 제시하는 여러 재현은, 최종적으로 우리가 담론적 일관성이라고 부르는 것을 확보한다. 그것은 역사만이 아니라 물질적(그리고 제도적) 존재성도 갖춘 것이다. 르낭과 관련하여 이미 서술했듯이, 이러한 일관성은 문화적 실천의 한 형태이자 동양에 관한 진술을 행하기 위한 기회의 시스템이었다. 이 시스템에 관하여 내가 역설하고자 하는 점은, 그것이 어떤 동양적인 본질─그러한 것이 존재한다고는 나는 단 한순간도 믿지 않는다─의 잘못된 표상이 아니라, 통상 표상이라는 것이 그러하듯이 그것이 특정의 역사적·지적·경제적인 배경 속에서 어떤 경향에 따라 어떤 목적을 위하여 작용한다는 것이다. 달리 말하자면 재현이란 목적을 갖는 것이고, 대부분의 경우에 효력을 발휘하거나 또는 다수의 작업을 수행하는 것이 된다. 재현이란 형성되는 것이다. 또는 롤랑 바르트[48]가 모든 언어작용에 관하여 서술했듯이 변형된 것이다. 유럽에서 재현으로서의 동양은, '동양'이라고 불리는 지리적 영역을 향하여 더욱 특수화되어 가고, 하나의 감성으로부터 형성된 것 또는 변형된 것이다. 달리 말하자면 이 영역의 전문가가 그것에 관한 작업을 행하는 것도, 오리엔탈리스트로서의 그의 직업적 요청에

---

[48] Roland Barth(1915~1980)는 프랑스의 비평가이자 사회학자로서 1950년대 신비평 *nouvelle critique*의 대표자였다.

의해 그들이 그들의 사회에 대하여 동양의 이미지, 지식, 통찰력을 제공하기 때문이다. 그리고 오리엔탈리스트가 자신의 사회에 제공하는 동양에 관한 표상은 상당한 정도까지 (a) 그 오리엔탈리스트의 특징적인 각인을 부여하며, (b) 있을 수 있는 또는 있어야 할 동양에 관한 그들의 사고방식을 설명하고, (c) 타인의 동양관에 의식적으로 대항하게 하며, (d) 오리엔탈리즘의 담론에 그 시점에서 가장 필요하다고 생각되는 것을 공급하고, (e) 그 시대의 일정한 문화적·직업적·국가적·정치적·경제적 요구에 반응하는 것이다. 실증적 지식에도 전혀 역할이 없는 것은 아니나, 그것이 절대적인 것으로부터 거리가 먼 것은 분명하다. 도리어 '지식'—생생한 그대로 아무 매개 없는 또는 단순히 객관적인 지식이 아닌—이란, 오리엔탈리즘의 표상에 갖추어진 앞의 다섯 가지 속성에 의해 분배되고 재분배되는 것이다.

이와 같이 본 경우, 마시뇽은 신화화된 '천재'라고 하기보다는 어떤 종류의 진술을 산출하기 위한 일종의 시스템이라고 할 수 있다. 그 진술은 전체로서 그 시대의 문서관이나 문화적 소재를 만드는 담론적 형성물의 거대한 집합체 내부에 확산된다. 이를 인정한다고 하여도, 그것은 마시뇽을 비인간화하는 것이 아니며, 그를 비속한 결정론의 종속물로까지 축소시키는 것도 아니라고 나는 생각한다. 반대로 우리는 어떤 의미에서 바로 인간이라고 하는 것이 어떻게 제도적·초인간적인 차원을 지닌 문화적·생산적 능력을 확보하고, 그것을 증가시킬 수 있었는가를 볼 수 있을 것이다. 그리고 확실히 이것은 유한한 인간이 시간과 공간 속에서 단순히 죽어야 할 존재라는 것에 만족하지 않는다면, 반드시 지향해야 하는 것이다. 마시뇽이 "우리는 모두 셈족이다"라고 말했을 때, 그는 그의 사회에 대해 그의 관념이 갖는 폭의 넓이를 나타내었고, 그의 동양에 대한 관념이 프랑스인이라든가 프랑스 사회라는 지역적·삽화적인 조건을 어느 정도까지 초월할 수 있는가를 분명히 보여 주었다. 셈족이라는 범주는 마시뇽의 오리엔탈리즘에 의해 그 자양분을 제공받았다. 그러나 그 범주의 힘은 학문 분야의 경계선을 넘어서, 더욱 넓은 역사학과 인류학의 영역에까지 확대하고자 하는, 그의 오리엔탈리즘의 경향성에 유래하는 것이었다. 그리고 역사학과 인류학의 영역에서도 그의 오리엔탈리즘은 어느 정도의 유효성과 힘을 갖는 것으로 생각되었다.*89

적어도 어떤 차원에서는, 곧 전문적인 오리엔탈리스트의 길드조직 내부에서는, 동양에 관한 마시뇽의 정식화와 표상이란 의문의 여지가 없이 유효하다고까지는 말할 수 없어도, 상당히 직접적인 영향력을 행사했다. 이미 서술했듯이 마시뇽의 업적에 대한 기브의 평가는, 마시뇽이 기브 자신의 작업을 대신하는 또 하나의 선택으로 취급되어야 했었다는 (암묵적인) 의식에 연결되었다. 물론 나는, 기브의 추도문으로부터 현실에서 말해진 언어가 아니라 단순히 흔적으로서만 존재하는 사항까지도 읽고자 한다. 그러나 우리가 이미 기브 자신의 경력을 마시뇽의 경력에 대한 하나의 비교로 보고자 하는 경우에는, 그러한 흔적은 지극히 중요한 의미를 갖게 된다. 알버트 호우라니[49]가 영국학술원에 보낸 기브 추도 논문(이에 대해서는 이미 몇 번이나 언급했다)은 그의 경력, 중심 사상, 그의 저술이 갖는 중요성을 놀라울 정도로 훌륭하게 요약하고 있다. 대체로 나는 호우라니의 평가에 이의를 제기할 것이 없다고 본다. 단 그 속에는 무엇인가가 빠져 있다. 그러나 그러한 부분은 윌리엄 포크[50]의 〈오리엔탈리즘과 역사학 사이의 헤밀튼 기브 경〉*90이라고 하는, 기브에 관한 더욱 작은 논문에 의해 부분적으로 보충되고 있다. 호우라니는 기브를 개인적인 만남, 개인적인 영향의 소산으로 보는 경향이 있다. 반면

---

49) Albert Hourani는 아랍 출신의 영국 중동사가.
50) William Polk(1929~)는 미국의 중동사가.

포크는, 기브의 전체적인 이해라는 점에서는 호우라니의 정밀함에 훨씬 뒤떨어지나, 기브를 특수한 학문적 전통의 정점에 선 인물로서 이해한다. 이 특수한 학문적 전통이란—포크의 문장 속에는 나타나지 않는 표현을 사용한다면—우리가 학술연구상의 합의나 패러다임이라고 부르는 것이다.

이와 같이 토머스 쿤[51]으로부터 상당히 조잡한 방식으로 빌려 온 이 관념도, 기브에 대해서는 충분히 적용할 만한 가치가 있다. 왜냐하면 호우라니가 지적했듯이, 기브는 많은 점에서 지극히 제도적인 인물이었기 때문이다. 런던 대학교에서의 초기 경력으로부터 중기의 옥스포드 그리고 하버드 대학교 중동연구센터의 소장으로서 커다란 영향력을 갖게 되는 시기에 이르기까지, 기브의 발언과 행동의 모든 것에는 이미 확립된 제도의 내부에서 너무나 쉽게 작용하는 하나의 정신의, 오류 없는 각인이 포함되어 있다. 마시뇽은 구제하기 어려울 정도의 외부인이었고, 기브는 내부인이었다. 두 사람은 모두 각각 프랑스와 영·미의 오리엔탈리즘에서 위신과 영향력의 절정을 이룬 인물들이었다. 기브의 경우 동양이란 직접 만나야 할 장소가 아니라 학회, 대학, 학술 집회 등의 틀 속에서 읽고 연구하고 집필해야 되는 것이었다. 마시뇽과 마찬가지로 기브는 이슬람교도들과의 우정을 자랑했으나, 그의 우정이란—레인의 경우와 같이—이해관계에 근거한 우정이었고, 결정적인 것은 아닌 것으로 보였다. 따라서 기브는 영국(뒤에는 미국) 오리엔탈리즘의 학문적 틀 속에서 왕과 같은 인물이었으며, 학자로서 그의 저술은 대학, 정부, 연구기관의 내부에 고정된 학문적 전통의 국가적 경향을 지극히 의식적으로 과시하는 것이었다.

---

51) Thomas Kuhn(1922~)은 미국의 과학사가로서 그의 이론은 한국에도 소개되었고 저서도 번역되었다.

이를 보여 주는 하나의 지표는, 기브가 그 원숙기에 가끔 정책 결정 기관을 대변하여 강연하고 저술했다는 사실이다. 예컨대 그는 1951년에 《중동과 강대국들》이라는, 의미 깊은 제목의 책에 논문을 기고하여 영·미의 동양연구 사업 확충의 필요성을 설명하고자 시도했다.

…… 아시아, 아프리카 여러 나라와 관련하여, 서양 여러 나라들이 처한 상황은 완전히 변화했다. 전쟁 이전의 사상계에서는 위신이라고 하는 요소가 커다란 역할을 한 것으로 생각되나, 우리는 더 이상 그것에 의존할 수 없고, 또한 우리가 팔짱을 끼고 있는 동안 아시아, 아프리카, 동유럽의 사람들이 우리로부터 배우기 위하여 우리에게 오리라고 더 이상 기대할 수 없다. 우리는 상호의존에 가까운 관계 속에서 그들과 협력할 수 있도록 그들에 관하여 많은 것을 연구하여야 한다."91

이 새로운 관계라는 말은 그 뒤에 '지역연구 재검토'에서 상세히 설명되었다. 동양연구는 학문적인 활동으로서보다도 도리어 식민지시대 이후에 새로이 독립한, 다루기 힘든 여러 나라에 대한 국가정책의 도구로서 생각되어야 했다. 오리엔탈리스트는 대서양 국가에서 자신의 중요성이 재인식되는 것에 힘을 얻어 정책 결정자, 사업가, 새로운 세대의 학자들의 안내자가 되어야 했다.

만년의 기브가 지녔던 비전 가운데 가장 중요했던 것은(예컨대 중앙아시아에 대한 이슬람교도의 침입을 연구한 젊은 날의 기브와 같은) 학자로서의 오리엔탈리스트가 행한 실증적인 연구가 아니라, 그 연구를 공적 세계에 응용할 수 있는 가능성이었다. 호우라니는 이 점을 다음과 같이 적절히 지적했다.

그[기브]에게 분명하게 보였던 것은, 현대의 정부와 엘리트가 사회생활과 도덕에 관한 자기 자신의 전통을 알지 못하거나 그것을 거부하면서 행동한다는 것이고, 또 그들의 실패가 거기서 기인한다는 점이었다. 따라서 그 후 그는 주로 과거를 주의 깊게 연구함으로써 이슬람사회의 특수성과 그 핵심인 신앙과 문화를 해명하고자 노력했다. 심지어 그는 이 문제에 대해서도 최초에는 주로 정치적 관점에서 보고자 했다.⁹²

그러나 이러한 만년의 비전도, 기브의 초기 연구 속에서 상당한 다량의 엄밀한 준비가 없었다면 불가능했으리라. 그리고 우리가 그의 사상을 이해하기 위해서는 먼저 이 초기의 연구부터 검토해 보아야 한다. 기브가 최초에 영향을 받은 학자의 한 사람은 던컨 맥도널드였다. 기브는 맥도널드의 책으로부터 이슬람이 일관된 생활체계이고, 그 체계에 일관성을 부여하고 있는 것은, 실제로 그곳에서 생활을 영위하고 있는 사람들이 아니라, 모든 이슬람교도가 참여하고 있는 교의의 총체, 종교적 실천의 방법, 질서관념이라고 생각을 가져 왔다. 인간과 '이슬람' 사이에 여러 가지 다이내믹한 만남이 있었음은 분명했다. 그러나 서양의 연구자들에게 중요한 의미를 가졌던 것은, 이슬람세계 사람들의 여러 가지 경험을 총괄하여 그것을 이성적인 것으로 만드는 이슬람의 힘이었지 결코 그 반대가 아니었다.

맥도널드와 그를 이은 기브에게 (광범하고 극도로 일반적인 진술이 가능한) 대상으로서의 '이슬람'이 갖는, 인식론적·방법론적 문제는 결코 문제가 되지 않았다. 맥도널드는 이슬람 속에서 동양적 심성이라고 하는, 더욱 놀라운 추상개념의 여러 모습을 인정할 수 있다고 믿었다. 가장 큰 영향력을 가졌던 그의 저술인 《이슬람의 종교적 태도와 생활》(이 책이 기브에게 미친 중요성은 결코 과소평가될 수 없다)의 최초의 장 전체는, 동양적 정신에 관하여 논증이 불가능한 주장들로 가득 채워져 있다. 그는 먼저 다음과 같이 말한다. "나의 견해에 의하면, 동양인에게 영혼의 세계라는 관념은 서양세계 사람들의 경우보다도 훨씬 더 직접적이고 현실적인 것이다." 이를 "때때로 일반적인 법칙을 거의 뒤엎는 듯이 보이는 거대한 변형요소"라고 그는 말하나, 실제로는 그것을 뒤엎는 것이 아니며, 또한 동양적인 정신을 지배하고 있는 마찬가지의 개괄적이고 일반적인 여러 법칙도 그러한 변형요소에 의해 뒤엎어지지 않는다. 그는 다시 말한다. "동양적인 정신을 다른 것과 구별하는 본질적인 특징이란, 보이지 않는 것을 신봉하기가 쉽다는 것이 아니라, 보이는 것의 체계를 구축하는 능력이 결여되어 있다는 것이다." 이 결점이 갖는 하나의 다른 측면—기브는 만년에 그것을, 아랍문학에서의 형식의 결여와 무슬림의 본질적으로 원자론적인 현실관의 원인으로서 지적했다—은 "동양인을 다른 사람으로부터 구별하는 특징은 본질적인 종교성이 아니라 법칙성에 대한 감각의 결여에 있다. 그들에게 자연계의 불변의 질서 따위는 존재하지 않는다." 이러한 '사실'에 의해서는 근대 서양과학의 거대한 기반인 이슬람과학의 엄청난 업적이 설명될 수 없는 것이나, 그 점에 관하여 맥도널드는 침묵하고 있다. 여기서 그는 그의 카탈로그를 계속 설명한다. "동양인에게는 모든 것이 가능하다는 점이 명백하다. 초자연적인 것은 너무나도 가까워서 언제라도 그들에게 접촉할 수 있다." 하나의 계기—곧 일신교가 역사적·지리적으로 동양에서 탄생했다는 것—가 맥도널드의 논의 속에서는, 동양과 서양의 차이를 설명하는 완전한 이론이 된다. 이것은 '오리엔탈리즘'이 얼마나 강력하게 맥도널드를 구속했는가를 보여주는 것이다. 그는 다음과 같이 요약했다.

곧 삶을 착실하게 포괄적으로 보는 능력의 결여, 삶에 관하여 하나의 이론으로써 모든 사실을 포괄할 필요성이 있음을 이해하는 능력의 결여, 그리고 단 하나의 개념에 의해 충동적으로 행동하고, 나머지 모든 것에 대해서는 완전히 무관심한 경향—이러한 것에서야말로 동양과 서양 사이에 격차가 있다고 나는 생각한다."[93]

물론 이러한 것 가운데 어느 하나도 특별히 새로운 것이 아니다. 슐레겔에서 르낭에 이르기까지, 로버트슨 스미스로부터 T.E. 로렌스에 이르기까지 이러한 관념은 반복되고 재반복되었다. 그것들이 표상하는 것은 동양에 관한 하나의 판단이지 결코 자연계의 사실이 아니다. 맥도널드와 기브와 같이 오리엔탈리즘이라는 직업에 의식적으로 들어간 인물은, 그러한 결심을 하면서 이미 내린 판단을 기반으로 삼았다. 곧 동양은 동양이고, 이질적인 것이라고 하는 등의 판단이 그것이다. 그리하여 동양을 한정화하기 위한 판단은, 그 분야의 조탁과 세련 그리고 그 결과로 생긴 명석한 표현에 의해 유지되고, 생명을 연장한다. 동양인이 단 하나의 관념에 의해 충동적으로 행동하기 쉽다는 맥도널드(내지 기브)의 관념에는, 어떤 아이러니도 느껴지지 않는다. 곧 두 사람 모두 '오리엔탈리즘'이, 동양이 갖는 차이성이라고 하는 단 하나의 관념에 의하여 어떻게 충동적으로 행동하고 있는가를 인식할 수 없는 듯이 보인다. 그리고 '이슬람'이라든가 '동양'이라고 하는 도매값의 호칭은, 플라톤적인 이데아가 아니라 인간에 관련되어 사용되듯이, 여러 가지 형용사를 붙여 여러 가지 동사에 따라 고유명사로 이용되고 있음에 대해서도 두 사람은 어떤 불안도 갖지 않았다.

따라서 이슬람과 아랍에 관한 기브의 저술 대부분에 나타나는 중요한 주제가 초월적·강제적인 동양적 사실로서의 이슬람과, 일상적인 인간 경험이 갖는 현실성 사이의 긴장관계였다고 하여도 그것은 결코 우연이 아니다. 학자이자 경건한 기독교도로서 그는 민족주의, 계급투쟁, 사랑, 분노, 노동 등의 개별적인 인간의 여러 경험이 이슬람에 도입된 (그에게는) 비교적 사소하고 복잡한 문제에 관심을 가졌다기보다도, 도리어 이슬람에 흥미를 집중했다. 이러한 흥미의 집중이 얼마나 대상을 빈약화하는지는 1932년에 기브가 편집하고 같은 제목의 논문을 기고한 《이슬람은 어디로?》의 한 권 속에 가장 명료하게 나타나 있다(이 책에는 또 북아프리카의 이슬람을 논한 마시뇽의 인상적인 논문도 수록되어 있다). 기브는 이슬람과 그 현재의 상황 그리고 있어야 할 장래의 진로를 평가하는 것이 자신의 과제라고 생각했다. 그 과제에서는, 이슬람세계의 명백히 상이한 개개의 여러 지역이 이슬람의 통일성을 부정하는 것이 아니라, 거꾸로 그것을 예증하는 것이 되었다. 기브는 서론에서 스스로 이슬람에 대한 정의 부여를 시도했다. 곧 권말 논문에서 이슬람의 현실과 참된 미래에 관하여 명백한 판단을 내리고자 시도했다. 맥도널드와 마찬가지로 기브도 하나의 바위로 된 동양이라는 관념에 완전히 만족한 듯이 보인다. 그리고 그 하나의 바위로 된 동양의 실존적인 여러 조건은, 인종이나 인종이론으로는 쉽게 환원될 수 없는 것이었다. 기브는 인종적인 일반론의 가치를 단호하게 부정함으로써 선행하는 세대의 오리엔탈리스트들이 갖는 최대의 난점을 극복한다. 그것에 대응하여 기브는 이슬람이 그 제국의 영토 내에 다양한 민족적 및 종교적 공동체를 평화적이고 민주적으로 공존시키고 있는 점에 착안하여, 이슬람이 갖는 보편주의와 관용성에 대하여 따뜻하고 공감으로 가득한 견해를 갖게 된다. 기브는 이슬람세계의 많은 민족적 공동체 속에서도, 시오니스트와 마론파 기독교도만은 공존을 받아들일 능력이 없다는 이유에서 별도로 취급하는데, 그것에는 불길한 예언의 조짐이 느껴진다.[94]

그러나 기브의 논의의 핵심이 되는 것은 다음과 같은 것이다. 곧 동양인은 자연에 대해서가 아니라 보이지 않는 것에 대해서만 오직 관심을 갖고, 필경 이슬람은 그러한 관심을 최종적으로 표상하기 때문에 이슬람 동양의 모든 생활에 절대적으로 우선하고, 그것을 절대적으로 지배하는 것이라는 점이다. 기브의 경우, 이슬람이란 이슬람 정통파의 것이고 신도의 공동체이며 생활, 통일성, 명료성, 가치이다. 나아가 그것은 지하드주의자나 공산주의의 선동에 의한 불쾌한 분단에도 불구하고, 법과 질서이다.《이슬람은 어디로?》에서 기브의 문장을 계속 읽어 가는 가운데, 우리는 이집트와 시리아의 새로운 상업은행이 이슬람적인 사실이거나 이슬람적 주도의 산물이라는 것을 알게 된다. 학교, 문맹률의 저하, 저널리즘, 서양화, 지적인 여러 단체도 마찬가지로 이슬람적인 사실이다. 기브는 민족주의의 고양과 그 '독해'를 논하는 경우에도, 유럽의 식민지주의에 대해서는 전혀 언급하지 않았다. 기브에게는 그가 논하는 이슬람 정부가 공화제인가 봉건적인가 아니면 군주제인가 라는 것에 주목하는 것이 결국 무의미한 것이었던 것과 같은 논리에서, 현대 이슬람의 역사가 식민지주의에 대한 정치적 · 비정치적인 저항 운동에 의해 더욱 명석한 것이 될지도 모른다고 하는 생각은 전혀 있을 수 없었다.

기브의 경우 이슬람이란 일종의 상부구조이고 정치역학(민족주의, 공산주의의 선동, 서양화)에 의해 위험하게 됨과 동시에, 그 지적 지배력에 간섭하고자 하는 이슬람교도의 위험한 시도에 의해서도 위험에 빠지게 된다. 다음 문장에서, 종교라는 말과 그 관련어가 기브의 문장에 흐르는 톤에 독특한 색깔을 부여하고 있는 점에 주의할 필요가 있다. 거기에 이슬람을 향한 세속적인 압력에 대한 기브의 불쾌감이 근엄한 형태로 표현되어 있음을 느낄 수 있으리라.

종교로서의 이슬람이 지금까지 그 힘을 거의 상실하지 않고 있음에 대하여, 〔현대세계의〕 사회생활의 심판자로서의 이슬람은 이제 그 옥좌로부터 물러서고 있다. 그것과 병행하여 또 그것에 더하여, 새로운 세력이 때로는 이슬람의 전통이나 사회규범과 모순되면서 그것들을 문제로 삼지도 않고 전진하여 커다란 권위를 발휘하고 있다. 이 상황을 더욱더 간결하게 표현하자면, 현실에 생긴 것은 다음과 같은 일이다. 곧 최근까지 일반의 무슬림 시민과 농민은 정치적 관심과 정치적 기능을 전혀 갖지 못했고, 종교문학을 제외하면 그들이 쉽게 접근할 수 있는 문학이 거의 없었다. 축제와 지역생활은 예외 없이 종교와 결부되었고, 종교라고 하는 안경을 통하지 않고는 외계를 보는 경우가 거의 없었다. 곧 그들에게는 종교가 모든 것이었다. 그런데 지금은 특히 모든 선진제국에서 그들의 관심이 확대되고, 그들의 활동은 더 이상 종교에 속박되지 않게 되었다. 그들은 정치문제에 관심을 두게 되었고, 종교와는 무관한 모든 종류의 주제에 관하여 방대한 양의 기사를 스스로 읽고 또는 타인들에게 읽어 주고 있다. 나아가 그러한 주제에 관해서는, 종교적 관점에서 논하는 경우는 거의 없고, 매우 상이한 원칙에 근거하여 판단이 내려지고 있을지도 모른다.……〔강조는 인용자에 의함〕[95]

물론 이러한 구도를 이해하는 것은 약간 어렵다. 왜냐하면 다른 어떤 종교와도 달리 이슬람은 모든 것이거나 모든 것을 의미하기 때문이다. 인간적 현상의 서술에서 과장된 표현을 사용하는 것은 오리엔탈리즘의 고유한 특징이라고 나는 생각한다. 삶 그 자체―정치, 문학, 활력, 행동, 성장―는 (서양인의 경우) 상상될 수 없는 기상천외의 동양적 전체성을 침범하는 침입자이다. 그러나 그럼에도 이슬람의 현대적인 형태는 '유럽문명의 보완물이자 평형물'로서 여전히 유효한 대상이다. 이것이야말로 현대 이슬람에 관하여 기브가 주장하는 것의 핵심이다. 왜냐하면 "역사를 가장 광대한 시야로 바라본다면 유럽과 이슬람 사이에서 현재 계속 일어나고 있는 사건은 서양문명의 재통합이기 때문이다. 서양문명은 르네상스기에 인공적으로 두 개로 분열되었으나, 이제는 압도적인 힘을 가지고 그 통일을 소리 높여 외치고 있는 것이다."[96]

자신의 형이상학적인 사색을 숨기고자 하지 않았던 마시농과 달리, 기브는 이러한 발언을 마치 객관적인 지식인 듯이 제시했다(기브에 의하면 객관적 지식이라는 범주는 마시농의 경우 결여된 것이었다). 그러나 이슬람에 관한 기브의 일반적인 저술은 거의 모든 기준에서 보아 형이상학적인 것이다. 왜냐하면 그것은 기브가 이슬람과 같은 추상개념을 마치 명석하고 명료한 의미를 가진 것과 같이 사용하고 있기 때문만이 아니라, 또한 기브의 이슬람이 구체적인 시간과 공간의 내부 어딘가에 존재하고 있는지를 간단히는 알 수 없기 때문이다. 그는 한편으로는 맥도널드를 따라 이슬람을 명확히 서양의 외부에 위치시키고 있으나, 다른 한편으로는 그 저술의 대부분에서 이슬람과 서양을 '재통합'하고 있다. 1955년에 그는 이 내부인가 외부인가 라는 문제를 보다 명확하게 밝혔다. 곧 서양이 이슬람으로부터 수용한 비과학적인 요소는 모두 본래는 서양에 유래하는 것이었다. 한편 서양이 이슬람 과학으로부터 많은 것을 빌린 것은 단지 "자연과학과 과학기술을…… 무한하게 전달 가능한 것으로 만드는"[97] 법칙에 따른 것뿐이었다. 그 최종적인 결과로서 이슬람은 '예술·미학·철학·종교사상'에서는 (그것들이 서양에서 유래하는 것이므로) 이류의 현상에 불과하고, 과학자 기술에 관해서는 이슬람에 고유한 것이 아닌 여러 요소의 전달 경로에 불과한 것이 되었다.

기브의 생각으로는 이슬람이란 무엇인가에 관한 해명이란, 이러한 형이상학적인 구속의 내부에서 추구해야 한다는 것이고, 실제로 1940년대에 나온 그의 중요한 두 개의 저술, 《이슬람의 근대적 조류》와 《모하메더니즘 : 역사적 개관》은 이 문제를 상당히 충실히 밝혔다. 위 두 권의 책에서 기브는, 이슬람의 내재적인 본질과 이것을 변형하고자 하는 현대적인 시도를 대비시키면서 이슬람의 현대적 위기를 논하는 것에 노력을 경주한다. 이미 설명했듯이, 기브는 이슬람에서 생긴 근대화의 조류에 적대감을 품고, 이슬람 정통파의 입장을 완고하게 고집하여 왔다. 그러나 여기서 우리는 기브가 이슬람이라는 말보다도 모하메더니즘이란 말을 즐겨 사용하고 있음(그에 의하면 이것은 이슬람이 마호메트에서 정점에 이른, 예언자의 계보라는 관념에 그 실제적 기반을 두고 있기 때문이라고 한다)과 기브가 이슬람의 중심적인 학문을 법학으로 보고 신학은 초기에 법학에다 그 지위를 양보했다고 주장하고 있는 점도 살펴보지 않으면 안 된다. 이러한 주장에서 이상한 점은, 그것이 이슬람의 내부적 증거에 근거하여 행해진 것이 아니라, 도리어 고의로 이슬람의 외부에서 구해진 논리에 근거했다고 하는 점이다. 자신을 모하메단(마호메트교도)이라고 부른 이슬람교도는 없으며, 필경 그들은 절대로 신학보다 법학이 중요하다고는 느끼지 않았으리라. 그러나 기브가 실제로 행하고 있는 것은, 이슬람의 "형식적인 외면적 논증 과정과 그 내면적인 현실 사이에 나타나는, 어떤 종류의 표면화되지 않는 단층"[98]이라고 하는, 그 자신이 인식한 모순 속에 학자로서의 자신을 위치시키는 것이다.

따라서 오리엔탈리스트는 이 단층을 표면화하는 것 그리고 그 결과로서 이슬람에 관한 진실을 말하는 것이 스스로의 과제라고 생각한다. 왜냐하면 논리적 필연으로서―곧 이슬람이 갖는 모순으로 인하여 이슬람이 자기를 식별할 수 있는 힘이 억압되어 있기 때문에―이슬람에 관한 진실은 이슬람 자신에 의해서는 표면화될 수 없기 때문이다. 다시금 그의 정의에 따르면, 종교나 문화가 파악할 수 없는 개념도 기브의 총괄적인 진술 대다수에 의해 이슬람에 부여된다. "동양철학은 기본적으로 그리스 철학과 같은 정의의 관념을 인정하지 않았다." 동양사회에 관하여 말한다면, 그것은 "대다수의 서양사회와는 대조적으로 철학적 사유의 관념체계를 구축하기보다도 도리어 안정된 사회 조직을 확립하는 것에 전념하여 왔다." 이슬람에 내재하는 주된 약점은, "종교집단과 이슬람교도의 중간·상층계급 사이의 유대가 분단되었다는 것이다".[99] 그러나 기브는 또한 이슬람이 결코 다른 세계로부터 고립되어 존재해 온 것이 아니라는 것, 따라서 그것이 자기와 세계 사이의 일련의 외적 단층, 결락, 괴리 속에 머물지 않을 수 없는 것도 충분히 인식했다. 그러므로 그에 의하면, 현대 이슬람이란, 고전적인 종교가 낭만파적인 서양의 관념과 비공시적으로 접촉한 결과 생겼다는 것이 된다. 이러한 외부로부터의 공격에 대한 반작용으로서 이슬람은 모더니스트[52]의 일파를 발전시켰다. 마흐디 운동, 민족주의, 칼리프 제도의 부흥[53]에 나타나는 그들의 관념은 현대세계와는 적합하지 않은 것이고, 어느 곳에서나 실현의 희망이 없음을 보여 준다. 그러나 모더니즘에 대한 보수적인 반작용도 그것 못지않게 현대세계에 부적합한 것이다. 왜냐하면 이것들은 일종의 완고한 러다이트 운동[54]을 낳는 것이기 때문이다. 이슬람이 그 내적인 단층도 극복할 수 없고 외부세계와도 만족스럽게 대응할 수 없다고 한

---

52) 이슬람세계에서는, 19세기 이래의 정치적·경제적·사회적 변동 속에서, 새로운 현실에 적합하도록 이슬람을 변화시키고자 하는 입장과, 거꾸로 현실을 이슬람에 의해 바르게 하자는 입장이 대립되었다. 보통 전자는 모더니즘(근대주의), 후자는 원리주의 *fundamentalism*이라고 한다.

53) 기브에 의하면, 오토만제국 말기의 칼리프제도의 붕괴에 따라, 모더니스트에게는 세 개의 선택이 가능하게 되었다. 첫째 새로운 정신적 칼리프제를 부흥함으로써 이슬람의 여러 제도를 개혁하고자 하는, 인도의 무하마드 이크발 등의 입장, 둘째 칼리프제도의 붕괴를 그대로 받아들여서 다른 새로운 국민적인 통합체를 만들고자 하는 민족주의의 입장, 셋째 수단의 마흐디 운동에서 볼 수 있듯이 기존 체제를 파괴하고 힘에 의해 이슬람 세계를 정화 재편하고자 하는 입장이다.

54) *Luddism*은 기계화와 근대화에 대한 반대 운동으로 본래 그것은 산업혁명기(1811~1817년경)의 영국에서 기계를 실업의 원인으로 생각한 노동자들에 의해 일어난 기계파괴 운동이었다.

다면, 도대체 이슬람이란 무엇인가? 그 답은 《이슬람의 근대적 조류》에서 인용한 다음의 핵심구절에서 볼 수 있다.

> 이슬람은 살아 있으며 활력적인 종교이다. 그것은 수없이 많은 사람들의 마음, 정신, 양심에 호소하며, 정직하고 진실하며 신을 두려워하는 생활을 보내기 위한 기준을 정한 것이다. 경직화되어 있는 것은 이슬람이 아니라 이슬람의 정통파적인 여러 정식, 체계적인 신학, 사회적 호교론이다. 바로 여기에 단층이 놓여 있고, 이슬람의 가장 교양 있는 지식인 신도들의 다수가 불만을 느끼는 것도, 또 장래의 위험이 가장 명백하게 나타나는 것도 바로 이 점이다. 종교가 신도의 의지에 부과하는 요구와 신도의 지성에 호소하는 힘 사이에 영구적인 괴리가 있다면, 어떤 종교라도 최종적으로는 붕괴하지 않을 수 없다. 이슬람교도의 대다수에서 단층의 문제가 아직 부상되지 않은 것은, 모더니스트들이 제출한 성급한 대응책에 따르는 것을 거절한 울레마[55])들을 정당화한다. 그러나 한편에서는 모더니즘의 확대는 재정식화가 무기 연기될 수 없다는 것을 경고하고 있다.
>
> 이러한 이슬람의 여러 정식이 경직화된 기원과 원인을 추구함으로써 우리는 모더니스트가 묻고 있는 질문들에 대한 답의 힌트를 얻을 수 있으나, 아직도 그 해결에는 실패하고 있다. 그것은 어떻게 하면 본질적인 요소에 영향을 끼치지 않고 이슬람의 기본원리를 재정식화할 수 있는가 하는 의문이다.[*100]

위 문장의 마지막 부분은 지금까지 우리가 몇 번이나 살펴 온 것이다. 곧 동양이 스스로 동양을 재편성하거나 재정식화할 수 없는 이상, 그것

---

55) *ulema*는 '지식을 갖는 사람들'이라는 의미의 아라비아어. 곧 이슬람의 학자와 종교 지도층을 가리킨다.

을 행하는 것은 오리엔탈리즘이 갖는, 이제는 전통적이 된 능력이라고 하는 것을 이 부분은 시사하고 있다. 따라서 어떤 의미에서는, 기브의 이슬람은 동양에서 실천되고, 연구되고, 주장된 이슬람에 앞서 존재하는 것이다. 그러나 이 예기된 이슬람은, 그의 관념으로부터 방출된 단순한 오리엔탈리즘적인 허구는 아니다. 곧 그것은—실제로 존재할 수 없기 때문에—신도의 공동체 전체에 호소하는 힘을 가진 '이슬람'이라고 하는 것에 근거한 것이다. 이슬람이 본래의 오리엔탈리즘적인 정식화 속에서 존재할 수 있는 이유는, 동양에서 공동체의 정신에 절대적인 영향력을 갖는 종교적 지도자들의 언어가 이슬람을 강탈하고 중상하고 있기 때문이다. 이슬람이 그 호소에서 침묵을 지키고 있는 한 이슬람은 안전하다. 그러나 개혁을 뜻하는 종교 지도자가 이슬람을 현대세계에 가입시키기 위하여 이슬람 재정식화의 (정당한) 역할을 떠맡는 순간, 문제가 생겨난다. 그 문제란 물론 단층dislocation이라는 것이다.

   기브의 저술에서 단층이란 이슬람 내부의 지적 어려움 이상으로 중요한 무엇을 의미하고 있다. 나는 그것이 오리엔탈리스트가 이슬람에 관한 저술을 쓰고, 법칙을 만들며, 재정식화하는 것에 의거하는 기반 그 자체, 그리고 특권 그 자체라고 생각한다. 단층이란, 기브가 우연히 알게 된 것이 아니라, 그의 주제와 그 결과인 관찰을 위한 플랫폼에 이르는 인식론적인 통로이다. 그의 모든 저술 속에서, 또 그가 차지한 영향력이 절대적인 지위의 어디에 있어도, 기브는 그 플랫폼으로부터 이슬람을 관찰할 수 있었다. 정통파 신도의 획일적인 공동체에 대한 이슬람의 침묵 속의 호소와 정치 운동가, 절망적인 종교인, 기회주의적인 개혁가 등의 방향을 상실한 일파가 이슬람을 향하여 던지는 말로만의 슬로건, 기브는 바로 그 사이에 서서 저술하고 재정식화했다. 그의 저술이 말하는 것은, 이슬람이 말할 수 없는 것 또는 이슬람의 성직자들이 말하고자 하지 않는 것이었다. 기브의 저술은 어떤 의미에서 시간적으로 이슬람에 앞선 것이었다. 왜냐하면 기브는 이슬람이 현재 말할 수 없는 것도 미래의 어떤 시점에는 말할 수 있으리라는 것을 인정했기 때문이다. 그러나 또 다른 중요한 의미에서, 이슬람에 관한 기브의 저술은 '살아 있는' 신앙의 일관된 총체인 종교에 앞서서 존재하는 것이었다. 왜냐하면 그의 저술은, 무슬림의 신앙이 세속적인 논의, 실천, 논쟁의 대상이 되기 이전에 무슬림에 대한 침묵 속의 호소로서 '이슬람'을 파악한 것이기 때문이다.

기브의 저술에 나타나는 모순―'이슬람'을 그 종교 지도자 자신이 이것이라고 말하는 것과도 다르고, 일반 신도가 가능성으로서 이것이라고 말하는 것과도 다른 모습으로서 말하는 것은 모순이기 때문에―은 그의 저술을 지배하는 형이상학적인 자세에 의해 어느 정도 완화된다. 그리고 실제로 이 형이상학적인 자세는, 맥도널드와 같은 거장을 통하여 그가 계승한 근대 오리엔탈리즘의 역사 전체를 지배하고 있다. 동양과 이슬람은 소위 현실의 외부에 현상학적으로 왜소화된 지위를 확보하는 것이고, 그것만으로도 양자는 서양의 전문가 이외에는 누구의 손에도 닿을 수 없게 된다. 서양이 동양에 관하여 사색을 시작한 그 최초부터 동양이 할 수 없었던 유일한 사항은, 자기를 표상하는 것이었다. 동양에 관한 증거물은, 오리엔탈리스트의 저술이라고 하는 순화된 불꽃에 의해 통과되어 견고한 것이 됨으로써 처음으로 신뢰성을 확보했다. 기브의 모든 저술의 목적은, 있는 그대로의 이슬람(모하메더니즘)을 서술함과 동시에 있을 수 있는 이슬람(모하메더니즘)을 서술하는 것이다. 오로지 형이상학적으로만 말하면 본질과 가능성이 일체화된다는 것이다. 형이상학적인 자세를 취함으로써만 처음으로 기브는 〈이슬람 종교사상의 구조〉나 〈이슬람 역사의 한 해석〉과 같은 유명한 논문을, 그가 마시뇽을 비판했을 때에 사용한 객관적인 지식과 주관적인 지식의 구별에 아무런 문제 없이 만들어 낼 수 있었다.[101] 이슬람에 관한 진술은 참으로 올림포스적인 확신과 청명함을 가지고 행해졌다. 기브의 문장과 그가 그곳에 서술한 현상 사이에는 어떠한 단층도 어떤 불연속도 감지되지 않았다. 그것은 기브 자신이 서술했듯이 양자가 궁극적으로 서로 환원될 수 있기 때문이다. 이리하여 이슬람은 기브에 의해 그 서술이 냉정하고 논리적인 명석함을 확보했고, 양자를 매개하는 것이 이 영국인 학자의 정연한 저술이다.

　오리엔탈리스트 저술의 인쇄물로서의 외관 그리고 그 저술이 모델로서 의도적으로 이용한 선례에 대하여 나는 매우 큰 중요성을 부여한다. 이 책에서 나는 데르브로의 알파벳순으로 된 백과사전, 《이집트지》의 거대한 규모, 르낭의 실험실·박물관의 노트, 레인의 《현대 이집트인의 풍습과 습관》에 나타나는 생략부호나 짧은 에피소드, 사시의 명문집 단편 등에 대해 언급했다. 이러한 저술은 각각 독자에게 제시된 어떤 동양, 어떤 오리엔탈리즘을 나타내는 지표이다. 거기에는 어떤 질서가 존재하고 있으므로 독자는 '동양'만이 아니라 오리엔탈리스트도, 한 사람의 해석자, 전시자, 인격, 매개자, 대표적(표상적) 전문가로서 이해할 수 있다. 기브와 마시뇽은 놀라운 방법으로 서양에서 오리엔탈리즘의 역사를 총괄하는 저술을 산출했다. 그 역사는 당시까지의 다양한 총괄적이고 지리적인 스타일 속에 체현되어 왔고, 그 스타일이 여기서 최종적으로 학문적이고 모노그래피적인 획일성으로 환원되었다. 동양적 표본, 동양적 과잉, 어휘 서술상의 동양적 단위, 동양적 연속체, 동양적 보기 등 이 모든 것이 기브와 마시뇽에 의해 논리적 분석에 근거한 직선적이고 산문적인 권위 하에 종속되었고, 논문이나 기사, 학술서의 형태로 제시되었다. 제1차 세계대전의 종결로부터 1960년대 초엽까지 두 사람의 전성기에는 백과사전, 명문집, 개인적 기록이라는 오리엔탈리즘의 3대 형식이 근본적으로 변용되었다. 이러한 권위는 재분배되거나 확산되거나 소실되었다. 그것을 대신하여 권위를 갖게 된 것이 전문가 위원회(《이슬람 백과사전》, 케임브리지 대학판《이슬람의 역사》)이고, 더욱 낮은 차원의 공공활동(사시의《아랍 명문집》을 이용한 외교관용의 어학교육이 아니라 사회학, 경제학, 역사학의 연구에 도움이 되기 위한 기본적인 어학교육)이며, (지식보다도 개성이나 정부에 더욱 큰 관련을 갖는—로렌스가 현저한 보기인) 충격적인 경험의 영역이었다. 기브는 조용한 산만함과 함께 깊은 연속성을 갖는 산문에 의해, 또 마시뇽의 경우에는 기괴한 해석의 재능에 지배되는 한 무엇을 언급하고자 결심하여도 지나치지 않는 예술가의 직관에 의해, 유럽의 오리엔탈리즘에서 본질적으로 보편적인 권위를 확보했다. 그들의 뒤에 나타난 새로운 현실—새로이 특수화된 스타일—은 넓게 말하면 영미적인 것이고, 더욱 좁게 말하면 미국류의 사회과학적인 것이었다. 이 새로운 환경 속에서 낡은 오리엔탈리즘은 갈기갈기 찢어졌다. 그러나 그래도 역시 그 각각의 부분들은 전통적인 오리엔탈리즘의 도그마에 봉사했다.

제4장
최근의 전개

제2차 세계대전 이후, 특히 아랍·이스라엘 분쟁 이래, 아랍 무슬림은 미국 대중문화의 문제아가 되었고 심지어 학계, 정계, 재계에도 아랍이 매우 심각한 관심의 대상이 되었다. 이는 국제적인 힘의 배치의 커다란 전환을 상징한다. 세계정책의 중심무대를 차지하는 것은 더 이상 프랑스와 영국이 아니었고, 미국의 절대적인 권력이 그것을 대신하여 등장했다. 이제 광대한 이해관계의 망이 구식민지 전역을 미국과 연결시켰고, 동시에 오리엔탈리즘과 같은 과거의 문헌학적이고 유럽에 기초를 둔 모든 학문 분야도 세분화된 여러 전문 분야의 급증에 의해 분단(나아가 결합을 유지하면서)되어 있다. 지금은 지역연구 전문가라고 불리는 사람들이 각각의 지역에 관한 전문가임을 자처하며, 그들의 전문지식이 정계·재계에 도움을 주고 있다. 근대 유럽 오리엔탈리즘의 연대기 속에 저장된 방대한, 거의 필수적인 것이라고 해도 좋은 지식―예컨대 이 분야에 관한 줄 몰의 19세기 연대기에 기록되어 있듯이―은 해체되고 해방되어 새로운 형태를 취하게 되었다. 이제 지극히 많은 잡다한 동양의 표상이 문화의 모든 면에 얼굴을 내밀고 있다. 일본, 인도차이나, 중국, 인도, 파키스탄의 모든 표상은 과거에도 지금도 광범위한 반향을 불러일으키고 있으며, 명백한 이유로 수많은 곳에서 논의되어 왔다. 이슬람·아랍도 고유한 표상을 가지고 있다. 여기서 우리는 그것들을 단편적으로―그러나 권력적·이데올로기적으로는 일관되게―반복하여 나타나는 그대로 논의의 대상으로 살펴보도록 하자. 이러한 종류의 논의는 지금까지 결코 행해진 적이 없다. 미국에서 이슬람·아랍에 관한 여러 표상이 그와 같이 나타나는 경우에는 전통적인 유럽의 오리엔탈리즘의 힘이 강하게 작용하고 있다.

1. 대중의 이미지와 사회과학적인 여러 표상

오늘날 아랍이 어떤 모습으로 표상되고 있는가를 보기 위하여 몇 가지의 보기를 들어보자. '그 아랍'이라는 것이 끊임없는 외적 강제에 의한 변형과 환원―그것들은 어느 것이나 지극히 편향된 것이다―을 얼마나 쉽게 받아들이는 듯이 보이는가에 주목하여 보자. 가령 1967년의 프린스턴 대학교 제10회 동창회를 위한 복장은 6월전쟁 이전에 계획된 것이었다. 그 당시의 주제는―복장이란 어떤 암시를 준 것 이상이라고 말하는 것은 옳지 않을 것이나―겉옷, 두건, 샌들을 몸에 걸친 아랍인의 모습으로 결정되었다. 그러나 6월전쟁 직후에 아랍인이라는 주제가 당혹스러운 것임이 분명해지자, 동창회의 계획이 변경되었음이 통보되었다. 그리하여 모든 참가자는 원래의 계획대로 의복을 걸치되, 양손을 머리에 얹고 비참한 항복의 자세로서 걸어 들어왔다. 이것이 새로운 아랍의 모습이었다. 낙타를 탄 유목민이라고 어렴풋이 윤곽 지워진 스테레오타입으로부터 시작하여, 무능력하고 안이한 항복을 그린 풍자화로 수용되기에 이르렀다. 그것이 아랍에 부여된 영역의 전부였다.

그러나 1973년의 제4차 중동전쟁 이래, 아랍은 모든 곳에서 무엇인가 더욱 위협적인 것으로서 그 모습을 나타내었다. 가솔린 펌프의 배후에 아랍의 장로가 서 있는 만화가 반복되어 나타났다. 그러나 여기서 아랍이라는 것은, 분명히 '셈족'을 뜻했다. 곧 그들의 날카로운 갈고리 코, 사악하게 코밑수염이 난 얼굴 위의 심술궂은 눈초리는 분명히 (거의 대부분이 셈족이 아닌 대중에게는) '셈족'이야말로 '우리'의 모든 고통의 근원, 이 경우에는 주로 석유 부족의 근원이라고 하는 것을 분명히 생각나게 했다. 대중의 반反셈적 적대감정의 대상이 유대인으로부터 아랍인에게로 이행된 것도 그 모습이 본질적으로 동일했기 때문이다.

그러므로 아랍이 세상의 주목을 받을 정도로 대단한 위치를 차지한다면, 그것은 어디까지나 부정적인 가치로서이다. 아랍은 이스라엘과 서양의 존립을 파괴하는 것으로 간주되었고, 또는 같은 것에 대한 다른 관점에서는, 1948년의 이스라엘 건국에 대해 극복해야 할 장애물로도 간주되었다. 이 아랍이 어떤 역사를 갖는다고 한다면, 그것은 오리엔탈리스트 전통에 의해, 그리고 그 뒤에는 시오니즘 전통에 의해 부여된(또는 거의 같은 의미에서 탈취된) 역사의 일부이다. 라마르틴과 초기 시오니스트들이 본 팔레스타인은, 꽃이 피기를 기다리고 있는 텅 빈 사막과 같은 것이었다. 그곳의 주민은 토지에 대한 어떤 실제상의 소유권도 갖지 않고, 따라서 문화적 또는 민족적인 실체도 갖지 못한 하찮은 유목민이라고 생각되었다. 그리하여 지금은 유대인에게 붙어 다니는 그림자로 간주되고 있다. 그 그림자 속에는—아랍인도 유대인도 동일하게 동양 셈족이기 때문에—서양인이 동양인에 대하여 느끼는, 모든 전통적·잠재적인 불신감이 들어 있다. 왜냐하면 나치 대두 이전에 유럽에 있었던 유대인들은 그 후 두 방향으로 분화되었기 때문이다. 한편으로는 모험가-선구자-오리엔탈리스트(버튼, 레인, 르낭)에 의해 재구성된 신앙 속에서부터 유대인 영웅이 만들어졌고, 다른 한편으로는 유대인의 잠행적·신비적인 공포의 그림자로서 동양의 아랍이 생겨났다. 오리엔탈리즘의 논증에 의해 창조된 과거 이외의 모든 것으로부터 단절된 아랍은, 바버라 터크먼[1]이 신학적 명칭으로 '이스라엘의 엄청나게 신속한 검'[2]이라고 부른 것에 의해 주기적으로 응징된 일련의 반응에 고정되고 명령되는 하나의 숙명에 연결되었다.

아랍은 이러한 반反시오니즘이라는 입장 이외에 석유 공급자라는 역할을 담당하고 있다. 이는 또 하나의 부정적인 특징이다. 왜냐하면 아랍의 석유에 관한 보도의 대부분에 따르면, 1973~1974년의 석유 보이코트(이것에 의해 이익을 본 것은 주로 서양의 석유회사와 소수의 아랍 지배계급 엘리트들이었다)에 의해, 아랍에게는 그렇게도 광대한 석유자원을 가질 도덕적인 자격이 없다고 증명되었기 때문이었다. 왜 이러한 아랍과 같은 민족에게 선진(자유적·민주적·도덕적)인 세계를 위협하는 권리가 있는가 라는 의문이 통상적인 완곡어법도 없이 너무나도 빈번히 제기되었다. 이러한 의문에 이어서 해군에서는 아랍의 유전지대에 침공해야 한다고 하는 제의가 자주 나타났다.

영화나 텔레비전에 등장하는 아랍인은 호색한이거나 피에 굶주린 악한을 연상시킨다. 아랍인은 성욕 과다의 변태이고, 부정한 음모에 능란하며, 본질적으로 사디스트이고, 믿을 수가 없는 하등 인간으로서 나타

---

1) Barbara Tuchman(1911~)은 미국의 작가.
2) Barbara Tuchman, 《성서와 검―청동기시대로부터 밸푸어까지의 영국과 팔레스타인 Bible and Sword, England and Palestine from the Bronze Age to Balfour》(New York University Press, 1956).

난다. 노예 상인, 낙타를 타는 사람, 환전상, 화려한 불한당이 영화에 나타나는 전통적인 아랍인의 역할이다. (강도나 해적, '원주민' 반란자의) 아랍인 리더가, 체포된 서양인 주인공과 금발의 소녀(두 사람 모두 지극히 건강해 보이지만)를 향하여 이빨을 드러내고 호통을 치면서, "나의 부하들이 너희들을 곧 죽일 거야. 그러나 그 전에 그들은 스스로 즐기고자 할 거야"라고 말하는 광경을 종종 볼 수 있다. 그는 관객에게 이것이 발렌티노가 분장한 〈시크〉의 저질판임을 상기시키듯이 심술궂은 눈초리로 지껄인다.[3] 뉴스 영화나 뉴스 사진에서 아랍인은 언제나 군중으로 나타난다. 개성도 인격도 경험도 문제가 되지 않는다.[4] 이러한 화면이 대변하는 것은 대부분이 군중의 분노와 비참함 또는 비이성적인(따라서 희망이 없을 정도로 기괴한) 제스처이다. 이러한 이미지 전체에 숨어 있는 것은 지하드의 위협이다. 그 결과 이슬람교도(내지 아랍인)가 세계를 정복하리라는 공포가 생겨난다.

이슬람과 아랍에 관한 책과 논문은 정기적으로 발행되고 있고, 그것들은 중세와 르네상스기의 적대적인 반이슬람적인 태도로부터 조금도 변한 점이 없다. 어떤 민족이나 종교에 관하여 무엇이 쓰이고 무엇이 말해져도 아무런 항의도 이의도 받지 않는다는 것은(이슬람과 아랍 이외의) 다른 민족과 종파의 경우에는 전혀 생각될 수 없다.[5] 콜롬비아 대학의 학부생들이 만든 1975년도 과정의 안내서에는, 아라비아어 과정에 관하여 아라비아어 단어의 반 이상이 폭력과 관계가 있으며, 이 언어에 '반영된' 아라비아 정신은 언제나 허풍스러운 것이라고 쓰여 있다. 《하퍼스

---

[3] Valentino(1885~1926)는 미국의 미남 배우로서 〈시크 *Sheik*〉는 1922년의 작품이다.
[4] 이러한 서구 매스 미디어의 태도는 한국의 데모를 비롯한 모든 제3세계 뉴스에서도 동일하게 나타난다. 그러나 서구는 언제나 개인 중심으로 취급된다.
[5] 실제로는 다른 민족도 같다. 예컨대 미국 드라마 〈메시 *Mash*〉의 한국이나 식견종 식의 보도.

매거진》지에 실린 에메트 티렐의 최근 논문은 더욱 중상 모략적 · 인종차별적인 것으로서, 아랍인은 기본적으로 살인자이며 폭력과 사기는 아랍인의 유전자에 의해 전파된 것이라고 주장하고 있다.*102 〈미국 교과서에 나타난 아랍〉이라는 보고서를 읽어 보면, 참으로 놀라운 잘못된 정보, 또는 하나의 종교 · 민족집단에 대한 매우 냉담한 표상이 서술되어 있음을 알게 된다. 어떤 교과서는 "이 〔아랍〕지역 주민의 대부분은 더욱 좋은 생활양식이 있는 것조차 모른다"고 단정하고, 나아가 "중동 사람들을 연결시키고 있는 것은 무엇인가?"라는 순진한 질문을 던진다. 주저없이 주어지는 답은 "그 최후의 유대는 유대인, 이스라엘 국가에 대한 아랍의 적대감(증오)이다"라는 것이다. 이러한 소재와 함께 다른 교과서에는 "이슬람이라는 무슬림 종교는 7세기에 시작되었다. 그것은 마호메트라는 이름의 부유한 아라비아 상인에 의해 출발했다. 마호메트는 자신이 예언자라고 주장했다. 그는 다른 아랍인으로부터 신봉자를 얻었다. 그는 그들이 세계를 다스리도록 뽑힌 인간이라고 말했다"라고 서술되어 있다. 이러한 지식의 일단에 이어 마찬가지로 정확한 지식이 나타난다. "마호메트가 죽은 뒤 곧, 그의 가르침은 코란이라고 불리는 한 권의 책에 기록되었다. 그것이 이슬람의 성경이 되었다."*103

이러한 조잡한 관념들은 아랍 · 중동 연구의 학계에 의해 지지를 얻었고 결코 반박되지 않았다. (말이 나온 김에 말하자면, 앞에서 언급한 프린스턴 대학교의 사건, 1927년에 창설된, 미국에서 가장 오래된 중동연구과가 있는 대학교에서 생겼다는 점은 주목할 만하다). 하나의 보기를 들자면, 1967년에 프린스턴 대학교의 사회학 및 중동연구의 교수 모로 버거[6]가, 보건교육복지부의 요청에 의해 제출한 보고서이다. 그는 당시 중동연구협회

---

6) Morroe Berger(1917~)는 미국의 사회학자이자 중동학자.

(MESA)의 회장이었다. 그 협회는 중동의 모든 측면, "주로 이슬람 발흥 이후의 사회과학 및 인문계의 여러 분야"104에 관련된 학자의 전문 단체로 1967년에 창설되었다. 그는 그 보고서를 〈중동·북아프리카 연구 : 발전과 빈곤〉이라고 제목 붙이고, MESA 《회보》 제2호에 발표했다. 그는 이 지역이 미국에 대하여 갖는 전략적·경제적·정치적인 중요성을 개관하고, 대학교의 계획을 보조할 목적으로 미국 정부와 민간 기금의 여러 사업—1958년의 국가방위교육법(구소련의 스푸트니크[7] 발사에 의해 촉발된 의원입법)과 사회과학연구심의회 및 중동연구의 통합 등등—에 언급한 뒤에 다음과 같은 결론을 내렸다.

현대의 중동과 북아프리카는 위대한 문화를 달성한 중심지가 아니며, 가까운 장래에도 그럴 가능성은 없다. 따라서 현대문화에 관한 한 그 지역이나 언어의 연구는 어떤 보상을 주는 것이 아니다.
…… 이 지역은 거대한 정치권력의 중심이 아니고, 가까운 장래에 그렇게 될 가능성도 없다. …… 중동(북아프리카는 그 정도는 아니나) 아프리카, 라틴아메리카, 극동에 비하여 미국에 대한 직접적인 정치적 중요성이라고 하는 점에서 (또 신문의 '중대 뉴스'나 또는 '방해' 효과로 갖는 가치에서도) 계속 후퇴하고 있다.
…… 따라서 현대의 중동에는, 학문적인 관심을 불러일으킬 정도로 중요하다고 보이는 특성은 거의 존재하지 않는다. 이것은 지역연구의 유효성이나 지적 가치를 감소시키는 것이 아니고, 학자들의 연구의 질에 영향을 주는 것도 아니다. 그러나 그것이 이 분야에서 연구와 교육에 종사하는 인원의 증

---

[7] *Sputnik*이란 러시아어로 '친구 여행가 *fellow traveler*'라는 뜻으로 1957년에 제1호가 발사된 구소련의 인공위성을 일컫는다. 그것이 발사되고 난 뒤에 미국은 방위산업의 연구를 위하여 대학에 엄청난 투자를 하게 되었고, 그 결과 대학은 국가주의에 지배받게 되었다.

대를 제한한다는 것은 부정할 수 없으며, 따라서 우리는 그것을 잘 인식하지 않으면 안 된다.[105]

물론 하나의 예언으로서는 이것은 상당히 슬픈 일이다. 그러나 더욱 불행한 것은, 버거가 보고를 위임받은 이유라고 하는 것이, 단지 그가 현대 중동에 관한 전문가이기 때문만이 아니라—보고서의 결론에 분명히 밝히고 있듯이—그가 중동의 장래 그리고 그 장래의 정책을 예측할 수 있는 입장에 있다고 인정되었기 때문이다. 중동은 엄청난 정치적인 중요성을 지니고 있으며, 엄청난 정치적 세력이 될 가능성도 잠재적으로 가지고 있다는 것을 그가 간과한 것은, 단순히 경솔한 판단의 오류에 의한 것이 아니라고 생각된다. 버거는 위 인용문의 처음과 끝에서 두 가지의 커다란 오류를 범하고 있는데, 그 오류의 계보야말로 우리가 지금까지 연구하여 온 오리엔탈리즘의 역사 바로 그것이다. 그는 중동이 위대한 문화를 달성한 적이 없는 지역이라고 말하고, 장래의 연구에 관해서도 그 본질적인 허약성으로 인하여 학문적인 관심을 끌 수가 없다고 결론짓고 있다. 그것은 셈족이 과거에 한 번도 위대한 문화를 낳은 적이 없다던가, 또는 르낭이 자주 말했듯이 셈족 세계는 너무나도 빈곤하여 보편적인 관심을 환기시킬 수 없다고 하는 상투적인 오리엔탈리스트의 주장을 거의 그대로 반복한 것이다. 나아가 옛날부터의 상투적인 판단을 내리고, 눈앞에 있는 현실에 대하여 완전히 맹목적이 됨으로써 버거는 오리엔탈리스트로서 스스로 중심적인 지위를 차지할 수 있는 보증을 받았다.(여하튼 버거는 그것을 50년 전에 쓴 것이 아니라, 미국이 이미 원유의 약 10퍼센트를 중동에서 수입하고, 그 지역에 대한 전략적이고 경제적인 투자가 상상할 수 없을 정도로 거대화된 시기에 쓴 것이었다.) 왜냐하면 그가 말한 것은 요컨대, 자신과 같은 인간이 없다면 중동은 무시될 것이며, 자신의 중개나 통역 없이는 이 지역이 이해될 수 없을 것이기 때문이다. 그 이유는 여기서 이해하여야 하는 것은 적어도 상당히 특수한 것이고, 또 오리엔탈리스트만이 동양을 해석할 수 있으며, 동양에는 근본적으로 스스로를 해석할 능력이 없기 때문이다.

집필자인 버거가 고전적인 오리엔탈리스트라기보다도, 도리어 사회학의 전문가였다고 해서(그리고 지금도 그러하다) 그가 오리엔탈리즘과 그 여러 개념에 의거하고 있는 정도가 적다고 할 수 없다. 그가 자기 연구의 주된 기반을 이루는 소재에 대하여 나타낸, 특별히 당연하다고는 할 수 없는 반감이나 업신여김은 그러한 관념들의 하나이다. 버거에게는 그것이 너무나도 강했기 때문에 눈앞의 현실이 흐려졌다. 또 더욱 인상적인 것은, 만일 중동이 "위대한 문화를 달성한 중심이 아니라면" 어떻게 자신은 타인에 대하여, 자신과 같이 일생을 보내어 그 문화를 연구하도록 추천할 수 있는가를 자문할 필요조차 없었다는 점이다. 학자란—예컨대 의사 이상으로—스스로 좋아하는 것, 흥미 있는 것을 연구하는 사람이다. 학자로 하여금 스스로 호감을 갖지 않는 것에 관하여 연구하도록 만드는 것은, 단지 과장된 문화적 의무감일 뿐이다. 그러나 바로 그러한 의무감이야말로 오리엔탈리즘이 육성하여 온 것이었다. 왜냐하면 오리엔탈리스트는 수세대에 걸쳐 (서양)문화 일반에 의해 바리케이드 위에 서서 그곳에서 전문적인 작업을 함으로써 동양—그 야만성, 그 기괴성, 그 방종성—을 향하여, 서양의 대표로서 다가오지 못하게 했다.

이슬람 동양에 대한 아카데믹한 태도의 보기로, 또 대중문화 속에서 선전되고 있는 풍자화를 학식 있는 인간의 시야가 어떻게 지지할 수 있는가의 보기로 나는 버거를 들었다. 그러나 동시에 버거는 오리엔탈리즘을 취하고 있는 어떤 가장 새로운 변용을 대변하고 있다. 곧 오리엔탈리즘은 더 이상 근본적으로 문헌학적인 학문 분야가 아니고, 동양에 관한 막연한 일반적인 지식도 아니며, 사회과학의 전문 분야의 하나로 전환했다. 더 이상 오리엔탈리스트는 처음부터 동양의 난해한 언어를 습득하고자 하지 않는다. 그 대신 그는 훈련받은 사회과학자로 시작하여, 그 학문을 동양이든 그 어디든 간에 적용하게 된다. 이것이야말로 특히 미국이 오리엔탈리즘의 역사에 끼친 공헌이며, 이 시기는 대체로 제2차 세계대전 직후 미국이 영국과 프랑스에 의해 비워진 빈자리를 차지하기에 이른 시절부터 비롯된다. 그 예외적인 시기 이전의 미국의 동양 체험은 한정된 것에 불과했다. 과거에는 멜빌과 같은 문화적 고립주의자가 동양에 흥미를 가졌다. 마크 트웨인과 같은 빈정대기 좋아하는 사람도 그곳을 방문하고 그것에 관하여 작품을 썼다. 미국의 초월주의자[8]들은 인도사상과 자기들 사상 사이의 친근성을 발견했다. 소수의 신학자와 성서연구자가 성서의 원전으로 쓰인 동양의 여러 언어를 공부했다. 때로는 바바리아 해적[9] 등과의 외교적, 군사상의 충돌이 있었고, 해군은 가끔 극동지역을 탐험했으며, 또 두말할 필요도 없이 동양에 대한 포교활동이 여러 곳에서 행해졌다. 그러나 깊게 뿌리내린 오리엔탈리즘의 전통은 없었고, 그 결과 미국에서는 유럽과 달리, 동양에 관한 지식이

---

8) *transcendentalist*(초월주의)는 19세기 미국의 뉴잉글랜드에서 생겨난 낭만주의적인 철학 및 종교 운동이었다. 고대 인도의 서사시 바가바드 기타로부터 영감을 받아 월든 walden 호수에서 신비주의적인 생활을 보낸 헨리 데이비드 소로 Henry David Thoreau(1817~1862), 인도와 중국사상의 영향 하에 현상계를 초월하는(*transcend*) 절대적인 정신적 귀일의 신*oversoul*을 주장한 랄프 왈도 에머슨Ralph Waldo Emerson(1803~1882)이 그 대표적인 존재이다.
9) *Barbary*는 이집트를 제외한 북아프리카의 옛 이름으로 *barbarian*(야만인)에서 비롯된 명칭이다. 그것은 북아프리카를 말하는 것으로서 1492년의 그라나다 함락 이후 이베리아 반도를 점령한 이슬람교도 중에 북아프리카 연안에 살면서 스페인의 배를 습격하는 무리가 나타났다. 그 해적업은 터키의 세력 하에서 더욱 발전하여, 19세기 초엽에 구미 세력이 진출할 때까지 번영했다.

문헌학적인 연구로 시작되어 정밀화되고 복잡하게 얽히며 재구축되는 일련의 과정을 거치지 않았다. 나아가 동양에 대한 상상력의 집중이[10] 행해진 적도 결코 없었다. 그것은 다분히 미국의 주된 국경선이 서부에 있었기 때문이리라. 제2차 세계대전 직후에 와서 동양은, 유럽에서 몇 세기 동안에 그러했던 광범한 보편적인 문제가 아니라 행정 및 정책의 문제로 변화했다. 사회과학자와 새로운 전문가가 등장하고, 그들의 분명히 더욱 좁은 어깨에 오리엔탈리즘이라고 하는 외투가 얹혀졌다. 그러자 그들은 그것을 본래의 모습을 거의 알아볼 수 없을 정도로 변화시켰다. 이에 대해서는 뒤에서 다시 보게 될 것이다. 여하튼 새로운 오리엔탈리스트가 동양에 대해 문화적 적대의 태도를 받아들이면서 그것을 유지시킨 점에는 변함이 없었다.

동양에 대한 미국의 새로운 사회과학적인 관심의 뚜렷한 한 가지 측면은, 기묘할 정도로 문학을 회피하는 경향이다. 현대의 중동에 관한 방대한 양의 전문적인 저술을 읽어 보다 보면 문학에 대해 한 번도 언급하지 않는 경우를 종종 볼 수 있다. 지역연구의 전문가에게는 '사실'이 훨씬 소중하게 보이고, 그것에 관한 문학적인 텍스트는 방해에 불과할지 모른다. 현대 미국이 아랍·이슬람 동양을 인식하는 데에 이러한 현저한 결여가 생긴 결과, 지역과 그 주민은 개념적으로 거세되었고, 몇 가지의 '태도', '경향', 통계상의 숫자로 환원되었다. 요컨대 비인간화되었다. 아랍의 시인과 소설가(그들은 수없이 많으나)가 스스로의 체험, 가치관, 인간성에 대하여(그것이 아무리 이상한 것이라도) 쓴 이후, 동양을 표상하는 여러 가지의 패턴(이미지, 상투문자, 추상개념)은 산산이 부서져 버렸다. 문학작품은 다소간 직접적으로 살아 있는 현실을 말하여 주는

---

10) 제1부 제2장의 〈상상의 지리와 그 표상〉을 참조하라.

것이다. 문학작품의 강점은 그것이 아랍의 것이냐, 프랑스 또는 영국의 것이냐에 있는 것이 아니라 낱말들이 갖는 힘과 생명력에 있다. 플로베르의《성 앙투안의 유혹》속의 비교를 섞어서 얘기하면, 그 힘과 생명력이 오리엔탈리스트의 양팔에서 나온 우상을 잡아 비틀고, 동양으로 세상의 인정을 받고자 하는 그들의 심하게 마비된 아이들―곧 그들의 동양에 관한 여러 관념―을 타도하는 것이다.

현대 미국의 중동연구에 문학이 결여되고, 문헌학의 지위가 상대적으로 낮다는 것은 오리엔탈리즘에서의 새로운 편향을 나타내는 것이다. 실은 내가 여기서 편향이라는 말을 사용하는 것 자체가 변칙적이다. 왜냐하면 오늘날 중동 전문가가 하는 작업과, 기브와 마시뇽에 이르는 전통적인 오리엔탈리즘 사이에는 닮은 점이 거의 없기 때문이다. 내가 말한 대로 거기에서 재생산되는 중요한 것은, 어떤 종류의 문화적인 적대감과 문헌학이 아니라 '전문지식'에 근거한 어떤 감각이다. 계보적으로 미국 오리엔탈리즘의 유래를 따져보면, 그것은 제2차 세계대전 사이와 그 후에 창설된 군대의 외국어학교, 전후의 비서양세계에 대한 정부와 여러 단체들의 돌연한 관심, 소련과의 냉전 그리고 갱생자 재교육의 기회라고 간주된 동양인에 대한 선교사적인 태도의 잔재이다. 난해한 동양의 여러 언어를 비문헌학적으로 연구하는 것이 유익한 이유는, 기본적인 전략상의 이유로부터 명백하게 인식될 수 있다. 그러나 동시에 그것은 '전문가'에게 권위자로서 봉인하거나 거의 신비스러운 어떤 것을 부여하고, 그가 절망적으로 분명치 않은 소재를 자기 자신의 손으로 다룰 수 있다고 보이게 하는 점에도 유익하다.

사회과학의 차원에서, 언어 학습은 더욱 고차적인 목표를 달성하기 위한 단순한 수단이지, 확실히 문학작품을 읽기 위한 수단은 아니다. 예컨대 1958년에 중동연구소―중동조사 사업을 감독하고 후원하기 위하여 설치된 반관반민의 연구기관—가 〈최신 조사 보고서〉를 발행하고 있다. 〈미국의 아랍연구 현황〉이라는 제목의 기고(저자는 지극히 흥미롭게도 히브리어의 교수였다)에는 다음과 같은 표어가 첫 부분에 쓰여 있다. "외국어 지식은 더 이상 인문과학계 학자들만의 분야가 아니고 엔지니어, 경제학자, 사회과학자, 기타 여러 전문가의 실용적인 도구이다." 이 보고서의 전체는 석유 회사의 중역, 기술자, 군인들에게 아라비아어가 얼마나 중요한 것인가를 강조하고 있다. 그러나 보고서의 중심 논점은 다음 세 개의 문장이다. "소련의 대학에서는 지금 유창하게 아라비아어를 구사하는 사람들을 만들고 있다. 타인의 마음에 호소하기 위하여 그 상대의 언어를 사용하는 것이 얼마나 소중한 것인지를 소련은 깨닫고 있다. 미국은 더 이상 기다릴 필요가 없이 외국어 학습의 프로그램을 개발하여야 한다."*[106] 그리하여 동양의 여러 언어는—지금까지도 어느 정도로는 언제나 그러했듯이—어떤 정치적인 목표의 일부분이거나, 지속된 선전활동 노력의 일부가 된다. 어떤 목적이든지 간에 동양의 여러 언어의 습득은, 선전활동에 관한 헤럴드 라스웰의 명제, 곧 중요한 것은 사람들이 누구이고 무엇을 생각하고 있는가가 아니라, 그들을 어떤 사람으로 만들고 무엇을 생각하게 하는 것이 가능한가 라는 점에 있다는 명제를 실행하는 도구가 되었다.

실제로 선전활동가의 견해란, 개인을 존중함과 동시에 형식적인 민주주의를 무시하는 것이다. 개인을 존중한다는 것은, 대규모 작전의 성패가 대중의 지지를 얻을 수 있는가 없는가 라는 것과 동시에, 인간의 취향이 변하기 쉬운 것을 숙지하고 있는가 없는가에 달려 있다. …… 이와 같이 대중 속의 개개인을 존중한다는 것은, 인간은 무엇이 자기의 이익이 되는가를 스스로 가장 잘 알고 있다는 민주주의적인 도그마를 믿기 때문인 것은 아니다. 현대의 선전활동가는 현대의 심리학자와 마찬가지로, 인간이 가끔 무엇이 자신의 이익인지도 판단할 수 없고, 하나의 선택으로부터 다른 선택으로 특별한 이유도 없이 비약하거나, 오래된 이끼 낀 바위조각에 소심하게 붙어 있다는 인식 위에 서 있다. 여러 가지의 습관이나 가치를 영구히 변화시킬 수 있는 가능성을 계산하기 위해서는, 단순히 인간 일반의 기호를 견적하는 이상으로 훨씬 많은 것을 필요로 한다. 곧 인간이 거미집처럼 짜여 있는 여러 가지 관계의 복잡함을 고려하여, 인간이 깊게 생각하지 않고 반사적으로 좋아하여 선택하고자 하는 어떤 징표를 몇 가지 발견하고, 현실적으로 바람직한 해결을 향하여 하나의 프로그램을 이끌어 가야 한다. …… 대중행동을 반드시 필요로 하는, 그러한 적응에 관하여 말한다면, 선전활동가의 임무란, 인간에게 어떤 선택을 쉽게 하게 동시에 그것에 적응시킨다는 두 가지의 기능을 갖는, 목표가 되는 몇 가지의 상징을 만들어 내는 것이다. …… 따라서 이상적인 관리란, 억압에 의해서가 아니라 예측에 의해 상황을 지배한다. …… 선전활동가는, 세계가 완전한 인과법칙에 따르고 있으나, 극히 일부분은 예측 가능하다는 것을 전제로 삼고 있다. ……"[107]

그리하여 습득된 외국어는 그 국민 대중에 대한 교묘한 공격 수단이 되고, 또 동양과 같은 이질적인 영역을 대상으로 하는 지역연구는 예측에 의한 관리를 위한 하나의 프로그램으로 전환된다.

그러나 이러한 프로그램은 언제나 리버럴한 옷을 입지 않으면 안 되고, 이것은 보통 학자, 독지가, 열광자의 손에 맡겨진다. 동양인, 이슬람교도, 아랍인을 연구함으로써 '우리'(서양인)는 이민족과 그들의 생활양식, 사고방식 등을 이해할 수 있게 된다는 생각이 선전된다. 이 목적을 위해서는 그들 자신에게 스스로를 말하게 하고, 스스로를 표상·대표하게 하는 것이 언제나 바람직하다. "그들은 스스로 자신을 대변할 수 없고 다른 누군가에 의해 대변되어야 한다"고 말한 마르크스의 '루이 나폴레옹에 관한 말'—라스웰도 이와 동일한 사고방식을 가지고 있다—이 설령 이 허구의 밑바닥에 흐르고 있다고 하여도 그러하다. 그러나 그것도 어느 정도까지이고, 어떤 특별한 방식에 의해서이다. 1973년 아랍—이스라엘 사이의 10월전쟁이 심각하게 전개되는 동안,《뉴욕 타임스 매거진》지는 각각 이스라엘 측과 아랍 측을 대변하는 두 개의 글을 실었다. 이스라엘 측의 필자는 이스라엘의 법률가였음에 비하여, 아랍 측의 필자는 전 아랍대사인 미국인으로 동양연구에 관하여 어떤 정식 훈련도 받지 않은 사람이었다. 여기서 아랍인이 스스로 자신을 대변할 수 없는 인간이라고 간주되었다는, 단순한 결론을 성급하게 내려서는 안 된다. 도리어 이 경우에 아랍인도 유대인도 모두(내가 지금까지 논의해 온, 넓은 문화적 호칭으로서) 셈족이고, 모두 다 서양의 관중을 위하여 대변자의 역할을 하도록 강요되어 왔다는 점에 유의하여야 한다. 여기서 프루스트의 다음 문장을 음미해 볼 만한 가치가 있다. 귀족적인 살롱에 돌연히 한 사람의 유대인이 나타난 장면이다.

루마니아인, 이집트인, 터키인이라면, 유대인을 증오하리라. 그러나 프랑스의 살롱에서는 민족 차별이 그렇게 심하지 않다. 지금 막 사막의 중심에서 나온 듯이 하이에나같이 몸을 웅크리고 목을 앞으로 비스듬히 내밀며, 큰 소리로 "평화를Salaams!" 하고 인사하면서 한 사람의 이스라엘인이 입장하는 것은, 완전히 동양 취미를 만족시키는 것이다.*108

2. 문화관계정책

미국은 사실상 20세기에 와서 처음으로 세계제국이 되었다고 말할 수 있으나, 또한 19세기에는 미국이 후대의 명백한 제국주의적인 관심을 준비하는 것과 같이 동양에 관계했다고 하는 것도 사실이다. 1801년과 1815년의 바바리아 해적에 대한 군사행동[11]을 제쳐둔다고 해도 1842년의 미국동양협회 창설을 생각해보자. 1843년의 제1회 연차대회에서 존 피커링[12]이 분명히 말했듯이 미국이 동양연구에 적극적으로 나서기 시작한 것은, 유럽제국주의의 열강을 뒤따르기 위해서였다. 피커링의 논점은, 동양연구의 틀이―지금이나 그때나―정치적인 것이었지 단순히 학술적인 것이 아니었다는 점이다. 이하의 요약에서 오리엔탈리즘을 찬미한 문장 뒤에 그 참된 의도가 거의 비쳐 보이는 점에 주목해야 한다.

    1843년의 미국[동양]협회 제1차 대회에서 피커링 회장은, 협회가 지금부터 개척해야 할 영역에 관하여 놀라울 정도의 스케치를 시작하면서, 시대적 상황이 참으로 적합하다는 점, 세계 속에 평화가 확대되고 있다는 점, 동양 여러 나라에 더욱더 자유롭게 접근하게 되었다는 점, 그리고 커뮤니케이션이 더욱 편리하게 되었다는 점에 주의를 환기했다. 메테르니히[13]와 루이 필립[14]의 시대에는 세계가 평온한 것처럼 생각되었다. 남경조약[15]에 의해 중국은 이미 개항되었다. 대양을 가로지르는 선박에는, 스크류 프로펠러가 부착되었다. 모스[16]는 전신기를 완성했고, 벌써 대서양횡단 케이블의 부설을

---

11) 1801년 미국은 바바리아 해적이 요구한 공물을 거절하고, 트리폴리의 유스프 총독 등에 대하여 원정함대를 파견했다. 당시 영국과 교전상태에 있었던 미국은, 결국 해적들에게 매년 공물을 바치는 것으로 화의를 맺지 않을 수 없었다. 그러나 1815년에 알제리에 함대를 파견한 결과 양자 간에 조약이 맺어져서 공물의 중지, 포로와 포획재산의 반납이 결정되었다.
12) John Pickering(1777~1846)은 미국의 언어학자이자 법률가.
13) Prince von Metternich(1773~1859)는 오스트리아의 정치가.
14) Louis Philippe(1773~1850)은 프랑스의 왕(1830~1848).
15) 영국과 중국의 아편전쟁 결과 1842년에 맺은 조약.
16) Samuel Finley Breese Morse(1791~1872)는 전신기를 발명한 미국인.

제안했다. 이 협회의 목적은 아시아, 아프리카, 폴리네시아의 언어와 동양 전반에 관한 지식을 함양하고, 미국에 동양연구의 기풍을 창조하며 원전, 번역, 통신문을 발행하고 도서관, 문서고에 서적을 수집하는 것이었다. 그 과업의 대부분은 아시아 지역, 특히 산스크리스트와 셈계 여러 언어의 분야에 관하여 행해져 왔다.*109

메테르니히, 루이 필립, 남경조약, 스크류 프로펠러 이 모든 것은 유럽과 미국의 동양침략을 쉽게 하기 위한 제국적인 별자리를 연상시킨다. 동양침략은 결코 중단되지 않았다. 심지어 19~20세기에 중동에 파견된 전설적인 미국인 선교사들조차 자신들의 역할은 신에 의해 명령된 것이라기보다도 **자신들의** 신, **자신들의** 문화, **자신들의** 운명에 의한 것이라고 생각했다.17)*110 초기의 선교사들이 만든 시설들—인쇄소, 학교, 대학, 병원 등등—은 물론 그 지역의 복지에 공헌했으나, 그것들은 특히 제국적 성격을 갖는 것이었고, 그들은 미국정부의 원조를 받았기 때문에,18) 영국과 프랑스가 동양에 시설한 것과 조금도 다름이 없었다. 제1차 세계대전 중에 미국이 참전하게 된 것은, 그것이 시오니즘이나 팔레

---

17) 이 점은 한국 선교사의 경우에도 마찬가지이다. 그들은 사랑을 표방하는 기독교인이 아니라 미국인 내지 서양인으로서 한국에 살았고, 그런 의미에서 '문화전파인'이라고 자부했으며 미개 한국을 '문명화' 시켰다고 자만했다. 특히 그들은 제사의식을(기독교 의식과 동일한 것임에도) 우상숭배라는 이유에서 거부하였고 신사참배도 동일한 이유에서 거부하였다.

18) 한국의 연세대학교를 비롯한 다수의 소위 미선계 학교가 그 교과과정, 교육내용, 교수자격, 교육이념 등에서 서양, 특히 미국 일변도의 것이었음은 아직도 체계적으로 연구된 바가 없다. 그러한 시설들은 아직도 그 선교사들의 자제들에 의해 소유, 관리되고 있으며 제국적 전통은 여전하다. 사이드는 미국정부의 원조만을 지적하고 있으나 미국의 모교회 재단이거나 사회단체의 원조에도 그것이 제국적 성격을 갖춘 것임은 마찬가지이다. 최근 한국기독교의 극히 일부가 민주화 운동에 참여하면서 그 반성의 움직임이 생겨나고 있으나 그것조차 기독교적 틀 속에서 이뤄진 미화인 점에 주의하여야 한다. 곧 기독교 전파 자체가 제국주의적인 것이었다.

스타인 식민에 관한 미국의 정책상 커다란 이익과 연관되는 것이라는 사정이 크게 작용한 탓이었다. 밸푸어선언(1917년 11월) 전후 영국에서 나타난 논의는, 그것이 미국에서 얼마나 중대한 문제로 받아들여졌는가를 잘 반영하고 있다.[111] 제2차 세계대전 중과 그 후에 미국의 중동이권에 대한 확대는 현저하게 나타났다. 카이로, 테헤란, 북아프리카는 전쟁의 중요한 무대가 되었고, 그러한 배경 속에서 미국은 본래 영국과 프랑스에 의해 개척되었던 석유, 전략상의 자원, 인적 자원을 이용하면서 전후의 새로운 제국 역할을 수행하기 위한 준비를 진행시켰다.

이 역할의 적지 않은 하나의 측면이 1950년 모티머 그레이브스가 정의한 '문화관계 정책'이었다. 그에 의하면 이 정책의 일부는 "1900년 이후 발간된 중요한 중동의 여러 중요 언어에 의한 모든 중요 저술"을 수집하고자 하는 시도로서 그것은 "의회가 국가안전보장의 한 수단으로 인식해야 하는" 것이었다. 왜냐하면 그레이브스가 논의했듯이 여기서 분명히 문제되는 것은, "미국의 의도를 중동이 받아들이는 것을 둘러싸고 대립하고 있는 여러 세력을 미국이 더욱 잘 이해해야 할" 필요성이었고, "이러한 여러 세력의 필두는 물론 공산주의와 이슬람"이기 때문이었다.[112] 중동연구를 위한 거대한 모든 기구가 생겨난 것은 이러한 문제에 대한 관심에서였고, 또 이미 시대에 더욱 뒤떨어진 것으로 보인 미국동양협회에 대한 현대적인 부가물로서였다. 그 기구는 솔직하게 전략적인 태도를 취했고, 공공의 안전보장과 공공정책에 대하여 민감한 반응을 나타낸 것이었다(그것은 종종 일반적으로 말하듯이 순수하게 학문에만 충실했던 것이 아니었다). 그 점에서 이러한 기구의 모델이 된 것은, 1946년 5월, 워싱턴 연방정부의 내부에서, 그 자체에 의해서만 수립된 것이라고는 말할 수 없어도 정부 중심으로 만들어진 중동연구소였다.[113] 중동연구협회, 포드재단[19] 등의 강력한 후원, 대학을 원조하는 연방정부의 여러 가지 프로그램, 또 국방부·랜드협회[20]·허드슨 연구소[21] 등의 단체가 행한 연구사업, 은행·석유회사·다국적기업 등의 자문에 응한 활동이나 로비 활동은 모두 중동연구소와 같은 기관에서 생겨났다. 이 모든 것이 그 거시적이고 미시적인 기능의 대부분에서, 지금까지 유럽에서 발전되어 온 전통적 오리엔탈리스트의 사고방식을 그대로 답습하고 있다고 하여도 과언이 아니다.

유럽과 미국의 동양(중동과 극동)에 대한 제국주의적인 의도가 평행적이라는 것은 분명한 사실이다. 그만큼 명백하지 않은 것으로는 (a) 미국에서 오리엔탈리즘의 유럽적인 학문 전통이 받아들여진 정도, 또는 그것이 순응되고, 정상화되고, 순화되고, 대중화되어 전후에 개화한 미국의 중동연구 속에 포함된 정도, (b) 순화된 현대적 외관이나 (다시) 고도로 세련된 양상을 나타내는 사회과학 기술의 이용에도 불구하고, 유럽의 전통이 미국에서 학자, 여러 제도, 연설의 스타일, 방향성의 대부분에 일관된 태도를 낳은 정도이다. 나는 앞에서 기브의 사고방식에 관하여 논의했다. 그러나 그는 1950년대 후반에 하버드 대학교의 중동연구소 소장이 되었으므로 그 지위에 의해 그의 사고방식과 스타일이 엄청난 영향력을 미쳤음을 지적해 둘 필요가 있다. 이 분야에 관한 작업의 내용에 관하여 얘기하면 미국에서 기브의 존재는, 1920년대 말 이후 프린스턴에서 차지한 필립 히티[22]의 존재와는 상이했다. 프린스턴의 학부

---

19) *Ford Foundation*은 미국의 자동차 재벌인 헨리 포드Henry Ford에 의해 창설된 자선단체로서 주로 식량과 인구문제에 관여한다.
20) *RAND Corporation*은 미국 캘리포니아 주의 샌터 모니카Santa Monica에 있는, 군대와 정부를 위해 전략연구를 하는 소위 싱크 탱크Think tank의 하나로 1948년에 창설되었다. *RAND*는 Research and Development의 약자이다.
21) *Hudson Institute*는 1961년에 뉴욕 시에 설립된 싱크 탱크의 하나로서, 공공정책과 국가 안전보장 및 국제질서에 관한 연구를 하고 있다.
22) philip Hitti(1886~1978)는 레바논 태생의 미국 동양학자.

로부터 수많은 중요 학자들이 배출되었고, 그 독자적인 동양연구는 이 분야에 대한 엄청난 학문적 관심을 불러일으켰다. 반면 기브는 오리엔탈리즘의 공공정책 측면과 더욱 밀접하게 관계했다. 그리고 하버드에서의 그의 지위는, 프린스턴의 히티와는 비교가 안 될 정도로, 오리엔탈리즘을 냉전 하의 지역연구 접근의 초점에 두고자 하는 것이었다.

그럼에도 기브 자신의 작업은 르낭, 베커, 마시뇽의 전통에 연결된 문화적 담론의 언어를 분명히 사용한 것이 아니었다. 도리어 이러한 담론, 그 지적인 도구, 그 도그마가 분명히 인상적으로 보여 준 것은(비록 오로지 그것만이라고는 말할 수 없어도), 주로 구스타브 폰 그루네바움이 시카고 대학교와, 이어 캘리포니아 대학교 로스앤젤레스 분교에서 한 과업과 제도적인 권위이다. 그는 파시즘을 피한 유럽학자들의 두뇌 유출의 일원으로 미국에 왔다.[*114] 그 후 그는 오리엔탈리즘에 관한 견실한 '업적'을 냈다. 그 중심 주제는 전체론적인 문화로서의 이슬람이었고, 그는 평생을 일관하여, 본질적으로 환원적·부정적인 일반화를 오리엔탈리즘의 전통에 따라 추구했다. 그의 문체는 거의 읽을 수 없을 정도로 난해하나, 거기에는 그의 오스트리아-게르만적인 박학, 프랑스와 영국 및 이탈리아의 오리엔탈리즘이 갖는 규범적이고 사이비과학적인 편견의 수용, 공정한 학자이자 관찰자로서 계속하고자 하는 필사적인 노력의 흔적이 하나가 되어 나타났다. 이슬람의 자기 이미지에 관하여 쓴 전형적인 일절에는, 여러 시대 이슬람 문헌이 반 타스 정도나 인용되어 있고, 또한 후설[23]과 소크라테스 이전의 철학자들, 레비-스트로스와 미국의 여러 사회학자들도 함께 인용되어 있다. 그럼에도 그 모든 것으로 인해 폰 그루네바움의 이슬람에 대한, 거의 증오에 가까운 혐오감이 엷어

---

23) Edmund Husserl(1859~1938)은 독일의 철학자로서 현상학을 창시했다.

지는 것은 아니다. 그는 이슬람이 다른 어떤 종교·문명과도 달리, 일원적인 현상이라는 것을 아무런 어려움 없이 가정한 뒤에, 이어 그것이 반인도적이고, 발전할 수도 없으며, 자기를 알 수도 없고, 객관적일 수도 없으며, 비창조적·비과학적·권위주의적인 것이라고 주장한다. 이어서 두 개의 전형적인 발췌를 들고 있다. 여기서 우리는 폰 그루네바움이 미국의 유럽학자로, 특이한 권위자로 저술하고, 가르치고, 관리하고, 이 분야의 거대한 그물망같이 확산된 학자들에게 조성금을 부여한 인물이었음을 기억해야 한다. 그 두 개의 발췌는 다음과 같다.

무슬림 문명이란, 우리와 기본적인 지향을 공유하지 않는 하나의 문화적 실체라고 인식하는 것이 중요하다. 무슬림 문명은, 연구 그 자체가 목적이든, 또는 그 자체의 성격과 역사를 더욱 분명하게 이해하기 위한 수단으로서이든 간에, 상이한 문화를 구조적으로 연구하는 것에는 전혀 흥미를 나타내지 않는다. 만일 이러한 관찰이 단순히 현대 이슬람에게만 해당되는 것이라면, 그것은 이슬람이 지금 엄청난 혼란 상태에 있으므로 그러하지 않을 수 없는 예외적인 경우 이외에는 그 자체를 넘어서 볼 여유가 없기 때문이라고 생각하고 싶을지도 모른다. 그러나 그것이 과거에 대해서도 마찬가지로 해당된다고 한다면, 필경 그 원인은 이러한 [이슬람] 문명이 갖는 기본적인 반인도주의, 곧 인간을 사물의 결정자나 척도로서는 전혀 받아들이지 않고, 정신구조의 서술로서의 진리, 달리 말하자면 심리학적인 진리에 만족하는 경향에 있다고 해도 좋을 것이다.

[아랍 또는 이슬람 민족주의에는] 한 국가의 신성한 권리라는 개념이 슬로건으로서는 가끔 나타나지만, 그것이 결여되어 있으며, 건전한 윤리관도 결여되어 있고, 나아가 19세기 말의 기계에 의한 진보에 대한 믿음도 결여된

것으로 생각된다. 특히 기본적 현상에 대한 지적 활력이 결여되어 있다. 권력도, 권력에 대한 의지도, 그 자체가 목적이 된다. 〔이 문장은 논의를 진행하는 데에는 아무런 목적에도 도움이 되지 않는 것으로 보인다. 그러나 이 문장으로 인하여 폰 그루네바움은 아무런 의심도 없이 철학적 외관을 갖는 난센스를 늘어놓을 수가 있다. 마치 자신은 이슬람을 전혀 비난하지 않고서 현명하게 말하고 있다고 자신에 대하여 확신시키는 것 같이.〕 정치적 경시에 대한 〔이슬람의〕 분노가 인내력의 결여를 낳고, 지적 영역의 장기분석이나 장기계획을 방해하고 있다."[115]

이러한 문장은, 대부분의 다른 문맥에서는 완곡하게 문제제기적인 것이라고 불릴 것이리라. 물론 오리엔탈리즘에서는 이것이 비교적 정통적인 것이며, 유럽계 학자에게 붙어 있는 문화적 위신을 주된 이유로 하여, 제2차 세계대전 후 미국의 중동연구에서 규범적 지혜로 적용되어 왔다. 그러나 학계가 오늘날에도 폰 그루네바움에 필적할 만한 것을 낳지 못하고 있다고 하여도, 그의 저술이 무비판적으로 학계에서 받아들여져 온 것은 문제이다. 그러나 단 한 사람의 학자가 폰 그루네바움의 견해에 대해 본격적인 비판을 시도했다. 바로 모로코의 역사가이자 정치이론가인 압둘라 라루이[24]이다.

라루이는 폰 그루네바움의 저술에 나타나는 환원적인 반복이라고 하는 모티프를 비판적인 반오리엔탈리스트 연구를 위한 실제적 무기로 사용하면서, 전체적으로 매우 인상 깊은 주장을 전개한다. 그는 폰 그루네바움의 저술이 방대한 세부묘사의 집적과 외견상의 넓이를 가지고 있음에도 불구하고 어떻게 계속 환원적일 수 있는 것인가를 자문한다. 라루

---

24) Abdullah Laroui(1933~)는 모로코의 역사가이자 정치이론가.

이의 말을 빌린다면, "폰 그루네바움이 이슬람이라는 단어에 부여한 수식구(중세적·고전적·근대적)는 애매하고 심지어 불필요한 것들이다. 곧 고전적 이슬람과 중세적인 이슬람 또는 이슬람 일반 사이에는 아무 차이도 없다. …… 따라서 〔폰 그루네바움에게〕 존재하는 것은, 그 자체 내부에서 변화해가는 **단 하나의** 이슬람뿐이다."*116 폰 그루네바움에 의하면, 근대 이슬람이 서양으로부터 얼굴을 돌린 것은, 그 자신의 본질적인 뜻original sence에 충실했기 때문이다. 그렇지만 이슬람은 서양적 관점에 선 자기해석에 의해서만 근대화를 달성할 수 있다. 물론 이는 불가능하다고 폰 그루네바움은 말한다. 라루이는, 폰 그루네바움의 결론이 혁신불가능한 문화로서의 이슬람상에 귀착한다고 서술하고 있으나, 라루이가 언급하지 않은 점이 있다. 그것은 이슬람의 자기개혁을 위하여 서양적 방법을 사용할 필요가 있다고 하는 사고방식이, 필경 폰 그루네바움의 강한 영향에 의해 중동연구에서는 거의 정설이 되었다는 사실이다.[25](예컨대 데이비드 고든은 《제3세계의 자기결정과 역사》*117에서, 아랍인, 아프리카인, 아시아인은 "성숙해야 한다"고 주장한다. 곧 그는 서양의 객관주의를 배워야만 비로소 동양이 성숙할 수 있다고 주장한다.)

   라루위의 분석은 또한 폰 그루네바움이 A.L. 크뢰버[26]의 문화이론을 이용하여 이슬람을 이해하고 있으며, 이 도구를 위한 일련의 환원과 생략이 어떻게 필연적으로 되었고, 그로 인해 이슬람이 배타적으로 폐쇄

---

25) 이는 중동만이 아니라 한국을 비롯한 제3세계의 소위 개발발전이론에서 획일화된 미국식 사고방식이고, 그것에 훈련된 한국 등 후진국의 행정, 군사, 학술, 산업 엘리트의 일률적인 사고방식일 것이다. 한국의 최근 30년간의 학문을 비롯한 전체 사회의 근대화 열기는 바로 그것이 얼마나 강력한 것이었는지를 증명한다. 그렇다면 한국은 오리엔탈리즘이 가장 깊숙이 침투한 나라라고 해도 좋을 것이다. 심지어 오늘날 그 모범으로도 선전되고 있다.
26) A.L. Kroeber(1876~1960)는 미국의 인류학자.

된 시스템으로 묘사되지 않을 수 없었음을 보여 주고 있다. 그리하여 폰 그루네바움에 의하면, 이슬람문화의 다양한 모습은 신에 관한 어떤 특수이론, 곧 언제나 불변인 원형의 직접적인 반영으로 간주되었고, 그 원형에 의해 모든 것이 의미와 질서로 분해되었다는 것이다. 그리고 그 결과 이슬람의 발전, 역사, 전통, 현실은 서로 교환 가능한 것이 된다. 라루이가 정당하게 주장하고 있듯이 역사란 사건, 시간성, 의미의 복합체이기 때문에 그러한 문화개념으로 환원될 수 있는 것이 아니며, 마찬가지로 문화는 이데올로기로, 이데올로기는 신학으로 환원될 수 있는 것도 아니다. 폰 그루네바움은 자신이 받아들인 도그마의 포로가 되어 있으며, 이슬람의 어떤 특수한 측면을 결점이라고 해석하는 것에 아무런 의문도 갖지 않는다.[27] 곧 이슬람에는 고도로 명확한 종교이론은 있어도 종교체험의 서술이 지극히 적다든가, 고도로 명확한 정치이론은 있어도 분명한 정치문서는 거의 없다든가, 사회구조이론은 있어도 개별화된 행동은 지극히 드물다든가, 역사이론은 있어도 나날의 사건기록은 아예 없다시피 하다든가, 명확한 경제이론은 있어도 구체적으로 숫자가 언급되는 경우는 거의 없다든가 하는 등등이다."[118] 그 결과 이슬람이란 그 신도의 경험에 포함된 실존적인 리얼리티를 정당하게 평가하거나 검토할 수 없는 문화라는 이론에 의해, 이슬람에 대한 역사적인 비전이 완전히 속박을 받게 된다. 폰 그루네바움의 이슬람이란, 요컨대 초기 유럽의 오리엔탈리스트들이 생각한 이슬람, 즉 하나의 획일적이고, 인간의 일상 경험을 멸시한, 조잡하고 환원적이며 불변적인 이슬람인 것이다.

이러한 이슬람관은 근본적으로 정치적인 것이고, 완곡하게 말해도 공

---

[27] 그 극단이 영국의 견인종 소동이다. 또는 조선후기의 기독교인들이 벌인 제사소동이다. 한국 대통령을 견인종이라고 비난한 영국인들 그리고 그것을 죽기살기식으로 보도한 *BBC* 이하 영국의 매스 미디어 등은 제국주의 꿈에 젖어 있는 것이었다.

평무사한 것이라고도 할 수 없다. 그것이 새로운(곧 폰 그루네바움보다도 젊은) 오리엔탈리스트들을 계속 사로잡을 수 있었던 힘은, 첫째 그것이 전통적인 권위를 지니고 있기 때문이고, 둘째 세계의 어떤 광대한 하나의 지역을 선택하여 그것을 완전히 일관된 현상이라고 주장하는 것에 이용가치가 높았기 때문이다. 이슬람은 지금까지 서양에 의해 정치적으로 간단히 포위된 적이 없었기 때문에, 또 제2차 세계대전 이래 아랍의 민족주의는 서양의 제국주의에 대한 적대감을 공공연히 선언해 온 운동이었기 때문에 그 보복조치로 이슬람에 관한 어떤 지적인 만족을 부여할 수 있는 사항을 주장하고 싶어 하는 주장이 높아진다. 어떤 권위자는 이슬람이 '폐쇄된 전통사회의 한 가지 원형'이라고(어떤 이슬람, 이슬람의 어떤 측면에 관한 이야기인지를 특정하지도 않고) 주장했다. 여기서는 이슬람이라는 말이 사회, 종교, 원형, 현실을 동시에 가리키는 것으로 계몽적으로 사용되고 있음을 주의하여야 한다. 그런데 그 학자는 그 모든 것을 하나의 관념에 종속시키고자 했다. 곧 정상인('우리') 사회와는 달리, 이슬람과 중동사회는 완전히 '정치적인' 사회라고 하는 관념이 그것이다. 여기서 '정치적'이라는 형용사는, 이슬람이 '리버럴'하지 않고, 정치와 문화를('우리'와 같이) 분리시키지 않는 것에 대한 비난의 의미로 사용되고 있다. 그 결과 불쾌할 정도로 이데올로기에 감염된 '우리'와 '그들'에 관한 초상이 생겨난다.

중동사회를 전체로 이해하는 것이 어디까지나 우리의 중대한 목표가 되어야 한다. ('우리 사회와 같이 이미') 다이내믹한 안정성을 확보한 사회만이 정치, 경제, 문화를 단순히 연구를 위한 편의적인 구분으로서가 아니라 순수하게 자율적인 영역으로 생각할 수 있다. 카에사르의 것과 신의 것이 구별되지 않은 전통적 사회, 또는 완전히 변동 상태에 있는 전통사회에서는 소위 정치와 다른 모든 생활 측면과의 관련이야말로 문제의 핵심이 된다. 오늘날 예컨대 한 사람의 남자가 4명의 아내와 결혼할 것인가, 또는 한 사람의 아내와 결혼할 것인가, 단식을 할 것인가 하지 말 것인가, 토지를 얻을 것인가 잃을 것인가, 계시에 의할 것인가 이성에 의할 것인가 등이 중동에서는 모두 정치적인 문제가 된다. …… 무슬림 자신에 한정되지 않고, 새로운 오리엔탈리스트도 무엇이 이슬람사회의 중요한 구조와 관계될 수 있는가를 새롭게 묻지 않으면 안 된다.[119]

인용된 보기의 대부분(4인의 처, 단식 등)이 극히 사소한 것에 불과한 것은, 이슬람이 있을 수 있는 모든 것을 포괄하며 전제적이라는 것을 증명하기 위해서이다. 그러한 포괄성과 전제가 실제로 '어디에서' 행해지고 있는가 하는 점에 관해서는, 아무 이야기도 없다. 그러나 동양인이 자신의 힘으로는 알 수 없는 것도 오리엔탈리스트는 본래적으로 알 수 있다고 하는 사실을 독자들이 잊어서는 곤란하다는 배려와 같이, 우리는 중동의 인간이 자신들의 과거를 올바르게 평가할 수 있게 된 것은 주로[120] 오리엔탈리스트들의 힘에 의한 것이라는, 완전히 비정치적인 사실을 회상하게 된다.

이상이 새로운 미국 오리엔탈리즘의 '딱딱한' 유파에 관한 요약이라고 한다면, '부드러운' 유파의 쪽은 전통적인 오리엔탈리스트가 지금까지 이슬람의 역사·종교·사회의 기본적 개략을 부여해 왔으나, "극히 소수의 사본에 근거하여 하나의 문명의 의미를 요약하는 것에 너무 자주 만족해" 왔음을 강조한다.[121] 따라서 전통적인 오리엔탈리스트에 대하여 새로운 지역연구의 전문가는 다음과 같은 철학적인 논의를 전개하게 된다.

연구의 방법론이나 학문 분야의 패러다임은 연구 대상을 결정하는 것이 아니고, 관찰을 제한하는 것도 아니다. 이 관점에 선 지역연구에서 우리는 참된 지식이 현실적으로 존재하는 것에 관해서만 성립할 수 있는 것이라고 생각하고, 방법이나 이론은 비경험적인 기준에 근거하여 관찰을 질서 세우고 설명을 부여해 주는 추상개념이라고 인정하고 있다."[122]

좋다. 그러나 사람은 '어떻게' '현실적으로 존재하는 것'을 알게 되는가, 그리고 '현실적으로 존재하는 것'이 그것을 아는 인간에 의해 구축되는 것은 어떤 정도에서인가? 현실적으로 존재하는 동양을 특정한 가치관에서 해방된 새로운 눈으로 본다는 것이 지역연구의 프로그램 속에서 제도화되는 경우에도, 이것은 여전히 의문으로 남게 된다. 경향적인 이론화 없이 이슬람을 연구하고 조사하고 인식하는 것은 거의 불가능하다는 단순 소박한 사고방식, 이것이 이데올로기적으로 의미하는 것은 거의 명백하다. 곧 인간은 소재를 선택하고 그것에 관하여 아는 과정을 조립함에 어떤 역할도 수행하지 않고, 동양의 현실은 정적인 것으로 '지금 존재하는' 것이고, 외부에 있는 현실과 머릿속에서 만들어진 것의 구별을 인정하지 않는 것은 (키신저 박사의 말을 빌리자면) 오직 구세주적인 혁명가 정도의 것이리라는 바보 같은 명제이다.

그러나 또한 딱딱한 유파와 부드러운 유파의 중간에서는, 다소 희석된 형태의 낡은 오리엔탈리즘이 새로운 것과 낡은 학술적인 용어를 사용하면서 성행하고 있다. 그러나 오리엔탈리즘의 중심적인 도그마가 오늘날 가장 순수한 형태로 존재하는 것은 무엇보다도 아랍과 이슬람 연구라고 할 수 있다. 그 도그마를 여기서 요약해 보자. 첫째, 합리적으로 발전해 온, 인도적이고 우월한 서양과, 탈선적이고 정체되어 있으며 열등한 동양 사이에 절대적·체계적인 차이가 있다고 하는 도그마이다.

둘째, 동양에 관한 추상개념, 특히 '고전적' 동양문명을 표상하는 여러 문헌에 근거한 추상개념이, 현대 동양의 여러 현실로부터 직접 나오는 증거보다도 언제나 더욱 바람직한 것이라고 하는 도그마이다. 셋째, 동양이 영원히 획일적이고 자기를 정의할 수 없다고 하는 것, 따라서 서양의 관점에서 동양을 서술하기 위해서는 고도로 일반적이고 체계적인 어휘가 불가결하며, 학문적으로 '객관적'이라는 주장이 생겨나게 된다. 넷째, 동양이 본질적으로 두려운 것이라고 하는 것(황화[28], 몽고유목민, 갈색 인종의 통치) 또는 통제되어야 한다는 것(가능하다면 완전점령에 의해 강화, 조사, 개발되어야 한다는 것)과 같은 사고방식이다.

이러한 사고방식은 이상할 정도로 현대의 중동에 관한 아카데믹한 연구와 정부의 연구에서 아무런 저항도 없이 유지되어 왔다. 슬프게도, 오리엔탈리즘의 도그마에 반박을 가하고자 하는 이슬람 또는 아랍학자들의 저술은—적어도 저항하는 자세를 보인 경우에—주목할 만한 효과를 전혀 거두지 못했다. 여기저기에 흩어져 있는 고립된 논문들은 각각의 때와 곳에 따라 그 나름으로 중요한 것이었다고 하여도, 있을 수 있는 모든 기관, 제도, 전통에 의해 유지되어 온 연구상의 합의에 의한 압도적인 흐름을 변화시킬 만한 힘은 갖지 못했다. 여기서 중요한 것은, 이슬람에 관한 오리엔탈리즘이 오리엔탈리즘의 다른 하위 분야와는 전혀 상이한 현대적인 생태를 보여 왔다는 점이다. (주로 미국인으로 구성되는) 아시아관계학자위원회[29]는 1960년대에 동아시아 연구 전문가들의 서열에 엄청난 개혁을 초래했다. 아프리카 연구 전문가들도, 기타의 제3세계를 연구하는 전문가들도 마찬가지로 수정론자들의 도전을 받게 되었다.

---

28) *Yellow Peril* 이란 황색인종이 서양문명을 압도한다는 백색인종의 공포심으로서, 빌헬름 *Wilhelm* 2세가 한 말이다.

29) *Committee of Concerned Asia Scholars* 는 1968년, 베트남전쟁을 계기로 하여 미국의 아시아

단 아랍연구자와 이슬람학자들만이 아무런 수정도 받지 않고 그대로 기능하고 있다. 그들에게는 여전히 '하나의' 이슬람사회, '하나의' 아랍적인 정신, '하나의' 동양적 심성이라는 것이 존재한다. 현대 이슬람세계를 전공하는 사람들조차 현대 이집트나 알제리 사회의 여러 측면을 읽기 위하여, 시대착오적으로 《코란》과 같은 문헌을 이용하고 있다. 이슬람 또는 오리엔탈리스트에 의해 구성된 그 7세기적인 이상형은, 최근의 식민지주의, 제국주의, 통상의 정책으로부터도 아무런 영향을 받지 않고 통일성을 유지한다고 생각되고 있다. 이슬람교도(또는 현대에도 아직 때때로 볼 수 있는 이름인 마호메트교도)의 행동양식에 관한 상투문구가, 흑인이나 유대인에 대해서는 생각할 수 없을 정도의 무관심으로 난무하고 있다. 이슬람교도는 겨우 오리엔탈리스트를 위한 '원주민 밀고자'에 불과하다. 그 경우에도 이슬람교도란 역시 마음속에서는 경멸된 이교도이고, 나아가 자신의 죄로 인하여 반시오니스트로서—부정적으로 평가되어—알려지고, 전혀 고맙지 않은 지위를 감수하지 않으면 안 된다.

물론 이해관계를 함께하는 사람들이 모인 중동연구체제도 정비되어 있고, '선배'나 '전문가'의 인맥이 법인, 재단, 석유회사, 종교단체, 군대, 외교관, 정보기관, 학계와 연결되어 있다. 연구비와 여러 가지 상금이 있고, 여러 가지 기관이 있으며, 계급조직이 있고 또한 시설, 센터, 대학, 학부가 있다. 그 모두가 하나가 되어 이슬람, 동양, 아랍에 관한 기본적이고, 기본적으로 변하지 않는 한 줌의 관념이 갖는 권위를 정당화하고 유지하는 것이다. 미국의 중동연구 활동에 관한 최근의 비판적

정책에 반대하기 위하여 결성된 아시아연구자의 집단(약칭 CCAS). 그 연구 성과의 보기는 〈중국 : 인민정부의 내부 China; Inside the people's Republic〉(1972), 〈인도차이나 이야기 : 완전한 기록에 의한 설명 Indo china Story : A Fully Documented Account〉(1970) 등이 있다.

인 분석에 의하면, 이 분야는 '획일적'인 것이 아니라 복합적이며, 고풍 스타일의 오리엔탈리스트, 의식적으로 주변적인 것을 연구하는 전문가, 폭동에 대처하기 위한 전문가, 정책 입안자, '소수의…… 아카데믹한 권력 브로커'들로 성립되어 있다고 한다.[123] 어쨌든 오리엔탈리즘 도그마의 중핵은 여전히 건재하다.

이 분야가 현재 산출하고 있는, 가장 고도의, 가장 지적인 위신이 높은 작품의 보기로서 두 권으로 된 케임브리지 대학판《이슬람의 역사》를 간단히 고찰하여 보자. 이것은 1970년에 영국에서 초판이 나온 것으로서, 오리엔탈리즘 정통파가 공인하는 학문적인 집대성이라고 할 수 있다. 수많은 저명한 학자들에 의해 쓰인 이 저술도, 오리엔탈리즘의 표준과는 별도의 표준에서 판단한다면, 어떻게 보아도 학문적으로는 실패작이다. 그것은 달리 말하자면 더욱 다른, 더욱 훌륭한 이슬람의 역사가 쓰일 수 있었다는 것은 의미한다. 그러나 실제로는 사려 깊은 학자들이 지적했듯이[124] 이러한 종류의 역사는 그 계획의 처음부터 이미 운명이 결정되어 있었던 것이고, 별도의 더욱 훌륭한 것으로 될 수가 없었다. 편집자들은 너무나도 많은 관념을 무비판적으로 받아들였고, 너무나도 애매한 개념에 의거하고 있다. (거의 2세기에 걸쳐 오리엔탈리즘의 담론 속에 방치된 그대로 계속 존재하여 온) 방법론상의 문제에는 거의 역점이 주어지지 않았고, 이슬람이라는 개념을 흥미로운 것으로 보고자 하는 노력조차 전혀 기울여지지 않았다. 나아가 케임브리지 대학판《이슬람의 역사》는 종교로서의 이슬람을 근본적으로 오해하고 잘못 표상하고 있을 뿐만이 아니라, 스스로를 하나의 역사로 인식하고자 하는 공통의 관념도 소유하고 있지 않다. 이 정도의 대규모 계획에 사상이나 방법이 거의 완전히 결여되어 있다는 것은, 다른 곳에서는 결코 생각될 수가 없다.

최초의 장章인, 에르판 샤히드[30]에 의한 이슬람 이전의 아라비아에 관한 부분은 7세기에 이슬람이 발흥된 당시의 지세地勢와 인간의 경제 사이의 결실이 많은 조화를 지성적으로 소묘하고 있다. 그러나 이슬람 이전의 아라비아에 이어지는 마호메트의 장, 이어서 정통 칼리프와 우마이어조 칼리프에 관한 장으로 옮겨 가면서 신앙, 믿음, 교의의 체계로서의 이슬람에 관한 서술에 대해서는 완전히 우회하는 이슬람사에 관한 설명, 곧 P.M. 홀트가 쓴 서문에서 '문화적 통합체'*125라고 하는 공허한 정의가 내려진 이슬람사에 관해서 우리는 무엇을 말할 수 있는가? 제1권의 수백 쪽에 걸쳐 이슬람이란 싸움과 지배와 죽음, 발흥과 영화榮華, 오는 것과 가는 것의 단조로운 연대기로 이해되고 있으며, 그 대부분은 놀라울 정도로 일률적인 톤에 의해 지배되고 있다.

8세기부터 11세기까지의 압바스 왕조를 예로 들어 보자. 아랍사와 이슬람사에 대해 조금이라도 아는 사람이라면 누구라도 이 시대가 이탈리아 르네상스와도 비교할 수 있는 문화사상의 황금시대, 이슬람문화의 최고봉이라는 정도는 알 것이다. 그러나 40쪽에 걸친 서술의 어느 곳을 찾아보아도, 그것이 풍요한 시대였다는 것을 암시하는 곳은 발견할 수 없다. 그 대신 다음과 같은 문장이 발견된다. "(알-마문은) 일단 칼리프 자리에 오르자 바그다드 사회와의 접촉을 피하여 메르브로 이주했고, 이라크의 통치를 심복 부하의 한 사람인 알-파들의 형제인 알-하산 이븐 사흘에게 맡겼다. 이 남자는 거의 동시에 시아파의 격렬한 반란에 직면하게 되었다. 그 주모자인 아불-사라야는 199년 제2주 마다월(815년 1월)에 하산가의 이븐 타바타바를 지원하여 쿠파로부터 무장봉기의 명령을 내렸다."*126 여기서 이슬람에 관한 문외한에게는 시아파라든가 하산가가 무엇인지 알 수 없으리라.[31] 제2주마다월[32]이라는 것도 어떤 종

---

30) Erfan Shahid(1926~)는 영국의 중동사가.

류의 날짜라는 것은 확실하나 그 외는 무엇인지 알 수가 없다. 그리고 물론 압바스조의 칼리프들은 하룬 알-라시드도 포함하여 메르브에 부루퉁하게 앉아 있는, 구제할 수 없을 정도로 우둔하고 살인의 취미를 가진 놈 정도로 믿어지게 될 것이리라.

중심적인 이슬람 영토란, 북아프리카와 안달루시아[33)]를 제외한 것이라고 정의되며, '그 부분'의 역사에 관한 한 그것은 과거로부터 현대까지의 정연한 질서를 가지고 진행되었다. 제1권에서는, 이슬람 전문가에게 적합하게 연대순으로 그리고 선택적으로 적용된 지리적인 호칭으로 나타난다. 그러나 소위 〈근대와 현대〉의 장까지 읽게 되면, 우리를 기다리고 있는 실망은, 고전 이슬람에 관한 장을 읽고 있는 한 어디에서부터도 예측할 수 없는 것이다. 현대 아랍에 관한 1장은, 이 지역의 혁명적인 발전을 전혀 이해하지 않고 집필되었다. 저자는 아랍에 대하여 잔소리가 심하고 엄격하며 공개적으로 반동적인 태도를 취한다고 하며("이 시기에는 아랍 여러 나라의 젊은이들이 교육의 유무에도 불구하고, 그 정열과 이상주의로 인하여 정치적으로 이용되는 온상이 되었고, 자주 무자각 속에서 무법한 과격파나 선동자의 도구가 되었다고 말하지 않을 수 없다."[*127)]), 레바논의 민족주의에 대한 찬미를 변명처럼 덧붙인다. (그러나 1930년대에 파시즘이 소수의 아랍인을 매혹시켰고, 그것이 레바논의 마론파 기독교도에게도 감염되어, 1936년에 무솔리니[34)]의 검은 셔츠당을 모방한 팔랑주 리베네즈[35)]

---

31) 하산가Hasanid(아라비아어로는 al-Hasaniyūn)는 예언자 마호메트의 딸인 파티마와 그 남편인 아리(시아파의 초대 이맘) 사이에 태어난 하산의 자손을 가리킨다. 시아파의 주류는 하산의 동생인 후세인 자손이었으나, 압바스조의 한 시기에 하산의 자손이 정치적으로 활약했다.
32) 제2주마다Jumada월은 이슬람력의 제6월 주마다 알-아히라Jumada al-Ākhira를 말한다.
33) Andalusia는 스페인 남부의 지방으로서 옛 Moor 문명의 중심지.
34) Benito Mussolini(1883~1945)는 이탈리아의 독재 정치가로서 1922~1943년 사이에 수상을 지냈다.

제4장 최근의 전개

가 만들어진 사실에는 한마디도 언급하지 않고 있다.) 1936년은 '불안과 동란'의 해로 기록되면서도, 시오니즘에 대한 언급이 없고, 반식민주의와 반제국주의라고 하는 관념조차 격조 높은 서술을 파괴하도록 허용되지 않았다. 〈서양의 정치적 영향〉과 〈경제와 사회의 변화〉—그 이상 개념이 특정화되지 않는다—의 장은 '우리의' 세계 일반과 조금은 관련되는 것으로, 이슬람에 마지못해 양보하는 형태를 취하고 있다. 변화와 근대화가 일률적으로 동일시되며, 심지어 무엇 때문에 다른 종류의 변화가 그렇게 분명히 없어져 버렸는지가 전혀 언급되지 않는다. 이슬람에서 가치 있는 관계란 오직 서양과의 사이에 결합된 것이라는 가정에 근거하며, 반둥회의나 아프리카 또는 제3세계 일반이 갖는 중요성도 무시되고 있다.36) 이와 같이 현실의 4분의 3 이상이 태평스럽게 무시되고 있는 태도를 보면, "평등과 협동에 근거한…… 서양과 이슬람 사이의 새로운 관계를 수립하기 위하여 역사적인 바탕이 분명해져 온 것이다. (누구에 의해, 무엇을 위해, 어떤 방식으로?)"라고 하는 놀라울 정도로 낙천적인 서술을 어느 정도로는 이해하게 된다."128

제1권의 끝까지 읽어 보아도 이슬람이 참으로 무엇인가에 관하여 수많은 모순과 곤란의 늪에서 헤어날 수가 없는데, 제2권을 읽어도 아무런 도움이 되지 않는 것은 마찬가지이다. 제2권의 반은 인도, 파키스탄, 인

---

35) *Phalanges Libanaises*는 보통 팔랑지스트*Phalangists* 또는 카타이브*Kata'ib*(아라비아어)의 이름으로 알려진 레바논의 정치조직이다. 1936년에 피엘 주마일, 주르지 낫카슈 등에 의해 청년 민병 조직으로서 설립되었다. 마론파와 그리스정교의 도시 중산층 및 중농을 기반으로 하여 이슬람교도와 아랍민족주의 세력에 전투적으로 대항했고, '레바논 내전'에서도 팔레스타인인에 적대하는 최대의 세력이 되었다.
36) 사이드는 여기서 아랍이 제3세계와 연결된 의의를 서구에서 무시하고 있다고 비판하나, 한국의 경우에는 실제로 그러했다는 점에 문제의 심각성이 있다. 한국이나 미국의 북한사 연구에서는 아랍에 대해서와 동일한 경향이 나타난다. 따라서 남북한에 대해서 오리엔탈리즘이 갖는 의미가 다르다.

도네시아, 스페인, 북아프리카, 시칠리아의 10세기부터 20세기까지의 서술에 바쳐져 있다. 북아프리카에 관한 여러 장은 그래도 약간은 분명한 편이나, 모든 곳에서 오리엔탈리즘의 전문용어가 나타나고 있고, 이에 더해진 역사적인 세부묘사가 아무런 설명도 없이 사용되고 있는 점에는 아무 변화가 없다. 여기까지 거의 1,200쪽에 이르는 빽빽한 문장을 읽게 되면, '이슬람'이라는 하나의 문화적 통합체라기보다는 임금, 전쟁, 왕조 이름의 나열이라고 하는 쪽이 더욱 적합할 것으로 생각된다. 그래도 제2권의 후반에서는 〈지리적 환경〉, 〈이슬람문명의 여러 원천〉, 〈종교와 문화〉, 〈전쟁〉과 같은 여러 논문과 함께 위대한 통합이 완성된다.

여기서 내가 서술한 합리적인 의문이나 반론이 더욱 정당화된다고 생각된다. 실제로 논의되고 있는 것은(참으로 흥미 깊은 점이나) 다음과 같은 것들이다. 곧 몇 개의 이슬람군대에 관한 사회학을 설명하는 경우에, 왜 이슬람전쟁에 관한 하나의 장이 주어져 있는가? 예컨대 기독교도의 전쟁과는 다른, 이슬람적 전쟁양식이라는 것이 존재하는 듯이 생각해야 하는가? 공산주의자의 전쟁 대 자본주의자의 전쟁이라고 하는 도식이 꼭 이것과 유사한 논의라고 할 수 있다. 이슬람문명에 관한 문장에서 레오폴드 폰 랑케로부터 극히 불명료한 인용을 하거나, 기타 마찬가지로 거듭 적절하지 못한 소재를 보게 된다. 그것들이 구스타브 폰 그루네바움의 무한한 박식을 전시하는 것과 같은 경우를 제외하고, 이슬람의 이해에 어떤 도움이 되는 것일까? 이슬람문명이란 무슬림에 의한 유대-기독교문명, 그리스문명, 오스트리아-게르만문명으로부터의 무원칙적인 차용 위에 성립된 것이라고 하는, 바로 폰 그루네바움의 명제를 이러한 형태로 위장하는 방식은 기만적인 것이 아니겠는가? 이슬람이란 본래 표절에 의해 성립된 것이라는 사고방식을, 제1권에서 '소위 아라비아문학'이 페르시아인에 의해 (어떤 증거도 제시하지 않고, 어떤 이름도 언급됨이 없이) 만들어진 것이라고 하는 사고방식과 비교해 보라. '종교와 문화'를 논하면서 루이 가르데는, 이슬람의 최초 5세기만이 논의의 대상이 된다고 하는 뜻을 독자들에게 분명히 통고하고 있다. 그것은 곧 종교와 문화는 '근현대'에 와서 통합되지 않았다는 것을 의미하거나, 아니면 이슬람은 12세기에 이미 최종형태에 도달했다고 하는 것을 의미하는 것인가? 이슬람 여러 도시의 '계획적인 무질서'를 포함한다고 하는 '이슬람적인 지리학'이라는 것은 실제로 존재하는 것인가, 아니면 이것은 주로 지리적·인종적인 결정론의 정밀한 이론을 증명하기 위하여 고안된 주제인가? '라마단의 단식과 활동적인 밤'에 관하여 생각할 것을 시사하지만, 그것으로부터 기대되는 결론이란 이슬람이 '도시 거주자를 위하여 만들어 낸' 종교라고 하는 것이다. 그러나 이 설명에는 다시 설명이 필요하다.

경제사회적인 여러 제도, 법과 정의, 신비주의, 미술과 건축, 과학, 다양한 이슬람문학에 관한 장은 케임브리지 대학판 《이슬람의 역사》에서 다른 대부분의 장보다도 더욱 높은 수준에 있다. 그렇지만 그 집필자들이 현대의 다른 전문 분야의 인문사회과학 연구자들과 그 정도의 공통점을 갖고 있다는 증거는 어디에서도 찾아볼 수 없다. 전통적인 사상사, 마르크스주의의 분석, '새로운 역사학' 등등의 테크닉이 완전히 결여된다. 요컨대 이슬람 역사가에게 이슬람이란 관념적이고 골동품 취미적인 선입감에 가장 적합한 것으로 생각되고 있다. 케임브리지 대학판 《이슬람의 역사》를 집필한 어떤 사람의 경우 이슬람이란 곧 정치와 종교이고, 다른 사람의 경우 그것은 하나의 존재양식이며, 또 다른 사람의 경우 그것은 "무슬림사회로부터 판별 가능한 것이고", 나아가 또 다른 사람에게는 신비적으로 알려진 본질이 된다. 그러나 그 '누구에게'도 이슬람은 멀고, 긴장이 없는 어떤 것이라고 인식되며, 그들은 오늘의 무슬림의 복잡성에 관해서는 그다지 가르쳐 주지 않는다. 케임브리지 대학판《이슬람의 역사》라고 하는 이 전체적으로 지리멸렬한 기획에 매달려 있는 것은, 이슬람이 인간에 관계되는 것이 아니고 문헌에 관계되는 것이라는, 낡은 오리엔탈리즘이 갖는 자명한 이치인 것이다.

케임브리지 대학판《이슬람의 역사》와 같은 현대 오리엔탈리즘의 텍스트가 제시하는 근본적인 의문은, 민족적 출신이라든가 종교가 과연 인간경험에 관한 가장 좋은, 또는 적어도 가장 유익하고 기본적이며 명확한 정의라고 할 수 있는가 라는 점이다. 현대의 정치를 이해할 때, X와 Y는 어떤 구체적인 점에서 손해를 끼친다는 것을 아는 것과, 그들이 이슬람교도인가 또는 유대교도인가를 아는 것 중에 어느 것이 중요한 것인가? 이것은 물론 논의의 여지가 있는 문제이나, 우리로서는 종교적·민족적 서술과 사회적·경제적 서술의 양쪽이 필요하다고 주장하는 것이 합리적이라고 생각한다. 그러나 오리엔탈리즘은 분명히 이슬람이라는 범주를 지배적인 것으로서 위치시키고 있으며, 그것이야말로 오리엔탈리즘의 퇴행적인 지적 전술에 관하여 우리가 고려해야 하는, 가장 중요한 사항이다.

3. 단순한 이슬람

근대 오리엔탈리즘에 나타나는, 셈적인 단순성에 관한 이론의 뿌리는 매우 깊은 것이다. 그리하여 〈시온장로의 의정서〉[37]와 같은 저명한 유

---

37) *The Protocols of the Elders of Zion*은 20세기 초엽에 러시아의 비밀경찰이 반유대주의를 선동하기 위하여 날조한 문서이다. 그곳에서는 유대교의 장로들이 1897년(제1회 시오니스트 세계회의가 개최된 해), 세계 정복을 기도할 목적으로 모였다고 하는 집회의 보고서가 언급되고 있으며, 그것은 반유대주의의 강력한 무기로써 세계적으로 악용되었다.

럽의 반反셈주의 문서에서도, 또 1918년 5월 30일의 아서 밸푸어에 대한 하임 와이즈만[38)]의 발언에서도 그것은 거의 변함없이 기능한다.

> 아랍인은 표면적으로는 영리하고 머리회전이 빠르나, 숭배하는 것은 하나, 권력과 성공뿐이다. …… 영국 상층부는…… 아랍인의 믿을 수 없는 본성을 알고 있기 때문에, …… 주의 깊게 계속적으로 관찰하여야 한다. …… 영국정부가 공정하게 대할수록 아랍인은 더욱 거만해진다. …… 팔레스타인에 아랍인이 존재한다면, 상황은 필연적으로 아랍 팔레스타인 탄생의 방향으로 움직이리라. 그러나 실제로는 그러한 결과는 생기지 않는다. 농민은 적어도 4세기 정도나 시대에 뒤떨어져 있으며, 에펜디[39)]는…… 정직하지 못하고, 교양이 없으며, 탐욕스럽고, 애국심이 없으며, 비능률적이기 때문이다.*129

와이즈만과 유럽의 반셈주의가 갖는 공통점은, 셈족(또는 그 하위 구분)의 경우 서양인이 갖는 바람직한 성질이 태어나면서부터 결여되어 있다는 오리엔탈리즘적인 시야에 있다. 그러나 르낭과 와이즈만의 차이는, 르낭과 달리 와이즈만이 이미 그의 수식의 배후에서 견고한 제도에 따랐다고 하는 점에 있다. 르낭이 셈족의 변할 수 없는 존재양식이라고 생각한, 나이를 먹지 않는 '혜택 받은 유년기'는―어떤 때는 학술적인 전통과, 어떤 경우에는 국가와 그 모든 제도와 가볍게 결합되어―20세기의 오리엔탈리즘 속에서도 존재하고 있는 것이 아닐까?

그러나 이 신화의 20세기적 변종은, 어떤 커다란 해독을 수반하고

---

38) Chaim Weizmann(1874~1952)은 시오니즘 운동의 지도자로서 이스라엘의 초대 대통령을 지냈다.
39) *effendi*는 도시의 지식인층.

유지되어 왔으리라. 그것은 '선진적인' 유사-서양사회에서 본, 하나의 아랍상을 산출했다. 외국의 식민지주의자에 대하여 저항하는 팔레스타인인은, 우둔한 야만인이거나 아니면 도덕적으로도 실존적으로도 무시할 수 있는 하나의 수량에 불과했다. 이스라엘의 법에 의하면 완전한 시민권과 무제한의 이주 특권을 가지고 있는 것은 유대인뿐이다. 아랍인은 그 토지의 주민이면서도, 더욱 적은, 더욱 단순한 권리밖에 부여받지 못한다. 아랍인은 이주할 수도 없다. 그리고 그들이 동등한 권리를 갖고 있지 않는 듯이 보인다고 한다면 그것은 그들이 '덜 발달되었기' 때문이라고 한다. 오리엔탈리즘이 이스라엘에 대한 아랍정책을 완전히 규정하고 있는 것은, 최근에 제출된 〈쾨니히보고서〉[40]가 충분히 보여 주고 있는 그대로이다. 아랍에는 좋은 아랍인(명령을 받은 대로 행동하는 사람)과 나쁜 아랍인(명령을 받은 대로 행동하지 않는 사람, 그러므로 테러리스트)이 있다고 한다. 특히 대다수의 아랍인은, 일단 패배한 뒤에는 국경선 너머에서 얌전하게 앉아 있는 사람들이라고 보아도 좋다는 것이다. 그들은 이스라엘에 대한 우월성의 신화를 인정하지 않을 수 없는 이상, 더 이상 절대적으로 공격하는 경우는 없을 것이다. 따라서 국경에는 필요 최소한의 인원을 배치하기만 하면, 그것이 파괴되지 않을 것이라고 한다. 아랍인의 마음이 어느 정도로 타락하고 있고, 뼈 속 깊이 반셈적이고, 폭력적이고, 불균형하고, 수식 이외의 아무것도 산출하지 못하는 것인가를 알고 싶다면―로버트 얼터[41]가 《코멘터리》

---

40) *Koenig Report*는 이스라엘 북부 (갈리라야)지구 민정관인 이스라엘 쾨니그Israel Koenig가 당시의 수상인 이자크 라빈Yitzhak Rabin에게 '이스라엘 영토 내의 아랍인을 조종하는' 방법을 제시한 비밀 보고서로서 1976년 9월 7일자의 《알-하이슈말(경계 중) *Al-Hamishmar*》지에 그 내용이 폭로되었다. 에드워드 사이드Edward Said, 《팔레스타인 문제*The Question of Palestine*》(Times Books, New York, 1979), 107~111쪽 참조.
41) Robert Alter(1935~)는 미국의 히브리어학자이자 비교문학자.

지에서 절찬하고 있듯이*130—요사파트 하르카비 장군[42]의 《이스라엘에 대한 아랍의 태도》를 잠깐 살펴보는 것으로 충분하다. 신화가 신화를 뒷받침하고, 그리고 서로 대립하면서, 어떤 종류의 균형 상태를 향하여 여러 가지 패턴을 낳는다. 그러나 그것들은 동양인으로서의 아랍인이라면 당연히 산출하는 것을 기대할 수 있어도, 하나의 인간으로서의 아랍인에게는 도저히 긍정될 수 없다.

여러 가지 신조의 집합체이자 하나의 분석방법으로서의 오리엔탈리즘은, 그것 자체로서는 본래적으로 발전할 수 없다. 실제로 그것은 교의적인 차원에서 발전의 안티테제이다. 그 중심이 되는 주장은, 셈족의 발전이란 정지되어 있다고 하는 신화이다. 이 원형으로부터 다른 신화가 분출되고, 그 각각이 셈족이란 서양인과 대극에 있어서, 그 자신의 허약성을 치유하기 어려운 희생자임을 증명한다. 일련의 사건과 상황에 의해, 시오니즘 운동 속에서 셈족의 신화는 두 가지로 분화되었다. 하나의 셈족은 오리엔탈리즘의 길을 걸었고, 또 하나의 셈족은, 곧 아랍인은 동양인으로서의 길을 걸었다. 천막과 부족이 끌어내어질 때마다 신화가 원용되고, 아랍의 민족적 성격이라는 개념이 이야기될 때마다 신화가 원용된다. 그리고 이러한 소도구는, 그것을 둘러싸고 세워진 여러 가지 제도의 힘에 의해 더욱 강하게 사람들의 마음을 사로잡게 된다. 오리엔탈리즘을 선전하는 신화가 덧없는 것임을 고려하여, 그 불안정한 힘을 지원하기 위하여 만들어진 하나의 시스템이 문자 그대로 오리엔탈리스트 한 사람 한 사람을 위하여 존재하고 있다. 이 시스템의 정점을 형성하는 것은 바로 국가의 여러 제도 그 자체이다. 따라서 아랍 동양적인 세계에 관하여 무엇인가를 쓴다는 것은, 곧 한 국가의 권위를 가지고 쓴

---

42) General Yehoshafat Harkabi(1921~)는 이스라엘의 군인이자 아랍학자.

다고 하는 것이 되고, 또 하나의 귀에 거슬리는 이데올로기를 긍정하기 위하여 쓰는 것이 아니라 절대적인 권력에 의해 뒷받침된 절대적인 진리를 아무런 의심도 없이 확신하여 쓴다고 하는 것이 된다.

《코멘터리》지는 1974년 2월호에 길 칼 알로이 교수[43]의 〈아랍은 평화를 바라고 있는가?〉라는 논문을 실었다. 그는 정치학 교수로서 《아랍세계에서 유대인 국가에 대한 여러 가지 태도》와 《중동분쟁의 여러 이미지》라는 두 책의 저자이다. 그는 아랍을 "알고 있다"고 자칭하는 인간이고, 분명히 이미지 조작의 전문가이다. 그의 논의는 충분히 예상될 수 있는 것이다. 곧 아랍은 이스라엘 파괴를 희망하고, 아랍이 말하는 것은 그들의 본성이라는 등등(그는 보란 듯이 이집트의 신문으로부터 증거가 되는 기사를 인용하여 보여 주고, '아랍'과 이집트의 신문이 일체인 것처럼 양자를 동일시한다), 지칠 줄 모르는 외눈의 정열을 가지고 이야기하고 있다. 하르카비 장군과 같이 '아랍의 마음'을 전공하는 다른 아랍학자(오리엔탈리스트와 동의어)의 기존의 저술들과 마찬가지로, 알로이의 논문 중심에 있는 것은, 외면의 난센스를 벗겼을 때 아랍이 참으로 어떤 존재이냐 하는 하나의 작업 가설이다. 달리 말하자면 알로이가 증명하여야 하는 것은, 다음과 같은 것이다. 첫째 아랍은 피의 복수를 즐기는 성질에서 하나로 결합되어 있고, 둘째 심리학적으로 보아 평화를 실현할 수 없으며, 셋째 실제로는 정의의 정반대를 의미하는 정의라는 관념과 선천적으로 결부되어 있다. 따라서 그들은 신뢰할 수 없고, 마치 어떤 불치의 병과 사람들이 싸우듯이, 끝없이 그들과 싸우지 않으면 안 된다. 알로이의 주된 증거문헌은 헤럴드 W. 글리던의 에세이 〈아랍세계〉(제1부에서도 언급했다)에서 인용한 것이다. 그는 글리던이 "서양과 아랍 사이 견해

---

43) Gil Carl Alroy(1924~)는 미국의 정치학자.

의 문화적 차이를 매우 훌륭하게 파악했다"고 주장한다. 그러므로 아랍인은 갱생의 가능성이 없는 야만인이라는 알로이의 논의는 최종적으로 확증되었다. 아랍의 마음에 대한 권위자는 필경 이 문제에 관심을 품을 유대인의 엄청난 청중을 향하여 계속 철저히 감시해야 한다고 말하여 왔다.[44] 나아가 그는 그것을 학문적으로, 담담하게, 공평하게, 아랍 자신의 증거문헌—"참된 평화를 단호히 거절한" 것은 아랍이라고, 알로이는 올림포스적인 확신을 가지고 말한다.—과 정신분석의 증거문헌을 사용하면서 행하여 왔다."[131]

오리엔탈리스트는 '쓰는' 인간이고, 동양인이란 '쓰이는' 인간이다. 이것이야말로 오리엔탈리스트가 동양인에 대하여 부과한, 더욱 암묵적인 더욱 강력한 구별이다. 이것을 인식함으로써 우리는 알로이의 발언

---

[44] 나는 이러한 논리가 남한=이스라엘, 북한=팔레스타인의 구도를 제공한다고 본다. 남한의 북한 적대시는 그 학문의 맹목성(좌우익 모두)과도 통한다. 한편 북한의 남한 적대시의 맹목성도 동일한 오리엔탈리즘이다. 결국 남북한의 학문적 왜곡은 그 정치적 적대·증오의 결과이다. 그것은 오리엔탈리즘의 본질과도 직결된 것이다. 이러한 남북한의 학문의 결여, 진실의 결여는 물론 궁극적으로는 통일에 의해 해결될 것이나, 그것이 어느 일방의 체제 우위로 강요되는 경우 영원한 해결이란 있을 수 없다. 예컨대 남한식으로 통일되는 경우 옛 중공과 소련에 대응되는 반공전선은 여전히 남게 된다. 북한식으로 통일되어도 미국과 일본에 대응되는 반제전선이 여전히 남게 된다. 결국 남북한의 통일이란 중립화라고 하는 것이 민족적인 동의로 확립되어야 가능하다. 물론 실제로 어떤 체제우위가 달성되어도—그리고 그것은 국제적인 경쟁의 결과이리라—그 내용은 상호 이해되는 최저한의 공통분모가 확보되지 않으면 안 된다. 나는 정치적 적대가 계속되는 동안의 학문의 진실성이 추구될 수 있느냐에 대해 의문을 느낀다. 구체적으로 북한의 학문에 나타나는 교조성 및 전투성은 소련의 1930년대와 동독의 1950년대 그리고 중공의 1960년대와 상대적으로 비교될 수 있다. 그러한 교조성 등은 남한 학문에서도 미국적 가치관이라는 것에 의해 상대적으로 반영되고 있다. 따라서 학문에서 그 진실성조차 갖추어질 수 없다. 최근 남한의 학문에서 미국적 가치관에 대한 반성의 분위기가 있는 것은 그런 점에서 지극히 다행스러운 것이나 그것은 아직까지도 예외적이며, 자칫 북한에 대한 경도로 나타나는 위험성도 보이고 있다. 반면 북한에서는 전혀 그러한 기미조차 볼 수 없다. 남북한 학문 모두 진실된 비판의 입장에 서지 않는 한 진실된 학문, 진실된 통일은 불가능하다고 생각한다.

을 설명할 수 있게 된다. 동양인에게 주어진 역할은 소극성이고, 오리엔탈리스트에게 주어진 역할은 관찰하고 연구하는 능력이라는 것이다. 롤랑 바르트가 서술했듯이 신화(와 그것을 영구화하는 것)는 끊임없이 자기를 만들어 낼 수 있다.*132 동양인이란 고정된 불변의 존재, 조사를 필요로 하고, 자기에 관한 지식조차 필요로 하는 인간으로서 제시된다. 어떤 변증법도 요구되지 않고, 어떤 변증법도 허용되지 않는다. 그곳에 있는 것은 정보의 근거(동양인)와 지식의 근거(오리엔탈리스트)이다. 곧 기록자와 그에 의해 처음으로 활성화되는 주제의 관계이다. 양자의 관계는 근본적으로 힘의 문제이고, 그것에 관해서는 수많은 이미지가 존재한다. 여기서는 하나의 보기로 라파엘 파타이[45])의 〈황금의 강에서 황금의 길로〉의 일절을 들어 보자.

어리둥절할 정도로 풍요한 서양문명의 보물창고로부터 중동의 문화는 무엇을 '스스로 받아들일' 것인가? 그것을 옳게 평가하기 위하여 무엇보다도 먼저 확보하여야 하는 것은, 더욱 좋고 더욱 건전한 중동문화의 이해이다. 그것과 같은 전제조건은, '새로이 도입된 특성'이 전통에 의해 방향을 부여받은 사람들의 문화적 문맥에 부여될 영향을 '측정하기' 위해서도 필요하다. 또 '새로운 문화의 헌납물을 입에 맞는 것으로 만들기 위한' 수단과 방법도 지금까지 이상으로 철저하게 연구되어야 한다. 요컨대 중동에서 서양화에 대한 '저항의 골디어스 매듭'을 풀기 위한 유일한 방법은, 중동을 연구하고, 그 전통문화에 관하여 '더욱 충분한 그림'을 확보하며, 현재 일어나고 있는 변화의 과정을 더욱 잘 이해하고, 중동문화 속에서 자라난 인간집단의 심리를 '더욱 깊게 통찰하는' 것이다. '그 과업은 부담이 큰 것이나', 그 획득물,

---

45) Raphael Patai(1910~)는 미국의 인류학자.

곧 결정적인 중요성을 갖는 인접세계와 서양의 조화는 그것으로 충분히 균형을 이루게 된다.*133

위의 문장을 뒷받침하고 있는 은유(강조 부분)는 상업, 원예, 종교, 수의학, 역사와 같은 다양한 인간 활동에서 나온다. 그러나 실제로는 어떤 경우에도 중동과 서양의 관계는 성적인 것으로 정의되어 있다. 플로베르에 관한 앞서의 논의에서 서술했듯이, 동양과 성을 결합시키는 연상은 놀라울 정도로 일관되어 있다. 중동은 처녀와 같이 저항하나, 남성인 학자는 그것이 '부담 큰 과제'임을 알면서도 이것을 억지로 열어서 골디어스 매듭을 관통함으로써 그 획득물을 확보한다. '조화'란 처녀의 부끄러움을 정복한 결과 생긴 것에 불과하다. 그것은 결코 대등한 입장의 공존을 의미하지 않는다. 학자와 그 소재 사이에 흐르는 힘의 관계는 결코 변하지 않는다. 그것은 일관하여 오리엔탈리스트에게 유리하다. 연구, 이해, 지식, 평가 같은 것들은 '조화'를 확보하기 위한 감언이설의 가면을 쓰고 있으나 실제로는 정복을 위한 도구일 뿐이다.

파타이의 책(그가 최근에 쓴 《아라비아의 마음》*134은 위에 언급한 책을 훨씬 능가했다)과 같은 것에 나타나는 언어조작은, 지극히 특수한 종류의 압축과 환원을 목적으로 한 것이다. 그가 갖고 있는 장비의 대부분은 인류학적인 것—그는 중동을 하나의 '문화지역'으로 서술한다—이나, 결과로서는 아랍인(그것이 실제로 누구이든지 간에) 사이에 나타나는 차이의 다양성을 뿌리째 무시하여 단 하나의 차이만을 강조하고, 그것에 의해 아랍인이 그 어떤 인간과도 다르다는 것을 강조하고 있다. 그리하여 아랍인은 연구와 분석의 주제로 더욱 쉽게 통제된다. 나아가 그러한 환원을 받은 아랍은 사니아 하마디46)의 《아랍인의 기질과 성격》과 같은 저술에서 발견되는 종류의, 인구에 회자되는 난센스를 허용하고, 정당화되며, 가치를 부여받는다.

 이와 같이 아랍은, 규율 있는 지속적인 통일을 도모함에서 무능력을 보여 왔다. 그들은 열정을 집단적으로 폭발시키는 것은 알고 있으나, 집단적인 노력을 강한 인내로 추구하지는 않으며, 그러한 노력을 대체로 냉담하게 받아들인다. 아랍인은 조직과 기능 속의 조정과 융화를 결여하며, 협조에 대한 능력이 없음을 보여 왔다. 모든 사람을 위한 공통의 편의, 상호이익을 위한 집단행동은 그들과는 무관하다.[47]*135

 위 산문의 문체는 필경 하마디가 의도한 이상으로 많은 것을 말하고 있다. '보여 왔다'라는 동사는 간접목적어 없이 사용되고 있다. 도대체 누구에 대하여 아랍인은 보여지고 있는 것인가? 분명히 누구라고 하는 개인에 대해서가 아니라 막연하게 모든 사람에게 보여 왔다는 것이다. 달리 말하자면, 이러한 진리는 어떤 특권적이거나 주도권을 지닌 관찰자에게만 자명한 것이다. 왜냐하면 하마디는 그녀 자신의 관찰을 보증하기 위하여 일반인이 알 수 있는 증거를 어디에도 인용하지 않기 때문이다. 나아가 내용이 공소한 관찰기록에 도대체 어떤 증거가 있을 수 있겠는가? 그녀의 문장이 전개됨에 따라 그녀의 톤은 더욱더 자신감에 가득 찬 것이 된다. "그들에게 모든 사람을 위한 공통의 편의……를 위한 집단행동은 그들과는 무관하다." 범주는 굳어지고, 주장은 더욱 단정적인 것이 되며, 아랍은 완전히 변용되어 인간이라는 것으로부터 하마디 문체의 추정상의 주어에 불과하게 된다. "세계는 내가 생각하는 것이다"라는 전제적인 관찰자에게, 아랍은 단순히 하나의 계기로서만 존재하게

---

46) Sania Hamady는 미국에 사는 아랍의 여류 인류학자.
47) 묘하게도 이러한 아랍인론은 대중적인 한국인론을 연상시킨다.

된다.

　마찬가지 사실은 현대 오리엔탈리스트의 저술에도 일관성 있게 발견된다. 가장 이상한 단정이 그들 저술의 모든 곳에 새겨져 있다. 모든 인간의 사고과정은 여덟 개로 환원될 수 있으나, 이슬람의 지성은 그 중 네 개만 사용할 수밖에 없다고 주장하는 만프레드 핼펀[48]이든,*136 아랍어는 지극히 수식을 좋아하는 언어이기 때문에 아랍인에게는 참된 사고가 불가능하다고 단정하는 모로 버거이든*137 모두 마찬가지이다. 이러한 단정은 그 기능과 구조에서 우리가 신화라고 이름 붙일 수 있는 것이다. 그러나 우리는 다른 어떤 요청이 그러한 신화의 효용을 지배하고 있는가도 이해하고자 시도하여야 한다. 물론 우리에게 가능한 것은 추측의 영역을 넘어서는 것이 아니다. 아랍에 관한 오리엔탈리즘적인 일반론은 아랍의 특성을 비판적으로 열거하는 경우에 지극히 상세하다. 그러나 아랍의 장점을 분석하는 경우에 그것은 너무나도 간단하다. 아랍적인 가족제도, 아랍적인 수식, 아랍적인 성격 등은 오리엔탈리스트에 의한 풍부한 설명에도 불구하고 인간적인 능력을 결여한 것, 자연스러움을 박탈당한 것으로서 나타난다. 심지어 이와 동일한 설명이 주제에 대한 양도적인 힘에서 완전함과 심원함을 가지고 있는 경우에도 그러하다. 다시금 하마디를 인용하여 보자.

　이와 같이 아랍인은 엄격하고 좌절된 환경 속에서 생활하고 있다. 자신의 가능성을 발전시킬 수 있는 기회를 전혀 갖지 못하고, 사회 속에서 자신의 지위를 명확하게 할 수 있는 기회도 전혀 갖지 못한다. 나아가 진보와 변혁

---

48) Manfred Halpern(1914~)은 미국의 인류학자, 정치학자, 언어학자로서 《중동과 북아프리카 변화의 정치학 *The Politics of Change in the Middle East and North Africa*》(1963) 등을 저술했다.

에 대한 믿음도 거의 없고, 내세에 대해서만 구원을 발견하고자 한다."138

아랍인 자신으로서는 도저히 달성할 수 없는 것이, 아랍인에 관한 저술 속에서는 발견되고 있다. 오리엔탈리스트는 자신의 가능성에 대하여 극도의 확신을 가지고 있으며, 허무주의자가 아니라, 자기 자신의 위치도, 아랍인의 위치도 명확히 정의할 수가 있다. 그곳에서 부상되어 온 동양인으로서 아랍인의 초상은 결정적으로 부정적인 것이다. 그러나 왜 이러한 아랍에 관한 저술이 끝없이 나타나는 것인가? 오리엔탈리스트를 사로잡고 있는 것이 아랍의 학문, 정신, 사회, 업적에 대한 애착이 아니라고 한다면—그러하지 않은 것은 분명하나—그것은 도대체 무엇인가? 달리 말한다면 아랍에 관한 신화적인 담론에서, 아랍의 존재란 어떤 성질을 갖는 것인가?

여기서는 두 가지가 문제된다. 곧 숫자와 생식능력이다. 이러한 두 가지의 특성은 궁극적으로는 서로 환원될 수 있는 것이나, 우리는 분석이라는 목적을 위하여 양자를 분리하지 않으면 안 된다. 현대 오리엔탈리즘의 학식(특히 사회과학에서)이 산출한 저술은, 거의 예외 없이 가족, 그 남성지배 구조, 사회에 대한 광범한 침투적인 영향에 관하여 많은 것을 논하고 있다. 파타이의 저술은 그 전형적인 보기이다. 여기서 즉시 암묵적인 하나의 역설이 나타난다. 왜냐하면 설령 가족이라고 하는 것이 '근대화'라는 엉터리 약에 의해서만 결점이 치료될 수 있는 하나의 제도라고 하여도, 가족만은 그러한 산출을 계속할 것이고, 풍요하며, 아랍이 이 세상에 존재하는 원천이 되고 있다는 사실을 인정하여야 하기 때문이다. 버거가 언급하는, "사람들이 자신의 성적인 욕망에 부여한 커다란 가치""139는 이러한 세상의 아랍의 존재 배후에 숨어 있는 힘을 감시하는 것이다. 만일 아랍세계가 오리엔탈리즘의 영웅에 의해 강간되고 취득되어야 하는 것으로서, 거의 완전하게 부정적인 언어에 의해, 또 일반적으로 소극적인 언어에 의해 표상된 것이라고 한다면, 우리는 그러한 표상의 방식이야말로 아랍이 갖는 거대한 다양성과 잠재력에 대처하기 위한 하나의 수단이라고 생각할 수 있다. 그리고 그러한 다양성의 원천은 지적·사회적인 것이 아니라고 하면, 성적·생물학적인 것이 된다. 그러나 그러한 성욕을 심각하게 취급하지 않는 것이야말로 오리엔탈리즘의 담론에서는 절대적으로 범할 수 없는 터부이다. 아랍인은 아무 일도 달성하는 것이 없고, '참된' 합리적인 세련성을 결여하고 있다고 오리엔탈리스트가 생각하는 경우에도, 분명히 그 허물을 성욕으로 돌릴 수가 없다. 그리고 나의 생각으로는, 이것이야말로 하마디, 버거, 러너[49]와 같이 '전통적인' 아랍사회의 비판을 주된 목적으로 하는 논의에서 결여된 고리인 것이다. 그들은 가족의 힘을 인정하고, 아랍의 마음이 갖는 약점에 착안하여 서양에 대한 동양세계의 중요성을 설명한다. 그러나 그들의 담론이 포함하고 있는 것, 곧 모든 것이 말해지고 모든 것이 행해진 뒤에 최종적으로 아랍에 남는 것은 미분화된 성충동이라고 하는 것이 결코 이야기되지 않는다. 극히 예외적인 경우에 이러한 담론이 포함하고 있는 것이 명확하게 되는 것을 발견한다. "정열적인 남방인 특유의…… 강력한 성욕"*140의 존재에 관하여 말하는 레온 머그니에리의 저술은 그 보기이다. 그러나 대부분의 경우 아랍사회의 왜소화나 열등민족에 대해서만 생각하게 하는 상투문자로 환원하는 것은 아랍이 무한하게 오직 성적으로만 자기증식을 하는 민족이라는, 성적 과장의 저류를 덮어 감추기 위해 행해진다. 오리엔탈리스트는 이에 대해 아무것도 이야기하지 않으나, 그들의 논의는 그것에 의거하고 있다. "중동에서 하는

---

49) Daniel Lerner(1917~)는 미국의 사회심리학자.

공동 작업이란 오늘날까지도 주로 가족의 문제이고, 혈연집단 내지 촌락의 외부에서는 거의 발견할 수 없다."[141] 이것은 곧 아랍이 생물학적 존재로만 의미를 갖는다는 것이다. 제도적·정치적·문화적으로 그들은 제로이거나 거의 제로에 가깝다. 수량으로서, 가족의 생산자로서만 아랍인은 현실적인 존재로 간주된다.

이러한 관점이 불러일으키는 문제점은, 그것이 파타이나 하마디 등의 오리엔탈리스트에 의해 상정된 아랍의 수동성을 복잡하게 만든다는 것이다. 그러나 근원적인 대립물을 받아들이는 것이야말로 참으로 꿈과 마찬가지의 신화의 논리에 속한다. 신화는 문제를 분석하고 해결하는 것이 아니다. 이미 분석되고 해결된 것으로서 문제를 표상한다. 곧 허수아비가 고물들로 조합되어 사람 대신에 세워지듯이, 신화도 또한 이미 조합된 이미지로서의 문제를 제시한다. 이미지는 있을 수 있는 모든 소재를 그 자신의 목적을 위하여 '이용하기' 때문에, 또 신화는 본래적으로 생활을 대신하는 것이기 때문에, 생식력 과다의 아랍인과 수동적인 인형 사이의 대립은 기능하지 않는다. 담론은 대립을 덮어 감춘다. 동양인으로서 아랍인은, 성충동의 에너지에 의해 과도한 흥분의 발작에 이른다고 생각되지 않는 생물이다. 그러나 세간의 안목에서 보면 그는 인형과 마찬가지로, 스스로는 이해할 수도 대처할 수도 없는 현대의 풍경을 단지 멍하니 쳐다보고 있을 뿐이다.

이러한 아랍에 관한 이미지는, 특히 동양인의 정치행동을 둘러싼 최근의 논의에 관하여 적용될 수 있는 것으로 생각된다. 나아가 그 이미지를 산출하는 계기가 되는 것은, 오리엔탈리즘의 전문지식 속에서도 최근에 와서 자주 논의되는 두 가지의 화제인 혁명과 근대화를 둘러싼 학술적인 논의인 경우가 적지 않다. 1972년에 동양·아프리카 연구 대학원의 후원 하에 P.J. 바티키오티스가 편집한 《중동의 혁명과 기타 사례연구》의 제1권이 출판되었다. 그 표제는 명백히 의학적으로 선택되었다. 그것은 '전통적인' 오리엔탈리즘이 보통 회피하여 온 정신의학적인 시각이라는 은혜를 오리엔탈리스트가 마침내 부여받은 것이라고 생각할 수 있다. 바티키오티스는 혁명의 유사-의학적인 정의에 의해 논문집의 톤을 결정한다. 그러나 그 자신과 그 독자의 뇌리에 있는 것은 아랍혁명이므로, 그 정의에 포함된 적대감도 당연한 것으로 생각된다. 여기에는 참으로 정교한 아이러니가 있으나 이에 대해서는 뒤에서 검토하겠다. 바티키오티스의 이론적인 지주는 카뮈[50]이다. 카뮈의 식민지적 심성이 결코 혁명과 아랍인에 대해서 동지가 되지 못했음은 최근 코노어 크루즈 오브리언에 의해 분명히 밝혀진 그대로이다. 그러나 "혁명은 인간도, 주의도 파괴한다"고 하는 카뮈의 말은 '근본적인 의미'를 갖는 것으로 받아들여지고 있다. 바티키오티스는 다음과 같이 계속 말한다.

…… 모든 혁명적인 이데올로기는 인간의 이성적·생물학적·심리학적인 구조와 직접적인 알력을 불러일으키는(현실적으로 그것에 정면공격을 가하는) 것이다.

혁명 이데올로기는 조직적인 전이轉移를 행하고, 그 신봉자에게 대하여 광신적인 태도를 요구한다. 혁명가에게 정치란 단순한 신앙의 문제도, 종교적인 신앙의 대체물도 아니다. 정치가 과거와 같이 살아남기 위한 적응행동이라는 것은 더 이상 허용되지 않는다. 그러하지 않는 한, 여러 가지 어려운 문제를 회피하고, 인간의 복잡한 생물학적·심리학적 차원의 장애물을 무시하고 우회하는 것, 정교하나 한계가 있는, 상처받기 쉬운 인간의 이성을 최

---

50) Albert Camus(1913~1960)는 알제리 태생의 프랑스 작가로서 장 폴 사르트르Jean Paul Sartre(1905~1980)와 함께 실존주의를 대표했다. 그의 작품은 대부분 우리말로 번역되었다.

면상태에 두는 것은 불가능하기 때문이다. 그 정치학은 구체적이고 개별적인 성질을 가진 인간적인 여러 문제, 그리고 정치적 생활이 인간에게 불러일으키는 여러 가지의 문제를 두려워하고 회피한다. 그것은 추상적인 것, 프로메테우스적인 것 위에서만 번영한다. 그리고 모든 객관적인 가치는 단 하나의 최고가치 하에 종속된다. 인간해방이라는 거대한 계획을 위하여 인간과 역사를 봉사시킨다. 그것은 성가신 제약이 너무나 많은 인간적 정치학에는 만족할 수가 없다. 그것에 대신하여 새로운 세계의 창조를 희구한다. 그것도 적응행동에 의해, 또는 신중하고 불안정한 방식에 의해 인간적으로 창조하는 것이 아니라, 올림포스적인 신의 창조와도 유사한, 엄청난 행위에 의해 그것을 행한다. 인간에게 봉사하는 정치는, 혁명적인 이데올로기에게는 받아들여지기 어려운 정식이다. 도리어 인간이 정치적으로 고안되고, 폭력적으로 정해진 질서에 봉사하도록 존재한다."[142]

위의 문장이 그 외에 무엇을 말하고 있어도―가장 화려한 문장, 반혁명적인 열광―적어도 분명한 것은, 혁명이란 악성의 성욕이고(신을 모방하는 창조행위), 암과 같은 질병이라는 것이다. 바티키오티스에 의하면 '인간'의 행위가 무엇이든지 간에, 이성적이고, 정의로우며, 정교하고, 명확하며, 구체적인 것인 반면, 혁명가가 주장하는 것은 모두 폭력적이고, 비이성적이며, 최면술적이고, 암과 같은 것이다. 단지 성욕이나 광기만이 아니라, 다소 역설적이긴 하나 추상성과도 동일시된다.

바티키오티스의 용어는 (우로부터의) 인간성과 품위에 대한 호소에 의해, 또 (좌에 대한) 성욕, 암, 광기, 비이성적인 폭력, 혁명으로부터의 인간성 옹호의 호소에 의해, 감정적으로 채색되고 무게가 증대되어 간다. 여기서 문제가 되는 것은 아랍의 혁명이므로 우리는 위의 문장을 이렇게 이해할 수 있다. 곧 이것이 혁명이라는 것이다. 아랍이 혁명을 바란다면 그것이야말로 그들이 얼마나 열등한 인종인가를 무엇보다도 훌륭하게 보여 주는 주석이며, 그들은 '단지' 성적인 자극을 불러일으킬 수 있을 뿐이고, 올림포스적(서양적·근대적인) 이성을 갖지 못한다는 것이다. 여기서 내가 앞에서 지적한 아이러니가 가능하게 된다. 왜냐하면 그 책의 몇 쪽 뒤에서 아랍에 혁명은 적합한 것이 아니고, 그들은 혁명의 대망조차 품을 수가 없으며, 더구나 그것을 성취할 수는 없다고 논의되기 때문이다. 아랍의 성욕 그 자체는 두려워할 필요가 없으며, 도리어 그것이 만족될 수 없는 성욕이라는 것이 두려운 것이다. 그것이야말로 여기서 암묵리에 포함된 의미이다. 요컨대 바티키오티스는 독자를 향하여 중동 혁명은 바로 그것이 성취될 수 없기 때문에 위협적인 것이라고 하는 것을 믿게 하고자 한다.

> 현대의 중동, 아시아, 아프리카의 여러 나라에서 정치 분쟁과 잠재적 혁명의 중요한 원천이 되는 것은, 소위 급진적인 민족주의의 정권과 운동이 독립에 수반된 사회적·경제적·정치적인 여러 문제를 해결할 수 없을 뿐이거나 그것에 대처할 수조차 없는 상황이다. …… 중동의 여러 나라가 그 경제 활동을 통제하고 자기 앞의 테크놀로지를 창조하지 않는 한, 그 여러 나라가 혁명을 체험하는 기회는 한정된 그대로 계속될 것이다. 혁명에 필요불가결한 정치적인 범주 그 자체가 계속 결여될 것이다.[143]

한편으로는 혁명을 일으켜서는 안 된다는 것이고, 다른 한편으로는 혁명을 일으키지 않으면 안 된다는 것이다. 이러한 애매한 정의 속에서 혁명은, 성적으로 광폭한 정신이 산출하는 허구로 나타난다. 그러나 그 정신을 더욱 정밀하게 분석하여 보면, 그것은 바티키오티스가 참으로 존중하는 광기, 즉 아랍의 것이 아닌 인간적인 광기, 추상적이지 않은 구체적인 광기, 성적이지 않은 무성적인 광기조차 생길 수 없는 것임이 분명하게 된다.

바티키오티스의 논문집에서 학술적인 중추가 되는 것은, 버나드 루이스가 쓴 이슬람의 혁명개념이다. 여기서 전술은 세련된 형태로 나타나고 있다. 오늘날 아라비아어권의 사람들에게 '싸우라thaura'라고 하는 말 그리고 그 파생어가 혁명을 의미한다는 것은 독자들이 알고 있는 그대로이다. 그것은 또한 바티키오티스의 서문을 통해서도 알 수 있다. 그러나 루이스는 '다우라dawla'(왕조, 제국), '피트나fitna'(내란, 항쟁), '버가bugha'(억압자, 전제군주) 등의 개념을 역사적 또는 거의 종교적인 문맥 속에서 논의한 뒤에 논문의 마지막에서 '싸우라'의 의미를 설명하고 있다. 그곳의 중심 논점은, "악한 정부에 대한 저항권이라고 하는 서양적 교의는 이슬람적인 사고와 무관한 것이며…… 그것이 정치적 태도로서 '패배주의'와 '정숙주의'에 통한다"는 것이다. 그러나 이러한 단어 모두가 아랍어 역사의 어딘가에 나타나는 것 이외에 현실에서는 전혀 볼 수가 없음을, 우리는 논문의 어디를 보아도 확실히 찾아볼 수가 없다. 그리고 논문의 끝부분에는 다음과 같은 문장이 있다.

아라비아어권에 속하는 여러 나라에서는, '싸우라'(혁명) 대신에 다른 단어가 사용되었다. th-w-r이라는 어근은 고전 아라비아어에서는 (예컨대 낙타가) 일어서는 것, 움직이는 것, 흥분하는 것을 의미하고, 그것으로부터 특히 마그레브의 용법으로는 반란하는 것을 의미한다. 그것은 가끔 소규모의 독립정권을 수립한다는 문맥 속에서 사용된다. 예컨대 코르도바의 칼리프 왕국 붕괴 후에, 11세기 스페인을 통치한 소위 분립 소왕국의 왕들은, '스와르thuwwar'(단수형 '사이르th-air')로 불린다. 명사형 '싸우라'는 먼저 흥분을 의미하고, 그 용례는 중세의 표준적인 아라비아어 사전인 시하흐[51)]에 이렇게 인용되어 있다. "이 흥분이 가라앉을 때까지 기다려서…… 매우 적절한 충고이다." 동사는 알-이지[52]에 의해 사와란thawaran 또는 이사라 피트나 ithara fitna, 곧 선동한다는 (동명사의) 형태로 사용되고 있다. 이것은 나쁜 정부에 대한 인간의 저항이라는 의무의 수행을 좌절시키는 정도의 위험의 하나로 인용된 것이다. '싸우라'는 19세기 아랍 작가들에 의해 프랑스혁명을 나타내는 단어로 이용되었고, 나아가 그 후계자들은 그들이 시인하는 동시대 국내외의 혁명을 나타내는 단어로 이것을 이용하고 있다."[144]

위 문장 전체에는 생색내는 듯한 태도와 불신이 가득하다. 현대 아랍 혁명의 근원적인 뿌리로서, 낙타가 일어선다는 관념을 소개하는 이유는, 현대의 혁명에 대한 신용을 떨어뜨리려고 하는 의도 외에 무엇이겠는가? 루이스의 동기는 분명히 혁명을 현재의 가치평가로부터 끄집어내려서, 이를 땅 위에서 일어나려고 하는 낙타 정도의 고귀한 것도(아름다운 것도) 아닌 것으로 변화시키는 것이다. 혁명이란 흥분이고, 선동이고, 소규모 정권의 수립이지, 그 이상의 아무것도 아니다. "흥분이 가라앉을 때까지 기다려서"란 (필경 서양의 학자와 신사만이 줄 수 있는) 가장 좋은 충고이다. 이와 같이 사람을 바보로 만든 '싸우라'에 관한 설명에서는 수많은 사람들이 그것에 참여했다는 것을 알 수가 없다. 그 참여의 방식이 너무나도 복잡하기 때문에 루이스의 풍자적인 학식조차 그것을 이해할 수가 없다. 그러나 중동에 관련되는 학생이나 정책 입안자들에게, 이러한 종류의 집약적으로 응축된 서술은 상식이 되어 있다. '아랍

---

51) 《Sihah》(아라비아어로는 al-Siháh)는 아랍의 아라비아어학자인 알-자우하리al-Jawhari(1005년 사망)에 의해 편찬된 아라비아어 사전이다. 본디 이름은 《언어의 왕관과 아라비아어의 정칙 Taj al-Lugha wa Sihah al-Arabiya》이다.
52) al-Iji(?~1355)는 이슬람의 신학자.

사회의 혁명적인 동란은 낙타가 일어서는 정도의 중요성밖에 갖지 못하고, 시골 촌놈의 수다만큼의 주목조차 받지 못한다. 이와 같은 이데올로기적인 이유에 의해, 규범적인 오리엔탈리즘적인 저술은 모두 20세기의 아랍세계에서 확립되고 있던 혁명적인 대변동을 독자에게 설명하거나 그것을 받아들일 준비를 할 수가 없다.

루이스가 '싸우라'를 (여러 가지의 가치를 위한 투쟁과 결부시키지 않고) 낙타의 일어남이나 일반적인 흥분과 결부시키고 있는 것은, 그에게 아랍이란 신경질적인 성적 동물 이외에 아무것도 아니라는 것을 평소보다도 더욱 분명히 암시한다. 루이스가 혁명을 서술하기 위하여 사용한 "움직여지고, 흥분되고, 발기한다"라는 단어와 구절은, 어느 것이나 성적 의미로 물들어 있다. 나아가 그가 아랍의 것이라고 서술한 성욕은, 거의 대부분이 '악성의' 성욕이다. 결국 아랍은 실제로는 진지한 행동을 일으킬 준비가 없기 때문에 그들의 성적 흥분도 낙타의 일어남과 마찬가지로 조금도 고귀하지 않은 행위이다. 그곳에 있는 것은 혁명이 아니라 선동이며, 소규모 정권의 수립이고 그리고 더욱 많은 흥분이다. 그것은 달리 말하면, 아랍에는 성행위의 교섭이 없고, 전희나 자위행위 또는 성교중단밖에 있을 수 없다는 것이다. 그것이야말로 루이스가 암묵적으로 의미하는 것이고, 그의 학구적인 태도가 어느 정도로 정직한 것이든 간에, 또 그의 언어가 어느 정도로 점잖은 것이든 간에 그것은 여전히 조금도 변하지 않는다고 나는 생각한다. 왜냐하면 그는 언어의 뉘앙스에 대하여 지극히 민감한 인간이므로 자신의 언어도 마찬가지로 여러 가지 뉘앙스를 가지고 있는 것을 자각했을 것이기 때문이다.

루이스는 계속 고찰해 볼 만한 흥미 깊은 보기이다. 왜냐하면 중동을 둘러싼 영미의 정치적인 지배체제 속에서 루이스가 차지한 지위는 학식이 풍부한 오리엔탈리스트로서의 그것이고, 그가 쓴 것에는 모두 그 분야의 '권위'가 깊이 배어들었기 때문이다. 그러나 적어도 최근 15년간, 그는 정밀함과 아이러니를 목표로 한 여러 가지 시도를 했음에도 불구하고, 그 저술의 대부분은 공격적이라고 할 정도로 강한 이데올로기를 주로 한 것이었다. 표면적으로는 리버럴하고 객관적인 학식의 소산이라고 자처하면서도, 실제로는 자신이 대상으로 삼은 소재를 '적대시'하는 선전활동과 대동소이한 저술활동을 한 학자였고, 그 완벽한 보기가 바로 그의 최근 저서였다. 그러나 이것도 오리엔탈리즘의 역사를 알고 있는 사람에게는 결코 놀라운 것일 수 없다. 그것은 '학문'의 스캔들 속에서 가장 새로운—그리고 서양에서 가장 무비판적인—하나의 보기에 불과하기 때문이다.

루이스는 아랍과 이슬람의 정체를 폭로하고 그 실체를 잘라 내어 그 신용을 실추시키기 위한 사업에 너무 열중했기 때문에, 마침내 그의 학자로서, 그리고 역사가로서 에너지까지도 고갈된 것으로 보인다. 예컨대 그는 〈이슬람의 반란〉이라는 한 장을 1964년의 저술 속에 발표하고, 그 12년 뒤에 거의 동일한 문장을 새로운 발표의 공간(이 경우는 《코멘터리》지)에서 극히 약간을 수정하여 〈이슬람의 회귀〉라는 제목으로 다시 발표했다. '반란'으로부터 '회귀'로 변경한 것은 물론 개악이나, 루이스는 새로운 독자에 대하여, 왜 이슬람교도(내지 아랍)가 진정되어 중동에서 이스라엘이 갖는 헤게모니를 인정하고자 하지 않는가를 설명하기 위하여 의도적으로 그러한 변경을 시도했다.

그의 이러한 절차를 여기서 조금 면밀하게 검토하여 보자. 2편의 논문 어디에서나 루이스는 1945년 카이로에서 발생한 반제국주의 폭동을 언급하고, 그것을 반反유대인 폭동이라고 서술하고 있다. 그러나 어떤 경우에도 어떤 이유에서 그것이 반유대인적이었는가는 설명하지 않고 있다. 실제로 그가 그 반유대인성을 증명하기 위한 자료로 제시하고 있는 것은 "가톨릭과 아르메니아 그리고 그리스정교의 몇 교회가 공격을 받아 파손되었다"고 하는, 상당히 놀라운 정보이다. 먼저 1964년의 제1판을 고찰하여 보자.

 1945년 11월 2일, 밸푸어선언의 기념일에 이집트의 정치 지도자들은 데모 행진을 지령했다. 이 데모는 급속히 반유대인 폭동으로 발전되었고, 그 과정에서 가톨릭, 아르메니아정교, 그리스정교의 교회가 각각 공격을 받아 파손되었다. 가톨릭과 아르메니아인, 그리스인과 밸푸어선언 사이에 어떤 관계가 있었는지를 의문시 하고 있을 것이다."[145]

그리고 다음은 1976년의 《코멘터리》지 판이다.

 민족주의 운동은 그것이 순수하게 대중적인 것임에 따라, 더욱 비민족적인 것이 되고 더욱 종교적인 것이 되었다. 달리 말하자면 더욱 비아랍적인 것이 되고, 더욱 이슬람적인 것이 되었다. 위기의 순간―그것은 최근 수십 년 사이에 몇 번이나 있었다―에는, 본능적인 공동체적인 충성심이 모든 것을 압도했다. 약간의 예를 들어 보면 충분하다. 1945년 11월 2일, 영국정부에 의한 밸푸어선언 발표 기념일에 이집트에서는 데모 행진이 행해졌다. 〔여기서 "데모 행진이 행해졌다"라는 문장이 본능적인 충성심을 나타내고자 하는 시도임을 주의할 필요가 있다. 제1판에서는 '정치 지도자들'이 행위의 책임자였다.〕 데모를 주최한 정치 지도자들의 의도는 분명히 달랐고, 데모는 곧 반유대인 폭동으로 발전했으며, 그 반유대인적인 폭동이 더욱 전반적인 반란으로 확대되었다. 그 과정에서 가톨릭, 아르메니아정교, 그리스정교의 몇 교회가 공격을 받아 파손되었다. 〔다시 교육적인 변경이 행해져 있다. 여기서는 세 종류 종파의 다수 교회가 공격을 받은 듯한 인상을 주고 있으나,

제1판에서는 세 개의 교회에 한정되었다.]*146

    루이스의 비학술적인 논의의 목적은, 이 경우에도 또 다른 경우에도, 이슬람이 단순한 종교가 아니라 반셈적인 이데올로기라는 것을 나타낸 점에 있다. 그는 이슬람이 두려워해야 할 집단현상임과 동시에 "순수하게 대중적인 것이 아니라는 것"을 주장하고자 시도하나, 논리상 그 점에는 약간의 무리가 있다. 그러나 그는 이 문제에 그다지 얽매이지 않는다. 그의 편견으로 가득한 삽화의 제2판이 보여 주듯이, 루이스는 더욱 나아가 이슬람이 비이성적인 무리 또는 집단의 현상이고, 그것이 정열과 본능, 분별 없는 증오에 의해 이슬람교도를 지배하고 있다고 공언한다. 독자를 놀라게 하고, 이슬람에 대하여 한 치도 양보하지 않게 한다는 것이 그의 설명 전체에 흐르는 안목이다. 루이스에 따르면, 이슬람은 발전하는 것이 아니다. 그곳에 그냥 있는 것이다. 그리고 (루이스가 말하는) 그 순수한 본질에는 기독교도와 유대교도에 대한 오랫동안의 증오가 숨어 있으므로 그것들에 대한 감시를 태만히 하는 것은 허용되지 않는다. 루이스는 어디에서도 이러한 선동적인 언급을 직접적으로 말하지는 않는다. 그는 언제나 주의 깊게 다음과 같이 말한다. 물론 이슬람교도는 나치와 같이 반셈적인 것은 아니나, 그들의 종교는 서서히 너무나도 쉽게 반셈주의에 동조할 수 있으며, 사실상 지금까지 동조하여 왔다고. 마찬가지로 이슬람과 인종차별주의, 노예제, 기타 다소의 '서양적인' 해악과의 관계에 관해서도 이야기가 가능하다. 이슬람에 관한 루이스의 이데올로기적인 중핵은, 이슬람이 결코 변화하지 않는다는 것이다. 이슬람교도에 관한 정치적·역사적·학술적 서술은 어떤 것이든지 간에, 이슬람교도란 결국 이슬람교도라는 사실로 시작되어 끝나야 한다. 이것을 유대인 독자들 중의 보수적인 계층과, 귀를 기울일 의지가 있는 다른 누구에게 알리는 것이야말로 루이스가 가지고 있는 모든 사명인 것이다.

종교라고 하는 것이 하나의 문명 전체 속에서 최고 충성의 대상이 될 수 있는 것임을 인정하는 것은, 쉬운 일이 아니다. 리버럴한 의견을 갖는 사람은, 그러한 것을 암시하는 것만으로는 유쾌하지 못하게 되며, 자신의 비호하에 있어야 할 사람들을 대신하여, 언제나 보호자로서의 분노를 공공연히 나타낸다. 그 결과 현재 정치가, 저널리스트, 학자는 모두가 이슬람세계의 현대적인 여러 문제에서, 종교라는 요소가 얼마나 중요한가를 인식할 수 없으며, 그들은 필연적으로 좌익과 우익, 혁신과 보수라는 어휘 그리고 다른 서양적인 용어를 사용하지 않을 수 없는 상황에 놓여 있다. 그러나 이슬람의 정치현상을 설명하기 위하여 서양적인 용어를 사용하는 것은, 야구 기자가 크리켓 시합을 보도하는 것과 마찬가지로 그다지 정확하지 않으며, 계몽되는 측면도 적다. [루이스는 이 마지막의 비유를 매우 좋아하여 1964년의 도발적인 논의로부터 한 자 한 자 정확하게 인용하고 있다.][147]

루이스는 만년의 저술 속에서 어떤 용어가 더욱 정확하고 더욱 유효한가를 독자에게 제시하고 있다. 그러나 그 용어도 역시 서양적('서양적'이라는 것이 무엇을 의미하든지 간에)이라는 것에 변함은 없는 것으로 생각된다. 그는 이슬람교도가 대부분의 구식민지 인간과 마찬가지로 진실을 서술할 수도 없고, 진실을 볼 수조차 없는 인간이라고 말한다. 루이스에 의하면 그들은 "미국의 소위 수정주의자의 일파, 곧 미국적 미덕의 황금시대를 회고하여 이 세상의 모든 죄악과 범죄의 원인을 실질적으로 현재의 국가체제에 돌리려고 하는 사람들"과 함께 신화에 중독된 사람들이다.[148] 수정주의적인 역사관에 관한 해악으로 가득한, 완전히 부정확한 서술은 제외하여도, 이러한 종류의 발언이 의도하는 바는, 발육부족으로 보잘 것 없는 존재에 불과한 이슬람교도와 수정주의자 위에 루이스를 위대한 역사가로서 군림시키는 것이다.

그러나 정확하다고 하는 점, 그리고 "학자는 자기의 편견에 굴복하지 않는다"*149는 자기 자신의 원칙에 충실하게 산다고 하는 점에 관한 한, 루이스는 자신에게도 또 그 문장에도 무관심하다. 예컨대 그는 시오니즘에 대한 아랍 측의 주장을(아랍민족주의자의 '내부' 용어를 사용하여) 음미하면서, 그것과 동시에 예컨대 팔레스타인에 대한 시오니즘의 침입과 식민지화가 그 토지 위에 살고 있는 아랍인의 의향을 무시하고, 그들과의 알력 속에서 행해졌다는 사실에 관해서는 그의 저술의 어느 부분에서도 전혀 언급하지 않는다. 이는 이스라엘 국민이라면 누구라도 부정할 수 없는 사실임에도 불구하고, 오리엔탈리즘의 역사가로서 루이스는 그것을 완전히 무시하고 있다. 그는 이스라엘 이외의 중동에는 민주주의가 결여되어 있다고 서술하면서도, 아랍을 지배하기 위하여 이스라엘에서 이용되고 있는 비상사태 방위법규에 대해서는 전혀 언급하지 않는다. 동시에 이스라엘의 아랍인에 대한 '예방구금'이나 가자 서해안의 군사점령 지구에 대한 무수한 불법적인 이스라엘인의 입주, 또는 구팔레스타인 지역의 아랍인 인권, 특히 이민권의 결여에 관하여도 그는 단 한 마디 언급한 적이 없다. 그 대신 루이스는 학문적인 자유를 스스로에게 허용하여 "제국주의와 시오니즘은 (아랍에 관한 한), 기독교도와 유대교도라는 과거의 호칭에 의해 오랫동안 친숙해 온 것이다"*150라고 말한다. 그는 자신의 반이슬람적인 주장을 튼튼하게 뒷받침하기 위하여 셈족에 관한 T.E. 로렌스의 문장을 인용하고 있으나, 시오니즘과 이슬람을 결코 평행적으로 논의하지는 않는다(마치 시오니즘이 종교 운동이 아니라 프랑스인의 운동이라고도 말하는 것 같다). 그리고 그가 모든 곳에서 증명하고자 하는 것은, 혁명이 어떤 것이든지 간에, 어떠한 장소에서 일어나도 기껏 '세속적인 천년왕국설'의 한 형태에 불과하다는 것이다.

이러한 종류의 절차도, 그 뒤에 참된 역사가가 지녀야 할 객관성, 공정성, 중립성에 관한 태도가 계속되지 않는다면, 정치적 선전활동으로서(물론 이것은 선전활동이다) 그 저항감은 계속 더욱 약화될 것이리라. 그러나 그 설교가 언제나 암묵적으로 포함하는 것은, 이슬람교도와 아랍이 객관적일 수가 없고, 그들에 관하여 저술하는 루이스와 같은 오리엔탈리스트야말로 규율에 의해, 훈련에 의해, 또한 단순히 서양인이라는 사실에 의해 객관성을 갖게 된다. 이것은 도그마로서 오리엔탈리즘이 갖는 극치이고, 단순히 그 대상으로 하는 소재의 가치를 떨어뜨리는 것일 뿐만이 아니라, 그 도그마를 이용하는 사람도 맹목에 빠지게 한다. 그러나 루이스는 역사가가 스스로 어떻게 행동하여야 한다고 말하는지, 마지막으로 그에게 귀를 기울여 보자. 그가 혹독하게 비난하는, 편견으로 가득한 인간은 오직 동양인뿐인가? 다음을 읽어 보면 우리가 그렇게 묻게 되는 것이 당연하리라.

〔역사가의〕 충성심이 자기 연구 주제의 선택에 영향을 미치는 것은 당연하다. 그러나 그것은 연구 주제의 취급 방법에 영향을 미치는 것이어서는 안 된다. 만일 연구의 과정에서 역사가가, 자신이 속하는 집단은 언제나 옳고, 대립하는 집단은 언제나 그르다고 하는 것을 발견한 경우에 그는 그 결론을 의문에 붙여 증거문헌의 선택과 해석의 기초가 된 가설을 재검토하도록 충고 받는다. 왜냐하면 언제나 옳다고 하는 것은, 인간사회의 〔그리고 필경 오리엔탈리스트 공동체의〕 본성에 반하는 것이기 때문이다.

최후로 역사가는 서술을 제시하는 방식에서 공명정대하여야 한다. 이는 명확하게 확정된 사실을 단순히 열거하는 것에만 전념한다고 하는 의미가 아니다. 역사가는 그 작업의 각 단계에서 가설을 정식화하고, 판단을 내려서는 안 된다. 중요한 것은, 그것을 의식적이고 명시된 형태로 행하는 것이다. 자신의 결론을 지지하는 증거와 그것에 대한 반증을 재음미하고, 여러 가지 해석의 가능성을 검토하며, 자신의 결론이 무엇인가, 어떻게 하여 어떤 이유에서 그것에 도달했는가를 명시된 형태로 서술하는 것이 필요하다."[151]

루이스가 종래 취급하여 온 이슬람에 관하여, 그의 의식적이고 공정하며 명시적인 판단을 구하고자 하여도, 그것은 무의미한 노력이다. 그가 도리어 암시와 풍자에 의한 저술을 좋아한 인간이라고 하는 것은 우리가 지금까지 보아 온 그대로이기 때문이다. 그러나 그는 그것을(필경 시오니즘 지지나 아랍민족주의에 대한 적대감, 귀에 거슬리는 냉전주의 등의 '정치적인' 문제를 별도로 한다면) 무의식 속에서 행하고 있는 것이 아닌지 하고 의심할 수 있다. 왜냐하면 그는 자신이 수익자였던 오리엔탈리즘의 역사 전체에 의해, 이러한 풍자나 가설이 이제 논의의 여지가 없는 진리라고 확신하고 있기 때문이다.

이러한 최저의 '진리' 속에서도 더욱 논의의 여지가 없는 것, 그리고 더욱 특이한 것(왜냐하면 그것이 아라비아어 외의 다른 언어에 관하여 주장될 수 있다고는 도저히 믿어지지 않기 때문이다)은, 언어로서 아라비아어가 위험한 이데올로기라고 하는 '진리'이리라. 이러한 아라비아어에 대한 견해 중에서도, 현대의 고전적인 지위를 차지하는 것이 E. 슈비의 논문인 〈아랍의 심리에 미친 아라비아어의 영향〉"[152]이다. 저자는 "인상심리학과 사회심리학의 훈련을 받은 심리학자"라고 하나, 내가 상상하기로는 그의 견해가 그 정도로 인구에 회자된 중요한 이유는, 그가 바로 아랍인(그것도 스스로를 단죄하는 아랍인)이라는 점에 있다. 이 논의가 개탄스러울 정도로 단순 소박한 점도, 필경 그가 언어란 무엇인가, 그것은 어떻게 기능하는가에 관하여 아무런 지식도 갖지 않았기 때문이리라. 그러나 논문의 부제목은 그가 말하고자 하는 것을 충분히 전달해 준다. 곧 "사고의 전반적인 애매함", "언어기호의 과도한 강조", "과도한 단언과 과장"이 아라비아어의 특질이라는 것이다. 슈비가 그 분야의 권위자로 자주 인용되는 것은, 그가 너무나도 권위자답게 말하기 때문이고, 또 그가 실체로서는 일종의 침묵하는 아랍인, 나아가 상당한 열의나 의도도 갖지 않고 게임을 행하는, 위대한 언어의 대가인 아랍인을 가정하고 있기 때문이다. 침묵한다는 것은, 슈비의 논의에서 중요한 핵심이다. 왜냐하면 아랍이 그렇게도 무한히 자랑하는 문학작품들을 그의 논의에서 한 번도 인용하지 않기 때문이다. 그러면 아라비아어가 아랍의 정신에 영향을 미친 경우란 도대체 어떤 것인가? 그것은 오직 오리엔탈리즘이 아랍을 위하여 창조한 신화적 세계의 내부이다. 아랍은 희망이 없을 정도로 과도한 웅변과 결부된 침묵의 상징이고, 과도함과 결합된 빈곤의 상징이다. 이러한 결론이 문헌학적인 수법에 의해 달성될 수 있다고 하는 것은, 오늘날 극히 소수의 개인 속에서만 그 보기를 볼 수 있는, 옛날부터의 복잡한 문헌학적인 전통이 행하여 온, 하나의 슬픈 결말을 증명하는 것이라고 말할 수 있다. 오늘날의 오리엔탈리스트가 '문헌학'에 의거한다고 하는 것은, 이제 완전하게 사회과학의 이데올로기적인 전문지식으로 변용된 학문 분야가 갖는 최종적인 결함이다.

내가 지금까지 논의해 온 것 전부에서 중요한 역할을 담당하는 것은 오리엔탈리즘의 언어이다. 그것은 대립하는 것을 '자연'스러운 것으로 공존시키고, 인간의 여러 유형을 학술적인 이디엄이나 방법론으로 제시하며, 현실과의 관련성을 그 자신이 만들어 낸 물체(다른 언어) 밑에 종속시킨다. 신화적 언어란 담론이다. 곧 그것은 필연적으로 체계적인 것이 되지 않을 수 없다. 인간의 현실에서 담론의 뜻 그대로만 들어내거나, 그 속에서 진술을 행하기 위해서는, 먼저 그는—어떤 경우에는 무의식중에, 그러나 어쨌든 간에 본의는 아니게—이데올로기와 그 존재를 보증하는 제도에 종속된다는 것이 필요하다. 이러한 제도는 언제나 진보된 사회가 더욱 늦은 사회를 취급하기 위한 것이고, 강한 문화가 약한 문화에 대처하기 위한 것이다. 정신적인 담론의 중요한 특징은, 그것이 서술하는 대상의 기원과 동시에 자기 자신의 기원도 숨긴다는 것이다. '아랍'은 정적이고 거의 이념적이라고도 할 수 있는 유형의 이미지로 제시되나, 그것이 자기실현의 과정에 있는 잠재능력을 갖는 피조물로 제시되거나 계속 만들어지고 있는 역사로 제시되는 것은 결코 아니다. 오리엔탈리스트는 언어로 아라비아어 위에 누적된, 과장된 가치로 인하여 그 언어를 정신, 사회, 역사, 본성의 등가물로 보기에 이르렀다. 오리엔탈리스트에게는 언어야말로 동양인으로서 아랍인을 '말하는' 것이지, 그 반대는 아니다.

4. 동양인 동양인 동양인

내가 오리엔탈리즘이라고 불러 온 허구의 체계가 중대한 문제를 갖고 있는 것은, 그것이 단순히 지적으로 신뢰가 가지 않는 것이기 때문만은 아니다. 미국은 오늘날 지구상의 다른 어떤 지역보다도 깊숙이 중동에 관계하고 있으며, 정책 입안자들에게 조언을 주는 중동의 전문가들은 단 한 사람의 예외도 없이 오리엔탈리즘에 물들어 있기 때문이다. 이러한 관여의 대부분은 사상누각이라고 불리기에 적합한 것이다. 왜냐하면 전문가가 정책지도를 하는 경우의 기초가 되고 있는 것은 정치적인 엘리트, 근대화, 안정성이라고 하는 유행의 추상개념이기 때문이다. 이러한 개념의 대부분은 정책상의 특수용어로 장식된, 낡은 오리엔탈리즘의 스테레오타입에 불과하며, 또 그 대부분은 최근 레바논에서 일어나고 있는 사태나 그 이전에 이스라엘에 대한 팔레스타인 인민의 저항운동 속에서 일어난 사건을 서술하기 위해서는, 완전히 맞지 않는 것이었다. 오리엔탈리스트는 현재, 동양을 서양의 모방으로 보고자 시도하고 있다. 버나드 루이스에 의하면, 그것은 민족주의가 '서양과 화해할 준비를 갖출'*153 때에 처음으로 자기를 개선할 수 있는 모방이다. 만일 그 사이에 아랍과 이슬람교도 또는 제3세계와 제4세계가 완전히 예상하지 못한 길을 걷게 된다면, 오리엔탈리스트는 그것이야말로 동양인에게는 교정할 여지가 없다는 증거이고, 그들이 신뢰할 수 없는 인간임을 증명한 것이라고 말하리라. 그러나 그것은 우리에게는 놀라운 일이 아니다.

'진실'의 동양은 오리엔탈리스트가 묘사하는 동양과는 다른 것이라고 말함으로써, 그리고 오리엔탈리스트의 대부분은 서양인이므로, 동양이 본래 무엇인가에 관하여 그들이 내면적인 감각을 가지고 있다고는 기대할 수 없다고 말함으로써, 오리엔탈리즘이 갖는 방법론적인 결함이 설명되는 것은 아니다. 이러한 두 가지의 명제는 어느 것이나 잘못된 것이다. 진실된, 또는 참된 동양(이슬람, 아랍, 기타 무엇이든 간에)이 존재함을 시사하는 것이 이 책의 주제가 아니고, 또 로버트 K. 머튼[53]의 편리한 구분*154을 이용하여 '내부인'의 시야가 '외부인'의 시야에 대하여 갖는 필연적인 우월성을 주장하는 점이 이 책의 주목적도 아니다. 도리어 지금까지 내가 논의해 온 것은, '동양' 그 자체가 하나의 구성된 실체라는 것, 그리고 어떤 지리적 공간에 고유한 종교, 문화, 인종적 본질에 근거하여 정의할 수 있는, 근본적으로 '상이한' 토착의 원주민이 살고 있는 지리적 공간이라는 것이 존재한다는 사고방식이, 역시 지극히 논의의

---

53) Robert K. Merton(1910~)은 미국의 사회학자.

여지가 있는 관념이라는 것이었다. 흑인만이 흑인에 관하여, 또 무슬림만이 무슬림에 관하여 쓸 수 있다는 식의 한정적인 명제를 믿는 것은, 나로서는 불가능하다.

그러나 오리엔탈리즘은 그 여러 가지 결함이나 개탄스러운 전문용어, 거의 노골적인 인종차별주의, 종이처럼 얇은 지적인 도구들에도 불구하고, 내가 지금까지 서술하고자 노력해 온 형태를 취하고서 여전히 오늘의 번영을 과시하고 있다. 그 영향력이 '동양' 그 자체에까지 퍼지고 있다는 사실에는 확실히 우리를 아연하게 만드는 부분이 있다.[54] 아라비아어(그리고 의심할 바 없이 일본어나 인도의 여러 방언, 기타 동양 언어)로 쓴 책이나 잡지에는 아랍인의 손에 의한 '아랍의 마음', '이슬람', 기타 여러 가지의 신화에 관한 쓸 데 없는 분석으로 충만해 있다. 전략상 중요한 동양에 대한 전통적인 '관심' 위에 아랍의 재화와 자원이 상당한 매력을 부가한 결과, 현재에는 오리엔탈리즘이 미국의 내부에도 확산되었다. 오리엔탈리즘은 새로운 제국주의에 멋지게 적응하여 온 것이 실정이고, 그 중요한 패러다임은 아시아를 지배하고자 하는 제국적 기도에 항의하기는커녕 도리어 그것을 강화하는 역할조차 수행하여 왔다.

내가 다소라도 직접적인 지식을 가지고 말할 수 있는 일부의 동양에서는, 새로운 제국주의에 대한 지식계급의 적응이 오리엔탈리즘의 특별한 승리의 하나로 간주되는 것도 무리가 아니다.[55] 오늘날 아랍세계는

---

54) 예컨대 일본의 학문 대부분이 그러하다고 단언하여도 좋고, 한국의 경우도 더하면 더했지 못하다는 느낌이 들지 않는다. 특히 한국의 경우 지식고급주의, 서구지식독점주의에 의해 그 정도는 더욱 심하다. 나는 교조마르크스주의도 마찬가지라고 본다. 이제 실제의 민중적 삶의 문제점 속에 천착하여 그것으로부터 이론을 수립할 필요가 있다. 예컨대 의식주, 조건, 교육, 환경 등의 구체적인 문제에 대한 철저한 연구가 필요하다. 그 경우 우리의 가치관은 모든 인간에 공통된 인권의 지향에 두어야 한다. 따라서 전쟁, 핵, 냉전 등은 근본적으로 부정되어야 한다.
55) 이는 미국 박사가 절대시되는 한국에 특히 현저하다.

미국의 지적·정치적·문화적인 위성국가가 되고 있다. 그것 자체는 특별히 개탄스러운 일이 아니다. 도리어 개탄스러운 것은, 이러한 위성국가 관계가 갖는 고유한 형태이다. 아랍세계의 대학은 과거의 식민지 권력으로부터 계승된 것이고,[56] 또는 직접 강제된 일정한 패턴에 따라 운영되는 것이 일반적이다.[57] 이 점을 먼저 고찰하여 보자. 새로운 환경의 변화에 따라 교육과정의 현실은 거의 그로테스크한 정도로 만들었다. 교실에 수백 명의 학생이 몰려들었고, 지극히 형편없는 교육을 받은 교수들은 과잉노동과 저임금에 고용되었으며 그나마도 정치적으로 임명되었다. 고도의 연구도, 연구시설도 거의 완전히 결여되어 있다. 그리고 가장 중요한 것은, 이 지역 전체에는 어지간한 도서관조차 하나 없다는 점이다. 과거에 영국과 프랑스는 그 탁월성과 재력에 의해 동양의 지적인 지평선을 지배했다. 그러나 지금 그 지위를 차지하고 있는 것은 미국이다. 그 결과 시스템 속을 어떻든 빠져나갈 수 있는 가능성이 있는 소수의 학생은, 더욱 깊은 연구를 계속하기 위하여 미국에 가도록 장려된다. 한편 유럽에 가서 공부를 계속하는 아랍 학생들이 있는 것도 확실하다. 그러나 압도적인 대다수의 학생들은 미국으로 간다. 이것은 사우디아라비아나 쿠웨이트와 같이 보수적인 나라의 경우만이 아니라, 진보적인 여러 나라의 학생들의 경우에도 마찬가지로 나타난다고 할 수 있다.

---

[56] 아직까지도 한국의 학문은 소위 제국 대학 출신이 주도하고 있으며, 식민지 대학의 후신인 서울대학교가 거의 모든 학문을 독점하고 있다. 그 도서의 반은 식민지 시대에 모아진 것이고, 시설의 일부도 그대로 계승되고 있다.
[57] 대학 운영의 관료성, 커리큘럼의 전체주의적 성격(최근까지 교련, 국민윤리, 국어, 국사 등이 필수로 강쇄됨), 인사의 폐쇄성, 유아독존적 교만성, 반미중적 사회와의 단절 등 서울대학교를 비롯한 한국 대학은 모두 그런 식민지 유산에서 벗어나지 못했고, 소위 미국 박사들은 그것에 거의 무관심했다. 왜냐하면 그것이 그들의 권위 보신에 가장 유리한 스타일이었기 때문이다. 그 결과 미국 대학의 최소한의 민주주의적 성격조차 계수되지 못했다. 그 이유에는 그들의 스승이 제국 대학 출신이라는 점도 있었다.

나아가 장학금이나 실무와 연구 후원 시스템에 의해 미국은 실질적으로 사태를 한 손에 장악하는 지휘자의 위치에 놓여 있다. 그 자금원은 그것이 현실적으로는 미국에 없어도 미국의 것이라고 생각되고 있다.

오리엔탈리즘의 승리를 더욱 명백하게 밝혀 주는 것은 두 가지 요소이다. 극히 일반적으로 개괄화한다면, 중동의 현대문화 조류는 유럽과 미국을 모델로 하여 움직이고 있다고 느껴진다. 1936년 타하 후세인[58]이, 현대 아랍문화는 동양의 것이 아니라 유럽의 것이라고 말했을 때, 그는 스스로 그 탁월한 구성원이었던 이집트의 문화적 엘리트가 어떤 정체성을 가진 존재인가를 표현했다. 같은 현상은 현대 아랍의 문화적 엘리트에게서도 그대로 나타난다. 물론 1950년대 초엽 이후, 이 지역을 석권한 반제국주의적인 제3세계적 여러 관념의 압도적 조류에 의해,[59] 그 우세한 문화가 갖는 서양적인 칼날을 약간 무디게 만들었던 것은 사실이다. 그러나 아랍과 이슬람세계는 문화·지식·학문적인 성과에 관한 한, 여전히 이류 세력인 그대로 남아 있다. 여기서 우리는 지극히 현실적으로 권력정치라는 용어를 사용하여, 현실상황을 서술하여야 한다. 어떤 아랍 또는 이슬람의 학자라고 하여도 미국과 유럽의 학술잡지, 제도, 대학의 내부에서 진행되고 있는 것을 무시할 수는 없다. 그러나 그 반대는 성립되지 않는다. 예컨대 오늘의 아랍세계에서는 아랍연구에 대한 유력한 잡지가 단 한 권도 발행되고 있지 않으며, 아랍세계에 관한 연구는 물론이고 비동양 지역에 관한 문제에 관해서도 옥스퍼드나 하버드, UCLA에 필적할 수 있는 아랍의 교육제도는 하나도 존재하지 않는다. 이러한 모든 것이 야기하는 결과는 충분히 예상할 수 있다. 동양인 학생들(그리고 동양인 교수들)은 지금 미국의 오리엔탈리스트에게 와서

---

58) Taha Hussein(1889~1973)은 이집트의 작가이자 지식인.
59) 한국에서는 1980년대에 시작되었다.

그 무릎 아래에서 배우기를 희망하며, 그 뒤에는, 내가 오리엔탈리즘의 도그마라고 특징지어 온 상투문자를 자국의 청중을 향하여 반복하게 되는 것이다. 이러한 재생산 시스템에 의하여 동양인 학자는 오리엔탈리즘의 체계를 '조작'할 수 있게 되므로, 그들이 스스로 미국에서 받은 훈련 성과를 이용하여 자기 국민에 대한 우월감을 갖게 되는 것은 불가피한 것이라고도 이야기할 수 있다. 그러나 유럽인 또는 미국인 오리엔탈리스트라고 하는, 자기보다 차이에 있는 인간과의 관계로부터 말하자면, 그들은 단순히 '원주민 정보원'에 불과하다. 그리고 실제로 그들이 고도의 훈련을 받은 뒤에 운이 좋게도 서양에 머물 수 있게 된 경우에도, 그곳에서 그들이 수행하는 역할이란 바로 그러한 것이다. 오늘날 미국의 대학에서 여러 동양 언어의 가장 초보적인 코스를 가르치고 있는 사람들이 바로 그 '원주민 정보원'이다. 또 전문가의 수에서 동양인과 비동양인이 차지하는 비율은 후자가 압도적인 우위에 있지 않음에도 불구하고, (대학, 재단 등의) 시스템 내부의 권력은 비동양인에 의해 거의 독점적으로 장악되고 있다.

동양인의 동의에 의한 것이든 또는 미국으로부터의 직접적이고 노골적인 경제적 압력에 의한 것이든 간에, 이러한 문화적 지배가 어떻게 유지되어 왔는가를 보여 주는 그 외의 여러 가지 표준이 존재한다. 예컨대 미국에는 아랍과 이슬람 동양을 연구하기 위한 기관이 수없이 존재하나, 동양에는 그 지역에 대하여 최대의 경제적 및 정치적 영향력을 갖는 미국을 연구하는 기관이 하나도 없다는[60] 사실을 알면 우리는 전율하지

---

[60] 여기서는 대학 단위의 형식적인 한국식 연구소가 아니라 명실공히 연구소라고 부를 만한 것을 뜻한다. 한국에도 서울대를 비롯하여 몇 개의 미국연구소가 대학에 있으나 그것은 방 하나와 의자 몇 개로 상징되는 장식에 불과한 것이 대부분이다. 그 외 일본이나 중국·러시아 관계 연구소는 그런 방 하나의 것도 극히 적다.

않을 수 없다. 나아가 더욱 충격적인 것은, 동양에는 동양연구를 위한 조직이 극히 조심성스러운 것조차 거의 없다는 점이다. 그러나 이러한 것은 모두 오리엔탈리즘의 승리에 기여하고 있는 제2의 요소와 비교하면 극히 미세한 것이라고 나는 생각한다. 그것은 동양에 대한 소비이데올로기의 침투라고 하는 사실이다.[61] 아랍과 이슬람세계는 전체적으로 서양의 시장체계에 완벽하게 포함되어 있다. 이 지역 최대의 자원인 석유가 미국경제에 완전히 흡수된 것은, 우리가 다시 생각할 필요도 없는 것이다. 이는 단순히 대석유회사가 미국의 경제 시스템에 의해 통제되고 있다는 의미만이 아니다. 마케팅, 시장조사, 산업경영은 말할 것도 없고, 아랍의 석유 수입 그 자체가 미국에 기초를 두고 있다고 하는 의미이다. 그 결과 석유로 부자가 된 아랍인은 즉시 미국 수출품의 거대한 소비자로 변용되었다. 이것은 페르시아만 여러 나라의 경우에도, 또 리비아, 이라크, 알제리 같은 진보적인 나라의 경우에도 마찬가지이다. 내가 문제로 삼고 싶은 것은, 이 관계가 일방적인 것이라는 점이다. 미국이 극히 소수의 제품(주로 석유와 값싼 노동력)을 선택적으로 소비함에 비하여, 아랍은 물질이든 이데올로기든 가리지 않고, 지극히 광범한 영역에 걸쳐 미국 제품의 지극히 다양한 소비자가 되고 있다.

  이는 여러 가지 결과를 낳았다. 이 지역에는 광범한 기호의 획일화가 생겨났다.[62] 그 상징으로는 트랜지스터, 블루진, 코카콜라만이 아니라 미국의 매스 미디어가 제공하고 대량의 텔레비전 시청자가 아무 생각도 없이 소비하는, 동양에 관한 수많은 문화적인 이미지도 들 수 있다. 아

---

[61] 이는 한국에서 더욱 뚜렷하게 나타난다. 특히 소위 민주화가 소비화로 오해되고 물질화로 타락되며 범죄화로 변질되는 우려마저 나타나고 있다.
[62] 커피, 콜라, 피자, 껌, 주스, 맥주만이 아니라, 온갖 전기제품, 의복, 텔레비전, 영화 등. (사이드는 동양에 관한 것만을 지적하고 있으나 미디어 자체가 획일화된 미국 것이다.)

랍인이 자신의 모습을 할리우드가 만들어 내는 '아랍'으로 인식한다는 역설은, 내가 언급해 온 것의 가장 단순한 결말에 불과하다. 또 하나의 다른 결말로서는, 서양의 시장경제와 그 소비지향으로 인하여 시장의 수요를 만족시키도록 교육된 하나의 지식인 계급이 산출되어 왔다(그리고 현재에도 가속도가 붙어 계속 생겨나고 있다)는 점을 지적할 수 있다. 그들의 교육이 공학, 경영학, 경제학에 중점을 두고 있음은 명백하다.[63] 그러나 지식인 계층 그 자체는 이것이야말로 서양의 주된 조류라고 판단하는 것에 종속되어 있다. 그들에게 규정되고 부여된 역할은 '근대화'이다. 달리 말하자면 미국에서 대부분 받아들인 근대화, 진보, 문화에 관한 여러 관념에 정통성과 권위를 부여하는 것이 지식인이다. 그 증거는 인상적인 형태로 사회과학 분야에 나타나고 있으며, 특히 그것이 급진적인 지식인 사이에 발견된다는 것은 놀라운 일이다. 그들이 신봉하는 마르크스주의는 내가 이미 이 책에서 논의해 왔듯이, 제3세계를 획일적으로 균질화시켜 이해하는 마르크스 자신의 사고방식을 그대로 계수하고 있다. 곧 오리엔탈리즘의 여러 가지 이미지나 교의에 대하여 지적으로 묵종하고자 하는 경향이 전체적으로 존재한다고 한다면, 이 경향을 강화하고자 하는 매우 강력한 힘도 경제력과 정치적·사회적 교류 속에 존재하고 있다. 요컨대 현대의 동양은 스스로를 동양화시키는 것에 참여하고 있다.

그러나 결론으로 말하자면, 오리엔탈리즘을 대신하는 다른 선택은 어떤 것이 있을 수 있겠는가? 이 책은 단순히 무엇에 반대하는 것뿐이고, 적극적으로 무엇을 주장하는 건설적인 논의는 없지 않은가? 나는 이 책의 여러 곳에서 소위 지역연구의 '반反식민지화'를 향한 새로운

---

[63] 한국의 경우 봉건적인 전통으로서 법학이 더해지고, 그로부터 권력소비의 문제가 생겨난다.

출발—안와르 아브델 마레크의 업적, 중동연구에 관한 헐 대학팀[64]의 여러 연구, 유럽과 미국 및 중동의 여러 학자들에 의한 혁신적인 분석과 제안*155—에 관하여 언급해 왔으나, 그것을 잠깐 언급하든가 시사하는 것 이외에 그 이상의 것을 시도하지 않았다. 나의 작업은 하나의 특수한 관념체계를 서술하는 것이지, 그 체계를 새로운 체계로 바꾸는 것이 아니었기 때문이다. 나아가 내가 시도한 것은, 인간 경험의 여러 문제를 논의하는 것에 적합한 일련의 의문을 제시하는 것이었다. 우리는 상이한 문화를 어떻게 '표상할 수' 있는가? '상이한' 문화란 무엇인가? 하나의 분명한 문화(인종, 종교, 문명)라는 개념은 유익한 것인가 아닌가, 또는 그것은 언제나(자기의 문화를 논하는 경우에는) 자기찬양이거나, ('다른' 문화를 논하는 경우에는) 적대감과 공격에 휩쓸리는 것이 아닌가? 문화적·종교적·인종적 차이는 사회적·경제적 또는 정치적·역사적 범주보다도 중요한 것이라고 말할 수 있을까? 관념이란 어떻게 하여 권위, '정당성' 또는 자명한 '진리'라는 지위를 확보하는 것일까? 지식인의 역할이란 무엇인가? 지식인이란 그가 속하고 있는 문화와 국가를 정당화하기 위하여 존재하는 것인가? 지식인은 독립된 비판의식, 곧 **대립적인** 비판의식에 얼마만큼의 중요성을 부여하여야 하는 것일까?

  이러한 의문에 대한 나의 답의 몇 가지는, 이미 서술해 온 것으로부터 독자들이 찾아낼 수 있다면 다행이겠으나, 그중의 몇 가지에 관해서는 여기서 더욱 분명히 서술할 수 있다고 생각한다. 이 연구에서 내가 특징지워 왔듯이 오리엔탈리즘은, 비정치적인 학문이라는 것의 가능성뿐만 아니라, 학자와 국가의 극도로 긴밀한 연결이 바람직하다는 주장에 대

---

64) 영국 *Hull* 대학의 타라르 아사드를 중심으로 한 *Review of Middle East Studies*의 연구팀.

하여 의문을 제기한다. 또 오리엔탈리즘을 여전히 설득적인 사고유형으로 만들고 있는 여러 조건이 앞으로도 계속 존속하리라는 것은, 똑같이 명백한 것으로 생각된다. 이것은 전체적으로 상당히 우울한 문제이다. 그러나 그럼에도 불구하고, 나 자신의 가슴속에는 어떤 이성적인 기대가 있다. 곧 오리엔탈리즘이 그렇게 언제까지나 과거와 같이 지적·이데올로기적·정치적으로 어떤 도전도 받지 않고 그대로 통용될 필요는 없다는 기대이다.

내가 지금까지 중점적으로 묘사하여 온 학문만큼이나 타락하지 않은 학문, 또는 적어도 그 정도로 인간의 현실에 맹목적이지 않은 학문의 존재를 만일 내가 믿지 않았다면, 나는 이러한 종류의 책을 쓸 생각도 못했으리라. 오늘날 이슬람의 역사, 종교, 문명, 사회학, 인류학 등의 분야에는 많은 개별 학자들이 있고, 학문적으로 매우 가치 있는 성과를 낳고 있다. 문제가 생기는 것은, 그다지 주의력이 없는 학자가 오리엔탈리즘의 길드적인 전통에 사로잡힌 경우이다. 곧 이 전문적인 직업에서는 '상투형의 관념'이 너무나도 쉽게 전달되기 때문에, 학자로서 개인의 의식이 그것에 대하여 경계심을 품을 수 없는 경우가 문제된다. 따라서 흥미 깊은 연구가 오리엔탈리즘과 같은 규범적·제국적·지리적으로 정의된 '분야'가 아니라, 지적으로 정의된 학문 분야에 충성을 맹세하는 학자들로부터 산출된다는 것은 상상하기 어렵지 않다. 최근 그 훌륭한 보기가 클리포드 기어츠[65]의 인류학이다. 그의 이슬람에 대한 관심은 매우 명확하고 구체적인 것이기 때문에 그것이 그가 연구하는 고유의 사회와 여러 문제에 의해 활력을 부여하는 것이지, 오리엔탈리즘의 의례, 선입견, 교의에 의해 생명력을 부여받는 것은 결코 아니다.

---

65) Clifford Geertz(1926~)는 미국의 인류학자.

한편 전통적인 오리엔탈리즘의 학문 분야 속에서 훈련을 받은 학자나 비평가도, 낡은 이데올로기의 속박으로부터 자유롭게 되는 것은 충분히 가능하다. 자크 베르크나 막심 로댕송이 받은 훈련은 가장 엄격한 것으로서, 심지어 전통적인 문제에 관한 것이라도 그들의 연구를 활기 있게 만드는 것은, 그들이 갖는 방법론적인 자각이다. 왜냐하면 오리엔탈리즘이 역사적으로 너무나도 자기만족적이고 고립적이었으며, 그 방법이나 전제에 대하여 너무나도 실증주의적인 신뢰를 두어 왔다고 한다면, 그 경우 동양 속의, 또 동양에 관한 자신의 연구에 대하여 자기를 열어 가는 하나의 방법은, 자신의 방법을 재귀再歸적으로 비판적인 검토에 붙이는 것이기 때문이다. 베르크와 로댕송을 각각 독자의 방식으로 특징 짓는 것은 이것이다. 그들의 작업에서 언제나 볼 수 있는 것은, 첫째 눈앞에 있는 소재에 대한 직접적인 감수성이고, 둘째 스스로의 방법론과 그 실천에 대한 끊임없는 자기 점검, 곧 스스로의 연구를 교조적인 선입관에 의해서가 아니라 소재 그 자체에 대하여 계속 감응하고자 하는 부단한 시도이다. 아브델 마레크와 로저 오언[66]과 마찬가지로, 베르크와 로댕송도 인간과 사회—동양의 것이든 아니든 간에—에 관한 연구가 인문과학 전체의 광대한 영역 속에서 가장 잘 행해지고 있다는 자각을 하고 있다. 그러므로 이러한 학자들은 다른 여러 분야에서 행해지는 것에 관해서도 비판적인 독자이며 학도이다. 구조주의 인류학에 의한 최근의 여러 발견에 대한 베르크의 관심, 사회학과 정치학에 대한 로댕송의 관심, 또 경제사에 대한 오언의 관심, 그 모두가 현대의 여러 인문과학으로부터 소위 동양적 문제의 연구에 주입된 지도적인 교정책이다.

그러나 설령 우리가 '그들'과 '우리'를 가르고 있는 오리엔탈리즘적인

---

[66] Roger Owen(1928~)은 영국의 중동경제사가.

구별을 무시했다고 하여도, 일련의 강력한 정치적인 현실, 궁극적으로는 이데올로기적인 현실이 오늘의 학문 속에 충만해 있다는 사실을 회피할 수는 없다. 동과 서의 구별이 아니라도 남과 북, 가진 자와 갖지 못한 자, 제국주의와 반제국주의, 백인과 유색인종과 같은 구별을 다루지 않을 수 없다. 그것들이 현실에는 존재하지 않는 것과 같이 장식하여 우회하는 것은 우리에게는 허용될 수 없다. 도리어 거꾸로 현대의 오리엔탈리즘은, 그 점을 모르는 체하고자 하는 지적인 불성실에 관하여 많은 것을 가르쳐 주고 있다. 그 결과는 차별을 강화시켜서 그것을 사악하고 영구적인 것으로 만드는 것이다. 또 공연히 그것들과 싸움을 벌이는 성실하고 '진보적인' 학문이 너무나도 쉽게 타락하여 교조적인 최면상태에 빠질 우려가 없다고도 말할 수 없다. 그러나 그것은 그다지 유쾌하다고는 말할 수 없는 예상이다.

이 문제에 대한 나 자신의 감각은 위에서 정식화해 온 여러 설문 가운데 상당히 잘 나타나 있다. 표상, '타자' 연구, 인종차별적인 사고, 권위와 권위적인 여러 관념에 대한 무사고 및 무비판적인 수용, 지식인의 사회적·정치적인 역할, 회의적인 비판적 의식이 갖는 커다란 가치 등 현대의 사상과 경험은 이러한 것들에 포함된 사항에 대하여 우리가 민감해야 한다는 것을 가르쳐 주었다. 또 인간 경험에 관한 연구가 보통 좋은 의미에서도 나쁜 의미에서도 정치적 중요성과 함께 윤리적 중요성을 갖추고 있다는 것을 생각한다면, 우리는 자신들이 학자로서 행한 것에 대하여 무관심할 수가 없다. 그리고 학자에게는 인간의 자유와 인간의 지식 이상으로 어떤 뛰어난 규범이 있다고 할 수 있는가? 사회에 대한 인간의 연구가 결코 현학적인 추상개념이나 애매한 법칙, 자의적인 체계에 기초를 둔 것이 아니라, 구체적인 인간의 역사와 경험에 근거한 것이어야 한다는 것도 우리는 잊어서는 안 되리라. 그렇다면 문제는 연구를 경험에 적응시키고, 어떤 의미에서는 경험에 의해 형성하는 것이다. 그렇다면 경험은 연구에 의해 조명되고 경우에 따라서는 변화되리라. 어떤 것이든 간에 동양을 무한히 동양화한다는 목표만은 회피되어야 한다. 그 결과 지식은 필연적으로 세련되고, 학자의 독단은 감소되리라. '동양'이라는 개념이 없다면 학자나 비평가, 지식인 그리고 인류는 인종적·민족적·국민적인 구별 이상으로 인간사회를 진보시킨다는 공통의 기도를 보다 중요시하게 되리라.

　내가 굳게 믿고 있는 것—그리고 내가 다른 책 속에서 나타내고자 시도한 것—은 오늘의 인문과학에서 현대의 학자가 통찰력, 방법, 관념을 몸에 익히기에 필요한 노력을 충분히 해 온 결과, 그들은 이미 오리엔탈리즘이 그 역사상의 전성기에 제공한 인종적·이데올로기적·제국주의적인 스테레오타입을 사용하지 않아도 행할 수 있다는 사실이다. 나는 오리엔탈리즘의 결함이 지적인 것임과 동시에 인간적인 것이었다고 생각한다. 왜냐하면 오리엔탈리즘은 자신과는 이질적인 것으로 보이는 지구 위의 한 지역에 대하여 확고한 적대자의 입장을 취하여야 했기 때문에, 인간 경험과 일체화할 수 없고, 인간 경험을 인간 경험으로 볼 수도 없었기 때문이다. 만일 우리가 20세기에 와서 이 지구상의 수많은 사람들의 정치적·역사적인 자각을 올바르게 살필 수 있다면, 우리는 오리엔탈리즘 세계의 거대한 헤게모니에 대해서도 또 그것이 대표하는 모든 사물에 대해서도 이제 하나의 도전을 할 수 있다. 만일 이 책이 장래에 어떤 도움이 된다면, 그것은 이 도전을 위한 하나의 신중한 공헌으로서이고, 또 하나의 경고로서, 다시 말해 오리엔탈리즘과 같은 사고체계, 권력의 담론, 이데올로기적인 허구—정신에 의해 만들어진 속박—가 놀라울 정도로 너무나 쉽게 만들어지고, 응용되며, 보호된 것이라는 경고로서일 것이다. 특히 내가 독자들에게 이해를 바라는 것은, 오리엔탈리즘에 대한 해답이 옥시덴탈리즘, 곧 서양주의가 아니라는 점이다. 과거의 '동양인'은 자신이 이전에 동양인이었기 때문에 쉽게―너무나도 쉽게―자신이 만들어 낸 새로운 '동양인'―곧 '서양인'―을 연구할 수 있다고 생각하여도, 아무런 거리낌도 없을 것이리라. 만일 오리엔탈리즘을 아는 것에 어떤 의미가 있다고 한다면, 그것은 지식이 유혹에 의해 타락한 모습을 생각하게 하는 점이다. 설령 그것이 어떤 지식이든지 간에 또는 어떤 곳, 어느 때라도 마찬가지이다. 그러나 필경 과거 이상으로 지금이 그것을 생각하기에 적합하리라.

1995년 후기[1]

I

《오리엔탈리즘》은 1977년 말엽에 완성되어 1년 뒤 출판되었다. 이 책은 내가 자료 조사부터 여러 초고 단계를 거쳐서 최종 교정본을 내기까

---

[1] 사이드는 1993년 《문화와 제국주의》를 비롯하여 몇 권의 책을 새로 냈으나, 논의의 수준은 《오리엔탈리즘》의 그것과 기본적으로 같고, 《오리엔탈리즘》을 보완하는 정도에 그치고 있다. 또한 1993년 오슬로 합의에 의해 PLO가 이스라엘에 투항하게 되자 사이드는 아라파트에 대한 비판과 함께 팔레스타인 자체의 비참한 현실에 대한 정치적인 발언을 하게 되나, 이러한 행동도 그 전의 태도와 근본적으로 다른 것이 아니다.
사이드는 1999년 말 《Out of Place》라는 자서전을 출간했다. 그의 책은 언제나 찬반 양론을 불러일으키지만 자서전에 대해서까지도 마찬가지였다. 반론은 사이드가 영웅시하는 것은 팔레스타인 활동가가 아니라 소외된 지식인이라는 것, 즉 주변적 인물로서 진실을 말하는 고립된 존재로 공적인 담론을 탈구축하는 망명인이라는 것에서 출발한다. 그래서 사이드는 팔레스타인의 고통을 이용하여 지적인 영웅으로 자신의 신뢰를 높이고자 하는 자로 혹평된다.
이런 비판은 사이드의 후계자들이라고 할 만한 포스트콜로니얼리즘을 주장하는 학자들에게도 흔히 퍼부어지는 것이다. 즉 그들이 말하는 포스트콜로니얼한 현실이란 사실상 그들 매판 지식인들이 멋대로 날뛰는 상태, 즉 소수의 서양적인, 서양에서 교육을 받은 지식인들이 세계자본주의의 문화상품을 유포하는 것을 말한다는 혹평이 있다. 다행스

지, 중단하거나 심각하게 주의를 흐트러뜨리지 않고 일관된 자세로 각 장이 이어지도록 쓴 유일한 책이었다(지금까지도 그렇다). 당시 스탠퍼드 대학교의 '행동과학고등연구센터'에서 연구원으로 보낸 시절(1975~1976년), 지적 호기심이 대단히 크고 상대적으로 부담이 적었던 것만 빼놓고는 나는 바깥 세상으로부터 조금도 지지나 관심을 받지 못했다. 한두 명의 친구들과 가까운 가족들로부터 격려를 받기는 했으나, 유럽과 미국의 200년에 걸친 권력과 학문 및 상상력의 오랜 전통이 중동과 아랍 및 이슬람 사회를 바라보는 방식에 대해 연구한다는 것이 보통사람들의 관심을 불러일으킬 수 '있을 것인지'를 전혀 확신할 수 없었다. 예를 들면, 우선 이런 연구에 관심을 가질 진지한 출판사를 찾는 것이 매우 어려웠다는 점이 떠오른다. 특히 학술서적을 펴내는 어느 출판사는

럽게도(?) 우리나라에는 또는 우리나라 사람으로는 그런 자들이 많지 않으나, 다른 제3세계 출신 중에는 그런 사람들이 적잖이 많은 것이 사실이다. 이 후기에서도 그런 점에 대한 비판이 사이드 스스로에 의해 검토되고 있다.

즉 그들이 제3세계의 문화생산물을 제1세계에 소개하는 것은 현재의 억압 상황과 공범 관계에서 제1세계 부르주아의 교양적 소비를 위한 짓이라는 것이다. 그들이 제1세계 대학이나 연구기관에 속하고, 영어로 교육 및 출판활동을 하는 것은 사실상 세계의 경제적·문화적 불균형과는 거리가 먼 것이다. 그들 자신이나 그들이 소개하는 사람들도 자신의 의지와 재력으로 제1세계에 이주한 사람들이다.

그러나 이러한 혹평은 현대의 지식 전체를 조감하는 경우 문제가 있다. 왜냐하면 현대의 지식 대부분은 명실공히 제1세계의 그것이고, 그것에 대한 제3세계의 주장은 포스트콜로니얼리즘을 통하여 아주 미미하게 나타나고 있기 때문이다. 그리고 그들이 제3세계의 차원에서 보면 분명히 혜택받은 자들로서 영·미에서 영어로 글을 쓰고 있으나, 제1세계의 지식에 무조건 탐닉하는 다른 대다수의 제3세계 지식인들 역시 그렇다는 것을 전제로 하면 그들의 출신이나 생활 태도가 큰 문제가 되는 것이라고는 볼 수 없다. 이와 반대로 본다면 지식인 전체의 출신이나 생활 태도를 문제로 삼는 공정한 평가가 나와야 한다.

앞에서 우리나라에는 포스트콜로니얼리즘을 주장하는 학자들이 많지 않아 그러한 혹평을 면하기에 다행스러울지 모르겠다고 했다. 그러나 다른 어떤 나라보다 미국식 지식에 침윤되어 있는 우리나라의 지식이야말로 매판 지식으로 비난받아 마땅할 것이다. 따라서 사이드의 문제 제기는 여전히 우리에게 중요하다.

자그마한 논문집으로 내자는 계약 조건을 조심스럽게 내세워, 처음부터 모든 일이 너무나 전망이 없고 박약하게 여겨졌다. 하지만 운 좋게도 (《오리엔탈리즘》의 초판 감사의 글에서 첫 출판사를 운 좋게 만났다고 이미 말했듯이) 책을 다 쓴 뒤 상황이 순식간에 좋은 쪽으로 바뀌었다.

미국과 영국(영국에서는 1979년에 따로 출판되었다) 두 나라에서 이 책은 상당한 관심을 불러일으켰는데, 그 가운데는 예상대로 매우 적대적인 것도 있었고 이해할 수 없는 것도 있었지만, 대부분은 긍정적이고 열광적인 것이었다.[2] 1980년 프랑스판을 시작으로, 번역본이 차례로 나오게 되었으며, 오늘날까지 그 수가 계속 증가하여 내가 모르는 언어로 논쟁과 토론이 생겨났다. 그중에서도 시리아의 재능 있는 시인이자 비평가인 카말 아부 데엡Kamal Abu Deeb이 번역한 아라비아판은 탁월했으며 아직도 논쟁을 불러일으키고 있다. 이에 대해서는 뒤에서 곧 얘기하고자 한다. 그 후 《오리엔탈리즘》은 일본어, 독일어, 포르투갈어, 이탈리아어, 폴란드어, 스페인어, 카탈로니아어, 터키어, 세르비아-크로아티어, 스웨덴어로 번역되었다(1993년 이 책은 스웨덴에서 베스트셀러가 되었는데, 나뿐만 아니라 그곳 출판사도 어리둥절해했다). 그 외 현재 출판이 진행 중이거나 곧 출판될 예정인 나라도 있다(그리스어, 러시아어, 노르웨이어, 중국어). 이스라엘판 등 다른 유럽어 번역본에 대한 소문도 한두 군데에서 들려오고 있다. 이란과 파키스탄처럼 저술권을 침해한 부분적인 번역본도 있다. 내가 직접 알고 있는 여러 번역본들(특히 일본판)은 이미

---

[2] 예컨대 스피박은 사이드의 책으로 인해 서양의 주변으로서 비서양이 영·미 학문에서 하나의 학문 분과가 되었다고 칭송했다(G. Spivak, *Outside in the Teaching Machine*, New York: Routledge, 1993, p. 54). 인도에서는 그 책이 서양문학을 어떻게 가르쳐야 하는가를 가르쳐 주었다는 평가도 있다(Z. Patak, S. Sengupta, S. Purkayastha, *The Prison of Orientalism*, Textual Practice, vol. 5, no. 2, p. 195). 그러나 이 책이 우리나라에 끼친 영향은 적어도 외국문학이나 외국학연구에 관한 한 그다지 크지 않았다고 생각된다.

초판을 넘어선 경우가 많다. 모두가 아직 출판 중이고, 내가 이 책을 쓰면서 생각지도 못했던 지역적 논의를 불러일으키고 있다.

이 모든 일이 낳은 결과는, 《오리엔탈리즘》이 거의 보르헤스의 책처럼 여러 가지로 다른 책이 되었다는 것이다. 내가 이런 결과물들을 따라갈 수 있고 이해할 수 있는 한, 이 이상하고 때때로 불안하게 하며 전혀 생각지도 못한 변형물들을, 《오리엔탈리즘》 이후 썼던 것들(여러 논문들 외에 여덟 내지 아홉 권의 책들)이나 다른 사람들이 말한 것을 쓴 책을 다시 읽어 보면서 여기서 함께 논의해 보고 싶다. 나는 오독과 몇몇 경우 의도적으로 잘못 해석된 것을 분명히 바로잡고자 한다.

그 당시에는 아주 부분적으로만 그러하리라 예상했지만, 《오리엔탈리즘》이 도움이 된다고 인정하는 논의나 학문적 발전도 자세히 들여다볼 것이다. 이 모든 일의 핵심은 나 자신에게 점수를 주거나 찬사를 쌓아 두려는 것은 아니다. 우리가 어떤 일을 떠맡을 때 느끼게 되는 고독한 존재로서의 이기주의를 넘어서는 훨씬 확장된 작가정신을 의도하고 기록하려는 것이다. 왜냐하면 그 모든 방식 가운데 《오리엔탈리즘》은 이제 내게는 그 책을 쓰면서 예상할 수 있었던 것 이상으로 저자인 나의 위치를 없애 버리고 공동의 책이 되어 버린 것처럼 여겨지기 때문이다.

우선 가장 유감스러웠고 아직도(1994년까지) 극복하기 어려운 반응 가운데 하나를 들겠다. 그것은 적대적이든 동정적이든 간에 대부분의 논평자들이 오도한, 그러면서도 다소 지나치게 당당하게 제기된, 이 책을 소위 반反서구주의의 그것으로 본 것이다. 이러한 관점은 어떤 경우에는 함께 논의되고, 어떤 경우에는 따로따로 주장되는 다음 두 가지 부분으로 되어 있다. 첫 번째 주장은, 오리엔탈리즘이라는 현상은 서구 전체에 대한 하나의 제유提喩[3] 혹은 극소화된 상징이며, 하나의 전체로서 서구를 표상하는 것으로 간주되어야 한다는 것이다. 그렇기 때문에 이 관점은 서구 전체가 서구의 식민주의와 편견으로 고통받은 아랍이나 이슬람세계 혹은 마찬가지로 고통받은 이란, 중국, 인도, 그 외 다른 여러 비유럽 국민들의 적이라고 주장하고 있다. 내 탓으로 돌려진 두 번째 논점은 위의 경우와 마찬가지로 이해하기 어렵다. 그것은 약탈적인 서구와 오리엔탈리즘이 이슬람과 아랍세계를 침략했다는 주장이다('오리엔탈리즘'과 '서구'라는 말이 동격화되는 것을 주목하라). 그래서 오리엔탈리즘과 오리엔탈리스트라는 존재는 그것과 정반대 격인 이슬람세계만이 완벽하고 그것만이 유일한 길al-hal al-wahid 운운하는 것을 주장하기 위한 구실로 파악된 것이다. 내가 책에서 비판했던 것처럼 오리엔탈리즘을 비판하는 것이, 실제로는 이슬람주의와 무슬림 근본주의를 지지하는 것으로 바뀐 것이다.

그 저자와 내용이 동양과 서양이라는 범주적인 명칭에 대해 철저하게 회의하고 있고, 동양과 이슬람을 '옹호'한다거나 논의조차 하지 '않고자' 철저히 유의하는, 명백한 반근본주의적인 한 권의 책을, 만화같이 바꾸어 버리는 것이 어떤 것인지 이해할 수 있는 사람은 거의 없다. 하지만 비록 내가 진정한 동양 혹은 이슬람이 무엇인지를 보여 주는 데에는 관심이 없고, 그럴 능력은 더욱 없다고 분명히 말했음에도 불구하고, 《오리엔탈리즘》은 사실상 이슬람과 아랍세계를 체계적으로 방어하는 책으로 아랍권에서 읽혀졌고 그런 식으로 글들이 쓰여졌다. 이는 실제로 내가 책의 앞부분에서 '동양'과 '서양'과 같은 말들은, 자연적인 사실로 존재하는 그 어떤 공고한 실체와도 전혀 부합하지 않는다고 한 것과 너무나도 동떨어진 것이다. 게다가 그 모든 지리학적 명명은 경험과 상상의 괴상한 조합에 불과하다. 오늘날 영국, 프랑스, 미국에서 사용되

---

3) 사물의 한 부분으로 전체를, 또는 하나의 말로 그와 관련되는 모든 것을 나타내는 비유법을 말한다.

는 동양이란 개념은 설명하기가 쉽지 않은, 상당히 억제되고 어느 정도 방어하는 것도 간단하지 않는 충동에서 생겨난 것이다. 내가 보여 주고자 하듯, 이것은 동양에 대한 특히 위험한 구현으로서의 이슬람과 연관시킬 때 바로 들어맞는다.

그러나 비코가 우리에게 가르쳐 준 것처럼, 이 모든 것의 핵심은, 인간의 역사는 인간에 의해 만들어진다는 점이다. 영토를 지배하려는 투쟁은 인간 역사의 한 부분이고, 역사적 의미와 사회적 의미에 대한 투쟁도 그 역사의 한 부분이다. 비판적인 학자의 임무는 한 가지 투쟁을 또 다른 투쟁과 분리시키는 것이 아니라, 전자의 투쟁이 가지고 있는 압도적인 현실성과, 후자의 투쟁이 가지고 있는 명백히 이론적인 정교성 사이의 현저한 차이에도 불구하고 그것들을 연관짓는 것이다. 내가 이런 일을 하는 방식은, 모든 문화의 발전과 유지가 서로 경쟁관계에 있고 상이한 '자아alter ego'의 존재를 요구함을 보여 주는 것이다. 정체성을 구축하는 것—동양이든 서양이든, 프랑스든 영국이든, 분명히 구별되는 경험의 집합적 보고인 이들 세계는 결국 하나의 구조이다—은 그 실재성이 언제나 '우리'와는 다른 그들의 차이점을 연속적으로 해석하고 재해석해야 하는 반대항과 '타자'를 구축하는 것을 뜻한다. 각각의 시대와 사회는 '타자들'을 재창조한다. 그렇다면, 자아와 '타자'의 정체성은 정체된 것이기는커녕, 모든 사회의 개인들과 제도를 포괄하는 하나의 투쟁으로 벌어지는 매우 공들인 역사적, 사회적, 학문적, 정치적 과정인 것이다. 오늘날 프랑스와 영국에서 각각 벌어지는 '프랑스성Frenchness', '영국성Englishness'에 대한 논쟁, 혹은 이집트와 파키스탄 같은 나라의 이슬람에 대한 논쟁은, 이방인이든 망명자든 또는 변절자든 이단자든 간에, 서로 다른 '타자'의 정체성을 포괄하는 동일한 해석적 과정의 일부인 것이다. 이 모든 사례들은 단순히 정신적 활동이 아니라 이민법,

개인적 행위에 대한 입법, 정통성을 가진 헌법, 폭력과 (또는) 폭동의 정당화, 교육의 성격과 내용, 공식적인 적을 설정하는 것과 관계가 있는 외교정책의 방향 등과 같은 구체적인 정치적 쟁점 등을 모두 포함하는 급박한 사회적 투쟁이라는 것이 명백하다. 요컨대, 정체성을 구축하는 것은 각각의 사회에서 권력을 쥔 쪽과 권력이 없는 쪽을 적절히 배치하는 것과 밀접하게 연관되어 있으며, 따라서 단순한 학문적 공상과는 전혀 관계가 없는 것이다.

이 모든 유동적이고 특이하게 풍성한 실재성을 수용하기 어렵게 만드는 것은, 사람들 대부분이 인간의 정체성은 자연적이고 공고한 것이 아닐 뿐만 아니라, 구축되고 때때로 노골적으로 조작되는 것이라는 기본적인 개념에 저항하고 있기 때문이다. 《오리엔탈리즘》이나 그 뒤에 나온 《전통의 조작 The Invention of Tradition》, 《검은 아테나 Black Athena》[1] 같은 책에 대해 반대하고 적대감을 보이는 시각의 일부는, 이런 책들이 하나의 문화, 하나의 자아, 하나의 국가적 정체성에 대한 어떤 확실성과 불변적 역사성에 대한 고지식한 믿음을 전복시키는 것으로 보인다는 사실에서 유래한다. 《오리엔탈리즘》은 그 주장의 절반을 잘라 내야만 이슬람을 옹호하는 것으로 읽힐 수 있는데, 나는 거기서(그 뒤에 나온 《이슬람 가리기 Covering Islam》에서도 그랬지만)[4] 우리가 태생적으로 속해 있는 원초적 공동체조차 해석적인 투쟁에서 벗어나지 못하고, 서구에서 이슬람의 부상, 복귀, 부활로 간주되는 것이, 사실은 그렇게 이슬람을 규정하는 것에 대한 이슬람 사회 내부에서 일어나는 하나의 투쟁이라고 주장했다. 그 어떤 개인이나, 국가 당국 또는 제도도 이러한 규정에 대해 전적인 통제력을 가질 수 없고, 따라서 그 투쟁에 대해서도 통제할 수 없다. 이슬람근

---

4) 릴라 간디는 《오리엔탈리즘》, 《팔레스타인 문제》, 《팔레스타인 보도》를 3부작으로 본다. 《포스트식민주의란 무엇인가》(릴라 간디, 이영철 역, 현실문화연구, 2000, P. 88.)

본주의의 인식론적 오류는 '근본원리'라는 것이 탈역사적인 범주로서, 진정한 신봉자의 비판적 검토를 받지 않고 그것을 넘어서는 것이라고 믿는 데 있다. 여기서 진정한 신봉자들은 믿음으로 그것을 받아들인다고 간주된다. 초기 이슬람의 복원되거나 부활된 형태를 고수하는 사람들에게 오리엔탈리스트는 살만 루시디Salman Rushdie처럼 그런 형태를 함부로 바꾸어 버리고, 의심하며, 기만적이고 신성하지 못한 것으로 보여주기 때문에 위험인물로 간주된다. 따라서 그들에게 내 책의 장점은 오리엔탈리스트의 사악한 위험성을 지적하고, 그들의 마수로부터 이슬람을 어느 정도 구해 냈다는 점이었다.

그 이상은 내 스스로의 힘만으로 그랬다고는 거의 인정할 수 없는 것이지만, 어쨌든 그런 시각은 유지되고 있다. 이에는 다음 두 가지 이유가 있다. 첫째, 인간의 리얼리티는 계속해서 만들어지고 파괴되고 있으며, 공고한 실체가 끊임없이 위협받고 있다는 이론에 대해 그 누구도 불평하거나 두려워하지 않고서는 편안하게 살 수 없기 때문이다. 애국심, 극단적인 외국인 혐오, 노골적이고 불쾌한 쇼비니즘은 이러한 두려움으로 인한 일반적인 반응이다. 우리 모두는 발 붙이고 있을 어떤 토대가 필요한데, 문제는 이 토대가 무엇이냐에 대한 공식이 얼마나 극단적이고 불변적인 것인가 하는 데 있다. 나의 입장은, 이슬람 혹은 동양의 경우에 본질적으로 이들의 이미지는 이미지일 뿐이며, 그것이 무슬림 신봉자 공동체와 오리엔탈리스트 공동체(이 대응은 매우 중요하다) 양측에 의해 견지되고 있다는 것이다. 나는 동양의 언어와 사회 및 인민들을 오직 골동품 취미로 연구하는 오리엔탈리즘에 반대하여 무비판적이고 본질주의적인 입장을 벗어나 이질적이고, 역동적이며 복합적인 인간의 리얼리티에 접근하는 사고의 체계가 되어야 한다고 생각한다. 무비판적이고 본질주의적인 입장이란 동양에는 영구적인 실체가 있다는 주장, 그리고 그것에 대립되는, 그러나 마찬가지로 영구적인 것이라고 하는 서양의 본질(동양을 멀리서, 다시 말해 그 위에서 관찰하는)을 주장하는 입장 둘 다를 말한다. 이 그릇된 입장은 역사의 변화를 은폐하고 있다. 내가 보기에 더욱 중요한 것은, 이런 입장이 오리엔탈리스트의 '이해관계'를 가리고 있다는 것이다. 순수한 학문적 노력으로서의 오리엔탈리즘과 제국의 공모자로서의 오리엔탈리즘 사이의 묘한 차이점을 그려 내고자 한 여러 시도에도 불구하고, 이런 입장은 1798년 나폴레옹의 이집트 침략으로 근대의 전 지구적 양상을 초래한 일반적인 제국주의 맥락에서 결코 일방적으로 떼어 낼 수 없다.

나는 유럽이 동양이라고 부르면서 근대에 와서 조우하게 된, 처음부터 명백히 드러났던 약자와 강자 사이의 놀라운 대조에 주목하여 왔다. 나폴레옹의 《이집트지》가 보여 주는 부자연스러운 엄숙함과 과장된 어조—방대하고 빽빽한 이 책의 분량은 근대적인 식민지 정복군의 지원을 받은 모든 '학자들'의 체계적인 노고를 입증한다—는 침략당한 사람의 입장에서 프랑스의 침략을 세 권의 책으로 서술한 아브드 알-라만 알-자바르티Abd al-Rahman al-Jabarti와 같은 사람들의 사적인 증언을 위축시켜 버린다. 《이집트지》가 아주 과학적이고, 따라서 19세기 초기의 이집트에 대한 객관적인 설명이라고 할 수도 있겠지만, 나폴레옹이 알지도 못했고 무시했던 자바르티 존재는 그것이 그렇지 않다는 것을 보여 준다. 나폴레옹의 저술은 프랑스 제국주의의 궤도 내에서 이집트를 움켜쥐고자 한 권력을 가진 자의 입장에서 '객관적으로' 설명한 것이다. 반면 대가를 치른 입장에서 쓰여진 자바르티의 저서는 비유적인 것으로 간주되었고 무시되었다. 달리 말하자면, 《이집트지》와 자바르티의 연대기는 영구적으로 대립된 서양과 동양을 입증해 주는 정적靜的인 기록으로 남아 있는 것이 아니라, 타자들이 발전시켜 온 경험과 그 경험 이전부터 타자들 사이에 존재해 왔던 역사적 경험을 함께 구성하고 있는 것이다. 이런 일련의 경험의 역사적인 역동성을 연구하는 것은 '동양과 서양의 갈등'과 같은 스테레오타입으로 퇴보하는 것보다 더욱 큰 노력을 요하는 일이다. 그것이 바로 《오리엔탈리즘》이 은밀하게 반서구적인 작품으로 오독된 한 가지 이유이며, 이런 식의 책읽기―추측컨대 확고한 이분법적 대립에 기초한 모든 책읽기와 같은―는 부당하고 심지어 고의적이며 회고적인 재주에 의해 순진하고 학대받은 이슬람이라는 이미지를 고양시키고 있는 것이다.

반근본주의에 대한 나의 주장이 그토록 받아들이기 어려운 것으로 나타난 두 번째 이유는 정치적인 것과 이데올로기적인 절박함에 있다. 나는 책이 출판된 1년 후 이란이 이슬람 혁명이 매우 광범위하게 미치는 지역이 되리라는 점과, 1982년 레바논 침공에서부터 1987년 후반의 인티파다intifada⁵⁾의 시작에 이르기까지 이스라엘과 팔레스타인의 전쟁이 그렇게 야만적인 장기간의 전쟁이 되리라는 것을 전혀 생각지 못했다. 냉전의 종식은 아랍과 이슬람으로 표상되는 동양과, 기독교로 표상되는 서양 사이의 명백히 끝없는 갈등을 종식시키기는커녕 침묵시키지도 못했다. 최근에는 구소련의 아프가니스탄 침공의 결과와 마찬가지로 첨예한 전쟁이 일어났다. 즉 알제리, 요르단, 레바논, 이집트와 같은 다양한 이슬람권 국가들과 이스라엘 점령지역 그리고 미국과 유럽의 온갖 응전에 의한 1980년대와 1990년대 사이의 현상태status quo에 대한 도전, 또한 파키스탄에 기지를 두고 아프가니스탄 주둔 러시아군과 싸우기 위해 이슬람여단을 창설한 것, 걸프전, 이스라엘에 대한 지속적인 지지 그리고 항상 정확한 소식통은 아니지만 여론과 학자들의 주제가 되는 충격

---

5) 1987년 가자지구와 서안 이스라엘 점령지역에서의 팔레스타인에 의한 반란.

적인 '이슬람'의 출현 등이다. 이 모든 것들이 사람들로 하여금 박해받고 있다고 느끼게 만들었고, 거의 매일처럼 자신들이 서양인이지 동양인인지를 표명하게 만들었다. '우리'와 '그들' 사이에 대립으로부터 자유로워 보이는 사람은 아무도 없었고, 결국 특별히 교육받지 않은 상태에서 정체성은 재차 강요당하고 더욱 깊어져서 굳어져 버렸다.

그런 소란스러운 상황에서 《오리엔탈리즘》은 운이 좋았다고도, 나빴다고도 할 수 있었다. 서구의 침략에 대해 불안과 압박감을 느끼는 아랍과 이슬람세계의 사람들에게는 그들의 말에 한 번도 실제로 귀를 기울인다거나, 동양이 동양이게끔 하는 것을 용납할 수 없었던 서양에게 진지한 대답을 던지는 최초의 책으로 다가온 것이다. 초기에 쓰여진 아랍권의 한 서평은 저자를 아라비아 주의 아라비즘Arabism의 챔피언으로, 짓밟히고 학대받은 이들의 수호자로 묘사하고, 그의 사명은 서양의 당국자들을 일종의 서사적이고 낭만적인 제휴mano-a-mano와 연관시키는 것이라고 한 것이 기억난다. 과장된 것이지만, 그 말은 아랍인들이 서구에 대해 느끼는 영구적인 적대감에 대한 어떤 현실적인 느낌을 전해 주었으며, 교육을 받은 수많은 아랍인들이 느끼는 것이 합당하다는 반응을 전해 주었다.

내가 책의 서두에서 "그들은 스스로 자신을 대변할 수 없고, 다른 누군가에 의해 대변되어야 한다"라는 짧은 문장을 인용하면서 마르크스가 암시한 주관적인 진실, 즉 만일 자신이 말할 기회가 거부되었다고 느낀다면 그런 기회를 얻기 위해서는 지난至難한 시도를 해야 할 것임을 인식하고 있었다는 것을 부인하지는 않겠다. 실제로 20세기의 해방 운동의 역사가 웅변적으로 입증하고 있듯이, 하위계급 역시 말 '할 수 있다.' 그러나 정치적·문화적으로 하나의 거대한 돌덩어리인 두 라이벌 사이의 적대감을 내가 영구화시켰다고는 결코 느껴 본 적이 없다. 나는 그

구조를 설명하고자 했으며 그 끔찍한 영향을 축소시키고자 했다. 오히려 앞서 말했듯이, 동양 대 서양의 대립은 오인된 것이었고, 매우 바람직하지 못한 것이었다. 즉 해석에 대한 환상적인 역사와 갈등을 일으키는 이해관계에 불과한 것을 사실같이 설명하고 있는 것은 믿지 않을수록 더욱 좋다. 영어를 쓰는 아프리카, 아시아, 오스트레일리아, 카리브 해 연안의 독자들 외에도 영국과 미국의 수많은 독자들이 이 책을 외국인 혐오증과 공격적이고 인종편향적인 민족주의가 아니라, 최근 다문화주의라고 부르게 된 것의 실재성을 강조한 것으로 보았다고 기록하게 되어 기쁘다.

그럼에도 불구하고, 《오리엔탈리즘》은 자기들의 값어치를 높이기 위해 지식을 사용하는 권력에 대한 다문화적 비판이라기보다는, 하위계층의 지위—이제는 말대꾸를 하게 된 지상의 비참한 인간들—에 대한 일종의 증명서로 더 자주 여겨졌다. 따라서 이 책의 저자인 나는, 동양인들이 아니라 서양인들에 의해 읽히도록 역사적으로 조건 지워진 하나의 담론에 대한 학구적인 텍스트들 속에서 과거로부터 억압되어 왔고 왜곡되어 온 것에 대한 자기표상적 의식이라는 어떤 할당된 역할을 해내는 것으로 간주되었다. 이것은 매우 중요한데, 이 책이 특히 폐기하고자 했던, 그러나 역설적으로 미리 전제하고 있고 그에 의존하고 있는 영구적인 분리를 넘나들며 싸우고 있는 고정된 정체성의 의미까지 거기에 부가하고 있다. 내가 책에 쓴 오리엔탈리스트들 가운데 그 누구도 동양인을 독자로 삼은 책은 없는 것 같다. 오리엔탈리즘의 담론과 그 내면의 일관성, 그리고 엄격한 전개는 모두 제국주의 본국인 서구의 독자들과 소비자들을 위해 고안된 것이었다. 이러한 사실은 내가 특히 존경하는 에드워드 레인과 구스타브 플로베르 같은 사람에게도 마찬가지로 해당되는데, 이들은 크로머 경 같은 고매한 식민지 행정관들이나 에르네스트 르낭 같은 탁월한 학자, 아더 밸푸어 같은 귀족 출신 관리들이 그랬 듯이 이집트에 매혹되었고, 그들이 통치를 했든 연구를 했든 간에 동양 인들에게 생색을 냈으며, 그들을 좋아하지 않았다. 초대받지는 않았지 만 그들의 갖가지 선언문들과 오리엔탈리스트 간의 논의를 듣는 것을 어느 정도 즐거워했다는 것과, 유럽인들과 비유럽인들 모두에게 내가 찾아낸 것을 알리는 데 동등한 기쁨을 누렸다는 것을 나는 털어놓아야 겠다. 이것이 가능했던 것은 내가 제국주의의 동서 경계를 가로질렀고, 서양의 생활 속으로 들어갔으며, 내가 아직도 나의 출신지와 어떤 유기 적인 관계를 가지고 있었기 때문이라는 데는 의심의 여지가 없다. 이것 은 장벽을 존속시키기보다는 오히려 장벽을 넘어서려는 것임을 재차 말 하고 싶다. 나는 특히 인문학적 연구를, 비지배적이고 비근본주의적인 지식의 유형을 지향하는 사고에 대한 강압적인 제한을 넘어서는 이상적 인 추구라고 말할 때《오리엔탈리즘》이 그것을 보여 주고 있다고 믿고 있다.

 이러한 이유들은 상처에 대한 일종의 증거와 고통의 기록을 제시하려 는 내 책에 사실상 압력을 가중시켰고, 증거와 기록의 반복은 오래 지연 되어 온 서구에 대한 반격으로 느껴지게 되었다. 나는 내 책이 다른 사 람들, 다른 시대, 오리엔탈리즘의 다른 양식에 대해 말하면서 포함시킨 (나는 여기서 짐짓 겸손을 피우려는 것이 아니다) 아주 미묘한 차이와, 여타 의 저서들과 구별되는 하나의 저서를 그토록 단순한 성격으로 규정한 것에 대해 개탄한다. 내가 분석한 것들은 각각 모두 오리엔탈리즘과 관 계가 있지만, 나는 오리엔탈리즘의 여러 양상을 구분하였고, 서로의 차 이점과 구별점들을 많이 더했으며, 관련된 작가들과 시대를 서로 구분 하였다. 따라서 '서구문명에 대한 공격'이라는 진부한 공식으로부터 동 일하게 축소된 메시지를 유추해 내면서, 샤토브리앙과 플로베르, 혹은 버튼과 레인에 대한 나의 분석을 같은 무게를 두어 읽는다는 것은 극단적인 단순화이자 오류라고 생각한다. 그러나 또한 거의 희극적으로 집요하게 구는 버나드 루이스 같은 최근의 오리엔탈리스트 권위자들이 정치적인 동기를 갖고 있는 적대적인 증인들이며, 그들의 나긋나긋한 말투가 설득력 없는 지식의 나열을 숨기기 위한 것이라는 견해가 전적으로 올바르다고 믿고 있다.

여기서 우리는 다시 이 책의 정치적이고 역사적인 맥락으로 되돌아가게 되는데, 나는 그런 맥락이 책의 내용과 무관하다고 여기지 않는다. 이 국면에 대해 가장 관대하고 통찰력이 있으며 지적으로 분별되는 진술 가운데 하나는, 바심 무살람(Basim Musallam, MERIP, 1979)이 쓴 서평에 나와 있다. 그는 우선 내 책과 레바논 학자인 마이클 루스툼Michael Rustum이 1895년에 쓴(Kitab al-Gharib fi al-Gharb) 오리엔탈리즘에 대한 초기의 탈신비화를 비교하고 있지만, 주된 차이는 내 책은 상실에 관한 것이고 루스툼의 책은 그렇지 않다는 데 있다고 말하고 있다. 무살람은 다음과 같이 말한다.

루스툼은 자유인으로서 그리고 자유로운 사회의 일원으로서 글을 쓰고 있다. 즉 언어적으로 시리아인이고 아랍인이며, 여전히 독립국가인 오토만 국가의 시민이다.…… 마이클 루스툼과 달리 에드워드 사이드는 일반적으로 받아들여지는 정체성을 가지고 있지 않으며, 그의 '민족'은 투쟁 중에 있다. 에드워드 사이드와 그의 세대가 자신들은 마이클 루스툼의 시리아의 파괴된 사회의 유물과 기억보다 더 단단할 것도 없는 것 위에 서 있다고 이따금씩 느끼는 것은 있을 수 있는 일이다. 아시아와 아프리카의 다른 사람들은 국가가 해방되는 이 시대에 성공을 쟁취했다. 그러나 그들과 대조적으로 이곳에서는 압도적인 불평등에 대한 필사적인 저항이 계속되었고, 지금까지는 패배만 있어 왔다. 이 책을 쓴 사람은 단순히 어떤 '아랍인'이 아니라 특별한 배경과 경험을 가진 어떤 개인인 것이다. (22쪽)

무살람은 저자가 알제리 사람이라면 이런 식의 전반적으로 비관적인 책은 쓰지 않았을 것이며, 또 북아프리카 특히 알제리와 프랑스 사이의 역사와 별 관계없는 내 책 같은 것은 쓰지 않았을 것이라고 정확하게 지적하고 있다. 이에 대해 나는 《오리엔탈리즘》이 개인적 상실과 국가적 분열(내가 《오리엔탈리즘》을 쓰기 바로 몇 년 전 골다 마이어Golda Meir는 "팔레스타인 사람이란 존재하지 않는다"는 악명 높고 지극히 오리엔탈리즘적인 발언을 했다)에 대한 극히 구체적인 역사에서 쓰여졌다는 전반적인 인상을 수용하는 반면, 이 책에서도 또 이 책 바로 뒤에 나온 《팔레스타인 문제 The Question of Palestine》(1980)와 《이슬람 가리기》(1981)에서도 내가 단지 복원된 정체성과 부활하는 민족주의라는 정치적 프로그램을 제시하기만을 바라지는 않았다는 것도 역시 덧붙이고 싶다. 물론 뒤에 나온 두 책에서 《오리엔탈리즘》에서 놓쳐 버린 것을 보충하려는 시도, 즉 동양의 일부―팔레스타인과 이슬람―에 대한 대안적인 그림이 무엇인가 라는 인식을 보충하려는 시도는 나의 개인적인 관점이라 할 수 있다.

그러나 이 모든 저서에서 나는 자기만족적이고 무비판적인 민족주의에 대한 근본적인 비판의식을 유지했다. 내가 그려 냈던 이슬람의 그림은 단언적인 담론과 보수적인 교리 중 하나가 아니라, 해석의 공동체는 동등한 언어로 서로 의사소통하며 이슬람세계의 내부와 외부에 존재한다는 사상에 기초하고 있었다. 원래 《팔레스타인 문제》에서 형성된 팔레스타인에 대한 나의 견해는 오늘날에도 여전하다. 즉 나는 민족주의적인 여론의 태평스러운 국가주의와 호전적인 군국주의에 대해 모든 종류의 보류를 표명했고, 대신 아랍의 상황과 팔레스타인의 역사, 이스라엘의 실체를 비판적으로 바라보고, 고통받는 아랍인과 유대인 두 공동체 사이에 협상이 정착되는 것만이 끝없는 전쟁을 멈추게 할 수 있다고 분명하게 결론을 내렸다. (여기서 나는 팔레스타인에 대한 이 책이 1980년대 초기에 이스라엘의 소규모 출판사인 미프라스Mifras에 의해 히브리어로 훌륭하게 번역되었지만, 오늘날까지 아랍어로는 번역되지 않았다는 것을 언급해야겠다. 이 책에 관심을 갖고 있는 아랍의 모든 출판사들은 몇몇 아랍 정권—PLO를 포함해서—에 대해 명백히 비판적인 부분을 바꾸거나 삭제해 주기 원했지만 나는 그런 요구에 응하지 않았다.)

카말 아부 데엡의 탁월한 번역에도 불구하고《오리엔탈리즘》에 대한 아랍인들의 반응이, 제국주의에서도 발견되는 지배와 통제의 충동을 연관시킨 오리엔탈리즘에 대한 나의 비판과 여기서 추론해 낸 민족주의적 열기를 감소시키고 있는 내 책의 관점을 애써 무시하는 데 머무르고 있음을 유감으로 생각한다. 아부 데엡의 공들인 번역이 이룬 주된 성과는 아랍어로 된 서양식 표현을 거의 전적으로 거부하고 있다는 것이었다. 즉 담론, 시뮬라크라, 패러다임, 기호code 같은 기술적인 용어들은 아랍 전통 속의 고전적인 수사로 번역되었다. 그는 내 책이 문화적 적합성과 평등의 관점에서 다른 것들에 대해 말하고 있는 것처럼, 나의 작품을 하나의 완전하게 형성된 전통 속에 두려고 생각한 것이었다. 그는 이런 식으로 서구의 전통에서부터 하나의 인식론적인 비판을 발전시킬 수 있는 것과 마찬가지로 아랍의 전통에서부터 그런 비판을 발전시킬 수도 있다는 것을 보여 주는 것이 가능하다고 추론하고 있었다.

그러나 종종 감정적으로 규정되는 아랍세계와 보다 더 감정적으로 경험된 서구세계 사이의 대결이라는 인식은,《오리엔탈리즘》이 적대적이고 가망 없이 정반대인 정체성을 확인하려 했던 것이 아니라, 비판적인 연구를 의도하고 있었다는 사실을 익사시켜 버렸다. 게다가 책 말미에서 내가 설명했던, 타인에 대한 헤게모니를 존속시키는 하나의 강력한 담론 체계가 갖는 실재성은, 아랍의 독자들과 비평가들이 보다 더 확고하게 오리엔탈리즘의 체계에 참여하도록 선동할 수 있다는 논쟁에 있어서 하나의 개막 축포로 왜곡되었다. 나는 마르크스(예를 들어, 아랍세계와 인도에 대한 독단적인 비판이 담긴 구절들은 마르크스 자신의 오리엔탈리즘에 대한 비판이었고, 그의 사고체계는 그의 명백한 편견을 넘어선다고 주장했다)에 대해 더 철저하게 집중하지 않았다는 비난[6]을 받거나, 오리엔탈리즘과 서구 등등의 위대한 업적을 높이 평가하지 않았다는 비판을 받았다. 이슬람을 옹호하기 위해 마르크스주의나 '서구'를 하나의 응집된 총체적 체계로 의지하는 것은, 나에게 어떤 하나의 정설을 쏘아 맞추기 위해 다른 하나의 정설을 이용하는 경우로 다가왔다.

《오리엔탈리즘》에 대한 아랍의 반응과 다른 곳의 반응 사이의 차이는, 수십 년간의 상실, 좌절감, 민주주의의 부재가 아랍권의 지적이고 문화적인 삶에 얼마나 큰 영향을 미쳤는가에 대한 정확한 지적에 있다고 생각한다. 나는 내 책이 오리엔탈리즘 같은 체계의 족쇄로부터 지식

---

[6] 사이드는 마르크스가 오리엔탈리즘에 젖었다고 비판했다. 그는 《오리엔탈리즘》에서 마르크스가 〈뉴욕 데일리 트리뷴〉 1853년 6월 25일자에 기고한 '영국의 인도 지배'라는 글을 그 증거로 제시했다. 사이드가 인용하지 않았으나, 같은 신문의 8월 8일자에서도 유사한 견해를 볼 수 있다.
그러나 마르크스는 자본의 보편적 경향의 하나로서 영국의 인도 지배를 합리화한 것이고, '동양' 대 '서양'이라고 하는 오리엔탈리즘 고유의 논법으로 인도 지배를 정당화한 것은 아니었다. 따라서 예컨대 오리엔탈리즘 고유의 논법에 젖은 헤겔과는 본질적으로 달랐다.
마르크스의 역사관에서 또 하나 문제되는 것은 단선적 발전단계론이다. 그러나 사실 마르크스야말로 그런 역사관에 비판적이었다. 마르크스가 말한 '아시아적 생산양식'도 역사적·지리적인 아시아와는 무관한 봉건제로부터 자본주의로의 이행을 설명하는 하나의 개념에 불과했다는 점을 지적한 것은 스피박이었다.(Gayatri Chakravorty Spivak, *A Critique of Postcolonial Reason : Toward a History of the Vanishing Present*, Cambridge/Massachusetts 1999, pp. 82~83 참조).

인들을 해방시키는 것이 목적인, 선재先在하는 사고의 흐름의 일부가 되기를 의도했다. 나는 독자들이 내 책을 이용하여 관대하고 힘이 실린 방식으로 아랍과 다른 세계의 역사적인 경험에 빛을 비출 수 있는 그들만의 새로운 연구를 만들어 내기를 바랐다. 분명 그런 연구가 유럽과, 미국, 오스트레일리아, 인도, 카리브해 연안국들, 아일랜드, 라틴 아메리카, 아프리카의 일부 지역에서 생겨났다.[7] 페미니즘과 소수민족 담론의 광범위하고 새로운 발전뿐만 아니라 아프리카인들과 인도학의 담론, 하위계급 역사의 분석, 탈식민주의 인류학의 재배치, 정치학, 예술사, 문학비평, 음악이론 등에 대한 이 모든 열정적인 연구에 대해 《오리엔탈리즘》이 변화를 주었다고 이따금씩 생각하면 나는 기쁘고 즐거워진다. 내가 판단하는 한 이런 상황은 아랍세계에는 해당되는 것 같지 않은데, 그것은 그곳에서 내 책이 유럽중심적이라고 정확하게 인식되었기 때문이기도 하고, 또한 무살람의 말처럼 문화적 생존을 위한 전쟁은 너무나 사람의 마음을 사로잡는 것이어서 내 책은 생산적으로 말하자면 덜 유용한 것으로 해석되었고, 도리어 '서구'에 찬성하거나 반대하는 방어적인 제스처로 해석되었기 때문이기도 한 것이다.

하지만 매우 엄격하고 완고한 성격의 미국과 영국의 학회들로부터 《오리엔탈리즘》과 나의 모든 저서들은 '잉여' 휴머니즘과 이론적인 모순, 정부기관에 대한 충분하지 못하고 아마도 감정적이기까지 한 표현

---

7) 사이드는 이스라엘의 시오니즘을 비판해 왔는데, 이는 이스라엘 지식인들에게 영향을 미쳐 그들이 이스라엘 오리엔탈리즘을 비판하게 만들었다. 1999년 3월 나자레에서 열린 이스라엘 인류학회 연차대회에서 사이드가 강연을 한 것은 그러한 비판이 학계에서도 상당한 지지를 받은 덕분이라고 볼 수 있다.
사이드가 논의하기 이전의 이스라엘 오리엔탈리즘은 이스라엘에 사는 아랍 시민을 통치하는 목적을 수행하기 위한 것이었다. 그것은 '아랍 멘탈리티'라는 본질주의적 개념으로 아랍을 객체화한 것이었다. 사이드의 《오리엔탈리즘》은 이러한 경향에 대한 본질적인 재검토를 요구했다.

법 등을 들어 비난 섞인 공격을 받았다. 나는 그래서 기쁘다!《오리엔탈리즘》은 빨치산Partisan의 책이지 이론상의 기계가 아니다. 사고체계, 담론, 헤게모니가 존재(비록 이런 것들이 실제로는 오류가 없고 완벽하거나 필연적인 것은 전혀 아니지만)함에도 불구하고, 그 누구도 개인의 노력이 상궤를 벗어나면서, 제러드 맨리 홉킨스Gerard Manley Hopkins가 말한 의미에서 '독창적'이기도 한, 근본적으로 이해하기 어려운 단계에 있지 않음을 설득적으로 보여 준 적이 없다. 하나의 문화현상(1993년 후속작인《문화와 제국주의》에서 내가 말한 제국주의 문화처럼)으로 내가 오리엔탈리즘에서 느낀 흥미는, 오리엔탈리즘의 변하기 쉽고 예측할 수 없는 특성에서 나왔는데, 이 두 가지 특성은 마시농과 버튼 같은 작가에게 놀라운 힘과 매력까지 부여했다. 오리엔탈리즘에 대한 분석에서 내가 지키고자 했던 것은 오리엔탈리즘의 일관성 '그리고' 비일관성의 조합, 즉 오리엔탈리즘의 연극이었는데, 이것은 작가와 비평가로서 자기 자신에게 어느 정도의 감정의 힘, 감동받고 분노하고 놀라고 기뻐하기까지 할 수 있는 권리를 유지하게 함으로써만 연출될 수 있는 것이다. 이것이 가얀 프라카시Gayan Prakash와 로잘린드 오한론Rosalind O'Hanlon, 데이비드 워시브루크David Washbrook 사이의 논쟁에서 내가 보다 더 유동적인 프라카시의 후기구조주의를 옳다고 생각하는 이유이다.[2] 이와 마찬가지로 식민주의에 의해 생겨난 이따금씩 현기증 나는 주관적인 연관성들을 서술하는 호미 바바Homi Bhabha, 가야트리 스피박Gayatri Spivak, 애시스 낸디Ashis Nandy의 저술들이 오리엔탈리즘과 같은 체계에 의해 놓여진 휴머니즘적 함정을 이해하는 데 기여했다는 이유에서 부인될 수 없다.[8)]

이제《오리엔탈리즘》의 비판적인 변형들에 대한 개관을, 내 책에 대한 당연히 가장 떠들썩한 반응이라 할 수 있는 일단의 사람들, 즉 바로

오리엔탈리스트에 대한 언급으로 끝내고자 한다. 그들은 결코 내가 의

---

8) 사이드는 《오리엔탈리즘》의 마지막 장에서 "우리는 다른 문화를 어떻게 표상할 수 있을까?"라고 물었다. 이런 물음은 사실 새로운 것이 아니다. 왜냐하면 인류학자들은 이미 그런 문제를 제기했기 때문이다. 그들은 "타문화의 이해는 어떻게 가능한가?"라든가 "타문화에 대한 공감적 이해는 어떻게 얻을 수 있는가?"라고 물어 왔기 때문이다. 그러나 사이드의 물음은 다르다. 왜냐하면 사이드는 권력과 타문화에 대한 지식의 유착이라는 문제를 던지고 나서 그런 물음을 제기하기 때문이다.
사이드는 오리엔탈리즘의 전형으로 동양학자들의 업적이 아니라 1798년의 나폴레옹에 의한 이집트 침략을 들었다. 그 이유는 그 침략이 오리엔탈리스트들의 전문적 지식이 직접 기능적으로 식민지 지배의 도구로 이용된 최초의 사례이기 때문이다. 이처럼 권력과 지식의 유착이야말로 《오리엔탈리즘》의 중심 과제이다.
권력과 유착된 지식은 타문화를 사는 사람들을 억압한다. 그러나 사이드는 그렇지 않은 지식도 있을 수 있으리라고 생각한다. 즉 타자를 억압하거나 조작하는 것이 아니라, 자유 옹호의 입장에 서서 타문화나 다른 인종을 연구하는 것이 가능하다고 말한다.
그러나 사이드 이후 포스트콜로니얼리즘이 전개되면서 문화란 개념 자체가 문제가 되었다. 즉 문화만이 문제가 아니라 정치, 경제, 사회, 성, 계급 등의 차이에 의한 억압의 결과 종속적 지위에 놓인 다수의 사람들이 문제되기 시작했다. 따라서 그들을 이해하고자 한다면 사이드의 질문은 '제1세계의 지식인은 제3세계의 종속적 하층민을 표상할 수 있는가?'라는 질문으로 바뀌게 된다.
스피박은 이를 부정한다. 왜냐하면 지배와 억압의 역사에 의해 구조화된 종속적 하층민들은 진실을 말할 수 없기 때문이다. 스피박은 제1세계 지식인들이 그들이 말할 수 있다고 생각하는 자체가 제국주의적이라고 비판한다. 말하자면 사이드가 말한 표상 자체가 폭력적이라는 것이다. 여기서 제3세계인이 갖는 주체적 관여(agency)가 문제된다. 주체적 관여란 자유롭게 사고하고 행동하는 개인이 아니라, 담론이나 이데올로기에 의해 중층적으로 구축된 행위자가 관여하는 것을 말한다.
이러한 논의의 전개에 대해 '사이드로부터 스피박으로' 이론이 정밀화되었다고 평가하는 견해도 있으나(R. Young, *White Mythology*, London: Routledge, 1991) 그렇지 않다고 보는 견해도 있다(Stuart Hall, When was the 'Post-Colonial' in *The Post-Colonial Question*, vol. 1, Chambers and L. Curti, eds., pp. 242~260, 1996, London: Routledge, p. 249; B. Ashcroft and P. Ahluwalia, *Edward Said*, 1999, London: Routledge, p. 32). 사이드 자신은 이러한 이론의 정밀화가 '텍스트의 역사화'를 포기하는 것이므로 그것에 흥미가 없다고 말했다(Edward Said, Orientalism and After: An Interview with Edward Said, *Radical Philosophy*, vol. 63, pp. 23~31, 1993. p. 26).
여하튼 스피박처럼 논의하게 되면 인류학자들이 원주민의 말이나 행동이라고 생각하는 것 자체가 왜곡된 것이고, 그것을 이해한다는 자체가 폭력적인 것이 되므로 인류학이란 존재할 수 없는 것이 되고 만다. 인류학이 식민지주의와 유착되었다는 비판은 이미 1960년대 후반부터 제기되었다(T. Asad (ed.) *Anthropology and the Colonial Encounter*, New York: Humanities Press, 1973). 또한 지금은 근대와 함께 생긴 인류학은 문학과

도했던 '중요한' 청중이 아니었다. 즉 나는 다른 인문학자들이 한 분야의 특이한 발전과정과 계보를 깨달을 수 있도록 하기 위해 그들의 실제에 조명을 비추어 보고자 했다. '오리엔탈리즘'이라는 말 자체는 너무나 오랫동안 학문적 전문성 속에 갇혀 있었다. 그래서 나는 일반적인 문화, 문학, 이데올로기, 정치적·사회적 태도 속에서 오리엔탈리즘의 적용과 존재를 보여 주려고 했다. 오리엔탈리스트가 그랬던 것처럼 어떤 한 사람을 동양인이라고 하는 것은, 그의 언어, 지리, 역사가 단순히 학습된 약속의 원자료임을 지적하는 것은 아니다. 즉 그것은 열등한 인간 종족임을 암시하는 경멸적인 표현임을 종종 의미했다. 이것은 네르발이나 세갈렌Segalen과 같은 예술가들에게 '동양'이라는 말이 이국풍과, 매력, 신비스러움, 희망 등과 놀랍고도 교묘하게 연관되어 있었다는 것을 부정하려는 것은 아니다. 그러나 이것은 또한 광범위한 역사적 일반화이기도 했다. '동양', '동양인', '오리엔탈리즘'의 이러한 용법에 덧붙여, '오리엔탈리스트'라는 말 역시 박학한 학자들, 주로 동양의 언어와 역사에 대한 학구적인 전문가들을 대표하게 되었다. 그러나 앨버트 후라니 Albert Hourani가 그의 안타까운 죽음이 있기 몇 달 전인 1992년 3월 내게 보낸 편지에서, 나의 주장이 갖고 있는 힘으로 인해(그는 내 주장을 비난

예술의 모더니즘과 같이 현지인의 상상력을 착취함에 의해 성립한 지적 전개의 일부라고 평가된다(J. Clifford, *The Predicament of Culture*, Cambridge, M. A.: Harvard University Press, 1988) 나아가 표상이라는 폭력의 발동에 아무런 자각 없이 타자의 소리를 들으면서 자신의 목소리를 그 타자의 위치에 대입하거나, 오직 타자를 물신화하는 실천에 가담하는 신식민주의자들이라고까지 비판받는 것이다.
그러나 이러한 주장은 결국 제3세계의 종속적 하층민의 해방이라고 하는 궁극적인 과제의 수행을 불가능하게 한다. 위에서 사이드가 말했듯이 개별적인 텍스트의 문맥에 따라 검토할 문제이지 종속적 하층민의 담론 자체가 불가능하다는 식으로 몰아 세울 필요는 없다. 포스트콜로니얼리즘이 인류학을 타자를 물신화하고 있다고 비판하듯이 포스트콜로니얼리즘은 일부의 예외적인 존재를 전제로 한 비해방적 이론이라는 비판을 면할 수 없다.

할 수는 없다고 했다), 내 책은 중립적인 의미로 '오리엔탈리즘'이라는 용어를 사용하는 것을 거의 불가능하게 만들어 버리고 더 오용되는 말이 되어 버리는 불행한 결과를 가져왔다고 했다. 그는 여전히 이 말을 "제한적이고, 다소 우둔하지만 타당한 학문 분야를 가리킬 때 쓰고 싶다"고 했다.

《오리엔탈리즘》에 대한 대체로 균형 잡힌 1979년의 서평에서 후라니는 내가 수많은 오리엔탈리스트들의 책에서 과장과 인종주의, 적대감을 가려냈지만, 그 저서들의 학문적이고 휴머니스트적인 방대한 성과물들을 언급하는 데는 등한했다고 주장하면서 자신의 반론을 제시했다. 그가 거명한 이들 가운데에는 마셜 호지슨Marshall Hodgson, 클로드 카엔Clode Cahen, 앙드레 레이몽Andre Raymond이 포함되어 있는데, 그들 모두(당연히 포함되어야 할 독일 저자들과 함께)는 인간의 지식에 있어서 진정한 공헌자로 알려짐에 마땅하다. 그러나 그 사실은 내가《오리엔탈리즘》에서 얘기한 것과 상충하지 않으며, 간단하게 거부하거나 도외시할 수 없는 태도의 구조 속에 깃들어 있는 담론 그 자체에서 내가 수없이 강조하고 있는 차이점과도 충돌하지 않는다. 나는 그 어디서도 오리엔탈리즘이 사악하거나 불성실하다고 주장한 적이 없고, 다른 모든 오리엔탈리스트의 저서들이 한결같이 똑같다고 한 적도 없다. 나는 오직 오리엔탈리스트들의 '길드'가 제국주의 권력과 공모했다는 특이한 역사가 있다고 했으며, 그것을 무관하다고 보는 사람은 아마도 낙천주의자일 것이라고 말했을 뿐이다.

따라서 후라니의 항변에 공감하는 만큼, 나는 정확하게 이해된 오리엔탈리즘이란 개념을 실제로는 더욱 복잡하고 늘 우호적이지는 않은 상황으로부터 완전하게 떼어 놓을 수 있을지에 대해서는 심각한 의문을 품고 있다. 나는 오토만Ottoman제국이나 파티미드Fatimid[9) 고문서에 관한 전문가가 후라니식 의미에 있어서는 오리엔탈리스트로 보일 수 있다고 본다. 하지만, 그래도 우리는 그런 연구가 '오늘날' 어디에서, 어떻게 그리고 어떤 후원 기관이나 당국과 함께 진행되고 있는지를 물어볼 필요가 있는 것이다. 내 책이 나온 뒤 많은 집필자들이, 아주 궁벽한 곳에 숨어서 공상만 하는 학자라도 끔찍한 결과를 가져올 수 있다는 질문들을 제기했다.

그래도 아직 오리엔탈리즘에 대한 비판(특히 나의 비판)이 무의미하기도 하며 사심 없는 학자적 이념에 어느 정도 폭력적이기도 하다는 취지로서 논의를 불러일으키려는 한 가지 시도가 남아 있다. 버나드 루이스가 그런 시도를 하고 있는데, 나는 내 책에서 그에 대한 몇 페이지의 비평을 실은 적이 있었다. 《오리엔탈리즘》이 나오고 나서 15년이 지난 뒤, 루이스는 몇 편의 에세이를 썼으며, 그 가운데 일부가 《이슬람과 서구 Islam and the West》라는 제목의 책에 실렸다. 이 책의 주요한 부분 가운데 한 부분은 나에 대한 공격으로 채워졌는데, 이 부분은 느슨한 오리엔탈리즘 특유의 공식―무슬림은 근대성에 분노하고 있으며, 이슬람은 교회와 국가의 분리를 의도한 적이 없다는 등등―을 결집시킨 장과 여타 에세이들 사이에 끼어 있었다. 이 모든 글은 극단적인 단계에 이른 일반화와 개개 무슬림들 사이, 무슬림 사회 사이, 무슬림 전통과 무슬림 시대 사이의 차이점에 대해서는 거의 언급하지 않으면서 단언을 내리고 있었다. 원래 나의 비판이 기초하고 있던 오리엔탈리스트 길드에 대한 대변인이라는 의미를 루이스 스스로 자처하고 있기 때문에, 그의 논리 전개에 어느 정도 시간을 할애하는 것은 가치 있는 일이 될 것이다. 그의 사고는 슬프게도 그의 시종들과 모방자들 사이에서 상당히 유포되고 있으

---

9) 이집트 이슬람 왕조인 파티마 왕조(909~1171년)의 칼리프인 파티마Fatima와 알리Ali의 손자를 말한다.

며, 이 사람들의 일이란 서구의 독자들에게, 분노하고 선천적으로 비민주적이며 폭력적인 이슬람세계의 위협을 일깨워 주는 것처럼 보인다.

루이스의 다변은 자기 입장의 이데올로기적인 지지물과 온갖 오류를 범하는 비범한 능력을 거의 감추지 못하고 있다. 물론, 이런 것들은 오리엔탈리스트라는 족속의 익히 알려진 속성이며, 또 그들 가운데는 비유럽인들의 명예뿐만 아니라 이슬람의 명예를 적극적으로 훼손하는 데 있어서 최소한 솔직해지려는 용기를 가진 이들도 있다. 그러나 루이스는 그렇지 않다. 그는 진실을 왜곡하고 잘못된 유추로써 논리를 펴고 있는데, 재미있게 말하자면, 학자라면 모르는 것이 없이 권위라는 장식을 차분히 덧붙이는 식으로 말해야 한다고 자기식의 논리를 펴고 있는 것이다. 오리엔탈리즘에 대한 나의 비판과 고대유물 연구, 그의 말로는 바보 같은 짓에 대한 억지스러운 공격 사이에서 그가 이끌어 낸 추론의 전형적인 예를 들어보자. 물론 오리엔탈리즘과 헬레니즘은 근본적으로 비교가 불가능하다. 오리엔탈리즘은 세계의 전 지역을 식민지로 정복하는 데에 따르는 하나의 부수물로서 설명하려는 시도이지만 헬레니즘은 19세기와 20세기 그리스에 대한 직접적인 식민지 정복에 대한 것이 결코 아니다. 더구나 오리엔탈리즘은 이슬람에 대한 반감을 표현하고 있지만, 헬레니즘은 고대 그리스에 대한 공감을 표현하고 있는 것이다.

또 인종주의적인 반아랍과 반무슬림의 스테레오타입에 대한 엄청나게 많은 글(고대 그리스에 대한 공격은 없다)과 함께, 오늘날의 정치적 국면은 루이스로 하여금 학자연하는 논의의 형태로 비역사적이고 고의적인 정치적 단언, 즉 낡은 식민주의적 오리엔탈리즘의 결코 신뢰할 수 없는 양상을 철저히 유지할 수 있게 허용하고 있다.[3] 따라서 루이스의 책은 단순히 지적인 것이 아니라 현재 정치적 환경의 일부인 것이다.

그가 암시하는 것처럼, 이슬람과 아랍을 다루는 오리엔탈리즘의 한 분야가 하나의 학문 영역이어서 고대 문헌학과 같은 범주에 마땅히 포함될 수 있다고 하는 것은 터무니없는 일이고, 그것은 이스라엘 서안West Bank과 가자지구의 점령당국을 위해 일했던 여러 이스라엘의 아랍 학자들과 오리엔탈리스트들 가운데 누구를 빌라모비츠Wilamowitz나 몸젠Mommsen 같은 학자들과 비교하는 것과 같다. 루이스는 한편으로는 이슬람의 오리엔탈리즘을 순수하고 열정적인 학문의 한 분야로 축소시키고 싶어 하고, 다른 한편으로는 오리엔탈리즘이 너무나 복잡하고 다양하며 기술적이어서 그 어떤 비오리엔탈리스트들(나나 다른 사람들 같은)이라도 비판할 수 없는 형태로 존재한다고 가장하고 싶어 한다. 여기서 루이스의 계책은 방대한 양의 역사적 경험을 억제하고자 하는 것이다. 내가 주장했듯이 이슬람에 대한 유럽의 관심은 호기심에서 나온 것이 아니라, 기독교에 대해 문화적·군사적으로 막강한 유일신적 경쟁자에 대한 두려움에서 나온 것이었다. 수많은 역사가들이 보여 주었듯이 유럽의 초기 이슬람학자들은 무슬림 유목민과 이교도의 위협을 물리치기 위해 글을 쓴 중세의 논객들이었다. 두려움과 적대감은 유럽과 서구에게 상상 속에서, 지리적으로, 역사적으로 자신들에게 '적대되는' 세계의 한 부분(동양)에 속한다고 여겨진 이슬람에 대하여 오늘날까지 학문적으로 그리고 비학문적으로 이러저러하게 관심을 보이도록 존속되어 왔던 것이다.

이슬람이나 아랍의 오리엔탈리즘에 대한 가장 흥미로운 문제점은 첫째, 그토록 집요하게 남아 있는 중세의 잔존에 의해 취해진 형식들과 둘째로는 오리엔탈리즘과 그것을 만들어 낸 사회 사이의 연관성에 대한 역사와 사회학이다. 예컨대 오리엔탈리즘과 제국주의적 의식 사이뿐만 아니라 오리엔탈리즘과 문학적 상상물 사이에도 강력한 '제휴관계'가 있다는 것이다. 유럽 역사의 여러 시기에 있어서 놀라운 점은 학자들과 전문가들의 저술을 비롯해 시인, 소설가, 정치인, 언론인들이 이슬람에 대해 말한 것 사이에 있는 교류이다. 게다가—이것은 루이스가 다루기를 거부한 중대한 요점인데—근대 오리엔탈리스트 학문의 부상과 영국과 프랑스가 방대한 동양 제국들을 점령한 것 사이에는 깊은(그럼에도 불구하고 지적인) 유사성이 있다.

비록 평범한 영국식 고전교육과 대영제국의 확장 사이에 있는 연관성이 루이스가 주장하는 것보다 더 복합적이기는 하지만, 현대 문헌학 역사의 권력과 지식 사이에는 오리엔탈리즘의 경우같이 더 이상 휘황찬란한 유사성이 존재하지 않는다. 식민주의적 권력이 그들의 식민주의를 정당화하기 위해 이용했던 이슬람과 동양에 대한 정보와 지식의 상당량은, 오리엔탈리스트 학자들에게서 유래했다. 많은 사람들이 기고한 최근의 한 연구서 《오리엔탈리즘과 탈식민주의적 곤경 Orientalism and the Postcolonial Predicament》[*4]은 오리엔탈리스트들의 지식이 남아시아의 식민지 경영에 어떻게 사용되었는지를 풍부한 기록물을 들어 입증하고 있다. 동양학자 같은 지역학자와 외무부 같은 정부 부서 사이에는 아직도 매우 일관된 교류가 계속되고 있다. 또 관능, 나태, 숙명론, 잔학, 퇴폐와 광휘 같은 이슬람과 아랍에 대한 수많은 스테레오타입들이 존 뷰캔 John Buchan에서 V. S. 나이폴 V. S. Naipaul에 이르는 작가들에게서 발견되고 있으며, 그것은 학구적인 오리엔탈리즘의 인접 분야에 깔려 있는 편견이 되어 왔다. 반대로 한편으로는 인도학과 중국학, 다른 한편으로는 보편적인 문화 사이의 판에 박힌 교류는, 비록 주목해야 할 관계와 차용이 있음에도 불구하고 그다지 융성하지 않다. 또 중국학과 인도학에 대해 서구의 전문가들이 획득해 낸 것과, 유럽과 미국의 수많은 이슬람 전문가들이 그 주제를 연구하느라 인생을 보내면서도, 여전히 그 종교와 문화를 찬양하기는커녕 좋아하는 것조차 불가능하다는 것을 발견해 낸다는 사실 사이에는 그다지 유사점이 많은 것도 아니다.

　루이스와 그의 추종자들처럼 이 모든 관찰들이 그저 '최신 유행하는 주의'를 신봉하는 문제에 불과하다고 말한다면, 왜라는 질문, 즉 왜 그토록 많은 이슬람 전문가들이 이슬람세계에 대해 경제적 착취, 지배 혹은 노골적인 침략이라는 의도를 가진 정부들에게 과거에도 지금도 늘 자문을 해 주고, 그 정부들을 위해 적극적으로 일하는지, 혹은 왜 루이스 같은 수많은 이슬람학자들이 '고전적인' 이슬람문화가 그럼에도 불구하고 사심 없는 학문적 관심사가 될 수 있다는 가면을 쓴 채 현대 아랍인이나 이슬람인들에 대해 공격을 가하는 것이 자신들에게 주어진 하나의 의무라고 느끼는지, 그러한 질문을 던지는 것은 아무 상관없는 일이 되어 버린다. 걸프만에 대한 미국의 안보상의 관심사를 보고하도록 미국무성에 의해 파견된, 중세 이슬람 길드의 역사 전문가들의 거창한 행렬이, 루이스가 고대 문헌학과 유사한 분야라고 한 그리스에 대한 사랑과 같은 것을 동시에 보여 주고 있는 것은 결코 아니다.

　따라서 언제나 정부권력과의 공범관계를 부인할 준비가 되어 있는 이슬람과 아랍 오리엔탈리즘 분야가, 내가 이제껏 설명해 온 그들 간의 제휴에 대해 내적인 비판을 한 적은 바로 최근까지도 한 번도 없었다는 사실과, 루이스가 오리엔탈리즘에 대한 비판이 '쓸데없는' 것이라는 놀라운 발언을 할 수 있었다는 사실은 놀랄 것도 없는 일이다. 몇 가지 예외를 제하면, 내 책에 대해 '전문가들'이 이끌어 낸 대부분의 부정적인 비평이, 루이스의 책처럼, 단지 무식한 침입자에 의해 모독당한 귀족의 진부한 설명에 지나지 않다는 것도 역시 놀랄 일이 못 된다. 내가 논하고 있는 것—오리엔탈리즘의 내용 외에도 오리엔탈리즘의 관련, 제휴, 정치적 성향, 세계관—을 다루어 보고자 했던 유일한 전문가들(또다시 몇몇 예외가 있다)은, 오리엔탈리즘에 대한 비평이 수반한 더욱 새로운 영향과 정치적 논쟁을 수용한 중국학자들과 인도학자들, 그리고 젊은 세대의 중동학자들이었다. 한 가지 예가 하버드 대학교의 벤저민 슈워츠Benjamin Schwartz로, 그는 자신의 1982년 '아시아학회'의 회장 연설에서 나의 비평 일부에 반대하면서도 나의 주장을 학문적으로 받아들였다.

나이 든 수많은 아랍학자들과 이슬람학자들은 자기반성의 대체물이라 할 고통스러운 분노로 반응했다. 즉 그들 대부분은 마치 비평 그 자체가 그들의 신성불가침한 학문적 영역에 대한 용납할 수 없는 침해인 것처럼 '악의적', '불명예', '중상모략' 같은 말을 쓰고 있다. 다른 그 누구보다도 오리엔탈리스트인 루이스가 내세운 방어책은, 자신이 아랍(그리고 다른 곳)의 주장에 대해 격렬하게 반대하는 미국 의회나 《코멘터리Commentary》 등의 정치적 패거리였기 때문에 하나의 현저한 불신의 행동이 된다. 따라서 그에 대해 적절하게 반응하자면, 그가 자기영역의 "명예"를 수호―이것은 분명 비전문적인 독자를 오인하고자 하는 절반의 이데올로기적 진실에 정교하게 사탕발림한 것이다―하는 체할 때 그가 정치적으로 사회적으로 관심을 갖는 것이 무엇인가에 대한 이야기를 포함시켜야만 한다.

요컨대 오리엔탈리스트들의 계보, 모든 오리엔탈리즘적 전통, 오리엔탈리스트들의 모든 저술을 목록화하는 동시에 부패하고 가치 없는 제국주의로 싸잡아 버리지 않고도 이슬람 및 아랍 오리엔탈리즘과 현대 유럽문화 사이의 관계는 연구될 수 있다는 것이다. 나는 한번도 그런 식으로 연구해 본 적이 없다. 오리엔탈리즘이 하나의 음모라거나 '서구'는 악이라고 주장하는 것은 미개한 주장이다. 즉 이런 주장들은 루이스와 그의 아류 가운데 하나인 이라크의 정치평론가 카난 마키야Kanan Makiya가 수시로 내게 던진 어리석은 소리 중 하나일 뿐이다. 반대로 학자이든 아니든 간에 사람들이 동양에 대해 글을 쓰고 생각하고 말하는 문화적 · 정치적 · 이데올로기적, 제도적 맥락을 억압하는 것은 위선이다. 그리고 내가 앞서 말했듯이 오리엔탈리즘이 그토록 수많은 사려 깊은 비서구인들에 의해 반대되고 있는 이유는, 오늘날 오리엔탈리즘에 대한 담론이, 최근의 탁월한 논문집인 《식민주의와 문화 Colonialism and Culture》[5]의 주제인 식민주의 시대의 권력 창출에 대한 담론으로 정확하게 인식되고 있기 때문임을 이해하는 것은 지극히 중요하다. 이슬람은 일원론적이며 불변하는 것이어서 국내의 강력한 정치적 이해를 위해 "전문가들"에 의해 팔아 먹힐 수 있다는 가정에 주로 기초하고 있는 이런 논의에서는, 무슬림도 아랍인도 혹은 비인간화된 다른 어떤 소수민족도 자신들을 인간이라고 인식하거나 자신들을 관찰하는 사람들을 단순히 학자들이라고 인식하지 않는다. 무엇보다도 그들은 근대 오리엔탈리즘의 논의와, 토착 아메리카인과 토착 아프리카인에 대해 구조된 유사한 지식체계라는 오리엔탈리즘의 대응물에서, 오리엔탈리즘의 객관성이라는 허구를 유지하기 위해 그런 사고체계의 문화적 맥락을 거부하거나 억누르거나 왜곡하려는 만성적인 경향을 보이고 있는 것이다.

II

그러나 루이스와 같은 시각이 비록 만연되어 있기는 해도, 그것이 지난 15년 동안 부상하거나 강화되어 온 유일한 것이었다고 주장하고 싶지는 않다. 그렇다. 구소련의 붕괴 이후 미국의 일부 학자와 언론인들에 의해, 오리엔탈리즘으로 점철된 이슬람에서 새로운 악의 제국을 찾아내려는 시도가 쇄도했음은 사실이다. 결과적으로 이들 전자매체와 인쇄매체는 이슬람과 테러리즘, 혹은 아랍과 폭력, 혹은 동양과 전제정치를 한데 싸잡아 버려 명예를 손상시키는 스테레오타입적인 사례들로 넘쳐 났다. 그리고 중동과 극동의 여러 지역에서는 민족종교와 근본민족주의로의 귀환이 생겨났는데, 특히 수치스러운 것은 바로 살만 루시디에 대한 이란의 계속적인 파트와fatwa[10]이다. 그러나 이것이 전모는 아니다. 나는 남은 지면에서 비록 내 책의 기본적인 전제를 수용하고는 있지만, 나름대로 그것을 극복하여 역사적 경험에 대한 복합적인 인식을 풍부하게 만들어 주고 있다고 여겨지는 학자, 비평, 해석의 새로운 경향들에 대해 말하고 싶다.

물론 이런 경향들 가운데 그 어느 것도 갑작스레 떠오른 것은 없으며, 완전하게 구축된 지식이나 실천의 지위를 차지한 것도 없다. 세계적인 맥락은 아직도 혼란스러울 정도로 동요되어 있고, 이데올로기적인 기만과 변덕, 긴장, 변화, 심지어 살인적인 상태에 머물러 있다. 구소련이 분할되었고 동유럽 국가들은 정치적 독립을 확보했지만, 권력과 지배의 패턴은 여전히 불안한 상태에 놓여 있다. 한때 낭만적으로, 심지어 감정적으로 제3세계라 불렸던 남반구는 차관의 덫에 걸려들었고, 십 수개의 분단되거나 흩어진 존재로 파괴되었으며, 지난 10년 혹은 15년 동안에 증가한 가난과 질병, 저개발의 문제들로 골치를 앓고 있다. 비동맹 운동, 그리고 탈식민과 독립의 과업을 떠맡았던 카리스마적 지도자들은 사라져 버렸다. 보스니아의 비극적인 경우가 보여 주고 있듯이 민족 간 갈등과 국지전은 남반구(제3세계)에만 한정되지 않고 모든 지역에서 되살아나고 있다. 그리고 아직 통합되지 않은 불안한 유럽이 낙오되어 있는 가운데 미국은 중앙 아메리카와 중동, 아시아 같은 곳에서 여전히 지배적인 힘을 보유하고 있다.

오늘날의 세계정세에 대한 설명과 이를 문화적으로 정치적으로 이해

---

10) 루시디를 암살하라는 이슬람교 지도자의 율법적 결정.

하고자 하는 시도들은 다소 놀랍고 극적인 방식으로 나타났다. 나는 이미 근본주의에 대해 언급했다. 근본주의의 세속적인 등가물은 민족주의와 서로 다른 문화와 문명 사이의 근본적인 분리(내 생각으로는 허위적이고 포괄적인 것인데)에 강조를 두는 이론들이다. 가령, 최근 하비드 대학교의 새뮤얼 헌팅턴Samuel Huntington 교수는 냉전의 양극체제가 자신이 "문명의 충돌"이라고 칭했던 것에 의해 폐기되었다는 전혀 납득할 수 없는 주장을 개진했는데, 이 말은 여러 문화들 중에서 서구문화와 유교문화 및 이슬람문화가 그 지지자들에 의해 근본적으로 주로 다른 문화를 밀어내는 데 관심을 두고 있는 물 샐 틈 없는 구역과도 같다는 전제에 바탕을 두고 있다.[6]

이것은 터무니없는 주장이다. 왜냐하면 거의 보편적으로 알려져 있듯이 현대문화이론의 위대한 진보 가운데 하나가 문화란 잡종이고 이질적인 것임을 인식했다는 점에서 《문화와 제국주의》에서 내가 주장한 것처럼 각 문화의 독자성을 어떤 통합되거나 단순한 윤곽으로 무력하게 묘사할 수 없을 정도로 문화와 문명은 서로 밀접하게 연관되고 상호의존적인 것이기 때문이다. 광범위하게 봐서 오늘날 한 줌밖에 안 되는 하나의 이데올로기적 허구, 즉 정복과 이주, 여행 그리고 서양의 국가들에게 자신들의 현재의 뒤섞인 정체성을 내주었던 사람들의 뒤섞임의 역사 외에는 별다른 의미를 갖지 않는 가치나 사상에 대해 별개의 우월성을 암시하면서 어떻게 '서구 문명'에 대해 말할 수 있는가? 특히 이는 미국의 경우에 해당된다. 오늘날 미국은 정복과 절멸 그리고 주요한 문화적·정치적 성과물인 문제가 많은 역사를 공유하는 서로 다른 인종들과 문화들의 거대한 역사로 설명될 수 있을 뿐이다. 따라서 어떤 문화와 민족에게 분리되도록 강요하고, 종족이나 본질을 구별 짓도록 강요하는 모든 기도들은, 뒤이어 일어날 허위진술과 사실의 곡해뿐만 아니라, 그것들에 대한 이해가 '동양'이나 '서양'과 같은 것을 만들어 낼 수 있는 권력과 공모하는 방식까지 노출시키고 있다는 것이 《오리엔탈리즘》 속에 암시된 메시지 가운데 하나였다.

헌팅턴 외에도 그 뒤에 있는 모든 이론가들과 프랜시스 후쿠야마 Francis Fukuyama같이 환호작약하는 서구 전통의 변론자들은 대중적 의식을 확고히 장악하지 못했다. 한때 좌파 지식인이었던 폴 존슨 Paul Johnson 의 의도적 사례에서 명백히 드러나고 있듯이 그들은 이제 반동적인 사회적·정치적 논객으로 변질되고 있다. 결코 주변적 언론이 아닌 《뉴욕 타임스 매거진》 1993년 4월 18일자에 존슨은 '식민주의가 돌아왔다─결코 이르다고 할 수 없다'라는 에세이를 실었는데, 그 요지는 "문명화된 국가는", "가장 기본적인 문명생활의 조건이 붕괴된" 제3세계를 재식민화하는 임무를 떠맡아야 한다는 것이고, 이를 위해서 신탁통치를 가하는 체제를 사용해야 한다는 것이었다. 그가 제시하는 모델은 명백히 19세기의 식민주의적 모델이다. 즉 그는 유럽인들이 무역에서 이익을 내기 위해서는 정치적 질서를 부과해야 한다고 말하고 있다.

존슨의 주장은 미국의 정책 입안자들, 언론매체, 그리고 당연히 미국의 외교정책 그 자체에 무수히 많은 동굴의 메아리를 다시 울리게 했다. 미국 외교정책은 중동과 라틴 아메리카, 동유럽에서 간섭주의자로 여전히 남아 있고, 특히 러시아와 과거 소련의 공화국들에 대한 정책 어디서나 노골적인 임무로 남아 있다. 하지만 중요한 것은, 한편으로는 서구의 헤게모니(그 가운데 오리엔탈리즘 체계가 그 일부로 되어 있다)라는 낡은 사상과, 다른 한편으로는 하위 공동체와 불이익을 겪고 있는 공동체, 그리고 지식인, 학자, 예술가라는 광범위한 분야 속에서 주도권을 쥐고 있는 새로운 사상 사이에서, 대중의 의식 속에서 광범위하게 검증되지는 않았으나 심각한 괴리가 입을 벌리고 있다는 것이다. 이제 더 이상 약소

민족들—과거에 식민지배를 받았고, 노예로서 억압받았던—이 침묵한다거나, 지배자였던 유럽 남성이나 미국인 남성들에 의해서만 설명되지 않는다는 것이 매우 두드러지게 되었다. 여성과 소수민족 그리고 주변인들의 의식 속에서 일어난 하나의 혁명이 너무나 강력해서 전 세계적인 사고의 주된 흐름에 영향을 끼치고 있다. 1970년대에 《오리엔탈리즘》을 쓰고 있을 때 나도 그에 대해 뭔가 감지하고 있었지만, 이제는 문화에 관한 학구적이고 이론적인 연구에 관계된 모든 사람들이 심각하게 관심을 보일 것을 요구할 만큼 극적으로 명백해졌다.

포스트콜로니얼리즘과 포스트모더니즘이라는 두 가지 넓은 흐름을 구별해 볼 수 있다. 즉 '포스트'라는 접두어를 사용하는 것은 이제 지나가 버렸다는 의미라기보다는, 엘라 쇼햇Ella Shohat이 포스트콜로니얼에 대한 감동적인 글에서 적고 있듯이, "연속성과 비연속성이다. 그러나 이 접두어의 강조점은 '지나간'에 있는 것이 아니라 낡은 식민주의적 실천에 대한 새로운 양식과 형식 위에 있다".[7] 그러나 포스트콜로니얼리즘과 포스트모더니즘은 1980년대의 사회참여와 연구의 주제와 관련되어 부상한 것이었고, 여러 사례에서 보여지듯이 이 두 용어는 《오리엔탈리즘》 같은 저서들을 선구적인 저서로 간주하는 것 같다. 이들 용어를 둘러싸고 있는 광대한 용어상의 논쟁에 뛰어드는 것은 여기서는 불가능해 보인다. 그런 논쟁 가운데에는 이 용어가 하이픈으로 연결되어야 하는지 그래서는 안 되는지에 관한 것까지 있다. 동떨어진 극단적 사례나 실소하게 하는 전문용어에 관해서는 얘기하지 말고, 여기서는 1978년에 출판된 《오리엔탈리즘》의 관점에서 봐서 이제는 어느 정도 그것을 포함하는 것 같은 흐름과 노력들을 1994년에 위치 지우는 것이 중요하다.

새로운 정치질서와 경제질서에 관한 가장 강력한 저서의 상당 부분은 최근의 어떤 글에서 해리 맥더프Harry Magdoff가 '지구화'라고 설명했던 것에 관심을 보이고 있는데, 소수의 금융 엘리트는 이 지구화라는 시스템을 이용해서 전 지구적으로 그 권력을 확장시키고, 상품과 서비스의 가격을 인상하며, 저소득층(대개는 비서구 세계의)으로부터 고소득층으로 부를 재분배하고 있다.[8] 마사오 미요시Masao Miyoshi와 아리프 딜릭Arif Dirlik이 엄격한 용어로 논의한 것처럼, 이 현상과 함께 국가는 더 이상 국경도 없고, 노동과 수입은 오직 전 지구적 경영인에게만 속하며, 남반구가 북반구에 굴종함으로써 식민주의가 다시 나타나게 된 새로운 초국가적 질서가 부상하게 되었다.[9] 미요시도 딜릭도 다문화주의와 '탈식민성'과 같은 주제에 대한 서구학자들의 관심이 전 지구적인 권력이라는 새로운 현실에서 볼 때 실제로는 얼마나 문화적이고 지적인 후퇴가 될 수 있는지를 계속해서 보여 준다. 미요시는 이렇게 말한다. "우리에게 필요한 것은, '문화연구와 다문화주의'와 같은 새로운 분야에 포함되어 있는 '너그러운 자기기만'에 의해 입증된 '교수법상의 편의주의'라는 제스처를 취하는 것이 아니라, 정치적으로 경제적으로 엄정하게 검토하는 것이다."(751쪽)

하지만 우리가 그런 지령을 (마땅히) 심각하게 받아들인다 할지라도, 포스트모더니즘과 그와 상당히 다른 상대인 포스트콜로니얼리즘 양자에서 오늘날 생겨나는 관심의 외양에는 역사적인 경험 속에 하나의 공고한 토대가 있다. 무엇보다도 포스트모더니즘에는 거의 무게 없는 역사의 겉치레와 작품의 혼성pastiche 그리고 무엇보다 소비주의와 함께, 지역과 종속된 처지의 사람들에게 압박을 가하는 이론적이고 미학적인 강조의 우세를 보여 주는, 꽤나 극심한 유럽중심적 편견이 있다. 포스트콜로니얼리즘에 대한 초기연구는 안와르 압델 말렉Anwar Abdel Malek, 사미르 아민Samir Amin, C. L. R. 제임스 같은 저명한 사상가들에 의해서 이루어졌다. 이 연구의 거의 대부분은 정치적 독립의 완수나 미완성의 자유주의 사업 둘 중 하나의 입지에서 생겨난 정복과 통제에 관한 연구에 기초하고 있었다. 가장 유명한 선언적인 서술 가운데 하나(장-프랑수아 리오타르Jean-Francois Lyotard의 서술)에서, 포스트모더니즘은 해방과 계몽이라는 거대한 이론체계가 사라지는 것에 강조를 둔 반면, 포스트콜로니얼리즘 예술가들의 첫 세대에 의해 만들어진 작품의 상당수의 이면에 주어진 강조점은 그와 정반대의 것이었다. 즉, 비록 그 완수와 실현이 현재는 정지되거나 연기되거나 우회하고 있지만, 거대 이론은 여전히 유효하다는 것이다. 포스트콜로니얼리즘의 이 긴박한 역사적·정치적 명령과 포스트모더니즘의 상대적인 이탈성 사이의 중대한 차이점은, 이 둘 사이에 어떤 겹침(예컨대 '마술적 리얼리즘'의 기법)이 있다고 해도 완전히 다른 접근법과 결과를 만들어 내고 있다.

1980년대 초반 이래 그토록 극적으로 번성한 최고의 포스트콜로니얼리즘 작품들 가운데 지역이나 지방, 종속된 사람들에 두드러지게 강조를 했던 작품이 없었다고 주장하는 것은 오류라고 생각한다. 즉 강조를 하긴 했으나, 내가 보기에는 보편적인 관심사로의 접근에 가장 큰 흥미를 두었고, 이들 작품 모두가 해방 그리고 역사와 문화에 대한 수정주의적 태도, 반복되는 이론적 모델과 양식을 광범위하게 사용하는 것과 연관되어 있는 것 같다. 주도적인 주제는 유럽중심주의와 가부장제에 대한 시종일관한 비판이었다. 1980년대 미국과 유럽의 대학 전역에 걸쳐 학생들과 교수들은 소위 핵심 교과과정에 있어서 학구적인 초점을 여성과 비유럽권 예술가, 사상가, 하위계층의 저술을 포함하도록 확장하기 위해 모두 열성적으로 노력했다. 여기에는 고전적인 오리엔탈리스트들과 다른 분야에서 그들에 필적할 만한 사람들의 손에 오랫동안 묶여져 있던 지역연구에 대한 접근법의 주요한 변화가 수반되었다. 인류학, 정치학, 문학, 사회학, 그리고 무엇보다 역사학은 자료에 대한 광범위한 비판과 이론의 도입, 유럽중심적 시각의 제거라는 효과를 느끼게 되었다. 아마도 가장 눈부신 수정주의적 작품은 중동연구에서가 아니라 '하위계층 연구Subaltern Studies'의 출현에 따른 인도학 분야에서일 것이다. 이 연구회는 라나지트 구하가 이끄는 탁월한 학자들과 연구자들로 이루어져 있다. 그들의 목적은 사료편찬에 있어서의 혁명에 다름 아니며, 그 즉각적인 목표는 민족주의적 엘리트들의 지배로부터 인도의 역사에 관한 저술을 구해 내고, 거기에 도시빈민들과 시골 서민들의 중요한 역할을 복구시키는 것이었다.[11] 그런 매우 학구적인 작업이 "초국가적" 네

---

11) 1980년대 초 인도에서 조직된 '하위계급 연구회'는 인도를 비롯한 남아시아의 식민지와 탈식민지 과정의 탐구를 목표로 하여 학제적이고 정치적인 연구를 하고자 했다. 그 제1논문집 서문의 선언을 보면 그 목표가 더욱 분명하게 이해된다.

인도 국민주의의 역사 서술은 오랫동안 식민주의 엘리트주의와 부르주아 국민주의적 엘리트주의에 의해 지배되었다. …… 이 두 가지 엘리트주의의 통합은 인도 국민의 형성과 그 과정을 특징 지운 의식성(국민주의)의 발전이 오로지 또는 두드러지게 엘리트의 공적에 의한다는 편견을 공유하고 있다. 식민지주의적·신식민지주의적 역사 서술에서는 이러한 공적이 영국의 식민지 지배자들, 행정관료들, 여러 정책, 여러 제도 그리고 문화에 기인한다는 것으로 설명된다. 국민주의적·신국민주의적 역사 서술에서는 그 공적이 인도의 엘리트 저명인사, 여러 제도, 여러 활동, 여러 이념에 있다고 한다. …… 우리는 이러한 엘리트주의와 싸울 필요에 대해 우리의 관심을 두는데, 이것이 우리만의 것이 아니라고 믿는다.

선언은 연구의 출발점을 그람시에서 찾고 있다. 즉《옥중노트》제3권 노트 25에 나오는 글이다.

지배계급의 역사적 통일은 국가에서 비롯되고, 그 역사는 본질적으로 국가 및 국가 집단의 역사이다. 그러나 그 통일의 형태가 형식적이라고만 할 수 없는 고유의 중요성을 갖는다고 하여 그 통일이 단순히 법적·정치적인 것에 불과하다고 생각해서는 안 된다. 역사적 통일은 본질적으로 구체적 사실을 매개로 하는 국가 또는 정치사회와 시민사회의 유기적 관계의 결과이기 때문이다. 종속계급은 스스로 국가가 되지 않는 한 통합되는 것도 통합 가능한 것도 아니다. 따라서 그 역사는 시민사회의 역사에 연결되고 있다. 이른바 시민사회 역사의, 그리고 그것을 매개로 한 국가 또는 국가집단의 역사의 해체된 불연속 기능이다. 따라서 다음을 연구할 필요가 있다.
첫째, 종속계급의 객관적 형성. 이들은 경제생산 분야에서 일어나는 발전과 변화에 의

오콜로니얼리즘에 흡수되고 연루되기 십상이라고 말하는 것은 잘못이라고 생각한다. 미래의 함정을 경고하기도 해야 하지만 그들의 성과를 기록하고 알아주기도 해야 하는 것이다.

나는 포스트콜로니얼리즘의 관심사를 지리학의 문제로 확장하는 것에 특별한 관심을 갖고 있다. 결국, '오리엔탈리즘'은 수세기 동안 동양과 서양은 서로 이어질 수 없는 간극이 있다고 믿게 한 것이 무엇이었는가에 대해 다시 생각해 보는 일에 토대를 둔 연구이다. 앞에서 말한 것처럼 나의 목표는 동양과 서양의 차이를 퍼뜨리는 것이 아니라, 그 차이가 적대감, 서로 대립하는 본질이 얼어서 굳어 버린 일련의 응결, 그런 것 위에 세워진 전반적으로 반목하는 지식임을 암시하는 개념에 도전하는 것이었다. 내가 《오리엔탈리즘》에서 요구한 것은 수세대에 걸친 적대감과 전쟁, 그리고 제국주의적 통제를 자극했던 분리와 갈등을 새로운 방식으로 이해하자는 것이었다. 포스트콜로니얼리즘 연구에 있어서 진실로 가장 흥미로운 발전 가운데 하나는 문화적 정전을 폄하하거나 그

해 형성되는데, 이들이 발생하는 기존 사회집단의 심성·이데올로기·목적을 일정 기간 유지하면서 어떻게 양적으로 확대되는가?
둘째, 능동적이든 수동적이든 간에 정치적 지배 집단에 대한 하층 사회집단의 순응. 고유한 요구 실현을 향하여 그 집단에 대한 영향력을 행사하기 위한 시도. 이 시도가 해체, 쇄신, 신생의 과정을 결정하면서 일어나는 결과.
셋째, 종속 사회집단의 동의와 관리를 유지하기 위해 지배집단이 형성하는 새로운 정당의 출현.
넷째, 한정적·부분적 성격의 요구를 목적으로 하는, 종속사회집단 자체의 형성.
다섯째, 종래의 틀 안에서 종속사회집단의 자율성을 용인하는 새로운 구성.
여섯째, 통합적 자율성을 용인하는 구성.

위 노트는 1934~1935년 사이에 쓰여졌다. 당시 이미 중병이 들어 1937년에 죽은 그람시 자신은 위 여섯 가지 탐구를 실행할 시간을 갖지 못했다. 하위계급연구회는 이 여섯 가지를 출발점으로 하여 그람시의 연구를 계승하고자 했다.
그람시는 그 연구에 있어 먼저 주제별 전공논문이라는 형식을 중시해야 한다고 노트 제1권에서 지적했는데, 이는 '하위계급 연구회'에서도 그대로 따르고 있다.

것에 침을 뱉기 위해서가 아니라, 주인과 노예라는 이분법적 논리를 성가시게 고집하는 것을 넘어서서 그 속에 깃든 가정들을 재조사하기 위해 그것들을 다시 읽는 것이었다. 이 작업은 루시디의 《한 밤의 아이들》 같이 놀랍도록 풍부한 소설들과 C. L. R. 제임스의 서사들, 에메 세제르와 데릭 월코트의 시 등의 괄목할 만한 결과물을 낳았다. 이 작품들의 과감하고 새로운 형식상의 성취는 식민주의라는 역사적 경험에 대한 사실상의 재유용화re-appropriation이며, 이들 작품은 공유의 미학과 때때로 초월적인 재형식화의 새로운 미학으로 재생되고 변형되었다.

1980년에 필드 데이라는 공동체를 설립한 일단의 뛰어난 아일랜드 작가들의 작품에서 이와 유사한 발전을 엿볼 수 있다. 이들의 작품 선집의 머리말은 자신들에 대해 다음과 같이 말하고 있다.

(이들 작가들은) (아일랜드와 북아일랜드 사이의) 현 상황에 있어서 하나의 증후이자 원인이 되어 온 기성의 견해와 신화, 그리고 스테레오타입들을 분석함으로써 오늘날의 위기를 해결하는 데 필드 데이가 공헌할 수 있고 또 공헌해야 한다고 믿는다. 합헌적이고 정치적인 타협의 붕괴와 억압하거나 견제하기 위해 그들이 기획했던 폭력의 재발은 아일랜드 공화국에서보다 북아일랜드에서 더 긴박한 요구가 되게 했다. …… 따라서 우리 동료들은 아일랜드 문제의 본질을 탐색해 볼 수 있고, 그 결과 지금껏 그랬던 것보다 더 성공적으로 대처할 수 있는 팸플릿 시리즈(그 외 시머스 히니의 인상적인 시들, 시머스 딘의 에세이, 브라이언 프라이얼과 톰 폴린의 희곡 등)로 출발하여 계속해서 출판물을 내고자 결정했다.[*10]

한때 국민과 문화의 지리적 분리에 기초했었던 역사적 경험을 다시 생각하고 재구조화한다는 사상은, 모든 학구적이고 비평적인 무수히 많은 저서들의 핵심적인 사상이다. 다음의 세 권만 들어도 이를 알 수 있다. 즉 아미엘 알칼레이의 《아랍과 유대인을 넘어서 : 레반트문화의 재형성》, 폴 길로이의 《검은 대서양 : 근대성과 이중의식》, 모이라 퍼거슨의 《타자에의 종속 : 영국 여성작가들과 식민지 노예 1670~1834》 등이 그것들이다. 한때 하나의 국민이나, 성gender, 인종 또는 계급에 독점되어 있다고 믿었던 영역들이 다른 국민이나 성, 인종, 계급도 포함하는 것이었음이 이들 저서에서 다시 주장되고 보여지고 있다. 오랫동안 아랍인과 유대인들의 전쟁터로 여겨졌던 레반트[12]가 알칼레이의 책에서는 두 민족 모두에게 공통된 지중해문화로 떠오른다. 길로이에 따르면 실제로는 이중적이라 할 하나의 유사한 과정이, 이전에는 기본적으로 유럽의 이동로로 생각했던 대서양에 대한 우리의 인식을 바꾸어 놓는다. 그리고 영국인 노예 소유자와 아프리카 노예 사이의 적대적인 관계를 재검토하면서 퍼거슨은, 그 결과 아프리카에서 나타나고 있는 새로운 폄하와 단층을 들면서, 백인 여성과 백인 남성을 갈라놓는 더욱 복잡한 패턴이 드러나도록 하고 있다.

    계속해서 더욱 더 많은 사례들을 들 수도 있을 것이다. 하나의 문화적이고 정치적인 현상으로서의 오리엔탈리즘에 대한 나의 관심이 시작되었던 그 원한과 불평등이 아직도 존재하고 있지만, 이제 이런 것들은 영구적인 질서를 나타내는 것이 아니라, 그 종말 혹은 부분적인 완화는 가까운 곳에 있을 수 있는 역사적 경험을 나타내는 것이라고 하는, 최소한의 보편적인 수용자세가 존재하고 있음을 말하면서 이 글을 간단히 맺고자 한다. 다사다난했던 15년이라는 세월 그리고 방대하고 새로운 해석, 사상과 인간관계에 채워진 제국주의적 족쇄의 결과를 감하고자 하

---

12) 동부 지중해 및 그 섬과 연안 제국.

는 학문적 사명으로 가능해진 거리에서 되돌아보면, 《오리엔탈리즘》은 적어도 스스로를 투쟁 속에 활짝 열어 놓았다는 공을 세운 셈이다. 이 투쟁은 물론 '서양'과 '동양'에서 함께 계속될 것이다.

E. W. S.
뉴욕
1994년 3월

2003년 후기

   9년 전인 1994년 봄에, 《오리엔탈리즘》의 후기를 적었을 때, 나는 내가 말했거나 말하지 않았다고 믿었던 것을 명백히 밝히려고 노력하면서, 내 책이 출판된 1978년 이래 있어 왔던 많은 논의뿐만 아니라, '동양의 표상에 대한 그 하나의 작업이 잘못된 주장과 잘못된 해석의 증대에 기여한 방식을 강조하였다.
   오늘 내가 똑같은 일에 대해 짜증을 내기보다 도리어 아이로니컬하게 느끼는 것은, 언제나 선임자가 되는 길을 형성하는 기대들과 교육자로서 갖는 애착의 필연적인 감소와 함께, 내가 얼마나 많은 나이를 먹었는가의 흔적이다. 나의 지적이고 정치적이며 개인적으로 중요한 스승이었던 아크발 아마드와 (이 책을 헌정한 사람들 중 한 명인) 이브라임 아부-루고드의 최근 죽음은, 나에게 슬픔과 상실을 가져왔을 뿐만 아니라, 체념과 함께 계속 살아가기 위한 어떤 굳은 의지를 주었다. 그것은 결코 낙관적으로 살아간다는 문제가 아니라, 도리어 지금도 진행 중이고 문자 그대로 끊임없이 이어지고 있는, 내가 지식인의 사명을 형성하고 지시하는 것으로 생각하는 자유와 계몽의 과정에 대한 믿음의 문제이다.

그럼에도 《오리엔탈리즘》이 세계 도처에서 36개 언어로 번역되고 계속 논의되어 온 것은 나에게 아직도 놀라움의 근원이다. 나의 존경하는 친구이자 동료인, 과거 이스라엘 벤구리온 대학 교수였고 지금은 UCLA에 있는 가비 피터버그 교수에게 특히 감사한다. 그는 이스라엘 독자들과 학생들 사이에 상당한 토론과 논쟁을 자극한 이 책의 히브리어판을 냈다. 나아가 베트남어 번역이 오스트레일리아의 후원 아래 발행된 것이, 이 책의 주장에 대해 펼쳐진 인도차이나의 지적 공간을 천박하지 않게 말하는 것이기를 바란다. 어느 경우에도, 그것은 자기 작업의 그러한 행복한 운명을 결코 꿈꾸지 않았던 저자에게 주목할 만한 크나큰 기쁨을 주었다. 그리고 특히 '동양' 그 자체인 많은 상이한 땅에서, 내가 내 책에서 시도한 것이 완전히 죽지 않았다는 것이 흥미롭다.

물론 어느 정도 그것은 중동, 아랍, 이슬람이 거대한 변화와 투쟁과 싸움, 그리고 내가 여기서 쓰는 것처럼 전쟁을 계속 부채질해 왔기 때문이다. 여러 해 전에 내가 말했듯이, 《오리엔탈리즘》은 기본적으로, 사실 근본적으로 다루기 힘든 환경들의 산물이다. 나의 자서전인 《Out Of Place》(1999)에서, 나는 내가 자란 이상하고 모순된 세계들을 서술하였고, 내가 나를 형성한 무대라고 생각하는 팔레스타인, 이집트, 레바논에 대한 상세한 설명을 나와 나의 독자들을 위해 제공하였다. 그러나 그것은 오직 1967년 아랍-이스라엘전쟁 후에 시작된 내 자신의 정치적 개입의 시간들 앞에서 멈춘 매우 짧은 설명이었다. 그 전쟁은 내 세대인 아랍인들과 미국인들에게 계속되는 것처럼 보이는 위기에 처한 투쟁의 조건들과 사상에 계속 영향을 미치고 있다(이스라엘은 아직도 팔레스타인인의 영토와 골란고원을 군사적으로 점령 중이다). 그럼에도 나는 그 문제에 대해서 이 책과 나의 지적인 작업이 대체로 한 사람의 대학 학자로서의 내 삶에 의해 참으로 가능하였다는 것을 여전히 다시금 확인하고 싶다. 종종 주목되는 단점들과 문제들에도 불구하고 미국의 대학, 특히 내가 재직하는 컬럼비아 대학은, 깊이 있는 사색과 연구를 거의 유토피아적인 방식으로 할 수 있는, 미국에서 아직도 소수로 유지되고 있는 장소 중 하나이다. 주로 유럽과 미국 인문학 교사로 교육받고 실천해 온 근대 비교문학 전문가인 나는, 중동에 대한 어떠한 것도 가르친 적이 없다. 두 세대에 걸쳐 최상급 학생들 및 최고 동료들과 함께한 그 대학과 나의 교육적인 작업이, 이 책에 담긴 충분히 고려되고 분석된 종류의 연구를 가능케 했고, 무엇보다도 그 긴급한 현세와의 관련성은, 간략한 중동정치학이 아니라 문화, 사상, 역사, 권력에 대한 책으로 만들고 있다. 그것은 처음부터 내가 생각한 것이었고, 오늘날 그 점은 나에게 아주 명료하고 더 분명해졌다.

그러나 《오리엔탈리즘》은 현대 역사의 폭풍 같은 역동성과 아주 많이 얽힌 책이다. 따라서 나는 거기에서 동양이라는 말만이 아니라, 서구라는 개념도 어떤 존재론적 안정성을 가지는 것이 아니라는 점을 강조한다. 그 각각은 부분적으로 타자에 대한 확인이자 타자에 대한 검증인 인간의 노력으로 구성되어 있다. 이러한 최상의 허구들은 우리 시대에서 보다 더 명확하게 나타난 적이 없는, 집단적 열광의 조작과 조직을 쉽게 허용하고 있다. 곧 공포, 혐오, 메스꺼움과 되살아나는 자만과 오만이라는 동기가 거대한 규모의 사업이 되고 있다. 그 대부분은 한편으로 이슬람 및 아랍인과 관련되고, 다른 한편으로는 '우리' 서양인들과 관련되는 것이다. 《오리엔탈리즘》의 첫 페이지는, 1975년 레바논 내전에 대한 서술로 시작된다. 그 내전은 1990년에 끝났으나 그 폭력과 추악한 유혈낭자는 이 순간까지도 계속되고 있다. 우리는 오슬로 평화과정의 실패, 두 번째 인티파다의 발발, 그리고 이스라엘이 웨스트 뱅크와 가자지구를 다시금 침략함으로써 팔레스타인인들이 당한 끔찍한 고통을 경험했다. 이스라엘은 집단적 처벌의 일부로 F-16과 아파치 헬리콥터를 동원해 방어력 없는 시민들에게 일상적으로 고통을 주었다. 자살폭탄 현상은 그 엄청난 피해에도 불구하고, 9.11사건과 그 여파인 아프가니스탄 및 이라크에 대한 전쟁보다 더욱 무섭고 종말적이라는 것을 당연히 생각할 수 없게 하는 것처럼 보였다. 내가 지금 여기서 쓰고 있듯이, 이라크에 대한 불법적이고 전혀 규제받지 않은 영국과 미국의 제국적 침략과 점령은 지금도 진행 중이고, 그것은 신체적 피폐와 정치적 불안을 낳으며, 진실로 끔찍한 추가적인 침략이 계획되고 있다. 이것은 끝없고, 무자비하고, 고칠 방법이 없는 문명의 충돌로 가정된 것의 모든 부분이다. 그럼에도, 나는 그렇게 생각하지 않는다.

나는 미국에서 중동, 아랍, 이슬람에 대한 보편적 이해가 다소 나아졌다고 말하고 싶지만, 슬프게도 현실은 전혀 그렇지 않다. 다양한 이유에 의해 유럽에서의 상황은 상당히 나아지고 있는 것처럼 보인다. 미국에서는 태도의 경직성, 타락한 보편성과 진부한 승리주의가 장악하는 견고한 통제력, 노골적인 권력의 우위가 이라크의 도서관과 박물관에 대한 강탈과 약탈과 파괴 속에서 하나의 적절한 연관성을 찾은 반체제 인사와 '타자들'에 대한 단순한 경멸과 연결되었다. 우리의 지도자들과 그들의 지적 아첨꾼들이 이해할 수 없는 듯이 보이는 것은, 역사란 흑판처럼 깨끗이 지워질 수 없고, '우리가' 거기에 우리의 미래를 쓸 수 있을 만큼 깨끗이 지워질 수도 없으며, 그 약한 사람들에게 우리 자신의 생활 형태를 따르도록 강요할 수 없다고 하는 점이다. 워싱턴과 다른 곳에서 고위관리들이, 마치 고대 사회들과 무수한 민족들을 단지 한 껍데기 속의 수많은 땅콩들과 같이 흔들 수 있는 것처럼, 중동의 지도를 바꾸는 것에 대해 얘기하는 것을 듣는 것이 정말 일반적이 되었다. 그러나 이것은 자주 반신화적인 구조의 '동양'이라는 개념과 함께 나타났다. 그것은 18세기 후반 나폴레옹의 이집트 침략 이후, 이것이 동양의 본성이라고 주장하고 따라서 우리는 그것에 따라 동양을 취급해야 한다고 주장하는 지식의 정략적인 형태를 통하여 행동한 권력에 의해서 끝없이 만들어지고 다시 만들어져 온 것이었다. 수많은 역사들과 민족들, 그리고 어지러울 정도로 다양한 언어, 체험, 문화를 포함하는 셀 수 없는 역사적 침전의 과정 속에서 그 모든 것들은, 바그다드의 파괴된 도서관들과 박물관들의 의미 없는 조각들로 변한 보물들과 같이 모래 쌓기로 일축되거나 무시되거나 분류된다. 나의 주장은 역사란 마치 그것이 변형되고 다시 기록될 수 있는 것처럼, 남자들과 여자들에 의해서 언제나 다양한 침묵들이나 생략들과 함께, 또 언제나 강요된 측면이나 인내된 손상들과 함께 만들어진다는 것이다. 그래서 '우리의' 동쪽, '우리의' 동양이 소유하거나 지시하는 '우리의 것'이 된다.

나는 논의를 위한 '진정한' 동양을 가지고 있지 않다고 다시금 말해야겠다. 그러나 나는 현재와 미래를 원하는 모습으로 만들기 위해서 투쟁하는 지역 사람들의 힘과 특별한 능력을 매우 높이 평가한다. 아랍과 무슬림의 후진성과 민주주의 결핍과 여성 권리의 부재를 이유로 하여 그 현대사회에 대한 너무나도 대규모이고 계획적으로 난폭한 공격이 있어왔다. 그래서 우리는 근대성, 계몽, 민주주의와 같은 개념들이 결코 부엌의 부활절 달걀처럼 찾을 수 있거나 없거나 하는 단순하고 합의된 개념들이 아니라는 것을 간단하게 잊고 있다. 외교정책의 이름으로 얘기하면서 어떤 살아 있는 개념(또는 적어도 현실의 사람들이 실제로 말하는 언어에 대한 어떤 지식)도 갖지 못하는 빈약한 평론가들의 깜짝 놀랄 만한 무관심은, 미국의 권력을 위해서 자유시장 '민주주의'라는 대용 모델을 그곳에 건설하기 위한 준비를 빈약한 조망 하에 조작했다. 이는 심지어 그런 계획이 스위프트의 라가도 아카데미 밖에도 존재하지 않는다는 점에 대해 한 치의 의심조차 하지 않는 것이었다.

또한 내가 주장하고 싶은 것은 그들 자신을 위한 이해, 연민, 조심성 있는 연구와 분석의 결과인 다른 사람들과 다른 시대의 지식과, 또 자기 확인, 호전성, 명백한 전쟁이라는 총체적인 캠페인을 형성하는 다른 한 편의 지식—만일 그것이 있다고 하면—사이에는 차이가 있다는 점이다. 결국 공존과 지적 시야의 휴머니즘적 확장을 목적으로 하는 이해의 의지와, 통제 및 외부적 통치를 목적으로 하는 지배의 의지 사이에는 근본적인 차이가 있다. 선출되지 않은 미국 관료들(그들 중 아무도 군대에서 결코 복무한 적이 없기에, 그들은 말똥가리들이라고 불린다)의 소수 그룹에 의해서 만들어지고 세계 지배, 안보 관리, 부족한 자원과 관련된 철저한 이데올로기적 바탕 위에 황폐화된 제3세계 독재에 대항한다는 하나의 명분으로 일으켜진 제국주의 전쟁은 학자로서의 소명을 저버리는 오리엔탈리스트에 의해서 그 진정한 의도가 위장되고, 촉발되고, 논리화되었다. 그것은 확실히 역사의 지적인 재난의 하나이다. 조지 W. 부시의 펜타곤과 국가안전보장회의에 엄청난 영향을 미치는 세력들은, 미국의 매파들이 아랍적 사고와 수백 년 역사의 이슬람 몰락과 같은 비상식적 현상에 대해 미국의 권력만이 그것을 바꿀 수 있다고 생각하도록 도운 아랍과 이슬람세계에 대한 전문가인 버나드 루이스와 푸아드 아자미 같은 남자들이었다. 오늘날 미국의 책방들은 이슬람과 테러, 노출된 이슬람, 아랍의 위협과 무슬림의 협박에 대해서 절규하는 표제들을 퍼뜨리는 비열한 장광설長廣舌들로 가득하다. 그 모든 장광설은, '우리의' 신체에 그토록 엄청나게 치명적인 가시가 되어 온 그곳 낯선 동양인의 심장을 꿰뚫고 있다고 가정되는 전문가들에 의해서, 그들과 다른 사람들에게 나누어진 지식을 주장하는 정치적 논객들에 의해서 쓰였다. 그런 전쟁 도발의 전문 지식에 수반한 것이 이 세계 어디에나 있는 CNN과 Fox였고, 또한 무수한 복음주의와 우익노선의 라디오 진행자, 무수한 타블로이드 신문과 심지어 보통 수준의 잡지였다. 그 모두는 외국의 악마에 반대하는 미국을 선동하기 위해, 마찬가지로 입증될 수 없는 허구와 광대한 일반화를 재순환시키고 있다.

심지어 지난 20년 전에 부분적으로 미국 정책에 의해 만들어진 독재자의 끔찍한 실패에도 불구하고 이라크는 세계에서 가장 큰 바나나와 오렌지 수출국이었고, 확실히 그곳에 전쟁이 없었다면, 불가시의하게 없어진 대량 파괴 무기를 둘러싼 어떠한 히스테리도 없었을 것이다. 또한 심지어 상당한 교육을 받은 미국인에게도 거의 알려지지 않은 나라를 파괴하기 위해 오로지 '자유'라는 이름으로 거대한 공군, 해군, 육군 병사들이 7000마일이나 이동하지도 않았을 것이다. 그곳 사람들이 '우리'와 같지 않고 '우리의' 가치를 인정하지 않았다고 하는, 멋지게 조직된 감각이 없었다면 전쟁도 없었으리라. 그것이 바로 내가 이 책에서 그 창조와 순환을 묘사한 전통적 오리엔탈리즘 도그마의 가장 핵심이라 할 수 있다.

그래서 말레이시아와 인도네시아의 네덜란드인 정복자, 인도 · 메소포타미아 · 이집트 · 서부 아프리카의 영국군, 인도차이나와 북아프리카의 프랑스 군대에 의해 추려진 유급 전문학자와 마찬가지로 펜타곤과 백악관에 들어간 미국의 자문관들은 초기의 것과 똑같은 진부함, 똑같이 비열한 정형화된 형태, 권력과 폭력에 대한 똑같은 정당화를 그대로 사용한다. 이들은 이라크의 현재 정치생활과 석유산업을 다시 일으키려는 교과서와 헌법의 집필, 그것을 위해 모든 것을 위탁할 사적 계약자와 갈망하는 기업가들의 군단 전체에 의해 이라크에서 함께 일하여 왔다. 그 공식적 담론에서 모든 단일 제국은 그것이 다른 모든 제국과 같지 않다고 주장하고, 자신의 상황이 특별하다고 주장하며, 또 자신은 계몽, 교화라는 사명을 가지고 질서와 민주주의를 가져다 준다고 주장할 뿐만 아니라 자신은 오로지 마지막 수단으로서만 힘을 사용한다고 주장해 왔다. 그리고 여전히 슬프게도, 가장 최근의 문명화 사명에 의해 초래된 파괴와 비참과 죽음을 목격한 믿지 못할 증거 앞에서 인자하거나 이타적인 제국에 대해 조용하게 말하는 자발적인 지성인의 합창이 있다.

제국 담론에 대해 특히 미국이 공헌한 것은, 정책 전문지식의 특화된 전문 용어이다. 아랍세계에서 바로 필요로 하는 민주주의 도미노 효과의 방법에 대해 거드름을 피우기 위해서는 아라비아어나 페르시아어 심지어 프랑스어도 필요 없다. 비참할 정도로 무지한 투쟁적인 정책 전문가의 세계 경험은, '테러리즘'과 급진주의, 또는 이슬람 근본주의와 미국의 외교정책, 또는 역사의 종말에 대해 책을 열심히 쓰는 수준에 제한된다. 그 모든 것은 진실성, 성찰, 참된 지식을 전혀 고려하지 않은 채 주목을 받는 것이나 영향을 주는 것과 경쟁하는 것이다. 말하자면 중요한 것은 얼마나 효율적이고 얼마나 괜찮은 임기응변이며, 누가 그것을 지지하느냐 하는 것이다. 이 근본주의적인 요소의 가장 나쁜 측면은, 그 우둔함과 고통을 모두 합친 인간의 고통을 없애 버린다는 점이다. 기억과 동시에 그 역사적 과거는, 상식적이고 간단한 미국의 경멸구인 '당신이 역사다'라는 것에서처럼 삭제되고 있다.

나의 《오리엔탈리즘》이 출판되고 25년 후, 현대의 제국주의가 끝났는지, 또는 그것이 두 세기 전에 나폴레옹이 이집트를 정복한 이후에 동양에서 계속되어 왔는지에 관한 문제가 다시금 제기되고 있다. 아랍과 이슬람교도가 제국의 약탈에 대해 자세히 말하는 것은 현재의 책임을 회피하는 피해주의일 뿐이라고 말한다. 자신들이 실패했기 때문에 현재의 오리엔탈리스트를 탓한다는 것이다. 물론 여기에는 또한 문학에서의 V.

S. 네이폴이 기여한 바가 크다. 그는 조국은 실패했고 제국의 희생은 비탄에 젖어 있다고 말했다. 그러나 그가 말하는 제국 침입의 얕은 계산이란 도대체 무엇인가. 세대를 이어 가면서 '약소' 민족이나 '종속 종족'에 대해 제국이 도입한 거대한 왜곡에 대해 그는 얼마나 인색하게 굴었는가. 팔레스타인 사람, 또는 콩고인, 또는 알제리인, 또는 이라크인이라는 살아 있는 사람들의 생활 속에 제국이 그 방법을 계속 적용하여 온 오랜 세월에 대해 그가 직면하고자 한 것은 얼마나 적었는가. 우리는 홀로코스트가 우리 시대의 의식을 영구적으로 전환시켜 왔음을 정당하게 인정한다. 그렇다면 왜 우리는 그것과 동일한 인식론의 변화를, 제국주의가 해 온 것과 오리엔탈리즘이 계속하고자 하는 것 속에서 일치시키지 않는가? 나폴레옹에서 비롯되어 동양연구의 융흥과 북아프리카의 점령 그리고 베트남, 이집트, 팔레스타인에서의 유사한 점령이 계속되고, 20세기에 끝없이 걸프만, 이라크, 시리아, 팔레스타인, 아프가니스탄에서의 석유와 전략적 통제를 둘러싼 분쟁으로 이어진 것을 생각해 보라. 그리고 자유 독립의 짧은 기간, 군사 독재시기, 폭동, 내전, 종교적 광신, 불합리한 분쟁 그리고 최근의 '원주민' 군대에 대항하여 벌어진 양보 없는 잔인성이 이어지는 동안 융성한 식민주의에 반대하는 민족주의에 대해 대위법적으로 생각해 보라. 이 단계와 시대 각각은 타자에 대해 그 나름의 왜곡된 지식을 생산하고, 각각 그 나름으로 이미지를 감소시키며, 그 나름의 논쟁적인 반론을 만들어 왔다.

《오리엔탈리즘》에서 내가 표명한 생각은, 투쟁의 영역을 열기 위해 이해나 지적 교류보다도 호전적인 집단적 정체성을 목표로 삼는 적대적인 논의의 수준에 우리를 감금하고, 논쟁적이고 사고단절적인 분노의 짧은 폭발을 대체하기 위한 사고와 분석의 긴 연속을 도입하기 위해 휴머니즘적인 비판을 사용한다는 것이었다. 나는 내가 시도하고자 한 것을 '휴머니즘'이라고 불러 왔다. 그 말은 현학적인 포스트-모던 비평가들에 의해 경멸적으로 거부되어 온 용어임에도 불구하고 내가 고집스럽게 사용하여 온 것이다. 휴머니즘이라는 말을 통해, 나는 무엇보다도 성찰적인 이해와 순수한 폭로를 위해 인간의 마음을 역사적이고 합리적으로 사용할 수 있도록 블레이크가 말한 마음의 속박을 풀고자 시도했다. 더욱이 휴머니즘은 다른 통역자와 다른 사회와 기간과 함께하는 하나의 공동체 감각에 의해 유지되고, 따라서 엄격하게 말하면, 고립된 인문주의자 같은 것은 없다.

곧 그것은 모든 영역이 다른 모든 것과 연결되어 있고, 우리 세계의 그 어느 것도 이제 고립되어 있지 않으며, 외부 영향으로부터 순수하지 않는다는 것을 말한다. 낙담되는 부분은, 문화에 대한 비판적 연구가 그것이 바로 이 경우라는 것을 우리에게 보여 주면 보여 줄수록, 그러한 시각이 가지고 있는 것처럼 보이는 영향력은 더욱 더 적어지고, '이슬람 대 서구'와 같은 소모적인 분극을 정복하는 것처럼 보이는 영역은 더 많아진다는 것이다.

우리는 상황의 힘에 의해 이슬람과 서양을 포함하는 실제로 다양한 문화생활을 살고 있으므로 나는 오랫동안 우리가 학자이자 지식인으로서 우리가 하는 일에 관련된 특별한 지적·도덕적인 책임을 느껴 왔다. 구체적인 인간의 역사와 경험으로부터 마음을 빼앗아 이데올로기적 허구, 형이상학적인 대결, 집단적 열광의 영역으로 이끌어 가는 추상적이지만 유력한 종류의 생각이자 환원적인 정식화를 복잡하게 하고(하거나), 제거하는 것, 나는 확실히 이것이 우리의 의무라고 생각한다. 그러나 이것은 역사적·문화적·사회적·경제적인 현실 속에서 항상 그렇게 하지 않으면 부정과 고난의 문제에 대해 언급할 수 없다고 말하는 것은 아니다. 우리의 역할은 토론의 영역을 확대하는 것이지, 지배적인 권위에 일치하는 한계를 설정하는 것이 아니다. 나는 지난 35년이라는 내 생애의 많은 시간을, 팔레스타인 사람들의 민족자결권을 옹호하는 데 바쳤다. 그러나 나는 항상 박해와 대량학살에 의한 유대인들이 겪은 고통과 유대인의 현실에 완전한 주의를 기울이도록 노력해 왔다. 최상의 답은 팔레스타인과 이스라엘의 평등을 위한 투쟁이 하나의 인도적 목표, 곧 더 이상 억압과 부정이 아니라 공존을 향해야 한다는 것이다. 우연치 않게 나는 오리엔탈리즘과 현대의 반유대주의가 공통적인 뿌리를 갖고 있다고 지적하였다. 그러므로 독립적인 지식인들이, 중동을 비롯한 여러 곳에서 그렇게 오랫동안 압도적이었던, 상호 호전성에 근거하여 환원적으로 단순화되고 제한된 것을 대체하는 모델을 항상 공급하는 것이 절대적으로 필요하다고 생각된다.

나는 지금부터 나의 작업에 너무나도 중요한 다른 대체 모델에 대해서 말하고자 한다. 문학을 전공하는 인문학자로서, 나는 18세기 후반과 19세기 초의 독일에서 시작된 비교문학의 영역에서 40년 전에 교육을 받았을 만큼 나이가 들었다. 그 앞에 나는 나폴리의 철학자이자 문헌학자인 지암바티스타 비코의 최고의 창조적인 공헌에 대해 반드시 언급해야 한다. 그의 사상은 내가 뒤에서 인용하려는 일련의 독일 사상가들을 예기했고 그들에게 침투했다. 그들은 헤르더와 볼프, 그들을 잇는 괴테, 훔볼트, 딜타이, 니체, 가다머, 마지막으로 위대한 20세기 로망스 문헌학자인 에리히 아우어바흐, 레오 스피츠, 에른스트 로베르트 쿠르티우스이다. 현대 세대의 젊은이들에게 문헌학이란 터무니없는 골동품 연구나 케케묵은 어떤 것처럼 느껴지겠지만 사실상 문헌학은 해석 기술에 있어서 가장 기초적이고 창조적인 것이다. 괴테가 이스람교에 대해 일반적인 관심을 가졌다는 점은 나에게 가장 감탄할 만한 예증이고, 특히 《동서시집》의 구성에 엄청난 열정으로 기여한 하피츠 역시 그러하다. 그리고 그것은 괴테가 만년에 생각한 세계문학, 곧 전체에 대한 전망을 잃지 않고 각 작업의 개성을 유지하는 전체적 교향곡의 하나로서 이론적으로 이해될 수 있었던 세계의 모든 문학에 관한 연구를 형성했다.

그런데 내가 여기에 대해 이야기했던 슬픈 길의 일부에 결합된 오늘날의 글로벌한 세계에서 그것을 실현하는 것에는 상당한 모순이 있다. 그러나 우리는 괴테가 특별하게 방지하고자 공식화한 표준화와 동질화라는 종류에 접근할 수 있다. 에리히 아우어바흐는 1951년에 발표한 논문 〈세계문학의 문헌학〉에서, 전후 시기의 출발점이자 동시에 냉전의 시작이었던 시기를 정확하게 지적했다. 그의 위대한 저서인 《미메시스》는 1946년 베른에서 출판되었지만 그 집필은 아우어바흐가 전시 동안 망명했던 이스탄불에서 로망스어를 가르치는 동안 이루어졌다. 이 책은 호머부터 버지니아 울프까지의 서양문학에 표상된 현실성의 다양하고 구체적인 모습의 증거임을 뜻한다. 하지만 그의 1951년 논문을 읽어 보면 그가 쓴 그 위대한 책은, 사람들이 괴테가 이슬람문학에 대한 그의 이해를 변호하고 지지하는 여러 언어에 대한 박식과 특별한 지시를 사용하면서 텍스트를 문헌학적, 구체적, 감성적, 직관적으로 해석할 수 있었던 시절에 대한 애가였다.

언어와 역사에 대한 적극적인 지식이 필요했으나, 그것으로 충분하지 못하였으며, 기계적인 자료수집을 능가하는 무엇이, 가령 단테와 같은 작가에 대해 파악하는 적절한 방법을 구성할 수 있는 것이었다. 아우어바흐와 그 선배들이 말하고 실천하고자 노력한 종류의 문헌학적 이해를 위해 가장 필요한 것은, 하나의 쓰여진 텍스트의 삶에 공감적이고 주체적으로 들어가는 것이다. 곧 그것이 쓰여진 시대와 저자의 관점에서 바라보는 것이다. 문헌학이란 다른 시대와 다른 상이한 문화에 대한 소외감이나 적대감이 아니라, 관용과 환대로 전개된 근본적으로 휴머니즘적 정신을 포함한 세계문학에 적용되는 것이었다. 따라서 그 해석자의 마음은 적극적으로 외국의 타자를 위해 그 속에 하나의 장소를 만들게 된다. 그리고 작품을 위한 이러한 장소의 창조적인 형성은 그것이 없었다면 소외되고 거리가 있었을 것이므로 그 해석자의 문헌학적 사명에 가장 중요한 측면이었다.

이 모든 것들은 국가사회주의에 의해 독일에서 점점 쇠퇴하고 결국 파괴되었다. 제2차 세계대전 이후 아우어바흐는 사고의 균일화, 그가 표상해 온 문헌학적 작업의 조사와 연속적인 연구의 기회를 점점 좁히는 지식의 더욱 더 강화되는 전문화에 대해 개탄하며 기록하게 된다. 그리고 더욱 유감스럽게도, 1957년 아우어바흐가 죽은 뒤 휴머니즘적 연구의 사고와 실천은 그 범위나 중심성에서 위축되었다는 더욱 슬픈 사실이 이어졌다. 하나의 역사적 원칙으로서 휴머니즘을 유지시킨 방대한 조사와 마음의 일반원칙에 근거한 책 문화는, 거의 사라졌다. 글을 읽으며 단어 하나하나의 참된 의미를 느끼는 대신, 오늘의 우리 학생들은 인터넷이나 메스미디어를 통한 단편적 지식들에 의해 많이 방해받고 있다.

그러나 더욱 나쁜 것은, 교육이 민족주의자에 의해 위협당하고 있으며, 종교적 교조주의는 대중매체를 통해 전파되고 있다는 점이다. 그것들은 원거리 전자전쟁에 대해 비역사적이고 선정적으로 초점을 맞추어 관찰자에게 외과적인 정확도를 제공했으나, 사실은 현대 '청소' 전쟁이 낳은 엄청난 고통과 파괴를 모호하게 만든 것이었다. 메스미디어는 미지의 적을 악마로 만드는 가운데, 그들에게 '테러리스트'라는 꼬리표를 붙여 사람들을 부추겨 분노하게 하는 일반적 목적에 이용하고, 엄청난 주목을 받도록 하여 9.11 이후에 발생한 종류의 위기와 불안의 시기에 이용될 수 있다. 미국인이자 아랍인으로서 나는 독자에게 비교적 소수의 펜타곤 민간 엘리트가 아랍과 이슬람세계 전체에 대한 미국정책을 형성하는 지극히 단순한 세계관을 과소평가하지 말라고 권하지 않을 수 없다. 그 세계관은 역사상 가장 자만적인 군사예산에 의해 뒷받침된 테러, 선제전쟁 및 일방적인 정권교체가, 정부의 일반적 노선을 확정하는 소위 '전문가'를 낳는 역할을 스스로 맡는 미디어에 의해 끝없이 헛되이 논의된 중요 사상이었다. 나는 또한 1982년에 이스라엘의 샤론장군이 레바논 정부를 바꾸기 위해 레바논에 침략하는 과정에서 1만7천 명의 민간인을 학살하였는데, 이제 그가 조지 W. 부시의 '평화' 파트너가 되었다는 것이 우연의 일치가 아니고, 나아가 미국에는 적어도 오직 군사력에 의해 세계지도를 바꿀 수 있다는 의심스러운 명제로부터의 반대의견이 충분하지 않았다는 점에 대해서도 주목하고 싶다.

인간은 반드시 그들 자신의 역사를 창조해야 한다는 세속적 관념에 기초를 둔 성찰, 논쟁, 합리적 논의, 도덕적 원칙은 미국인이나 서양인들의 우월주의를 찬양하면서 맥락의 관련을 훼손하고 다른 문화를 조롱 섞인 경멸로만 바라보는 추상적인 사고에 의해 대체되었다. 아마도 독자들은 내가 한쪽의 휴머니즘적 해석과 다른 쪽의 외교정책 사이에서 너무 갑작스러운 변화를 초래했다고 말할지 모른다. 또한 전례 없는 권력과 함께 인터넷 및 F-16 전투기를 갖는 현대 과학기술 사회는, 결국 도널드 럼스펠드와 리처드 펄 같은 무서운 기술정책 전문가들에 의해 지휘되어야 했다고 말할지도 모른다. 일단 전쟁이 본격적으로 시작되면, 그 후 어떤 사람도 실제로 전투를 할 수 없고, 불운한 남녀를 남기게 된다. 그러나 우리가 정말로 놓친 것은, 결코 하나의 형식으로 위축될 수 없고 무관심으로 무시될 수도 없는 깨달음의 밀도와 인간생활의 상호관계이다. 심지어 그 계획된 전쟁의 언어는 극단적으로 비인간화된다. 국영 TV 방송에서 어느 여성 국회의원은 "우리는 거기 가서 사담을 잡아 올 것이며 깨끗한 외과공격으로 그의 군대를 파괴하고 그러면 모든 사람들이 대단하다고 생각할 것이다"라고 말하였다. 나는 우리가 2002년 8월 26일 부통령 체니가 이라크 공격 명령에 대한 강고한 연설을 했을 때, 그는 이라크에 대항한 군사적 개입을 지지하기 위해 그의 유일한 중동 '전문가'의 말을 인용했는데, 그 전문가란 아랍인 학자로서 자신의 동포에 대한 증오와 자기 배경의 포기를 반복하면서 메스미디어의 유급 상담자로서 불안한 순간을 살아온 사람이었다는 것이 매우 의미 깊다고 생각한다. 나아가 그는 미국에서 군사적으로나 시온주의자들의 로비에 의해 그의 노력을 지지받았다. 그러한 지식인의 배반은 순수한 휴머니즘이 어떻게 맹목적인 전쟁주의나 잘못된 애국주의로 타락할 수 있는가를 보여 주는 것이다.

이는 지구적 논의의 한 측면이다. 아랍과 이슬람 나라들의 상태는 그다지 나아지지 않고 있다. 룰라 칼라프가 《파이낸셜 타임스》의 뛰어난 에세이에서 말했듯이(2002년 9월 4일), 그 지역은 쉽게 반미주의로 변하였는데 이는 미국이 어떤 사회인지를 이해하지 못했음을 보여 준 것이었다. 왜냐하면 각국 정부는 미국정책에 영향을 주는 데 상대적으로 무력했고, 그들의 힘을 자국민을 억압하고 진압하는 데 돌렸다. 그 결과 인간의 역사와 발전에 대한 세속적 사고가 실패와 좌절로 중단되고, 암기 지식으로 수립된 이슬람주의에 의해 다르게 인식된 것은 모두 말살되었으며, 세속적 지식의 경쟁이 생겼다. 또한 현대적 담론의 일반적으로 모순된 세계 속에서 사고의 분석이나 교류가 불가능하게 된 사회를 여는 데 전혀 무력한 개탄과 분노의 저주만을 낳았다. 이슬람 지하드(이슬람교도 시아파의 테러활동조직)의 색다른 전통이 점차 소멸하는 것은, 우리 시대의 중요한 문화적 재해 중 하나라 할 수 있고, 그 결과 현대 세계의 문제점을 비판적으로 생각하고 그것과 개별적으로 씨름하는 것이

손쉽게 관심 밖으로 밀려났다. 대신 교조주의와 독단이 지배하고 있다.

  이는 문화세계가 한편으로는 단순히 호전적인 신新오리엔탈리즘으로, 다른 한편으로는 전체적인 거부주의로 후퇴했다고 말하는 것은 아니다. 최근 요하네스버그에서 만난 UN의 세계정상들은 그 한계에도 불구하고, 실제로 환경, 기근, 선진국과 개발도상국간의 격차, 건강, 인권과 관련된 여러 문제에 대한 상세한 작업을 요구하는 일반적인 지구적 관련의 거대한 영역에 대한 관심을 보여 주면서, 가끔은 새로운 위기에 '하나의 세계'라는 손쉬운 개념을 부여하는 새로운 집단적 기반의 출현을 기대한다고 했다. 그러나 이 모든 것에서 우리는, 그 누구도 우리의 지구화된 세계라는 너무나도 복잡한 단위를 쉽게 알 수 없으며, 그런 현실에도 불구하고 내가 처음에 말했듯이, 세계는 고립을 위한 순수한 기회를 허용하지 않는 부분들이 참으로 상호의존한다는 점을 인정해야 한다.

  요컨대 지금 내가 말하고자 하는 것은, 무섭게 환원적인 투쟁을 강조하여 '미국', '서양' 또는 '이슬람'처럼 거짓되게 통일된 미명 아래 수많은 사람들을 지키고 사실은 매우 다양한 수많은 개인들을 집단적 동일성으로 날조하는 것은, 지금처럼 유효하게 유지될 수 없고 반드시 반대되어야 하며 효과와 동원력에서 그 지독한 효과는 크게 감소되어야 한다는 것이다. 우리는 아직도 휴머니즘 교육의 유산인 합리적인 해석의 기술을 가지고 있다. 그것은 우리가 전통적인 가치나 고전으로 돌아가서 즐기는 감성적인 신앙심이 아니라, 현대의 세속적인 합리적 토론이라는 적극적인 실천이다. 현대의 세속세계는 인간이 만드는 역사의 세계이다. 인간의 기능은 조사와 분석을 필요로 하며, 이러한 것은 이해하고, 비판하고, 영향을 끼치고, 판단하는 것을 목적으로 한다. 특히, 비판적인 사고는 권력에 대해 말하게 하거나 하나 또는 다른 인정된 적에 대항하여 행진하는 대열에 참가하도록 명령하게 하지 않는다. 그 반대로 조작된 문명의 충돌이 아니라, 우리는 문화와 함께 서서히 작업하는 것에 더 집중할 필요가 있다. 그것은 단축되거나 진실하지 못한 이해 방식이 허용할 수 있는 것보다 더욱 흥미로운 방식으로 서로 중복되고, 서로에게서 빌려 오며, 함께 사는 것이다. 그러나 그런 종류의 광범한 이해를 위해 우리는 시간과 인내, 그리고 순간적인 행동이나 반동을 요구하는 세계에서 유지되기 힘든 해석 공동체의 믿음에 의해 지지된 회의적인 탐구를 필요로 한다.

휴머니즘은 수용된 사상이나 인정된 권위가 아니라 사람들의 개성과 그의 주체적 직관이라는 기능에 중심을 둔다. 텍스트는, 내가 세속적인 방식이라고 불러 온 모든 종류의 역사적 현상 속에서 생산되고 살아 있는 텍스트로 읽혀야 한다. 그러나 이는 결코 권력을 배제하는 것이 아니다. 왜냐하면 내가 나의 책에서 보여 준 것은 그 반대로, 심지어 가장 난해한 연구에서조차 권력의 암시와 부가가 포함되었기 때문이다.

결론적으로 말해 가장 중요한 것은, 우리의 인류의 역사를 망치는 비인간적인 행위와 부정에 마지막 저항을 말하는 한 휴머니즘은 유일하게 계속되어야 한다는 점이다. 오늘날, 우리는 대단히 고무적인 인터넷상의 민주주의 공간에서 이끌리고 있고, 그것은 초기의 군주주의와 독재 정치 세대가 꿈에도 생각하지 못한 방식으로 모든 이에게 개방되어 있다. 만약, 전 세계를 통한 대안 공동체가 없었더라면, 또 대안 정보에 의해 진실이 알려지지 않았다면, 그리고 이 작은 지구에 우리를 서로 묶어 주는 인권과 환경에 대한 예리한 의식과 리버테리안의 자극, 모든 세상의 대체되는 공동체적인 것이 없었더라면, 이라크 전쟁이 시작되기 전에 범세계적인 항의 주장은 가능하지 않았으리라. 이 세계에 부시, 샤론, 빈 라덴, 럼스벨드에 이르는 믿을 수 없을 만큼 강력한 반대자들이 있음에도 불구하고 계몽과 해방에 대한 인간적이고 휴머니즘적인 소망을 쉽게 미루어서는 안 된다. 나는 《오리엔탈리즘》이 인간의 자유를 향한 길고도 종종 방해받은 길 위에서 하나의 자리를 차지해 왔다고 믿는다.

옮기면서

1. 이 책은 Edward W. Said, Orientalism(New York, Pantheon Books, 1978)의 번역이다. 원저는 같은 해에 런던의 Routledge and Kegan Paul에 의해서도 간행되었고, 1979년에는 Vintage Books의 하나로, 1985년에는 Peregrine Books의 하나로 출간되었다. (1995년에 Penguin Books로 재출간되었다.)

2. 원서의 체제는 역서에서도 그대로 살렸다. 곧 감사, 서설, 본문 그리고 주와 색인의 차례이다. 역자가 보탠 역주는 각 쪽의 아래에 모았다. 역자는 대학에 들어간 정도의 초보적인 독자를 기준으로 삼아 가능한 한 상세히 역주를 붙이고자 노력했다. 그것이 어떤 독자에게는 불필요한 것으로 여겨질 수도 있을 것이나, 그렇다면 역자로서는 도리어 다행이겠다.

3. 원서의 이름이 《오리엔탈리즘Orientalism》이나 적절한 번역어가 없

어서 외국어임에도 불구하고 그대로 역서명으로 삼았다. 굳이 번역하자면 '동양주의'라든가 요사이 유행어가 되어 있는 '동양학'이라고 할 수 있을지도 모르나 그 어느 것도 적절하지 못한 것으로 생각되었다. 왜냐하면 사이드가 그러한 용어를 쓴 것은 그러한 번역어와는 상당히 다른 차원에서라고 생각되기 때문이다. 예컨대 최근에 유행하는 동양학이란 말을 검토해 보자. 학문을 동양·서양의 것으로 나누어 동양학·서양학으로 구분하는 것이 가능한지 역자로서는 아무리 생각해도 알 수가 없다. 최근의 한국에서가 아닌 다른 어느 곳에서 그러한 용어가 사용되는지도 알 수 없다. 과거에 일본(주로 제국주의 시대)에서 그것이 애용된 적이 있었으나, 1945년 이후 그들은 그것이 동양 침략의 음모였다는 점을 숨기기 위해 재빨리 중국학이니 인도학이니 또는 아예 지역연구라는 말로 바꾸었다. 예컨대 자민당이 세운 우익대학인 쯔구바는 지역연구라는 이름 아래 박사학위를 외국인에게 남발하고 친일인사를 양산하는 곳으로 유명하다. 그것은 동양학의 현대판이라고 할 수 있는데 그런 경향은 역시 서양, 특히 미국에서 비롯되었다. 그런데도 왜 한국에서는 그 말이 살아 있고 유행되고 있는가? 서양에서는 물론 일본에서도 없어졌는데 왜 이 땅에는 살아 있는가? 굳이 동양학이라고 하지 않아도 우리는 언제나 동양과 서양을 구분한다. 그런데 옛날에는 동양이 자조의 형용사였으나 요사이는 소위 주체, 자아회복의 대명사가 되고 있다. 오늘의 한국에서 동양이란 잃어버린 고향이고 동양학이란 목마른 향수이다. 우리는 수년 동안 졸지에 모든 과거를 깡그리 정리해 버리고 별안간 허둥대게 되었다. 소위 군사 쿠데타 이후—사실은 19세기 말의 일제침략 이후이나—'잘 살아보세'에 맞추어 의식주는 물론 사고방식마저 서양화, 서양화에 매진해 왔다. 지난 30년은 철저한 과거의 청산, 즉 과거의 부정이었다. 초가와 기와는 없어지고 콘크리트와 페인트로 개칠을 한 국적을 알 수 없는 집들이 국토를 뒤덮었다. 아예 한복이란 없어졌고 있다 해도 괴상하게 개량된 천박한 것들이 명절을 악용하는 상업주의에 놀아나고 있다. 가장 비정신적이라고 할 수 있는 본능의 김치와 쌀만이 전통의 이름을 간직한다고 할 수 있을지 모르나 식사조차 서양식으로 변하고 있다. 학교의 교육을 비롯하여 사회의 모든 가치는 99% 서양화되었다. 대부분의 인문사회과학은 물론, 자연기술과학은 완전히 서양으로부터 온 것이고, 군대와 공장, 병원, 가정에까지도 완벽한 서양화가 정착되었다. 여기에 동양이 있다면 그것은 독재정치, 독재가장, 독재사장이라는 전통적인 권위이나 그것조차 지금 무너지고 있다. 그것은 서양화의 대세에 본질적으로 병존할 수 없는 것이었다. 그 서양은 치열한 투쟁과 경쟁에 의한 생존의 모습을 심어 주었다. 문어발 재벌의 먹기판과 총잡이 대가리들의 야만적인 싹쓸이 결투로부터 시작하여 가련한 아이들의 자살에 이르기까지 그리고 피의 노동투쟁까지를 포함하여 그 살기등등한 원시성은 그야말로 만인에 의한 만인의 투쟁을 전개시키고 있다. 그 기본 가치는 돈이다. 돈이 모든 것을 결정한다. 철저한 물질주의이고 육체주의이고 한탕주의이고 쾌락주의이고 이기주의이고 투쟁주의이다.

여기에 동양은 현실망각을 위한 향수의 묘약이다. 모든 동양이 없어져도 동양철학(길거리의 것이든 대학의 것이든)은 장사가 될 수 있다. 그것은 순간적이나마 안식을 주기 때문이다. 그것은 묘한 정신주의—도사, 섹스의 도사, 힘의 도사, 칼의 도사—로 장식된 한때의 쾌락이다. 그러나 그것은 사실 동양이란 이름의 서양이다. 동양이란 어떤 신비적인 유현성을 띠는 말로 그 이미지가 조작되어 왔다. 장자니 노자니 하는 것부터 갖가지 역사소설, 텔레비전 영화의 역사물 따위가 전통이라는 이름 아래 새로운 폭력물과 섹스물을 제공하나 그것은 사실 이 시대의 타락된 서양의 변모에 불과하다. 동양학이란 것에도 아무런 학문적인 체계가 없이 바람소리, 물소리, 헛소리만 무성할 뿐이다. 1960년대 초기에 근대화라는 시대 바람에 맞추어 세속 철학으로서 실학이 요란하게 동원되었듯이 이제 소위 노장의 신비학이 시대 무드를 타게 되었다. 동양과 서양을 비교하는 갖가지 속설이 시장으로부터 강단에까지 무성하다. 물론 그 대부분은 증명 불가능한 거짓말이다. 동양학이란 처음부터 있을 수가 없다. 실학은 소위 잡학의 전성시대, 다시 말해 법대, 상대, 공대, 의대 그리고 부동산투기와 과외수업, 심지어 교육투기의 전성시대를 마련한 철학이었다. 이제 동양학은 과거에의 향수와 고예술품 투기의 전성시대와 궤를 같이 한다. 골동품 장식이 속물들의 새로운 취미가 되고, 전통 찻집이 향수의 상업이 되었듯이 신비의 동양학이 팔리고 있다.

그러나 이러한 동양학 또는 동양적 취미와 사이드의 오리엔탈리즘은 같은 것이 아니다. 간단히 말하여 사이드의 그것은 "동양에 대한 서양의 사고방식이자 지배방식"이다. 곧 오리엔탈리즘으로 총칭되는, 동양에 대한 서양의 사고, 인식, 표현의 본질을 규명함과 동시에 그것이 기본적으로 동양에 대한 서양의 지배와 직결된 것임을 밝혀 앎과 힘, 곧 지성과 권력의 관계를 식민지적 상황에서 인식시키려고 한 것이다. 그런데 가시적인 현상으로 나타나는 경우 서구의 오리엔탈리즘과 오늘의 한국 또는 어제의 일본에서 나타나는 동양학이란 사실 동일하다. 왜냐하면 조작된 신비적 이미지의 그것은 사실상 서양이 날조한 것이고, 우리의 동양학이란 것도 바로 오리엔탈리즘에서 온 것이라고 할 수 있기 때문이다. 서양인은 낭만적인 이국 취미로 장식한 어떤 야릇한 신비적 현상을 동양적인 것이라고 조작했다. 그것이 상업주의로부터 값싼 문예나 회화, 음악의 어떤 조류라고 한다면 도사니 귀신이니 뭐니 하는 동양학, 동양종교, 동양사상의 학문적인 장식에 이르기까지도 그 본질은 마찬가지이다. 그것을 사이드는 "동양에 대한 서양의 사고방식이자 지배방식"

이라고 하여 처음으로 학문적인 명확성을 부여했고 객관화시켰다. 사이드의 오리엔탈리즘에 대한 새로운 정의에는 그 사고양식의 구조와 기능을 명확히 해명한 점과 아울러 그러한 사이비지성에 대한―그것은 서양 근대의 지성사이다―엄격하고도 치열한 비판의식이 포함되어 있다. 사이드는 그러한 지성의 형태가 갖는 기능, 곧 앎과 힘이 결합되어 오리엔탈리즘이 지배의 양식으로 되어 가는 과정을 분석하고 비판한다. 사이드는 오리엔탈리즘의 근본에 놓여 있는 것은, 동양과 서양 사이에 본질적인 차이가 있다는 존재론적·인식론적 구분, 즉 흑백논리임을 밝힌다. 우리는 남한·북한 간, 한국·일본 간, 심지어 전라·경상 간의 흑백논리―그것은 지배규율의 조작이었다―를 동서양의 그것에서 배워 확대시켜 왔다. 예컨대 한국인은, 일본과 한국에는 본질적인 차이가 있다고 보고 한편 스위스나 독일, 프랑스나 영국에 대해서는 지극히 막연한 동경심을 갖는다. 그러한 것들은 대부분 서양인에 의해 조작되고 오도된 편견에 불과하다. 특히 민족적 감정의 차원에서 문화의 특수성을 강조하는 것은 민족우월주의의 편견 이외의 다른 아무것도 아니고 궁극적으로 문화라는 실체의 명확한 인식에 장애가 된다.

여하튼 서양의 동양에 대한 그러한 편견도 아이스킬로스나 단테의 시대로부터, 서양인에게 동양이란 자신들이 사는 공간과는 완전히 이질적인 공간으로 인식되었고 애매함, 적대감, 무관함의 상징이었다. 인간정신은 이와 같이 이질적이고 애매한 이미지의 실체를, 일정한 이미지나 도식·어휘 등에 의해 표상하는 것에 훈련되어 자기에게 파악 가능한 것으로 만들고자 하는 경향을 띤다('상상의 지리'). 이러한 표상은 유럽의 전통 속에서 더욱 강화되어, 동양에 관한 특정한 이미지와 상투문장, 어휘, 형상, 관념, 도그마 등의 총체를 형성하게 된다. 예컨대 한국인이 바라보는 일본이란 것도 특수한 언어구조에서 나오는 이질적인 발음,

칼, 야만적인 모습, 뻐드렁니 등으로 조작되어 왔고 그림이나 영화, 텔레비전에 이르기까지 그러한 적대적 상투성은 지속되어 왔다.

이러한 상투적 총체는 서양인이 동양을 보는 경우의 렌즈―현미경이든 망원경이든―역할을 했으며, 그것은 근대적인 문헌학, 비교언어학, 문화인류학, 역사학 등 비교학문 등의 발전과 더불어, 전문용어나 직업적 관습 내지 조직이 확립되어 학술적인 훈련과 규율을 부과하였으며 나아가 그것을 제도화시키게 되어, 동양에 관한 모든 서술을 지배하는 획일적인 권위(진리)로 나아간다. 동양에 관하여 무엇을 쓰는 사람은, 이미 쓰여진 것을 인용함으로써 더욱더 그 권위를 강화시켜 간다. 또 실제로 동양을 여행하고 동양에 거주한 서양인은 그들이 얼마나 상상력이 풍부하고 개성적이고 공감적이든지 간에, 역시 그러한 권위로부터 자유로울 수가 없고, 현지에서 자기의 눈으로 본 것보다도 그러한 권위를 믿게 된다. 이것은 동양이 특정한 권위에 의해 표상되고, 재구성되며 창조되는 과정―'동양의 동양화'―이라고 할 수 있다. 그리고 그 이면에는 "동양인은 스스로 자신을 대변할 수 없고, 다른 누군가에 의해 대변되어야 한다"(마르크스)는 도그마가 숨어 있다.

한편 그것은 열등한 동양에 대한 우등한 서양, 오리엔탈리즘에 대한 웨스터니즘Westernism 내지 옥시덴탈리즘Occidentalism을 형성한다. 이것은 사이드의 분석 밖에 있는 것이나 사실 오리엔탈리즘을 형성하는 서양의 정신구조가 그대로 동양에 이식된 것으로 생각하면 된다. 따라서 그 둘은 별개가 아니다. 그러나 실제로 그 내용은 무슨 심오한 차이에 의해 명확히 구분되는 것도 아니며, 구분될 수도 없다. 구분이 있다면 지극히 주관적인 취미의 객설일 뿐이다. 가령 서양에 다녀왔거나 책을 읽어서 그것을 얘기하는 사람의 주관적 착각이 과장되어 하나의 서양상을 형성한다. 그것은 대부분 거의 터무니없는 경우가 많으나, 소위 선각자로 자처하는 사람들이 한 얘기가 권위를 갖게 되어 기록되고 전승되며 주석되어 하나의 담론을 형성한다. 예컨대 예술의 프랑스, 학문의 독일, 자유의 미국 따위와 같은 과장된 선입견이 그런 것이다. 그것은 서양의 경우에도 마찬가지이다. 따라서 서양인의 동양관은 사실상 지배자의 표현이고, 동양인의 서양관은 피지배자의 표현이다. 그러나 표현이 가능한 지배자나 피지배자는 사실은 한통속으로서 동서양의 인민에게는 같은 지배지식계급에 속한다. 그들은 거짓을 날조하고 그것을 학문의 이름으로 위장한다. 그리고 제도교육과 시험을 통하여 강요한다. 그것은 정치적인 검열과 문화적인 위장을 통하여 끊임없이 세뇌되고 유일한 지식으로써 강제된다. 물론 그 반대의 경우도 있다. 예컨대 북한식의 미제국주의의 강요 등이 그 극단적인 반대일 것이나 그 강요의 방식은 마찬가지이다. 어쨌든 우리는 그러한 증오문화의 시대에 살고 있고 그것은 최대한의 권위를 갖고 있다. 오늘 인민이니 민족으로 미화된 온갖 전체주의, 획일주의도 갖가지 매체와 운동을 통하여 강력한 권위를 형성하고 있다.

　이러한 권위의 결과 예컨대 서양인에게는 동양의 살아 있는 현실이 아예 무시되어 버린다. 동양에 사는 인간은 하나의 '인간'이기 이전에 '동양인', '회교도', '불교도', '아랍', '셈족', '중국인', '일본인', '한국인'이라는 유형과 범주에 환원됨과 동시에 동양 그 자체의 특성도 '동양적 심성', '동양적 전제', '동양적 관능' 따위로 인식되며 일반화된다. 오리엔탈리즘이라는 서양의 사고방식에서는 언제나 서양과 동양이 엄격한 대립개념으로 기능하고, 서양과는 대조적으로 동양에는 후진성, 기괴성, 관능성, 감성, 불변성, 정체성, 보수성, 수동성, 피침투성 등의 성질이 있다고 생각하게 된다. 또한 거꾸로 서양은 동양에 대하여 스스로 반대되는 것을 집요하게 조작하여 스스로의 정체성을 형성하게 된다.

이와 같이 동양은 서양인에 의해 표상되고, 해석되고, 교화되어, 그 한심스러운 지위로부터 서양인에 의해 구제되어 현대에 살게 된 것으로 인식된다. 동양이란 유럽인에게는 "평생을 바쳐야 하는 사업"(디즈레일리)이다. 동양을 구제한다는 미명의 사업으로 나타나는 오리엔탈리즘은, 일본이 우리를 근대화시켜서 야만으로부터 문명에 이끌기 위해 침략했다는 논리와 꼭 같다(바로 일본이 서양에게서 배웠다). 따라서 오리엔탈리즘은 서양의 지리적 확장과 식민지주의, 인종차별주의(반셈주의), 자민족중심주의와 결부되어 지배의 양식으로 대두한다. 그리고 이것이야말로 20세기의 영국 및 프랑스에 의한 식민지 지배로부터 현대 미국의 아시아, 남미, 아프리카 등의 세계정책에 이르는 오리엔탈리즘의 기능으로서 사이드가 강력하게 비판하는, 이 책의 가장 중요한 부분이 되고 있다. 따라서 이 책은 사이드가 수많은 저서와 논문에서 집요하게 추구해 온 유대·아랍 문제를 축으로 한 미국 외교정책에 대한 비판, 서구에서의 이슬람에 대한 여론조작 비판의 기본을 이루는 총론이라고 할 수 있다. 그것이 미국의 우산 밑에 있는 동아시아, 특히 한국에도 당연히 적용되는 것임은 두말할 나위가 없다.

　나는 여기서 오리엔탈리즘이 단순히 자본주의 진영에 의해서만 생기는 것이 아님을 지적해 두고자 한다(이 점을 사이드는 간과하고 있다). 마르크스가 동양인의 삶에 대한 지식도 없이 당대의 서구 오리엔탈리즘에 젖어 있었음은 무지의 소치라고 해도, 예컨대 근·현대의 일본 좌익 지식인 가운데 상당수가 제국주의자로서 한국 및 만주의 식민지 지배에 직접 기여했다는 점과 함께, 중국과 구소련의 다수 지식인·정치인도 대동소이했다는 점에 주의하여야 한다. 사회주의자나 자본주의 옹호자나 당대의 민족주의적 이해관계에 그친 것은 한국에서도 마찬가지이다. 그것은 민족독립이라고 하는 당위명제에 근거한 것이었으나, 일본의 그것은 사회주의자임을 머릿속에서는 자처하면서도 제국의 이해에 기여하되(관행조사 따위가 그 대표적인 사업이었다) 그 역사에 대해 겨우 사회주의적 도그마를 적용하는 얕은 꾀에 그쳐 온 것이었다. 그런 의미에서 일본 근·현대사에는 진정한 사회주의자가 있다고 보기 힘들다. 나는 일본에서 몇 년을 독거하면서 그러한 예를 수없이 보았다. 따라서 일본 사회주의란 지금까지 일본 외무부의 사회주의 담당과장의 휘하에 있다고 해도 과언이 아니다. 이러한 사회주의자 내지 진보주의자의 민족주의 또는 국수주의는 한국에서도 예외는 아니다. 그 극단적인 예가 북한일 것이나, 남한에도 그러한 지식인의 보기는 드물지 않다. 우리는 그것을 인종차별주의라고까지 부를 수는 없으나, 지식인을 비롯한 우리 모두의 심성에 그런 편견이 있음을 주의하여야 한다. 예컨대 막연한 반일이나 반미는 막연한 친서구와 똑같이 위험한 것이다. 우리는 서구의 오리엔탈리즘에서 교훈을 얻을 수 있어야 한다.

이 책에서는 위에서 요약한 오리엔탈리즘의 구조와 기능이 역사적으로 개별적인 문헌을 통하여 해명되고 있다. 이 책의 3부 12장은 바로 오리엔탈리즘의 발생·발전·전개라는 논리에 따라 구성된다. 그러나 이 책은 소위 역사책이나 개설서가 아니라 문학가의 번득이는 지성이 자유자재의 상상력을 기초로 쓴 것이어서 그 부분 부분의 기지와 예지에 계속 놀라게 된다. 그러나 이 책의 압도적인 부분은 역시 그것이 오리엔탈리즘 비판을 넘어 인간 경험 일반에 관한 근본적인 의문을 던진 점이다. 그것은 외국문화 인식에 관한 기본적인 물음이다. 하나의 '다른 문화'라는 개념은 과연 유익한 것인가? 또는 그것은 도리어 자기찬미이거나 타자모독이 아닌가? 문화적·종교적·인종적 차이라는 것은 사회경제적·정치역사적 범주보다는 중요한 것인가? 그 속에서 지식인의 역할은 무엇인가? 문화의 공존과 공생은 불가능한 것인가? 특히 지배문화가 아닌 인민문화, 모든 인민의 인권이 존중되는 인류공동체의 수립은 불가능한가? 모든 사람들의 기본적 생존이 그 고유한 권리로 확보될 수 있는 참된 세계문화의 수립은 불가능한 것인가? 진정한 삶의 터전인 문화는 있을 수 없는가? 이 책에서 저자는 끊임없이 그러한 물음을 던지고 있다. 안이한 지배문화론이 판을 치는 한국의 얕은 지성에서도 그의 문제제기는 상당한 충격일 수 있다. 여행 에피소드가 일국의 문화론으로 과장되는 천박한 한국의 독서계에 이 책은 근본적인 문제의식을 제기할 것으로 기대된다. 나아가 한국현대사와 서구사의 연결을 근본적으로 재검토하는 계기가 될 수도 있다고 본다. 한국의 독자로서 우리는 서양의 오리엔탈리즘이 일본의 한국 지배에 기본이 되었음을 특히 주의하여야 한다. 예컨대 이 책에서 취급되는 크로머의 《현대 이집트》란 책을 1911년, 《최근애급最近埃及》이라는 제목으로 대일본문명협회大日本文明協會가 번역 간행했다. 그 서문에서 협의회장인 오오쿠마 시게노부大微重信는 "이집트의 경영은 우리 한국에서 보호정치에 참고가 되어야 하는 점이 많다고 생각되며, 그 책을 한국통감 '이토 히로부미'에게 보낸다"고 했다. 따라서 사이드의 오리엔탈리즘 비판은 일본이 배운 서양의 식민사상에 대한 비판이므로 일제사 연구에 도움이 될 것으로 생각된다. 지금까지 일제 비판은 서구근대 비판과 연결되어 본격적으로 전개되지 못했다. 그것은 일제계수라고 할 수 있는 한국 현대에 대한 비판으로도 연결될 수 있을 것이다.

일제의 인식에서 일제 이전의 서구화·근대화에 그것이 대립되는 것이라는 견해가 있다. 또는 그것이 해방 이후의 근대화와 대립되는 것이라고 보는 견해가 있다. 그러나 나는 그것을 같은 맥락으로 본다. 이러한 나의 생각에 대해 그것은 일제가 우리의 근대화에 기여했다는 주장과 같다고 보는 오해가 있을 수 있다. 그러나 일제 강점기 것이 명백히 자본주의 틀 속에 있었음을 부정할 수 없고, 적어도 자본주의의 발전을 얘기한다면 그 잘잘못의 평가 이전에 같은 체제의 맥락으로 보지 않을 수 없다. 식민지는 그러한 사회체제만이 아니라 모든 지식의 틀을 만들기도 했다. 오늘 우리가 가지고 있는 대부분의 학문적 도구는 모두 일제에 의한 것이다. 이 책에서 사이드는 오늘의 제3세계에 대해 지극히 막연한 언급 이외에 구체적인 분석을 하고 있지 않으나 서양의 오리엔탈리즘 이상으로 중요한 것은 바로 그것이 오늘의 동양에 깊은 뿌리를 내려서 식민지로서 구각을 벗어났음에도 불구하고 식민지적 정신구조가 뿌리내리고 있다는 사실이다. 한편 한국에서는 그러한 정신구조가 더욱 복잡한 이중성으로 나타난다. 곧 식민지에서 해방된 이후 정치적인 대항세력으로서 일본에 대한 증오가 국민적 심성으로까지 형성되긴 했으나 제국주의의 뿌리인 서양은 일본과는 완전히 다른 구세주 내지 이상향으로서 미화되고 있다는 것은 아이러니이다. 그래서 소위 어떤 분야의 대가라는 이들도 일본 유학은 가치가 없으나 서양 유학은 가치가 있는 것이고 그것이 모든 것이라는 식의 그야말로 신판 식민주의의 사고에 젖어 있는 것을 흔히 보게 된다. 이는 요컨대 근대화·서양화는 좋은 것이되 가짜인 일본을 통한 것은 안 되고 진짜인 서양을 통한 것이면 무조건 좋다는 것이다. 그러나 이것은 서양의 식민지 지배를 받은, 한국 이외의 대부분의 구식민지에서는 이해될 수 없는 얘기이다.

여하튼 우리의 동양에 대한 사고도 사실은 서양으로부터 그것을 모방한 일제 강점기에 비롯되었다는 점을 주의할 필요가 있다. 나는 그 고증을 할 여유는 없으나 식민지 책략에 의해 동양이 강조되면서 동양사학이니 동양화니 동양철학이니 동양사상이니 하는 것이 나타났다고 본다. 그리고 그것이 한편으로는 동양정복을 위해, 다른 한편으로는 서양축출을 위해 형성되었다고 판단된다. 소위 '영미귀축'이 강조된 20세기 전반에 일본 국수주의를 미화하기 위하여 동양이 날조되고 어거지로 체계화된 것들이 지금까지 동양학이란 이름으로 한국에 남아 있는 것이다. 여하튼 그 내용을 구체적으로 보면 그것에 일관된 통일성이 있어 보이지는 않는다. 예컨대 동양화란 중국화 내지 수묵화를 뜻한다. 한국의 그것은 철저히 일본을 배제한, 오직 중국만의 것이고 일본의 그것도 철저히 한국을 무시한, 오직 중국만의 것이었다. 그 외 다른 동양권도 제외된다. 한편 그것에 대응된 동양음악이나 동양무용 같은 것은 거의 취급된 적이 없고 예술에서 동양이란 것은 미술 특히 회화에 국한되었다. 그래서 중국음악이나 중국무용 등은 오늘날 일반적인 한국인에게는 서양음악이나 서양무용보다도 더욱 멀게 인식되는 것이 보통이다. 그 외 동양사니 동양사상이니 하는 경우도 사실 중국의 그것을 의미했다. 이러한 동양학이 일본에 의해서 거의 체계화된 것이라고 할 수 있는지 알 수는 없으나 그 기본적인 발상이 일본의 중국 침략을 목표로 한 제국주의에 근거하는 것임을 부정하기는 어렵다. 그러나 오늘의 동양학은 그러한 본래의 음모를 철저히 위장하고 나타나는데, 그 대상이 중국에 국한되어 있는 점에서는 다름이 없다. 이는 한국의 동양학자들이 일본 등을 고의로 제외하고 있는 것이 아니라, 일본의 연구가 애초부터 그것이 중국에 한정된 것의 답습에 지나지 않는다는 것을 주의하여야 한다. 일본의 동양학이 중국 이외에 모든 동양을 제외하며 한국의 그것도 마찬가지인 점에서 중국학이라고 하면 될 것이지 왜 다른 동양을 제외하느냐, 그것은 동양학이란 이름과는 어울리지 않는 태도가 아니냐 따위의 논의는 여기서 제기될 필요도 없다. 왜냐하면 그 동양이란 개념 자체가 지극히 비학문적인 것이었으므로 그 자체의 논리나 이념을 따질 필요가 없기 때문이다. 여기서 나는 동양과 서양의 구분이란 애초부터 정치적 조작이었다는 사실을 지적하고자 한다. 사실상 일본에서 그것은 일본군국주의 내지 전체주의를 위장하기 위한 술수로써 사용된 것이며, 나아가 그 비인간주의·반인권주의의 신앙을 합리화시키기 위한 전거로 악용된 것이었다. 그것은 서구에 의한 오리엔탈리즘의 비민주적 발상과 기본적으로 같은 것이었다. 곧 일본 국내의 인민운동은 물론 일본에 침략당한 아시아 인민을 억압하기 위해 제시된 것이 소위 동양사상이었다는 것이다. 그것은 일본이나 조선, 또는 중국의 전통적인 왕조 지배이념의 답습으로서 새로운 혁명사상이나 민주주의에 대한 탄압정책을 미화한 것에 불과했다. 우리는 한국 현대에 소위 국민교육헌장을 통하여 동양사상 내지 한국사상의 미명하에 그러한 곡학아세에 앞장선 '박종홍' 등을 그 보기로 들 수 있다. 그러한 동양주의는 반서양주의로 나타나지만 사실상 샤머니즘적 정신주의에 빠져 있어 자본주의 내지 제국주의에 대해서 대안은커녕 한마디의 언급조차 할 수 없는 것이다. 유교나 불교도 이 점에서는 거의 마찬가지이다. 그것은 도리어 자본주의와 제국주의에 철저히 봉사하면서 노사관계에서 화해 논리라든가 하여 사실상의 종속을 합리화시키고 인간관계의 계급성조차 전통적인 미풍양속이란 이름 아래 합리화한다. 이러한 의미의 동양주의 내지 동양학이 오늘날 유행하고 있는 것은 현상에 대한 지적인 사기 또는 도피수단을 제공하기 때문이나, 그것이 일시적인 유행에 불과하다는 것은 이미 그 광대들에 의해서도 명백히 밝혀져 있다. 예컨대 노자와 장자, 공자와 맹자가 오늘의 우리 문제를 해결한다고 본다는 것은 아예 시대착오라고 하지 않을 수 없다. 그것은 도리어 오늘의 문제를 신비화시키고 단순화시킨다는 점에서 지극히 위험하다고 보아야 한다.

여하튼 이 책은 그러한 동양학의 유행에 대해 한정적으로 서구의 그 기원을 밝히고는 있으나, 명백히 그 대상은 소위 중동이라는 동양에 국한되어 있다. 중동, 중동, 극동이란 사실 영·불을 중심으로 하여 동양을 거리에 따라 구분한 것인 점에서 불쾌한 이름이다. 물론 지구의 자체가 그렇게 날조되어 있으므로(서구 중심의 위도·경도는 물론 시간 계산도 그러하다) 그 당부당의 논의는 아무 대책도 없는 바 크게 중요한 일은 아니다. 그러나 서유럽이라는 서양에 비해 아시아라는 동양의 크기는 비교할 수 없을 정도로 크다. 그곳에는 수많은 나라가 있고 문화가 있으며 역사가 있다. 그 깊이와 길이는 크기 이상으로 복잡하다. 더욱이 그것은 역사적으로 보나 지리적으로 보나 문화적으로 보나 하나의 보편성을 갖는 것이라고 보기 어렵다. 아니 도저히 그렇게 볼 수가 없다. 그런데도 그것을 하나의 대상으로 삼는다면 그것은 학문 이전의 문제가 아닐 수 없다. 서구에서 그러한 착상도 기본적으로는 정치적인 지배, 경제적인 착취의 필요성에서 나왔다. 그 잔재가 오늘날 소위 Asian Studies란 것이고, 그것으로부터 동양학이란 번역어가 만들어졌다고 보는 견해도 있을 수 있다. 그것은 주로 20세기의 미국에서 아시아를 잘 알지 못하는 입장에서 아시아의 정치, 경제, 사회, 문화 등의 여러 가지를 섞어서 배우는 과정을 그렇게 부른 것에서 비롯되었다. 미국에서 오리엔트란 보통 아시아를 말하므로 Asian Studies가 한자어권에서는 동양학으로 번역되었다. Asian Studies가 학문이냐 아니냐 따위의 논쟁은 필요 없다. 그것은 미국 대학의 편리주의에서 나온 학과 편성의 한 단위에 불과한 것이므로 그러한 학과를 갖지도 않은 우리가 속을 태울 필요는 없다. 그러나 그런 학과에서 공부했다고 해서 우리나라에 마치 그것이 독립된 학문의 하나인 양 소개하는 경우에는 상당한 주의가 필요하다고 본다. 이는 기본적으로 '학문이란 무엇이냐'라고 하는 본질론과도 관련되는 것이나, 여기서는 그러한 논의까지 할 필요는 없다. 다만 미국에서는 대학에서 또는 연구기관 등에서 무엇을 검토할 필요가 있다고 생각하면 그 과제에 Studies를 붙여 하나의 연구과제, 강의과목, 학과과목 등으로 삼는 경향이 있고, 그중에 Asian Studies나 Women's Studies 같은 것이 동양학이니 여성학이니 하여 우리에게도 소개되어 있다는 점을 주의하면 될 것이다. 학문이란 것이 그러한 모든 연구를 포함하는 것일진대 동양학이니 여성학이니 하는 말을 사용함에 대하여 학문의 이름으로 부당하다고 할 수는 없을 것이다. 그러나 그것이 갖는 의미는 엄격히 검토되어야 판다. 가령 한국학이라고 하는 경우 그것은 한국에서 만든 말이 아니라 외국에서 '아직 잘 모르는' 한국에 대하여 알기 위해 이것저것 엮어서 만든 여러 잡동사니를 일컫는 말에 불과하다. 미국에서 보면 한국에 대해서 공부하는 사람은 모두 한국학자이다. 그렇다고 우리가 스스로 모두 한국학자라고 말하는가? 우리는 서구와 동일한 기준에 따라 자신의 전공 분야를 따진다. 요컨대 한국학이니 동양학이니 하는 것은 한국과 동양 밖에서 하는 소리이지 우리가 우리를 부르는 소리일 수가 없다. 그것은 우리가 일본학이나 미국학 등과 같은 말을 쓸 수 있는 것과 다름이 없다. 그런 의미에서 오리엔탈리즘을 동양학이라고 부를 수도 있으나 그것이 사이드의 의도와는 다른 것인 점에서 오리엔탈리즘이라고 하자.

4. 저자 에드워드 사이드는 미국에서 가장 뛰어난 문학평론가의 한 사람으로서 컬럼비아 대학교의 영문학·비교문학 담당 교수였고,《오리엔탈리즘》과《문화와 제국주의》를 포함한 20여 권의 책을 썼으며, 2003년에 죽었다.

그는 1935년에 영국이 위임통치하고 있던 팔레스타인의 예루살렘에서 태어났다. 당시의 그곳에는 나치독일의 박해를 피해 도망온 유대인들이 대거 입국하여 엄청난 혼란이 일고 있었다. 그의 가족은 혼란을 피해 1948년 이집트로 이주하였고, 그는 카이로에 있는 빅토리아 대학교에서 교육을 받았다. 그 후 1950년대 말에 미국으로 건너가 프린스턴 대학교와 하버드 대학교에서 공부했고 하버드에서 Ph.D.를 받았다.

그의 처녀작은《조셉 콘라드와 자서전의 허구 Joseph Conrad and the Fiction of Autobiography》(Cambridge : Harvard University Press, 1966)로서 많은 해양소설을 쓴 영국의 콘라드(1857~1924)에 관한 연구서였다. 콘라드는 제3세계 문학의 선구자로서, 키플링 Joseph Rudyard Kipling(1865~1936) 등으로 대표되는 제국주의 문학과 대립되는 작가로 인식되어 왔다. 그러나 사이드는 비판적이다. 콘라드에 관한 연구서 이후 9년 만에 발표한 대작이《시작 : 의도와 방법 Beginnings : Intention and Method》으로서 1975년에는 베이식 북스 Basic Books(New York)에서, 1978년에는 존스 홉킨스 대학교 출판부 Johns Hopkins University Press(Baltimore)에서 그리고 1985년에는 컬럼비아 대학교 출판부 Columbia University Press(New York)에서 계속 증판될 만큼, 문학평론가로서 그를 확고하게 만든 대표작이었다. 그것은 미셸 푸코의 이론을 원용하여 문학과 역사 그리고 비평 이론을 전개한 것이었다.

그 후 그가 쓴 저술들은 문학비평과 사회비평, 특히 주로 팔레스타인 문제에 집중되어 왔다. 먼저 문학비평 쪽을 보면 다음과 같은 책들이 대표적이라고 할 수 있다.

《문학과 사회 Literature and Society》(1978)는 사이드가 편집하고 서문을 쓴 것으로서 저자는 영국협회 English Institute이고 영문학의 역사와 비평에 관한 강연, 에세이 등을 모은 책이다.

《세계, 텍스트 그리고 비평가 The World, the Text, and the Critic》(1988) 역시 역사와 비평에 관한 문학서이다.

《예이츠와 비식민화 Yeats and Decolonization》(Derry : Field Day, 1988)는 북아일랜드의 데리에서 발간되는《필드데이 팸플릿 A Field Day Pamphlet》의 제

14권 《민족주의, 식민주의 그리고 문학 Nationalism, Colonialism, and Literature》에 들어 있다. 예이츠는 아일랜드의 시인, 극작가, 수필가로서 한국에는 낭만주의자로 알려져 있으나 사이드는 위 책에서 그의 보수적인 정치적 사회적 견해를 문학과 정치의 연관을 통하여 해명했다.

《문화와 제국주의 Culture and Imperialism》(1993)는 《오리엔탈리즘》에서 이슬람에 국한되었던 분석 대상을 전 세계에 확대한 것이다.

그외 음악론인 《음악의 엘레베이션 Musical Elaboration》(1991), 지식인론인 《지식인의 표상 Representation of the Intellectuals》(1994), 인터뷰인 《칼과 검 The Pen and Sword》(1994) 그리고 자서전인 《Out of Place》(1999)가 있다.

이상의 저서 외에 사이드는 팔레스타인 문제를 중심으로 하여 많은 평론을 발표했다. 그 가운데 중요한 것들은 다음과 같다. 특히 처음의 두 권은 오리엔탈리즘과 함께 사이드의 3부작을 구성한다. 《팔레스타인 문제 The Palestine Question》(1979)는 팔레스타인과 관련된 미국의 외교정책을 비판한 책이다.

《이슬람 가리기 : 언론과 그 전문가는 세계의 나머지를 어떻게 보아야 하는지에 관하여 어떻게 결정하는가 Covering Islam : How the Media and the Experts Determine How We See the Rest of the World》(1981)는 이슬람에 관한 미국과 유럽의 여론조작을 해명한 책이다.

《팔레스타인 인민의 모습 A Profile of the Palestinian People》(Chicago : Palestine Human Rights Campaign, 1983)은 공저로서 팔레스타인에서 이루어지는 이스라엘인과 아랍인들의 갈등을 다룬 책이다.

《마지막 하늘 이후 : 팔레스타인의 삶 After the Last Sky : Palestinian Lives》(London and Boston : Faber and Faber, 1986)은 잔 모르 Jean Mohr가 찍은 사진과 함께 팔레스타인 사람들의 삶을 묘사한 책이다.

《희생자에 대한 비난 Blaming the Victims》(London and New York : Verso,

1988)은 사이드가 크리스토프 히친스Christopher Hitchens와 함께 편집한 책으로 1949년 이후의 유대인·아랍인 관계에 대한 사료를 정리한 것이다.

그 외 《박탈의 정치학 : 팔레스타인 자결의 투쟁, 1969~1994 The Politics of Dispossession : The Struggle for Palestinian Self-Determination, 1969~1994》(Pantehon, 1994)과 《평화와 불만 : 중동 평화 과정의 팔레스타인에 대한 논점 Peace and Its Discontenys : Essays on Palestine in the Middle East Peace Process》(Vintage, 1995) 그리고 《평화과정의 끝 The End of the Peace Process : Oslo and After》(Pantheon, 2000)은 팔레스타인의 최근 상황에 대한 것들이다.

이상의 팔레스타인 관련 저술은 팔레스타인국민의회Palestine National Council 의원인 사이드가 팔레스타인 지지를 호소하기 위하여 쓴 것들이라고 볼 수 있다. 그 외 그는 〈아랍 연구 쿼털리Arab Studies Quarterly〉의 편집인이고, 뉴욕에 있는 국제관계위원회Council on Foreign Relations, 문학연구 아카데미Academy of Literary Studies와 PEN의 회원이었다.

사이드는 아랍인으로서 대학시절까지 아랍에서 살았던 만큼 아랍어로도 자신의 사상을 표현할 수 있으며, 또한 그것이 그에게는 중요한 작업일 것이나, 그런 책들은 아랍어에 친숙하지 못한 우리에게는 큰 도움이 될 수 없을 것이다.

이상의 저서 목록에서 우리는 그가 주로 영국문학을 비판적으로 검토하는 영문학자이며(하지만 그가 미국문학을 언급하지 않는 것은 아니다) 동시에 영국의 식민지 지배로부터 결국 자신의 조국인 팔레스타인이 오늘의 지경에 이른 것을 비판하는 애국적인 논객임을 알 수 있다. 이러한 그의 두 가지 입장은 위의 저서 목록에서 보듯이 각각 다른 계열의 책을 통하여 나타나고 있으나, 그 하나의 종합을 바로 《오리엔탈리즘》을 통하여 살펴볼 수 있다.

곧 식민종주국의 문학을 연구하면서 그는 당연히 그 속의 참된 뿌리를 탐구했다. 이는 한국의 사대주의적 외국 문물 연구의 전통과 비교하여 우리에게 참고되는 바 크다. 예컨대 한국의 영문학이란 소위 셰익스피어를 중심으로 한 영국의 궁정문학 내지 귀족문학 따위에 젖어 있으며 영국의 그것을 열심히 베끼고 소개한 것으로 시종일관한 것이 아닌가? 일본인에 의한 철저한 서구지배층 모방의 학습화에 우리도 깡그리 젖어 버린 것이 아닌가? 그것은 영문학만이 아니라 모든 외국문학이나 사상·문물에도 해당되는 것이 아닌가? 도대체 그 소개가 오늘의 우리에게 무엇을 의미하는지 진지하게 탐구한 적이 있는가? 왜 그것이 소개되어야 하는지를 그리고 그것이 당연히 비판적으로 소개되어야 하는지를 진지하게 검토한 적이 있는가?

여하튼 문학의 탐구에서 시작한 사이드는 그것이 권력의 소산이라는 명제 아래―그것은 미셸 푸코가 가르쳐준 것이었다―모든 문화의 탐구로 나아간다. 모든 지식이나 학문이 그 당대의 권력의 결과 내지 그 반영이라고 하는 것은 굳이 푸코를 들먹이지 않더라도 누구나 공감할 수 있는 얘기이다. 물론 진리란 절대적이라느니 예술은 영원한 것이라느니 하는 낡은 얘기도 있으나(한국에서는 아직까지도 그것이 대학 지식인들의 신앙이다), 곰곰히 따져 보면 앎이란 상대적인 것이다. 그러한 것의 증거를 사이드는 서양인이 동양에 대해 가졌던 지식을 통하여 보여 준다. 사이드는 그러한 인식의 단초를 영문학의 비판적 섭취로부터 얻었을 것임에 틀림없다. 그리고 역사를 소급하여 오리엔탈리즘의 허구를 탐구했다.

그의 그러한 역사의식은 너무나도 현실적인 것으로 생각된다. 오리엔탈리즘이라는 서구의 방대한 지성사를 구성하면서 그의 관심은 너무나도 현재적이다. 그러면서도 그것은 우리 사회에 오늘날 유행하는 낡은 사회경제사와는 전혀 다른 것이다. 그는 소위 학문과 예술의 순수성이라는 것을 비판함과 동시에 학문과 예술이 오직 정치나 권력의 반영이라는 단순논리도 거부한다. 이러한 그의 기본적 시각은 이 책의 서설에서 명확히 제시되어 있다. 그런데 사실 그것은 서론이자 결론이라고도 할 수 있으므로 독자들은—특히 이론을 별로 좋아하지 않는 감성이 풍부한 독자들은—본문부터 읽고 난 뒤에 마지막으로 서설을 읽어도 좋다. 아니 역자로서는 차라리 이 방법이 옳다고 권유하고 싶다. 물론 성급하게 이 책의 결론부터 알고 싶은 독자는 끝부분을 뒤지는 것보다 도리어 서설을 정독하는 편이 나을 것이다. 여하튼 그의 결론을 역자가 다시 요약할 필요는 없을 것이다. 그것은 독자 스스로 알아볼 문제이다. 여기서 역자가 더할 수 있는 것은 한국인 독자를 위한 역자로서 최소한의 안내일 뿐이다.

이 책을 썼을 때 사이드는 미국시민이었다. 그는 그가 해부하고 비판한 오리엔탈리즘의 현대 제국인 미국의 최고급 사립대학의 교수였다. 그는 열렬한 팔레스타인 지지자이나 게릴라도 아니며 그 역사나 문화의 발굴을 위해 팔레스타인의 고서류를 뒤지는 고대사학자도 아니었다. 한국식으로 얘기하자면 그는 별볼일 없는 고급 망명학자 정도로 좌우익 모두로부터 배척당할 인물일지도 모르겠다. 그러나 그러한 배척에 근거한 논전은 볼 수가 없다. 여하튼 중요한 것은 그는 오리엔탈리즘이란 이름 아래 적당한 지적 상업을 충분히 할 수 있었는데(미국에는 얼마나 많은 한국학자들, 일본학자들, 중국학자들을 비롯하여 기타 다양한 지역학자들이 있는가! 그리고 그들은 미국과 아시아를 바쁘게 드나든다. 특히 한국에서는 그들이 절대적인 권위자로서 환영받는다. 미국의 한국학자란 여전히 최고로 인정된다. 그러나 중국이나 일본의 경우는 반드시 그러하지 않다. 그들이 한국 내의 무엇을 미국에 소개하면 '세계적인' 것이 되어 신문방송이 호들갑을 떠는 것이 오늘의 한국학이다) 도리어 그는 그것을 거부하고 비판했다는 점이다. 그것은 제국주의의 거부이며, 오도된 문화인식에 대한 부정이다. 그것은 어떤 증오가 아니라 새로운 인식을 위한 부정이라는 점에서 진정한 지성의 태도이다.

6. 사이드가 말하는 오리엔탈리즘이란 사실상 그렇게 신기한 것이 아니라, 이 세상 사람은 누구나 한번쯤은 의문으로 느껴 본 것을 좀 더 명확하게 밝힌 것에 지나지 않는다. 물론 위대한 저술이란 것이 모두 그러한 일상적인 감각에서 발전되는 것이지만. 여하튼 우리는 초등학교 5, 6학년이나 중학교에서 소위 세계사라는 것을 처음 배우게 된다. 그리고 그 첫 부분은 분명 아시아와 아프리카 그리고 남미에서 시작된다. 최초의 인류가 그곳에서 발견되었다는 것, 인류 최초의 4대문명이 중국, 인도, 중동 그리고 이집트의 강가에서 생겨났다는 것 등이 나온다. 그러다가 별안간 얘기는 유럽으로 건너가고 알렉산더의 정복 대상으로 잠깐 언급되다가 더 이상 세계사에 아시아·아프리카 또는 남미의 얘기는 나오지 않는다. 그곳에서 살던 사람들은 모두 죽었는가? 그러나 동시에 국사를 배우게 되면 우리는 우리 선조가 죽지 않고 지금 현재까지 살아왔다는 것을 알게 되고, 아시아·아프리카·남미의 다른 사람들도 그러했으리라고 짐작한다. 그런데 왜 그들은 세계사에서 철저히 제외되었는가? 그것은 세계사가 사실은 서양사, 다시 말해 서양인이 자기 역사를 쓴 것이고, 자기 문화의 원류로서 동양을 처음에 약간 언급한 것에 불과하다는 것을 우리는 곧 깨닫게 된다. 그리고 좀 더 나이가 들면 그 세계사란 것이 불과 100~200년 전에 서양이 세계를 지배한답시고 돌아다닐 때, 우리 동네에서도 지지리도 가난하여 소위 대갓집에서 빌어먹던 사람이 벼락출세하여 족보나 챙겨 헛소리하는 것과 마찬가지로, 세계사

라는 것을 썼음을 알게 된다. 일본인의 고대사는 조작되었으나 서양인의 고대사는 동양을 빌려 장식되었기에 조금은 양심적이었다고 할까? 그리고 그로부터 소위 서양학문이란 것이 세계에 선전되어 이곳의 동양 '촌놈'들까지도 열심히 배워 먹게 되었다는 사실을 알게 된다. 그리고 대학에나 들어가서 좀 더 상세한 역사를 읽게 되면 19세기경에 와서 중국이나 인도, 남미 또는 일본이 별안간 세계사에 등장하는 것을 보게 된다. 왜? 서양인이 건너와서 잡아먹게 되거나 외교관계를 맺었기 때문이다. 세계의 역사, 세계의 사상, 세계의 문화, 세계의 문학, 세계의 예술 따위의 모든 것이 모두 그 모양이라고 생각할 수도 있다. 그것이 서양에서 제조되어 다시 동양으로 와서 서양화된 동양에 먹히는 점에 문제는 더욱 심각하다. 우리는 우리의 기준을 잃어버리고 서양인이 날조한 동양사, 동양문화, 동양사상을 공급받는다. 그것이 사이드가 말하는 오리엔탈리즘이고 오늘의 우리는 그 중독자라고 볼 수 있다. 물론 여기서 우리란 특수한 지식지배계급에 한정되는 것이지 인민 모두를 말하는 것은 아니다. 그러나 엉터리 제도교육을 통하여 거의 모든 인민까지도 그러한 오리엔탈리즘에 세뇌당했다고 해도 과장이 아닐 것이다.

서양이 조작한 오리엔탈리즘은 우리에게도 완전한 중독현상을 보이고 있는데 그 대표적인 것이 오늘날 철저히 상업화된 동양학일 것이다. 심지어 하버드 대학교 따위의 상표로 포장된 그것은 한국의 동양학을 Made in USA로 과대선전하여 골목의 구멍가게에서까지 팔고 있다. 미국에서 동양학의 메카라고 하는 하버드의 옌칭연구소란 소위 동양적인 것, 즉 중국적·일본적인 것의 수집처이다(한국 것도 약간 있으나 그 대종은 족보이다). 그곳에서 예컨대 우리의 법이나 경제 또는 정치를 제대로 연구하기는 힘들다. 그곳에서 가능한 것은 역사나 고문학 등 소위 우리가 고유 문화라고 부르는 것이다. 그들은 왜 그것을 연구하는가? 그들은 오늘의 동양에서 벌어지는 정치·경제·사회에는 참된 관심이 없다. 왜냐하면 그것은 이미 자신의 지배권 내지 사고권 내에 있기 때문이다. 문제가 되는 것은 그들에게 잘 이해되지 않는 근대 이전의 그것이다. 그들은 그것을 어떤 신비적인 것으로 조작하여 왔다. 동양적이라는 수식은 그 정확한 의미부여도 없이 막연히 낭만적인, 감상적인 색깔을 띠어 왔다. 바로 이것이야말로 사이드가 말하는 오리엔탈리즘에 우리 동양인 자신도 세뇌되어 있음을 나타낸다. 자신을 신비화시키는 것은 정신병자나 사이비 종교의 교주 또는 무당의 경우뿐이리라. 예컨대 족보는 한국인의 고유한 신앙인 양 신비화되어 왔다. (한국을 사랑했다는) 어느 일본인은 족보에 모든 것을 거는 전통 한국인을 그렸고 그것이 한국에서 영화로도 만들어진 적이 있다. 그리고 그 족보는 지금 미국의 옌칭연구소에 한국 문학의 상징인 양 수집되어 있다. 족보란 지배집단의 가계였고, 상징이었고, 증명이었고, 부적이었다. 그것은 일제 강점기에 그 교묘한 식민지 기술에 의해 마지막 명예로 대중화되었다. 누구나 그것을 갖기 위해 광분했고, 모든 사람이 양반이 되는 희극이 벌어졌다. 그것은 일제가 날조한 오리엔탈리즘의 극단적 형태였다. 그리하여 씨족 이기주의가 한국인의 심성이 되었다. 그리고 박물관에는 소위 옛 지배계급의 고려 자기나 금관이 있다. 다행히도 우리는 〈007〉로부터 시작하여 〈인디아나 존스〉에 이르는 최근의 동양 수색이나 나폴레옹에서 슐레이만 그리고 〈아라비아의 로렌스〉에 이르는 군사 정보조직에 의한 동양 착취의 대상은 아니었으나, 일반적으로 알려지지 못한 수많은 강탈이 일본이나 서양인에 의해 저질러진 것은 사실이다. 우리는 인디언 영화나 타잔에서 '야만적인' 동양을 대상으로 하여 그 악한을 죽이고 가련한 금발 여주인공을 구출한다는 미국식 오리엔탈리즘을 지난 수십 년간 수없이 보아왔고 손뼉도 쳤다. 그 할리우드 쓰레기를 '명화극장'이란 이름 아래 이

나라의 국영방송은 매주 국민들에게 강요했다. 주연 배우는 국민적 영웅이었고, 청년의 우상이 되었다. 우리나라만큼 미국 내지 미군의 오리엔탈리즘이 거의 완전히 먹힌 나라가 또 있을까? 이 세계 최후의 친미국으로 남은 영광스러운 그 실체가 바로 오리엔탈리즘의 중독이 아니겠는가? 그리고 그것은 학문의 경우 한국을 지배하는 90%(외국 학위 소지자의) 이상의 미국 박사, 아니 권위를 갖는다는 외국 박사들에 의해 보증되고 있다. 인문·사회과학 분야의 한국의 외국 박사는 대부분 오리엔탈리스트이다.

오늘날 서양은 분명히 동양보다 앞선 구석이 있다. 그러나 그것이 식민지 착취에 의한 부의 축적 위에서 가능했었다는 사실을 분명히 인식해야 한다. 물론 그렇다고 해서 서양이 분명히 앞서 있다는 사실을 부정할 수도, 부정할 필요도 없다. 그것은 그것대로 인정하고 배울 것은 배워야 한다. 그러나 사회를 꾸려 나가는 자세 등을 조금 배울 수 있을지는 모르나, 그 사치나 풍요는 배울 수도 없고 배울 필요도 없다. 그것이 필요악이라고 할 사람이 있을지도 모르겠다. 우리가 같은 길을 택하는 한 그것은 필요악이 아니라 도리어 당연한 부수현상일 것이다. 곧 우리가 자본주의를 취하는 한 그것이 갖는 모든 부정은 당연히 따른다. 또는 산업화·공업화의 추세에서 우리만이 예외로 벗어날 수는 없다. 나는 그 길이 언제부터 비롯되었어야 했다는 논의의 의의를 부정하는 것은 아니나, 적어도 해방 이후를 따지는 경우 그것이 친일 세력의 척결문제로 모든 것이 해결될 수 있었던 것은 아니라는 점을 분명히 말하고 싶다. 도리어 그것은 '미군과 소련군이 진주하지 않았다면'이라는 가정에서 비롯되어야 할 것인지도 모른다. 여하튼 나는 그러한 역사적 가정의 무의미함을 여기서 되씹고 싶은 생각은 없다. 여기서 우리가 무엇보다도 분명히 짚어야 하는 것은 서양에 대한 환상―오리엔탈리즘에 대한 웨스터니즘!—을 분명히 버려야 한다는 당위이다. 나는 그것을 이론으로 설명하고 싶은 생각은 없다. 나는 이 책을 번역하는 동안 미국에서 1년여, 영국을 포함하여 유럽에서 1년 이상을 지냈다. 그곳에서 내가 본 것은 인종적 우월주의에 근거한 추악한 자만심과 그 속에 숨겨진 모든 사악함이었다. 나는 그들의 도덕성이나 인간성이 우리의 그것들보다도 뛰어나다고 결코 생각할 수가 없었다. 개인적으로 우수한 인종이라고 생각해 본 적도 없다. 오히려 우리보다도 못한 사람들이, 우리보다 훨씬 노력도 덜하면서 해적 조상이 훔쳐 온 것으로 고상함을 가장하고 있음에 불과했다. 어린 시절, 1950년대와 1960년대에 찢어지게 못살았던 그 시절에 만난 부잣집 아이들의 응석이 만든 순수가 엿보이고, 피아노와 바이올린을 다루는 그 손가락이 고상하게 보여도, 그것이 친일이나 재래지주의 유산임을 알고 침을 뱉었듯이 이제 서양에 대해서 우리가 할 수 있는 것은 그것을 멸시하는 일뿐이다. 물론 아직도 부잣집 아이들이 여전히 출세를 하듯이 서양이 우쭐거린다. 그러나 우리는 그것을 멸시할 수 있다. 그것이 우리의 권리이다. 불필요한 열등감이 아니라 필요한 증오, 멸시, 거부, 비판, 부정을 우리는 배워야 한다. 그리고 이젠 그것을 분명히 표현해야 한다.

7. 제국주의의 전형으로서 영국을 들 수 있다. 소위 해가 지지 않는 나라라는 말이 그것이다. 대영제국주의란 도대체 무엇인가? 그것은 바이킹에서 비롯되는 고도로 훈련된 해적, 도둑 군대 이외에 무슨 제대로 된 것을 가졌단 말인가? 예컨대 그들은 인도와도 바꿀 수 없다고 셰익스피어를 자랑한다. 그러나 셰익스피어가 도대체 무엇인가? 그것은 어거지의 희비극이 아닌가? 가령 《베니스의 상인》을 보자. 그것이 명재판이라고 하나 정작 사기극에 불과한 것이 아닌가? 살을 떼는데 어떻게

피가 안 나온다는 말인가? 그리고 어린 소녀가 어떻게 하룻밤만에 판사가 되는가? 그 전날 밤에 대법원장과 무슨 짓이라도 했는가? 그런 엉터리 법원, 엉터리 법이 어디에 또 있을 수 있는가? 따지고 보면 솔로몬의 재판이란 것도 어거지가 아닌가? 가짜 어머니라고 해서 아이를 죽일 정도로 잔인하다는 논법은 그야말로 단세포적인 것이 아닌가? 진짜 어머니가 아이를 죽이는 데에 반대하지 않았다면(그럴 가능성은 얼마든지 있을 수 있다) 왕은 살인자가 되는 것이 아닌가? 그것이 어떻게 명재판일 수 있는가? 유럽의 근대에 이르기까지 법이란 것이 사실 그랬고, 그 문명이란 것도 마찬가지였다. 셰익스피어란, 어거지의 엎치락뒤치락에 불과한데—남장 여인의 난센스가 대부분이다!—그것을 해적들이 보고 희희닥거리다가 그 세계 침략과 함께 조선반도에까지 흘러 들어온 것이다. 그리고 인도와 바꿀 수 없다는 흰소리를 했다. 그것이 무슨 진리라도 되는 양 지껄이는 영어 선생을 중학교에서 만난 적이 있다. 그리고 셰익스피어를 존경하고 몇 밤을 새워 읽은 적이 있다. 바이런에 미쳐 몇 리를 절름발이 흉내를 낸 불쌍한 시인인지 수필가가 있었다는 얘기와도 같이 남장 여인의 난센스에 혹하여 여장 남자의 흉내까지 상상하기도 했다. 그 영어선생은 영국인은 누구나 셰익스피어 전집을 가지고 있다고도 했다. 나의 중학시절에(1960년대 초) 두 가지 전집이 있었는데 나는 그것이 갖고 싶어 몇 달을 고민하다가 결국 부모에게 거짓말을 하여 그것을 샀다. 도대체 이게 무슨 짓인가? 나는 영·미의 많은 가정을 방문했으나 셰익스피어 전집을 본 적이 없다. 내가 간 곳은 대부분 교수집이었으니—영문학 교수도 있었다—반드시 잘못 본 것만도 아니었다. 일류대학 학생들에게 물어봐도 한두 작품의 이름을 알까, 대개는 잘 몰랐다. 일반 시민들도 평생 그 공연을 한두 번 볼까 말까 했지 책을 읽기는커녕 집에 두지도 않았다. 셰익스피어는 미국에서는 물론 영국에서도 전혀 일상이 아니었다. 오 나의 영어 선생이여! 이젠 더 이상 흰소리를 말아라! 셰익스피어의 4대 비극을 외우는 학생은 이 세상에서 대한민국 수험생들뿐이다. 도대체, 그게 우리에게 무슨 소용이냐? 독일의 시골 할머니도 칸트를 읽는다고 독일을 다녀온 어느 '인민신학자'가 얘기한 것을 읽은 적이 있다. 독일인이면 누구나 괴테나 실러를 줄줄 외운다고 하는 얘기도 있다. 그러나 적어도 역자가 만난 그 누구도 그렇지 않았다. 독일 사람 누구도 자신들을 그렇게 생각하지 않았다. 한국에서 민족과 민주를 얘기하는 많은 사람들이 서양에 젖어 있는 것을 보면 아연해진다. 관광을 한 것도 아니고 몇 년간 살았다는 사람들도 그렇게도 한 구석만 보고 편견만을 키워 온다. 소위 박사공부라는 것이 어떤 하나의 논문거리와 그 지도교수에게만 매달리는 것임은 익히 알려져 있는 사실이나 지극히 평범한 진리, 어디나 사람 사는 곳은 비슷하다는 얘기조차 그들은 잊어 먹고 오는 데에 문제가 있다. 독일인의 대부분은 괴테도 칸트도 읽지 않는다고 단언해도 좋다. 그 어려운 것을 어떻게 알 수 있단 말인가? 마찬가지로 영국인의 대부분은 셰익스피어를 읽지 않고, 프랑스인 대부분은 사르트르를 읽지 않는다. 내가 하버드에 있을 때 그곳을 다녀간 서울법대의 모 교수가 하버드의 거지도 박사라고 했다. 그것은 분명히 과장된 우스개였으나, 자신이 1년 지낸 하버드에 대한 과대한 자랑이 포함된 얘기였다. 하버드의 거지는 서울의 거지보다도 못할 수도 있고 잘나 봐야 그게 그것이다. 독일에도 불과 몇 십 년 전 한국보다 더한 독재와 학살이 있었다. 괴테를 잘 읽고, 베토벤만 들어서 유대인 6백만 명을 죽였는가? 그런 것은 읽을 틈도 없는 가난한 인민들이 히틀러라면 자기들에게 맛있는 빵을 주리라는 환상에서 그를 섬겼다. 그것이 우리의 어제와, 저 수많은 제3세계의 독재와 무엇이 다른가? 요컨대 사람 사는 것은 같다. 다르다면 제도와 기술이 좀 더 발달된 것뿐이다.

한때 인도를 지배했던 영국은 자랑스럽게 얘기했다. 셰익스피어는 인도 이상이라고, 셰익스피어를 인도와 바꾸지 않겠다는 얘기는 얼마나 소름끼치는 인종차별주의이며, 비인간주의인가? 수억의 인도인 중의 단 한 사람과 그가 무슨 차이가 있느냐? 도대체 우리는 무엇 때문에 그를 숭상하는가? 그의 작품은 대중연극으로서 갖는 매력 때문에 영국의 근대국가 형성기의 언어통일에 이용되었고 그것을 위해 정치적으로 선전되었으며, 세계정복과 함께 '문화영국'의 상표로서 선전되었다. 그 밖에 영문학이니 영국문화란 것이 한마디로 그런 제국주의 침략과 직결되어 있다. 그것을 왜 우리가 환장한 듯이 받아들이고 있는가? 서양문화의 계수 가운데 대표적인 것이 바로 소위 기독교이다. 기독교가 일제 강점기에 극성을 부렸다는 점은 그것과 제국주의 침략의 관련성 속에서 음미되어야 한다. 일제 말기의 예외적 저항이란 기독교리상 자기 신이 아닌 일본 신에 대한 거부에서 생긴 것에 불과했다. 여하튼 지금의 서양에는 정작 기독교가 시들어 가고 있다. 그런데 한국에는 왜 그것이 번창하고 있는가? 나는 그것이 미친 듯이 불어오는 근대화 바람, 서양화 바람과 일치한다고 본다. 온갖 외제가 판을 치듯이 종교도 이왕이면 서양제가 좋다는 것인가? 이렇게 우리를 병들게 한 것은 저 영어 선생이며, 그가 카투사로 근무한 미군부대의 버터와 콜라이다. 문화적 제국주의로서 영어회화가 판을 치듯이 정신적 제국주의로서 기독교가 판을 친다. 일제는 기독교의 온상이었고 해방 후 미군의 점령은 그것을 더욱 부추겼다. 그런데 일제 강점기에는 북한에서 그것이 남한보다 극성이었으나 해방 후 북한에서는 씨도 찾아볼 수 없게 되었다. 기독교가 무슨 진리라면 어떻게 그럴 수가 있는가? 도대체 종교라는 것이 그런 것이 아닌가? 오늘의 인민신학과 우리 어머니의 고무신 불교가 뭐가 그리 다른 것인가? 종교에 무슨 특별한 것이 있고 게다가 진짜와 가짜가 있는가? 여하튼 기독교나 셰익스피어나 제국주의 침략에 따라 세계에 전파되었고, 그 침략의 야만성을 은폐하는 수단으로 이용되었다. 그것은 제국주의를 합리화시켰고, 인종차별주의를 낳았으며, 백인우월주의를 제도화시킨 마술이었다. 서양의 잘났다는 치들은 대부분 인종차별주의자였고, 식민지 침략 지지자였으며, 동양 '야만국'에 대한 침략을 예수의 뜻에 따른 '구원'이라고 떠벌렸다. 그런 예수를 믿거나 말거나는 개인적인 취미일 것이나, 그렇다고 덩달아 그런 소리를 할 필요야 없다. 백인 미남자 예수를 쳐다보고 우는 것이야 자유이나 남에게까지 십자가를 들이댈 필요는 없다. 그러나 예수는 정작 키가 작은 중동인이 아닌가? 동양인이 아닌가? 기독교는 물론 서양의 모든 문명이 동양에서 온 것 아닌가? 그러나 그들은 이스라엘을 서양으로 취급한다! 이스라엘을 서양에 집어넣고 팔레스타인을 적으로 취급하는 것은, 적어도 오늘의 이스라엘 역사를 조금이라도 안다면 상상도 할 수 없이 어처구니가 없는 일이라는 것을 알 수 있을 것이다. 이스라엘은 2천 년 전에 그곳을 떠났다. 그리고 2천 년 뒤에 와서 2천 년 이상 그곳에 살던 사람들을 쫓아내고 나라를 세웠다. 그 쫓겨난 사람들이 오늘의 팔레스타인 난민이다. 2천 년 동안 살던 땅에서 쫓겨난 사람들이 그냥 그 땅을 포기할 수 있겠는가? 2천 년 전의 우리 영토는 만주에도 펼쳐져 있었을지 모른다. 그 역사를 이유로 하여 만주에 살던 사람들을 쫓아내고 우리가 그 땅을 차지할 수 있겠는가? 중동전쟁은 어쩌면 영원히 계속될 전쟁인지도 모른다. 그것이 영원하다는 것은 마지막 팔레스타인 사람까지 죽여야 끝날지 모르기 때문이다. 어쩌면 그렇게 될지도 모른다는 불길한 생각도 든다. 왜냐하면 무기를 생산하는 서구의 검은 손이 유대인에 의해 장악되어 있고, 그 전쟁을 선전하는 서구의 매스컴도 유대인에 의해 장악되어 있기 때문이다. 유대인은 그들의 극심한 배타성이 결국 나치를 낳았다는 역사를 반성하지 않는다. 오직 역사의 피해자임만을 주장하고 아직도 그 전쟁을 성전이라고 선전한다. 여하튼 우리는 이스라엘의 기구한 팔자에 동정이 가는 구석도 있지만 팔레스타인 난민은 당장 먹고 살 길이 막연하다는, 곧 그 생존이 문제라는 점을 충분히 이해할 필요가 있다.

다시 영국으로 되돌아가자. 영국이나 독일이나 프랑스나 그 국토와 인구에서 우리와 큰 차이가 없다. 그러나 그곳에 가 보면 누구나 느낄 것이다. 영국의 자연은 아름답다고. 미국이나 서양의 자연은 어디나 아름답다. 끝없는 잔디밭, 성곽, 엄청난 나무들이 있다. 그 속의 인간과 동물도 크고 멋있다. 아름다움이란 이름 아래 그것에 넋을 잃는 것이야 모든 사람의 자유이다. 그러나 문제는 그것에 혼이 뺏겨 비탄에 잠긴 나머지 자살을 한다든가(전혜린!), 그것보다는 더욱 적극적으로 배우고 모방하여 그런 잔디밭을 온갖 농약으로 급조하여 골프장을 만든다든가, 대리석을 수입하여 서양식 성곽을 앞산 앞에 조립한다든가, 수천만 원 하는 이탈리아 가구나 침대 등 온갖 외제 물건을 가득히 채운다거나, 외제 식품으로 배를 불리며 밤낮 두드리고 노닥거린다든가, 롤스로이스니 뭐니 하는 고급 차를 사서 저 복닥거리는 시장길이나 마을 앞 좁은 길을 으스대며 지나다니는 '하면 된다' 식 장군들이나 사장들, 또는 의사, 박사들의 짓거리들이다. 그리고 마침내 그것이 범국민 유행이 되어, 하다못해 짧은 미니스커트나 유방확대 수술 또는 속눈썹 수술이라도 해야 사는 것 같은 느낌이 드는 취미 근대화, 얼굴 서양화라는 점입가경에 더 나아가 온갖 의식주가 극도의 서양화로 치달리게 된다. 미술품 투기나 최고급 음향기기는 예술이란 미명 아래 합리화되고 도리어 그것이 없으면 무식한 놈 취급을 받는다. 옛날의 금잔디, 고향 논밭을 다 밀어서 서양의 잔디밭을 만들고, 1천 년 살 대리석 양옥을 짓고, 최대의 TV, 비디오, 최고의 전축을 사서, 그리고 온갖 서양 배우들의 사진을 붙이고 고상하게 살아 보자며 미인 수술을 하고, 멋진 차를 타고, 밤낮 골프채만 휘두르는 저 젊은 미남녀의 삶……

차창으로 보는 서양은 아름답다. 그러나 그 속에서 일주일이라도 살아보라. 아직도 20%의 인구가 굶주린다는 영국에서 저 귀족들이 말을 달리고 골프를 치던 잔디와 숲은 무슨 의미를 갖는 것일까? 수백만 마리의 개들이 끊임없이 똥을 누어 어디에 앉지도 못하는 저 잔디밭 사이를 굴러다니는 하얀 골프공이 우리와 무슨 상관이 있는가? 여기에는 다람쥐나 가끔 보이는 토끼 이외에 아무 동물도 살지 않는다. 그 속의 호수나 길은 모두 인조이다. 얼마 전까지도 그곳은 폐수였고 고기도 없었다. 아니 그들의 문제야 그들의 것이니 상관하지 말자. 그러나 그것을 모방하자는 우리의 경우는 어떠냐? 우리의 자연은 크지 않다. 우리의 자연은 아기자기하다. 우리는 옛날부터 혼자 말 달리고 공을 치고자 그 누구도 혼자서 수백만 평을 소유하지 않았다. 아무리 지독한 양반, 폭군이라도 그런 짓은 하지 않았다. 땅은 생명이었고, 모두 함께 살기 위한 논밭이었다. 그것은 개인의 놀이터가 아니었다. 우리는 특정한 놀이터를 갖지 않았다. 추수가 끝난 뒤 개울가나 씨름판이 고작이었다. 그러니 그들에게 서양식 운동이 얼마나 우스웠겠느냐! 그리고 궁궐조차 아기자기했다. 도대체 한 가족이 사는 데 몇 천 평, 몇 만 평의 대리석 집이 왜 필요한가? 그것은 착취 속에 사는 것이다. 두세 명이 수십 명, 수백 명을 거느리고 사는 착취의 삶이다. 그 잔디밭을 가꾼 것도 수백, 수천 명의 하인들이었다. 그 집을 지은 것도 마찬가지였다. 그 파티도 수백 명의 하인들이 준비해야 했다. 지금 그것을 보존하는 것이야 그들의 자유이다. 그러나 나는 그것이 바로 그들의 계급민주주의가 갖는 한계라고 본다. 어느 서양 나라라도 극히 예외적인 경우 외에 신분 이동이란 거의 불가능하다. 그러나 우리는 옛날과 달리 어느 정도의 신분 이동이 가능하다. 게다가 우리는 그런 계급문화의 흔적을 조금도 갖고 있지 않다. 있어도 두려운 것이 아니라 아기자기하다. 저 엄청난 베르사유는 막강한 전제권력의 상징이나, 경복궁은 나약한 왕실의 최소한의 권위이다. 그런데 왜 지금 우리가 그것을 닮고자 하는가?

 골프장을 계속 유지하기 위한 막대한 양의 농약 살포, 새와 곤충 그리고 갖가지 동물의 죽음, 권력유착, 인간의 본능인 놀이의 계급화, 아니 무엇보다도 근대화 권력이 인민에게 과시하는 그 엄청난 권력의 전시, 그 속에서 노닥거리는 새로운 귀족의 형성……. 이 저주받을 서양화를 우리는 어떻게 막을 수 있겠는가? 구미의 고급 백화점을 쓸어 가는 신흥 부자들, 온갖 고급저택의 사진을 찍어 가서 그 축소판을 한국에서 만든다는 부동산 투기의 국제화, 갖가지 외제 물건을 사재기로 갖고 들어오는 한심한 인간들. 수백 달러의 입장료를 주고 본다는 연극과 노랫가락은 이미 한국에서 대중 취미가 되었다. 그것을 본 것만으로 예술가가 되고 명인이 되는 이 식민지 문화의 선두주자들……. 대영제국의 하수인으로서 그 문화의 보급에 광분하는 각종 상업 언론재벌들. 이 따위일 바에야 아예 대원군의 쇄국정책이 현명하지 않았겠는가? 서양은 아름답다. 그러나 그것은 착취의 결과이다. 그것은 착취당한 노동자, 농민의 노력의 대가이다. 그러나 그것은 지금까지도 그들의 것이 아니다. 상당수가 공공시설이 되었지만 그것 자체가 인민의 호모루덴스와 직결되는 것은 아니다. 더더구나 우리의 것일 수는 없다. 그것을 모방한다면 우리의 자연은 더욱더 황폐화된다. 더 이상 골프장을 만들지 말라. 더 이상 돈벌이 위락시설을 만들지 말라. 이 좁은 땅 위에, 기름 한 방울 나지 않은 나라에 더 이상 자가용을 굴리지 말라. 더 이상 아방궁을 짓지 말라. 더 이상 서양 흉내 짓거리를 하지 말라. 제발 이 이상 미친 서양놀음을 그만두어라.

다시 영국을 살펴보자. 영국인들이 얼마나 거친 종족인지는 축구전쟁—축구시합에 지기만 하면 난동을 부리는—에서 잘 볼 수 있다. 한마디로 그것은 해적기질이다. 도대체 대영박물관이니 루브르박물관이니 하는 것이 도둑들의 창고가 아니냐? 그 창고를 왜 우리가 침을 흘리고 쳐다보아야 하느냐? 도둑질한 물건들을 번듯이 구경까지 시키는 이 뱃심 좋은 도둑들을 우리는 어떻게 이해해야 하느냐? 대부분의 도둑 물건을 세계 최고라고 자랑하는 것이야 아예 구제받을 수 없는 얌체 짓이라고 친다고 해도 그 짓에 덩달아 춤추는 수많은 관광객—나도 그 하나였다!—을 어떻게 이해해야 할 것이냐? 서양인들은 한때 일본을 경제동물economic animal이라고 비웃었는데 이제는 우리를 그렇게 비웃고 있다. 그들은 일본의 집을 토끼장이라고 비웃었고 우리의 4·19를 쓰레기통에 핀 장미라고 비웃었다. 그러나 정작 누가 경제동물이냐? 외국인에게 지문을 찍게 하는 것은 일본이나, 5만 원 정도의 돈을 강요하는 것은 영국이다. 경제동물의 시조는 영국이 아니냐? 바로 국제 도둑의 시조가 아니냐? 대낮의 세계 강도가 아니었더냐? 대영제국이 아니라 대강도제국이 아니냐? 도둑이 도둑질을 끝낸 뒤에 즐겼던 황당무계한 셰익스피어를 왜 우리의 젊은이들이 읽고 외우고 시험까지 쳐야 하느냐? 그 시간에 영국 해적의 능수능란한 후예들과 장사해서 이길 실용영어라도 한 자 더 가르치는 것이 옳지 않겠느냐? 영문학이니 독문학이니 불문학이니 하는 것이 어떻게 세계문학이란 이름으로 세계 인류에게 보편적인 가치를 가질 수 있는 것으로서 우리에게 강요될 수 있느냐? 할리우드의 삼류 멜로드라마가 명화란 이름 아래 소위 국산인 방화와 구별되어 매주말 모든 한국인을 세뇌시키는 미친 짓을 그만두어야 하듯이 시시한 소설이나 시 따위를 세계문학, 세계명작으로 포장하여 학교체제를 통하여 장사하는 상업주의는 이제 그만두어야 한다.

그리고 정작 외국을 돌아다니는 관광객의 일부는 우리 모두의 피땀을 열심히 낭비하고 있는 부류이다. 하버드나 소르본에도 그런 사람들로 우굴거린다. 그리고 하버드를 우상화한다. 〈하버드 대학의 공부 벌레들〉, 〈러브 스토리〉, 〈하버드 스토리〉니 뭐니 하는 온갖 지식 상업주의가 그것을 위하여 등장해서 서양 사대주의를 강화하여 간다.

그러나 그들은 우리를 어떻게 보고 있는가? 그들은 우리를 관광 수입의 대상이라는 점에서 대접이라도 하는가? 천만의 말씀, 그들은 결코 우리를 반기지 않는다. 한국의 대통령이 영국을 다녀갔을 때 영국의 신문과 TV는 오직, 개를 먹는 대통령이라고 비난하는 영국의 극소수 동물 애호 단체의 데모만을 보도했다. 미국에 갔을 때는 그래도 인권과 관련된 데모였으니 최소한의 정치적인 대접은 받았다고 할까? 그러나 영국인은 남의 식성을 시비했다. 영국에는 이런 농담이 있다. 영국에도 인도와 마찬가지로 네 개의 계급이 있다고. 그러나 사람만을 나누는 인도와 달리 영국에는 개가 포함된다. 곧 첫째는 영국 사람(그들은 앵글로색슨 순종이라고 하는데 역사를 조금이라도 아는 사람이면 그야말로 잡종임을 금방 알게 된다), 둘째는 영국개(이것도 잡종이다), 셋째는 영국 국적을 가진 소수 인종(주로 허드렛일을 하는 인도·파키스탄·아프리카인, 곧 옛 식민지에서 그래도 잘살아서 영국까지 이민 온 사람들), 넷째는 전혀 반갑지 않은 외국인들(외국인도 다시 넷으로 구분된다. 첫째 상놈 형제인 미국인, 둘째 보기 싫은 경쟁자인 유럽인, 셋째 얻어 먹으러 다니는 구식민지인, 넷째가 황인종 곧 극동인종).

남의 나라 사람들의 식성을 시비하는 이 건방진 족속은 도대체 무엇을 먹는지 나는 알고 싶지도 않다. 저희가 먹는 수많은 고기─개를 뺀 모든 고기─는 괜찮고, 단 하나 먹지 않는 개─안고 자고, 끼고 자고, 밤낮 부비고, 갖가지 놀이를 하고, 화장도 시키고, 전문병원도 있고, 전문서적이 즐비한—를 먹는다고 시비를 하다니! 그들이 수백 년 지배한 탓으로 온 땅이 황폐해져 아무것도 자랄 수 없는 아프리카에서 수천 명의 아이들이 매일 죽어 가도, 개를 위한 갖가지 요리가 TV에 요란스럽게 나오고 슈퍼마켓이 그 음식으로 가득찬 이 나라에서 우리는 어떻게 제정신일 수 있는가? 그 아프리카를 수백 년 착취하여 먹다 먹다 남은 것으로 키운 개새끼들보다도 우리가 못하다는 얘기는 물론이고, 아프리카의 사람들이 그 결과로 죽어 간다는 것은 무엇을 말하는가? 포르노에까지 개를 등장시켜 미친 듯이 개와 즐기는 이 개와 같은 족속들을 우리는 앞으로 어떻게 취급해야 될 것인가? 영국인들은 외국인과 친구가 되지 않는다고 한다. 아이들은 어릴 적부터 제국주의의 역사를 배운다고 한다. 무식하고 더러운 나라를 구제했었다고! 일제의 황국사관보다 더한 제국사관은 어려서부터 교육된다. 개보다도 못한 외국인도 어려서부터 개와 함께 사는 가정에서 멸시된다. 그들은 오직 자민족 중심의 지배사만 배운다. 바로 우리가 배우는 세계사이다. 우리는 그것을 그대로 배우면서 일본의 황국사관을 욕한다. 엄한 주인 앞에서 노예들끼리 싸우는 꼴이다. 아니 일본은 이미 영국을 능가하는 도둑이 되었다.

영국을 어떻게 볼 것이냐? 우선 이 나라에서 가장 유명한 것—우표 딱지에나 돈에나 신문에나 방송에나 잡지에나 어디에나 약방감초처럼 나오는 것—은 여왕이다. 영국 최고의 코미디가 여왕, 황태자, 그 마누라, 여왕 남편 등의 일족이다. 영국이 민주주의 나라라고? 웃기는 소리 하지도 마라. 여왕은 만천하가 보는 TV 앞에서 짐의 나라, 짐의 신하 운운한다. 미친 놈이 아니라면, 바보가 아니라면 이 나라를 민주주의 국가라고 할 수 없다. 조선의 왕은 폭군 또는 바보였고 영국 왕은 똑똑했고 어진 친구였다? 일본의 왕은 나쁜 놈이고 영국 왕은 아름다운 엘리자베스? 웃기는 소리 하지도 마라. 왕이란 것 자체가 잘못된 것이다. 그 어느 것이 잘났고 옳은 것이 없다. 우리가 민주주의 하겠다는 것은 왕 자체를 부인하는 것이지 왕의 점수를 매겨서, 심사해서 괜찮으면 기생충처럼 데리고 살자는 것이 아니다. 영국 왕은 프랑스나 독일과는 달리 쫓겨나지 않을 정도로 양보했다고 한다. 그 귀족들도 줄 것은 주었기에 아직 목숨을 부지하고 있다고 한다. 좋다. 그것은 너희의 사정이다. 어쨌든 너희는 분명히 입헌군주국이다. 민주주의가 아니다. 그래서 영국이나 일본이나 아직 제국주의에 젖어 있다. 아니라고? 군림은 하되 통치하지는 않는다고? 이 세상에 어느 왕도 통치한 적은 별로 없다. 왕이란 것은 언제나 상징적인 것이었다. 그러니 왕의 질이 어떻다느니 헛소리를 할 필요가 없다. 도리어 오늘의 여왕은, 또는 천황은 사실상 정신적인 지배자이고 표상이다. 모든 이데올로기의 전형이다. 여왕은 미국의 마릴린 몬로 이상으로 영국인을 사로잡고 있다. 그녀는 영국 보수계급의 상징이고 아성이고 대표이다. 일본의 천황이 그러하듯이 그녀는 영국의 표상이다. 그것과 함께 어진 왕의 동화가 가르쳐지고 그것이 세계의 아동문학이란 이름 아래 한국에까지 전래되어 왔다. 셰익스피어와 마찬가지로 갖가지의 임금, 여왕, 공주, 왕자의 서양 동화도 우리의 아동문학에서 이젠 제외되어야 한다. 언젠가 한국 TV는 영국 황태자의 결혼식을 중계방송한 적이 있다. 한국 TV야 정신 없기로 세계적으로 유명한 것이기는 해도 그것만큼은 해도 너무 했다. 차라리 미스월드대회야 그 천박성에도 불구하고 눈요기라도 된다지만 그것은 정말 웃기는 동화가 아니었는가? 한국에도 영국에 미친 사람들이 많다. 그들은 하나같이 여왕을 좋아하고 영국 것이라면 그야말로 개똥도 좋아한다(그 개의 똥이니!)는 식이다. 그런 철딱서니 없는 이들이 한국 언론의 중견이고, 외교관이고, 국무총리라고 한다. 그러니 대한민국이 민주주의 된다는 이야기를 어떻게 할 수 있겠는가? 그런데도 그들은 모조리 민주주의자이고,

독재와 싸운 인민의 지팡이라고 한다. 한국의 민주주의라는 것이 아직까지 그런 사치에 젖어 있다. 영국식 민주주의라니!

한국에는 영국에 대한 묘한 미신이 있다. 물론 다른 나라도 그렇다. 한국과 가장 닮은 일본은 가장 다른 나라처럼 느껴지며, 군대훈련이 강력한 스위스는 평화의 상징으로 알려져 있다. 나치의 독일은 거의 잊혀지고 음악과 과학의 독일로 알려진 것도 마찬가지이다.

가장 우스운 것은 영국이 사회주의의 본고장이라는 미신이다. 지금도 그런 선전이 나오는지 모르겠지만, 한국의 유수한 진보적 출판사가 마르크스에 관한 책을 내면서, 그 필자를 마르크스주의의 본고장인 영국에서 공부했다고 소개한 적이 있다. 본고장이란 무슨 말인지 잘 알 수 없으나 유럽 안에서도 영국만큼 비사회주의적인 나라도 없다. 게다가 한국 최고 대학의 교수라는 그 필자도 일본 사회주의 이론을 영어로 써서 학위를 받은 것이 아니냐? 정치적인 활동은 물론, 학문적인 연구에서도 영국은 가장 보수적인 곳이고 케임브리지와 옥스퍼드는 그 아성이다. 마르크스는 만년을 영국에서 보내고 죽었으나 그는 유독 영국에서만은 뿌리내리지 못했다. 영국에는 공산당은커녕 사회당도 없다. 그럼에도 영국이 사회주의의 본고장이라니, 그것은 영국이 신사의 나라라는 거짓말 이상으로 과도하게 과장된 거짓말이다. 도대체 신사란 것이 무엇인가? 그것은 지배계급을 뜻했다. 우리의 양반과 같다. 우리의 양반이 그랬듯이 영국의 지배계층이란 옛날이나 지금이나 점잔을 빼는 위선자들이다. 그것은 지배자의 특징이다. 그러나 되돌아서면 '온갖 거짓을 일삼는 이중인격자'들이다. 소위 축구전쟁으로 불리는 영국인의 폭력성은 심지어 대학에서도 나타난다. 그들은 평소에 모든 것을 감추고 살다가 밤이 되어' 술을 마시면 폭발한다. 대학의 기숙사마다 비치된 술집은 바로 그 카타르시스를 위한 포효의 터이다. 영국은 보수의 왕국으로서 자만심으로 먹고 산다. 섬나라라는 지리적 특성으로 인하여 근대에 와서 국내에서는 거의 전쟁이 없었고―일본과 같다―과학의 발달로 산업혁명이 조기에 가능하여 식민지를 확대했다. 특히 그들은 해적의 후예로서 남보다 빨리 남의 땅을 뺏을 수 있었다. 그 덕분에 영어가 세계어가 되었고, 시골 문사 셰익스피어가 벼락출세를 했다. 그리고 그 모든 침략을 정당화시키는 기독교가 신의 은혜를 독점했다. 서양문명이란 그런 것이다. 그것은 별것이 아니다. 그런데도 우리는 그것에 미쳐 있다. 최소한 기독교가 거부된 일본과 같은 원칙도 없다. 모든 것이 광풍처럼 서양화로 치달리고 있다. 그 속에서 서양화된 동양인식, 한국인식은 신비한 야만국이다. 노장 따위의 도사가 그 어지러움 속에서 동양학의 이름으로 등장하고, 엄밀하게 분석되어야 할 저 제국침략의 시대는 오직 극단적인 증오로 치부되어 있다. 지금 우리가 알아야 하는 것은 제국주의의 본질, 바로 그것이다. 똑같은 제국주의임에도 이웃인 일본은 밉고 서양은 좋다는 지극히 모순된 믿음이 이 나라에는 있다. 그것이야말로 오리엔탈리즘이 철저히 뿌리박은 증거일 것이다. 이것은 민족적인 정신분열증이다!

8. 한국의 인문·사회과학서는 플라톤이나 아리스토텔레스에서부터 시작한다. 민주주의가 우리의 믿음이 되어 있는 지금, 그들은 서양민주주의의 근원으로도 인식되고 있다. 그러나 그들은 모두 노예주의자였다. 그들이 민주주의자라면 단군 이래 한국의 모든 사람들은 물론 이 세상의 그 누구도 민주주의자가 아니겠는가? 사이드는 수많은 문학가, 철학자들이 인종, 노예, 식민지에 관해 고루한 반동이었음을 밝히고 있다. 마르크스는 동양에 대하여 동시대의 편견에서 벗어나지 못했으며, 근대 서구의 지성이란 거의 대부분이 서구중심주의자였고 인종차별, 제국주

의자였다. 알베르 카뮈조차 자신의 출생지인 식민지 알제리의 독립에 대해서는 무관심했다. 그의 《이방인》은 당시의 알제리인과는 아무 상관이 없었고, 오늘날 그의 이름은 알제리에서 전혀 논의되지 않고 있다. 서부영화의 야만 인디언이나 타잔의 식인종은, 일제 시의 조센징이나 한국전쟁을 배경으로 한 미국의 코미디 드라마 〈Mash〉에 나오는 고약한 한국인과 다름이 없었다. 그럼에도 우리는 보안관과 타잔에게 박수를 쳤다. 요컨대 노예의 상호 증오와 주인에 대한 아부경쟁이 전 세계적으로 오리엔탈리즘을 형성했다. 이런 상황에서 서구에 탐닉한다는 것은 동양인의 경우 아예 범죄이다. 미국에서 또는 유럽에서 학위를 땄다고 하여, 항상 서구를 예찬하고 자녀를 외국 유학이나 보내는 작자들은 가장 철저히 세뇌된 노예들이다. 한국을 비롯한 제3세계의 대부분은 정치·경제·사회적으로, 특히 문화적으로 그들에 의해 지배되고 있다. 서구지식의 독점에 의해 명맥을 유지하는 그들은 근본적으로 반인민적이다. 소위 원서에 대한 신앙만으로 살아가는 그들은 사실상 서구어로 살아간다. 그들은 자기 나라 사람들을 철저히 자신과 구분되는 인종으로 멀리한다. 완벽한 영어가 그들의 무기이고, 영어로 쓰고 얘기하는 것이 그들의 특기이다. 그들은 대부분 미국에서 오리엔탈리즘의 일부를 형성한 논문으로 박사를 받고 그 선교사로서 조국에 돌아온다. 그리고 조국의 현실이나 인민의 의식에 관계없이 자기들만 읽는 잡지에(심지어 영국왕립동양협회인지 뭐니 하는 것의 지부까지도 있다) 영어로 오리엔탈리즘을 재생산한다. 그리고 외국 대사의 고문격, 외국 장학금의 심사위원으로서 그런 후학들을 재생산한다. 그리고 열심히 선진 서양과 후진 동양의 서양화를 위해 갸륵한 일생을 바친다. 그리고 외국에서 훈장을 받거나 명예학위를 받아 죽기 전에 영광의 눈물을 흘린다.

저 이토 히로부미로부터 오늘의 수많은 일본인까지, 이조 말의 선교사로부터 오늘의 교황 대사에 이르기까지, 일본의 조선 침략을 미국의 필리핀 침략으로 상계(相計)한 대사들로부터 오늘의 한국인 들쥐론을 편 대사에까지 바로 그들은 아리스토텔레스의 후예였고 밀의 후배였다. 만일 영문학이나 영국의 사회과학에 탐닉하면서 일본의 조선침략을 비난하는 사람이 있다면 그는 정신분열증 환자라는 비난을 면할 수 없다. 밀의 《자유론》을 들먹이면서 한국 민주주의의 후진성을 논한다면 그것은 밀의 인도에 의한 경우의, 제국주의 지배를 합리화시키는 논리에까지 연결되어야 한다. 의회민주주의를 운운하며 일제를 비난하는 정치학자가 있다면 그는 자기모순에 빠져 있는 것이다. 자본주의를 숭상하며 일제의 경제침략을 비판하는 경제학자도 마찬가지이다. 적어도 일제는 의회민주주의와 자본주의의 틀 속에 있었고, 우리는 그 지배권 속에 있었다. 일제란 그런 의미에서 현대 한국의 기본이요 모델이다. 우리는 그 시대의 연속에 살고 있다. 바로 일본이 그러하고 한국이 그러하다. 만일 일제를 부정하려면 현대의 한국도 부정해야 하고 나아가 서구를, 아니 세계를 부정해야 한다. 흔히 독일의 전후 참회와 일본의 전후 반동을 비교한다. 그러나 그것은 어디까지나 자국의 이야기로서 우리와는 사실 상관이 없다. 문제는 일본이 갖는, 우리를 비롯한 동양국가 침략에 대한 무반성과 반동인데 그것은 오늘의 영국이나 프랑스의 경우와 완전히 동일하다. 따라서 사실상 제국주의사상에 기초한 영문학 내지 영국학문에 탐닉하면서 일제의 침략 운운한다는 것은, 인디언을 멋지게 학살하는 보안관에 열광하면서 독립운동을 찾는 것과 똑같다. 나는 지금 우리의 서구인식이 이중적이라고 단정한다. 서구는 좋고 일본은 나쁘다, 중국은 나쁘다 라는 것은 신판 사대주의 이외의 아무것도 아니다. 그것은 일본이나 중국의 경우도 마찬가지이다. 여하튼 우리는 일제사관 운운하면서 서구제국주의사관의 세계사, 세계문학, 세계학문을 그대로 이어받고 있다. 이러한 서구주의에서 벗어나지 않는 한 진정한 민족자주의 인민을 위한 학문이 성립될 수 없다. 이제는 서구에 대한 탐닉을 버려야 한다. 그러나 그것이 서구에 대한 비판적 관심의 포기를 뜻하는 것은 아니다. 우리는 이미 그 지배권 속에 포함되어 있다. 벗어나려야 벗어날 수가 없다. 문제는 그 속에서도 정신을 차려야 한다는 것이다. 그것을 비판적으로 보고 대응해야 한다는 것이다. 그러한 자세의 가장 훌륭한 보기를 우리는 사이드의 이 책에서 찾을 수 있다고 하여도 과언이 아닐 것이다.

동양이란 개념 자체가 조작된 것이고 그 내용도 마찬가지이므로 그 대응인 서양과 함께 결국 없어져야 하는 것이라고 보는 사이드의 논의에 이의를 제기할 사람도 있을 것이다. 여하튼 사이드에 의하면 동양학이란 개념 자체가 허구이다. 그러나 오리엔탈리즘에 관한 비판은 사이드에 의해 최초로 시도된 것은 아니다. 우리는 그 선구적 작업으로서 당연히 프란츠 파농Franz Fanon(1925~1961)의 여러 저술을 상기할 수 있다. 그의 책은 오역된 경우가 많아서 한국의 독자들에게 충분히 이해되어 있다고 보기는 어렵다. 그는 누구보다도 사이드의 스승으로서 지목될 수 있다는 점에서 주목되어야 한다. 이 점은 사이드 자신도 인정하고 있으며, 그 외에도 그는 A.L. 티바위A.L. Tibawi, 타랄 아사드Taral Asad, 세이드 후세인 알타스Sayed Hussein Alatas, 에이메 F. 세자르Aimé F. Césaire, 로밀라 타파르Romila Thapar 등이 이미 자신이 《오리엔탈리즘》에 관하여 말한 것을 얘기했었다고 말했다〔Samih Farsoun (ed.) Arab Society, Continuity and Change London, Croom Helm, 1985〕. 그들은 모두 제3세계 학자이기 때문에 우리에게 알려진 바 없고 여기서 그들을 간단히 소개할 수도 없으나, 그러한 선구자가 있었음은 지극히 당연한 일이 아닐 수 없다. 그러나 이 책은 오리엔탈리즘을 소재로 하여 상이한 문화와 사회 및 역사의 표상, 권력과 지식의 상관관계, 지식인의 역할 그리고 종류를 달리하는 텍스트나, 텍스트와 컨텍스트, 텍스트와 역사 사이의 관계에 얽힌 방법론상의 문제를 취급한 것으로 보아야 한다. 이러한 기본적인 사고의 차원에서 사이드는 거의 절대적으로 푸코에 의존하고 있다고 하여도 과언이 아니다. 미셸 푸코Michel Foucault에 대한 기본적인 인식을 위하여 나는 강원대학교의 이광래 교수가 쓴《미셸 푸코―광기의 역사에서 성의 역사까지》(민음사, 1989)를 추천한다. 이광래 교수는 한국에서 처음으로 소개된 푸코의 저서인《말과 사물―인간과학의 고고학 Les Mots et les Choses : Une Archélogie des Sciences Hamaines》(민음사, 1987)의 번역자이기도 하다. 그 외 김현 교수의《미셸 푸코의 문학비평》(문학과 지성사, 1989)과 이규현 등에 의한《성의 역사》전 3권(나남, 1990), 마크 포스트의《푸코와 마르크스주의》(조광제 역, 민맥, 1989), 드레퓌스Drefus와 라비노Rabinow의《미셸 푸코―구조주의와 해석학을 넘어서》(서우석 역, 나남, 1989) 등의 소개서가 있다. 독자들이 이상의 책들을 기본적으로 참고한다는 전제 하에서 푸코와 사이드의 사상적 관련성을 간단히 스케치하면 다음과 같다.

우리의 삶은 무엇으로 이루어지는가? 옛말에 지와 행의 일치니 하는 얘기가 있다. 아는 대로 행하여야 한다는 얘기이다. 그런데 실제로 앎知과 함行이란 무엇인가? 안다는 것은 궁극적으로 진리를 추구한다는 것인데 그것이 실제로는 강제된 것이 아닌가? 그리고 행한다는 것은 궁극적으로 도덕과 법을 지킨다는 것인데 그것도 실제로는 강제되는 것이 아닌가? 그 강제란 바로 지배이다. 푸코는《감시와 처벌 : 감옥의 탄생 Surveller et Punir, Naissane de la Prison》(Gallimard 1975, 박홍규 옮김, 강원대학교 출판부, 1989)에서 근대정신의 계보에 대한 조사를 시도했는데, 그곳에서 발견한 지배의 방식이 규율·훈련discipline이었다. 그는 기숙사, 학교,

병원, 군대, 수용소, 공장, 수도원 등의 모든 근대적 수용시설의 원리를 그것으로 파악했다. 그것은 동시에 식민지의 경우에도 같다고 시사되었다. 푸코의 경우 권력에 대한 이러한 새로운 개념의 문제는 이미 《광기와 비이성—고전주의시대에서 광기의 역사 *Folie ét d'Eraison-Histoire de la Folie à l'Âge Classique*》(Paris : Plon 1961)에서 추구된 폐쇄 및 배제의 전략과 관련되어 있다. 호르크하이머와 아도르노가 《계몽의 변증법》에서 얘기한 것과 비슷하게, 《광기의 역사》에서 말하는 역사란, 어떤 시대의 정신착란을 망라한 목록의 작성이 아니라, 고전주의 시대 이후의 문화가 스스로 외부 또는 타인과의 분할 그리고 그 폐쇄와 배제에 의해 스스로를 구성하는 경계, 나아가 한번 확립되면 묻혀 버리는 제도적 실천과 인식장치의 역사였다. 광기, 비이성의 경계 설정에 의해 스스로를 기초 지운 이성 또는 지식은 질서의 담론으로서 권력작용의 기능을 담당하고, 사람들의 선별, 검사, 분류, 교정의 방식을 규칙화한다. 격리와 폐쇄의 대상이 되는 것은 광인만이 아니다. 서구 근대의 수용소에는 우리의 복지원과 같이 방탕자, 방랑자, 부랑자, 실업자 등이 모두 감금되었다. 이러한 상호관련 되는 현실 속에 다양하게 매개된 권력관계가 근대사회를 형성한다. "정신은 신체의 주위에서, 그 표면에서, 그 내부에서 권력의 작용에 의해 생겨나는 것이고, 그 권력이야말로 처벌되는 사람들에게, 더욱 일반적으로 말하자면 감시되고 훈련되며 교정되는 사람들에게, 곧 광인, 어린이, 학생, 피식민자에게 대하여 또 어떤 생산장치에 갇혀 그 생애의 대부분을 계속 감독당하는 사람들에게 행사되는 것"이다(위 번역본 55쪽). 사이드는 이러한 서양사회의 범인, 광인, 빈민, 어린이, 학생과 이방인이 결부되며, 그것이 바로 동양인의 표상과 결부된다고 보았다. 그는 이 책의 서설에서 다음과 같이 밝혔다. "간단히 말하자면 오리엔탈리즘이란, 동양을 지배하고 재구성하며 위압하기 위한 서양의 스타일이다. 이 점에 관하여 나는 미셸 푸코의 《지식의 고고학》과 《감시와 처벌》 속에서 설명된 담론이라는 개념을 원용하는 것이, 오리엔탈리즘의 본질을 밝히는 데 유효하다고 생각한다. 곧 담론으로서 오리엔탈리즘을 검토하지 않는 한, 계몽주의시대 이후의 유럽문화가 정치적, 사회적, 군사적, 이데올로기적, 과학적으로, 또 상상력에 의해, 동양을 관리하거나 심지어 동양을 생산하기도 한 경우의 그 거대한 조직적 규율·훈련이라고 하는 점을 이해할 수 없다. 푸코는 근대사회를 규율·훈련의 사회로 파악했다. "모든 종류의 장치와 제도를 관통하고, 그것을 결합하여 확산하고 집중시켜 그것들이 새로운 방식으로 행사되도록 하는 권력의 형태이자 기술"인 규율권력의 지배 하에서는, 권력을 법이나 터부, 자유 또는 주권이라고 하는 개념과 관련시켜 말하는 것을 그만두어야 한다. 특히 거대한 권력=국가권력이라고 하는 유일한 형태에 부여된 특권을 박탈하고, 권력을 사회체와 외연을 함께하는 정도로 다양한 여러 가지의 관계 또는 전략으로서 파악할 필요가 있다. 그렇지 않으면 권력을 단순히 억압이나 금지라고 하는 부정적인 메커니즘으로서만 이해하고, 사회적 영역의 불안정한 세부에 편재하는 권력의 네트워크를 간과하게 되기 때문이다. 그렇다면 권력 그 자체를 국가장치 속에 실체로서 존재한다고 보고 그 작용을 법적인 명령의 행사로써 설명하는 것이 아니라 도리어 여러 가지의 초점이나 심급의 효과로써 국가를 파악하여야 한다. 따라서 공장이나 학교, 군대나 감옥, 병원 등의 일상적인 사회공간을 지배하는 관계를 간과하고서 국가·법적 권력을 말할 수가 없다. 푸코는 《성의 역사》 제1권 《앎에 대한 의지 *L'Histoire de la Sexualit I, La Voloné de Savoir*》 (Gallimard, 1976)에서 권력이란 "무수한 힘의 관계이며, 그것들이 행사되는 영역에 내재적이고 또한 그러한 조직의 구성요소이기도 한 것이고 끊임없는 투쟁과 충돌에 의해 그것들은 변형되고, 강화되며, 역전되는 승부게임이다"라고 했다. 국가의 주권이나 법의 형태 또는 지배의 총체적인 통일성이라고 하는 표상은, 권력의 최종 형태로서 이해되어야 한다. 그러한 입장에서 감옥은 푸코에 의하면 다음과 같이 설명된다.

구체적으로 어떤 경위를 거쳐 18세기 말엽에 감옥을 가장 중요한 징벌 형식으로 선택하고자 결정하였는가를 조사해 보면, 실제로는 그것에 앞서서 사람들의 행동 범위를 일정한 장소에 한정시키는 기술, 사람들을 일정한 장소에 정주시키는 기술, 사람들에게 어떤 특정한 몇 가지 행위나 습관을 강요하는 기술 등의 여러 가지 기술이 오랫동안 형성되어 왔음을 알 수 있다. 한마디로 말하면 그것은 문자 그대로 사람들을 조련시키는 dresser 기술이다. 바로 이러한 흐름 속에서 17세기 이전에는 존재하지 않았던 병영이 나타났으며, 또 16세기까지 존재하지 않았던, 예수회 계통으로 대표되는 기술학교가 나타났다. 수백명의 기술자(직인)를 고용하는 대작업장이 나타난 것도 18세기였다. 그러므로 당시에 먼저 있을 수 있는 모든 '조련'기술—행동범위의 한정, 감금, 감시 또는 행동과 역할의 계속적인 통제—이, 한마디로 말하면 있을 수 있는 모든 '관리'기술이 형사법의 영역에 나타났고, 또는 형사법의 영역으로 옮겨 간 것이다. 그런데 개인을 조련하기 위하여 이용된 모든 기술은 어떤 사태에 대응하여 나타난 것인가? 나는 《감시와 처벌》에서 그것에 답했다. 곧 대작업장의 경우, 이러한 새로운 관리기술이 생산이라고 하는 경제적 필요성에 응한 것도 물론이다. 그러나 병영의 경우는, 이러한 기술이 실제적인 문제와 정치적인 문제에 동시에 결부되어 있다. 곧 익히기 상당히 어려운 작업(예컨대 대포의 조작)을 행하는 전문적인 군대를 발전시켜야 한다는 정치적 필요성과, 그것을 위해서는 병영과 같은 곳에서 훈련되어야 한다는 실제적 필요성이 있었던 것이다. 또 학교의 경우는 이러한 관리기술이 정치적 그리고 경제적인 필요성과 밀접하게 연결되었다.(피에르 본센과의

인터뷰, '권력에 관하여')

　근대정신의 계보조사가 되는 처벌권력의 '미시적 물리학' 역사에는 신체에 대한 권력의 기술론이 침전되어 있고, 이 기술론과 상관되어 처음으로 정신은 그 역사적 실재성을 획득했다. 곧 어떤 형태의 권력의 성과와 어떤 지식의 지시관련의 유기적인 결합의 구성요소야말로 근대적인 사유가 정신이라고 부르는 것의 참된 모습이다. 이러한 의미에서 권력은 언제나 어떤 지식을 낳는 것이고, 지식의 영역이 상관적으로 성립하지 않고서는 권력의 관계도 존재하지 않으며, 또한 권력관계를 규정하지 않는 지식은 존재하지도 않았다. 그렇다면 근대적인 주체로서 '인간'이란 그 해방적인 이미지와는 전혀 반대로, "근본으로부터 형성된 복종화의 성과"에 불과한 것이다. 푸코의 역설에 가득찬 표현을 빌리자면 정신이란 "어떤 정치해부의 성과이자 도구"이고 또한 "신체의 감옥"이었다(《감시와 처벌》, 56쪽).

　푸코에 의하면 고전주의 시대에 신체는 권력의 대상, 표적으로 발견되었다. 곧 그 후 권력의 여러 관계는, 주체가 안는 표상에 매개되지 않고 신체의 두께 그 자체를 통과하는 신체 권력의 네트워크가 만들어지게 되었다. 그 방법이 바로 규율·훈련이었다. 여기서 신체는 권력 장치 속에 완전히 포함되고 검사, 분류, 배분, 교정 또는 배제의 대상이 되었다. 권력의 역학으로서 '정치해부학'이 탄생한 것이다. '규율·훈련'은 '순종하는 신체'를 만들어 내었고, 힘의 절약, 효용이라고 하는 의미에서 신체의 힘을 증가시키고 복종이라고 하는 점에서 그 힘을 감소시켰다. 달리 말하자면 감시(규율·훈련)는 "신체의 힘을 분리시킨다. 곧 한편으로 감시는 그 힘을 '소질', '능력'으로 변화시켜 그것을 증대시키고자 노력한다. 그리고 다른 한편으로는 '체력' 및 그 결과일 수 있는 '강함'을 반전시켜서 그것을 엄격한 복종관계로 변화시킨다"(《감시와 처벌》, 186~187쪽). 이러한 감시시설은 군대 속에서 그 이상적인 모델이 발견되었다. 그러나 더욱 완벽한 감시시설은 영국의 제러미 벤담이 고안한 원형 감시시설에서 볼 수 있다.

　규율·훈련의 권력은 서구근대사회의 내부에 다양한 지배 코드를 형성시켰으나, 그것과 동시에 '상상의 지리'를 매개로 하여 내부의 이질적인 것과 결합된 '동양'이라고 하는 방대한 표상을 만들어 내고 그 '내부의 타인'을 지배, 관리하고자 해 왔다. 사이드의 《오리엔탈리즘》이 푸코의 담론개념을 원용하면서 해명하고자 한 것은 그러한 문화적인 헤게모니의 지배였다. 오리엔탈리즘은 "유럽의 실질적인 문명과 문화의 구성부분을 형성"했고, "동양을 문화적으로 또는 이데올로기적으로, 하나의 모습을 갖는 담론으로서" 그리고 제도, 낱말, 학문, 이미지, 주의주장 나아가 식민지의 관료제도와 식민지적 스타일로서 구성했다. 요컨대 오리엔탈리즘은 동양을 지배하고 재구성하며 위압하기 위한 서양의 양식이다. 마치 '이성'이 스스로의 '외부'로서 '광기'를 날조함으로써 성립된 것과 마찬가지로, 유럽문화는 '은폐된 자기'이기도 한 동양을 소외시킴으로써 스스로의 정체성과 힘을 획득할 수 있었다고 사이드는 분석한다. 이러한 의미에서 서양에 비추어진 동양이라는 세계는 서양의 "흔들리지 않는 중심성"으로부터 생겨난 것이다. "오리엔탈리즘은 담론이다"라고 하는 명확한 규정을 기둥으로 삼아, 그리고 푸코의 지식·권력 개념을 발판으로 삼아 사이드의 논리는 전개된다. 자유와 권력, 폭력과 관념형태, 지식과 권력의 고유한 대칭성에 유의하면서 사이드는 담론과 정치권력의 상관관계를 비판한다. "그 담론은 살아 있는 정치권력과 직접적인 대응관계에 있는 것이 아니라, 도리어 다종다양한 권력과의 불균형적인 교환과정 속에서 생산되고, 또한 그 과정 속에 존재한다. 그것은(식민지제도나 제국제도에 나타나는) 정치권력과의, (비교언어학, 비교해부학, 또는 현대의 여러 가지 정책과학과 같은 유행 학문에 나타나는) 지적 권력과의, (취미와 텍스트 그리고 가치에 관한 정통성 및 규범에 수반되는) 문화적 권력과의, 그리고 ('우리의' 행동에 관한 관념 및 '그들은' "우리와 같이 행동하거나 이해할 수 없다"고 하는 관념에 나타나는) 도덕적 권력과의 교환에 의해 상당한 정도로 형성된 것이다." 곧 오리엔탈리즘은 지적인 것에 의해 정치적인, 정치적인 것에 의해 지적인 현대문화의 중요한 차원을 표상하는 것이다. 그러나 그것을 단지 억압적·금압적인 것만으로 생각해서는 안 된다. 푸코의 권력개념이 그렇듯이 사이드의 문화적 헤게모니론도 오리엔탈리즘의 '생산성', '문화적 풍요'를 간과하지 않는다. 그 방대한 텍스트를 헤치면서 사이드는 낱낱이 비판해 나간다. 그리하여 그는 오리엔탈리즘의 문화적 헤게모니를 소멸시킬 수 있는 지평을 모색한다. '지배지식'으로서 오리엔탈리즘을 대신할 수 있는 것은 무엇인가? 어떻게 하면 "타인을 억압하거나 조작하지 않고 자유를 옹호하는 입장에 서서 다른 종류의 문화와 민족을 연구할 수 있는가?"라는 물음이야말로 사이드의 궁극적인 관심이다. 그것은 동시에 지식과 권력이라는 복잡한 문제를 근원적으로 재검토하는 것과 직결된다. 나아가 참된 문화인식의 지름길이다. 인종 내지 문화차별이나 국수주의, 맹목적 애국주의 그리고 그것이 낳는 비민주주의가 아닌 인민의 세계, 그 세계의 인민이 평등과 자유의 차원에서 인식되는 것이 불가능한가? 개인-사회-국가-세계 단위의 참된 민주주의는 일관된 원리에 입각한다. 개인의 가치-민족문화-세계문화도 지배가 아닌 공존, 착취가 아닌 공생의 터에서만 가능하다. 그러한 참된 문화인식이 불가능하지 않다고 믿는 점에 사이드의 호소력이 있다. 참된 세계의 인민문화 가능성에 대한 그의 믿음이 이 책의 근본이다.

근대 오리엔탈리즘의 권위와 규율, 그 정밀한 학문적 관심망의 총체에 대한 분석은 사이드가 가장 힘을 기울인 부분인데, 그 계기가 된 나폴레옹에 대하여 푸코와 함께 주의할 필요가 있다. "……18세기의 '세부에 관한 역사'의 하나는, 라이프니츠와 뷔퐁에 이어, 프리드리히 2세를 거쳐 교육학, 의학, 군대전략 나아가 경제학을 낳게 되었으며, 18세기 말에 와서는 새로운 뉴턴을 꿈꾼 인물에 도달하게 되었다. 더 이상 하늘의 광대함과 다수의 혹성에 대한 뉴턴이 아니라, 미세한 물체, 미세한 운동, 미세한 행동에 대한 뉴턴이었다(곧 나폴레옹 보나파르트)." 18세기의 새로운 뉴턴이라는 나폴레옹의 이집트원정에 의해 오리엔탈리즘은 시작되었다. 이집트를 손에 넣으려는 나폴레옹의 음모를 지원한 오리엔탈리스트의 전문지식이 직접 기능적으로 식민지 지배의 도구가 된 최초의 보기였다. 나폴레옹 이후 오리엔탈리즘이라는 말 자체에 근본적인 변화가 생겼다고 사이드는 말한다. 곧 그것은 행정과 집무상의 개념이 되었고 인구통계, 경제학, 사회학의 여러 요소에 종속하는 것이 되었다. 서양의 18세기에 고안된 규율·훈련 및 시험이라는 기술과 여러 인간과학이 진단, 검사, 조사, 분류를 위한 경험적인 방법론을 세운 것과 마찬가지로 근대 오리엔탈리즘의 초창기에 비롯된 동양의 역사적 일람표가 작성되었다. 이러한 동양에 대한 합리적인 일람표를 형성함으로써 동양에 대한 일종의 원형 감시시설이 창출되었다. 그리하여 동양에 관한 학문적 규율·훈련은 특수한 능력의 응용기술이 되었고, 그 뒤에는 동양에 관한 기본적인 여러 관념으로부터 협잡물이 제거되어 논리적 정합성을 갖춘 것이 되었다. 그리고 이와 같이 영속적이고 고정화된 논리적 정합성은 19세기 이후 인종차별이론의 생물학적 근거와 간단히 결합되어 동양이란 후진적, 퇴행적, 비문명적, 미개적, 야만적, 정체적 등의 여러 명칭으로 불리는 민족과 결부되어 생물학적 결정론의 틀 속에 고정되어 버렸다는 것이 사이드의 비판이다. 푸코와 사이드는 적어도 예컨대 에드문트 후설Edmund Husserl과 같이 인간성과 학문의 위기에 재홍되어야 한다는 서양의 정신형태로부터, 그리고 그 이성의 이데올로기에서 에스키모나 인디언 또는 유랑하는 집시를 배제한 로고스, 유럽중심주의로부터는 벗어나 있다는 점에서 믿을 만하다고 할 수 있으리라. 그러나 나는 분명히 절대적인 민족주의나(예컨대 오늘의 민족통일 지상주의) 아시아주의, 특히 그 역사 미화주의에 대해 충분히 경계할 필요가 있다고 생각한다. 그것은 오늘날 쇼비니즘적 동양중심주의 내지 민족중심주의를 낳아 갖가지의 괴상한 고대사학과 야합되어 있다. 도대체 역사(학) 민족주의만큼 오리엔탈리즘의 반동으로서 정신적 제국주의의 추태를 연출하는 것이 또 있겠는가? 그것이 오늘의 인민문제에 대한 어떤 해결책이 될 수 있는가? 가령 신채호는 막연한 증오의 논리 외에 우리에게 무엇을 가르쳐 주는가? 그것은 자본주의는 물론 독재와도 야합되었다. 우리는 푸코에서 비롯되는 사이드의 오리엔탈리즘이 철저한 서구 비판이자 아울러 그것에 물든 우리에 대한 비판임을 명심하여야 한다. 그것은 비민주 동양전통은 물론이고 오늘의 독재를 옹호하는 것과는 전혀 관련이 없는 것이다.

9. 나는 문학평론가 내지 문학비평가로서 사이드에 관하여 상세히 언급할 만한 지면을 갖지 못하여 유감스럽게 생각한다. 이 책은 그의 비평서 가운데 가장 뛰어난 것이라고 할 수 있다. 그것은 예컨대 영국 버밍엄 대학교의 현대영문학 교수인 데이비드 롯지David Lodge가 편집한 《현대비평이론*Modern Criticism and Theory : A Reader*》(London : Longman, 1988)에 수록된 28편 중 현대의 대표적인 비평가의 하나로 당연히 사이드가 포함되어 있는데, 그것이 이 책의 제1부 제4장인 점을 보면 알 수가 있다.

롯지는 사이드와 가장 가까운 문학평론가로서 푸코를 들고 있다. 나도 사이드가 누구보다도 푸코의 영향권 속에 있음을 인정한다. 그러나 한국과 같이 누구를 어떤 편에 넣기 좋아하는 나라(당파싸움 이후 남북분단의 흑백논리까지!)에서는 흔히 푸코를 후기구조주의자라고 하고 따라서 사이드까지 그렇게 넣을지 모르겠다. 그러나 푸코 자신이 그러한 분류를 거부했고, 사이드는 구조주의, 후기구조주의 그리고 해체주의 비평에 노골적으로 반대했다. 나는 여기서 그러한 경향들을 언급할 여유가 없으나, 최근 한국에서도 그것들이 거의 무분별할 정도로 논의된 바 있으니 독자들은 그러한 논리를 비판적으로 검토해 보아야 할 것이다. 롯지 등도 지적한 바와 같이 사이드는 정치적 및 이데올로기적 투쟁 속에서 문화와 문학을 분석한다는 마르크스주의 및 푸코주의Foucauldian의 전통에 따르고 있다. 그러나 사이드가 정통마르크스주의에 속하지 않는 점도 분명하다. 롯지도 그러한 입장을 대표하는 프레드릭 제임슨Fredric Jameson, 테리 에글레턴Terry Eagleton, 캐서린 벨시Catherine Belsey 등과 푸코와 사이드를, 차례에서는 "정치와 이데올로기, 문화사"란 소제목 하에 같이 분류했으나(따라서 데리다Derrida 등의 Deconstruction, 라캉Lacan 등의 Psychoanalysis 등과는 완전히 구분된다), 푸코와 사이드만을 따로 묶었다. 여하튼 사이드는 문학비평의 차원에서도 세계적인 대가이고, 이 책은 그 점에서도 곧 문학비평서로서도 현대의 세계적인 몇 권에 속한다고 볼 수 있다. 물론 여기서 세계적이란 말도 서구중심의 그것이긴 하다. 여하튼 사이드는 그 소수 정예에 속한다는 점만을 기억하자. 그것은 최근 임레 살루신스키Imre Salusinszky가 인터뷰로 엮은 《사회 속의 비평 Criticism in Society》(London : Methuen, 1987)에 포함된 데리다, 프라이Frye, 블룸Bloom 등과 함께 사이드가 아홉 명의 현대 대표적 비평가로 소개되어 있음을 보아도 알 수가 있다. 그러나 한국에서는 사이드가 그리 중요하게 언급되지 않는 듯하다. 그 어떤 비평가보다도 진보적이며 특히 제3세계라는 학문 배경을 갖는 사이드가 무시되는 한국의 비평계는 그 기본적 자질에서 충분히 의심받을 만하다.

여하튼 나는 여기서 독자들에게 흥미가 있을 만한 하나의 에피소드를 소개하여 사이드에 대한 이해를 돕고자 한다. 곧 《악마의 시 *The Satanic Verses*》에 연관된 사이드의 문학비평가로서의 태도이다. 그것은 상당한 논란을 불러일으킨 것이었으나 한국에서는 전혀 소개되지 못했기 때문에 여기서 언급하고자 한다. 우선 그 그로테스크한 소설에 대하여 간단히 언급하자. 그것은 보잉 747에서 떨어진 두 인도인의 환각과 현실의 교차 속에서 진행되는 멜로드라마인데 문제가 된 것은 그 꿈의 부분이 이슬람교 예언자인 마호메트에 관한 일화의 패러디로서 그것은 무슬림의 분노를 샀다. 구체적으로는 매춘부의 이름에 예언자의 아내들 이름이 사용된 점, 마호메트가 신보다도 악마의 계시를 받았다고 시사한 점이다. 작가인 루시디는 봄베이의 유복한 이슬람교도 출신으로 십대 시절에 영국에 유학하여 대학을 나온 뒤에 영어로 이슬람사회에 대한 비판적인 작품을 써 왔다. 그런데 그의 작품들은 언뜻 보기에 사이드가 비판한 오리엔탈리즘에 봉사하는 반이슬람적인 내용을 묘사한 것이었다. 그 절정이라고 할 수 있는 《악마의 시》가 1988년 여름에 출판되자마자 그는 이슬람사회로부터 파렴치한으로 비난받았다. 그 후 1989년 2월 14일 호메이니가 그에 대해 사형선언을 한 뒤에 이 문제는 세계적으로 비화되었다. 그것은 마침내 이란과 영국의 국교단절로 발전되었고, 그 전에 인도와 파키스탄에서는 그 책에 반발하는 폭동이 일어났다. 그 전후에는 복잡한 사정이 있으나, 우리의 관심을 끄는 것은 사이드가 루시디를 비난하기는커녕 옹호하고 나선 점이다. 그것은 표현의 자유라는 인권의 차원에서였다. 이 점에 관하여 표현의 자유가 이슬람의 굴욕감을 상회할 수 없다는 반박도 있었으나, 그는 "이슬람을 지키기 위해서는 민주주의적 자유도 파기해야 한다는 사고방식은 용납될 수 없다. 그러한 폭력이나 기본적 권리를 침해하는 문화나 종교는 있을 수 없다"고 분명히 선언하고 나섰다. 그의 성명은 1989년 2월 22일, 표현의 자유를 지키기 위한 루시디와의 연대를 표명한 미국 PEN클럽에서 발표되었다 (Rushdie novel is inventive fiction but complicated historical mixture). 나는 사이드의 이러한 태도에서 그가 단순히 오리엔탈리즘 비판자가 아니라 비민주적인 동양에 대한 가열한 비판자이기도 하다는 점에 경의를 표한다. 그는 그 흔해빠진 민족주의자가 아니라 진정한 세계주의자라고 할 수 있다. 그러한 그의 자세는《오리엔탈리즘》을 읽는 경우에도 당연히 참고되어야 하고, 그것이 동양에 대한 무조건의 지지나 서양에 대한 무조건의 반발에서 생긴 것이 아님을 이해하여야 한다.

그러나 루시디의 소설은 사실상 사이드의 오리엔탈리즘과 문제의식을 같이 하는 고발의 책으로서, 서양에 의해 강제된 오리엔탈리즘을 극복하려는 몸부림이라고 할 수 있다. 곧 그것은 동양에 대한 복귀를 시사한 작품으로서, 사이드가 비판한 E.M. 포스터의《인도로 가는 길 Passage to India》과는 전혀 반대되는 구성을 갖는 것이었다. 그것은 한국에서도 대형 영화로 소개되었기에(영국 현대 영화를 대표하는 감독 데이비드 린 David Lean은 오리엔탈리즘의 대표적인 작가라고 할 수 있는 사람으로서 〈인도로 가는 길〉을 감독하기 이전에 반공 애정물인 〈닥터 지바고 Doctor Zhivago〉, 아시아의 야만성을 극대화한 〈콰이 강의 다리 The Bridge of River Quai〉, 사이드가 오리엔탈리즘의 가장 뛰어난 스파이로 꼽은 T.E. 로렌스의 전기영화인 〈아라비아의 로렌스 Lawrence of Arabia〉 등을 감독했다) 그 신비한 인도적 묘사가 인상적으로 알려졌으나, 기본적인 문제는 그 주인공이 인도를 거부하고 영국에 되돌아가면서 지중해에서 그리스 조각을 보고 "역시 서양은 좋은 것이다"라고 외친다는 점이다. 그러나 루시디의 소설 주인공은 인도에 돌아가 그 풍요한 대지를 만끽하며 결혼한다는 귀결이다. 따라서 루시디를 이슬람 비판의 작가라고 볼 수는 없다. 결국 그 문제는 호메이니 내지 이슬람 과격파의 극단주의에 책임이 돌아가지 않을 수 없다. 나는 이슬람의 반민주적인 요소, 힌두교나 유교 또는 불교의 그런 요소가 어떤 식으로든지 고유 문화란 이름 아래 미화되거나 옹호될 수 없다고 본다. 그것이 봉건성과 야합한 점은 기독교의 그것과 마찬가지로 엄격히 비판되어야 한다. 사이드가 루시디의 변호에서 분명히 밝혔듯이 적어도 이념으로서 세계는 하나이다.

여러 가지 측면이 있다고 할 수 있으나, 우리가 사는 현대세계는 하나의 세계이다. 곧 인류의 역사에는 많은 차이와 특수성이 있으나 그래도 역시 이제는 하나의 세계이다. 이러한 세계 속에서 이슬람교도로 태어난 루시디는 서양의 독자를 위하여 이슬람을 묘사했다. 따라서 《악마의 시》는 그의 자기표현이다. 그래서 누구나 그의 소설을 읽고, 해석하고, 이해하고, 공감 또는 최종적으로 거절할 기회를 부여받으리라. 요컨대 그의 소설의 뛰어남을 인정하고 터부를 범한 배교에 주목할 수도 있으리라.

10. 팔레스타인 문제에 대한 사이드의 입장은 우리에게 크게 흥미 있는 문제일 수는 없다. 그러나 앞에서 언급한 루시디와 같이 보편적으로 흥미로울 수 있는 논점 몇 가지만 살펴보자. 오늘의 팔레스타인 문제는 기본적으로 이스라엘과 미국에 그 책임이 있다는 것이 사이드의 입장이다. 실제로 사이드는 팔레스타인해방기구(Palestine Liberation Organization : PLO)의 대변자이자 그 의회의 의원이다. 그는 중동문제를 팔레스타인 민족주의와 시오니즘의 대립이라고 보고, 외교적인 방식

의 평화 모색이 폭력만 없으면 곧 이루어진다고 보는 서구의 사고를 환상이라고 비난한다. 팔레스타인 문제는 언제나 이스라엘의 일방적인 정치기구의 우세, 군사기구의 지원, 선전기구의 정당화(특히 미국의 정당화)에 의해 조작되어 왔다. 그러나 보도기관이나 전문가는 팔레스타인이 왜 이스라엘의 생존권을 인정하지 않는지만을 묻고 있다. 이러한 사고는 대칭적인 프래그머티즘이나 합리성이 전혀 존재하지 않는 현실에 대한 억지이다. 우리는 이러한 비현실적 억지를 어디에서나 볼 수 있다. 가령 국내적인 차원에서는 노사관계가 그 대표적인 것이고 국제적인 차원에서는 남북문제가 그렇다. 그것은 모두 강자의 논리를 강요하기 위한 술수에 불과하다. 소위 법이란 것도(국내법이든 국제법이든) 현실의 구속과 차별을 무시하고 환상의 자유와 평등을 논하는 경우 그것은 처음부터 난센스인 것과 마찬가지이다. 특히 국제법이란 것이 제국주의의 수단으로 기능했음을 사이드는 분명히 밝히고 있다. 국제법 자체가 그런 필요에서 나왔으며, 침략 후 상대가 전혀 모르는 교묘한 언어로 조약이란 것을(그 내용은 형편 없이 불평등한) 맺고, 군대를 진주시켜 법과 질서, 법의 지배를 미명으로 삼아 식민지를 유지하는 것이다. 여기서 조선 말기의 지식인이란 사람들이 국제법이란 것을 지키기만 하면 만사형통이라고 믿은 것이 얼마나 어리석은 것이었는지를 알 수 있다. 그런 미신은 오늘날에도 존재할지 모른다. 실제로 다수의 국제법학자들이 그런 미신에 젖어 탁상공론만을 일삼고 있으니 딱한 노릇이다. 그런 미신에 입각한 황당한 몇 백 쪽의 책이 쓰여지고, 권위를 갖고 대학에서 읽히고…… 그 모두는 과거에는 동양에 대한 서양 침략의 합리화, 지금은 공산주의와 제3세계에 대한 서양 우월성의 합리화에 불과하나 우리는 그것을 열심히 숭배한다. 키신저로 집약되는 국제정치학으로부터 비롯되는 오늘의 모든 인문사회과학이 근본적으로 그러하나 우리는 그것도 모르고서 오직 맹종하고 있을 따름이다. 우리는 언제 우리의 파농을 가질 것인가!

사이드가 비판한 오리엔탈리즘은 한국인에게도 뿌리 깊다. 그것은 기본적으로 지난 40여 년 한국의 언론이 Made in U.S.A.에 독점되어(특히 외신) 그것이 조작한 하느님의 나라(이스라엘)와 악마의 나라(아랍 및 팔레스타인)라는 이미지가 국민의 뇌리에 완벽하게 형성되었기 때문이다. 게다가 기적적이라고도 할 수 있는 한국의 광적인 기독교에 대한 지지가 그것을 뒷받침했다. 특히 미국 언론이 조작하여 과장 보도한 아랍 테러와 석유재벌의 횡포에 의한 오일쇼크 등이 천재들의 천국 이스라엘(노벨상의 민족 유대인), 제2의 유대인인 한국(유대인의 천재교육), 안네 프랑크의 비참함 등의 이미지로 호의적인 유대관과 대조적으로 형성되어 왔다. 이 책의 제3부 제4장에서 언급된 현대 미국인의 오리엔탈리즘은 일본을 거쳐 한국에 직수입되었다. 그 결과 우리는 그들의 참된 삶을 모르며, 그런 편견에 근거하여 중동에 다녀오는 노동자들이 음주나 여성문제 등으로 인한 불편만을 과장하여 얘기한 탓으로 우리의 오리엔탈리즘은 더욱 맹목적인 것이 되어 버렸다. 따라서 아랍에 대한 이해는 서양의 그것 이상으로 우리의 경우 아예 맹목적인 것이 되어 있다. 우리의 관심은 오직 서양에 향해 있다. 아니 거의 맹목적으로 미국을 향해 있다. 미국은 우리를 곁눈질도 하지 않으나 우리는 정신과 몸을 모두 그쪽에 향하고 있다. 그 결과 우리의 세계인식이란 극히 편견에 가득 찬 것이다. 기껏 미국식, 특히 서양식이다. 우리는 그 밖의 나라들에 대해서는 아무것도 모른다. 특히 우리와 비슷한 역사와 상황을 갖는 제3세계에 대해서는 깜깜 무소식이다. 세상은 숨가쁘게 돌아가는데 한반도만큼은 1945년의 냉전상태에 정지되어 있다. 우리의 공간의식은 물론 시간의식도 너무나 제한되어 있다. 너무나도 비국제적·반세계적이다.

소위 '역사주의'란 흔히 E.H. 카E.H. Carr 등에 의해 과거와 현재의 대화라는 식으로 선전되고 미화되어 왔으나, 그 내용을 보면, 모든 역사의 현상을 각 시대와 결부시켜 상대화시키고 그 최종 단계인 현대를 절대화, 곧 절대적인 기준으로 삼는 역사관으로서 그 실질적인 내용에서는 서양중심 사관이 된다. 왜냐하면 세계사에서 현대란 서양지배 시대이고, 개별사에서도 예컨대 한국사에서도 마찬가지로 서양지배 시대이기 때문이다. 당연히 역사주의는 실용적이고 현실적이나 그것이 학문적이고 객관적인 것인가에 대해서는 의문이 있다. 한국에서 서양중심주의에 대한 비판은 역사학의 경우 네루가 쓴《딸에게 쓴 세계사》의 초역 정도 이외에 소위 관련학자들이 학문적으로 쓴 것은 보기 어렵다. 학자들이란 미국 책 읽기에 바쁘고, 일반인에게는 거의 도움이 되지 않는 특정 분야의 연구에 매진하는지 그런 사관의 책을 보기가 힘들다. 더욱이 오리엔탈리즘에 관한 연구는 있을 리가 없다고 짐작되는 정도이다. 그러나 오리엔탈리즘은 서양사 내지 세계사와 직결된다. 예컨대 그 속에 나오는 십자군 문제를 어떻게 볼 것이냐 하는 것은, 사이드가 이 책에서 누누이 밝혔듯이 서양사의 기본적인 문제이다. 아니 유럽사의 기본인 헬레니즘과 헤브라이즘의 기원 문제, 그것과 중동의 대립 문제, 르네상스 이후의 서구정신사에 나타나는 제국주의 문제는 그 어떤 문제보다도 기본적인 것이다. 나는 예컨대 근대 서양의 수많은 예술가, 철학자, 학자들이 대부분 인종차별주의자이고 제국주의자였다면, 그 개별 국가사나 예술사에서는 모르되 적어도 세계사―기본적으로 세계의 평화의 역사―에서는 부정적으로 평가되어야 한다고 본다. 그렇다면 그들의 작품은 문학이나 예술에서도 재검토되어야 한다. 그것은 우리가 제국주의 일본 것을 거부하는 것과 마찬가지이다. 예컨대 셰익스피어나 괴테 또는 플로베르가 우리와 무슨 상관이 있는가? 만일 그들이 한국을 알았다면 야만국으로 매도했을 터인데 우리가 왜 그것에 미쳐 시간을 뺏기고 있는가? 최근 우리 문학의 중요한 반성의 하나가 소위 친일문학의 문제이고, 그들의 작품을 교과서에서 빼야 한다는 주장이 제시되고 있다. 세계문학 내지 서양문학도 같은 맥락에서 재검토되어야 한다. 거의 아시아, 아프리카를 배경으로 한 모든 문학은 제국주의의 산물이라고 보아야 하고, 심지어 줄 베른 식의 갖가지 모험, 탐험문학도 그러한 제국주의 팽창의 수단으로 쓰였음을 유의해야 한다. 나머지 서구 배경의 문학도 그들의 인종우월주의에서 쓰였다면 그 모든 문학은 무가치한 것이 아닌가?

오리엔탈리즘으로서 한국문제는 이중적이다. 곧 일본 내지 일제에 의한 침략 학문 내지 기술로써 한국오리엔탈리즘이 서양의 그것을 형성했다는 이중적 프로세스가 있다. 그 단적인 보기가 영어 등 서구어로 쓰인 대부분의 논저가 일제 사관이나 일제적인 입장에서 쓰인 것으로 나타난다. 이는 기본적으로 일본의 오리엔탈리즘으로 비판되어야 한다. 서구화에 광분해 온 일본은 오리엔탈리즘의 논리도 그대로 배워 그들의 조선 및 중국 연구에 적용했다. 그 경우 앞에서도 얘기했듯이 제국주의적인 입장이든 사회주의적인 입장이든 마찬가지이다. 나아가 일본인에 의한 그것만이 아니라 그들에게서 배운 한국인들의 경우도 마찬가지이다. 그러나 일본의 경우와 한국의 경우가 크게 다른 점이 하나 더 있다. 그것은 적어도 일본학계에서는 서양인에 의한 오리엔탈리즘적 학문이 성장하지 못한다는 점이다. 일본의 학문이란 한마디로 서양의 것을 일본에, 일본의 것을 서양에 정확하게 소개하는 것이라고 해도 과언이 아니고, 그런 가운데 무엇인가 새로운 것을 만들어 내는 것이라고 볼 수 있다. 그런 경우 그들은 외국 학위 같은 것은 거의 인정하지 않는다. 그것을 일본의 학문이라고 인정하지 않는다. 그러나 이 점은 한국의 경우 완전히 다르다. 한국에서는 반드시 외국 학위가 있어야 그 실력이 인정된다. 그런데 인문사회과학에서 외국 학위란 무엇인가. 그것은 사이드가 지적하는 대로 미국의 인문사회과학을 한국에 적용하는 것이다. 그리하여 얼토당토 않은 비교가 생겨나고 학문의 이름 아래 어거지가 판을 친다. 그 경우 그들이 따르는 경전은 오리엔탈리즘이다. 이것은 미국만이 아니라 유럽의 경우에도 마찬가지이다. 어거지의 조작에도 수년이 걸리기 때문에 한번 확보한 권위는 좀체로 공개되지 않는다. 그 뒤에도 영어로 쓰거나, 한글로 써도 복잡한 영어투로 현학적인 용어를 남발해야 그 권위가 유지된다. 그러다가 국내외 정부와 연결되는 경우 거의 어용으로 출세한다. 한편 일본의 경우 학자의 어용화는 거의 터부시된 가운데, 대부분 일차원적인 번역과 소개―일본 문헌의 생산―에 치중한다. 따라서 서양에 대한 연구에서 일본에는 가히 세계적인 규모의 문헌이 있다. 그것이 지금까지 일본 발전에 기여해 왔고 앞으로도 기여할 것이다. 그러나 한국에는 그러한 바탕이 없다. 한국의 학자들이 충실한 번역과 소개를 통한 문헌 축적에 노력하지 않는 한 한국의 장래는 밝지 못하다. 이는 오리엔탈리즘의 식민지 적용 문제, 식민지 내의 귀족화 현상으로 비판되어야 마땅하다. 예컨대 일본의 학문이란 아직도 번역이 중심이고, 그것은 중요한 전통이 되어 있다. 그것은 정확한 소개를 의미하는 것이다. 그런데 한국에서는 그것이 조롱되고 있다. 일본에 소개되어 있는 동서양의 고전으로부터 현재의 외국 탐정소설에 이르기까지의 엄청난 양의 서적은 한국에서는 상상하기조차 힘든 것이다. 그러나 한국에는 중·고교 교과서에도 나오는 고전들조차 거의 번역되지 못하고 있다. 따라서 한국에서는 고전을 읽을 수 있는 기회가 거의 없다. 누구는 원서 읽기를 학문 자체로 혼동하는(그것이 한국의 학문이다!) 경향을 보이기도 하나, 그렇게 말하는 사람부터 모든 고전을 원서로 읽을 재주도,

돈도, 시간도, 흥미도 없을 것이라고 생각한다. 한국의 교수들은 원서주의에 젖어 있는 반면에 일본의 교수들은 열심히 번역을 하고 외국을 정확하게 소개한다. 한국에서는 교수들이 정계나 재계 따위를 호시탐탐 노려 보나 일본에는 아예 그런 기회가 없으니 학자들이 부질없이 이론의 현실 적용 따위에 신경 쓰지 않아도 무방하다. 교수들이 쓴 것, 번역한 것을 읽고 나름으로 적용시키면 된다. 그러나 한국에서는 교수들이 현장에 뛰어들어야 직성이 풀린다. 그것은 재여·재야를 막론하고 마찬가지이다. 그래도 부족한지 매일 현실참여를 부르짖는다. 그래서 한국의 교수들은 바쁘다. 그 결과 한국에서는 번역이 대학원생들의 아르바이트 정도로 오해되고 전락되어 있으나 일본에서는 초대가급이 평생 번역을 한다. 한국의 대가는 번역 따위는 아예 생각하지도 않고 읽지도 않으며 40세만 넘으면 케케묵은 옛날 얘기로 평생을 권위로 이끌어 간다. 그리하여 술과 욕이 멋으로 대학에서 회자되고 명강의란 농담과 만담으로 국보사칭에 이르기까지 이어진다. 그들은 번역은커녕 책 읽을 시간조차 없다. 적어도 1년 이상의 꼼꼼한 작업이 요구되는 번역 따위는 아예 생각도 못한다. 그들은 하루 만에 썼다는 논문, 술 한잔에 지껄였다는 강연으로 그 천재성을 시위하며 평생을 살아간다. 그러나 일본의 대가들은 한 권의 책을 수년에 걸쳐 책임 있게 번역하여 보급한다. 한편 한국의 대가들은 자기만이 읽는 원서를(소위 대가일수록 남에게 빌려 주지도 않는다) 혼자 읽다가(읽었다고 한다) 죽는다. 그리고 그 제자는 다시 그 책을 사기 위해 돈을 짜내어야 하고, 그것을 읽기 위하여 수년간 외국어 공부를 하며, 그러다가 죽는다. 그 결과 한국에는 두세 명의 원서주의 대가는 나오는지 모르지만, 외국어를 잘 모르는 수십만 명의 대학생들이 쉽고 빨리 읽을 수 있는 번역서를 책임 있게 내는 중·소가는 없다. 논문에 원서가 인용되는 경우 그것이 맞는지 틀리는지를 구별할 사람도 없다. 모두 모르기는 마찬가지이기 때문이다. 여하튼 한국에서는 원전은 신비 속에 가려져 있고, 그것에 관한 얘기만 무성하다. 그 얘기란 사실 독후감에 불과한 것으로서 모두 장님의 코끼리 만지기 식이거나 극도의 소화불량에 의한 설사의 악취일 뿐이다. 어떤 책에 대하여 소소한 얘기들은 수도 없이 많고(중·고교 교과서에 기록되어 매년 몇 백만, 마침내 모든 국민에게 그 이름이 기억되고), 몇 개의 관련된 석·박사 논문이 나와도 원전은 원전으로 신비 속에서 보존되는 나라가 한국이다. 이러한 원전 신비주의의 원인은 두 가지이다. 첫째는 아무런 정치적인 제한이 없는데도 생기는 학자들의 태만과 무관심, 번역에 대한 공포 내지 멸시(해봐야 돈도 안 생기고 출판도 의문인 풍토와 연관되어), 권위주의, 어학에 대한 가치부여 등등의 탓으로 생기는 경우이다. 전근대와 현대의 동서양 고전류 대부분이 여기에 해당한다. 한국의 경우 인문과학은 조금 덜하나 사회과학 및 자연과학의 경우 이 점은 심각할 정도이다(번역 무시의 태도는 오역을 낳고, 나아가 실제로는 번역이면서 저서로 둔갑하게 만든다. 첫째 예로는 1980년대 초 문교부장관을 지낸 어느 철학자가 trade union을 무역협회로 번역하여, 노동조합을 《건전한 사회 The Sane Society》(Erich Fromm)에서 몰아낸 경우를 들 수 있다. 그리고 둘째 예로는 지금도 청와대 특보를 지내는 한 정치학자의 《러시아혁명사》를 들 수 있다. 그러나 이는 빙산의 일각에 불과하다). 둘째는 정치적인 제한에 의한 극히 예외적인 경우이다. 그 대표적인 것이 마르크스주의이고, 북한 문헌 내지 월북 저술가들의 한글 문헌도 번역과는 다른 얘기이나 상관될 수 있는 문제이다. 최근 대학원생 수준에서 마르크스주의가 마구 번역되고 있으나, 그동안 40여 년 이상 관련 학자들에 의해 그 번역이 준비되지 않았다는 것은 한국의 사회과학이 아예 제로였다고 비판받아도 무방하지 않느냐 하는 문제점을 던져준다. 원전 신비주의 속에서 어설픈 독후감이 학문으로 미화되는 한국의 풍토, 그 독후감도 미국인 지도교수가 치열한 반공의식 하에서 다이제스트한 것의 다이제스트라서 거의 그 본래의 모습을 알아볼 수 없을 정도로 변질된 그것은, 한국 학문 자체의 고질적인 문제이지만, 우리의 오리엔탈리즘, 특히 북한학의 맹점이 되고 있다. 사이드가 이 책에서 비판하고 있는 것도 동양의 현실과는 동떨어진 서구 중심의 관념화된 동양학문이다. 서구 학문에서도 그것은 오리엔탈리즘만이 아니라 모든 분야에 공통된 것이나, 그것을 어설프게 모방하고 있는 한국에서 몇 명의 학자에 의한 원서독점주의, 번역기피주의, 원서신비주의는 그런 비현실성을 더욱 가중시키며 특히 정치권력에 의한 원전 신비주의는 그런 사이비 학문의 풍토를 더욱 강화시켜 왔다. 따라서 우리는 모든 원서와 원전의 공개와 번역이 시급하다는 것을 주장하며 학자들은 특히 책임 있는 번역에 노력을 집중해야 한다고 거듭 강조하지 않을 수 없다. 번역은 학문의 진정한 민주주의를 가능하게 한다. 대학의 정치화가 아니라 고전 소개의 축적이 긴요한 시점이다. 그것은 앞으로 영원히 이 나라 학문의 기본이 될 것이다. 현대의 문제작은 물론 고전조차 거의 번역되지 않았음을 우리 모두 반성해야 한다.

번역 문제 이상으로 심각한 것은 이 나라의 외국, 특히 미국 유학병이다. 미국에서 최대 유학국인 한국의 경우, 새로운 제국주의에 대한 지식계급의 적응은, 사이드가 지적하듯이 19세기 말 기독교 선교사에 의해 시작된 오리엔탈리즘의 완전한 승리이자 완벽한 정복이다. 그런데 이 점 역시 한국과 일본은 다르다. 일본에서는 자연과학을 제외한 인문사회과학의 외국 박사는 거의 인정되지 않으며, 사실상 무의미한 것으로 인식된다. 그 결과 외국에 가서 회화를 익히기에 몇 년씩 고생하지 않는다. 그들은 완전히 관찰자로 외국에 가서 1년 정도 자료를 수집하고 와서 국내에 소개한다. 1세기 반에 걸친 그런 일본의 학문과 반 세기 동안 오직 미국 유학파에 의해 주도된 한국의 학문은 그 체질에서 기본적으로 다르다. 일본의 경우 기본적으로 비판적이나 한국의 경우 철저히 아부적이다. 이는 자유로운 관찰과 구속된 강제 교육의 차이 이외에 다른 아무것도 아니다. 한국인은 몇 년간 그 지도교수인 미국인(대부분 사이드가 말하는 오리엔탈리스트이거나 그 아류이다!)에게 완전히 구속된다.

　오늘날 한국의 민주화는 그런 썩은 지식계급에게 변명거리를 제공해 주었다. 교수의 음란 수필이 자유의 이름 아래 공인되고—학문의 자유, 표현의 자유라는 이름 아래—한 학과에서 몇 명의 동문 교수가 그 후배를 뽑기 위해 단식농성을 한다는 것이 대학의 자유라고 미화된다. 40년의 독재가 약간 어수선해지자 망둥이들이 모두 설치고 다닌다. 공부하기 싫은 학생과 교수는 심심하면 학교 행정에 시비를 걸어 부수고 씹고 야단이다. 정작 살얼음 시절에는 비겁하기 짝이 없던 치들이 모조리 밀려 나와서 마음에 들지 않는 사람이면 제멋대로 중상모략을 하고 벼랑에 몰아세운다. 여기는 기회주의자들의 각축뿐이다. 오늘의 대학에 학문은 없다. 나는 그 기본적인 이유가 해방 이후에 미국의 오리엔탈리즘에 세뇌되어 미국유학+정경유착으로 일관한 원로교수들에게 있다고 생각한다. 그들은 외국어를 잘 읽고 말하는 식민지 혓바닥의 기름칠을 학문이라고 오해했다. 그 이유는 미군이 왔을 때 그렇게 뛰어난 혓바닥의 소지자들이 벼락출세를 했기 때문이었다. 오직 그것만이 한국에서 살아남기 위한 조건이었다. 그래서 수단방법을 가리지 않고 군대에서 빠진 다음 미국으로 향했다. 한국전쟁이 나서 대부분의 젊은이가 전선에 끌려가도 상당수는 미국으로 갔다. 그리고 박사가 되어 교수, 대사, 대통령 특보, 장관이 되었다. 그들은 혓바닥의 비밀을 절대로 가르쳐 줄 수 없고, 싸 들고 온 책들은 공개해서도 안 되었다. 따라서 번역이란 처음부터 있을 수 없었다. 그것은 지극히 유치한 것이다. 자기는 한국의 최고인 것이다. 언젠가 떼돈을 벌 교과서는 쓸 수 있으나 번역 따위는 할 수 없다. 어찌 번역서를 읽느냐? 학문? 미국에 가면 된다. 여기서 어떻게 학문을 하느냐, 대학을 통한 한국의 오리엔탈리즘 오염은 언제쯤 극복될 수 있는가? 미국 유학이라고 하는 이 더러운 숙명은 어떻게 단절될 수 있을까? 나는 그것이 몹시 어려울 것이라고 생각한다. 2만 명이 넘는 대학의 교수들이란 거의 유산계급 출신이고 오리엔탈리즘에 젖어 있다. 어떤 학과에는 교수 전원이 미국 박사이다. 그리고 그것이 한국의 최고 일류대학이다. 이제 국민소득이 좀 더 높아지면 아예 미국인이 교수가 될까? 길거리에서는 처녀들이 영어회화를 흘리는 미국의 불량배에게 달려들고, 대학에서는 미국 유학파가 제국주의의 터를 열심히 닦고 있다. 그리고 미국식, 미국식, 미국식을 외친다. 그것도 아는 것이 그것뿐이기 때문에 어쩔 수가 없다.

11. 마지막으로 다시 우리의 동양연구에 돌아가서 이 지루한 역자 해설을 끝내도록 하자. 불행하게도(그 가장 큰 이유는 몇 년간 외국에 있어서) 나는 한국의 중동연구에 대해 아는 바가 거의 없다. 임재경이 번역한 막심 로댕송의 《아랍의 비극》이나, 임재경이 '창작과비평'에 발표한 《아랍과 이스라엘》(이는 그 뒤에 단행본으로 나온 그의 평론집 속에 포함되었다) 외에 주목할 만한 글들이 있는지 나는 알지 못한다. 임재경은 영문학을 공부한 신문기자이므로 소위 중동학과는 직접적인 관계가 없으나, 사이드와 같은 맥락에서 미국 내지 이스라엘의 입장(그것이 곧 한국 정부 내지 한국 지식인의 입장이다)에서 벗어나 객관적으로 서술하고자 노력했다. 그러나 그의 입장은 기자적인 시사성에 입각한 것이므로 그 문제의 기본인 오리엔탈리즘에 관해서는 거의 언급한 적이 없다. 그 외 외국어대학교 등의 관련 학과에 관련 교수가 있으리라고 짐작되나 고도의 전문

논문을 쓰는지 알아볼 수 있는 기회가 없었다. 요컨대 우리나라에서 중동학적인 차원의 오리엔탈리즘에 관한 연구는 거의 없었다고 보아도 좋을 것이다. 중동연구가 이렇게 빈약한 것은 종래 중동과 아무런 상관이 없었기 때문이지만, 벌써 수십 년 전부터 석유나 경제교류가 빈번하고 한남동에 거대한 모스크(이슬람교의 예배당)가 서고 코란이 번역되었음을 고려한다면 놀랄 만한 일이다. 한국의 젊은이들이 아무리 밥벌이에만 신경을 쓴다고 해도, 세계에서 가장 큰 종교를 가진, 수십억 인구가 사는 중동 내지 이슬람사회에 대해 전문서는 물론 전문가가 거의 없다는 사실은 학문의 균형 감각에서 보아도 매우 심각한 일이다. 한국에 수백 개의 신학대학이 있다고 하나 그것은 모조리 기독교 신학대학이다. 기타 서넛의 불교·유교 관련 학과가 있는 듯하나 이슬람을 비롯한 기타 종교에 대한 학과는 없다. 이는 한국대학, 한국문화의 서양 일변도와 실제적인 허구성을 상징하는 현상이다. 대학만이 아니라 모든 학교교육이 철두철미하게 시험을 위한 공부만 한다. 그리고 그 시험이 끝나면 모든 공부도 끝나고 그것은 현실사회 속의 어떤 것과도 연결되지 않는다. 12년간 수학을 엄청나게 배워도 공대를 가지 않는 한 아무 의미가 없다. 12년간 물리, 화학, 생물을 외워도 부서진 라디오나 냉장고조차 고칠 수 없는 교육이다. 외국어에 관한 교육도 마찬가지이다. 20년간 영문법을 배워도 말 한마디 편지 한 장 못 쓴다. 그것은 심지어 우리말의 경우에도 같다. 학문과 현실이 전혀 동떨어져 있음은 우리 교육의 비극이다. 우리는 세계의 3분의 1이 넘는 인구를 가진 아랍에 대해 아무것도 모르고 알 생각도 하지 않는다. 그러니 오일쇼크에 당할 수밖에 없다. 그 누구도 아랍에 가 볼 생각을 하지 않는다. 모조리 유럽, 미국만을 생각하고 가까운 동남아시아조차 관심이 없다. 극단적인 서구편향주의, 또는 서구편식주의는 학문의 균형 있는 발전에 중대한 장해가 되고 있다.

아랍에 대한, 아니 오리엔탈리즘의 극단으로서 우리는 〈아라비아의 로렌스〉를 다시 언급할 수 있다. 한국에서는 1960년대 후반 그의 전기가 《세계의 인간상》이라는 전집의 모험가편에 소개되면서 알려졌고 1970년 초에 그 영화가 상영되면서 당시의 10~30대들에게 깊은 인상을 남겼다. 그 영화는 실제로 1962년에 제작되어 그 해 오스카 작품상을 받았는데 그 감독인 데이비드 린은 1957년의 〈콰이 강의 다리〉로도 오스카상을 받은 저명한 감독이었으나, 그 어느 것이나 소위 대영제국주의의 '긍지'를 영상화한 점에서, 그리고 각각 아랍과 일본이라는 동양을 대응시킨 점에서 우리의 주목을 끈다. 그리고 그것은 1970년대에 와서 미국에 의한 〈플래툰〉과 〈디어 헌터〉(각각 1986년과 1978년에 오스카상 수상) 그리고 영국의 〈간디〉(1982년 오스카상 수상)로 반성되나, 〈아웃 오브 아프리카〉(1985년 오스카상 수상) 〈마지막 황제〉(1987년 오스카상 수상) 그리고 〈인도로 가는 길〉(1984년)에서 오리엔탈리즘은 반복된다. 〈콰이 강의 다리〉로부터 〈인도로 가는 길〉까지 데이비드 린이 탐구한 집념의 영국인은 로렌스로 집약된다. 그는 그 영화에서 집념과 인간애, 투지와 극복의 인간상으로 그려지고 무엇보다도 아랍혁명의 아버지로 극단화된다. 당시의 역사를 잘 모르는 사람들은 잔혹한 터키인(터키는 서양과 동양의 접점에 있으나 나쁜 경우 동양에 포함된다)의 지배를 받는 불쌍한 아랍을 일개 영국군 장교가 구원해 준다는 얘기로 알게 된다. 그러나 그 혁명은 역사적 전환의 과정이었지 로렌스에 의한 것이 아니었다. 한국의 동양인식, 아랍인식은 그 정도의 영화 수준이 아닌지 모른다. 〈아라비아의 로렌스〉는 그 뒤에도 한국에서 영화관과 TV를 통해 반복되었고 한국 특유의 사나이문화와 맞물려 계속적인 영향을 미쳤다. 그 경우 데이비드 린이라는 탁월한 감독과 그 대작을 완벽하게 제작하게 한 엄청난 미국의 자본이라는, 우리로서는 상상도 하기 어려운 엄청난 기술과 돈이 있었다. 그것은 2~3세기의 오리엔탈리즘을 가능하게 한 영·불의 선진 학예, 나아가 그 국부와 같은 것이다. 로렌스가 제국주의의 상징으로 인식된 것은 그에 대한 문고본이 나온 1940년의 일본을 상상하면 쉽게 이해된다. 당시 일본에서는 영·미가 원수국이었으나 그의 전기가 당시 가장 보편적인 문고인 이와나미의 한 권으로 출판되었다. 제국주의의 스파이 군인으로서 일제 말의 사무라이 가미가제와 직통한 로렌스는 한국에서는 지성과 행동을 겸비한 옥스퍼드 신사로 추앙되고 있다. 물론 그것은 한국만이 아니라 바로 그 영국과 서구, 심지어 일본에서도 변질된 모습으로 등장한다. 〈007〉에서 최근의 각종 TV극에 나오는 그 아류들을 줄기차게 재생산하는 로렌스는 우리 스스로가 중독된 오리엔탈리즘의 이데올로기를 상징하고 있다. 그것은 동양에 대한 서양의 우월, 구원, 구제, 지배, 착취의 합리화이다.

  나는 여기서 최소한 더 이상 동서양, 민족성 따위의 논의를 그만두도록 제의한다. 기본적으로 그런 논의는 전혀 과학적이지 못하다. 철학자 비트켄슈타인은 민족성 또는 국민성이라는 애매한 개념을 전혀 인정하려 하지 않았다. 사이드 역시 그것을 부정한다. 곧 한국 사람, 한국적 성격, 한국적 심성, 한국인의 의식구조 따위와 같이 전혀 변화하지 않는 응고된 물체가 어디에 있는가? 소위 제국주의 학문이었던 문화인류학이란 것이나 잡학의 에세이(잡문)류가 언어나 역사의 단편 또는 종교, 지리, 심지어 기후(법철학에 소위 풍토법학이라는 것이 있다!), 인종, 민족 따위에 근거한 일반론과 그 결과로서 위로부터의 연역이 갖는 위험성과 이데올로기성은 오리엔탈리즘 이전의 비과학적 편견의 문제이다. 임어당林語堂이라고 하는 팔자 좋은 삼류 수필가(그는 영어를 잘했다)의 제자격인 많은 한국인들이 그런 잡담을 써서 베스트셀러로 팔아먹었다. 서양인들이 쓴 동양이론(그 대표적인 것이 일본에 가 보지도 않은 루스 베네딕트Ruth Benedict가 쓴 《국화와 칼》인데 이는 한국의 대표적인 문학평론가, 지성인이라는 서울대학교의 모 교수가 극단적인 찬양과 함께 번역한 것을 비롯하여 몇 번이나 번역되었다)은, 기본적으로 자기(유럽문화)의 이상화에 의한 다른 문화의 가치판단, 문화의 복합성과 역사성을 무시한 안이한 유형화, 선입관과 주관적 희망에 따른 구성, 특수·부분적인 경험의 일반화, 에피소드주의, 개념규정의 애매함, 조사 대상이 갖는 객관적인 특수성의 무시 등 수많은 문제점을 가지고 있다. 그 극단이 초대 문화부장관이 된 이어령 씨의 《축소지향의 일본론》이니, 기타 《칼과 붓의 일한 비교》이니 하는 단순비교론이다. 큰 것을 작게 줄이는 것은 어느 나라에서나 실용주의의 차원에서 요구되는 것인 바 그것이 일본에서 보다 빈번하고 심지어 상업화되었다고 해서 일본 민족성과 연관시키는 것 따위는 극단적인 착각이다. '칼과 붓', '무와 문'의 비교도 마찬가지이다. 어느 문화에서도 그런 양면성은 있다. 그 외 미국이나 유럽을 다녀온 감수성이 남다른 사람들이 자기관찰의 기발성을 돋보이게 하기 위하여 조작한 허구들이 미국론, 영국론, 프랑스론 따위로 횡행하고 있다. 유길준의 《서유견문》 이래 (그것은 서양책을 베낀 일본책을 다시 베낀 것이었다), 한국의 여행 잡담은 본전을 뽑기 위한 상업성 과장과 쇼킹의 수단으로 치부되어 왔다. 그것이 지성의 유일한 표징이었으니 식민지적인 지적 상황에서는 대단한 것이기도 했다. 그러나 동양의 마음, 서양의 머리 따위의 엉터리 수필류의 오리엔탈리즘 조작은 이제 그만두어야 한다. 동양학이라는 이름의 사이비 과학놀이도 이젠 그만두어야 한다. 동양을 과학의 하나로 파악한다는 것 자체가 어불성설이다. 동서양의 구분 자체가 있을 수 없다.

  이 해설은 한국의 동양인식, 한국인식에 관한 비판에서 시작되었고 끝나야 한다. 나는 소위 근대 말 이후의 서양지향적인 사고에 대해 비판적인 입장에서 시작했다. 한때 한국에서 유행한 베버적인 동양인식—사이드는 그것이 오리엔탈리즘의 하나임을 밝히고 있다—은 지금까지도 소위 근대화 신화의 일부로서 기능하고 있으나 동서분리론에 근거하는 그것도 식민지 학문의 일부에 다름 아니다. 나는 이 책이 그런 모든 식민지 잔재의 일소—일본은 그 하수인에 불과하고 그 참된 원흉은 서양이다!—에 도움이 되기를 빈다. 그리고 우리의 문제를 그런 서양의 틀이 아니라 우리의 틀에 의해 다시 생각할 수 있는 계기가 되기를 빈다. 여기서 우리는 지금까지 우리가 복종해 온 거의 모든 권위를 거부해야 한다. 괴테로부터 마르크스, 베버에 이르기까지, 플로베르로부터 카뮈에 이르기까지, 셰익스피어로부터 T.E. 로렌스에 이르기까지, 마크 트웨인부터 키신저에 이르기까지 소위 서양문화의 주류가 되어 온, 제국주의 시대의 모든 지도자들을 거부해야 한다. 한편 우리는 그들에 저항한 양심적인 지식인들—예컨대 래스키, 오웰, 사르트르, 파농, 촘스키—과 다른 제3세계인들의 노력을 살펴보아야 한다. 교조적인 베버주의나 마르크스주의가 아니라—그 뿌리는 아직도 제1세계, 제2세계에 권위를 처박고 있으나—그 외의 자유로운 지성들에 대하여 많은 관심과 애정을 기울여야 한다. 내가 이 책을 번역한 이유도 바로 그런 점에 있다. 이 책은 양심적인 제3세계의 한 지식인이 자신의 조국에 대한 서양의 편견, 서양의 학문이 가진 모든 편견에 대한 치열한 해부이다. 그의 분석은 미국의 한국학은 물론 모든 한국학, 중국학, 일본학, 아시아학에 당연히 적용되는 것이고, 동시에 더욱 중요한 것으로서는 그러한 기준에 근거하는 한국의 모든 서양학문, 일본의 모든 서양학문의 틀에 의한 한국학과 일본학—곧 모든 현대학문—에도 해당되는 것이다(중국학도 예외가 아니며 심지어 북한의 학문도 그 틀 속에서 볼 수 있다). 물론 우리는 그 예외를 가지고 있다. 우리는 푸코와 일리히 등의 근대 비판, 서양 부정을 알고 있으며, 우리의 인민인권 운동을 이론화하기 위한 노력을 알고 있다. 그러나 그것은 분명히 역사적 회귀나 반동의 동양철학(점이나 학문이나!)으로 해결될 수 있는 것이 아니다. 여기서 우리는 소위 전통에 대한 믿음을 깨끗이 거부할 필요가 있을지도 모른다. 오히려 역사의 단절을 믿어야 할지도 모른다. 결국 새로운 미래를 위한 투쟁과 파괴 그리고 창조만이 우리가 믿을 수 있는 것이리라. 나는 섣불리 소위 대안, 이상, 이념 따위를 제시할 생각도 능력도 없다. 그러나 그 최소한의 조건으로서 인권과 평화가 보장되는 사회, 어느 민족이나 개인이나 그 평등과 자유, 자결과 자율을 보장받는 사회, 생명과 생존 그리고 노동과 가치를 인정받는 사회가 그 어떤 이데올로기나 유토피아에도 기본이 되어야 한다고 믿는다. 그리하여 모든 민족과 개인이 공존하고 공생하는 사회, 서로의 존엄성이 충분히 보장되는 사회를 이룩하고 투쟁과 소유가 아니라 대화와 존재의 삶의 터를 이룩해야 할 것이다.

원주

서설

*1 Thierry Desjardins, *Le Martyre du Liban*(Paris: Plon, 1976), p. 14.
*2 K.M.Panikkar, *Asia and Western Dominance*(London:George Allen & Unwin, 1959).
*3 Denys Hay, *Europe: The Emergence of Idea*, 2nd ed.(Edinburgh : Edinburgh University Press, 1968).
*4 Steven Marcus, *The Other Victorians: A Study of Sexuality and Pornography in Mid-Nineteenth Century England* (1966;reprint ed., New York: Bantam Books, 1967), pp. 200~219.
*5 나의 *The World, the Text, and the Critic*(Harvard University Press, 1983)을 보라.
*6 특히 촘스키의 *American Power and the New Mandarins: Historical and Political Essays*(New York: Pantheon Books, 1969)와 *For Reasons of State*(New York: Pantheon Books, 1973).
*7 Walter Benjamin, *Charles Baudelarie: A Lyric Poet in the Era of High Capitalism*, trans. Harry Zohn(London: New Left Books, 1973), p. 71.
*8 Harry Bracken, "Essence, Accident and Race," *Hermathena* 116(Winter, 1973): 81~96.

*9   *Diacritics* 6, no. 3(Fall 1976): 38에 수록된 대담.
*10   Raymond Williams, *The Long Revolution*(London: Chatto & Windus, 1961), pp. 66~67.
*11   나의 *Beginnings: Intention and Method* (New York: Basic Books, 1975).
*12   Louis Althusser, *For Marx*, trans. Ben Brewster(New York: Pantheon Books, 1969), pp. 65~67.
*13   Raymond Schwab, *La Renaissance Orientale*(Paris: Payot, 1950); Johann W. Fück, *Die Arabischen Studien in Europa bis in den Anfang des 20. Jahrhunderts*(Leipzig: Otto Harrassowitz, 1955); Dorothee Metlitzki, *The Matter of Araby in Medieval England* (New Haven, Conn.: Yale University Press, 1977).
*14   E.S. Shaffer, *"Kublai Khan" and The Fall of Jerusalem: The Mythological School in Biblical Criticism and Secular Literature*, 1770~1880(Cambridge: Cambridge University Press, 1975).
*15   George Eliot, *Middlemarch: A Study of Provincial Life*(1872; reprint ed. Boston: Houghton Mifflin Co., 1956), p. 164.
*16   Antonio Gramsci. *The Prison Notebooks: Selections*, trans. and ed. Quintin Hoare and Geoffrey Nowell Smith(New York:International Publishers, 1971), p. 324. Hoare and Smith에 의한 번역본에 나오지 않은 전문은 Gramsci, *Quaderni del Carcere*, ed. Valentino Gerratana(Turin: Einaudi Editore, 1975), 2: 1363에서 볼 수 있다.
*17   Raymond Williams, *Culture and Society. 1780~1950*(London: Chatto & Windus, 1958), p. 376.

제1부 오리엔탈리즘의 범위

*1   지금까지 인용한 아서 제임스 밸푸어Arthur James Balfour의 영국하원 연설은 Great Britain, *Parliamentary Debates*(Commons), 5th ser., 17(1910), pp. 1140~1146. 또한 A.P. Thornton, *The Imperial Idea and Its Enemies: A Study in British Power* (London: MacMillan & Co., 1959), pp. 357~360. 밸푸어의 연설은 Eldon Gorst의 이집트 정책을 옹호한 것이었다. 이 점을 취급한 논고로는 John Dreyfus Mellini, "Sir Eldon Gorst and British Imperial Policy in Egypt," unpublished

Ph.D. dissertation, Stanford University, 1971.
*2 Denis Judd, *Balfour and the British Empire: A Study in Imperial Evolution, 1874~1932*(London: MacMillan & Co., 1968), p. 286. See also p. 292: 1926년에 와서도 밸푸어는 아무런 아이러니도 느끼지 않고 이집트를 종속국가라고 불렀다.
*3 Evelyn Baring, Lord Cromer, *Political and Literary Essays, 1908~1913*(1913; reprint ed., Freeport, N.Y.: Books for Libraries Press, 1969), pp. 12~14, 40, 53.
*4 Ibid., p. 171.
*5 Roger Owen, "The Influence of Lord Cromer's Indian Experience on British Policy in Egypt 1883~1907," in *Middle Eastern Affairs, Number Four: St. Antony's Papers Number 17*, ed. Albert Hourani(London: Oxford University Press, 1965), pp. 109~139.
*6 Evelyn Baring, Lord Cromer, *Modern Egypt*(New York: Macmillan Co., 1908), 2: 146~167. 크로머의 견해와는 완전히 정반대의, 영국의 이집트 정책에 관한 다른 영국인의 견해로는 Wilfrid Scawen Blunt, *Secret History of the English Occupation of Egypt: Being a Personal Narrative of Events*(New York: Alfred A. Knopf, 1922). 영국 지배에 대한 이집트 측의 반대에 대해서는 Mounah A. Khouri, *Poetry and the Making of Modern Egypt, 1882~1922*(Leiden: E.J. Brill, 1971) 속에 유익한 논의가 전개되어 있다.
*7 Cromer, *Modern Egypt*, 2 :164.
*8 John Marlowe, *Cromer in Egypt*(London: Elek Books, 1970), p. 271에서 인용.
*9 Harry Magdoff, "Colonialism(1763~c. 1970)", *Encyclopaedia Britannica*, 15th ed.(1974), pp. 893~894. 또 D.K. Fieldhouse, *The Colonial Empires: A Comparative Survey from the Eighteenth Century*(New York: Delacorte Press, 1967), p. 178을 참조하라.
*10 Afaf Lutfi al-Sayyid, *Egypt and Cromer: A Study in Anglo-Egyptian Relations*(New York: Frederick A.Praeger, 1969), p. 3에서 인용.
*11 이 말은 다음 책 속에 나온다. Ian Hacking, *The Emergence of Probability: A Philosophical Study of Early Ideas About Probability. Induction and Statistical Inference*(London: Cambridge University Press, 1975), p. 17.
*12 V.G. Kiernan, *The Lords of Human Kind: Black Man. Yellow Man, and White Man in an Age of Empire*(Boston: Little, Brown & Co., 1969), p. 55.

*13 Edgar Quinet, *Le Génie des Religions*, in *Oeuvres Complètes*(Paris: Paguerre, 1857), pp. 55~74

*14 Cromer, *Political and Literary Essays*, p. 35.

*15 Jonah Raskin, *The Mythology of Imperialism*(New York: Random House, 1971), p. 40을 참조하라.

*16 Henry A. Kissinger, *American Foreign Policy*(New York: W. W. Norton & Co., 1974), pp. 48~49.

*17 Harold W. Glidden, "The Arab World," *American Journal of Psychiatry* 128, no. 8(February 1972): 984~988.

*18 R.W. Southern, *Western Views of Islam in the Middle Ages*(Cambridge, Mass.: Harvard University Press, 1962), p. 72. 또 Francis Dvornik, *The Ecumenical Councils*(New York: Hawthorn Books, 1961), pp. 65~66: "특히 흥미 깊은 것은 히브리어, 그리스어, 아라비아어, 칼데아어의 교수직을 중요한 대학에 창설할 것을 지시한 11조이다. 이것은 레이몽 룰Ramond Rull의 제창에 의한 것으로서, 그는 아라비아어를 배우는 것이 아랍인과 대화하기 위한 가장 좋은 방책이라고 주장했다. 여러 동양어의 교수가 극소수였기 때문에 이 조항은 거의 실효를 거두지 못한 채로 끝났으나, 이것이 받아들여졌다는 것은 서양에 선교사상이 육성되어 온 것을 시사하고 있다. 그레고리오 Gregory 10세는 이미 몽고인을 개종시키고자 하는 희망을 가졌고, 프란체스코 Franciscan회파의 수도사들은 종교적 열의를 가지고 아시아의 깊숙한 곳까지 진출했다. 이러한 희망은 결국 이루어지지 않았으나 선교 정신 자체는 발전되었다." Johann W. Fück, *Die Arabischen Studien in Europa bis in den Anfang des 20. Jahrhunderts*(Leipzig: Otto Harrassowitz, 1955)을 참조하라.

*19 Raymond Schwab, *La Renaissance Orientale*(Paris: Payot, 1950). 또 V.-V. Barthold, *La Déouverte de l'Asie: Historie de l'Orientalisme en Europe et en Russie*, trans. B. Nikitine(Paris: Payot, 1947), 또 Theodor Benfey, *Geschichte der Sprachwissenschaft und Orientalischen Philologie in Deutschland*(Munich: Gottafschen, 1869)의 관련 페이지를 참조하라. 흥미로운 비교로서는 James T. Monroe, *Islam and the Arabs in Spanish Scholarship*(Leiden: E.J. Brill, 1970)을 참조하라.

*20 Victor Hugo, *Oeuvres Poétiques*, ed. Pierre Albouy(Paris: Gallimard, 1964), 1: 580.

*21 Jules Mohl, *Vingt-sept Ans d'Histoire des Études Orientales: Rapports Faits à la*

Société asiatique de Paris de 1840 ā 1867, 2 vols.(Paris: Reinwald, 1879~1880).

*22 Gustave Dugat, *Histoire des Orientalistes de l'Europe du XIIe au XIXe Siècle*, 2 vols.(Paris: Adrien Maisonneuve, 1868~1870).

*23 René Gérard, *L'Orient et la Pensée Romantique Allemande*(Paris: Didier, 1963), p. 112을 참조하라.

*24 Kiernan, *Lords of Human Kinds*, p. 131.

*25 University Grants Committee, *Report of the Sub-Committee on Oriental, Slavonic, East European and African Studies*(London: Her Majesty's Stationery Office, 1961).

*26 H.A.R. Gibb, *Area Studies Reconsidered* (London: School of Oriental and African Studies, 1964).

*27 Claude *Lévi-Strauss, The Savage Mind* (Chicago: University of Chicago Press, 1967), chaps. 1-7 참조.

*28 Gaston Bachelard, *The Poetics of Space*, trans, Maria Jolas(New York: Orion Press, 1964).

*29 Southern, *Western Views of Islam*, p. 14.

*30 Aeschylus, *The Persians*, trans. Anthony J. Podleck(Englewood Cliffs. N.J.: Prentice-Hall, 1970), pp. 73~74.

*31 Euripides, *The Bacchae*, trans. Geoffrey S. Kirk.(Englewood Cliffs. N.J.: Prentice Hall, 1970), p. 3. 유럽과 동양의 구분에 대해 더욱 깊이 검토하고 있는 것은 Santo Mazzarino, *Fra Oriente e Occidente: Ricerche di Storia Greca Arcaica* (Florence: La Nuova Italia, 1947) 및 Denys Hay, *Europe: The Emergency of an Idea*(Edinburgh: Edinburgh University Press, 1968)을 보라.

*32 Euripides, *Bacchae*, p. 52.

*33 Réne Grousset, *L'Empire du Levant: Histoire de la question d'Orient*(Paris: Payot, 1946).

*34 Edward Gibbon, *The History of the Decline and Fall of the Roman Empire*(Boston: Little, Brown & Co., 1855), 6: 399.

*35 Norman Daniel, *The Arabs and Medieval Europe*(London: Longmans, Green& Co., 1975), p. 56.

*36 Samuel C. Chew, *The Crescent and the Rose: Islam and England During the Renaissance*(New York: Oxford University Press, 1937), p. 103.

*37 Norman Daniel, *Islam and the West: The Making of an Image*(Edinburgh: University Press, 1960), p. 33. 또 James Kritzeck, *Peter the Venerable and Islam* (Princeton, N.J.: Princeton University Press, 1964)을 참조하라.

*38 Daniel, *Islam and the West*, p. 252.

*39 Ibid., pp. 259~260.

*40 예컨대 William Wister Comfort, "The Literary Rôle of the Saracens in the French Epic," *PMLA* 55(1940): 628~659를 보라.

*41 Southern, *Western Views of Islam*, pp. 91~92, 108~109.

*42 Daniel, *Islam and the West*, pp. 246, 96, and passim.

*43 Ibid., p. 84.

*44 Duncan Black Macdonald, "Whither Islam?" *Muslim World* 23(January 1933): 2.

*45 P.M. Holt, Introduction to *The Cambridge History of Islam*, ed. P.M. Holt, Anne K.S. Lambton, and Bernard Lewis(Cambridge: Cambridge University Press, 1970), p. xvi.

*46 Antoine Galland, prefatory "Discours" to Barthélemy d'Herbelot, *Bibliothèque orientale, ou Dictionnaire Universel Contenant Tout ce qui Fait Connaître les Peuples de l'Orient*(The Hague: Neaulme & van Daalen, 1777), 1: vii. 갈랑의 논점은 요컨대 데르브로가 '동방의 불가사의'와 결부된 종류의 전설이나 신화가 아니라 참된 지식을 소개했다고 하는 점이다. R. Wittkower, 'Marvels of the East: A Study in the History of Monsters,' *Journal of the Warburg and Courtauld Institutes* 5(1942): 159~197을 참조하라.

*47 Galland, prefatory "Discours" to d'Herbelot, *Bibliothèque Orientale*, pp. xvi, xxxiii, 데르브로가 출현하기 직전의 상황에 대해서는 V.J.Parry, "Renaissance Historical Literature in Relation to the Near and Middle East"(with Special Reference to Paolo Giovio), in *Historians of the Middle East*, ed. Bernard Lewis and P.M. Holt(London: Oxford University Press, 1962), pp. 277~289를 보라.

*48 Barthold, *La Découverte de l'Asie*, pp. 137~138.

*49 D'Herbelot, *Bibliothèque Orientale*, 2: 648.

*50 또한 Montgomery Watt, "Muhammad in the Eyes of the West," *Boston University Journal* 22, no. 3(Fall 1974): 61~69를 보라.

*51 Isaiah Berlin, *Historical Inevitability*(London: Oxford University Press, 1955), pp. 13~14.

*52 Henri Pirenne, *Mohammed and Charlemagne*, trans-Bernard-Miall(New York: W. W. Norton & Co., 1939), pp. 234~283.

*53 Henri Baudet, *Paradise on Earth: Some Thoughts on European Images of Non-European Man*, trans- Elizabeth Wentholt(New Haven, Conn.: Yale University Press, 1965), p. xiii에서 인용.

*54 Gibbon, *Decline and Fall of the Roman Empire*, 6: 289.

*55 Baudet, *Paradise on Earth*, p. 4.

*56 Fieldhouse, *Colonical Empires*, pp. 138~161 참조.

*57 Schwab, *La Renaissance Orientale*, p. 30.

*58 A.J. Arberry, *Oriental Essays: Portraits of Seven Scholars*(New York: Macmillan Co., 1960), pp. 30, 31.

*59 Raymond Schwab, *Vie d'Anquetil-Duperron Suivie des Usages Civils et Religieux des Perses par Anquetil-Duperron*(Paris: Ernest Leroux, 1934), pp. 10, 96, 4, 6.

*60 Arberry, *Oriental Essays*, pp. 62~66.

*61 Frederick Eden Pargiter ed., *Centenary Volume of the Royal Asiatic Society of Great Britain and Ireland 1823~1923*(London: Royal Asiatic Society, 1923), p. viii.

*62 Quinet, *Le Génie des religions*, p. 47.

*63 Jean Thirty, *Bonaparte en Égypte Décembre 1797~24août 1799*(Paris: Berger-Levrault, 1973), p.9

*64 Constantin-François Volney, *Voyage en Égypte et en Syrie*(Paris: Bossange, 1821), 2: 241 and passim

*65 Napoleon, *Campagnes d'Égypte et de Syrie, 1798~1799: Mémoires Pour Servir à l'Histoire de Napoléon*(Paris: Comou, 1843), 1:21

*66 Thirty, *Bonaparte en Égypte*, p. 126. 또 Ibrahim Abu-Lughod, *Arab Rediscovery of Europe: A Study in Cultural Encounters*(Princeton, N.J.: Princeton University Press, 1963), pp. 12~20을 참조하라.

*67 Abu-Lughod, *Arab Rediscovery of Europe*, p. 22.

*68 Arthur Helps, *The Spanish Conquest of America*(London, 1900), p. 196, by Stephen J. Greenblatt, "Learning to Cruse: Aspects of Linguistic Colonialism in the Sixteenth Century," in *First Images of America: The Impact of the New World on the Old*, ed. Fredi Chiapelli(Berkeley: University of California Press, 1976), p. 573에서 인용.

*69 Thirty, *Bonaparte en Égypte*, p.200. 나폴레옹은 단지 뻔뻔스럽게 그러했던 것이 아니었다. 그는 볼테르의 《마호메트》에 관하여 괴테와 토론했고, 이슬람을 변호했다고 한다. 또 Christian Cherfiles, *Bonaparte et l'Islam d'Aprés les Documents François Arabes*(Paris : A. Pedone, 1914), p. 249를 참조하라.

*70 Thirty, *Bonaparte en Égypte*, p. 434.

*71 Hugo, *Les Orientales*, in *Oeuvres Poétique*, 1: 684.

*72 Henri Dehérain, *Silvestre de Sacy, ses Contemporains et ses Disciplies*(Paris: Paul Geuthner, 1938), p. v.

*73 Description de l'Égypte, ou Recueil des observations et des recherhes qui ont été faites in Égypte pendant l'expédition de l'armée française, publié par les ordres de sa majesté l'empereur Napoléon le grand, 23 vols.(Paris: Imprimerie impériale, 1809).

*74 Fourier, *Préface historique*, vol. 1 of Description de l'Égypte, p. 1

*75 Ibid., p. iii.

*76 Ibid., p. xcii.

*77 Étienne Geoffroy Saint-Hilaire, *Histoire Naturelle des Poissons du Nil*, vol. 17 of Description de l'Égypte. p. 2

*78 M. de Chabrol, *Essai sur les Moeurs des Habitants Modernes de l'Égypte*, vol. 14 of Description de l'Égypte, p. 376.

*79 이것은 다음 책에서 분명하게 나타난다. Baron Larrey, *Notice sur la Conformation Physique des Égyptiens et des Différentes Races qui Habitent en Égypte, Suivie de Quelques Réflexions sur l'Embaumement des Momies*, vol. 13 of Description de l'Égypte.

*80 John Marlowe, *The Making of the Suez Canal* (London: Cresset Press, 1964), p. 31에서 인용.

*81 John Pudney, *Suez: De Lesseps' Canal* (New York: Frederick A. Praeger, 1969), pp. 141~142에서 인용.

*82 Marlowe, *Making of the Suez Canal*, p. 62.

*83 Ferdinand de Lesseps, *Lettres, Journal et Documents Pour Servir à l'Histoire du Canal de Suez*(Paris: Didier, 1881), 5: 310. 드 레셉스와 세실 로드에 관한 신비주의자로서 성격 부여에 대해서는 Baudet, *Paradise on Earth*, p. 68.

*84 Charles Beatty, *De Lesseps of Suez: The Man and His Times*(New York: Harper & Brothers, 1956), p. 220에서 인용.

*85 De Lesseps, *Lettres, Journal et Documents*, 5: 17.

*86 Ibid., pp. 324~333.

*87 Hayden White, *Metahistory : The Historical Imagination in Nineteenth-Century Europe*(Baltimore: Johns Hopkins University Press, 1973), p. 12.

*88 Answer Abdel Malek, "Orientalism in Crisis," *Diogenes* 44(Winter 1963): 107~108.

*89 Friedrich Schlegel, *Über die Sprache und Weisheit der Indier: Ein Beitrag zur Begrundung dér Altertumstunde*(Heidelberg: Mohr & Zimmer, 1808), pp. 44~59; Schlegel, *Philosophie der Geschichte: In Achtzehn Vorlesungen Gehalten zu Wien im Jahre 1828*, ed. Jean-Jacques Anstett, vol. 9 of *Kritische Friedrisch-Schlegel-Ausgabe*, ed. Ernest Behler(Munich: Ferdinand Schöningh, 1971), p. 275

*90 Léon Poliakov, *The Aryan Myth: A History of Racist and Nationalist Ideas in Europe*, trans. Edmund Howard(New York: Basic Books, 1974).

*91 Derek Hopwood, *The Russian Presence in Syria and Palestine, 1843~1943: Church and Politics in the Near East*(Oxford: Clarendon Press, 1969) 참조.

*92 A. L. Tibawi, *British Interests in Palestine, 1800~1901*(London: Oxford University Press, 1961), p. 5.

*93 Gérard de Nerval, *Oeuvres*, ed. Albert Béguin and Jean Richet(Paris: Gallimard, 1960), 1:933

*94 Hugo, *Oeuvres Poétiques*, 1: 580.

*95 Sir Walter Scott, *The Talisman*(1825; reprint ed., London: J.M.Dent, 1914), pp. 38~39.

*96 See Albert Hourani, "Sir Hamilton Gibb, 1895~1971," *Proceedings of the British Academy* 58(1972): 495.

*97 B.R. Jerman, *The Young Disraeli*(Princeton, N.J.: Princeton University Press, 1960), p. 126에서 인용. 또한 Robert Blake, *Disraeli*(London: eyre & Spottiswoode, 1966), pp. 59~70 참조.

*98 *Flaubert in Egypt: A Sensibility on Tour*, trans. and ed. Francis Steegmuller(Boston: Little, Brown & Co., 1973), pp. 44~45. See Gustave Flaubert, *Correspondance*, ed. Jean Bruneau(Paris: Gallimard, 1973), 1: 542.

*99 이것은 다음 책에서 나오는 논의이다. Carl H. Becker, *Das Erbe der Antike im Orient und Okzident*(Leipzig: Quelle & Meyer, 1931).

*100 Louis Massignon, *La Passion d'al-Hosayn-ibn-Mansour al-Hallaj*(Paris: Paul Geuthner, 1922) 참조.
*101 Abdel Malek, "Orientalism in Crisis," p. 112.
*102 H.A.R. Gibb, *Modern Trends in Islam*(Chicago: University of Chicago Press, 1947), p. 7.
*103 Gibb, *Area Studies Reconsidered*, pp. 12, 13.
*104 Bernard Lewis, "The Return of Islam," *Commentary*, January 1976, pp. 39~49.
*105 Daniel Lerner and Harold Lasswell, eds., *The Policy Sciences: Recent Developments in Scope and Method* (Stanford, Calif.: Stanford University Press, 1951) 참조.
*106 Morroe Berger, *The Arab World Today*(Garden City, N.Y.: Double-day & Co., 1962), p. 158.
*107 다음 책 속에 이러한 자세의 개략이 소개되고 비판되고 있다. Maxime Rodinson, *Islam and Capitalism*, trans. Brian Pearce(New York: Pantheon Books, 1973).
*108 Ibrahim Abu-Lughod, "Retreat from the Secular Path? Islamic Dilemmas of Arab Politics," *Review of Politics* 28, no. 4(October 1966): 475.

제2부 오리엔탈리즘의 구성과 재구성

*1 Gustave Flaubert, *Bouvard et Pécuchet*, vol. 2 of *Oeuvres*, ed. A. Thibaudet and R. Dumesnil(Paris: Gallimard, 1952), p. 985.
*2 이러한 비전과 유토피아에 대해서는 다음 책에 뛰어난 설명이 있다. Donald G. Charlton, *Secular Religions in France, 1815~1870*(London: Oxford University Press, 1963).
*3 M.H. Abrams, *Natural Supernaturalism: Tradition and Revolution in Romantic Literature*(New York: W.W. Norton & Co., 1971), p. 66.
*4 약간의 계몽적인 자료로서는 John P. Nash, "The Connection of Oriental Studies with Commerce, Art, and Literature During the 18th~19th Centuries," *Manchester Egyptian and Oriental Society Journal* 15(1930):33~39; 또한 John F. Laffey, "Roots of French Imperialism in the Nineteenth Century: The Case of Lyon," *French Historical Studies* 6, no. 1(Spring 1969): 78~92, and R. Leportier, *L'Orient Porte des Indes*(Paris: Éditions France-Empire, 1970). 다음 세

권에는 매우 풍부한 정보가 포함되어 있다. Henri Omont, *Missions archéo logiques françaises en Orient aux XVIIe et XVIIIe siècles*, 2 vols.(Paris: Imprimerie nationale, 1902), 또 Margaret T. Hodgen, *Early Anthropology in the Sixteenth and Seventeenth Centuries*(Philadelphia: University of Pennsylvania Press, 1964), 그리고 Norman Daniel, *Islam, Europe and Empire*(Edinburgh: University Press, 1966). 다음 두 권은 필수적인 것이다. Albert Hourani, "Islam and the Philosophers of History," *Middle Eastern Studies* 3, no. 3(April 1967): 206~268, 그리고 Maxime Rodinson, "The Western Image and Western Studies of Islam," in *The Legacy of Islam*, ed. Joseph Schacht and C.E. Bosworth(Oxford: Clarendon Press, 1974), pp. 9~62.

*5 P.M. Holt, "The Treatment of Arab History by Prideaux, Ockley, and Sale," in *Historians of the Middle East*, ed. Bernard Lewis and P.M. Holt(London: Oxford University Press, 1962), p. 302. 또 Holt's The Study of Modern Arab History(London: School of Oriental and African Studies, 1965)를 참조하라.

*6 헤르더를 인민주의자이자 다원론자로 보는 견해는 Isaiah Berlin, *Vico and Herder: Two Studies in the History of Ideas*(New York : Viking Press, 1976).

*7 그러한 모티프와 재현에 대한 논의에 관해서는 Jean Starobinski, *The Invention of Liberty, 1700~1789*, trans. Bernard C. Smith(Geneva: Skira, 1964) 참조.

*8 이러한 부당하게 가볍게 취급된 연구주제를 다룬 것은 극히 소수이다. 그중 가장 유명한 것은 Martha P. Conant, *The Oriental Tale in England in the Eighteenth Century*(1908; reprint ed., New York: Octagon Books, 1967); Marie E. de Meestet, *Oriental Influences in the English Literature of the Nineteenth Century*, Anglistische Forschungen, no. 46(Heidelberg, 1915); Byron Porter Smith, *Islam in English Literature*(Beirut: American Press, 1939). 또 Jean-Luc Doutrelant, "L'Orient tragique au XVIIIe siècle," *Revue des Sciences Humaines* 146(April-June 1972): 255~282를 참조하라.

*9 Michel Foucault, *The Order of Things: An Archaeology of the Human Sciences*(New York: Pantheon books, 1970), pp. 138, 144. 또 François Jacob, *The Logic of Life: A History of Heredity*, trans. Betty E. Spillmann(New York: Pantheon Books, 1973), p. 50 그리고 Georges Canguilhem, *La Connaissance de la vie*(Paris: Gustave-Joseph Vrin, 1969), pp. 44~63를 참조하라.

*10 John G. Burke, "The Wild Man's Pedigree: Scientific Method and Racial

Anthropology," *The Wild Man Within: An Image in Western Thought from the Renaissance to Romanticism*, ed. Edward Dudley and Maximillian E. Novak(Pittsburgh, Pa.: University of Pittsburgh Press, 1972), pp. 262~268 참조. 동시에 Jean Biou, "Lumières et Anthropophagie," *Revue des Sciences Humaines* 146(April-June 1972); 223~234 참조.

*11 Henri Dehérain, *Silvestre de Sacy: Ses Contemporains et ses Disciples*(Paris: Paul Geuthner, 1938), p. 111.

*12 이러한 것과 기타의 상세에 관해서는 ibid., pp. i-xxxiii.

*13 Duc de Broglie, "Éloge de Silvestre de Sacy," in Sacy, *Mélanges de Littérature Orientale*(Paris: E. Ducrocq, 1833), p. xi

*14 Bon Joseph Dacier, *Tableau Historique de l'Érudition française, ou Rapport sur les Progrès de l'Histoire et de la Littérature Ancienne Depuis 1789*(Paris: Imprimerie impériale, 1810), pp. 23, 35,

*15 Michel Foucault, *Discipline and Punish: The Birth of the Prison*. trans. Alan Sheridan(New York: Pantheon Books, 1977), pp. 193~194.

*16 Broglie, "Éloge de Silvestre de Sacy," p. 107.

*17 Sacy, *Mélanges de Littérature Orientale*, pp. 107, 110, 111~112

*18 Silvestre de Sacy, *Chrestomathie Arabe, ou Extraits de Divers Érivains Arabes, Tant en Prose Qu'en vers, Avec une Traduction Française et des Notes, à l'Usage des Élèves de l'École Royale et Spéciale des Langues Orientales Vivantes*(vol. 1, 1826; reprint ed., Osnabrück: Biblio Verlag, 1973), p. v

*19 "supplementarity," "supply," 그리고 "supplication,"에 대해서는 Jacques Derrida, *De la Grammatologie*(Paris: Éditions de Minuit, 1967), p. 203 and passim.

*20 사시의 제자들과 사시의 영향력을 부분적으로 기록한 것으로는 Johann W. Fück, *Die Arabischen Studien in Europa bis in den Anfang des 20. Jahrhunderts*(Leipzig: Otto Harrassowitz, 1955), pp. 156~157.

*21 문서관이라고 하는 것의 특질을 푸코가 어떻게 파악하고 있는지에 대해서는 *The Archaeology of Knowleodge and the Discourse on Language*, trans. A.M. Sheridan Smith and Rupert Sawyer(New York: Pantheon Books, 1972), pp. 79~131. 르낭보다 나이가 어린 동시대인으로서 풍부한 통찰력을 가졌던 Gabriel Monod는 이렇게 말했다. 르낭은 언어학, 고고학 그리고 성서 해석의 분야에 혁명적인 진보

를 초래한 것은 결코 아니었다. 그러나 그 시대의 인간으로서는 가장 폭이 넓고 가장 정확한 지식을 가지고 있었다는 점에서 그는 그 시대를 대표하는 가장 뛰어난 인물이었다. (*Renan, Taine, Michelet*(Paris: Calmann-Lévy, 1894:, pp. 40~41) 또 Jean-Louis Dumas, "La Philosophie de l'histoire de Renan," *Revue de Métaphysique et de Morale* 77, no. 1(January-March 1972): 100~128 참조

*22 Honoré de Balzac, *Louis Lambert*(Paris: Calmann-Lévy, n.d.), p. 4.

*23 니체는 모든 책에서 문헌학에 대하여 언급하고 있다. 1875년 1월부터 7월까지의 노트를 근거로 한 "우리 문헌학도 Wir Philogen"를 둘러싼 초고를 주로 참조하라. William Arrowsmith가 영역한 "Notes for 'We Philologists,'" *Arion*, N.S. 1/2(1974): 279~380; 언어와 perspectivism에 대해서는 *The Will to Power*, trans. Walter Kaufmann and R.J. Hollingdale(New York: Vintage Books, 1968).

*24 Ernest Renan, *L'Avenir de la Science:Pensées de 1848*, 4th ed.(Paris: Calmann-Lévy, 1890), pp. 141, 142~145, 146, 148, 149

*25 Ibid., p.xiv and passim.

*26 *Histoire Générale et Système Comparé des Langues Sémitiques*, in *Oeuvres Complètes*, ed. Henriette Psichari(Paris: Calmann-Lévy, 1947~1961), 8: 143~163의 최초의 장 (제1책 제1장)은 사실상 셈족(곧 이슬람교도와 유대교도)에 대한 인종적 편견의 백과사전이라고도 말할 수 있다. 그 외의 장에도 같은 사고방식이 제멋대로 나타나고 있다. 그것은 르낭의 다른 저서의 경우에도 마찬가지이고 *L'Avenir de la Science*도 그 예외가 아니며, 르낭 자신이 그곳에 붙인 주는 특히 그러한 경향이 현저하다.

*27 Ernest Renan, *Correspondance; 1846~1871*(Paris: Calmann-Lévy, 1926), 1: 7~12.

*28 Ernest Renan, *Souvenirs d'Enfance et de Jeunesse*, in *Oeuvres Complètes*, 2:892. Jean Pommier의 다음 두 책은 르낭이 종교와 문헌학을 매개한 점에 관하여 상세히 논하고 있으므로 유익하다. *Renan, d'Après des Documents Inédits*(Paris: Perrin, 1923), pp. 48~68, 또 *La Jeunesse Cléricale d'Ernest Renan*(Paris: Les Belles Lettres, 1933). 더욱 새롭게 쓰인 설명은 J. Chaix-Ruy, *Ernest Renan*(Paris: Emmanuel Vitte, 1956), pp. 89~111. 표준적인 서술—르낭의 종교적 사명감을 중시하는 견지에서 쓰여 있다—로서는 Pierre Lasserre, *La Jeunesse d'Ernest Renan: Histoire de la Crise Religieuse au XIXe Siècle*, 3 vols.(Paris: Garnier Frèreses, 1925). In vol. 2, pp. 50~166과 265~298도 오늘날 여전히 가치가 높다. 그중 제2권 50~166쪽과 265~298쪽은 문헌학, 철학, 과학 사이의 관계를 고찰하는 데에 유익하다.

*29 Ernest Renan, "Des services rendus aux science historiques par la philologie," in *Oeuvres complètes* 8:1228.
*30 Renan, Souvenirs, p. 892.
*31 Foucault, *The Order of Things*, pp. 290~300. 언어의 기원이 에덴동산에 있다고 하는 학설이 신용을 상실함에 따라 기타의 많은 사건―대홍수, 바벨탑의 건설―에 관한 해석도 신용을 잃게 되었다. 언어의 기원에 관한 이론에 관해서는 다음 책이 가장 포괄적으로 설명하고 있다. Arno Borst, *Der Turmbau von Babel: Geschichte der Meinungen über Ursprung und Vielfalt der Sprachen und Volker*, 6 vols.(Stuttgart: Anton Hiersemann, 1957~1963).
*32 Raymond Schwab, *La Renaissance Orientale*(Paris: Payot, 1950), p. 69에서 인용. 동양을 둘러싼 여러 발견에 관한 너무나도 빨리 일반론을 세우고자 하는 것이 갖는 위험에 대해서는 샤토브리앙과 동시대의 중국학자인 아벨 레뮤제의 고찰을 참조하라. Abel Rémusat, *Mélanges Postumes d'Histoire et Littérature Orientales*(Paris: Imprimerie Royale, 1843), p. 226 and Passim.
*33 Samuel Taylor Coleridge, *Biographia Literaria*, chap. 16, in *Selected Poetry and Prose of Coleridge*, ed. Donald A. Stauffer(New York: Random House, 1951), pp. 276~277.
*34 Benjamin Constant, *Oeuvres*, ed. Alfred Roulin(Paris: Gallimard, 1957), p. 78.
*35 Abrams, *Natural Supernaturalism*, p. 29.
*36 Renan, *De l'Origine du Langage* in *Oeuvres Complètes*, 8: 122.
*37 Renan, "De la part des peuples sémitiques dans l'histoire de la civilisation," in *Oeuvres complètes*, 2: 320
*38 Ibid., p. 333.
*39 Renan, "Trois Professeurs au Collège de France: Étienne Quatremère," in *Oeuvres Complètes*, 1: 129. 르낭이 콰트르메르에 관하여 서술한 것은 정확했다. 콰트르메르는 흥미 깊은 주제를 선택하여 연구했고, 그 후에 그것을 전혀 흥미롭지 못한 대체물로 바꾸는 재능을 지녔다. 콰트르메르의 다음 논문을 보라. "Le Goût des livres chez les orientaux"와 "Des sciences chez les arabes," in his *Mélanges d'Histoire et de Philologie Orientales*(Paris: E. Ducrocq, 1861), pp. 1~57.
*40 Honoré de Balzac, *La Peau de chagrin*, vol. 9(Études philosophiques 1) of *La Comédie Humaine*, ed. Marcel Bouteron(Paris: Gallimard, 1950), p. 39; Renan, *Histoire Générale des Langues Sémitiques*. p. 134.

*41 예컨대, *De l'origine du Langage*, p. 102, and *Histoire Générale*, p. 180 참조.

*42 Renan, *L'Avenir de la Science*, p. 23. 전문은 다음과 같다. "Pour moi, je ne connaise qu'un seul résultat à la science, c'est de résoudre l'énigme, c'est de dire définitivement à l'homme le mot des choses, c'est de l'expliquer à lui-même, c'est de lui donner. au nom de la seule autorité légitime qui est la nature humaine toute entière, le symbole que les religions lui donnaient tout fait et qu'ils ne peut plus accepter."

*43 Madeleine V. David, *Le Débat sur Lesécritures et l'Hiéroglyphe aux XVIIe et XVIIIe Siècles et l'Application de la Notion de Déchiffrement aux Écritures Mortes(Paris: S.E.V.P.E.N., 1965)*, p. 130을 참조.

*44 르낭은 Schwab의 *La Renaissance Orientale*에서 언급되나 Foucault의 *The Order of Things*에서는 전혀 언급되지 않았다. 또 Holger Pederson의 *The Discovery of Language: Linguistic Science in the Nineteenth Century*, trans. John Webster Spargo(1931; reprint ed., Bloomington:Indiana University Press, 1972)에서는 비판적으로 언급되었다. Max Müller는 저서인 *Lectures on the Science of Language* (1861~1864; reprint ed., New York: Scribner, Armstrong, & Co., 1875) 속에서, 또 Gustave Dugat도 저서 *Histoire des Orientalistes de l'Europe du XIIe au XIXe sièle*, 2 vols.(Paris: Adrien Maisonneuve, 1868~1870)에서 르낭을 언급하지 않았다. James Darmesteter의 *Essais Orientaux*(Paris: A. Lévy, 1883)는—그 제1항이 "L'Orientalisme en France"라고 하는 역사서들에 해당된다.—르낭에 바쳐진 것이나, 르낭의 공헌에는 언급하지 않고 있다. 르낭의 저술에 관한 6편의 짧은 기록이 백과사전식(그리고 매우 가치 높은) 연대기인 *Vingtsept ans d'Histoire des Études Orientales: Rapports Faits à la Sociérté Asiatique de Paris de 1840 à 1867*, 2 vols. (Paris: Reinwald, 1879~1880)에 나타나 있다.

*45 인종과 인종주의를 취급한 여러 가지의 저술 중에서 르낭은 어느 정도 중요한 위치를 차지하고 있다. Ernest Seillière, *La Philosophie de l'impérialisme*, 4 vols.(Paris: Plon, 1903~1908); Théophile Simar, *Étude critique sur la formation de la doctrine des races au XVIIIe siècle et son expansion au XIXe siècle*(Brussels: Hayez, 1922); Erich Voegelin, *Rasse und Staat*(Tübingen: J.C.B. Mohr, 1933), 또 같은 저자에 의한 *Die Rassenidee in der Geistesgeschiche von Ray bis Carus*(Berlin: Junker und Dunnhaupt, 1933)는 르낭의 시대를 취급한 것이 아니나, 저자의 앞의 책을 보충하는 중요한 작품으로서 여기서 언급되어야 한다. 마찬가지로 르낭을

취급한 것으로서는 *Rasse und Staat; Jacques Barzun, Race: A Study in Modern Superstition*(New York: Harcourt, Brace & Co., 1937).

*46 슈와브의 *La Renaissance Orientale*에는 박물관에 관하여, 생물학과 언어학의 평행관계에 관하여, 큐비어·발자크 기타에 관하여 약간의 뛰어난 서술이 포함되어 있다. p. 323 이하 참조. 도서관과 19세기 중기문화에서 도서관의 중요성에 대해서는 Foucault, "*La Bibliothèque fantasique*"를 참조하라. 이것은 푸코가 플로베르의 《성 앙투안의 유혹》에 대한 서설로 쓴 것이다. Flaubert, *La Tentation de Saint Antoine*(Paris: Gallimard, 1971), pp 7~33. 이러한 사실을 나는 Eugenio Donato 교수로부터 배웠다. 그 교수의 "A Mere Labyrinth of Letters: Flaubert and the Quest for Fiction," *Modern Language Notes 89*, no. 6(December 1974): 885~910 참조.

*47 Renan, *Histoire Générale*, pp. 145~146.

*48 *L'Avenir de la Science*, p. 508 이하 참조.

*49 Renan, *Histoire Générale*, p. 214.

*50 Ibid., p. 527. 이 사고방식은 프리드리히 슐레겔이 유기적인 언어와 교착적인 언어를 구별한 것에서 유래한다. 후자에 속하는 언어의 하나가 셈어이다. 훔볼트도 마찬가지로 구별을 답습했고, 르낭 이후의 오리엔탈리스트들도 대부분 마찬가지였다.

*51 Ibid., pp. 531~532.

*52 Ibid., p.515 이하.

*53 Jean Seznec, *Nouvelles Études sur "La Tentation de Saint Antoine"* (London: Warburg Institute, 1949), p. 80 참조.

*54 Étienne Geoffroy Saint-Hilaire, *Philosophie Anatomique: De Monstruosités Humaines*(Paris: published by the author, 1822) 참조. Isidore Geoffroy Saint-Hilaire의 저서의 완전한 이름은 다음과 같다. *Histoire Générale et Particulière des Anomalies de l'Organisation Chez l'Homme et les Animaux, Ouvrage Comprenante des Recherches sur les Caractères, la Classification, l'Influence Physiologique et Pathologique, les Rapports Généraux, les Lois et les Causes des Monstruosités, des Variétét Vices de Conformation, ou Traité de Tératologie*, 3 vols.(Paris: J.-B. Baillière, 1832~1836). 괴테의 생물학적 착상에 관한 유익한 설명은 Erich Heller, *The Disinherited Mind* (New York: Meridian Books, 1959), pp. 3~34. 또 Jacob, *The Logic of Life*, 또 Canguilhem, *La Connaissance de la Vie*, pp. 174~184도 참조하라. 생명과학의 발달 속에서 생-틸레르가 차지하는 지위에 관한 매우 흥미 깊은 서술이 있다.

*55 E. Saint-Hilaire, *Philosophie Anatomique*, pp. xxii~xxiii.

*56 Renan, *Histoire Générale*, p. 156.

*57 Renan, *Oeuvres Complètes*, 1: 621~622 이하 H.W. Wardman, *Ernest Renan: A Critical Biography*(London: Athlone Press, 1964), p. 66에는 르낭의 가정생활이 정교하게 묘사되어 있다. 나는 르낭의 전기와 르낭의 '남성적' 세계라고 내가 부른 것을 연결시키고 싶지는 않으나, 이 점에 관한 Wardman의 서술은, 적어도 내가 보는 한 상당히 암시적이다.

*58 Renan, "Des services rendus au sciences historiques par la philologie," in *Oeuvres Complétes*, 8:1228, 1232.

*59 Ernst Cassirer, *The Problem of Knowledge: Philosophy, Science, and History since Hegel*, trans. William H. Woglom and Charles W. Hendel(New Haven, Conn.: Yale University Press, 1950), p. 307.

*60 Renan, "Réponse au discourse de réception de M. de Lesseps(23 avil 1885)," in *Oeuvres complétes*, 1: 817. 참으로 동시대적이라고 하는 것의 가치가 가장 명료하게 나타나는 것은 Sainte Beuve가 1862년 6월에 쓴 기사 속에서 르낭에 대해 언급한 부분이다. Donald G. Charlton, *Positivist Thought in France During the Second Empire*(Oxford: Clarendon, Press, 1959), 그리고 그의 *Secular Religions in France*. 또 Richard M. Chadbourne, "*Renan and Sainte-Beuve*", *Romanic Review* 44, no. 2(April 1953): pp. 126~135.

*61 Renan, *Oeuvres Complètes*, 8: 156.

*62 1856년 6월 26일 Gobineau에게 보낸 편지 *Oeuvres Complètes*, 10: 203~204. Gobineau의 생각은 *Essai sur l' Inégalité des Races Humaines*(1853~1855)

*63 Albert Hourani의 뛰어난 논문 "Islam and the Philosophers of History," p. 222 에서 인용.

*64 Caussin de Perceval, *Essai sur l' Histoire des Arabes Avant l' Islamisme, Pendant l' Époque de Mahomet et Jusqu' àla Réduction de Toutes les Tribus Sous la Loi Musulmane*(1847~1848; reprint ed., Graz, Austria: Akademische Druck-und Verlagsanstalt, 1967), 3: 332~339.

*65 Thomas Carlyle, *On Heroes, Hero-Worship, and the Heroic in History*(1841; reprint ed., New York: Longmans, Green & Co., 1906), p. 63.

*66 머콜리의 인도 경험은 다음 책에 설명되어 있다. G.Otto Trevelyan, *The Life and Letters of Lord Macaulay*(New York: Harper & Brothers, 1875), 1: 344~371. 머

콜리의 '각서'의 전문을 이해하기 위해서는 다음 책을 참조하라. Philip D. Curtin, ed., *Imperialism: The Documentary History of Western Civilization*(New York: Walker & Co., 1971), pp. 178~191. 머콜리의 사고방식에 의해 영국 오리엔탈리즘에 초래된 약간의 결과가 다음 책에 설명되어 있다. A.J. Arberry, *British Orientalists*(London: William Collins, 1943).

*67 John Henry Newman, *The Turks in Their Relation to Europe*, vol. 1 of his *Historical Sketches*(1853; reprint ed., London: Longmans, Green & Co., 1920).

*68 Marguerite-Louise Ancelot, *Salons de Paris, Foyers Éteints*(Paris: Jules Tardieu, 1858) 참조.

*69 Karl Marx, *Surveys from Exile*, ed. David Fernbach(London: Pelican Books, 1973), pp. 306~307.

*70 Ibid., p. 320.

*71 Edward William Lane, *An Account of the Manners and Customs of the Modern Egyptians*(1836; reprint ed., London: J.M. Dent, 1936), pp. xx, xxi 서문.

*72 Ibid., p. 1.

*73 Ibid., pp. 160~161. 1877년에 출판된 레인의 전기는, 레인의 큰 조카인 Stanley Lane-Poola가 썼다. 다음 책에는 레인에 관한 호의적인 서술이 포함되어 있다. A.J. Arberry, *Oriental Essays: Portraits of Seven Scholars*(New York: Macmillan Co., 1960), pp. 87~121.

*74 Frederick Eden Pargiter, ed., *Centenary Volume of the Royal Asiatic Society of Great Britian and Ireland, 1823~1923*(London: Royal Asiatic Society, 1923), p. x.

*75 *Société Asiatique: Livre du Centenaire, 1822~1922*(Paris: Paul Geuthne, 1922), pp. 5~6.

*76 Johann Wolfgang von Goethe, *Westöslicher Diwan*(1819; reprint ed., Munich: Wilhelm Golmann, 1958), pp. 8~9, 12. Sacy's name is invoked with veneration in Goethe's apparatus for the *Diwan*.

*77 Victor Hugo, *Les Orientales*, in *Oeuvres Poétiques*, ed. Pierre Albouy(Paris: Gallimard, 1964), 1: 616~618.

*78 François-René de Chateaubriand, *Oeuvres Romanesques et Voyages*, ed. Maurice Regrad(Paris: Gallimard, 1969), 2: 702.

*79 Henri Bordeaux, *Voyageurs d'Orient: Des Pélerins aux Méharistes de Palmyre*(Paris: Plon, 1926) 참조. 나의 경험에 의하면 다음 책에 나타나는 순례와 순례행에 관한

이론적인 견해는 유익하다. Victor Turner, *Dramas, Fields, and Metaphors: Symbolic Action in Human Society*(Ithaca, N.Y.: Cornell University Press, 1974), pp. 166~230

*80 Hassan al-Nouty, *Le Proche-Orient dans la Littérature Française de Nerval à Barrés* (Paris: Nizet, 1958), pp. 47~48, 277, 27

*81 Chateaubriand, *Oeuvres*, 2: 702 and note, 1684, 769~770, 769, 701, 808, 908.

*82 Ibid., pp. 1011, 979, 990, 1052.

*83 Ibid., p. 1069.

*84 Ibid., p. 1031.

*85 Ibid., p. 999.

*86 Ibid., 1049, pp. 1126~1127.

*87 Ibid., p. 1137.

*88 Ibid., pp. 1148, 1214.

*89 Alphonse de Lamartine, *Voyage en Orient*(1835; reprint ed., Paris: Hachette, 1887), 1:10, 48~49, 179, 178, 148, 189, 118, 245~246, 251.

*90 Ibid., 1: 363; 2: 74~75; 1: 475.

*91 Ibid., 2: 92~93.

*92 Ibid., 2: 526~527, 533. 동양에 간 프랑스 작가들을 취급한 것은 Jean-Marie Carré *Voyageurs et Écrivains Français en Égypte*, 2 vols. (Cairo: Institut français d'archéologie orientale, 1932)과 Moënis Taha-Hussein, *Le Romantisme Français et l' Islam*(Beirut: Dar-el-Maeref, 1962).

*93 Gérard de Nerval, *Les Filles du Feu, in Oeuvres*, ed. Albert B uin and Jean Richet(Paris: Gallimard, 1960), 1: 297~298

*94 Mario Praz, *The Romantic Agony*, trans. Angus Davison(Cleveland, Ohio: World Publishing Co., 1967).

*95 Jean Bruneau, *Le "Conte Orientale" de Flaubert*(Paris: Denoel, 1973), p. 79.

*96 이것들은 모두 Bruneau의 앞의 책에서 고찰되었다.

*97 Nerval, *Voyage en Orient*, in *Oeuvres*, 2: 68, 194, 96, 342.

*98 Ibid., p. 181.

*99 Michel Butor, "Travel and Writing," trans. John Powers and K. Lisker, *Mosaic* 8, no. 1(Fall 1974): 13.

*100 Nerval, *Voyage en Orient*, p. 628

*101 Ibid., pp. 706, 718.
*102 *Flaubert in Egypt: A Sensibility on Tour*, trans. and ed. Francis Steegmuller (Boston: Little, Brown & Co., 1973). p. 200. 나는 다음의 텍스트도 참고했다. 그곳에서 플로베르의 '동양관계' 자료 전부를 참조할 수 있다. *Oeuvres Complètes de Gustave Flaubert*(Paris: Club de l'Honnête homme, 1973), vols. 10, 11; *Les Lettres d' Égypte, de Gustave Flaubert*, ed. A. Youssef Naaman(Paris: Nizet, 1965); Flaubert, *Correspondance*, ed. Jean Bruneau(Paris, Gallimard, 1973), 1: 518 ff
*103 Harry Levin, *The Gates of Horn: A Study of Five French Realists*(New York: Oxford University Press, 1963), p. 285.
*104 *Flaubert in Egypt*, pp. 173, 75.
*105 Levin, *Gates of Horn*, p. 271.
*106 Flaubert, *Catalogue des Opinions Chic, in Oeuvres*, 2: 1019.
*107 *Flaubert in Egypt*, p. 65.
*108 Ibid., pp. 220, 130.
*109 Flaubert, *La Tentation de Saint Antoine*, in *Oeuvres*, 1: 85.
*110 Flaubert, *Salammbô* in *Oeuvres*, 1:809 ff. 또 Maurice Z. Shroder, "On Reading Salammbô" L'Esprit créateur 10, no. 1(Spring 1970); 24~35를 참조하라.
*111 *Flaubert in Egypt*, pp. 198~199.
*112 Foucault, "La Bibliothèque fantastique," in Flaubert, *La Tentation de Saint Antoine*, pp. 7~33.
*113 *Flaubert in Egypt*, p. 79.
*114 Ibid., pp. 211~212.
*115 이 과정에 관한 논의로는 Foucault, *Archaeology of Knowledge*; 또 Joseph Ben-David, *The Scientist's Role in Society*(Englewood Cliffs, N.J.: Prentice-Hall, 1971) 참조. 그리고 Edward W. Said, "An Ethics of Language," *Diacritics* 4, no. 2(Summer 1974): 28~37도 참조.
*116 다음 책에 기재된 중요한 일람표를 참조하라. Richard Bevis, *Bibliotheca Cisorientalia: An Annotated Checklist of Early English Travel Books on the Near and Middle East*(Boston: G.K. Hall & Co., 1973).
*117 미국인 여행자들을 검토한 것으로서는 Dorothee Metlitski Finkelstein, *Melville's Orienda*(New Haven, Conn.: Yale University Press, 1961) 참조. 그리고 Franklin Walker, *Irreverent Pilgrims: Melville, Browne, and Mark Twain in the Holy*

Land (Seattle; University of Washington Press, 1974).

*118 Alexander William Kinglake, *Eothen, or Traces of Travel Brought Home from the East*, ed. D.G. Hogarth(1844; reprint ed., London: Henry Frowde, 1906), pp. 25, 68, 241, 220.

*119 *Flaubert in Egypt*, p. 81.

*120 Thomas J. Assad, *Three Victorian Travellers: Burton, Blunt and Doughty*(London: Routledge & Kegan Paul, 1964), p. 5.

*121 Richard Burton, *Personal Narrative of a Pilgrimage to al-Madinah and Meccah*, ed. Isabel Burton(London: Tylston & Edwards, 1893), 1: 9, 108~110.

*122 Richard Burton, "Terminal Essay," in *The Book of the Thousand and One Nights* (London: Burton Club, 1886), 10: 63~302.

*123 Burton, *Pilgrimage*, 1: 112, 114.

제3부 오늘의 오리엔탈리즘

*1 Friedrich Nietzsche, "On Truth and Lie in an Extra-Moral Sense", in *The Portable Nietzsche*, ed. and trans. Walter Kaufmann(New York: Viking Press, 1954), pp. 46~47.

*2 서양에 간 아랍인 수는 아브라힘 아부-루고드가 계산한 것이다. *Arab Rediscovery of Europe: A Study in Cultural Encounters*(Princeton, N.J.: Princeton University Press, 1963), pp. 75~76 이하.

*3 Philip D. Curtin, ed., *Imperialism: The Documentary History of Western Civilization*(New York: Walker & Co., 1972), pp. 73~105 참조.

*4 Johann W. Fück, "Islam as an Historical Problem in European Historiography since 1800", in *Historians of the Middle East*, ed. Bernard Lewis and P.M. Holt(London: Oxford University Press, 1962), p. 307 참조.

*5 Ibid., p. 309.

*6 Jacques Waardenburg, *L'Islam dans le Miroir de l'Occident*(The Hague: Mouton & Co., 1963) 참조.

*7 Ibid., p. 311.

*8 P. Masson-Oursel, "La Connaissance scientifique de l'Asie en France depuis

1900 et les variétés de l'Orientalisme," *Revue Philosophique* 143, nos. 7~9(July-September 1953): 345

*9   Evelyn Baring, Lord Cromer, *Modern Egypt*(New York: Macmillan Co., 1908), 2: 237~238.

*10 Evelyn Baring, Lord Cromer, *Ancient and Modern Imperialism*(London: John Murray, 1910), pp. 118, 120.

*11 George Nathaniel Curzon, *Subjects of the Day: Being a Selection of Sppeches and Writings*(London: George Allen & Unwin, 1915), pp. 4~5, 10, 28.

*12 Ibid., pp. 184, 191~192. 이 학교의 역사에 관해서는 C.H. Phillips, *The School of Oriental and African Studies, University of London, 1917~1967: An Introduction* (London: Design for Print, 1967) 참조.

*13 Eric Stokes, *The English Utilitarians and India*(Oxford: Clarendon Press, 1959).

*14 Michael Edwardes, *High Noon of Empire: India Under Curzon*(London:Eyre & Spottiswoode, 1965), pp. 38~39에서 인용.

*15 Curzon, *Subjects of the Day*, pp. 155~156.

*16 Joseph Conrad, *Heart of Darkness, in Youth and Two Other Stories*(Garden City, N.Y.: Doubleday, Page, 1925), p. 52.

*17 Vattel의 저술으로부터의 뛰어난 선집은 Curtin, ed., *Imperialism*, pp. 42~45.

*18 M.de Caix, *La Syrie* in Gabriel Hanotaux, *Histoire des Colonies Françaises*, 6 vols.(Paris: Société de l'histoire nationale, 1929~1933), 3: 481에서 인용

*19 이에 대한 상세한 정보는 Vernon McKay, "Colonialism in the French Geographical Movement," *Geographical Review* 33, no. 2(April 1943): 214~232.

*20 Agnes Murphy, *The Ideology of French Imperialism, 1817~1881*(Washington: Catholic University of America Press, 1948), pp. 46, 54, 36, 45.

*21 Ibid., pp. 189, 110, 136.

*22 Jukka Nevakivi, *Britain, France, and the Arab Middle East, 1914~1920*(London: Athlone Press, 1969), p. 13.

*23 Ibid., p. 24.

*24 D.G. Hogarth, *The Penetration of Arabia: A Record of the Development of Western Knowledge Concerning The Arabian Peninsula*(New York: Frederick A.Stokes, 1904). 같은 주제를 취급한 최근의 좋은 책은 Robin Bidwell, *Travellers in Arabia* (London: Paul Hamlyn, 1976).

*25 Edmond Bremond, *Le Hedjaz dans la Guerre Mondiale*(Paris: Payot, 1931), pp. 242 ff.
*26 Le Comte de Cressaty, *Les Intérêts de la France en Syrie*(Paris: Floury, 1913)
*27 Rudyard Kipling, *Verse*(Garden City, N.Y.: Doubleday & Co., 1954), p. 280.
*28 19세기 문화에서 배제와 제한이라는 주제는 미셸 푸코의 책 속에서 중요한 위치를 차지하고 있다. 가장 최근의 보기로서는 Michel Foucault의 *Discipline and Punish: The Birth of the Prison*(New York: Pantheon books, 1977)와 *The History of Sexuality*, Volume I: *An Introduction*(New York: Pantheon books, 1978).
*29 *The Letters of T.E. Lawrence of Arabia*, ed. David Garnett(1938; reprint ed., London: Spring Books, 1964), p. 224.
*30 Gertrude Bell, *The Desert and the Sown*(London: William Heinemann, 1907), p. 244.
*31 Gertrude Bell, *From Her Personal Papers, 1889~1914*, ed. Elizabeth Burgoyne (London: Ernest Benn, 1958), p. 244.
*32 William Butler Yeats, "Byzantium," *The Collected Poems*(New York: Macmillan Co., 1959), p. 244.
*33 Stanley Diamond, *In Search of the Primitive: A Critique of Civillization*(New Brunswick, N.J.: Transaction Books, 1974), p. 119.
*34 Harry Bracken, "Essence, Accident and Race," *Hermathena* 116(Winter 1973): pp. 81~96 참조.
*35 George Eliot, *Middlemarch: A Study of Provincial Life*(1872; reprinted., Boston: Houghton Mifflin Co., 1956), p. 13.
*36 Lionel Trilling, *Matthew Arnold* (1939; reprint ed., New York: Meridian Books, 1955), p. 214.
*37 Hannah Arendt, *The Origins of Totalitarianism*(New York: Harcourt Brace Jovanovich, 1973), p. 180, note 55. 참조.
*38 W. Robertson Smith, *Kinship and Marriage in Early Arabia*, ed. Stanley Cook (1907; reprint ed., Oesterhout, N.B.: Anthropological Publications, 1966), pp. xiii, 241.
*39 W. Robertson Smith, *Lectures and Essays*, ed. John Sutherland Black and George Chrystal(London: Adam & Charles Black, 1912), pp,. 492~493.
*40 Ibid., pp. 492, 493, 511, 500, 498~499.

*41 Charles M. Doughty, *Travels in Arabia Deserta*, 2nd ed., 2 vols.(New York: Random House, n.d.), 1:95. Richard Bevis의 뛰어난 논문, 'Spiritual Geology: C.M. Doughty and the Land of the Arabs,' *Victorian Studies* 16(Decemebr 1972), 163~181.

*42 T.E. Lawrence, *The Seven Pillars of Wisdom: A Triumph*(1926; reprint ed., Garden City. N.Y.: Doubleday, Doran & Co., 1935), p. 28.

*43 이에 대한 논의로는 Talal Asad, "Two European Images of Non-European Rule," in *Anthropology and the Colonial Encounter*, ed. Talal Asad(London: Ithaca Press, 1975), pp. 103~118.

*44 Arendt, *Origins of Totalitarianism*, p. 218.

*45 T.E. Lawrence, *Oriental Assembly*, ed. A. W. Lawrence(New York: E.P. Dutton & Co., 1940), p. 95.

*46 Stephen Ely Tabachnick, "The Two Veils of T.E. Lawrence," *Studies in the Twentieth Century* 16(Fall 1975): 96~97에서 인용.

*47 Lawrence, *Seven Pillars of Wisdom*, pp. 42~43, 661.

*48 Ibid., pp. 549, 550~552.

*49 E.M. Forster, *A Passage to India*(1924; reprint ed., New York: Harcoutt, Brace & Co., 1952), p. 322.

*50 Maurice Barrès, *Une Enquête aux pays du Levant*(Paris: Plon, 1923), 1: 20; 2: 181, 192, 193, 197

*51 D.G. Hogarth, *The Wandering Scholar*(London: Oxford University Press, 1924) 호가드는 자신의 스타일을 '첫째 탐험가, 둘째 학자'라고 서술하고 있다(4쪽).

*52 H.A.R. Gibb, "Structure of Religious Thought in Islam," in his *Studies on the Civilization of Islam*. ed. Stanford J. Shaw and William R. Polk(Boston: Beacon Press, 1962), p. 180에서 인용.

*53 Frédéric Lefèvre, "Une Heute avec Sylvain Lévi," in *Mémorial Sylvain Lévi*, ed. Jacques Bacot(Paris: Paul Hartmann, 1937), pp. 123

*54 Paul Valéry, *Oeuvres*, ed. Jean Hytier(Paris: Gallimard, 1960), 2: 1556~1557.

*55 Christopher Sykes, *Crossroads to Israel* (1965; reprint ed., Bloomington: Indiana University Press, 1973), p. 5에서 인용.

*56 Alan Sandison, *The Wheel of Empire: A Study of the Imperial Idea in Some Late Nineteenth and Early Twentieth Century Fiction*(New York: St. Martin's Press,

1967), p. 158에서 인용. 프랑스에서 그 대응물에 관한 뛰어난 연구로는 Martine Astier Loutfi, *Littérature et Colonialisme:L' Expansion Coloniale vue dans la Littérature Romanesque Française, 1871~1914*(The Hague: Mouton & Co., 1971

*57 Paul Valéry, *Variété* (Paris: Gallimard, 1924), p. 43

*58 George Orwell, "Marrakech," in *A Collection of Essays*(New York: Doubleday Anchor books, 1954), p. 187.

*59 Valentine Chirol, *The Occident and the Orient*(Chicago: University of Chicago Press, 1924), p. 6.

*60 Élie Faure, "Orient et Occident," *Mercure de France* 229(July 1-August 1, 1931): 263, 264, 269, 270, 272.

*61 Fernand Baldensperger, "Où s'affrontent l'Orient et l'Occident intellectuels," in *Études d'Histoire Littéraire* 3rd ser.(Paris: Droz, 1939), p. 230

*62 I.A. Richards, *Mencius on the Mind: Experiments in Multiple Definitions*(London: Routledge & Kegan Paul, 1932), p. xiv.

*63 *Selected Works of C. Snouck Hurgronje*, ed. G.H. Bousquet and J. Schacht(Leiden: E.J. Brill, 1957), p. 267.

*64 H.A.R. Gibb, "Literature," in *The Legacy of Islam*, ed. Thomas Arnold and Alfred Guillaume(Oxford: Clarendon Press, 1931), p. 209.

*65 이 시기에 관한 정치적, 사회적, 경제적, 문화적 관점에서 가장 뛰어난 개괄적인 설명은 다음 책에서 볼 수 있다. Jacques Berque, *Egypt: Imperialism and Revolution*, trans. Jean Stewart(New York: Praeger Publishers, 1972).

*66 그들의 과제를 활기 있게 만든 사업에 관한 유익한 서술은 다음의 책을 살펴보라. Arthur R. Evans, Jr., ed., *On Four Modern Humanists: Hofmannsthal, Gundolf, Curtius, Kantorowicz*(Princeton, N.J.: Princeton, N.J.: Princeton University press, 1970).

*67 Erich Auerbach, Mimesis: *The Representation of Reality in Western Literature*, trans. Willard r. Trask(1946; reprint ed., Princeton, N.J.: Princeton University Press, 1968), 같은 저자의 *Literary Language and Its Public in Late Latin Antiquity and in the Middle Ages*, trans. Ralph Manheim(New York: Bollingen Books, 1965).

*68 Erich Auerbach, "Philology and Weltliteratur," trans. M. and E.W. Said, *Centennial Review* 13, no. 1(Winter 1969): 11.

*69 Ibid., p. 17.

*70 예컨대 H. Stuart Hughes, *Consciousness and Society: The Reconstruction of European Social Thought, 1890~1930*(1958; reprint ed., New York: Vintage Books, 1961).

*71 Answer Abdel Malek, "Orientalism in Crisis," *Diogenes* 44(Winter 1963): 103~140 참조.

*72 R.N. Cust, "The International Congresses of Orientalists," *Hellas* 6, no. 4(1897): 349.

*73 W.F. Wertheim, "Counter-insurgency Research at the Turn of the Century—Snouck Hurgronje and the Acheh War," *Sociologische Gids* 19(September—December 1972) 참조.

*74 Sylvain Lévi, "Les Parts respectives des nations occidentales dans les progrès de l'indianisme," in *Mémorial Sylvain* Lévi, p. 1

*75 H.A.R Gibb, "Louis Massignon(1882~1962)," *Journal of the Royal Asiatic Society* (1962), pp. 120, 121.

*76 Louis Massignon, *Opera Minora*, ed. Y.Moubarac(Beirut: Dar-el-Maaref, 1963), 3: 114. 마시농의 저서에 관해서는 다음 책에 포함된 완비된 문헌목록을 이용했다. Massig Moubarac: *L'Oeuvre de Louis Massignon*(Beirut: Éditions du Cénacle libanais, 1972~1973)

*77 Massignon, "L'Occident devant l'Orient:Primauté d'une solution culturelle," in *Opera Minora*, 1: 208~223.

*78 Ibid., p. 169.

*79 Waardenburg, *L'Islam dans le Miroir de l'Occident*, pp. 147, 183, 186, 192, 211, 213 참조.

*80 Massignon, *Opera Minora*, 1: 227.

*81 Ibid., p. 355.

*82 Massignon의 논문 Biruni in Waardenburg, *L'Islam dans le Miroir de l'Occident*, p. 225에서 인용.

*83 Massignon, *Opera Minora*, 3: 526.

*84 Ibid., pp. 610~611.

*85 Ibid., p. 212. 영국인에 대한 다른 비난은 p. 211. 로렌스에 대한 평가는 pp. 423~427.

*86 Waardenburg, *L'Islam dans le Miroir de l'Ocuident*, p. 219에서 인용.

*87 Ibid., pp. 218~219.

*88 A.L. Tibawi, "English-Speaking Orientalists: A Critique of Their Approach to Islam and Arab Nationalism, Part I," *Islamic Quarterly* 8, nos. 1,2(January-June 1964): 25~44; "Part II," *Islamic Quarterly* 8, nos. 3, 4(July-December 1964); 73~88 참조.

*89 '(오리엔탈리즘적인 작업의) 모든 장르를 지배하고 있는 형상. 그것은 루이 마시뇽의 그것이다.' Claude Cahen and Charles Pellart, "Les Études arabes et islamiques," *Journal asiatique* 261, nos. 1, 4(1973): 104. 다음 책은 이슬람에 관한 오리엔탈리즘 분야에 대해서 매우 상세한 연구이다. Jean Sauvagert, *Introduction à l'Histoire de l'Orient Musulman: Éléments de Bibligraphie*, ed. Claude Cahen (Paris: Adrien Maisonneuve, 1961

*90 William Polk, "Sir Hamilton Gibb Between Orientalism and History," *International Journal of Middle East Studies* 6, no. 2(April 1975): 131~139. 기브 저술의 문헌목록은 다음 책에 포함되어 있는 것을 이용했다. *Arabic and Islamic Studies in Honor of Hamilton A.R. Gobb*, ed. George Makdisi(Cambridge, Mass.: Harvard University Press, 1965), pp. 1~20.

*91 H.A.R. Gibb, "Oriental Studies in the United Kingdom," in *The Near East and the Great Powers*, ed. Richard N. Frye(Cambridge, Mass.: Harvard University Press, 1951), pp. 86~87.

*92 Albert Hourani, "Sir Hamilton Gibb, 1895~1971," *Proceedings of the British Academy* 58(1972): p. 504

*93 Duncan Black Macdonald, *The Religious Attitude and Life in Islam*(1909; reprint ed., Beirut:Khayats Publishers, 1965), pp. 2~11.

*94 H.A.R. Gibb, "Whither Islam?" in *Whither Islam? A Survey of Modern Movements in the Moslem World*, ed. H.A.R. Gibb(London: Victor Gollancz, 1932), pp. 328, 387.

*95 Ibid., p. 335.

*96 Ibid., p. 377.

*97 H.A.R. Gibb, "The influence of Islamic culture on Medieval Europe." *John Rylands Library Bulletin* 38, no. 1(September 1955): 98.

*98 H.A.R. Gibb, *Mohammedanism: An Historical Survey*(London: Oxford University Press, 1949), pp. 2, 9, 84.

*99 Ibid., pp. 111, 88, 189.

*100 H.A.R. Gibb, *Modern Trends in Islam*(Chicago: University of Chicago Press, 1947), pp. 108, 113, 123.

*101 두 개의 논문은 다음 책에 있다. *Gibb's Studies on the Civilization of Islam.* pp. 176~208과 3~33.

*102 R. Emmett Tyrell, Jr., 'Chimera in the Middle East,' Harper's, November 1976, pp. 35~38.

*103 Ayad al-Qazzaz, Ruth Afiyo, et al., *The Arabs in Ameican Textbooks*, California Staste Board of Education, June 1975, pp. 10, 15에서 인용.

*104 "Statement of Purpose," *MESA Bulletin* 1, no. 1(May 1967): 33.

*105 Morroe Berger, "Middle Eastern and North African Studies: Developments and Needs," *MESA Bulletin* 1, no. 2(November 1967): 16.

*106 Menachem Mansoor, "Present State of Arabic Studies in the United States," in *Report on Current Research 1958*, ed. Kathleen H. Brown(Washington: Middle East Institute, 1958), pp. 55~56.

*107 Harold Lasswell, "Propaganda," *Encyclopedia of the Social Science*(1934), 12: 527. 노엄 촘스키 교수의 가르침에 따라 이것을 참조했다.

*108 Marcel Proust, *The Guermantes Way*, trans. C.K. Scott Moncrieff(1925; reprint ed., New York: Vintage Books, 1970), p. 135.

*109 Nathaniel Schmidt, "Early Oriental Studies in Europe and the Work of the American Oriental Society, 1842~1922," *Journal of the American Oriental Society* 43(1923):11. E.A. Speiser, "Near Eastern Studies in America, 1939~1945," *Archiv Orientalni* 16(1948): pp. 76~88.

*110 예컨대 Henry Jessup, *Fifty-Three Years in Syria*, 2 vols.(New York: Fleming H. Revell, 1910).

*111 밸푸어 선언의 공표와 미국 전쟁정책의 관련성에 관해서는 Doreen Ingrams, *Palestine Papers 1917~1922: Seeds of Conflict*(London: Cox & Syman, 1972), pp. 10 ff.

*112 Mortimer Graves, "A Cultural Relations Policy in the Near East," in *The Near East and the Great Powers*, ed. Frye, pp. 76, 78.

*113 George Camp Keiser, "The Middle East Institute: Its Inception and Its Place in American International Studies," in *The Near East and the Great Powers*, ed.

Frye, pp. 80, 84.

*114 이러한 이주에 관한 서술로서는 *The Intellectual Migration: Europe and America, 1930~1960*, ed. Donald Fleming and Bernard Bailyn(Cambridge, Mass.: Harvard University Press, 1969) 참조.

*115 Gustave von Grunebaum, *Modern Islam: The Search for Culture Identity*(New York: Vintage Books, 1964), pp. 55, 261.

*116 Abdullah Laroui, "Pour une méthodologie des études islamiques: L'lslam au miroir de Gustrave von Grunebaum," *Diogène* 38(July-September 1973): 30. 이 논문은 Laroui의 *The Crisis of the Arab Intellectuals: Traditionalism or Historicism?* trans. Diarmid Cammell(Berkeley: University of California Press, 1976에 있다.

*117 David Gordon, *Self-Determination and History in the Third World*(Princeton, N.J.: Princeton University Press, 1971).

*118 Laroui, "Pour une méthodologie des études islamiques," p. 41

*119 Manfred Halpern, "Middle East Studies: A Review of the State of the Field with a Few Examples," *World Politics* 15(October 1962): 121~122.

*120 Ibid., p. 117.

*121 Leonard Binder, "1974 Presidential Address," *MESA Bulletin* 9, no. 1(February 1975): 2.

*122 Ibid., p. 5.

*123 "Middle East Studies Network in the United States," *MERIP Reports* 38(June 1975): 5.

*124 케임브리지판 《이슬람의 역사》에 관한 가장 뛰어난 역사적 논평은 다음 두 편이다. Hourani, *The English Historical Review* 87, no. 343(April 1972): 348~357와 Roger Owen, *Journal of Interdisciplinary History* 4, no. 2(Autnmn 1973): 287~298.

*125 P.M. Holt, Introduction, *The Cambridge History of Islam*, ed. P.M. Holt, Anne K.S. Lambton, and Bernard Lewis, 2 vols.(Cambridge: Cambridge University Press, 1970), 1: xi.

*126 D. Sourdel, "The Abbasid Caliphate," *Cambridge History of Islam*, ed. Holt et al., 1: 121.

*127 Z.N. Zeine, "The Arab Lands," *Cambridge History of Islam*, ed. Holt et al., 1: 575.

*128 Dankwart A. Rustow, "The Political Impact of the West," *Cambridge History of Islam*, ed. Holt et al., 1: 697.
*129 Ingrams, *Palestine Papers*, 1917~1922, pp. 31~32에서 인용.
*130 Robert Alter, "Rhetoric and the Arab Mind," *Commentary*, October 1968, pp. 61~85. Alter의 논문은 General Yehoshafat Harkabi's *Arab Attitudes to Israel* (Jerusalem: Keter Press, 1972)에 영합적인 논문이다.
*131 Gil Carl Alroy, "Do The Arabs Want Peace?" *Community*, February 1974, pp. 56~61.
*132 Roland Barthes, *Mythologies*, trans. Annette Lavers(New York: Hill& Wang, 1972), pp. 109~159.
*133 Raphael Patai, *Golden River to Golden Road: Society, Culture, and Change in the Middle East*(Philadelphia: University of Pennsylvania Press, 1962, 3rd rev.ed., 1969), p. 406.
*134 Raphael Patai, *The Arab Mind*(New York: Charles Scribner's Sons, 1973). 더욱 인종주의적인 책으로서는 John Laffin, *The Arab Mind Considered: A Need for Understanding*(New York: Taplinger Publishing Co., 1976)이 있다.
*135 Sania Hamady, *Temperament and Character of the Arabs*(New York: Twayne Publishers, 1960), p. 100. 하마디의 저서는 이스라엘인과 친이스라엘파 사람들 사이에서 호평을 얻었다. 알로이는 그녀의 문장을 인용하여 찬성의 뜻을 표명했다. 아모스 오엔도 다음 책에서 같은 태도를 나타내고 있다. Elon in *The Israelis: Founders and Sons*(New York: Holt, Rinehart & Winston, 1971). Morroe Berger 도 자주 그녀의 저서를 인용하고 있다(뒤의 주 137참조). 그녀는 레인의 《현대 이집트인의 풍속과 습관》을 모델로 삼고 싶었으나 레인만큼의 글재주나 일반 교양을 갖지 못했다.
*136 Manfred Halpern의 테제는 다음 문헌에 소개되어 있다. "Four Contrasting Repertories of Human Relations in Islam: Two Pre-Modern and Two Modern Ways of Dealing with Continutiy and Change, Collaboration and Conflict and the Achieving of Justice." 이것은 1973년 5월 8일에 프린스턴 대학교에서 열린 '심리학과 중동연구에 관한 제22회 중동회의'에 제출된 보고서이다. 그것은 다음 논문을 위해 준비되었다. Halpern's "A Redefinition of the Revolutionary Situation," *Journal of International Affairs* 23, no. 1(1969): 54~75.
*137 Morroe Berger, *The Arab World Today*(New York: Doubelday Anchor Books,

1964). p. 140. 암묵적인 것으로서 이것과 거의 같은 종류의 사고방식이 Joel Carmichal, Daniel Lerner와 같은 사이비 아랍학자들의 꼴사나운 저서에 흐르고 있다. 또 Theodore Draper, Walter Laqueur, ie Kedourie와 같은 정치학자나 역사학자의 경우에는 더욱 미묘한 형태로 숨어 있다. 이러한 경향은 다음과 같이 높은 평가를 받은 책에서도 지극히 현저하다. Gabriel Baer의 *Population and Society in the Arab East.* trans. Hanna Szoke(New York: Frederick A. Praeger, 1964)와 Alfred Bonnés *State and Economics in the Middle East: A Society in Transition* (London: Routledge & Kegan Paul, 1955). 그들 사이에서 의견이 일치되는 것처럼 생각되는 부분은 다음과 같다. 곧 "설령 아랍이 달리 생각한다면, 그것은 우리과는 달리—곧 반드시 이성적이지 않고 가끔 이성이라고 하는 것을 완전히 결여한 그대로—행해진다." Adel Daher's RAND study, *Current Trends in Arab Intellectual Thought*(RM-5979-FF, December 1969)와 그 전형적인 결론을 참조하라. 곧 "구체적인 문제해결의 접근이 아랍적인 사고에 결여되고 있음은 분명하다" (p. 29). *Journal of Inter-disciplinary History*(위의 주 124 참조)에 실린 서평논문 속에서 Roger Owen은 역사학적 개념으로서 '이슬람' 그 자체를 공격하고 있다. 그는 케임브리지판 《이슬람의 역사》에 그 초점을 맞추어, 그것이(칼 베커나 막스 베버에서 발견되는) 다음과 같은 이슬람관을 여러 가지 측면에서 받아들이고자 한다. 이슬람이 본질적으로 종교적·봉건적·반합리적 시스템으로서 정의되고, 유럽의 진보를 가능하게 하는 필수적인 여러 요소를 결여하고 있다고 하는 사고방식이다. 베버가 총제적으로 부정확했음을 입증하고 있는 것은 Maxime Rodinson, *Islam and Capitalism*, trans. Brian Pearce(New York: Pantheon Books, 1974), pp. 76~117

*138 Hamady, *Character and Temperament*, p. 197.
*139 Berger, *Arab World*, p. 102.
*140 Irene Gendzier in *Frantz Fanon: A Critical Study*(New York:Pantheon Books, 1973), p. 94에서 인용
*141 Berger, *Arab World*, p. 151.
*142 P.J. Vatikiotis, ed., *Revolution in the Middle East*, and *Other Case Studies: Proceedings of a Seminar*(London: George Allen& Unwin, 1972), pp. 8~9.
*143 Ibid., pp. 12, 13.
*144 Bernard Lewis, "Islamic Concepts of Revolution," in ibid., pp. 33, 38~39. 루이스의 연구 *Race and Color in Islam*(New York:Harper & Row, 1971)는 위대한

학식을 가장하면서 동일한 불신감을 표명하고 있다. 나아가 여러 가지의 정치적인—그리고 신랄한—것이 다음 저서이다. *Islam in History:Ideas, Men and Events in the Middle East*(London:Alcove Press, 1973).

*145 Bernard Lewis, "The Revolt of Islam," in *The Middle East and The West* (Bloomington: Indiana University Press, 1964), p. 95.

*146 Bernard Lewis, "The Return of Islam," *Commentary*, January 1976, p. 44.

*147 Ibid., p. 40.

*148 Bernard Lewis, *History- Remembered, Recovered, Invented* (Princeton, N.J.: Princeton University Press, 1975), p. 68.

*149 Lewis, *Islam in History*, p. 65.

*150 Lewis, *The Middle East and the West*, pp.60, 87.

*151 Lewis, *Islam in History*, pp. 65~66.

*152 *Middle East Journal* 5(1951)에 처음 발표되었다. Collected in *Readings in Arab Middle Eastern Societies and Cultures*, ed. Abdulla Lutfiyye and Charles W. Churchill(The Hague:Mouton & Co., 1970), pp. 688~703.

*153 Lewis, *The Middle East and the West*, p.140.

*154 Robert K. Merton, "The Perspectives of Insiders and Outsiders," in his *The Sociology of Science: Theoretical and Empirical Investgations*, ed. Norman W. Storer(Chicageo:University of Chicago Press, 1973), pp. 99~136.

*155 예컨대 Answer Abdel Malek, Yves Lacoste의 최근 저서나, 다른 저자들의 *Review of Middle East Studies* 1 and 2(London, Ithaca Press, 1975, 1976)에 발표된 논문을 참조하라. 또 노엄 촘스키에 의한 중동정치에 관한 여러 가지의 분석, 중동연구 정보 사업 Middle East Research and Information Project(MERIP)에 의한 연구를 참조하라. 다음 책에는 뛰어난 연구 전망이 제시되어 있다. 즉, Gabriel Ardant, Kostas Axelos, Jaques Berque 등의 *De l' Limpérialism à la Décolonisation* (Paris : Éditions de Minuit, 196

1995년 후기

*1 Martin Bernal, *Black Athena*(New Brunswick: Rutgers University Press, Volume I, 1987; Volume II, 1991); Eric J. Hobsbawm and Terence Rangers,

eds., *The Invention of Tradition*(Cambridge:Cambridge University Press, 1984).
*2 O'Hanlon and Washbrook, "After Orientalism:Culture, Criticism, and Politics in the Third World"; Prakash, "Can the Subaltern Ride? A Reply to O'Hanlon and Washbrook," 두 편 모두 *Comparative Studies in Society and History*, IV, 9(1992년 1월), pp. 141~184에 실려 있음.
*3 특히 생생한 예로, 편향적으로 일반화하는 버릇 때문에 루이스는 법적인 문제를 갖고 있는 것 같다. 리베라시옹 *Libération*(1994년 3월 1일)과 가디언 *Guardian*(1994년 3월 8일)에 의하면 그는 프랑스에서 아르메니아인과 인권단체에 의해 제기된 민형사상 소송에 직면하고 있다. 그는 나치 학살이 발생한 것을 부정하는 것을 범죄로 보는 프랑스의 법제에 의해 제소당했고, 오토만제국 하에서 일어난 아르메니아인 학살을 프랑스 신문에서 부정한 이유로 제소당했다.
*4 Carol Breckenridge and Peter van der Veer, eds., *Orientalism and the Postcolonial Predicament*,(Philadelphia: University of Pennsylvania Press, 1993).
*5 Nicholas B. Dirks, ed., *Colonialism and Culture*(Ann Arbor: The University of Michigan Press, 1992).
*6 "The Clash of Civilizations", *Foreign Affairs*, 71, 3(1993년 여름호), pp. 22~49.
*7 "Notes on 'Post-Colonial,'", *Social Text*, 31/32(1992), p. 106.
*8 Magdoff, "Globalisation-To What End?", *Socialist Register 1992: New World Order?*, ed. Ralph Milliband and Leo Panitch(New York: Monthly Review Perss, 1992), pp. 1~32.
*9 Miyoshi, "A Borderless World? From Colonialism to Transnationalism and the Decline of the Nation-State," *Critical Inquiry*, 19, 4(1993 여름호), 726~51; Dirlik, "The Postcolonial Aura:Third World Criticism in the Age of Global Capitalism," *Critical Inquiry*, 20, 2(1994 겨울호), 328~56.
*10 *Ireland's Field Day*(London: Hutchinson, 1985), pp. vii~viii.
*11 Alcalay(Minneapolis: University of Minnesota Press, 1993); Gilroy(Cambridge: Harvard University Press, 1993); Ferguson(London: Routledge, 1992).

찾아보기

【ㄱ】
가르니에 375
《가을의 아마디스》 171
거트루드 벨 345, 384
《감시와 처벌》 18
《겉껍질》 248
계몽주의 18
《고대와 현대의 제국주의》 367
고비노 27
고티에 183
골드스미스 212
골트치허 46, 362
《과학의 미래》 237~238
괴테 48, 53
《국제법의 원칙》 358
그람시 25, 32, 39, 58

그레이브스 505
그루네바움 193
그루세 112
근동 15
글리던 94~95, 527
《기나긴 혁명》 40
기번 107
기브 34, 103, 187, 193~195, 441
 ~443, 453~458, 471~474,
 476~484
기어츠 559
기조 259
길로이 602

【ㄴ】
나세르 168

나폴레옹 143, 149~156, 159, 174
　～176,
네르발 13, 28, 48, 55, 86, 278,
　315~323
노발리스 208
노엄 촘스키 32
노장의 기베르 134
뇔데케 46, 361
뉴먼 38, 270
뉴턴 92
니체 236, 352~353

【ㄷ】

다니엘 115
《다니엘 데론다》 297, 338
다시에르 228
다우티 183
단테 17, 129
단편이론 231
《대의 정치론》 39
데니스 헤이 26
데르브로 122~124, 136, 141~
　142, 486
데팡 375
도지 183, 267
돈키호테 171
《동방시집》 186, 294

동양 14, 16
《동양기행》 162, 204, 315
《동양 르네상스》 42, 99, 209, 245
《동양사》 122
《동양시집》 186
《동양여행》 315, 322~323
《동양연구 27년》 100
《동양의 보물창고》 86
《동양전서》 122~125, 127, 134,
　136, 141~142
뒤르켐 445
듀가 101
드 브로리 225, 229
드 보로스 212
드라이든 67
드 레셉스 163~166, 169, 174~
　176, 262, 378
드루즈파 45
들라크루아 214
디오도러스 307
디즈레일리 21, 48, 87, 188, 292,
　374
디킨스 39
딜릭 597

【ㄹ】

라 브뤼에르 126

라루이 509~510
라마르틴 48, 55, 162, 204, 299, 310~315, 318, 373, 490
라스웰 197, 500, 502
라이프니츠 225
라코스트 456
《라틴어론》 255
랑케 176, 360
러셀 281
러스킨 38
《러시아와 터키의 전쟁에 관한 고찰》 152
레비 426, 428, 452
레비-스트로스 103
레빈 324
레오파르디 236
레이먼드 윌리엄스 39
레이몽 슈와브 42, 99
레인 27, 40, 48, 55, 162, 204, 220, 278~280, 283, 293~297, 402, 410~412, 486
로댕송 446
로랭 312
로렌스 183, 300, 384, 393, 395~397, 404, 408~410, 413~418
《로마제국흥망사》 140
로버트슨 67

로스 주교 44
로크 37
로티 183
롤랑 바르트 469, 529
《롤랑의 노래》 117, 121, 134
루바이야트 338
루스툼 577
루시디 601
《루이 랑베르》 235
《루이 보나파르트의 브뤼메르 18일》 51, 238
루이스 540~548, 551, 577, 589~590
루이 알튀세 42
루카치 445
루터 118
르 누리 377
르 봉 359
르낭 24, 27, 40, 55, 79, 86, 163, 220, 234~235, 237~240, 246~253, 257~261, 264~265, 299, 495
르뮤자 183
르픽 299
《리어왕》 195
리처즈 436
린네 215

【ㅁ】

《마가마트》 227
《마누법전》 147, 217
마라케시 432
마레크 558
마르크스 17, 39, 180, 271, 273~277, 557, 580
마리니 150
〈마술피리〉 214
마시뇽 191, 443, 453~456, 458~467, 470~471, 582
마크 트웨인 185, 497
마키야 591
만하임 445
《말과 사물》 53
말레크 180, 193, 199
말로 121, 426
매콜리 38
맥더프 596
맥도널드 193, 362, 424, 474~476
맨더빌 67
머그니에리 534
《메디나와 메카 순례》 162
메틀리츠키 43
멜빌 336, 497
모스 457
무살람 577~578

뮐러 46
뮤어 183, 267
미국동양협회 183
《미들마치》 47
《미메시스》 615
미셸 푸코 18
미슐레 138, 176, 245
미요시 597
미켈리스 44
《민족 진화의 심리학적 법칙》 359
밀턴 121

【ㅂ】

《바가바드-기타》 147
바그너 236
바덴부르크 361~363, 461
바레스 183, 420~422
바슐라르 105
바이런 53, 67
바일 183
《바커스의 여인들》 107, 109
바티키오티스 535, 536~539
반反셈주의 61
발랑슈 259
발자크 36, 235, 248, 254
발터 벤야민 36
《방황하는 학자》 442

밸푸어 65, 67~75, 79~82, 146, 169, 176, 381, 431
버거 493~496, 532~533
버크 146
버튼 48, 55, 162, 278, 341~344, 346, 582
벌린 132
베르크 456, 464
베버 445
베이컨 68
베커 46, 191, 361
벡퍼드 53
벤저민 프랭클린 146
보들레르 316
보르니에 165
보르헤스 458
보프 45, 243
볼네 79, 151~153
볼리외 377~378
볼테르 171
볼프 236
부겐빌 212
부르크하르트 176, 282, 360
《부바르와 페퀴세》 205, 208, 211, 238
《부적》 186~187, 337
뷔토르 321

뷰르노프 181
브라우닝 45
브라이튼 414
브로켈만 46
브루노 317~318
블런트 408
블루멘바흐 216
비니 183
비드 118
비코 21, 57, 218, 569, 614
빅토르 위고 17, 53, 100, 186

【ㅅ】

《사라센의 역사》 122, 142
사무엘 존슨 146
사무엘 추 115
사익스 380
《사쿤탈라》 181
《사화집》 123
살랑보 34, 162, 325, 327~329
살로메 328
새커리 342
생-틸레르 251~252, 254, 256
샤름 377
샤토브리앙 13, 48, 162, 299~300, 310, 313
샹폴리옹 45

서던 107
《서동시집》 48, 272, 274, 294
서머싯 몸 334
《서양의 몰락》 360
성 빅토르의 휴고 445
《성서》 19, 144
《성 앙투안의 유혹》 348~499
성자 피터 134
세고비아의 호안 117
《세계사》 360
《세계시민》 212
세르반테스 121, 171
세일 122
《셈어의 비교구조와 그 일반사》 163
셰익스피어 29, 67
셰퍼 45
셸리 315
셸링 261, 266
솔즈베리 83
쇼핫 596
《순례》 344
슈비 548~549
슈와브 42, 99, 209, 245, 433
슈워츠 591
슈타인탈 46
슈펭글러 54
슐레겔 55, 181~182, 244, 266

스윈번 316
스콧 86, 115, 186, 188
스텐호프 부인 312
스토즈 345
스티븐 마커스 27
시오니즘 61
시온 산의 부르크하르트 134
식민지주의 16
《신곡》 129
실베스트르 드 사시 27, 45, 55, 220, 223~234, 291
《12세기부터 19세기까지의 유럽의 동양학자들》 101

【ㅇ】

아널드 38, 392
아단슨 212
《아라비아어 사전》 289
《아라비안나이트》 122, 289, 339, 341
《아랍 명문집》 27, 227, 232~233, 487
《아랍의 역사》 150
아렌트 413
아리오스토 121
《아베스타》 144
《아시아 그리고 서양의 지배》 23

아시아협회 183
아에네아스 실비우스 117
아우어바흐 443, 615~616
아이스킬로스 17, 50, 107, 110
아이히혼 44
〈아테네의 학교〉 131
알렉산더 111
알로이 527
알베르 베겡 185
알칼레이 602
알프레드 라이얼 77
알프레드 밀너 66
알-할라주 457, 462, 467
앙리 보르도 298
앙사르 298
앙크틸-뒤페롱 52, 99, 144
야콥 그림 180
얀센파 144
에드몽 잘루 429
에르켄벨토우스 114
에르페니우스 99
에리히 아우어바흐 614~615
에브리멘 135
에티엔 255
엘리엇 38, 45, 433
《엘 시드의 노래》 121, 134
엥겔스 180

《여러 종교의 정수》 149, 245
《역사적 서설》 157
《역사적 단편》 360
예이츠 201
오마르 302
《오셀로》 134
오언 560
오웰 432
옥시덴탈리즘 356
오자남 259
《옥중노트》 58
옥클리 122, 142
와이즈만 524
왕립아시아협회 149, 183, 290
요한 퓌크 43
《우파니샤드》 145, 181
워버튼 297
워즈워스 29
원형 감시시설 229
월레스 스티븐스 22
웨스틀레이크 358
위스망스 316, 456
윌리엄스 40
윌리엄 존스 28, 45, 52, 99, 242
윌리엄 스미스 403~404
윌리엄 피트 146
윌슨 380

윌킨스 147
유리피데스 107, 111
이븐 할둔 268
《이스파한의 하지 바바의 모험》 338
《이슬람 백과사전》 487
《이슬람은 어디로?》 477
《이슬람의 근대적 조류》 34
《이슬람의 역사》 122, 200, 487
《이슬람의 종교적 태도와 생활》 424, 474
《20세기 초엽까지 유럽의 아랍연구》 43
이집트연구소 101
《이집트와 시리아 기행》 151
《이집트지》 85, 156, 158, 160~162, 175, 190, 486, 572
《인간희극》 254
《인도로 가는 길》 419
《인도인의 언어와 지혜에 관하여》 48, 181, 244
인도차이나 15
《인류역사의 철학사상》 213
인티파다 573
《일반문법의 원리》 225, 227

【ㅈ】
《자유론》 39

장 젤망 117
젠드-아베스타 44, 181
조레스 421
조프루아 생-틸레르 36
존 스튜어트 밀 38
죄머링 216
주프루아 259
줄 몰 100
《죽은 이들의 대화》 131
줄 베른 376
《중세 영국의 아라비아 문제》 43
지드 334
지라르댕 374
《지식의 고고학》 18
〈지옥편〉 129, 130, 134
〈지역연구 재고〉 196
《지혜의 일곱 기둥》 410

【ㅊ】
찰스 윌킨스 147
초서 67
《초승달과 장미》 115
〈취임기념강연〉 247
치롤 434

【ㅋ】
카말 아부 데엡 566, 579

카뮈 536
카소봉 47, 399
카시러 261
카이어난 102
칼라일 38, 177, 270
칼리반 259
《칼릴라와 덤나》 227
《캉디드》 171
커스트 449, 450
커즌 369
케임브리지 대학판《이슬람의 역사》 487, 517, 522
코생 드 페르스발 268
콘래드 327, 348
콜리지 45
콜브루크 149
콩도르세 259
콩스탕 244
콩트 207, 209
콰트르메르 247
〈쾨니히 보고서〉 525
쿠르티우스 445, 448
《'쿠빌라이 칸'과 예루살렘의 함락》 45
쿠사누스 117
쿠추크 하넴 23, 327
퀴네 84, 149, 206, 245

큐비어 36, 270
크로머 73~82, 87, 176, 267, 365~369, 384
클레베르 154
키신저 91~94, 514
키츠 30
키플링 89, 389, 391~393
《킴》 389
킹레이크 183, 338~340

【ㅌ】
타소 121, 313
《탕크레드》 21, 188, 297, 337
토머스 무어 214
토머스 쿡 163, 212
토머스 쿤 472
토크빌 176
톨스토이 32
《톰 존스》 284
투르느 포르 212
튜르고 259
트리폴리의 윌리엄 134
트릴링 400

【ㅍ】
파라셀수스 47
《파리에서 예루살렘으로, 예루살렘

찾아보기 733

에서 파리로의 여행》 300
《파리-예루살렘 여행》 162
《파리의 로버트 백작》 337
파운드 433
파타이 529~530, 533, 535
팔그레이브 345
팔머 183, 345
퍼거슨 602
페느롱 131
《페르시아인》 50, 107
페니커 23
포르 434
포리엘 259
포스터 183, 419
포스텔 99
포프 67
폰 그루네바움 193, 507~508, 510~512, 521
폴 발레리 429~430
푸리에 157~158
푸생 312
푸코 39, 53, 55, 174, 216
프라츠 316
《프랑스학술의 역사적 일람표》 228
프로이트 53
프리도 136
프리드리히 슐레겔 48

플로베르 23, 28, 34, 40, 55, 86, 189, 190, 205~206, 208~211, 315~318, 323~334, 340, 348, 499
피라네시 214
피츠제럴드 102
피커링 503
피크탈 433
피코 380
필드 데이 601
필딩 284
필비 345

【ㅎ】
하두리 94
하마디 530, 532, 535
하만 213
하위계층 연구 599
하피츠 614
《학습론》 445
《한 밤의 아이들》 601
《해부학의 철학》 255
핼펀 532
허풍선이 군인 126
헌팅턴 594
헤게모니 25
헤로도토스 111, 307

헤르더 44, 181, 213~214, 238, 246, 261, 273, 614
헤르메스 문서 455
헤리 브래켄 37
헤스트 스텐호프 422
헤이스팅스 147
《현대 이집트》 77, 367
《현대 이집트인의 풍속과 습관》 27, 40, 55, 162, 204, 278, 280, 289, 410, 486

호가드 345, 384
호메로스 33, 50
호우라니 471
호팅거 122
홉슨 169
〈후궁 탈출〉 214
훔볼트 183
휴르그로니에 362, 439~442, 452
흄 37

옮긴이 박홍규

영남대 법대 교수(노동법)이고 법학박사로서, 사이드의 《오리엔탈리즘》(1991년)과
《문화와 제국주의》(2005년)를 번역하고, 《박홍규의 에드워드사이드 읽기》(2004년)와
《세익스피어는 제국주의자다》(2005년)를 썼다.

오리엔탈리즘

발 행 일	1991. 04. 06 초판 1쇄
	2023. 01. 31 개정증보판 14쇄
지 은 이	Edward W. Said
옮 긴 이	박 홍 규
발 행 인	안 병 현
발 행 처	(주)교보문고
총 괄	김 형 면
신고번호	제 406-2008-000090호
주 소	경기도 파주시 문발로 249
전 화	대표전화 1544-1900
	도서주문 02-3156-3681
	팩스주문 0502-987-5725
홈페이지	www.kyobobook.co.kr

ISBN 978-89-7085-800-5   03100

* 이 책의 내용에 대한 재사용은 저작권자와 교보문고의 서면동의를 받아야만 가능합니다.
* 잘못 만들어진 책은 구입하신 곳에서 바꾸어 드립니다.